008t Foto: wl

Werner Lips
Taiwan

Wenn Freunde aus der Ferne zu Besuch kommen -
ist das nicht wahre Freude?

Konfuzius

Impressum

Werner Lips
Taiwan

erschienen im
Reise Know-How Verlag Peter Rump GmbH
Osnabrücker Str. 79
33649 Bielefeld

5., neu bearbeitete, komplett aktualisierte Auflage 2009

Gestaltung:
Umschlag: G. Pawlak, P. Rump (Layout)
A. Pentzien (Realisierung)
Inhalt: G. Pawlak (Realisierung)
Fotos: der Autor; www.fotolia.de (©Xiongmao, S. 102, ©Steve Kim, S. 432);
Titelfoto: Werner Lips
Karten: Catherine Raisin, der Verlag

Lektorat (Aktualisierung): André Pentzien

Druck und Bindung: Wilhelm & Adam, Heusenstamm

ISBN 978-3-8317-1731-6

PRINTED IN GERMANY

Werner Lips

Taiwan

Reise Know-How im Internet

Aktuelle Reisetipps und Neuigkeiten
Ergänzungen nach Redaktionsschluss
Büchershop und Sonderangebote

www.reise-know-how.de
info@reise-know-how.de

Wir freuen uns über Anregung und Kritik.

Vorwort

Als Moses die Israeliten durch die Wüste führte, waren die chinesischen Gesetze weiser und ihr religiös-spirituelles Wissen wohl umfassender als in Ägypten oder in anderen Hochkulturen. Rad und Schubkarren benutzten die Chinesen tausend Jahre vor dem Westen, schon vor unserer Zeitrechnung wurden Kompass und Seismograf in China erfunden. Als die Bewohner der Britischen Inseln sich noch die Körper blau färbten und mit Weidenkähnen auf den Flüssen fischten, kleidete man sich in China in feinen Seidengewändern, und es gab einen der weltoffensten Kaiserhöfe der Weltgeschichte. Bereits vor 2200 Jahren wurde mit dem Bau der chinesischen Mauer begonnen, und es war China, dessen Forscher Papier, Feuerwaffe, Hängebrücke oder Schwefelholz erfanden.

Ein Teil der Oberschicht dieses Volkes floh 1949 vor der Übermacht der Kommunisten aus China nach TaiWan und errichtete dort das Bollwerk der sogenannten „Republik China", die sich in den folgenden Jahrzehnten von einer Militärdiktatur zu einer modernen Mehrparteienrepublik entwickelte.

Zwar verbindet man TaiWan zunächst mit Massenprodukten wie Plastikspielzeug, Computern oder Hightech-Komponenten. Doch wurde das Eiland von den portugiesischen Seefahrern nicht zu Unrecht „Ilha Formosa", die wunderschöne Insel, genannt. Was viele Asienreisende nicht wissen: Abseits der Industriezentren und Metropolen TaiWans lockt eine einzigartige subtropische Natur mit gewaltigen Marmorformationen, heißen Quellen, gigantischen Bergmassiven mit bis zu 4000 m Höhe, Seen, Stränden, kleinen Inseln - ideal zum Trekken oder Erholen. Die hervorragende Infrastruktur (öffentlicher Verkehr, Kommunikation) und eine breite Palette an Unterkünften machen TaiWan auch für Asien-Einsteiger und Familien interessant. Neben der Hauptinsel werden auch die vorgelagerten Inseln und Inselgruppen wie die Pescadoren, die Orchideeninsel, die Grüne Insel oder die vor dem chinesischen Festland liegenden „Bastionen" KinMen und MaTzu beschrieben.

Um TaiWan und seine Bewohner besser zu verstehen, wird detailliert auf Geschichte und Kultur der Republik China eingegangen, dabei werden auch die politischen Besonderheiten TaiWans im Unterschied zur Volksrepublik China dargestellt. Der europäische Besucher des Landes wird insbesondere von der Gastfreundschaft und der Hilfsbereitschaft seiner Bewohner fasziniert sein. Den Zugang zu den freundlichen Menschen und ihrem schönen Land möchte dieses Handbuch erleichtern.

Mehrere Erdbeben sowie ein dramatischer (positiver) innenpolitischer Wandel haben in den vergangenen Jahren sehr viel verändert - auch für den Reisenden. Diese Neuauflage berücksichtigt alle wesentlichen aktuellen Änderungen und soll auch diesmal mit bestmöglichen Informationen zu einer interessanten und erlebnisreichen TaiWan-Reise beitragen. Viel Spaß!

Werner Lips

Danksagung

Auch zu dieser fünften Auflage haben Leser viele hilfreiche Hinweise gegeben und sich sehr viel Mühe damit gemacht. Mein besonderer Dank gilt daher unter vielen anderen G. Sangel, T. Geulen, M. Sorgatz, K. Dulle, B. Zoehrer, Liu Pei, A. Richter, H.-N. Emmerich und A. Weiler.

Inhalt

Der Norden

Der Nordosten

Der Südosten

Der Süden

KaoHsiung (GaoXiong)

Der Südwesten

Der Nordwesten

Zentralbergland Nord

Zentralbergland Mitte

Zentralbergland Süd

Die Inselwelt

Anhang

Benutzerhinweise

Dieses Handbuch gliedert sich in drei Blöcke: ***Praktische Reisetipps*** für eine Reise nach TaiWan, eine Einführung über ***Land und Leute*** sowie die detaillierte Beschreibung der ***Orte und Sehenswürdigkeiten.*** Für jeden aufgeführten Ort gibt zunächst ein beschreibender Abschnitt dem Leser einen allgemeinen Überblick über alles Wissenswerte, ein zweiter Abschnitt bietet dann alle praktischen Informationen wie Unterkunft, Weiterreise usw. auf einen Blick. Für eine schnelle Orientierung wurden die meisten Legendenpunkte der Sehenswürdigkeiten aus den Plänen mit in den Text übernommen. Sind mehrere Karten auf der Seite aufgeführt, wird zusätzlich auch auf die Seite verwiesen, z.B. ▲ 1 (Seite xy).

Ein informativer Anhang mit ***Sprachhilfe, Glossar, Literaturhinweisen*** und ***Register*** rundet das Buch ab.

Aussprache und Umschrift

TaiWan gehört zum chinesischen Kulturkreis und verwendet daher ***Schriftzeichen*** (Piktogramme). Zwar wird auch eine (lateinische) ***Umschrift*** verwendet, allerdings gibt es keine einheitliche und verbindliche Schreibweise.

PinYin, die beste Romanisierung, wurde zwar in TaiBei eingeführt (und auch das nicht konsequent: Es heißt Taibei, wird aber oft fälschlich Taipei geschrieben), den anderen Gemeinden und Kreisen wurde freie Hand bei der Romanisierung (3 verschiedene Systeme) gelassen. Daher existieren für ein und denselben Begriff teilweise drei oder vier Varianten der Umschrift in TaiWan. Der Besucher wird also z.B. in Informationsmaterial aus TaiBei zu anderen Orten TaiWans oft andere Schreibweisen von Orts-, Straßennamen etc. vorfinden als in dem jeweiligen Ort selbst. Im Buch wird bei den Beschreibungen der einzelnen Orte die Umschrift verwendet, die in diesem Ort in Gebrauch ist; es werden aber auch abweichende Schreibweisen des Ortsnamens und zum Teil anderer Begriffe angegeben. Darüber hinaus gibt es im Anhang eine Liste der in diesem Buch vorkommenden Ortsnamen in PinYin und Wade-Giles (momentan die beiden wichtigsten Systeme), sodass man dort zwei verschiedene Schreibweisen findet - es gibt aber noch mehr im Land!

Bei historischen ***Eigennamen*** *(ChiangKaiShek* statt *JiangJieShi)* oder klassischen Bezeichnungen wurde auf PinYin verzichtet oder es wurde in Klammern ergänzt.

Exkurse

Für einige Eigennamen gibt es zudem eine im Deutschen eingebürgerte, abweichende Schreibweise (z.B. Taipeh für Tai-Pei bzw. TaiBei). Auch diese wird im Text bei erstmaliger Erwähnung in Klammern ergänzt.

Englisch ist in offiziellen Broschüren und Ortsbezeichnungen in TaiWan weit verbreitet, daher wird gelegentlich auch die englische Bezeichnung von Sehenswürdigkeiten angegeben.

Hinweisschilder und Wegweiser sind meist nur in chinesischen Schriftzeichen verfasst. Um dem Leser eine Hilfestellung zu geben, beginnt ***die Umschrift*** jedes einzelnen chinesischen Zeichens ***im Buch*** mit einem Großbuchstaben, zusammengehörende Begriffe werden dabei außerdem zusammengeschrieben, z.B. TaiWan, TaiBei. Daran kann der Benutzer erkennen, dass der Ort „Yang MingShan" aus drei, „TienHsiang" dagegen im Chinesischen aus zwei Zeichen besteht. Verwechslungen bei Begriffen wie „TiAn" (zwei Zeichen) und „Tian" (ein Zeichen) sind somit ausgeschlossen, an Wegweisern kann durch Zählen der Zeichen der Weg eher erkannt werden.

Namen von Restaurants oder Unterkünften, aber auch Namen von Straßen, in denen man ein bestimmtes Ziel findet, sind in der Randspalte ***in chinesischen Zeichen zum Draufdeuten*** geschrieben. Um die Zuordnung zu erleichtern, ist dem Namen jeweils das Zeichen Φ („chinesisch") vorangestellt.

Die Ortsnamen werden zudem in Klammern zusätzlich ***wörtlich übersetzt,*** da viele Ortsnamen einen Hinweis auf die geografische Lage beinhalten und man auf diesem Wege außerdem einen kleinen Einblick in die blumige Namensgebung gewinnen kann.

Abkürzungen, Symbole und fremdsprachliche Ausdrücke

⇗	siehe
AC	Klimaanlage
ATM	(Banken-)Geldautomat
Bbhf.	Busbahnhof
CCIH	Central Cross Island Highway (East-West Coast Highway)
chin.	chinesisch
CKS	ChiangKaiShek (in geografischen Originalbezeichnungen, z.B. „CKS Airport")
Do(rm).	Dormitorium (Schlafsaal)
DPP	Demokratische Fortschrittspartei (engl.: Democratic Progressive Party)
DZ	Doppelzimmer
EZ	Einzelzimmer
fan	Ventilator
GMD/	GuoMinDang
HSR	High Speed Rail (Superschnellzug)
KMT	(KuoMinTang, chin.: Nationale Volkspartei)
KPC	Kommunistische Partei Chinas
MRT	Mass Rapid Transit
NCIH	Northern Cross Island Highway
NPM	Nationalpalastmuseum
NT$	Neuer TaiWan-Dollar
NV	Nationalversammlung
R.o.C	Republik China (engl.: Republic of China)
SB	Selbstbedienungsrestaurant
SCIH	Southern Cross Island Highway
TI	Tourist Information
VRC	Volksrepublik China
Wo/Fe	Wochenenden und Feiertage
YAC	Youth Activity Center

Was man unbedingt wissen sollte

Visum: Für EU-Bürger und Schweizer visafreie Einreise bis zu 30 Tagen. Die visafreie Einreise kann nicht zu touristischen Zwecken verlängert werden. Verlängerbare Touristenvisa (2 Monate, z.B. Studenten) werden bei den taiwanesischen Vertretungen in Europa in der Regel zügig ausgestellt.

Dokumente: Pass und Flugticket sollte der Reisende auch als Fotokopie im Gepäck haben, um bei Verlust schneller einen Ersatz zu bekommen. Die Durchschläge bei Geldumtausch sowie die Zollerklärung müssen bis zur Ausreise aufbewahrt werden, um problemlos rücktauschen zu können.

Geld: Die nationale Währung, der New TaiWan Dollar (NT$) ist nicht frei konvertierbar. Gewechselt wird bei einigen lizensierten Banken sowie an den Flughäfen von KaoHsiung und TaoYuan (CKS-international). Anfang 2009 lag der Wechselkurs bei rd. 44 NT$ für 1 €. Ein- und ausgeführt werden dürfen bis zu 40.000 NT$.

Zeit: MEZ + 7 Stunden (MESZ + 6 Stunden).

Klima: subtropisch mit heißen Sommern, regenreichen Übergangsphasen und nasskalten Wintern, in den Höhenlagen mit Frost.

Impfungen: Wegen des in TaiWan hohen Hygienestandards ist keinerlei Impfung vorgeschrieben. Zu empfehlen ist lediglich die Tetanus-Impfung, Hepatitis-Impfung sowie die Mitnahme eines Malariamittels, welches zur nachträglichen Erstbehandlung im Falle einer Infektion ausreichend ist.

Reisegepäck: Leichte Baumwollhemden/-blusen im Sommer, leichte Jacke im Winter. Leichte Jacke/Sweater für Bergland/Aircondition. Koffer nur für Geschäftsreisende, Individualtouristen nehmen besser einen Rucksack oder eine Tragetasche. Ein Regenschutz ist auf jeden Fall mitzunehmen.

Versicherungen: Reiserücktrittsversicherung und Gepäckversicherung können, eine Auslandskrankenversicherung sollte unbedingt abgeschlossen werden.

Praktische Reisetipps A–Z

Das Land im Überblick

TaiWan - ***Republik China,*** so die offizielle Bezeichnung, liegt ca. 170 km östlich der Küste der chinesischen Festlandsprovinz FuKien (FuJian) im subtropischen Klimagürtel des pazifischen Ozeans.

Das ***Staatsgebiet*** umfasst TaiWan samt vorgelagerter Inseln, PengHu (Pescadoren), die direkt vor der Volksrepublik China gelegenen Inseln KinMen (JinMen) und MaTzu (MaZi) sowie Teile der von mehreren Ländern beanspruchten Spratley- und Pratas-Inseln.

Die gesamte ***Landfläche*** beträgt etwa 36.000 qkm (etwas weniger als die Fläche der Schweiz).

Mit einer ***Bevölkerungsdichte*** von 649 Einwohnern pro qkm (Deutschland ca. 230 E./qkm) und einer ***Gesamtbevölkerung*** von 23,6 Millionen Menschen zählt TaiWan zu den dicht besiedelten Staaten der Erde.

Politisches, administratives und wirtschaftliches Zentrum ist ***TaiBei*** (TaiPei, Taipeh) mit 2.750.000 Einwohnern.

Das ***politische System*** hat sich in den 1980er Jahren von einem Einparteienstaat zu einem westlich geprägten kombinierten Präsidial- und Kabinettsystem mit mehreren Parteien entwickelt. Derzeitiger Präsident: *Ma YingJiu* (Ma Ying Jeou, seit März 2008).

TaiWan gehört zum ***chinesischen Kulturkreis,*** Hauptglaubensrichtungen sind Buddhismus und Daoismus.

Das Wirtschaftswachstum liegt jährlich bei ca. 3 % und ermöglicht ein ***Pro-Kopf-Einkommen*** von etwa 26.000 US$ pro Jahr. Zum Bruttosozialprodukt (2008: 695 Mrd. US$) tragen hauptsächlich die Sektoren Dienstleistung (70 %) und Industrie (28 %) sowie in geringem Umfang die Landwirtschaft (2 %) bei.

Die wichtigsten ***Handelspartner*** sind USA, HongKong, Japan und Deutschland.

Amtssprache ist (Mandarin-)Chinesisch, das dem FuKien-Dialekt ähnliche Taiwanesisch ist weit verbreitet.

An- und Rückreise, Ankunft am CKS-Airport

Für die Anreise nach TaiWan per Flugzeug bietet sich als Ziel TaiBei an. ***Nonstop- bzw. Direkt-Linienflugverbindungen*** aus dem deutschsprachigen Raum nach TaiWan bestehen mit China Airlines von Frankfurt nach TaiBei (5 x wöchentlich nonstop) sowie von Wien nach TaiBei (3 x wöchentlich mit Zwischenlandung in Abu Dhabi) und mit EVA Airways von Wien nach TaiBei (3 x wöchentlich mit Zwischenlandung in Bangkok).

Daneben gibt es interessante ***Umsteigeverbindungen*** mit Air China (über Peking), mit Cathay Pacific Airways (über Hongkong), mit Korean Air (über Seoul), mit KLM (über Amsterdam), mit Malaysia Airlines (über Kuala Lumpur), mit Asiana (über Seoul), mit Singapore Airlines (über Singapur) und mit Thai Airways (über Bangkok). Diese können zwar billiger sein als die Nonstop-Flüge, aber man muss hier auch eine längere Flugdauer einkalkulieren.

Die Dauer eines Nonstop-Fluges von Deutschland, Österreich und der Schweiz nach TaiBei liegt bei etwa 12 Stunden, mit Zwischenlandung oder Umsteigen bei etwa 2–3 Stunden mehr.

Auch ***andere Ziele in TaiWan*** als der internationale CKS-Airport (KaoHsiung, HuaLian oder TaiNan können gegen einen Aufpreis gebucht werden, allerdings muss dann der nationale Flughafen (SongShan National Airport, TaiBei) vom CKS International Airport angefahren werden.

Die einzige Ausnahmeregelung besteht derzeit für ***KaoHsiung (GaoXiong), den*** zweiten internationalen Flughafen Taiwans (für Ziele in Asien, keine Interkontinental-Direktflüge). Hier besteht die Möglichkeit, direkt vom CKS-Airport TaiBei als noch nicht immigrierter Transitreisender nach KaoHsiung zu fliegen, ohne mit Gepäck erst zum zwei Busstunden entfernten nationalen Flughafen fahren zu müssen.

Eine andere Möglichkeit, direkt nach KaoHsiung zu fliegen, besteht darin, bereits in Singapur, Bangkok, Manila, HongKong oder Macau in einen direkten Weiterflug nach KaoHsiung umzusteigen. Auch diese Varianten werden von europäischen Reisebüros angeboten. Wenn man in KaoHsiung ankommt, kann man sich für alle weiteren Informationen an die Tourist Information auf dem KaoHsiung Airport wenden (Tel. 07-8033063).

Bei der Abreise (ins Ausland) wird eine ***Flughafensteuer*** von derzeit 400 NT$ erhoben (oft bereits im Ticketpreis enthalten), Inlandsflüge sind steuerfrei.

Flugpreise

Je nach Fluggesellschaft, Jahreszeit und Aufenthaltsdauer in TaiWan bekommt man ein Economy-Ticket von Deutschland, Österreich und der Schweiz hin und zurück nach TaiBei ab etwa 700 € (inkl. aller Steuern, Gebühren und Entgelte). Am teuersten ist es in der Hochsaison in den Sommerferien sowie rund um Weihnachten und Neujahr, in der die Preise für Flüge nach TaiWan durchaus auf bis über 1000 € steigen können.

Preiswertere Flüge sind mit ***Jugend- und Studententickets*** (je nach Airline alle jungen Leute bis 29 Jahre und Studenten bis 34 Jahre) möglich. Außerhalb der Hauptsaison gibt es einen Hin- und Rückflug von Frankfurt nach TaiBei ab etwa 700 €.

Kinder unter zwei Jahren fliegen ohne Sitzplatzanspruch für 10 % des Erwachsenenpreises, ansonsten werden für ältere Kinder die regulären Preise je nach Airline um 25–50 % ermäßigt. Ab dem 12. Lebensjahr gilt der Erwachsenentarif oder ein besonderer Jugendtarif (s.o.).

Von Zeit zu Zeit offerieren die Fluggesellschaften ***befristete Sonderangebote.*** Dann kann man z.B. mit Air China für unter 600 € von Frankfurt oder München über Peking nach TaiBei und zurück fliegen. Diese Tickets haben in der Regel eine befristete Gültigkeitsdauer und eignen sich nicht für Langzeitreisende. Ob für die gewünschte Reisezeit gerade Sonderangebote für Flüge nach TaiBei auf dem Markt sind, lässt sich im Internet auf der Website von Jet-Travel (www.jet-travel.de) unter „Flüge" entnehmen, wo sie als ***Schnäppchenflüge*** nach Asien mit aufgeführt sind.

In Deutschland gibt es von Frankfurt aus die häufigsten Verbindungen nach TaiBei. Tickets für Flüge von und nach anderen deutschen Flughäfen sind oft teurer. Da kann es für Deutsche attraktiver sein, mit einem ***Rail-and-Fly-Ticket*** per Bahn nach Frankfurt zu reisen (entweder bereits im Flugpreis enthalten oder nur 30 bis 60 € extra). Man kann je nach Fluglinie auch einen preiswerten ***Zubringerflug*** der gleichen Airline von einem kleineren Flughafen in Deutschland buchen. Außerdem gibt es ***Fly & Drive-Angebote,*** wobei eine Fahrt vom und zum Flughafen mit einem Mietwagen im Ticketpreis inbegriffen ist.

Reist man viel per Flugzeug, kann man als Mitglied eines ***Vielflieger-Programms*** auch indirekt sparen, z.B. im Verbund der www.star-alliance.com (Mitglieder u.a. *Asiana Airlines, Air China, Singapore Airlines, Thai Airways),* www.skyteam.com (Mitglieder u.a. *KLM,*

Korean Air) oder www.oneworld.com (Mitglieder u.a. *Cathay Pacific Airways).* Die Mitgliedschaft ist kostenlos und mit den gesammelten Meilen von Flügen bei Fluggesellschaften innerhalb eines Verbundes reichen die gesammelten Flugmeilen dann vielleicht schon für einen Freiflug bei einer der Partnergesellschaften beim nächsten Flugurlaub. Bei Einlösung eines Gratisfluges ist langfristige Vorausplanung nötig.

Buchung

Folgende ***zuverlässigen Reisebüros*** haben meistens günstigere Preise als viele andere:

- ***Jet-Travel,*** Buchholzstr. 35, D-53127 Bonn, Tel. 0228-284315, Fax 284086, info@jet-travel.de, www.jet-travel.de. Auch für Jugend- und Studententickets. Sonderangebote auf der Website unter „Schnäppchenflüge".
- ***Globetrotter Travel Service,*** Löwenstr. 61, 8023 Zürich, Tel. 044 2286666, www.globetrotter.ch. Weitere Filialen siehe Website.

Die vergünstigten Spezialtarife und befristeten Sonderangebote kann man nur bei wenigen Fluggesellschaften in ihren Büros oder direkt auf ihren Websites buchen; diese sind jedoch immer auch bei den oben genannten Reisebüros erhältlich. Im Übrigen sollte man wissen, dass die günstigsten Flüge keineswegs immer online im Internet buchbar sind. Häufig haben Jet-Travel und der Globetrotter Travel Service auf Anfrage preiswertere Angebote.

Last Minute

Wer sich erst im letzten Augenblick für eine Reise nach TaiWan entscheidet oder gern pokert, kann Ausschau nach Last-Minute-Flügen halten, die von einigen Airlines mit deutlicher Ermäßigung ***ab etwa 14 Tage vor Abflug*** angeboten werden, wenn noch Plätze zu füllen sind. Diese Last-Minute-Flüge lassen sich nur bei Spezialisten buchen:

- ***L'Tur,*** www.ltur.com, (D)-Tel. 01805 212121, (A)-Tel. 0820 600800, (CH)-Tel. 0848 808088; 140 Niederlassungen europaweit.
- ***Lastminute.com,*** www.de.lastminute.com, (D)-Tel. 01805 777257.
- ***5 vor Flug,*** www.5vorflug.de, (D)-Tel. 01805 105105.
- ***Restplatzbörse,*** www.restplatzboerse.at, (A)-Tel. (01) 580850.

CKS-Airport

Da die meisten Reisenden am CKS-Airport ankommen, einige Hinweise zu den Besonderheiten am Flughafen. Der in die Jahre gekommene Flughafen wurde um einen zusätzlichen Terminal erweitert und besteht heute aus ***zwei Terminals:*** T-1 und T-2. Dabei wird für die meisten Reisenden der (ältere) ***T-1*** von Belang sein, da hier die Flüge von/nach Europa und Südostasien (Vietnam, Thailand, HongKong u.a.) abgewickelt werden, im neueren ***T-2*** dagegen die Flüge von/nach Australien, Nordamerika und Japan (auch von *China Airlines,* sonst fliegt *China Airlines* von T-1) bedient werden. Die beiden Terminals liegen nur wenige hundert Meter voneinander entfernt und können untereinander gegebenenfalls per kostenlosem Bus oder einer Hochbahn (ähnlich Frankfurt/M.) erreicht werden.

> ***Buchtipps:*** „Clever buchen, besser fliegen"; „Fliegen ohne Angst", Praxis-Reihe, Reise Know-How Verlag, Bielefeld.

Mini-Flug-Know-how

Check in

Nicht vergessen: Ohne einen ***gültigen Reisepass*** kommt man nicht an Bord eines Flugzeuges nach TaiWan.

Bei den meisten internationalen Flügen muss man ***zwei bis drei Stunden vor Abflug*** am Schalter der Airline eingecheckt haben. Viele Airlines neigen zum Überbuchen, d. h., sie buchen mehr Passagiere ein, als Sitze im Flugzeug vorhanden sind, und wer zuletzt kommt, hat dann möglicherweise das Nachsehen.

Wenn ein ***vorheriges Reservieren*** der Sitzplätze nicht möglich war, hat man die Chance, einen Wunsch bezüglich des Sitzplatzes zu äußern.

Das Gepäck

In der Economy-Class darf man in der Regel nur ***Gepäck bis zu 20 kg pro Person*** einchecken (steht auf dem Flugticket) und zusätzlich ein Handgepäck von 7 kg in die Kabine mitnehmen, welches eine bestimmte Größe von 55 x 40 x 23 cm nicht überschreiten darf. In der Business Class sind es meist 30 kg pro Person und zwei Handgepäckstücke, die insgesamt nicht mehr als 12 kg wiegen dürfen. Man sollte sich beim Kauf des Tickets über die Bestimmungen der Airline informieren.

Aus Sicherheitsgründen dürfen ***Taschenmesser, Nagelfeilen, Nagelscheren,*** sonstige Scheren und Ähnliches nicht mehr im Handgepäck untergebracht werden. Diese sollte man unbedingt im aufzugebenden Gepäck verstauen, sonst werden diese Gegenstände bei der Sicherheitskontrolle einfach weggeworfen. Darüber hinaus gilt, dass Feuerwerke, leicht entzündliche Gase (in Sprühdosen, Campinggas), entflammbare Stoffe (in Benzinfeuerzeugen, Feuerzeugfüllung) etc. nichts im Passagiergepäck zu suchen haben.

Flüssigkeiten oder vergleichbare Gegenstände in ähnlicher Konsistenz (z.B. Getränke, Gels, Sprays, Shampoos, Cremes, Zahnpasta, Suppen) dürfen nur in der Höchstmenge von jeweils 0,1 Liter als Handgepäck mit ins Flugzeug genommen werden. Die Flüssigkeiten müssen in einem durchsichtigen, wiederverschließbaren Plastikbeutel transportiert werden, der maximal einen Liter Fassungsvermögen hat.

Rückbestätigung

Bei den meisten Airlines ist heutzutage die ***Bestätigung des Rückfluges*** nicht mehr notwendig. Allerdings empfehlen alle Airlines, sich dennoch telefonisch zu erkundigen, ob sich an der Flugzeit nichts geändert hat, denn kurzfristige Änderungen der genauen Abfluguhrzeit kommen beim zunehmenden Luftverkehr heute immer häufiger vor.

Wenn die Airline allerdings eine Rückbestätigung *(reconfirmation)* ***bis 72 oder 48 Stunden vor dem Rückflug*** verlangt, sollte man auf keinen Fall versäumen, die Airline kurz anzurufen, sonst kann es passieren, dass die Buchung im Computer der Airline gestrichen wird; der Flugtermin ist dahin. Das Ticket verfällt aber nicht dadurch, es sei denn, die Gültigkeitsdauer wird überschritten, aber unter Umständen ist in der Hochsaison nicht sofort ein Platz auf einem anderen Flieger frei.

Die ***Rufnummer*** kann man von Mitarbeitern der Airline bei der Ankunft, im Hotel, dem Telefonbuch oder auf der Website der Airline erfahren.

Nach meist langem Flug ist man oft übermüdet und neigt leicht dazu, etwas Wichtiges zu übersehen. Nach Erledigung der Einreiseformalitäten und des Zolls läuft man einem sehr wichtigen Punkt fast in die Arme: der (kostenlosen) ***Hotelreservierung*** neben der Tourist Information in der Ausgangshalle rechts. Die englischsprachigen Damen machen Vorschläge jeder Preisklasse und rufen im gewünschten Hotel an, schreiben die Anschrift in chinesischen Zeichen auf und zeigen den Weg zum Bus. Für TaiBei lohnt es sich durchaus, einmal nach günstigen Hotels zu fragen (sehr umfangreicher Katalog), für

Zukunftspläne - Anreise zu Land

Es mag wie eine Satire klingen, aber langfristig ist in der Tat die Anreise nach TaiWan sogar auf dem Landweg möglich. Zwischen TaiWan und dem Festland der Volksrepublik China soll nämlich ein 144 km langer (!) Tunnel gebaut werden, der den britisch-französischen Kanaltunnel um ein vielfaches übertreffen wird. Die Kosten für den Tunnel zwischen HsinChu (Nordwest-TaiWan) und PingTan (Festlandsprovinz FuJian/FuKien) sind derzeit mit umgerechnet 160 Milliarden Euro veranschlagt, mit der Fertigstellung wird etwa um 2025 gerechnet. Primär ist eine Eisenbahnverbindung geplant, welche die Reisezeit auf unter 2 Stunden verkürzt und die Inselrepublik verkehrstechnisch direkt an die Volksrepublik anbindet.

Die Inangriffnahme eines solchen Projektes birgt zum jetzigen Zeitpunkt vor allem eine politische Dimension: Nach der problemlosen Eingliederung HongKongs am 1.7.1997 und der ebenso unproblematischen Eingliederung Macaus am 20.12.1999 in die Volksrepublik bemüht sich die Zentralregierung in BeiJing um die „Rückkehr TaiWans in das Mutterland", wobei HongKong und Macau als Musterbeispiele für das Funktionieren des chinesischen Sonderweges „ein Land, zwei Systeme" (⇗ Politik) dienen. Aus diesem Grund wurden die Verhandlungen über direkte Flugverbindungen nach TaiWan erfolgreich abgeschlossen, oder eben dieses langfristige Tunnelprojekt beschlossen.

Wirtschaftspolitisch ist dieses Projekt auch in einem direkten Zusammenhang mit der Idee Pekings zu sehen, eine gigantische südchinesische Metropole mit unvorstellbarer Wirtschaftskraft zu schaffen: GuangZhou (Kanton), Macau und HongKong sollen zu einer 50 Millionen Menschen Giga-Metropole zusammenwachsen (derzeit werden entsprechende Schnellbahnen gebaut und moderne Siedlungen in den Zwischenräumen aus dem Boden gestampft), dann die ebenfalls starke Nachbarprovinz FuJian - und eben TaiWan an dieses „Gigapolis" angelehnt werden.

andere Ziele wird man meist auf wenige mittel- bis hochklassige Hotels verwiesen. Der CKS-Flughafen ist ***nachts geschlossen,*** sodass keine „Übernachtung" am Flughafen möglich ist. Auch beim frühesten Flug am Morgen darf sich kein Reisender über Nacht in den Wartehallen aufhalten.

Der Wechselkurs des NT$ ist überall im Lande nahezu gleich, daher kann unbesorgt gleich am Flughafen getauscht werden - ***Wechselstuben*** befinden sich in der Ankunftshalle z.B. schräg neben der Tourist Information.

Bevor man zum Bus läuft (Ankunftshalle links), sollte man auch noch die ***Info-Schalter*** (Tel. 03-3892194/3834631) für Stadtplan, Veranstaltungskalender usw. aufsuchen.

Weiterreise ab CKS-Airport

Der Flughafen liegt an der Nordwestküste bei TaoYuan und bietet eine ausgezeichnete Verkehrsanbindung an TaiBei und andere Regionen, sodass TaiBei nicht um jeden Preis angefahren werden muss. Man kann per Taxi (siehe unten) oder mit gebuchter ***Hotellimousine*** nach TaiBei fahren, aber auch die ***Buslinien*** sind hervorragend und preiswert (120 NT$ zum Hbf). ZhongLi (ChungLi, JhongLi), TaoYuan (je 110 NT$) und TaiZhong (TaiChung, TaiJhong, 250 NT$) werden etwa stündlich von Direktbussen angefahren, nach TaiNan (480 NT$) besteht seltener eine Busverbindung ab Airport.

Neben der nationalen GuoGuang-Busgesellschaft (etwas schlichter und billiger) bieten die privaten Linien United (grün) und HoHsin (rot) luxuriöse ***Schnellbusverbindungen*** nach TaiBei und zu den Städten der Westküste an. Sie kosten etwa 15 % mehr als die GuoGuang (blau-silber), bieten aber deutlich mehr Komfort. Alle Schalter für die Busse liegen aus der Ankunftshalle nach links gehend. Ein gesonderter Zubringerbus pendelt zur ***High Speed Rail Station*** bei TaoYuan; mit diesem neuen Superschnellzug kann man binnen 2 Stunden in KaoHsiung sein. Dieser fährt auf eigenem Gleissystem - keine Anbindung an das normale Schienennetz! Weitere Details s. „Verkehrsmittel" im Kapitel „Reisetipps A–Z" und „An-/Weiterreise", TaiBei.

Alle Busse starten am (älteren) T-1 und passieren den T-2 (nur kurzer Stopp).

Taxifahren nach TaiBei kostet zwischen 1500 und 2000 NT$, man sollte diesen Preis als Fixum anbieten. Die Taxameter laufen in einer Kombination aus Zeit und Entfernungsmessung, immer zum Nachteil der Kunden. Staus (und die sind häufig) kosten also sinnlos Geld. Nach TaoYuan sollte man mit 600 NT$, nach ZhongLi mit 700 NT$ für ein Taxi rechnen.

Aktivitäten am Airport

Hat ein Abflug Verspätung oder der Reisende noch ein paar Stunden Zeit, kann man das ***Luftfahrtmuseum*** beim 2 km entfernten Flughafenhotel besuchen. Leider gibt es keinen Fußweg und keine Busverbindung, man muss an der Hauptstraße entlang gehen. Es ist täglich außer montags 9.00–16.30 Uhr geöffnet und kostet 70 NT$ Eintritt.

Transitreisenden mit ca. 7 Stunden Aufenthalt wird eine kostenlose ***Kurzstadtrundfahrt*** (5 Stunden) TaiBei geboten; hierzu muss man noch vor der Immigration den „Free Half-Day-Tour"-Schalter aufsuchen. Angefahren werden u.a. das TaiBei 101, die CKS-Halle und das Nationalpalastmuseum.

Arbeiten und Wohnen in TaiWan

Arbeiten

Wer in TaiWan arbeiten möchte oder dorthin gesandt wird, muss zunächst eine ***Arbeitserlaubnis*** *(working permit)* beantragen sowie ein entsprechendes Visum (⇗ Einreisebestimmungen). ***Unter 90 Tagen*** unterliegen alle Einnahmen, die in TaiWan ausgezahlt werden, dem taiwanesischen Fiskus - man lasse sich in diesen Kurzzeitfällen tunlichst nichts vor Ort auszahlen, sondern daheim. ***Von 91 bis 182 Tagen*** werden die in TaiWan erzielten Einkünfte (unabhängig vom Ort der Auszahlung) der deutschen Steuer unterworfen. Beide Varianten sind in TaiWan nur beschränkt steuerpflichtig (derzeit 20 % Pauschalabzug), es muss dort keine komplizierte Steuererklärung abgegeben werden.

Wer ***mehr als 182 Tage*** in TaiWan arbeitet oder hier einen festen Wohnsitz hat, ist sowohl in Deutschland - wo das weltweit erzielte Einkommen besteuert wird - als auch in TaiWan unbeschränkt steuerpflichtig. In TaiWan werden die von einem taiwanesischen Unternehmen ausgezahlten Gelder sofort besteuert. Für Deutschland gilt, dass die im Ausland gezahlten oder von einem ausländischen Unternehmen überwiesenen Gehälter zunächst ungekürzt bleiben, die Steuern dann aber mit der Steuererklärung am Jahresende anfallen. Um der doppelten Besteuerung zu entgehen, könnte man in einem solchen Fall die offizielle Abmeldung des Wohnsitzes in Deutschland für die Dauer des Arbeitseinsatzes erwägen.

Das Ministry of Foreign Affairs *(WaiJiaoBu)* in der KueiYangLu 1 in TaiBei verfügt über ein ***Verzeichnis von Stellen*** bzw. Anfragen taiwanesischer Firmen für ausländische Spezialisten. Häufig handelt es sich um Übersetzer-Jobs (Bedienungsanleitungen, Faxverkehr mit dem Ausland) und technische Fachaufgaben (Computer, Elektrotechnik). Manche taiwanesische Firma „leistet" sich einen Ausländer auch aus Prestigegründen, Internationalität hebt das Ansehen im eigenen Land. Amerikaner haben dabei meist ein Heimspiel (aus sprachlichen Gründen und historischer Dankbarkeit für die lange Treue der USA zur R.o.C.), kulturell stehen allerdings Europäer höher im Kurs.

Englischunterricht

Ein beliebtes Zubrot für ausländische Studenten in TaiWan sind die Englischstunden an jedermann. Die Taiwaner sind erpicht auf Englisch, aus geschäftlichen Gründen, aus Gründen beabsichtigter Auswanderung oder nur um selbst als international und gebildet zu gelten. Oft werden schon drei-, vierjährige Kleinkinder privat unterrichtet.

Organisatorisch ist das Ergattern von Stunden recht simpel: Man wendet sich an eine *BuShiBan* (Nachhilfeschule) oder ein Language Center und los geht's. Frauen haben dabei zumeist große Vorteile, sie werden von den meisten Lernenden bevorzugt, da westliche Lehrer häufig als „Zuchtmeister" eingeschätzt werden.

Rund 800 NT$ ***Bezahlung*** pro Doppelstunde sind die Regel, es sei aber eindringlich darauf hingewiesen, dass nur Besitzer eines „Permanent Resident Visa" mit „Alien Resident Certificate" Arbeit aufnehmen dürfen. Außerdem sind viele Institute und *BuShiBan* illegal, werden also ohne Genehmigung betrieben. Daher werden „Lehrer" von den Instituten denn auch meist direkt zum Heim der Schüler geschickt, der Unterricht wird also nicht in der „Schule" gehalten. Französisch ist gelegentlich, Deutsch selten gefragt.

Diese sogenannten „Teaching-Jobs" waren lange Zeit der einzige Grund für ***Traveller,*** nach TaiWan zu kommen und führten zu großem Ärger mit den Behörden (mit der Folge, dass Visaverlängerungen aus „touristischen" Gründen praktisch nicht mehr gewährt werden), sie sind aber für den normalen ***Studenten*** vor Ort absolut notwendig; Studenten sollten in ihrer Uni/Lehranstalt in TaiWan andere ausländische Kommilitonen befragen und täglich die „schwarzen Bretter" inspizieren. Auch in den englischsprachigen Tageszeitungen werden permanent ausländische Englischlehrkräfte gesucht.

Wohnen

Wer einen Job hat oder studiert, möchte natürlich auch irgendwo wohnen. Aus kulturellen und praktischen Gründen (Familienzusammenhalt, Platznot, hohe Mietpreise usw.) gibt es in TaiWan – von einigen moderneren Bauten abgesehen – eine recht einheitlich geschnittene ***Wohnungsform.*** In eine Wohnung (egal ob Hochhaus oder kleinerer Wohnblock) gelangt man vom Treppenhaus durch die Wohnungstür und von dort – auf den Balkon! Dann erst wird durch eine doppelte Schiebetür (eine aus Glas, welche tagsüber geöffnet bleibt, die zweite aus Moskitonetz) ein großer, gemeinsamer Wohnraum betreten, von dem aus dann Bad, Küche und meist zwei bis drei kleine Schlafräume zu erreichen sind. Das Leben spielt sich in diesem atriumartigen Wohnraum ab, wo Fernseher, Sitzmöbel usw. stehen. Die Fenster und der Balkon sind häufig aus Angst vor *HsiaoTous* (*XiǎoTóu,* wörtlich: kleiner Kopf = Dieb) mit schweren Eisenstäben vergittert.

Die in den englischsprachigen Zeitungen ***angebotenen Quartiere*** sind meist recht teuer, günstigere Angebote sind aus den Anschlägen an Telefonsäulen und den schwarzen Brettern der Universitäten zu entnehmen.

006t Foto: wl

Wohnzimmer mit Balkonzugang

Da in TaiWan das Erdgeschoss der erste Stock ist, zählt unser dritter Stock dort als ***vierter Stock.*** Die Zahl vier *(si)* ist aber lautgleich mit dem Wort für „sterben" und in ganz China eine Unglückszahl. Man wird daher in älteren Gebäuden mit Lift gelegentlich vergeblich den Knopf für den vierten Stock suchen, auf den dritten folgt gleich der fünfte!

Die ***Mietpreise*** beginnen bei 20.000 NT$, normal sind 30.000–50.000 NT$ für eine Wohnung, Zimmer sind schon ab 8000 NT$ zu haben. Wer großes Glück hat und schnell ist, findet auch Anschläge wie: „Biete kostenlose Unterkunft gegen Englischunterricht (2 Std. tgl.)".

Ausrüstung

Die Ausrüstung für eine Reise nach TaiWan ist von drei Dingen abhängig: der Reisezeit (kühler oder wärmer, ⇗ Klima), dem Ziel (überwiegend Stadt, Strand oder Berge) und dem Zweck (Business, Urlaub, Bergtour usw.) der Reise. Hierüber muss man sich zunächst Gedanken machen. Grundsätzlich gilt: So wenig wie möglich mitnehmen, denn unnütze Schlepperei ist unangenehm, 10 % des Körpergewichts sollten das Limit sein. Außerdem kann nahezu alles in TaiWan bei Bedarf nachgekauft werden.

Checkliste

Neben der persönlichen Bekleidung, die so leicht und luftig wie irgend möglich sein sollte (im Sommer keine Jeans in der Ebene), und Toilettenartikeln könnte eine Basiszusammenstellung folgendermaßen aussehen (Details zur Anzugsordnung ⇗ Bekleidung):

- ***Schwimmkleidung,*** evtl. Schnorchelausrüstung (Inseln)
- ***Schuhe*** (Stadt: Sandalen; Berge: Wander- oder gute Sportschuhe)
- ***Regenschutz*** (ein Schirm kann gleichzeitig als Sonnenschutz dienen, für Fahrrad- und Mopedtouren ist eine leichte Regenjacke besser)
- ***Sonnencreme;*** Tuch oder Mütze als Sonnenschutz für Mopedtouren und Wanderungen in der heißen Jahreszeit.
- ***Sonnenbrille***
- ***Taschenmesser*** (Multifunktionsmesser mit Büchsenöffner, Schere, Feile usw.)
- ***Wäscheschnur*** (zum Aufhängen der Handwäsche, besser noch ein flexibles Hosengummi)
- ***Waschmittel*** (spezielle Reisewaschmittel sind vor Ort meist nicht erhältlich, ein Stück Kernseife genügt ebenfalls)
- ***Medikamentenbeutel*** (⇗ Gesundheit)
- ***Brühe, Getränkepulver;*** bruchfeste, leichte Tasse, für Langstreckenwanderungen: bruchfeste Feldflasche o.Ä.
- ***Taschenlampe*** (bei bestimmten Wanderungen unverzichtbar)
- ***Reisewecker*** (wichtig für Sonnenaufgänge, frühe Verkehrsmittel usw.)

Rucksack/Koffer

Wer in TaiWan einen Rucksack trägt, dem wird sogleich eine Bergexpedition unterstellt. Ähnlich wie bei uns werden Leute mit Rucksack, wenn sie in ein mittleres oder besseres Hotel kommen, unter Umständen schräg angesehen. Auf der anderen Seite - und das gilt auch für Geschäftsreisende - sind Koffer das denkbar ungeeignetste Transportmittel. Sehr gut bewährt für alle Zwecke haben sich ***Tragetaschen mit versenkbarer Rucksackvorrichtung.*** Damit hat man im Hotel gute Karten und ist auch für Bergwanderungen gerüstet. Sind Wanderungen mit vollem Gepäck geplant, ist ein Rucksack einer reinen Tragetasche unbedingt vorzuziehen. Wer sich überwiegend in Städten und an Stränden ohne viele Fußmärsche aufhalten will, dürfte mit einer Tragetasche mit Schulterriemen gut beraten sein.

Behinderte auf Reisen

Verglichen mit Mitteleuropa und Nordamerika sind in fast ganz Asien die ***Reisemöglichkeiten für Behinderte*** sehr bescheiden. So ist es auch in TaiWan verhältnismäßig schwierig, als Behinderter eine Rundreise zu unternehmen. Zwar gibt es in TaiBei einige abgeflachte Bürgersteige an Straßenüberquerungen, rollstuhlgerechte Lifte in vielen Museen und Hotels oder auch einige Behinderten-WCs. Doch sind die zahllosen Kleinigkeiten wie genügend lange Grünphasen, tiefergesetzte Knöpfe an Fußgängerampeln (alle Ampeln werden automatisch gesteuert), rollstuhlgerechte Gehwege und so fort nicht vorhanden. Von behindertengerechten öffentlichen Verkehrsmitteln (abgesenkter Einstieg, Behindertensitzplätze usw.) kann kaum die Rede sein.

Die ***gesellschaftliche Haltung zu Behinderten*** ist in TaiWan eine vollkommen andere als in Europa: In Asien kümmert sich nahezu ausschließlich die eigene Familie um die Betroffenen, erledigt Einkäufe, unternimmt Ausflüge und anderes mehr. Der Staat oder etwaige Hilfsorganisationen bleiben häufig außen vor.

Bekleidung

Taiwaner bewerten andere Menschen sehr stark nach dem Äußeren, man sollte sich daher bei der Bekleidung auf einige Spielregeln einstellen.

Touristen

Allgemein sollten Besucher von ***Städten, Tempeln und Museen*** mindestens lange Hosen und kurzärmelige Hemden tragen. Gleiches gilt für Studenten und Sprachschüler. Kurze Hosen sind ebenso „out" wie Birkenstocks (leider), es sei denn letztere haben einen Fersenriemen (dann gelten sie als Schuh). In TaiBei sieht man allerdings alles etwas „lockerer".

Für ***Strände*** gilt generell ein FKK-Verbot, Badeanzüge sind Bikinis vorzuziehen.

Wer viel ***wandern*** bzw. trecken will, benötigt sehr gute, feste und bequeme Schuhe. Bitte beachten: Größen über 45 sind vor Ort kaum zu haben. Die An- und Abstiege selbst auf häufig frequentierten Wanderwegen sind oft sehr steil, insbesondere Fersensehnen und Knie werden strapaziert. Für die höheren Berglagen und die kühleren Monate November bis Februar empfiehlt sich zusätzlich ein Pullover/Strickjacke.

Geschäftsreisende

Geschäftsreisende nach ***TaiBei*** kommen um ein adrettes (eher enges) Kostüm für Frauen bzw. weißes Hemd, Krawatte und Anzug für Männer nicht herum. Während geschäftlicher Besprechungen und im Hotel macht das wegen der Klimaanlagen nichts, wenn aber etwa ein Park oder Tempel gemeinsam besucht wird, kommt man sehr leicht ins ***Schwitzen.*** Tipp: leichter Tuchanzug, dunkel, kein Unterhemd. Es empfiehlt sich ferner die Anschaffung von Sporttrikotagen aus Mikrofaser in Fachgeschäften. Diese nehmen jeglichen Schweiß auf, weiße Blusen oder Hemden bleiben weiß. Dies ist wichtig: Die Geschäftspartner sind die Gastgeber. Schwitzt der Gast, ist das ein Zeichen, dass er sich unwohl fühlt, wodurch sich der Gastgeber zur Abhilfe und zu Programmänderungen veranlasst sieht (ohne dass man dies als Betroffener erkennt). Doch Geschäfte macht man lieber mit „problemfreien" Partnern. Wer sich den Zeitpunkt einer Geschäftsreise aussuchen kann, sollte November/Dezember wählen. Bequemes, aber elegantes Schuhwerk versteht sich von selbst.

Anders liegt der Fall in Gao Xiong (KaoHsiung) und dem ***tropischen Süden,*** wo der Krawattenzwang nicht so eng gesehen wird und kurze Ärmel ohne Jacke bzw. weite Röcke keinen Affront darstellen.

Reinigung

Aus der Tatsache, dass man in TaiWan mehr als in anderen asiatischen Staaten auf Äußerlichkeiten achtet, resultiert das Problem, wie man seine Kleidung auf einer längeren Reise und bei Touren durch die Berge einigermaßen sauber hält. Die einfachste Lösung besteht in der ***Handwäsche,*** wozu eine eigene Schnur als Trockenleine im Hotelzimmer sehr nützlich ist.

Viele (auch einfache) Hotels bieten einen ***Wäschereiservice*** an, wobei der Preis nach der Anzahl an Kleidungsstücken berechnet wird.

Schließlich kann man seine Kleidung in ***öffentlichen Wäschereien*** reinigen lassen, die allerdings oft mit scharfen Chemikalien arbeiten. Häufig befinden sich Reinigungen in unmittelbarer Nähe der Universitäten, da die Studenten in ihren Wohnheimen auch kaum die Möglichkeit der eigenen Wäsche haben.

Diplomatische Vertretungen und Verbindungsbüros

In Europa

TaiWan wird von den meisten Staaten diplomatisch nicht anerkannt. Daher finden sich offizielle Botschaften und Konsulate auch nur in einigen wenigen Ländern (z.B. Belize, Nauru, Vatikanstaat). De facto nehmen sog. ***„Kultur- und Wirtschaftsbüros"*** weltweit konsularische Aufgaben wahr. Visa können bei folgenden Stellen beantragt werden:

Deutschland (Büro Berlin)
- Markgrafenstr. 35, 10117 Berlin, Tel. (030)-203610, Fax 20361101

(Büro Hamburg)
- Mittelweg 144, 20148 Hamburg, Tel. (040)-447788, Fax 447187

(Büro Frankfurt/Main)
- Rheinstr. 29, 60325 Frankfurt, Tel. (069)-745734, Fax 745745

(Büro München)
- Sonnenstr. 25, 4. OG, 80331 München, Tel. (089)-512679 0, Fax 51267979

Österreich
- TaiPei Wirtschafts- und Kulturbüro, Wagramerstr. 19, 11. St., 1220 Wien, Tel. (01)-2124720, Fax 212472086, www.taipei.at

Schweiz
- TaiPei Economic and Cultural Office, Monbijoustr. 30, 3011 Bern, Tel. (031)-3822927, Fax 3821523
- TaiPei Economic and Cultural Office, 56, Rue de Moillebeau, 1209 Genf, Tel. (022)-9197070, Fax 9197077.

Wird der ***Reisepass oder Personalausweis im Ausland gestohlen,*** muss man dies bei der örtlichen Polizei melden. Darüber hinaus sollte man sich an die inoffizielle Auslandsvertretung seines Landes in TaiWan (s.u.) wenden, damit man einen Ersatz-Reiseausweis zur Rückkehr ausgestellt bekommt.

Auch in ***dringenden Notfällen,*** z.B. medizinischer oder rechtlicher Art, sind diese inoffiziellen Auslandsvertretungen bemüht vermittelnd zu helfen.

In TaiWan

Deutsche Vertretung in TaiWan
- ***Deutsches Institut TaiBei,*** 4. Stock, No. 2, Minsheng East Road, Sec.3 TaiBei, Tel.225016188 oder in dringenden Notfällen unter Tel. (0)-933154031, www.taipeh.diplo.de.

Österreichische Vertretung in TaiWan
- ***Austrian Trade Delegation,*** Dunhua North Road 205, Bank Tower, Suite 608, TaiBei, Tel. 02-27128597, www.advantageaustria.org.

Schweizer Vertretung in TaiWan
- ***Trade Office of Swiss Industries*** (TOSI), Room 3101, 31. Stock, International Trade Building 333, Keelung Road, Section 1, TaiBei, Tel. 27201001, www.swiss.org.tw.

Ein-, Aus- und Rundreisebestimmungen

> ***Achtung:*** Da sich die Einreisebedingungen kurzfristig ändern können, raten wir, sich kurz vor der Abreise beim Auswärtigen Amt (www.auswaertiges-amt.de bzw. www.bmaa.gv.at oder www.dfae.admin.ch) oder der jeweiligen Botschaft über den neuesten Stand zu informieren!

Visa

Die Einreisebestimmungen wurden in den vergangenen Jahren mehrfach deutlich gelockert und insbesondere für Geschäftsreisende und Kurzurlauber spürbar vereinfacht. Grundsätzlich ist ein Reisepass mit einer Restgültigkeit von mehr als 6 Monaten sowie ein gültiges Rückflugticket erforderlich.

- ***Visafreie Einreise:*** Eine visafreie Einreise für einen Aufenthalt bis zu 30 Tagen gilt u.a. für Reisende aus Deutschland, Österreich und der Schweiz (nicht EU-einheitlich!). Es ist keine Verlängerung möglich, auch nicht die nachträgliche Beantragung eines Visums!

- ***Visitor-Visa:*** Wer länger als 30 Tage in Taiwan bleiben möchte, muss ein Touristen-Visum (Visitor-Visa) beantragen. Ein „single-entry-tourist-visa" erlaubt eine einmalige Einreise mit einer Aufenthaltsdauer von 60–90 Tagen (je nach gustus der Behörden). Es wird im Heimatland beantragt (Antrag anfordern, ⇗dipl. Vertretungen) und kostet rund 30 €. Wer ein „multiple-entry-tourist-visa" benötigt, zahlt das Doppelte.

  Der Hauptvorteil des Visitor-Visa liegt darin, dass es bei einer der folgenden 21 Polizeidienststellen unter Vorlage des Reisepasses ***auf maximal 180 Tage verlängert*** werden kann:

ChangHua: Tel. (04)-7222101
FengShan: Tel. (07)-7460105
HsinChu: Tel. (035)-513438
HuaLian (HuaLien): Tel. (038)-224023
KaoHsiung (Gao Xiong): Tel. (07)-2154342
MaKung: Tel. (06)-9272105
NanTou: Tel. (049)-222111
PingTung: Tel. (08)-7336283
TaiNan: Tel. (06)-2229704
TaiTung: Tel. (089)-322034
TouLiu: Tel. (05)-5322042
ChiaYi: Tel. 05)-2274454
FengYuan: Tel. (04)-5263304
HsinYing: Tel. (06)-2229704
YiLan: Tel. (039)-325147
KeeLung (JiLong): Tel. (02)-4241991
MiaoLi: Tel. (037)-211302
PanChiao: Tel. (02)-9614809
TaiZhong (TaiChung): Tel. (04)-2203032
TaiBei (TaiPei): Tel. (02)-3817475
TaoYuan: Tel. (03)-3335107

- Die wichtigste Anschrift bei Visaverlängerungen dürfte für die meisten Besucher die ***Zentralstelle der Ausländerpolizei*** in TaiBei sein: Foreign Affairs Department, National Police Administration, 96 YenPing NanLu, Tel. (02-23213175). Das Personal spricht englisch, was auf dem Land nur selten der Fall ist.

- ***Permanent Resident Visa:*** Für diese Form der Aufenthaltserlaubnis/Visum ist ausschließlich das ***Bureau of Consular Affairs,*** 3–5 Fl., North Wing, 2-2 ZhiNanLu, Sec. 1, Tel. (02-23432888, Fax 23432968 in TaiBei zuständig. Längerfristig delegierte Beschäftigte oder Studenten, die mehr als 180 Tage in TaiWan leben oder arbeiten wollen, können zunächst ebenfalls ein Touristenvisum beantragen, dieses dann aber im Land innerhalb von 14 Tagen unter Vorlage von Unterlagen, welche die Notwendigkeit eindeutig dokumentieren, in ein Permanent Resident Visa (PRV) umwandeln (nur in TaiBei möglich); damit ist man dann zum Daueraufenthalt berechtigt. Wer vom Beginn seines Aufenthaltes an eine bezahlte Tätigkeit ausübt, beantragt am besten gleich und rechtzeitig vorab (mindestens 3 Monate) das Permanent Resident Visa schon ***im Heimatland,*** muss dabei aber mit erheblichem bürokratischem Vorlauf rechnen.

Mit dem Permanent Resident Visa hat man zwar das Bleibe-, noch nicht aber das Arbeitsrecht. Jeder PRV-Inhaber muss zusätzlich ein sogenanntes Alien Resident Certificate beantragen. Dies entspricht etwa einer ***Arbeitserlaubnis,*** kostet ca. 35 € und muss jährlich erneuert werden.

Änderungen der Visa-Bestimmungen sind jederzeit möglich, verbindliche Auskunft zur visafreien Einreise sollte man unbedingt bei den Vertretungen TaiWans in Europa einholen. Für in Deutschland mit dauerndem Aufenthaltsrecht lebende Ausländer gilt die gleiche Regelung wie für Bundesbürger. Ferner kann ein Visum - sofern gewünscht - auch vom Reisebüro beantragt werden.

Sonstige Dokumente

Impfbuch, Versicherungsnachweise, internationaler Führerschein, (internationaler) Jugendherbergsausweis, Studentenausweis u.a. sind nicht zur Einreise nach TaiWan notwendig, können sich aber unterwegs als hilfreich erweisen. Insbesondere der internationale Führerschein wird immer wichtiger, kaum ein Fahrzeugverleiher akzeptiert den nationalen Führerschein der Reisenden.

Einfuhrbestimmungen für TaiWan

Zollfrei eingeführt werden darf (ein Erwachsener ab 20 Jahren) alles für den persönlichen Bedarf, eine Flasche Alkohol, 200 Zigaretten, Lebensmittel in überschaubarem Rahmen, Gebrauchsartikel im Wert von 10.000 NT$/Stück bzw. Geräte bis zu 20.000 NT$, Muster bis zu 12.000 NT$. Oberhalb dieser Limits besteht ***Zollpflicht,*** wenn der Gesamtwert 5.000 US$ übersteigt. Zu beachten ist ferner, dass nicht mehr als 62,5 g Gold, 625 g Silber o.Ä. problemlos eingeführt werden können. Wer mehr mitbringt, muss eine ***Importgenehmigung*** beim Zoll beantragen, gleiches gilt bei Überschreitung der Obergrenzen für oben erwähnte Waren.

An ***Devisen*** dürfen bis zu (umgerechnet) 5.000 US$ und 40.000 NT$ eingeführt werden. Bei höheren Beträgen wird ein Einfuhrzertifikat vom Zoll ausgestellt, welches es dem Reisenden gestattet, den angegebenen Betrag binnen sechs Monaten auch wieder auszuführen.

Medikamente dürfen bis zu einer Menge von zwei Schachteln/Flaschen pro Sorte mitgebracht werden.

Generell ***verboten*** sind folgende Artikel: Falschgeld, Glücksspielutensilien, Pornografie, Waffen und Munition, Drogen, Spielzeugwaffen (inkl. Attrappen), Raubkopien und Artikel, die gegen internationale Urheberrechte verstoßen, Schmuggelware, Lebensmittel aus Infektionsgebieten, bedrohte Tierarten, Pflanzen o.Ä. Auf Drogenhandel steht in der R.o.C. (Republik China) die Todesstrafe.

Ausfuhrbestimmungen für TaiWan

Wer größere Anschaffungen in Taiwan tätigt, kann eine ***Mehrwertsteuererstattung*** am Flughafen vor der Ausreise beantragen, Informationsblätter hält die TI bereit, außerdem liegen sie am Flughafen auch in der Ausreisehalle aus.

Die ***Entscheidung des Zolls,*** ob durchgewunken oder gefilzt wird, hängt sehr oft vom äußeren Erscheinungsbild ab. Alle Bestimmungen sind unbedingt peinlich genau zu beachten.

Ein ***Rücktausch von NT$*** bei der Ausreise ist bis 21.30 Uhr bei den Wechselstuben des Flughafens unter (offiziell) Vorlage der Wechselbelege möglich.

Einfuhrbestimmungen für Europa

Bei der Rückreise gibt es auch auf europäischer Seite Freigrenzen, Verbote und Einschränkungen, die man beachten sollte, um eine böse Überraschung am Zoll zu vermeiden. Folgende ***Freimengen*** darf man zollfrei einführen:

- ***Tabakwaren*** (über 17-Jährige in EU-Länder und in die Schweiz): 200 Zigaretten oder 100 Zigarillos oder 50 Zigarren oder 250 g Tabak.
- ***Alkohol*** (über 17-Jährige in EU-Länder): 1 l über 22 Vol.-%. oder 2 l bis 22 Vol.-% und zusätzlich 2 Liter nicht-schäumende Weine; (in die Schweiz): 2 Liter (bis 15 Vol.-%) und 1 Liter (über 15 Vol.-%).
- ***Andere Waren für den persönlichen Gebrauch*** (über 15-Jährige): nach Deutschland 500 g Kaffee, nach Österreich zusätzlich 100 g Tee, (ohne Altersbeschränkung): 50 g Parfüm und 0,25 Liter Eau de Toilette sowie Waren bis zu 430 €. In die Schweiz Waren bis zu einem Gesamtwert von 300 SFr. pro Person.

Wird der Warenwert von 430 € bzw. 300 SFr überschritten, sind ***Einfuhrabgaben*** auf den Gesamtwert der Ware zu zahlen und nicht nur auf den die Freigrenze übersteigenden Anteil. Die Berechnung erfolgt entweder pauschalisiert oder nach dem Zolltarif jeder einzelnen Ware zuzüglich sonstiger Steuern.

Einfuhrbeschränkungen bestehen z.B. für Tiere, Pflanzen, Arzneimittel, Betäubungsmittel, Feuerwerkskörper, Lebensmittel, Raubkopien, verfassungswidrige Schriften, Pornografie, Waffen und Munition; in Österreich auch für Rohgold und in der Schweiz auch für CB-Funkgeräte. ***Nähere Informationen*** gibt es bei:

- ***Deutschland:*** www.zoll.de oder beim Zoll-Infocenter, Tel. (069)-469976-00
- ***Österreich:*** www.bmf.gv.at oder beim Zollamt Villach, Tel. (04242)-33233
- ***Schweiz:*** www.ezv.admin.ch oder bei der Zollkreisdirektion in Basel, Tel. (061)-2871111

Einschränkungen der Reisefreiheit

Sind die Einreiseformalitäten erledigt, kann der Besucher das Land absolut unbehelligt bereisen. Ausnahmen sind lediglich deutlich kenntlich gemachte ***militärische Sperrgebiete.***

Berggenehmigungen

Aus Umweltschutz- und Sicherheitsgründen (um zu wissen, wer wo möglicherweise verunglückt ist und um eine rasche Hilfe zu ermöglichen) können einige bestimmte Gipfelregionen TaiWans nur mit einem sogenannten ***Mountain Pass*** besucht werden, der ursprünglich in zwei Kategorien erhältlich war. In den Ortsbeschreibungen in diesem Buch wird jeweils auf eine eventuelle Notwendigkeit hingewiesen.

Der einfache Typ, ***Mountain Pass B,*** ist mittlerweile fast ausnahmslos in ein Eintrittsgeld für die jeweilige Region umgewandelt worden. Die Bezeichnung existiert zwar noch in einigen Gebieten, hat aber nichts mehr zu bedeuten. Lediglich der Reisepass muss gelegentlich vorgelegt werden.

Einige wenige (allerdings auch recht extreme und für den normalen Touristen kaum in Frage kommende) Gipfelregionen verlangen den ***Mountain Pass A.*** Da Vorhaben dieser Art Expeditionscharakter haben, ist ein gewisser zeitlicher Vorlauf unabdingbar. Man wendet sich hierzu rechtzeitig vor der Abreise (mindestens 6 Wochen) mit Fotokopie des Reisepasses an die RoC Alpine Association (RoCAA), 10. Etage, 185 ZhongShan BeiLu, Section 2, TaiBei, Tel. 25935662, rocalp@ms.34.hinet.net, die den Mountain Pass Typ A arrangiert. Vor Ort ist - je nach Saison - mit ein bis zwei Wochen Bearbeitungszeit zu rechnen.

Eine weitere Voraussetzung für die Ausstellung dieses Passes ist, dass man entweder einen lokalen Führer mietet oder eine von der RoCAA angebotene und arrangierte Klettertour bucht. Ferner muss geeignete Ausrüstung nachgewiesen (oder vor Ort gemietet) werden. Aus Wettergründen ist nicht jede Tour zu jeder Jahreszeit möglich, sodass für Interessenten die frühzeitige Anfrage beim RoCAA dringend anzuraten ist.

Die ***Patrouillen der Bergpolizei*** kontrollieren den Besitz des Mountain Pass A; eine Missachtung der Vorschriften zieht Geldbußen oder gar eine Ausweisung nach sich.

Einkaufen

Für ***Gebrauchs- und Konsumgüterartikel*** während des Aufenthaltes bietet TaiWan alles, was das Herz begehrt. Von westlichen und chinesischen Speisen über Elektronik bis hin zu qualitativ guter Allwetterkleidung führen Kaufhäuser, Shops und Boutiquen ein ähnliches Sortiment, wie wir es von europäischen Kaufhäusern her kennen. Alles, was der Reisende unterwegs braucht (Batterien, Schreibzeug, Waschpulver, mal ein T-Shirt), kauft er besser vor Ort ein, da die Preise für diese Dinge leicht günstiger sind als in der Heimat und er sich nicht unnötig mit Gewicht belasten muss. Spezielle Gegenstände wie gute Schuhe oder ein Schlafsack für Bergtouren besorgt man sich allerdings besser vor der Abreise, da diese in TaiWan oft nur mit größerem Suchaufwand und dann auch teurer (im Falle von Schuhen ab Größe 45 nur selten) zu haben sind.

Die Vielfalt des Angebotes macht es schwierig, Empfehlungen für ***Souvenirs*** zu geben. Einfach mitzuführende und sehr beliebte Mitbringsel sind Kleidung, Jadeschmuck, ein persönlicher Namensstempel, Stickereien, kleine Holz- oder Steinstatuen, lokale Spirituosen, chinesisches Geschirr/Stäbchen und vieles andere mehr.

Obgleich man sich nicht am Anfang einer Reise mit Souvenirs eindecken sollte, hat sich eine Regel als wertvoll erwiesen: Wenn man an etwas Gefallen findet, sollte man es unbedingt sofort erwerben und nicht auf die letzte Reiseetappe mit dem Gedanken verschieben, man könne dies auch noch am Ende der Reise irgendwo bekommen - dann sucht man sehr oft vergebens.

Computerzubehör ist manchmal günstiger als in Europa, wobei jedoch Garantienachteile und eventuelle Einfuhrbeschränkungen in Europa zu beachten sind. Wer komplette ***Porzellanservices*** oder traditionelle ***Möbelgarnituren*** erwerben möchte, kann in TaiBei meist direkt im Geschäft die Verschiffung nach Europa mit buchen.

Gänzlich anders als bei uns sieht in TaiWan das ***Straßenbild beim Einkauf*** aus: Wie in vielen Ländern in Ost- und Südostasien findet man Geschäfte in fast allen Straßenzügen, Haus neben Haus. Dabei wird im Erdgeschoss verkauft, in den oberen Etagen gewohnt. Man findet einfachste Garküchen neben schicken Boutiquen, getrocknete Lebensmittel wie Fisch oder Würste mit gewöhnungsbedürftigen Gerüchen unmittelbar neben modernen 7/11-Minimärkten. In den modernen Vierteln der Großstädte werden die traditionellen „Straßenhändler" jedoch zunehmend von großen sogenannten „Shopping-Malls" (Einkaufs-Hochhäuser) verdrängt.

In den Großstädten sind außerdem große ***Supermärkte*** im Kommen, allen voran die Ketten Carrefour und Park n'Shop. Dabei handelt es sich um eine Art Kaufhalle mit integriertem großem Supermarkt und Garküchenzirkel im Untergeschoss. Diese sehr günstigen Supermärkte bieten meist (neben dem zu erwartenden Sortiment) Backwaren, eine Theke mit warmen Gerichten zum Mitnehmen (Snacks, Hähnchen etc.) sowie sauber und steril verpacktes Obst. Die Garküchen geben auf engem Raum einen sauberen und köstlichen Überblick über diverse Stilrichtungen; Gerichte sind meist als Plastikmodell ausgestellt, sodass man leicht ohne Sprachkenntnisse bestellen kann.

Ähnliches bieten diverse Hochhäuser im Land (meist ***XY-Mall*** genannt), in TaiBei etwa das 101 oder der ShinKong Mitsukoshi-Tower (in anderen Städten analog). Dabei gleichen die ersten Etagen einem üblichen Kaufhaus, in den Untergeschossen befinden sich wiederum ein Supermarkt sowie hervorragende Garküchen.

Die ***7/11-Kette*** zeichnet sich durch ein kleines Basissortiment (Getränke, Nudelsuppen ...) zu etwas höheren Preisen aus, Filialen sind dafür in praktisch jeder Straße taiwanesischer Städte zu finden. Zudem findet man hier englischsprachige Tageszeitungen, Pre-paid-Telefonkarten und kann (in TaiBei, ⇗ Verkehrsmittel TaiBei) die Easy-Card aufladen.

100t Foto: wl

Meist Festpreise – Feilschen ist eher selten

Elektrizität

In TaiWan beträgt die ***Stromspannung*** 110 V, mitgebrachte elektrische Geräte benötigen also ein geeignetes Netzteil. Ferner muss ein ***Flachstiftstecker*** (Typ N-Amerika oder Asien, erhältlich in Baumärkten und Elektrogeschäften) mitgebracht werden.

Achtung: Wer etwa ein Radio oder Computerteile kaufen will, muss sich unbedingt davon überzeugen, dass ein ***Kippschalter*** zum Umschalten auf 220 V nicht nur als Attrappe existiert, sondern auch funktioniert. Meist ist zwar der Umschalter am Gehäuse vorhanden, da der inländische Markt aber den Umschalter nicht benötigt, fehlt häufig das Modul im Gerät!

Essen und Trinken

Nicht zuletzt durch die hohe Anzahl chinesischer Restaurants in Europa ist das Kulinarische einer der ersten (oft auch der einzige) Berührungspunkte des Europäers mit der chinesischen Kultur vor einer Reise in den fernen Osten. Die chinesische Küche übt eine beinahe einzigartige Faszination auf jeden aus, was sowohl auf der Vielzahl an Stil-, Zubereitungs- und Geschmacksrichtungen als auch auf der unvergleichlichen optischen Gestaltung der Mahlzeiten beruht. Tatsächlich wird das Kochen in China und TaiWan nicht als Handwerk, sondern als Kunst verstanden, die Verbindung von Optik, Geschmack und Geruch spielt in allen chinesischen Küchen eine Schlüsselrolle.

Kulinarische Stilrichtungen

Die ***regionalen Besonderheiten Festlandchinas*** haben über die Jahrtausende zahlreiche vollkommen unterschiedliche Küchen entstehen lassen, die sich in etwa so unterscheiden wie die französische von der britischen. Auf TaiWan leben die Nachkommen von Chinesen aus allen Provinzen der Republik China vor 1949. Demzufolge sind auch die zahlreichen Stilrichtungen der chinesischen Küche auf sehr überschaubarem Raum vertreten, was TaiWan bei Freunden der chinesischen Kochkunst besonders beliebt macht. Kulinarisch wird China in ***vier Regionen*** mit weiter unterteilten Kochstilen gegliedert: nördliche Küche (Peking-Stil, mongolischer Stil), östliche Küche (ShangHai-Stil), die südliche Küche (kantonesischer, Hakka-, taiwanesischer und FuChou-Stil) und die westliche Küche (SzuChuan-Stil, HuNan-Stil).

Peking-Küche

Die Zutaten werden isoliert (d.h. nicht zusammengemischt) und frisch zubereitet, sind sehr mild gewürzt und somit dem westlichen Besucher geschmacklich am vertrautesten. Sehr beliebt sind gegrillte Fleischgerichte und Hammelspieße. Das bekannteste Gericht dürfte allerdings die ***Peking-Ente*** sein, deren Zubereitung bei Beachtung aller Regeln Tage dauert und die durch das Einpinseln mit Honigwasser goldbraun glänzt. Die Poren werden damit versiegelt, das Fett brät nach innen und lässt die Haut besonders knusprig werden. Zur Ente werden Zwiebeln oder Lauch und Pfannküchlein gereicht. China ist zwar der größte Reisproduzent der Erde, doch beschränkt sich die Verbreitung dieses Grundnahrungsmittels auf die wärmeren Gegenden im Süden. Nördlich des ChangChiang (ChangJiang, YangTzeKiang), der auch als ***Nudeläquator*** bezeichnet wird, werden mehr Nudeln, südlich davon wird eher Reis gegessen.

Mongolisch

Das markante Merkmal dieser Kochrichtung ist die gemeinsame Benutzung eines Grills („Mongolian Barbecue“) oder Topfes („Mongolian Hotpot“) der Gäste am Tisch. Zubereitet werden hauptsächlich Fleisch, Geflügel und Gemüse. In TaiBei bieten zahlreiche Restaurants das Barbecue („eat-as-much-as-you-can“) zum Festpreis an - für Hungrige ein gutes Schnäppchen!

ShangHai-Stil

Huhn und Krabben sind die Hauptbestandteile der ShangHai-Küche, ergänzt durch Pilz- und Bambussprossengerichte. Durch die schnelle Zubereitungsart behalten die einzelnen Speisen überwiegend ihren natürlichen Geschmack, die Würze entsteht durch die beigestellten Saucen.

Kantonesisch

„Der Kantonese isst alles, was fliegt, schwimmt oder vier Beine hat - außer den Stuhl, auf dem er sitzt und das Bett, in dem er schläft“ lautet eine in China selbst weitverbreitete Redensart zur Essgewohnheit im Süden. In Film und Literatur wird oftmals leider nicht berücksichtigt, dass Kanton nicht China, eine Küche nicht stellvertretend für das ganze Land und „alle Chinesen“ genannt werden kann. Die überwiegende Mehrheit der Chinesen lehnt ebenso wie der von Tierschutz geprägte westliche Besucher die kantonesische Küche ab. Tatsächlich beinhaltet die kantonesische Küche auch (aber nicht nur) Käfer, Würmer, Schlangen, Hunde, Ratten, Vogelnestersuppe, Affen und andere Leckereien. Wer einen Anhänger dieser Richtung auf die „Widerwärtigkeit“ derartiger Lebensmittel anspricht, muss damit rechnen, dass er nach dem Unterschied zu Aalen, Schnecken oder Austern gefragt wird! Zu den „normalen“ Köstlichkeiten zählen *DimSum (DianXin,* eine Vielzahl an warmen Snacks), gebratenes Schweinefleisch, Haifischflosse und Shrimps in zahlreichen Variationen.

ChaoZhou-Stil

Haifischsuppe, Schellfisch, Gans in Sojasauce und Vogelnestersuppe zählen zu den bekanntesten Gerichten dieser Region. Die Mahlzeiten sind sehr gehaltvoll und herzhaft, wenn auch nicht übermäßig scharf.

Hakka-Stil

Die Hakka als Nomadenvolk haben ganz China durchquert und einige besondere Kochgewohnheiten entwickelt. Die Grundbestandteile der Hakka-Küche bestehen aus getrockneten Gemüsearten und getrocknetem Fleisch, um eine möglichst lange Haltbarkeit zu gewährleisten. Hauptmahlzeiten bestehen aus salzig-sauer eingelegtem Chinakohl, Sojabohnenquarksuppe und Innereien.

Taiwanesisch

Man darf die traditionelle taiwanesische Küche nicht mit den heute auf TaiWan angebotenen Richtungen aller chinesischen Küchen verwechseln. Meeresfrüchte und Suppen aller Art waren und sind die typischen Grundlagen einer ursprünglich taiwanesischen Mahlzeit. Eine besondere Spezialität - aber auch entsprechend teuer - ist der Hummer. Die Speisen der traditionellen taiwanesischen Küche sind mild gewürzt und auch für den europäischen Magen sehr bekömmlich.

FuZhou-Stil

Der Schwerpunkt dieser Küche liegt auf der frischen und geschmackserhaltenden Zubereitung von Meeresfrüchten und Suppen. Besondere Köstlichkeiten sind Haifischflossen- und Schildkrötensuppe. Gebratene Speisen sind oft süßsauer gewürzt. Letzteres ist ein typisches Geschmacksmerkmal dieser Kochrichtung, welche im Westen gelegentlich fälschlich als typisch chinesisch bezeichnet wird.

SzuChuan-Stil (SiChuan)

Diese im Südwesten der Volksrepublik beheimatete Küche zeichnet sich durch die Verwendung von Chili, Fenchel, Anis und Koriander aus. Das Resultat ist eine einzigartige Geschmacksmischung aus Schärfe und würzigem Geschmack. Neben Schweinefleisch und Süßwasserfisch ist vor allem die geräucherte Ente äußerst beliebt. Die Ente wird in Pfefferkörnern, Ingwer, Zimt, Orangenschale und Koriander mariniert und über einem offenen Feuer mit Tee- und Kampferholz geräuchert. Nudeln und Brot sind beliebte Beilagen, ansonsten wird südlich des ChangChiang-Flusses (ChangJiang, YangTzeKiang) eher Reis gegessen, nördlich davon serviert man, wie bereits erwähnt, eher Nudeln.

HuNan-Stil

Die Besonderheit der HuNan-Küche liegt in der Verwendung von viel Öl und dem Dämpfen der Fleischspeisen. Man kennt hier sowohl sehr scharfe, aber auch süß-saure Zubereitungsarten. Besonderheiten sind Schwalbennest mit Krabbenfleisch oder Entenzunge in brauner Sauce.

Gemüse

Die Gemüsebeilagen sind je nach Anbaugebiet und Saison unterschiedlich vertreten. Typisch sind Blumenkohl, Broccoli, Chinakohl, Sojabohnensprossen, Pilze, Bambussprossen, Melone, Gingko, Blattspinat, Gurke, Tomate, Kartoffel, Süßkartoffel und Karotte. Sojabohnen werden meist zu Sojasauce oder Sojaquark *(TouFu)* verarbeitet und nehmen in der buddhistischen vegetarischen Küche eine wichtige Stellung als Fleischersatz ein. Kartoffeln sind eher schwer erhältlich, stellen fast eine besondere Delikatesse dar und sind nicht Beilage wie bei uns, sondern ein Gemüse wie andere auch.

Information im Internet

Wer sich schon einmal einstimmen möchte auf das, was in TaiWan kulinarisch geboten wird, sollte die Webseite ***http://hcccc.hccg.gov.tw*** besuchen, wo etliche Gerichte und Kleinrestaurants vorgestellt werden.

Traditionelle chinesische Esskultur

Ein chinesisches Mahl besteht meist aus einer Vielzahl von Gängen, die auf einem runden Tisch allen Teilnehmern einer Runde zur Verfügung stehen. So kann man eine ganze ***Reihe von einzelnen Gerichten*** nach und nach probieren, große Einzelgerichte wie in westlichen Lokalen kennt man in der chinesischen Küche nicht.

Der Gastgeber sitzt am der Tür nächstgelegenen Platz, der Ehrengast gegenüber, sonstige Familienmitglieder oder Freunde verteilen sich ringsum. Bei (Ehe-) Paaren sitzt der Mann links der Frau.

Üblicherweise wird zur Eröffnung eine Tasse chinesischen Tees getrunken, ehe einige warme oder kalte Vorspeisen serviert werden. Anschließend folgen mindestens ein halbes Dutzend Hauptspeisen sowie eine Suppe, die quasi als Getränk nebenher getrunken wird und daher meist eher klar denn angedickt ist.

Selbstredend verwendet man zum Essen keine Bestecke, sondern *KuàiZi* ***(Essstäbchen).*** Alle Gerichte sind so fein geschnitten und portioniert, dass ein Zerkleinern der Speisen am Tisch überflüssig ist. Für die Suppe gibt es entweder einen kleinen Porzellanlöffel oder sie wird aus der Schale getrunken. Das Essen mit Stäbchen sollte sich der Tourist einigermaßen aneignen, es sieht zwar schwierig aus, ist aber nur eine Sache der Übung. Die folgende Skizze gibt eine kleine optische Hilfestellung zur Handhabung. Ein ausgezeichnetes Training ist das Aufnehmen von Erdnüssen mit Essstäbchen!

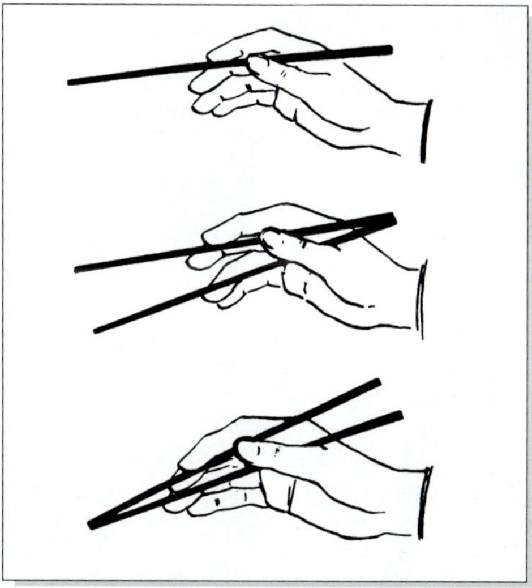

Essensmöglichkeiten für den Reisenden

Preiswerte Küche

Soviel zur hohen chinesischen Küchenschule, nun geht es dem Touristen aber auch darum, die Volksküche und preiswerte Verpflegungsmöglichkeiten kennen zu lernen – und da sieht es etwas anders aus. ***Einfache Lokale*** bieten oft ähnliche, bankettartige Gerichte für mehrere Personen, gegessen wird dann aus Plastikschalen und mit Einweg-Holzstäbchen.

Einfache Garküchen bieten schmackhafte und preiswerte Tellergerichte wie Suppen oder *ChiaoTzu* (*JiǎoZi* oder *ShŭiJiăo,* wenn gekocht), eine Art Ravioli mit unterschiedlichen Füllungen, die jeder Tourist probieren sollte. Diese Garküchen erkennt man daran, dass sie keinen klimatisierten Gastraum anbieten, sondern zur Straße hin offen sind und die „Küche“ nahe am Zugang für jedermann einsehbar ist. Manchmal werden die Sitzgelegenheiten einfach auf den Bürgersteigen aufgebaut, die „Küche“ besteht meist aus einer Art Wok oder heißen Platte am Eingang. Jede Garküche hat wenige, immer gleiche Spezialitäten, die nicht immer klar identifizierbar sind. Nicht jeder „Westler“ fühlt sich von chinesischen Garküchen angesichts der seltsamen Gerüche und teilweise gewöhnungsbedürftigen Inhalte angezogen. Dafür wird man mit Suppen oder einfachen Reis-/Nudelgerichten sehr preiswert satt (40–100 NT$).

Daneben gibt es eine unendliche Zahl von ***Fast-food-Ketten*** auf TaiWan. Neben dem üblichen westlichen Sortiment an Burger- und Hühnerfabriken, die bei Jung und Alt „in“ sind, kann der Tourist in einer nur auf TaiWan vorhandenen Form des ***chinesischen Schnellimbisses*** preisgünstig satt werden: In einem von außen deutlich erkennbaren Speiseraum stehen buffetartig rund zwanzig verschiedene, einzeln zubereitete Speisen

076t Foto: wl

„Großküche" eines buddhistischen Klosters (ChangHua)

zur Auswahl, die man sich entweder zum Mitnehmen oder zum Verzehr vor Ort selbst in einer Styroporschale zusammenstellt. Anschließend wird an der Kasse zusammengerechnet, was das Gesamtmenü kostet. Fleisch und Fisch sind etwas teurer als die Gemüsesorten und Eierspeisen, Reis und Tee werden extra ausgegeben und sind im Preis inbegriffen. Diese Form des chinesischen Fast food ist eine ausgezeichnete Gelegenheit, auch ohne Sprachkenntnisse verschiedene Einzelspeisen auszuprobieren, ohne falsche Bestellungen befürchten zu müssen. Ein vegetarisches Menü kostet rund 100 NT$, mit viel Fleisch oder Fisch kommt man auf ca. 160 NT$. Meist schmeckt es ausgezeichnet, Sorgen wegen mangelnder Hygiene sind in der Regel völlig unbegründet. Derartige Lokale sind nahezu allgegenwärtig, man beachte allerdings, dass viele nur zu den Stoßzeiten (mittags und abends) geöffnet haben und die besten Sachen rasch vergriffen sein können.

Recht günstig sind vegetarische Mahlzeiten in buddhistischen Klöstern (wo die Möglichkeit dazu besteht, wird bei den Ortsbeschreibungen angemerkt) oder den an der

Svastika (buddhistisches Hakenkreuz) erkennbaren ***buddhistischen vegetarischen Restaurants.*** Hier wird insbesondere *TouFu* (Sojabohnenquark) in mannigfaltigen Variationen von würzig bis süßsauer zubereitet.

Food-Circle

Eine relativ junge Erscheinung innerhalb der kulinarischen Angebotspalette ist der Food-Circle ***in den Shopping-Malls größerer Städte.*** Viele Großstädte bemühten sich in den vergangenen Jahren, die Garküchen aus hygienischen Gründen von den Straßen in geschlossene Räumlichkeiten zu verlagern. Viele moderne Hochhäuser und Einkaufszentren bieten daher heute im Untergeschoss neben Supermärkten auch eine ***große Anzahl an (ehemaligen) Straßengarküchen*** mit einer riesigen Vielfalt an unterschiedlichen Spezialitäten zu günstigen Preisen bei guter Qualität. Dies ist *die* Gelegenheit schlechthin, unterschiedliche chinesische Gerichte aller Art sauber und hygienisch zu probieren, ohne erst lange suchen zu müssen. Wie auf der Straße auch bieten die Einzelküchen nur wenige Gerichte an, die Speisen werden oft als Plastikmodell oder in Bildern ausgestellt, sodass auch der Sprachunkundige sehen kann, was er kauft. Oft wird auch japanisches Fast Food (man sitzt unmittelbar um eine langezogene Bratfläche herum, die Köche braten direkt vor dem Kunden) zu Fixpreisen angeboten, auch westliche Ketten findet man in den Food-Circles.

Frühstück

Wer ein ***teures Hotel*** wählt, hat meist die Wahl zwischen östlichem (Suppe, Reis, Fisch ...) und westlichem Frühstück (Toast, Brot, Marmelade, Aufschnitt), oft als Buffet angeboten. Der ***Traveller*** hat es dagegen etwas schwerer, da die Übernachtungspreise einfacher und mittlerer Hotels kein Frühstück beinhalten. Während dies in den Städten kein Problem ist (die amerikanische Starbucks-Kette bietet beispielsweise frischen Röstkaffee und süße Teilchen, Brote/Gebäck gibt es in Supermärkten und Bäckereien), muss man in abgelegeneren Regionen (Kleinstädte, Inseln, Bergland) mit Tee und Nudelsuppe vorlieb nehmen. Kaffee ist überall relativ teuer, am günstigsten kommt man da noch bei McDonald's weg ...

Selbstversorger

In größeren Orten mit ***Lebensmittel- und Supermärkten*** kann man sich auch preiswert mit Konserven, Brot und Nudelsuppen über Wasser halten. Supermärkte findet man meist in den Shopping-Malls (Kaufhäusern) größerer Städte, als Kette findet man landesweit Filialen von Carrefour (Kaufhalle mit großem Supermarkt oder Park n'Shop).

Nahezu alle ***kleinen Lebensmittelläden*** bieten Tee-Eier (in Tee stundenlang gekochte Eier), Hot-Dogs, Sandwiches und eisgekühlte Getränke zum Selbstzapfen für wenig Geld an. Hier wird man in erster Linie auf die bekannte Kette 7/11 treffen, wo man auch Telefonkarten (Pre-Paid) kaufen oder in TaiBei die Easy-Card (Verkehrsmittelkarte) aufladen kann.

Nudelsuppen in Tüten zum Aufgießen mit heißem Wasser (*KàiShŭi,* gibt es in jedem Hotel kostenlos) sind sehr günstig (ab 20 NT$) und insbesondere bei Wanderungen in den Bergregionen oft die einzige Möglichkeit einer warmen Mahlzeit.

Die ***Märkte*** bieten eine reichhaltige Palette an Gemüse, Fleisch, Fisch und Obst. Leider ist frisches Obst nicht so günstig wie in anderen Erzeugerstaaten der Region, eine Mango oder eine halbe Wassermelone können leicht 60–70 NT$ kosten. Auch sind nicht alle Früchte durchgängig erhältlich, die nachfolgende Übersicht gibt die jeweilige Saison der auf TaiWan erhältlichen ***Obstsorten*** an.

- ***Ganzjährig:*** Ananas, Banane, Carambola, Grapefruit, Guava, Papaya, Wachsapfel, Wassermelone
- ***März–Juli:*** Pflaume
- ***April:*** Erdbeere
- ***Juni–Juli:*** Mango, Pfirsich, Litschi
- ***Juli–September:*** Longan
- ***August–Oktober:*** Apfel, Birne
- ***August–Januar:*** Limone
- ***November–Februar:*** Orange

Getränke

In guten Lokalen gibt es neben einer breiten Palette internationaler Spitzenweine auch Importbier und *MáoTáiJiǔ* (Reis-Hefeschnaps), *KǎoLiángJiǔ* (Sorghumschnaps), Tee und lokale Biere. Alle nationalen Alkoholika unterliegen der Aufsicht des „TaiWan Tobacco & Wine Monopoly Bureau".

War das einzige *TaiWan-Beer* in den 1980er und frühen 1990er Jahren noch ziemlich ungenießbar, erfreuen sich die mittlerweile vier nationalen ***Biersorten*** zunehmender Beliebtheit und sind auch qualitativ akzeptabel. Neben dem *TaiWan-Beer,* einer Art Pilsener, existieren *TaiWan-Draft, TaiWan-Dark,* welches nur in TaiNan gebraut wird und ausgezeichnet schmeckt, sowie - ganz im Trend - *TaiWan-Light.* Während in den besseren Restaurants Bier recht teuer ist, kann man sich in den Supermärkten preiswert eindecken. Eine 0,33-l-Dose TaiWan-Beer (blauweiß) kostet rund 25 NT$, daneben werden auch deutsche und amerikanische Importbiere angeboten, die allerdings deutlich teurer sind.

Alkoholfreie Getränke sind in jedem Lebensmittelgeschäft, in Kaufhäusern und Bäckereien gekühlt oder ungekühlt erhältlich. Westliche Limonaden werden in Dosen (ca. 25 NT$ pro 0,33-l-Dose), einheimische Fruchtsaft- und Mineralgetränke in 0,25- oder 0,33-l-Tetra-Packs (ebenfalls rund 25 NT$, je nach Sorte und Größe) verkauft. Mineralwasser ist nur ohne Kohlensäure in 1- bis 2-l-Kunststoff-Flaschen erhältlich und kostet je nach Sorte 25–35 NT$.

Milch und Milchprodukte sind erhältlich, aber vergleichsweise teuer. Viele Chinesen vertragen Milchprodukte generell nicht, da (wie bei vielen Asiaten) ein Enzym im Magen zum Abbau der Milchsäuren fehlt.

Tee

Ein urtypisches, geradezu zeremonielles Getränk der Chinesen ist der Tee, dessen Zubereitungs- und Trinkkultur seit Jahrtausenden ***im chinesischen Volk verwurzelt*** ist. Während der Tang-Dynastie (618–907 n.Chr.) verfasste ein buddhistischer Mönch namens *LuYu* gar einen „sechsten" Klassiker der chinesischen Literatur, das *„CháChing"* (Buch des Tees). Im 17. Jahrhundert kam der Tee durch niederländische Kaufleute nach Europa, wo er insbesondere in England mit großer Begeisterung aufgenommen wurde und bald den regen Handel mit den Teeanbaugebieten des Empires begründete.

Tee wird aus den jungen, grünen Blättern des Teestrauches gewonnen, getrocknet und entweder als unfermentierter ***grüner Tee*** *(LùChá)* oder als gerösteter und fermentierter ***schwarzer Tee*** *(HóngChá,* wörtlich: roter Tee) aufgegossen. Eine Mischform - halbfermentiert - ist der oft als Gesundheitstee angepriesene ***Oolung-Tee*** *(WūLóng,* schwarzer Drache).

Zubereitet wird der Tee in winzigen Teekannen, die zu einem Viertel mit Teeblättern gefüllt und mit 100 Grad heißem Wasser bei fermentierten und halbfermentierten Sorten, mit 90 Grad heißem Wasser bei unfermentierten Sorten übergossen wird. Der Tee muss anschließend drei Minuten ziehen und wird aus winzigen fingerhutgroßen Becherchen getrunken. Die Kanne wird dann erneut drei- bis viermal mit Wasser aufgegossen, jeder Aufguss benötigt dann eine Minute länger zum Ziehen.

Tee gilt in China auch als ***lebensverlängernd,*** er ist harntreibend und gut für die Augen. Das chinesische Nationalgetränk enthält außerdem eine Reihe lebenswichtiger Vitamine, Fluorid und ätherischer Öle.

Auch der ***Tourist*** sollte sich an Tee gewöhnen, da er überall erhältlich, preisgünstig und im feuchtschwülen Klima geradezu ideal verträglich ist. Nahezu alle Hotels bieten kostenlos heißes Trinkwasser zur eigenen Zubereitung von Tee an, gelegentlich werden sogar die Teeblätter im Zimmer bereitgestellt.

Feste und Feiertage

Auf TaiWan werden einige Festivitäten nach dem westlichen gregorianischen, andere nach dem Mondkalender begangen. Letztere wechseln daher das Datum in unserer Zeitrechnung. Nationale Feiertage nach dem Mondkalender gibt es nur drei, daneben werden regionale, aber auch nicht als offizielle Feiertage anerkannte Feste nach dem Mondkalender begangen.

Chinesisches Neujahr

Das traditionellste und kulturell bedeutsamste Fest ist das chinesische Neujahr *(ChunChie, ChunJie),* welches sich nach dem Mondkalender berechnet (erster Tag des ersten Mondes) und in die Zeit von Anfang Januar bis Mitte Februar fällt. Die Feierlichkeiten dauern etwa drei Tage und werden von Knallkörpern, vielen neuen Vorsätzen, Symbolen, Verzierungen an den Häusern, Verwandtenbesuchen und anderem gekennzeichnet. Während dieser Tage bzw. die gesamte Woche rund um diese Tage „geht gar nichts“, die Arbeit ruht (Banken, Post, Betriebe). Dennoch wird immer irgendetwas geöffnet haben, auch der öffentliche Verkehr bleibt aufrecht erhalten. Man sollte nur prinzipiell bedenken, dass am Anfang der Ferien die Bewohner TaiBeis in Strömen nach Süden oder auf die Inseln fahren (GaoXiong/KaoHsiung, TaiNan, KenTing, Pescadoren, KinMen) und dort Kapazitätsengpässe auftreten können, dafür wird dort auch das Neujahrsfest intensiv gefeiert. TaiBei selbst gleicht über die Ferien einer Geisterstadt (wenig los), am Ende der Feierlichkeiten fließen die Verkehrsströme dann in umgekehrter Richtung.

Mit dem ersten Tag des Mondjahres wechselt das Tierkreiszeichen, welches immer für die Dauer eines Mondjahres gilt. Insgesamt gibt es 12 Tierkreiszeichen (⇗ Abschnitt Alterszählung & chinesischer Kalender im Kapitel Mentalität).

Herbst- oder Mondfest

Am 15. Tag des achten Mondes (etwa Mitte September bis Anfang Oktober) wird das Herbstfest *(ChungChiuChie, ZhongQiuJie)* oder Mondfest *(YuehChie, YueJie)* gefeiert. Zu diesem Anlass backen die Bäckereien die typischen und nur zu dieser Zeit erhältlichen kreisrunden Mondkuchen, eine Art kleine, dunkle Pastete. Das Fest ist traditionell ein sehr romantisches, da zwischen den Geschlechtern „Bande geknüpft“ werden sollen. Dies basiert auf einer Legende, in der der Schütze *HouYi* neun der zehn die Erde ver-

101t Foto: wl

Bei religiösen Festen sind Räucherstäbchen obligatorisch

brennenden Sonnen abschoss und zum Dank dafür ein Mittel der Unsterblichkeit erhielt, welches ihm aber von seiner Frau gestohlen wurde. Dem alten „Mann im Mond" missfiel die mangelnde Aufrichtigkeit zwischen den Ehepartnern, und seitdem knüpft er „unsichtbare Fäden der Aufrichtigkeit" zwischen Männern und Frauen.

Drachenbootfest

Auch das Drachenbootfest *(TuanWuChie, DuanWuJie)* am fünften Tag des fünften Mondes (ca. Juni) geht auf eine Geschichte zurück: *ChüYuan,* ein Poet und Politiker des chinesischen Altertums, ertränkte sich in einem Fluss, um gegen die Willkürherrschaft der Regierenden zu protestieren. Die Bewohner der umliegenden Orte wollten ihn finden und fuhren mit allen zur Verfügung stehenden Booten in rasender Eile den Fluss entlang, ohne Erfolg allerdings. Auf diesem Ereignis basieren die an diesem Tag abgehaltenen ***Drachenbootrennen.*** Heute werden die mit farbenfroh verzierten Booten ausgetragenen Rennen von TaiBei im Fernsehen übertragen und haben ähnlich sportlichen Charakter wie etwa das Rennen zwischen den Teams von Oxford und Cambridge.

Weitere Feste nach dem Mondkalender

Zwei Wochen nach dem chinesischen Neujahr, am 15. Tag des ersten Mondes, ziehen die Menschen mit selbstgebastelten, kunstvollen Lampions zu den Tempeln, um den Geistern den Weg zu weisen. Ganz besonders interessant ist das ***Laternenfest*** *(YuanHsiaoChie, YuanXiaoJie)* in den Tempeln von LuErMen, YenShui und PeiKang (⇗ Südwesten), wo viele tausend Teilnehmer und Besucher unter dem ohrenbetäubenden Lärm von Feuerwerkskörpern den Prozessionen beiwohnen.

Während des siebten Mondmonats (Juli, August), des ***Geistermonats*** *(KuiYueh, GuiYue),* kommen die Geister aus der Unterwelt und wandeln einen Monat lang auf der Erde umher. In dieser Zeit vermeidet der Chinese das Reisen, das Heiraten, den Abschluss größerer Geschäfte oder auch nur das Schwimmen, da die umherirrenden Geister nahezu alles negativ beeinflussen. Während dieser Zeit sind aus den genannten Gründen Hotel- und Transportkapazitäten für Touristen im Überfluss vorhanden. Am ersten Tag finden zahlreiche rituelle Prozessionen und Verbrennungen von symbolischem Papiergeld statt, um die Geister zu besänftigen. Zuweilen sollen sie auch durch lautes Feuerwerk am Aufstieg auf die Erde gehindert werden. Ähnliches wiederholt sich am 15. Tag des siebenten Mondmonats.

Mitten im Geistermonat, genau am siebten Tag des siebten Monats, wird in China der ***Tag der Verliebten*** *(ChingJenChie, QingRenJie),* vergleichbar mit unserem Valentinstag, begangen. Die Paare schenken sich Karten und kleine Aufmerksamkeiten, bei Einbruch der Dunkelheit sind die Parks voll mit engumschlungenen Pärchen.

Eine der auf TaiWan wichtigsten Schutzgottheiten ist die daoistisch-schamanistische Göttin MaTzu. Sie wacht über das Heil der Fischer und Seefahrer, jeder Küstenort beherbergt mindestens einen Schrein oder Tempel ihr zu Ehren. ***Der Geburtstag der Göttin MaTzu*** *(MaTzu ShengJi, MaZu ShengRi)* wird am 23. Tag des dritten Mondmonates (April/Mai) begangen.

Im März, am 19. Tag des zweiten Mondmonats, feiern die Buddhisten den ***Geburtstag der Gottheit der Barmherzigkeit*** *(KuanYin SengJi, GuanShiYin ShengRi).* Auch viele Daoisten verehren KuanYin, in ihren Tempeln wird das Zwitterwesen oft hundertarmig dargestellt, in buddhistischen Heiligtümern dagegen zweiarmig.

Feiertage nach dem Sonnenkalender

Offiziell gilt auf TaiWan das Sonnenjahr, sodass auch wichtige Feiertage der Republik China auf uns vertraute, feste Daten fallen.

- ***Gründungstag der Republik*** *(YuanTan, YuánDàn,* 1. Januar): Zufällig ist auch auf TaiWan der erste Januar ein Nationalfeiertag, allerdings nicht wegen des neuen Kalenderjahres, sondern weil am 1.1.1912 *SunYatSen* die Republik China proklamierte.
- ***Tag der Jugend*** *(ChingNianChie, QīngNiánJié,* 29. März): Das Datum ist mehr oder weniger zufällig, der Anlass dagegen lobenswert. Den Jüngsten der Gesellschaft wird als Ehrentag ein Feiertag gewidmet, die Schulen bleiben geschlossen.
- ***Ahnengedenktag*** *(QīngMíngJié,* 5. April): Zu diesem Anlass ziehen die Familien mit Picknickkörben und Gartengerät zu den Gräbern ihrer Vorfahren, um die Gräber zu reinigen und wieder für ein Jahr ansehnlich zu gestalten. Nach getaner Arbeit wird mit einer mitgebrachten Vesper der Tag beschlossen.

	2009	2010	2011	2012
Chinesisches Neujahr	26. Januar[2]	14. Februar[2]	3. Februar[2]	23. Januar[2]
Herbstfest (Mondfest)	3. Oktober	22. Sept.	12. Sept.	30. Sept.
Drachenbootfest	28. Mai	16. Juni	6. Juni	25. Mai
Laternenfest	9. Februar	28. Februar	17. Februar	7. Februar
Geisterfest ChungYuan*	2. Sept.	21. Sept.	10. Sept.	31. August
Tag der Verliebten	Jeweils am siebten Tag des siebten Monats			
MaTzu-Geburtstag	17. April	6. Mai	25. April	15. April

[2]: jeweils erster Tag des neuen Jahres; auch die beiden Folgetage sind Feiertage
*: Steht noch nicht fest, wird erst im Jahr des Ereignisses genau berechnet (kann abweichen)

Die ***chinesischen Friedhöfe*** unterscheiden sich stark von christlichen Begräbnisstätten. Das Grab wird überwiegend als farbig gekachelte, halbkreisförmige Mauer errichtet, auf dem zentralen Anschnitt mit den Daten des Verstorbenen kalligrafisch versehen und ein Bild oder ergänzende Texte beigefügt. Blumen sind sehr selten, die gesamte Fläche ist mit Ziegeln oder Kacheln versiegelt, zwischen den einzelnen, nicht geordneten Gräbern wächst wildes Gras. Je nach Vermögen der Familie und Ansehen des Verstorbenen ähneln die Gräber manchmal kleinen Tempeln.

- ***Geburtstag des Konfuzius:*** Auf TaiWan ist der Respekt vor dem Wissen und der Person des Lehrers eine der bedeutenden konfuzianischen Traditionen. So wird der Geburtstag des *Konfuzius* (28. September) als ***Tag der Lehrer*** gefeiert, an dem die Schüler den Lehrern als Dank für die Ausbildung und Wissensvermittlung kleine Präsente überreichen. In den Konfuziustempeln, die nur an diesem einen Tag zum Leben erwachen, finden farbenfrohe und prunkvolle Umzüge statt.
- ***Revolutionstag*** (*ShuāngShíJié,* 10. Oktober): Am 10.10.1911 wurde *PuYi,* der letzte Kaiser der Ching-Dynastie (1644–1911), von den nationalistischen Republikanern unter der Führung von *Dr. SunYatSen* zum Abdanken gezwungen. Der 10.10., in chinesischen Zeichen ++ („Doppelzehn") genannt, ist einer der größten Nationalfeiertage der Republik China auf TaiWan. Im Zentrum rund um die CKS-Gedächtnishalle in TaiBei werden Löwen- und Drachentänze, an den Kölner Karneval erinnernde Paraden und manchmal auch Militärparaden abgehalten. Viele offizielle Gebäude werden einige Wochen vorher mit den Zeichen ++, leuchtenden, übergroßen Portraits von *SunYatSen* und Tausenden von Glühbirnen geschmückt.
- ***Wiedereingliederungstag*** (*KuangFuChie, GuāngFùJié,* 25. Oktober): Nach der Niederlage im Zweiten Weltkrieg musste Japan auch TaiWan räumen und die 50 Jahre anhaltende Besatzungszeit am 25. Oktober 1945 beenden. Die Wiedereingliederung TaiWans in die alte Republik China (also noch vor der taiwanesischen Republik China 1949) wird an diesem Tage gefeiert, wobei aus wirtschaftspolitischen Gründen auf das heutige Japan Rücksicht genommen wird und die Feierlichkeiten an diesem Tag recht bescheiden ausfallen.
- ***Geburtstag von ChiangKaiShek*** (*JiǎngGōng DànChén JìNiànRì,* 31. Oktober): Über Jahrzehnte hinweg galt der „Generalissimus" als Übervater, dessen Geburtstag mit allen Ehren gefeiert wurde. In den letzten 10 Jahren werden auch die Schattenseiten seiner Diktatur in der taiwanesischen Öffentlichkeit zunehmend offen diskutiert, nur noch die „Hardliner" der KuoMinTang halten den 31. Oktober als Feiertag aufrecht.
- ***Geburtstag von SunYatSen*** (*GúoFù DànChén JìNiànRì,* 12. November): *Dr. SunYat Sen* ist der einzige chinesische Politiker des 20. Jahrhunderts, der sowohl in der VR China als auch auf TaiWan verehrt wird und noch heute in hohem Ansehen steht. Sein Name steht für das Ende des Kaiserreiches und die Begründung des neuen, von Unterjochung befreiten China.
- ***Verfassungstag*** (*HsingHsien ChiNianJi, XíngXiàn JìNiànRì,* 25. Dezember): Die Verfassung der Republik China wurde am 25. Dezember verabschiedet und der Tag somit als Nationalfeiertag gefeiert. Der 25.12. fällt zufällig auf Weihnachten; dieses christliche Fest wird auf TaiWan offiziell nicht gefeiert, auch wenn es eine kleine christliche Minderheit im Lande gibt. Um die Weihnachtszeit werden aber für Touristen und Geschäftsleute trotzdem viele Gebäude und Einkaufsstraßen mit weihnachtlichen Motiven geschmückt, und auch bei nichtchristlichen Chinesen findet der Weihnachtstrubel zunehmend mehr Anhänger (eher wegen der zusätzlichen Feiertage, nicht wegen der christlichen Botschaft!).

Film und Foto

Auf TaiWan kann man - von militärischen Einrichtungen abgesehen - alles Sehenswerte ***fotografieren.*** Die Grenzen des Anstandes sollte jeder selbst kennen. Chinesen sind, wie der Besucher sehr bald merken wird, selbst begeisterte „Knipser" (nicht Fotografen), aber gewisse Motive sind tabu und sollten es auch für den Touristen sein, so etwa Betende, Liebespaare oder Verkehrsunfälle. Es ist kein Problem, Marktstände, Geschäfte, Fischerboote und Statuen in Tempeln zu fotografieren. Um Erlaubnis zu bitten, gehört sich dagegen zumindest bei Geistlichen oder bei den Gardisten, welche die politischen Gedächtnishallen bewachen (nicht sie selbst fragen, sondern die Aufsicht).

Negativfilme sind auf TaiWan nahezu an jeder Ecke zu kaufen, ***Diafilme*** dagegen etwas seltener. Die Preise sind unwesentlich höher als in Europa, sodass man bei längerem Aufenthalt jederzeit frisches Material nachkaufen kann. Für kürzere Aufenthalte (sprich: 6-8 Filme, vor allem bei Diafilmen) empfiehlt sich die Mitnahme von zu Hause, da natürlich just nach dem letzten Film kein Filmgeschäft zu finden sein wird!

Die ***Filmentwicklung*** funktioniert tadellos in allen Fotogeschäften. Die Angebote reichen vom „Service in 1 Stunde" bis zur regulären 48-Stunden-Entwicklung. Da in TaiWan nahezu ausschließlich Bilder und nur in seltenen Ausnahmefällen Dias gemacht werden, hinkt die Qualität der Diaentwicklung mancherorts den Erwartungen hinterher, sodass man als Tourist die Diafilme besser erst in Europa entwickeln lässt. Allerdings wird der gute alte Zelluloidfilm überall von den Digitalkameras abgelöst, sodass man längst mehr Speicherkarten findet als traditionelles Filmmaterial.

Buchtipps: „Reisefotografie"; „Reisefotografie digital", Praxis-Reihe, Reise Know-How Verlag, Bielefeld.

Geldangelegenheiten

Währung

Die Landeswährung ist der NT$ (***New Taiwan Dollar, Yuan*** oder umgangssprachlich auch ***Kuai*** genannt), welcher in Münzen zu 1 NT$, 5 NT$, 10 NT$ und 50 NT$ im Umlauf ist. Als Banknoten existieren 50 NT$, 100 NT$, 200 NT$, 500 NT$ und 1000 NT$. Alle Münzen und Scheine ziert das Portrait von *ChiangKaiShek* bzw. *SunYatSen.*

Der NT$ ist ***nicht frei konvertierbar*** und unterliegt oberhalb einer erlaubten Summe von 40.000 NT$ Ein- und Ausfuhrbeschränkungen. Der große Vorteil dabei ist, dass der ***Wechselkurs staatlich festgelegt*** wird und überall im Lande nahezu gleich ist, sodass Kursvergleiche bei Banken beinahe unnötig sind.

Geldmittel

Fremdwährungen und Reiseschecks werden an den Flughäfen in TaiBei und GaoXiong (KaoHsiung) eingetauscht. Im Lande selbst sind für Touristen außerhalb der Großstädte

US$-Banknoten und ***Reiseschecks*** der großen Gesellschaften zu empfehlen. Außerhalb der Großstädte wechseln Banken oftmals nicht, sodass sich ein ausreichender Tausch bei der Ankunft empfiehlt. Banken berechnen für Reiseschecks sehr unterschiedliche Gebühren (pro Scheck zwischen 10 und 140 NT$), limitieren aber oftmals die Summe pro Scheck auf 300 US$, sodass 500-$-Schecks nur am Flughafen oder American-Express-Reiseschecks bei deren Zentrale in TaiBei gebührenfrei eingelöst werden.

Wechselkurse (Stand: Jan. 2009)

100 NT$	2,18 €	1 €	45,97 NT$
100 NT$	3,25 SFr	1 SFr	30,78 NT$
100 NT$	3,04 US$	1 US$	32,89 NT$

Aktuelle Umtauschkurse unter www.oanda.com oder http://de.finance.yahoo.com/waehrungs rechner.

Umtauschbestätigungen müssen für drei Fälle aufbewahrt werden: für eine Visumsverlängerung, für den Rücktausch von NT$ bei der Ausreise und (sehr selten) Steuerhinterziehungskontrollen illegal arbeitender Touristen bei der Ausreise.

Einige ***Geldautomaten*** in Großstädten (in TaiBei ca. 1/3 aller Bankautomaten) sowie in KenTing akzeptieren mittlerweile neben Kreditkarte mit Geheimnummer sogar die Maestro(EC-)Karte mit P.I.N. (Automaten mit dem blau-roten MAESTRO-Logo, Menuführung auf Englisch). Die Gebühr beträgt pro Transaktion mit der Maestro-Karte (max 25.000 NT$) je nach Hausbank ca. 1,30–4 € bzw. 4–6 SFr., der Kurs ist aber etwas günstiger als bei Bartausch vor Ort. Barabhebungen per Kreditkarte kosten je nach ausstellender Bank bis zu 5,5 % an Gebühr, aber für das ***bargeldlose Zahlen*** werden nur ca. 1–2 % für den Auslandseinsatz berechnet.

American Express-, Diner-, Master- und Visa-Kreditkarten werden in TaiBei in großen Geschäften, Restaurants und Hotels, außerhalb der Metropole zumindest in den größeren Hotels akzeptiert.

Bei ***Verlust oder Diebstahl*** der Kredit- oder Maestro-Karte sollte man diese umgehend sperren lassen. Für deutsche Maestro- und Kreditkarten gibt es die einheitliche ***Sperrnummer 0049 116116*** und im Ausland zusätzlich 0049 30 40504050. Für österreicherische und schweizerische Karten gelten:

- ***Maestro-(EC-)Karte,*** (A)-Tel. 0043 1 2048800; (CH)-Tel. 0041-44 2712230, UBS: 0041-848 888601, Credit Suisse: 0041-800 800488.
- ***MasterCard,*** internationale Tel. 001 636 7227111
- ***VISA,*** Tel. 0043-1 7111 1770; (CH)-Tel. 0041-58 9588383.
- ***American Express,*** (A)-Tel. 0049-69 9797 1000; (CH)-Tel. 0041-44 6596333.
- ***Diners Club,*** (A)-Tel. 0043-1 501350; (CH)-Tel. 0041-58 7508080.

Bei ***Maestro-(EC-)Karten*** muss man für die computerisierte Sperrung seine Kontonummer nennen können.

Nur wenn man den Kaufbeleg mit den Seriennummern der ***Reiseschecks*** sowie den Polizeibericht vorlegen kann, wird der Geldbetrag von einer größeren Bank vor Ort binnen 24 Stunden zurückerstattet. Also muss der Verlust oder Diebstahl umgehend bei der örtlichen Polizei und auch bei American Express bzw. Travelex/Thomas Cook gemeldet werden.

Geldmittel

Wer dringend eine größere Summe ins Ausland überweisen lassen muss wegen eines Unfalles oder Ähnlichem, kann sich auch nach TaiWan über ***Western Union*** Geld schicken lassen. Für den Transfer muss man die Person, die das Geld schicken soll, vorab benachrichtigen. Diese muss dann bei einer Western Union Vertretung (in Deutschland u.a. bei der Postbank) ein entsprechendes Formular ausfüllen und den Code der Transaktion telefonisch oder anderweitig übermitteln. Mit dem Code und dem Reisepass geht man zu einer beliebigen Vertretung von Western Union in TaiWan (siehe Telefonbuch oder unter www.westernunion.com), wo das Geld nach Ausfüllen eines Formulares binnen Minuten ausgezahlt wird. Je nach Höhe der Summe wird eine Gebühr ab derzeit 10,50 € erhoben.

Geschäftsreisende

Die politische Führung TaiWans ist stark an einer ***Erweiterung der wirtschaftlichen Beziehungen zu europäischen Nationen*** interessiert, um die Abhängigkeit von den asiatischen und nordamerikanischen Märkten zu verringern. Dies bietet auch den deutschen Unternehmen, die in Asien viel an Boden verloren haben, eine gute Chance, vom Sprungbrett TaiWan aus wieder den notwendigen Anschluss zu finden. Nominell ist ***Deutschland*** TaiWans größter europäischer Handelspartner, umgekehrt liegt TaiWan an dritter Stelle nach Japan und der VR China im Handelsvolumen deutscher Unternehmen mit Asien. Von den etwa 9 Milliarden US$ an gemeinsamem Handelsvolumen entfällt die Masse auf einige wenige Großprojekte.

Für eine fundierte, dauerhafte und fruchtbare Geschäftsbeziehung muss man einige Spielregeln kennen, deutsche Vorstellungen daheim lassen und viel Geduld mitbringen.

Unternehmensstrukturen

Im chinesischen Wirtschaftsraum (das kommunistische Festland nimmt eine Sonderstellung ein) ist, anders als im Westen, der ***kleine Familienbetrieb*** immer noch die tragende Säule der Wirtschaft. Egal ob Restaurant, Konsumladen, Kleinmanufaktur oder Dienstleister, häufig sind es Familienmitglieder, die hier mitarbeiten. Die Anzahl an Kleinbetrieben ist auch optisch spürbar um ein Vielfaches höher als im Westen, aber auch im Vergleich mit Japan oder Südkorea.

Es ist völlig normal, dass nahezu ***jeder irgendein Geschäft betreibt*** und schon mit 20 eine Direktorenvisitenkarte (als ältester Tellerwäscher der Familie, internationaler Altreifenaufkäufer o.Ä.) besitzt. Überspitzt formuliert könnte man meinen, das Wirtschaftsgefüge in Ost-/Südostasien im Allgemeinen und TaiWan im Besonderen besteht anscheinend mehrheitlich aus „Ich-AGs“, jedoch ohne staatliche Zuschüsse. Zu den wesentlichen Folgen dieses Universalangebotes zählen hoher Konkurrenzdruck, Kampf um jeden Kunden, Ladenöffnungszeiten nach Belieben, Entstehung optisch identischer

055t Foto: wl

Freies Unternehmertum für jedermann

Straßenzüge („ich mache das, was der Nachbar macht"), Kopieren statt eigener Entwicklungen, mangelhaftes Marketing (gilt als Hauptvorteil des Westens), wenige gewachsene Marken, dafür unzählige kurzlebige No-name-Produkte. Die Taiwaner selbst bezeichnen ihre Wirtschaft bisweilen als „ökonomischen Spielplatz", tatsächlich kommt man hier der Idee einer freien marktwirtschaftlichen Betätigung sehr nahe.

Ausgangspunkt von ***Unternehmungsgründungen*** ist in den seltensten Fällen eine Partnerschaft oder ein anonymer Geldgeber, sondern vielmehr die Familie. im Unterschied zum Westen, wo man es tunlichst vermeidet, die Verwandtschaft in Geschäfte einzubeziehen und die Vermögenssituation offenzulegen, vertraut der Chinese niemandem - außer dem inneren Familienkreis. Dem Außenstehenden wird es nur selten gelingen, in diesen inneren Kreis des Vertrauens vorzudringen. Die Familie baut das Unternehmen unter der ***Leitung*** des Familienoberhauptes auf und lässt keine Führungsperson von außen zu. Selbst Großunternehmen und Holdings werden so geleitet, immer wird man einen „Schwager" oder „Bruder" an der Spitze der Tochtergesellschaften finden. Nun sollte man meinen, dass dann eben irgendwann eine Familie mit dem größten Unternehmen den Konkurrenzkampf überlebt - weit gefehlt. Nach dem Tode des Oberhauptes wird per Gesetz der Besitz unter den männlichen Erben paritätisch aufgeteilt. In der ersten Folgegeneration einigt man sich oft noch auf gemeinsames Vorgehen, aber sobald die Enkel erben, zerfällt das Unternehmen in mehrere kleinere Bestandteile.

Verhandlungsgepflogenheiten

Neben entsprechendem Outfit (⇗ Bekleidung) gibt es über die im Kapitel Mentalität, Brauchtum und Verhaltenshinweise genannten Punkte hinaus noch eine ganze Reihe wichtiger Kleinigkeiten zu beachten, die sehr oft über Erfolg oder Misserfolg eines Geschäftsabschlusses entscheiden können.

Ist man bei seinem Gesprächspartner angekommen, kann man schon ***in den ersten Sekunden*** viel Porzellan zerschlagen. Vielen Europäern fällt es schwer, die sehr wichtige Grenze zwischen notwendiger Höflichkeit und Unterwürfigkeit zu ziehen. Unbedingt angeraten ist stets eine kleine Verbeugung sowie zusätzlich das Überreichen einer ***Visitenkarte*** bei Erstkontakt. Keine Visitenkarte zu besitzen, wäre etwa so schädlich, wie ohne Krawatte in eine Besprechung zu gehen.

Das ***Überreichen*** der Visitenkarte (wie auch von allem anderen, z.B. Geld, ein Geschenk usw.) hat unbedingt mit zwei Händen zu erfolgen, nur diese Form ist höflich, einhändiges Aushändigen gilt als unhöflich. Auch spielt die Art eines Mitbringsels eine viel größere Rolle als bei uns (⇗ Mentalität).

Aufgrund der allgemeinen Hektik und scheinbaren Schnellebigkeit von Produkten und Märkten in TaiWan meint man oft, eine Geschäftsbesprechung müsse so kurz und intensiv wie möglich sein. Mitnichten. Der wichtigste allgemeine Ratschlag für Verhandlungen auf mittlerer und höherer Ebene muss lauten: ***Geduld*** ist der Schlüssel. Die Kunst besteht darin, immer die letzte Karte in der Hinterhand zu haben und innerhalb der Rituale die eigene Person (und somit das Unternehmen) als „vertrauenswürdig" darzustellen. Ein gutes Geschäft zu tätigen, ist Vertrauenssache und somit gerade im chinesischen Raum äußerst schwierig. Dies bedeutet, dass man eben nicht mit der Tür ins Haus fällt (und sagt, was man eigentlich will), sondern zunächst lediglich allgemeine Lobpreisungen über die erstaunliche Entwicklung und die Schönheiten des Landes von sich gibt. Der Konversationsschwerpunkt liegt oft auf privaten Dingen wie Familie, Auto usw. - man vermeidet es vorerst, die Sprache auf den Kern des Besuchs zu bringen.

Im Idealfall verständigt man sich dabei auf ein ***Arbeitsessen,*** bei dem „Details" erörtert werden könnten. Tatsächlich wird die überwiegende Anzahl guter Kontrakte bei dergleichen Anlässen (Arbeitsessen, Bar-, Sauna- oder sogar Bordellbesuch) vorbereitet und nicht im Büro. Mit dem unvermeidlichen Zuprosten („*GánBèi*" = auf ex) werden nahezu beiläufig und schrittweise etwa Konditionen, Preise oder mögliche Lieferfristen erörtert. Keine Einladung und kein Getränk oder Gericht sollten zurückgewiesen werden oder nur unter guten Ausreden (Vegetarier, Alkoholverbot vom Arzt u.Ä.).

Ein Hauptproblem aus westlicher Sicht (neben der unabdingbaren 100-prozentigen Trinkfestigkeit zwecks Gesichtswahrung) besteht in der Notwendigkeit, Hintertüren zu erkennen und ***eigene Zusagen*** nur dann zu geben, wenn man tatsächlich seine Vorstellungen erreicht sieht.

Eine einmal gemachte Aussage, auch mit gelockerter Zunge gesprochen, ist bindend (wieder: Gesichtswahrung!), andererseits sind die Auslegungen sehr oft unterschiedlich. Tatsache ist, dass auch für Europäer „völlig klare Dinge" (Weihnachtskugeln müssen „logischerweise" vor Weihnachten auf den Markt) in China explizit und ***im Detail schriftlich festgehalten*** werden sollten. Ein Grund dafür liegt bereits in der schulischen Ausbildung in TaiWan, die im Wesentlichen aus Vor- und Nachmachen - also ohne eigene Denkarbeit - besteht. Oftmals werden Ausreden und Entschuldigungen zur Gesichtswahrung herangezogen. Daher ist der Faktor Geduld so wichtig, es ist unabdingbar, dem Geschäftspartner Schritt für Schritt alle (eigenen) Abläufe zu erläutern und die exakten Wünsche vor einer als Vereinbarung zu interpretierenden Aussage ohne die Möglichkeit einer Hintertür darzulegen.

Bei alledem darf nie Ärger sichtbar werden, die ***Maske des Lächelns*** ist oberstes Gebot. Auch das Demonstrieren von Ärger oder Anheben der Stimme bedeuten Gesichtsverlust und sind definitiv zu vermeiden.

Wer Alkohol, bestimmte Fleischgerichte u.Ä. ***ablehnen*** möchte, muss eine gute Ausrede parat haben. Religiöse Gründe („es ist Osterzeit, wir Christen dürfen jetzt nur Fisch essen") sind immer, gesundheitliche („mein Arzt hat mir Alkohol untersagt") manchmal („Warum schickt man uns einen gesundheitlich angeschlagenen Repräsentanten?") akzeptabel. Wer es geschickt anstellt, kann auch in einem Glas Cola den einen oder anderen Schnaps unauffällig verschwinden lassen.

Weitere Informationen darüber, wie man sich als Europäer in TaiWan verhalten sollte, und vor allem vieles Wissenswerte über Denk- und Lebensweisen der Taiwanesen und Hintergründe für die in der chinesischen Kultur geltenden Regeln vermittelt das Buch ***„KulturSchock VR China/Taiwan"*** aus der KulturSchock-Reihe des Reise Know-How Verlages Bielefeld.

Gesundheit

Touristen befürchten in Asien vorrangig ernährungsbedingte Beschwerden oder Malaria und packen ihre Reiseapotheke entsprechend. TaiWan ist weder Malariagebiet, noch sind Speisen, Getränke, Eiswürfel oder Obst gefährlich. Natürlich darf man keine Gesundheitsgefährdungen verharmlosen, die eine Auslandsreise manchmal mit sich bringen kann. Im Gegensatz zu anderen Ländern der Region, bei denen ganze Paletten von Impfungen und die Mitnahme ganzer Schuhschachteln voller Medikamente empfohlen wird, kann man in TaiWan aber ***auf fast alle Impfungen und Medikamente verzichten.*** Auch chemische Abführ- und Durchfallmittel können getrost zu Hause bleiben, denn

Pflaumen oder Pflaumenwein bzw. trockener Reis, Bananen, Äpfel und viel Tee erfüllen den gleichen Zweck.

Drogeriebedarf erhält man in den größeren Städten in Einkaufszentren, Supermärkten oder der Drogeriekette Watson's. Tampons sind manchmal Mangelware, es werden noch immer Binden bevorzugt. Auch **Säuglings-/Kleinkindnahrung** findet man in hinreichender Menge und Qualität.

Impfungen

Impfungen werden bei der Einreise nicht verlangt (sofern man nicht aus Infektionsgebieten kommt), **Tetanus** sollte man aus eigenem Interesse immer schon zu Hause auffrischen. Gegen **Malaria** muss man sich nicht impfen lassen, ein Mittel zur Einnahme im Notfall (Halfan) reicht völlig aus - Taiwan ist kein Malariagebiet. Wer zwischen April und Oktober in ländliche Gebiete reist, sollte sich gegebenenfalls gegen **Japanische Encephalitis** impfen lassen.

Das **Centrum für Reisemedizin,** Brehmstraße 23, 40239 Düsseldorf, Tel. (0211)-961060, informiert individuell über alles für das Reiseland aktuell Notwendige (Kosten 10 €, kostenlos für Mitglieder der Barmer Ersatzkasse). Dieser Service ist sehr zu empfehlen, wenn man erstmalig nach Asien reist oder insgesamt sehr viele verschiedene Länder mit unterschiedlichen Impfforderungen besuchen will (allgemeine Informationen über die Gesundheitssituation in den Reiseländern unter **www.travelmed.de**).

Die Imfung gegen **Hepatitis A** wird gelegentlich empfohlen, ist jedoch nicht unbedingt erforderlich.

Medizinische Versorgung

Bei ernsthaften Erkrankungen hilft selbstredend nur ein **Krankenhausbesuch,** der im hochentwickelten TaiWan keinerlei Grund zur Besorgnis darstellt. Kleinere Beschwerden müssen bei richtigem Verhalten den weiteren Verlauf der Reise nicht nachhaltig behindern und können oftmals mit „Wundermittelchen" aus chinesischen Apotheken behoben werden (einfach hingehen und zeigen, was einem fehlt).

Noch ein Hinweis zu **Zahnproblemen:** Wer wegen der Barzahlungspflicht keinen Zahnarzt aufsuchen will, für den könnte die Erfindung eines walisischen Zahnarztes von Interesse sein. Er entwickelte aus eigener Not während einer Reise ein sogenanntes „Dental-Notfall-Set" mit Füllmaterial aus Zinkoxyd und Nelkenöl zur provisorischen Selbstbehandlung bei Bruch oder Ausfall von Zahnstücken, Brücken, Inlays usw., welches auch vom Zentrum für Reisemedizin in Düsseldorf als gute Überbrückung bis zum heimischen Zahnarztbesuch bewertet wird. Das Set ist über Apotheken für rund 20 € erhältlich.

Gesundheitsgefahren in TaiWan

Mücken

Moskitos - und damit auch die Gefahr einer Malariaübertragung - sind rar im Vergleich zu Südostasien. Einzig in den ländlichen Regionen der **Westküste** kann man eventuell gestochen werden, aber wer in anderen Ländern windpockenartig heimgesucht wird, der fühlt sich auf TaiWan pudelwohl! Einfache Mückenmittel wie Zedan oder Lemongrass sind völlig ausreichend, meist benötigt man gar nichts.

Sonnenbrand

Häufig wird die tropische Sonneneinstrahlung ***im Süden und auf den Pescadoren*** unterschätzt, insbesondere dann, wenn man per Fahrrad oder Moped unterwegs ist. Unterarme sollten besonders durch lange Ärmel und die Kopfhaut (!) durch ein Kopftuch/Hut geschützt werden, Kniekehlen eventuell durch lange Hosen. Ist man vom Sonnenbrand betroffen, sollte man die nächsten Tage in einer Stadt (Schatten, Klimaanlagen) verbringen. Besonders die Kopfhaut von Kindern ist gefährdet. ***Sonnenschutz*** ist vor Ort nicht überall erhältlich und sollte mitgebracht werden.

Erschöpfung bei Bergtouren

Von Flachländern wird die dünne Luft in ***Höhenlagen ab 2500 m*** leicht unterschätzt. Die gelegentlich eintretende Atemnot und die physische Erschöpfung führen zwar in der Regel nicht zu ernsten gesundheitlichen Gefährdungen, aber doch zu kritischen Situationen, wenn z.B. ein Tagesziel nicht mehr erreicht wird. Viel trinken (keinen Alkohol), mäßig essen und ausreichende Pausen sind die wichtigsten Grundregeln in den Bergen.

Dengue-Fieber

Durch ausländische Gastarbeiter und rückkehrende taiwanesische Touristen kam auch das Dengue-Fieber nach TaiWan zurück, nachdem es bereits vollkommen zurückgedrängt war. Es wird wie die Malaria von Moskitos übertragen und äußert sich in stoßweise eintretenden Glieder- und Kopfschmerzen, einhergehend mit Fieberschüben. ***Wichtiger Hinweis:*** Bei Erkrankung an Dengue niemals Salicylate (z.B. Aspirin) verwenden, da diese einer eventuellen Blutungsneigung Vorschub leisten und den Krankheitsverlauf dadurch negativ beeinflussen können. Kinder müssen klinisch versorgt werden.

Geschlechts- und Infektionskrankheiten

Dass die üblichen Vorbeugemaßnahmen auch beim Besuch in einem modernen Land wie TaiWan selbstverständlich sein sollten, muss eigentlich nicht erwähnt werden. Arztbesuch und Penicillin sind die gängigen Abhilfen bei den meisten Geschlechtskrankheiten. Ein bedeutsamer Unterschied zu Europa ist die ***AIDS-Politik*** TaiWans: Wird ein Ausländer während einer – wie auch immer gearteten – Untersuchung für HIV-positiv befunden, führt dies unweigerlich zur Abschiebung!

Schlangen, Skorpione

Auf TaiWan existieren ***einige der giftigsten Schlangenarten*** überhaupt, von der Bambusviper bis zur Korallenschlange sind etliche Arten vertreten. Noch gefährlicher sind die Seeschlangen, deren Gift um ein vielfaches stärker ist als das der Landschlangen. Böse Zungen behaupten, die Japaner hätten in den 1930er Jahren auf dem YangMingShan (bei TaiBei) ein Giftlaboratorium errichtet, in welchem sie mit Giftschlangen experimentiert hätten. Beim Abzug 1945 hätten sie dann alle Giftschlangen freigelassen ... Bevor der Individualreisende nun seine Reisepläne ändert, sei folgendes angemerkt: Auch bei allergrößter Aufmerksamkeit wird der ***Tourist*** außer in der Snake Alley (Nachtmarkt in TaiBei) nur höchst selten eine Schlange zu sehen bekommen. Schlangen sind scheu und greifen nur an, wenn sie sich bedroht fühlen. Lässt man die Schlange in Ruhe, kann normalerweise nichts passieren.

Unglücksfälle können z.B. dadurch vorkommen, dass man aus Versehen im Wald auf eine gut getarnte Viper tritt. Dass diese dann beißt, ist klar. In solchen Fällen heißt es oft, man müsse die Schlange erlegen zwecks Identifikation für das Serum. Dies ist aber eine schlechte Idee, da man erstens Gefahr läuft, nochmals gebissen zu werden und zweitens durch die Jagd der Kreislauf schneller läuft anstatt sich zu beruhigen. Ideal ist ein Foto, zumindest aber sollte man sich die Schlange genauestens einprägen. Auf den Parkpolizeistationen hängen Poster der wichtigsten Giftschlangenarten, damit kommt man im Notfall weiter. Schnellstmöglicher Transport des Gebissenen ins Krankenhaus ist die einzige, echte Hilfe. Alle Wildwest-Tipps wie Aufschneiden der Wunde, Aussaugen oder Abbinden des Gliedes vergesse man schnell und tue das Richtige: flach hinlegen und sich nicht bewegen (sofern möglich), um die Verteilung des Giftes zu verlangsamen, und jemanden Hilfe holen lassen.

Spinnen

Nicht nur im Wald, auch in den Städten gibt es reihenweise Spinnen, auch größere Exemplare. Glücklicherweise sind die meisten (wenn überhaupt) nur schwach giftig, eine echte Gefahr besteht nicht. ***In den Hotels*** (vor allem in einfachen) sollte man auf die Tür achten: Je größer der Spalt zwischen Boden und Tür, desto größere Untermieter können einziehen. Meist sind sie unter dem Bett versteckt und jagen Moskitos oder Kakerlaken (nachts). Werden Räucherstäbchen und Moskitospiralen angezündet, können sie nervös werden und über Wände, Bett und Gast huschen – unangenehm!

Pflanzen

Als Tourist befolge man die gleiche Regel wie auch zu Hause: Was man nicht kennt, rühre man nicht an. Stark giftige Pflanzen gibt es nicht, wohl aber einige ***unangenehme Brennesselarten.*** Am ehesten wird der Tourist bei Wanderungen zwischen 1000 und 2000 m auf die *YaoJenMao* (Menschenbeißerkatze), eine mit hässlichen Flecken gesprenkelte Brennessel, treffen. Wer sie berührt, wird an diesen Stellen drei bis vier Tage Rötungen und Verbrennungsgefühle haben. Selbstverständlich soll man auch keine Früchte oder Pflanzen essen, wenn man sie nicht absolut sicher identifiziert hat.

Reiseapotheke

Eine ***Basis-Reiseapotheke*** für eine TaiWan-Reise sollte zumindest folgendes enthalten: elastische Binde, Desinfektionsmittel (Wasserstoffsuperoxyd), Pflaster, eine Wundsalbe, Schmerztabletten, Mückenschutz (Autan oder Zedan, vor Ort Lemongrass oder Mosquito-Coils), Vitamine, Malariamittel (Halfan). ***Ergänzend*** können mitgenommen werden: Abführmittel, Antibiotika-Puder, Augentropfen, Durchfalltabletten, Grippemittel, Halsschmerzmittel, Pilzsalbe, Zugsalbe, Verhütungsmittel. Hinzu kommen natürlich individuell benötigte Dinge wie Kontaktlinsenmittel, Gebissreiniger usw.

Im Allgemeinen führen die ***Apotheken und Geschäfte auf TaiWan*** – von Markenartikeln oder speziellen Kosmetika abgesehen – alles Notwendige, oft sogar günstiger als in Europa. Es empfiehlt sich, nur das Notwendigste mitzunehmen.

Hygiene

Prinzipiell bestehen auf TaiWan keinerlei Gefahren für die Gesundheit ob mangelnder Hygiene, was insbesondere für Reisende mit Kindern ein wichtiger Faktor ist.

Das ***Leitungswasser*** kann bedenkenlos zum Zähneputzen benutzt werden, trinken sollte man es allerdings nicht unbedingt. Nahezu überall gibt es abgekochtes Trinkwasser, die Bäder auch in kleinen Hotels sind völlig in Ordnung und die Gefahr einer Fußpilzinfektion ist eher gering.

Auch die ***Toiletten*** sind überwiegend auf „westliche Toilette" modernisiert worden. Öffentliche Toiletten in Museen, Bahnhöfen oder Restaurants verfügen dagegen gelegentlich noch über traditionelle „französische" WCs (Stehtoiletten), was bei der regen Benutzung durchaus vorteilhaft ist. Ein kleines Problem sind die alten Leitungssysteme, man werfe daher alle Abfälle, auch benutztes Toilettenpapier, in die im Bad zu diesem Zweck bereitgestellten Papierkörbe.

Bettwäsche und Handtücher werden in kleineren Hotels nicht immer täglich, aber doch regelmäßig gewechselt, Bedenken vor Ungeziefer sind meistens unangebracht. In sehr entlegenen Bergregionen kann es vorkommen, dass die Schlafsäle nicht so sehr gepflegt werden, sodass ein eigener Schlafsack manchmal angenehm wäre.

Wie auch in anderen heißen, subtropischen und tropischen Klimaregionen sollte sich der Reisende ***häufig waschen,*** dabei aber nicht den Säureschutz der Haut durch scharfe Seifen zerstören. Gut abtrocknen ist besonders wichtig, da sonst Pilz- und Infektionskrankheiten in den Achselhöhlen, an den Füßen und im Genitalbereich möglich sind.

047t Foto: wl

Hinweisschild für öffentliche WCs

Für kleine Kinder gibt es auch auf TaiWan das in ganz Asien beliebte ***kühlende Hautpuder*** (kühlt und hält die Haut trocken), welches meist in großen Dosen in den Drogerieabteilungen von Lebensmittelgeschäften, Supermärkten und Kaufhäusern erhältlich ist. Hier findet man auch ***Tampons oder Binden*** aller Art. Meist handelt es sich um amerikanische Importware, die daher gut identifizierbar ist.

Bei aller Hygiene werden dem Reisenden bisweilen ***Kakerlaken*** begegnen, trotz aller Reinlichkeit und ständigen Putzens wird sich dies in derartigen Klimaregionen nicht vermeiden lassen. Wer in TaiWan wohnen will, halte sich an die Regel, dass kein Lebensmittelkrümel liegenbleiben darf (im Spülbecken, auf dem Tisch) und Abflüsse (Waschbecken, Wanne) sicherheitshalber zugestöpselt werden - sonst hat man am nächsten Morgen possierliche Untermieter.

Informationsstellen

Informationsstelle in Europa

Touristische Informationen vor der Reise gibt folgende Stelle, an die sich im Bedarfsfall alle Europäer wenden können:

- ***TaiPei Tourism Office,*** Rheinstr. 29, 60325 Frankfurt/M., Tel. (069)-610743, Fax (069)-624518, E-Mail: info@taiwantourismus.de, www.taiwantourismus.de.

Internet-Informationsseiten

Reiseinformationsseiten

Konkrete Veranstalterseiten zu TaiWan sind im Internet noch immer recht rar. Einige Kombinations-Ausflugspakete bietet www.g-t-n.de/D/Asien/Taiwan, auch unter www.expedia.de lassen sich schon Flug-/Unterkunftskombinationen zumindest für TaiBei buchen.

- Für Selbstorganisatoren empfehlen sich gerade für ***Flugbuchungen*** die Seiten der Last-Minute-Spezialisten www.billigweg.de und www.travel24.com, wobei allerdings gesagt werden muss, dass Last-Minute-Flüge nach TaiWan nur schwer zu haben sind. Der Hauptcarrier, die taiwanesische China Airlines, bietet Online-Buchungen unter www.chinaairlines.de an.

Landesinformationsseiten

- www.taiwanembassy.org/de ist die offizielle Website der ***taiwanesischen Behörden*** und bietet eine gute und einfach zu handhabende Einführung in die Strukturen vor Ort sowie Land und Leute.
- www.boca.gov.tw bietet Hinweise zu Sonderformen der ***Aufenthaltserlaubnisse*** (⇗ Ein-, Aus- und Rundreisebestimmungen).
- www.sinica.edu.tw/tit/ führt zur Seite des ***Magazins Travel in TaiWan,*** welches für touristische Hintergrundberichte empfohlen werden kann.
- www.twn-online.com.tw war ursprünglich als eine Art digitaler gelber Seiten entwickelt worden, hat sich aber zu einem ***Informationsfundus aller Art*** weiter entwickelt.
- www.yam.com.tw ist eine der wenigen guten ***englischsprachigen Suchmaschinen*** für TaiWan, ist aber wegen der chinesischen Menüführung nur für Sprachkundige interessant.

Sicherheit

Aktuelle Reisehinweise und Hinweise zur allgemeinen Sicherheitslage erteilen:

- ***Deutschland:*** www.auswaertiges-amt.de und www.diplo.de/sicherreisen (Länder- und Reiseinformationen), Tel. 030-5000-0, Fax 5000-3402

- ***Österreich:*** www.bmeia.gv.at (Bürgerservice), Tel. 05-01150-4411, Fax 05-01159-0 (05 muss immer vorgewählt werden)
- ***Schweiz:*** www.dfae.admin.ch (Reisehinweise), Tel. 031-3238484

Internetzugang unterwegs

Natürlich kann man auch in Taiwan das „Postfach leeren“ oder rasche Nachrichten preiswert versenden. Die meisten Hotels - auch in den unteren Preisgefilden - wie auch Pensionen verfügen oft über eine Internetecke und/oder WLAN-Nutzung, gleiches gilt auch für die Jugendherbergen und sogar etliche der günstigen Pensionen.

Wer mit eigenem Modemzugang unterwegs ist, kann sich über zwei bekannte Unternehmen zum Ortstarif einwählen:

- ***CompuServe TaiWan*** (TaiBei 23560786, TaiZhong/TaiChung 23284290, TaiNan 2203523, KaoHsiung/GaoXiong 3234977)
- ***AOL Global Net*** (TaiBei 23560786, TaiZhong/TaiChung 23054257, TaiNan 2361955, KaoHsiung/GaoXiong 3234977).
- Ansonsten bieten ***Internet-Cafés*** in manchen größeren Städten für Stundentarife von 100–150 NT$ jedem Besucher Internetzugang; für alle Traveller dürften die kostenlosen Cyber-Säulen in der TaiBei Main Station (Hbf.) am interessantesten sein.

Informationsstellen in TaiWan

Vor Ort gibt es eine ganze Reihe nationaler und lokaler ***Touristeninformationsschalter oder -büros,*** die in den Beschreibungen der jeweiligen Orte aufgeführt werden. Prinzipiell gilt: Alle größeren Orte haben am Hauptbahnhof einen TI-Schalter eingerichtet (meist außen unmittelbar am Bahnhofsplatz), wo der Reisende nicht nur Unterkunft reservieren lassen, sondern sich auch mit Kartenmaterial und neuesten Informationen zur jeweiligen Stadt und dem Umland eindecken kann. Das Personal spricht in den großen Städten in der Regel Englisch, aber in kleineren, weniger touristischen Städten - z.B. TaiDong (TaiTung) - kann es vorkommen, dass das Personal kein Englisch spricht.

Sehr wichtig und nützlich ist die landesweit geltende ***Tourist Hotline*** (Tel. 02-27173737, in TaiBei ohne die Vorwahl 02), die täglich von 8.00 bis 20.00 Uhr englischsprachig in allen Fragen weiterhilft. Aktuelle Kinoprogramme, Theatervorstellungen, wie man womit zu welchem Museum fährt - all das und viele weitere Fakten kann der Unkundige hier erfragen. Auch bei Notfällen kann hier weitergeholfen werden (Informieren von Krankenhaus, Polizei usw.).

Kinder auf der Reise

Kinder nehmen auf TaiWan eine ganz besondere, beinahe heilige Stellung ein. Kinder sind der Segen der Nation, der Wunsch aller Familien, die ungekrönten Könige. Die R.o.C. hat sogar einen Tag der Jugend zum Nationalfeiertag erhoben. Diese äußerst angenehme und ***positive Einstellung der Einheimischen zu Kindern*** macht das Reisen mit Kindern natürlich recht angenehm. Für die Mitnahme von Kindern auf Reisen nach TaiWan sprechen auch der hohe Gesundheits- und Hygienestandard, die geringen Entfernungen zwischen den touristischen Sehenswürdigkeiten und nicht zuletzt die Herzlichkeit, die den Touristen und vor allem deren Kindern uneingeschränkt entgegengebracht wird. Kinder können im Doppelbett der Eltern ohne Aufpreis schlafen, sie können im Restaurant von den Tellern der Eltern essen, fahren umsonst, solange sie getragen werden, am Strand wachen unauffällig Hunderte Augenpaare, Kindernahrung und Drogerieartikel gibt es in Hülle und Fülle – all dies macht TaiWan für Asien-Einsteiger mit Kindern sehr empfehlenswert, mehr noch als Singapur oder HongKong.

Wegen der unmöglichen Gehsteige und der Enge im Innenstadtbereich ist es jedoch nicht ratsam, einen ***Kinderwagen*** mitzunehmen.

106t Foto: wl

Die Zukunft des Landes liegt in ihren Händen

Kosten

TaiWan gehört zu den reicheren Nationen und ist ***kein Billigurlaub-Paradies.*** Eine wesentliche Rolle bei den einzuplanenden Kosten pro Reisetag (ohne Anreise) spielt die ***Größe der Reisegruppe.*** Da - vom Flug abgesehen - die Übernachtungskosten den größten Posten darstellen und in TaiWan in der Regel Zimmer als Einheit vermietet werden (unabhängig von der Zahl der Übernachtenden), hat der Alleinreisende grundsätzlich mit höheren Kosten zu rechnen als Zweier- oder Dreiergruppen.

Wer ***günstig reisen*** will, d.h. sich mit einfachen Unterkünften begnügt (Jugendherbergen, günstigste Hotelzimmer usw., wobei man „einfach" auf TaiWan nicht mit „einfach" in China vergleichen darf), öffentliche Verkehrsmittel nutzt und auf die günstigsten Verpflegungsmöglichkeiten zurückgreift, sollte (inkl. Sicherheitsreserve) mit ca. 50 € pro Tag als Alleinreisender, mit rund 40 € pro Person in der Zweier- bzw. Dreiergruppe rechnen. Im Vergleich zu Billigländern hört sich dies zunächst recht hoch an, der Gegenwert ist aber auch ein ganz anderer: Verkehrsmittel sind bequem und zuverlässig und Unterkünfte sind dem Preis angemessen.

Richtige Restaurants sind relativ teuer, als gute Einsparungsmöglichkeit bietet sich neben den überall vorkommenden Garküchen daher die ***Selbstverpflegung*** an. In fast allen Hotels steht überall heißes Wasser *(KaiShui)* in Thermoskannen unbegrenzt zur Verfügung, oft auch Teeblätter. Heiße Getränke kann man also selbst zubereiten (entsprechend Kaffee- oder Teepulver mitbringen), ebenso Fertigsuppen oder heiße Brühe (Trockennudelsuppen vieler Geschmacksrichtungen gibt es portioniert abgepackt nahezu überall sehr günstig zu kaufen).

Trinkgelder sind unüblich und unnötig, da auf die Preise in großen Hotels und Restaurants immer noch 10 % „Service Charge" sowie 5 % VAT (Value Added Tax = Mehrwertsteuer) kommen. In kleinen und mittleren Hotels sowie einfachen Restaurants sind die Preise Endpreise.

Preise in TaiWan sind meist ***Fixpreise.*** Kleinere Rabatte sind auf Anfrage in Hotels, beim Kauf größerer Waren (Computer) sowie auf Märkten möglich, Ausländer werden nicht übervorteilt. ***Feilschen,*** wie sonst in Asien, ist auf TaiWan weit weniger verbreitet, bei größeren Anschaffungen (Möbel, Schmuck, Autos) sind natürlich immer ein paar Prozente Nachlass möglich.

Spartipp

- Hat man einen ***internationalen Jugendherbergsausweis*** aus dem Heimatland, schläft man auch bei den taiwanesischen Jugendherbergen zum günstigeren Tarif, sonst muss man eine Tagesmitgliedschaft erwerben. Die Jahresmitgliedschaft bei den Jugenherbergsverbänden daheim kostet 12-20 € in Deutschland (www.jugendherberge.de), 10-20 € in Österreich (www.oejhv.or.at) und 22-55 SFr in der Schweiz (www.youthostel.ch). Tipp: Kann man auch als Familie beantragen.
- Bei bestimmten Unterkünften, Veranstaltungsorten, Museen, Tourveranstaltern, Sportstätten etc. kann man Rabatt bekommen, wenn man im Besitz eines ***internationalen Studentenausweises (ISIC)*** ist (siehe Stichpunkt „Discounts" unter www.isic.de). Dies gilt mit Einschränkungen auch für den Lehrerausweis (ITIC) oder Schülerausweis (IYTC). Den Ausweis muss man allerdings schon zu Hause bei STA Travel oder beim Studentenwerk u.Ä. erworben haben (12 € (D), 10 € (A), 20 SFr (CH)). Man muss Immatrikulationsbescheinigung/Schülerausweis, Personalausweis und Passbild vorlegen.

Maße und Gewichte

Entfernungen werden auf TaiWan in *Mǐ* (Meter) und *GōngLǐ* (km) gemessen, verwendet wird also das metrische System. Man sollte sich beide Zeichen merken, da Verkehrsschilder und Wanderwegweiser meist ausschließlich in chinesischen Zeichen geschrieben sind. ***Flächen,*** ob Stoff, Tapete, Wohnraum, Ackerland oder Bürofläche, werden dagegen nicht in qm, sondern in Ping gemessen, wobei ein Ping etwa 1,8 qm entspricht.

Wichtig für den Einkauf auf Märkten sind die chinesischen ***Gewichtsmaße*** *Chin* (*Jīn,* etwa 600 g) und *Liǎng* (etwa 38 g). Alle Preise werden nach diesen Maßen berechnet, z.B. für Gewürze nach *Liǎng* oder für Obst nach *Chin.*

Die einfachste Form der ***Fragestellung*** nach Preisen für eine Einheit oder nach einer Entfernung beginnt immer mit *DūoShǎo …,* z.B. *DūoShǎoQián YīJīn?* (Wieviel kostet ein Jin?) oder *DūoShǎo GōngLǐ* (Wieviel km? = Wie weit?).

Medien

Printmedien

Mit der Aufhebung des Kriegsrechts 1987 brach für die Medien in TaiWan eine liberale Ära an. Bis zu diesem Zeitpunkt war die Seitenzahl von Zeitungen aus Zensurgründen auf zwölf begrenzt, ferner bestand ein Gründungsverbot für neue Zeitungen, die Verbreitung kommunistischer Ideen, Unabhängigkeitsbestrebungen oder Kritik am Staatsoberhaupt waren streng verboten. 1988, mit der ***Freigabe der Medien,*** explodierte die Anzahl der Zeitungsverlage von 33 auf 234, die tägliche Gesamtauflage stieg auf 3,5 Millionen.

Die beiden größten ***Zeitungen*** TaiWans sind die heute die *ZhongGuoShihBao (China Times)* und die *LianHeBao (United Daily News)* mit einer Auflage von jeweils über 1 Million. Die *China Times* gilt als offen und liberal, eher dem Reformkurs zugeneigt, wogegen die *United Daily News* eher konservativ eingeschätzt wird. Als streng rechts gilt die *ChungYangJiPao (Central Daily),* das Parteiorgan der KMT/GMD, als links werden die *ZiLi Zhao/Wan Bao (Independence Morning/Evening Post)* eingestuft. Letztere haben jeweils eine 500.000er Auflage. Alle genannten Blätter sind nur auf chinesisch erhältlich.

Lange Zeit galten die beiden taiwanesischen ***englischsprachigen Zeitungen,*** *China News* und *China Post* als sehr niveauarm, auch über 1988 hinaus. Mittlerweile wird in *China Post, Taipei Times* und den jüngeren Blättern *Taiwan News* und *China News* politisch offen berichtet, außerdem sind die Blätter für den Touristen ein Fundus an Informationen: Neue Restaurants werben, Veranstaltungen werden bekanntgegeben, der Wetterbericht (wichtig für Taifune) ebenso wie der aktuelle Stand der Umweltbelastung werden abgedruckt, es finden sich Umtauschkurse und weitere interessante Artikel, die dem Besucher das Land näherbringen.

Die englischsprachige *International Herald Tribune* ist ein Joint-Venture der *New York Times* und der *Washington Post* und dient speziell der Information von US-Bürgern außerhalb der USA. Der eindeutige Informationsschwerpunkt liegt auf der Berichterstattung aus den USA und deren Interessensphäre. Im Gegensatz zu den taiwanesischen Zeitungen *China Post* und *Taipei Times,* die – zumindest in den Städten – an jedem Kiosk ausliegen, ist die *International Herald Tribune* nur in großen Hotels und größeren Buchhandlungen erhältlich.

007t Foto: wl

Warten auf den Gewinn

Von über 4000 Zeitschriften- und Buchverlagen werden jährlich über 3000 ***Zeitschriften*** und knapp 20.000 ***Bücher*** verlegt. Das Leserinteresse bei den Zeitschriften liegt eindeutig auf wirtschaftlichen Fachblättern wie der *TienHsiaTsaChi (Commonwealth Monthly)* sowie der chinesischen Ausgabe des *Reader's Digest* mit einer Auflage von jeweils etwa 100.000.

Wichtigste ***englischsprachige Zeitschriften*** sind die *Asiaweek,* eine Variante der *Newsweek* mit Schwerpunkt Politik und Wirtschaft Asiens, und die *Far Eastern Economic Review* aus HongKong. Beide werden in den größeren Buchhandlungen verkauft.

Fernsehen

In TaiWan senden derzeit die drei ***staatlichen Fernsehanstalten*** TTV, CTV und CTS *(TaiWan Television, China Television, China Television Service),* die mehr oder minder eng mit der KMT/GMD verflochten sind, kommerziell orientierte Programme mit politisch sehr konservativer Haltung. Die taiwanesischen Anstalten senden überwiegend chinesischsprachige Sendungen und Reportagen, gelegentlich auch US-Filme im Original. Im Januar 1999 wurde von Florida aus der erste rein taiwanesische Satellit *ROCSAT I* ins All geschossen, der Kommunikation und Forschung weiter verbesserte. In Zusammenarbeit mit Dornier wurde 2002 das Folgemodell *ROCSAT II* ins All geschickt. Insgesamt hat sich damit die Anzahl der ***über Kabel und Satellit zu empfangenden Sender*** vervielfacht, auch reihenweise englischsprachige informative Sender (u.a. *CNN, Knowledge Channel, National Geographic, Animal Planet*) oder reine Movie-Kanäle (u.a. *Hollywood, Cinemax, Star, HBO*) können auch im einfachsten Hotel empfangen werden.

Hörfunk

In TaiWan senden rund 30 Hörfunksender, wobei in der Regel für westliche Besucher nur das englischsprachige Programm der ***International Community Radio TaiPei*** von Bedeutung ist. Dieses von Amerikanern gestaltete Programm ist 24 Stunden täglich auf den UKW-Frequenzen 100,1 MHz (TaiBei) und 100,9 MHz (TaiZhong/TaiChung) beziehungsweise den Kurzwellenfrequenzen 1548 kHz (TaiBei) und 1570 kHz (TaiZhong) zu empfangen. Das Programm von ICRT ist - wie alle Fernsehprogramme auch - in der *China News* und der *China Post* abgedruckt.

Nachtleben und Unterhaltung

Tagesrhythmus

In den Großstädten gibt es eine ganze Reihe von Unterhaltungsmöglichkeiten, während die ländlichen Gebiete in puncto Kultur ein eher kümmerliches Dasein führen. Tatsächlich wird ***auf dem Lande*** mit der Sonne aufgestanden, um das Tageslicht ausnutzen zu können (hell ist es etwa von 5.00 bis 18.00 Uhr). Abends trifft man sich zum Fernsehen oder Kartenspielen und geht früh zu Bett.

Die ***Städte*** dagegen erwachen gewissermaßen in drei Schichten: Gegen 6.00 Uhr fahren Reisende und Pendler in städtische Industriegebiete, um 7.00 Uhr strömen die Schulkinder in die Stadt, ab 8.00 Uhr folgt dann die Rushhour mit Angestellten und Kaufleuten. Gegen 16.00 Uhr setzt der Abendverkehr in die umgekehrte Richtung ein. Viele Taiwaner fühlen sich gerade in der quirligen Großstadt wohl, weil „man hier so viel Abwechslung" hat: Parks, in denen Angestellte in der Mittagspause spazieren, Restaurants und Imbissbuden, die von kreischenden Schulkindern umlagert werden, Kinos, in denen sich Pärchen nicht nur der Filme wegen treffen und Nachtbars, in denen Geschäftsreisende die Spesenrechnungen auf „standesgemäße" Höhen schnellen lassen.

Karaoke und MTV

Es gibt aber auch einige Freizeitvergnügungen, die in Europa weniger oder gar nicht bekannt sind. So konnte sich in unseren Breiten das in ganz Asien beliebte ***Karaoke,*** das direkte Einspielen des eigenen Gesangs in ein Musikclip, nicht durchsetzen. In TaiWan dagegen ist Karaoke ein großer Unterhaltungsknüller. Es gibt Lokale (*KTV, Kara-o.k. Bar* oder ähnlich), in welchen man gemütlich sitzen und trinken kann, sich ein ein Musik-Videoclip, bei dem der Gesang des einheimischen oder internationalen Interpreten gelöscht wurde, aussuchen, auf einem großen TV abspielen und den Künstler live dazu imitieren kann. Karaoke gibt es mittlerweile auch als home-kit, kann also auch zu Hause am eigenen Fernseher angeschlossen werden.

Sehr nett sind die sogenannten ***MTV*** bzw. ***Kiss-MTV,*** in denen in kleinen Räumen Kinofilme auf Laserdisc vorgeführt werden. Pro Person beträgt der Eintritt etwa 350 NT$ und beinhaltet oft einen Getränkecoupon. Sehr beliebt auch bei Jungverliebten, um einmal zwei Stunden Ruhe zu haben! Freundlicherweise besteht das Mobiliar nicht aus Sesseln, sondern aus kunstledernen Couchgarnituren.

Spielhallen

Gäbe es PC und ***Videospiele*** nicht, sie müssten extra für TaiWan erfunden werden. Die Vielzahl an öffentlichen Spielhallen mit Computerspielen und Simulationen ist schier unglaublich. Bedenklich dabei scheint, dass die Betreiber keine Altersbegrenzungen kennen und schon früh am Morgen Schulkinder ihr Pausengeld am Automaten verprassen. Am Nachmittag steigert sich die Spiellust noch, um nach Einbruch der Dunkelheit ihren Höhepunkt zu erreichen. Das Kreischen und Piepsen der Spielautomaten ergibt dann eine wahrhaft außerirdisch anmutende Geräuschkulisse.

Einkaufen, Bummeln

Im „Ladenschlussland" Deutschland ist es bisher noch nicht möglich, abends in Ruhe durch die ***Läden und Kaufhäuser*** zu bummeln - in TaiWan ist das bis 22.00 Uhr oder noch später absolut kein Problem. Auch die ***Nachtmärkte*** mit fliegenden Händlern, exotischen Speisen, frischem Obst und interessanten Souvenirs werden den Europäer in Erstaunen versetzen.

Insgesamt hat allein der ***Spaziergang am Abend durch eine Stadt*** einen großen Unterhaltungswert, da sich nahezu alles sichtbar und nicht hinter verschlossenen Türen abspielt - und ist dabei noch sehr preiswert.

Theater, Konzerte

Für den Anhänger der höheren Künste bieten die Großstädte noch weitere Highlights wie ***Chinesische Oper, Akrobatik*** oder auch ***klassische Konzerte.***

Gelegentlich finden im Nationalstadion von TaiBei auch ***Rockkonzerte*** westlicher Größen statt, Informationen zu Veranstaltungen dieser Art und Ticketbestellungen sind möglich unter Tel. (02)-23419898 oder (02)-27026908.

Auf dem Land

All dies sind Gründe, warum die Taiwaner das Stadtleben so erstrebenswert finden. Der Tourist muss sich darauf einstellen, dass auf dem Lande, vor allem in Bergregionen, nach

Sonnenuntergang nichts, aber auch gar ***nichts los*** ist. Taschengesellschaftsspiele oder ein gutes Buch sollte man daher mitbringen.

Öffnungszeiten

Wie in Asien üblich, kann man auch auf TaiWan in manchen Geschäften bis spät in die Nacht, teilweise sogar durchgehend einkaufen. Große ***Kaufhäuser*** sind täglich von 10.00 bis 22.00 Uhr geöffnet (manche auch zum chinesischen Neujahrsfest). ***Einzelhändler*** und ***Lokale*** haben keinerlei geregelte Öffnungszeiten, im Allgemeinen beginnt in den Städten das Geschäftsleben gegen 9.00 Uhr, abends schließt jeder dann, wenn er meint, es sei heute kein Geschäft mehr zu machen.

Anders verhält es sich mit öffentlichen Institutionen und ***Banken.*** Letztere sind Montag bis Freitag von 9.00 bis 15.30 Uhr, an Samstagen von 9.00 bis 12.00 Uhr geöffnet. ***Behörden und Ämter*** (auch die ***Post***) sind sonntags geschlossen, öffnen sonst 9.00 Uhr und schließen 17.00 Uhr (samstags 12.00 Uhr). Allerdings gibt es Ausnahmen: In Touristenorten haben manche Postämter auch am Sonntag geöffnet.

Orientierung

Das Anschriftensystem

Das Straßen- und Hausnummernsystem wirkt insbesondere in TaiBei zunächst verwirrend. Eine ***große Straße*** heißt *Lu.* Liegt ein Haus (z.B. No. 99) direkt an der *ZhongShanLu,* lautet die Adresse *99 ZhongShanLu.* Zwei Punkte sind bei der Suche eine große Hilfe: Erstens liegen immer die geraden ***Hausnummern*** auf der einen, die ungeraden auf der anderen Straßenseite, zweitens ist sehr oft an den Häusern ein (meist) blaues 10x10 cm großes Schild mit Straßennamen und Hausnummer angebracht. So kann man laufend die Zeichen vergleichen und feststellen, wo gerade und ungerade sowie auf- und absteigende Nummern sind.

Kleinere, von (z.B.) der *ZhongShanLu* abzweigende Straßen haben nicht unbedingt einen eigenen Namen, sie heißen auch *ZhongShanLu* und haben den Zusatz *Jie* (Nebenstraße). Diese ***Nebenstraße*** hat eine Nummer, und zwar die gleiche, die das Haus an der Ecke hat, an der die Nebenstraße von der *ZhongShanLu* abzweigt. Die Hausnummern in dieser Nebenstraße werden so weitergezählt, als würden sie an der *ZhongShanLu* selbst liegen. In der Beispielskizze wäre die korrekte Anschrift für Haus Nr. 103:

103 ZhongShanLu, 99 Jie.

In TaiBei kommt es vor, dass diese Gliederung noch eine Einheit weiterführt, z.B.:

111 ZhongShanLu, 99 Jie, 105 Xiang.

Xiang steht für ***Weg, Gasse.*** Die Adresse liest sich aufgeschlüsselt folgendermaßen: An No. 99 auf der großen *ZhongShanLu* führt eine Nebenstraße *(99 Jie)* ab, an deren Hausnummer 105 wiederum ein Weg *(105 Xiang)* abzweigt, in dem sich *No. 111 ZhongShanLu* befindet.

Hauptstraßen sind manchmal etliche Kilometer lang. Damit man erkennt, wo etwa sich die gesuchte Adresse befindet, wird eine lange Hauptstraße numerisch in ***Sektionen*** (*Duan,* auf den Straßenbeschilderungen englisch *Sec.* abgekürzt) gegliedert. Die Angabe der Sektion hilft, das Gebiet auf der Karte einzugrenzen. Unsere *111 ZhongShanLu* könnte also noch detaillierter so aussehen:

111 ZhongShanLu, Sec. 1, 99 Jie, 105 Xiang.

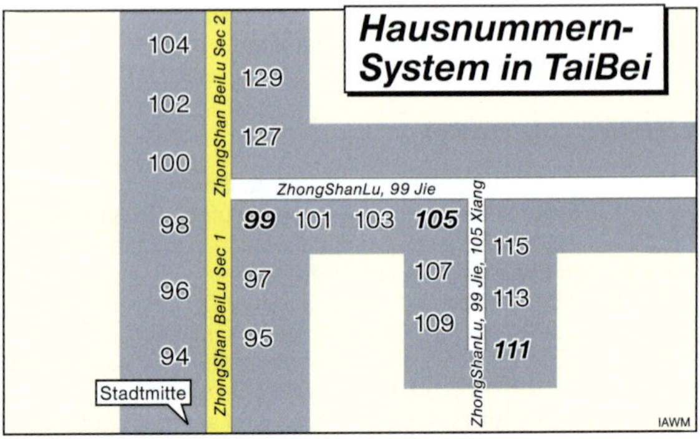

Andere Straßennamen haben noch den sehr nützlichen Zusatz einer ***Himmelsrichtung.*** Daran kann man erkennen, wo ab Zentrum man zu suchen hat. Die Zusatzangaben einer der Himmelsrichtungen (*Bei* = N, *Dong* = O, *Nan* = S und *Xi* = W) werden vor das *Lu* gestellt, unsere Musteradresse sieht dann folgendermaßen aus:

16th fl. 111 ZhongShan BeiLu, Sec. 1, 99 Jie, 105 Xiang.

Eine derart angegebene Adresse bietet uns nun etliche Vorabinformationen:

- Es handelt sich um eine sehr große Straße, da Nebenstraßen und Gassen abführen.
- Sie liegt im Norden des Stadtzentrums
- Als Sektion 1 liegt die Adresse in der Nähe des Zentrums.
- Ich brauche die 111 nicht an der Hauptstraße selbst zu suchen, sondern erst einmal die Seitenstraße bei Nr. 99. Dort biege ich ab und suche die Nr. 105, wo ich erneut einbiege und die eigentliche 111 finde.
- Es handelt sich um ein Hochhaus, da ein 16. Stock angegeben ist, dieser entspricht unserem 15. Stock.

Etagen werden nämlich nach dem amerikanischen System (Erdgeschoss = 1. Stock) gezählt. In Liften fehlt oftmals ein 4. Stock, da die Zahl vier *(si)* lautgleich mit dem Wort für sterben *(si)* ist - gemäß der chinesischen Symbolik vermeidet man also die Zahl vier. Dies gilt für den vierten Stock, für Zimmer 4, für Wohnung Nr. 4 usw.

Hilfe von Einheimischen

Abschließend noch ein Hinweis zum Thema „Fragen von Einheimischen nach dem Weg“. Taiwaner sind sehr hilfsbereit und bemühen sich ernsthaft, dem Touristen weiterzuhelfen. Dennoch müssen einige Regeln beachtet werden. So sollten Wahlfragen vermieden werden und immer eine ***exakte Antwort*** verlangt werden. Ein „maybe“ in der Antwort sollte alle Alarmglocken läuten lassen, da es meist für „weiß ich eigentlich nicht“ steht. Auch darf man sich niemals auf nur eine Auskunft verlassen - der drohende Gesichtsverlust erlaubt eine Notlüge, aber nicht das Eingestehen gegenüber dem Touristen, man kenne die eigene Stadt nicht.

Üblicherweise fragt man nach ***Tempeln*** die älteren Leute, weniger die Jugend. Umgekehrt kennen die Jugendlichen ***Kinos, MTV, Bars*** und ähnliches. ***Englisch*** ist eine wichtige Handelssprache und findet auch auf TaiWan immer mehr Verbreitung, doch außerhalb der Zentren wird der Tourist sich auf „Chinese only“ einstellen müssen.

Auf dem Land

Die ländlichen Regionen bieten weniger Anlass zur Besorgnis, da Abzweigungen oder bei Bergwanderungen Weggabelungen meist eindeutig erkennbar sind. Dennoch empfiehlt es sich, auf ***Wanderungen*** einen Kompass mitzuführen und, wo immer möglich, nachzufragen, ob man noch auf dem richtigen Weg ist.

Post

Zustellung

Die taiwanesische Post *(YouJu)* ist außerordentlich ***zuverlässig und effektiv.*** So erreichen Luftpostbriefe und Ansichtskarten den Empfänger in Europa in der Regel binnen einer Woche, Inlandssendungen (6 NT$ pro Brief) sind binnen 48 Stunden am Bestimmungsort - auch auf den vorgelagerten Inseln. Die Effektivität der taiwanesischen Post ist erstaunlich, wenn man sieht, wie in entlegenen Regionen die Post befördert wird. So wird in der Bezirksstadt einem Linienbusfahrer ein Korb mit Briefen in die Hand gedrückt, der sie unterwegs in den Dörfern den vor ihren Häusern wartenden Leuten (man kennt ja den Fahrplan) aus dem fahrenden Bus zuwirft oder gar aufs Grundstück wirft - aber es funktioniert!

Postämter

Die ***Öffnungszeiten*** der Postämter sind nicht einheitlich, geöffnet ist meist von 9.00 bis 17.00 Uhr, es gibt aber auch lokale Abweichungen. Die ***Erkennungsfarbe*** der taiwanesischen Post, sowohl beim Briefträger als auch bei den Ämtern selbst, ist grünweiß. In kleineren Ämtern sind alle ***Schalter*** für alles zuständig, in den großen Hauptpostämtern muss man den entsprechenden Schalter anhand der Beschriftung darüber suchen. Das wichtigste Zeichen ist sicher jenes für Briefmarke (*YouYuPiao* oder *YouPian*), anhand dessen man den Schalter identifizieren kann (⇗ Sprachhilfe im Anhang).

Porto

Die Preise sind sehr günstig, so kostet ein ***Luftpostbrief*** nach Europa gerade einmal 20 NT$, eine ***Postkarte*** 14 NT$ und das sehr nützliche ***Aerogramm*** 15 NT$. Letzteres ist ein bereits vorfrankiertes und in Briefformat gestaltetes Din-A4-Blatt, dessen Rückseite beschrieben werden kann. Es wird gefaltet und mit der vorhandenen Gummierung zugeklebt, allerdings darf nichts zusätzlich beigelegt werden. ***Einschreiben*** sind ebenfalls möglich und kosten 32 NT$. Ein internationaler ***Eilbrief*** (garantierte Auslieferung in 48 Stunden) kostet knapp 10 € und ist nur in dringenden Angelegenheiten empfehlenswert.

Versand

Umfangreichere Sendungen (z.B. entwickelte Filmnegative) sendet man am besten als ***Drucksache*** statt als Brief, diese muss man allerdings geöffnet lassen, also nur mit einer Klammer verschließen. ***Pakete*** (z.B. überflüssiges Gepäck oder Souvenirs, die man nicht schleppen will) können vor allem vom Hauptpostamt in TaiBei sehr bequem verschickt werden. Dort werden sogar stabile Kartons und Holzwolle zur Verfügung gestellt und die Kartons anschließend maschinell mit stabilen Verpackungsbändern umschlossen - ein echter Service.

Bei der ***Adressierung*** sollte beachtet werden, dass unter die Empfängeradresse deutlich und unterstrichen das Land in Französisch (internationale Postsprache) oder Englisch geschrieben wird, chinesische Zeichen brauchen nicht unbedingt hinzugefügt werden. Befürchtungen, das Postpersonal würde aufgeklebte Briefmarken ablösen und die Sendung vernichten (was Postangestellten ärmerer asiatischer Länder gelegentlich nachgesagt wird), sind in TaiWan völlig unnötig.

Man kann seine Post zwar am Schalter abgeben, dies ist allerdings unüblich; meist wird man höflich gebeten, sie in die ***Postkästen*** außerhalb des Postamtes zu werfen. Postkästen bestehen aus zwei Teilen, einem grünen für die Inlandssendungen und einem zweigeteilten roten. Hier muss man etwas aufpassen, da nur der linke Schlitz für internationale Luftpostsendungen, der rechte dagegen für die nationale Expresspost vorgesehen ist.

Postlagernde Sendungen

Der postlagernde Empfang von Briefsendungen ist problemlos möglich - oder beinahe problemlos. Der Absender muss unter dem Empfänger „poste restante“ (französisch für „postlagernd“) sowie den ***Stadtnamen in taiwanesischer Umschrift*** angeben (also TaiPei bzw. TaiBei statt Taipeh). Vorläufig sollte man vielleicht auch besser die alten Varianten der Umschrift verwenden (z.B. KaoHsiung statt GaoXiong, TaiChung statt Tai Zhong usw.), wobei allerdings die neuen Umschriftvarianten sicher auch nach und nach überall in TaiWan bekannt werden. Ganz sicher geht man, wenn man die chinesischen Zeichen der Ortsnamen aus dem Buch kopiert und auf den Umschlag klebt.

Wird man beim Abholen einer Postlagersendung nach dem Namen gefragt, unter welchem der Brief einsortiert sein könnte, gebe man sowohl ***Vor- als auch Nachnamen*** an, da im Chinesischen der Nachname vorangestellt wird und unter Umständen der Brief unter dem europäischen Vornamen einsortiert wurde. Um sicher zu gehen, stelle auch der Versender den Nachnamen des Adressaten voran und unterstreiche ihn zusätzlich.

Sicherheit

Erfreulicherweise ist TaiWan für Touristen ***eines der sichersten Länder der Erde.*** Das Land ringt um internationale Anerkennung und will sich keinerlei Schnitzer gegenüber (gesetzestreuen) Ausländern erlauben. Diebstahl und Übergriffe auf Touristen gelten daher beinahe als nationaler Hochverrat, entsprechend unbeschwert kann sich der Besucher im Lande bewegen. Doch gibt es auch die berühmte Ausnahme von der Regel.

Eine boomende Metropole wie ***TaiBei*** hat natürlich auch ihre Schattenseiten. Manch einer hat hier seine gesamten materiellen Hoffnungen auf die Börse gesetzt und alles verloren, andere scheuen im Ringen um mehr und mehr Reichtümer auch illegale Methoden nicht. Es kommt nicht von ungefähr, dass Banker, Börsianer und gescheiterte Manager reihenweise Selbstmord begehen - TaiBei hat eine der höchsten Suizidraten der Erde! Dass sich dabei auch eine Schicht kleiner Ganoven entwickeln muss, ist eine unausweichliche Folge.

Alleinreisenden Frauen kann es gelegentlich passieren, dass sie verbal belästigt werden, die Wahrscheinlichkeit ist aber um ein Vielfaches geringer als in anderen asiatischen Regionen. Durch Tausende westlicher Filme und Werbung mit spärlich bekleideten Models sind einige Männer auf TaiWan zu der irrigen Ansicht gekommen, dass jede westliche Frau mal eben so zu haben sei. In aller Regel genügt der dezente Hinweis, man sei verheiratet, um Ruhe zu haben.

Man kann getrost behaupten, dass TaiWan sicher zu bereisen ist, auf die üblichen ***Vorsichtsmaßnahmen gegen Taschendiebstahl*** (Geldgürtel, Gepäck immer im Auge haben) darf natürlich nicht verzichtet werden.

Taxi fahren

Kriminelle, Vorbestrafte und Gescheiterte werden von der Gesellschaft geächtet, haben das Gesicht verloren und greifen dann oft nach der letzten Chance, irgendwie ihre Existenz zu erhalten: der Job als Taxifahrer. 99,9 % der Taxifahrer sind anständige Burschen, die ihren Job tadellos machen, selten hört man Beschwerden oder gar von Übergriffen. Dennoch warnen Einheimische davor, ***in der Nacht*** alleine ein Taxi zu benutzen, es sei denn, der Wagen wird in der Taxizentrale bestellt. Jedes Hotel, Restaurant oder Geschäft besorgt dies gerne, die Telefonnummer der auch englischsprachigen Zentrale lautet (02)-2821166.

Informationen zur Sicherheitslage

Aktuelle Reisehinweise zu allen Transitländern neben Hinweisen zur allgemeinen Sicherheitslage erteilen auch:

- ***Deutschland:*** www.auswaertiges-amt.de und www.diplo.de/sicherreisen (Länder- und Reiseinformationen), Tel. 030-5000-2000, Fax 030-5000-51000.
- ***Österreich:*** www.bmaa.gv.at (Bürgerservice), Tel. 05-01150-4411, Fax 05-01159-0.
- ***Schweiz:*** www.dfae.admin.ch (Reisehinweise), Tel. 031-3238484.

Beim Auswärtigen Amt kann man die Broschüre „Kleiner Ratgeber für Ihre Urlaubsplanung - wir wollen, dass Sie sicher reisen“ herunterladen.

Buchtipps: „Schutz vor Gewalt und Kriminalität unterwegs“; „Als Frau allein unterwegs“, Praxis-Reihe, Reise Know-How Verlag, Bielefeld

Sport und Aktivitäten

Für ***Geschäftsleute,*** die längere Zeit auf TaiWan bleiben, ist der Beitritt zu einem der Golf-, Segel- oder Drachengleitclubs nahezu obligatorisch, um Kontakte zu knüpfen und Verbindungen zu vertiefen. Für den ***Touristen*** beschränken sich die sportlichen Aktivitäten gewöhnlich auf Bergwandern oder Schwimmen - die natürlichen Möglichkeiten TaiWans eben (und das genügt in diesem Klima völlig!).

Das ***Schwimmbadsystem*** funktioniert etwas anders als in Europa. Oft muss man Clubmitglied werden (1.000 US$/Jahr!), sonst kommt man nicht hinein, andere Bäder sind für das breite Publikum geöffnet und kosten rund 150-200 NT$ Eintritt. Auch die Öffnungszeiten sind völlig anders, geschwommen wird in drei Schichten 8.00-11.30 Uhr, 13.00-16.30 Uhr und 18.00-21.00 Uhr. Montags ist in der Regel zwecks Wasserwechsel geschlossen.

056t Foto: wl

Angelspaß am künstlichen Becken

Das Sportvereinswesen unserer Prägung gibt es praktisch nicht, die meisten ***Sportarten*** werden im Rahmen der Schulausbildung bzw. an den Universitäten und Sporthochschulen ausgeübt. TV-Nationalsport ist Baseball, Ausländer betreiben am ehesten Golf, Tauchen oder Tennis.

Hier einige der wichtigsten ***Anschriften von Clubs und Verbänden,*** die jeweils über detaillierte Informationen und Anschriften aller gemeldeten Zweigorganisationen verfügen.

Tauchsport

- ***R.o.C. Diving Association,*** 114 MinSheng DongLu, Sec. 2, TaiBei, Tel. (02)-28839466. Ein Tag Tauchen (2 Tauchgänge inkl. Leihausrüstung) kostet derzeit rund 7000 NT$.

Tennis

- ***Chinese TaiPei Tennis Association,*** 285 ZhongXiao DongLu, Sec. 4, TaiBei, Tel. (02)-27313026.
- ***TaiBei Tennis Club,*** 4 NanJing DongLu, Sec. 4, TaiBei, Tel. (02)-27716557.

- ***HuanQiu Indoor Tennis-Court,*** 33 FuYuanLu, 179 Jie, TaiBei, Tel. (02)-27668766.
- ***YangMingShan Country Club,*** 49 KaiXuenLu, YangMingShan, Tel. (02)-28610941.
- ***HuaJiang Tennis-Court,*** 20 ChangJiangLu, Sec. 3, 41 Jie, PBanChiao, Tel. (02)-22533866.

Golf

- ***Taiwan Golf Association,*** 12 F-1, 125 Nanjing E. Rd., Sec. 2, Taipei, Telefon 25165611, Fax 25163208, www.tasheeresort.com.tw.

Auf TaiWan gibt es rund 25 Golfparcours, meist 18 Löcher/par 72. Der genannte Verband informiert über Aufnahmebedingungen und Gastspielmöglichkeiten, denn nur drei Plätze sind für Nichtmitglieder/Gastspieler zugänglich.

Bergsteigen

- Die Besteigung schwieriger Gipfelregionen bedarf der besonderen Genehmigung (Mountain Permit A) sowie der Begleitung durch einen qualifizierten Führer. Alle Fragen, die Bergtouren, Genehmigungen und Organisation solcher Touren betreffen, müssen über die ***R.o.C. Alpine Association,*** 186 ZhongShan BeiLu, Sec. 2, TaiPei, Tel. 25935662, rocalp@ms.34.hinet.net, geklärt werden.

TaiJiQuan (TaiChiChuan)

- Manch ein Europäer möchte während des Aufenthaltes gerne diese ureigenste Form des chinesischen Individualsports bzw. der Lebensphilosophie erlernen. Kurse unter fachkundiger Aufsicht von unterschiedlichster Dauer gibt es zuhauf. Individuelle Auskünfte und Ratschläge erteilt die ***Chinese TaiBei TaiJiQuan Association,*** 157 FuXing NanLu, Sec. 2, TaiBei, Tel. (02)-27056743.

Segelsport

- Dieser Sport findet auf TaiWan in den letzten Jahren großen Zulauf, da eine eigene Yacht Wohlstand und Erfolg widerspiegelt. Zahlreiche Sportboothäfen werden zur Zeit eingerichtet, insbesondere die Insel PengHu (Pescadoren) soll mittelfristig ein Segel-Eldorado in der TaiWan-Straße werden. Interessierte wenden sich an die ***R.o.C. Yachting Association,*** 305 BeiAnLu, TaiBei, Tel. (02)-25623436.

Drachen- und Fallschirmsport

- Ganz in der Nähe des Yacht-Verbandes, in der 59 BeiAnLu, liegt die ***R.o.C. Parachuting Association,*** Tel. (02)-25917794, die über Flugsportmöglichkeiten auf TaiWan informiert.

Rafting

- Wer HuaLian an der Ostküste besucht wird unvermeidlich mittels Werbung in Hotels oder bei der Touristeninformation auf die Möglichkeit des Wildwasser-Raftings stoßen. Eine übliche vierstündige Tour beginnt morgens um 8 Uhr bei Ruisui, das per Bus von HuaLian aus angefahren wird – komplett für 750–800 NT$, einschließlich Helm und Brotzeit ist alles inklusive. Näheres unter www.eastcoastnsa.gov.tw.

Sprache

Aufgrund der historisch bedingt unterschiedlichen Bevölkerungsgruppen in Taiwan (siehe Kapitel „Mensch und Gesellschaft") wird Mandarin als Amtssprache, daneben aber auch Taiwanesisch und Hakka gesprochen. ***Englisch*** ist die wichtigste nicht-chinesische Fremd- und Handelssprache, mit der man sich als Tourist in den großen Metropolen gut, in entlegeneren Gebieten und Kleinstädten bedingt verständlich machen kann.

Das Hochchinesische (Mandarin, GuoYü)

Die gesprochene Sprache

Das Mandarin als wichtigste Amts- und Verkehrssprache TaiWans weist eine ganze Reihe von Eigentümlichkeiten und Besonderheiten auf, die dem Europäer mehr als fremd sind. Zunächst einmal müssen gesprochene und geschriebene Sprache differenziert betrachtet werden. Die gesprochene Sprache ist (ursprünglich) monosyllabisch (eine Silbe = ein Bedeutungswort) und tonal (Töne verändern die Bedeutung).

Nun kennt das Chinesische rund 420 ***Silben*** (z.B.: a, an, ba, bu ...). Alle Silben im Mandarin-Chinesisch enden entweder auf einen Vokal oder Diphtong (ta hao) oder auf die Konsonanten bzw. -gruppen n oder ng (Chin Chung). Das beschränkt die Zahl der möglichen Silben ungemein, Silben wie Tisch, Tag, Blatt etc. stehen dieser Sprache nicht zur Verfügung. Bei anderen Sprachen (z.B. dem Kantonesischen) sieht dies wieder ganz anders aus. Ein Kantonese kann daher mit einem Taiwaner (wo Mandarin Amtssprache ist) nicht mündlich, sehr wohl aber schriftlich kommunizieren, da die Schriftsprache mit ihren Zeichen in allen chinesischen Sprachen gleich ist (wie etwa einheitliche Verkehrszeichen in Europa, die aber jeder anders ausspricht).

Da es aber wesentlich mehr Bedeutungen gibt als Silben, sind die 420 Silben vielfach mit verschiedenen Bedeutungen belegt. So kann die Silbe *ma* „Hanf", „schimpfen", „Mutter", „Pferd", ein gesprochenes Fragezeichen u.v.m. bedeuten. Um eine gewisse Differenzierung zu ermöglichen, hat das Chinesische ***verschiedene Töne*** (Aussprachemethoden) für die Silben entwickelt. Das Mandarin-Hochchinesische kennt 5 Töne, sodass je nach Aussprache der Silbe *ma* der Chinese weiß, ob „Mutter" oder „Pferd" gemeint ist. Leider kommt es dennoch recht oft vor, dass die gleiche Silbe bei gleichem Ton immer noch völlig unterschiedliche Bedeutungen hat – hier kommt es auf den Zusammenhang an, was wohl gemeint ist. Ein Beispiel hierfür wäre etwa *yi* im ersten Ton, das immer noch je nach Zusammenhang „eins", „Arzt", „Kleidung", „Abhängigkeit", „Geknarre", „nur", „Welle" oder „traditionelle Verbeugung" bedeuten könnte!

Die fünf Töne des Mandarin-Hochchinesischen

1. Ton: Gleichbleibend hoch, z.B. *ma,* etwa vergleichbar mit der Aussprache des deutschen Wortes Aal in der Situation: „Ich esse heute Aal." „Was isst du?" „Aal esse ich!". In diesem Fall hieße *ma* „Mutter", bei gleichem Ton, aber anderen Zeichen auch „putzen" oder „Amme".

2. Ton: Von unten nach oben aufsteigend, etwa: „Was schenkst du ihm? Ein Buch? Er hat schon so viele!" In diesem Falle hieße *ma* Hanf.

3. Ton: Erst von oben nach unten fallend, dann steigend (in der Praxis meist leicht vibrierender tiefer Ton), etwa wie die Ausprache des deutschen „Aha!", allerdings bleibt das h weg und die Betonung (erst abwärts, dann aufwärts) liegt nur auf dem a. *Ma* in diesem Ton hieße dann bei unterschiedlichen Zeichen „Pferd", „Ameise", „Nummerierung".

Tipps: Im Anhang dieses Buches findet sich eine ***Kleine Sprachhilfe*** mit den für den Reisenden allerwichtigsten Begriffen und Redewendungen.

Den Sprechführer ***„Hochchinesisch – Wort für Wort"*** aus der Kauderwelsch-Reihe des Reise Know-How Verlages, Bielefeld, gibt es als Buch, als Aussprache-Trainer auf Audio-CD und als CD-ROM (Buch inkl. AusspracheTrainer).

4. Ton: Von oben nach unten fallend, etwa wie die Aussprache des deutschen „Jawoll!" oder „Mist!". *Ma* hieße dann je nach Zeichen „schimpfen" oder „Heuschrecke".

5. Ton: Der Vokal wird sehr kurz ausgesprochen abrupt abgebrochen. *Ma* wäre dann ein gesprochenes Fragezeichen.

Die chinesische Schrift

Die chinesische Schrift ist im Prinzip eine ***Bilderschrift,*** bei der jedes ***Zeichen*** die Bedeutung eines Silbenwortes hat. Diese Bilderschrift wird von jedem Chinesen gleich verstanden (egal ob in Tibet, ShangHai oder TaiBei), aber jeweils völlig anders gesprochen. Dies bedeutet, das die traditionelle Charakterschrift (so nennt man die Bilder) ein wichtiges Bindeglied und zumindest schriftliches Verständigungsmittel in ganz China ist. Würde eine Umschrift statt der Schriftzeichen verwendet, würden sich die einzelnen Gebiete nicht mehr verstehen und sich weiter entfremden. Insgesamt gibt es rund 35.000 Schriftzeichen, der gebildete Chinese beherrscht etwa 10.000 Zeichen, unter 1000 gilt man als ungebildet.

Auf TaiWan werden die traditionellen ***Langzeichen*** geschrieben, wohingegen in der VR China ca. 2000 häufige Zeichen sehr stark vereinfacht worden sind. Anhand der Schriftzeichen kann man (zumindest als Ausländer) nicht erkennen, wie das Zeichen wohl gesprochen werden könnte.

Der Leser wird sich fragen, wie man denn aus 35.000 Bildern ohne Alphabet ein ***Wörterbuch*** aufbaut. Die Schriftzeichen setzen sich aus verschiedenen Grundbestandteilen, festgelegten Teilfiguren, zusammen. Diese Teilfiguren treten bei verschiedenen Zeichen immer wieder auf. Man sucht in einem Wörterbuch zunächst diesen Grundbestandteil, der ***Radikal*** genannt wird, danach sieht man in einer Liste aller Zeichen, die diesen Radikal beinhalten, nach und findet dann (hoffentlich) das Zeichen mit Seitenverweis. Erst dann kann man die Bedeutung auf der angegebenen Seite nachschlagen.

Die lateinische Umschrift

Nicht für die Chinesen selbst, sondern für die internationale Umsetzung der Sprache in ein romanisiertes System (Adressen, Geschäftswesen) wurde versucht, chinesische Begriffe in einer Sprache mit Alphabet wiederzugeben. Eine recht gute Methode zur Umschrift des Chinesischen hat sich international recht weit durchgesetzt: das ***PinYin.*** Dieses kommt der Wiedergabe der chinesischen Laute sehr nahe und gibt auch den entsprechenden Ton mit an (sehr wichtig). Hat man die Aussprache einmal intus, kann man sich mit PinYin (offiziell: HanYü PinYin) ganz gut durchschlagen.

Leider geht man in TaiWan höchst komplexe Wege der Umschrift. Bis Ende der 1990er Jahre verwandte man (fast) einheitlich das amerikanische ***Wade-Giles-System,*** auch um sich von der Volksrepublik zu unterscheiden. Dieses System war jedoch für Ausländer recht schwierig, sodass Ende des 20. Jahrhunderts jemand die grandiose Idee einer Reform hatte und das sogenannte ***„MPS II"*** (Mandarin Pronounciation System Nr. 2) entwickelte, welches Wade-Giles schrittweise ersetzen sollte.

Als dann aber 2004 zum „Visit Taiwan Year" erkoren wurde, entschloss man sich kurzerhand, das gebräuchliche PinYin einzuführen, um den Reisenden ein einigermaßen erträgliches Orientieren zu ermöglichen. Allerdings blieb es jeder Gemeinde selbst überlassen, welche Umschrift sie in welchem Umfang verwendet. Und so gibt es heute Orte, die sich zur Verwendung von PinYin entschlossen haben (z.B. TaiBei, TaiZhong), welche, die MPS II benutzen (z.B. KaoHsiung und TaiNan) und Orte (zur Zeit noch die

039t Foto: wl

Übung macht den Meister!

Mehrheit), die vorerst das Wade-Giles-System beibehalten wollen. Dies bedeutet nichts anderes, als dass derzeit in Taiwan noch immer ***keine Einigkeit in Bezug auf die lateinische Umschrift*** herrscht. Da es neben den drei genannten Systemen auch noch Eigenkreationen oder schlicht Schreibfehler gibt, existieren für ein und denselben Begriff teilweise drei oder vier Varianten der Umschrift in TaiWan. So wird man in TaiBei (dort gilt offiziell PinYin) für die zweitgrößte taiwanesische Stadt im Süden „GaoXiong" lesen, auf der Fahrt dorthin (Fahrpläne, Schilder) „KaoHsiung" (Wade-Giles) oder „GaoShiung" (MPS II), am Busbahnhof von TaiZhong dagegen nur unter dem Schild „KaeoShyong" den richtigen Bus dorthin erwischen! Auch innerhalb ein und desselben Ortes gibt es - weil beispielsweise ein defektes Schild durch ein modernes ersetzt wurde - möglicherweise unterschiedliche lateinische Schreibweisen für ein und dieselbe Straße! Die chinesischen Zeichen sind dagegen stets eindeutig, immer gleich und sind somit - so schwer es auf den ersten Blick zu sein scheint - die sicherste Orientierungshilfe.

Noch ein Hinweis zu ***TaiBei:*** Offiziell wurde PinYin als verbindliche Romanisierung festgelegt; tatsächlich aber wird man auch hier vielfach andere Umschriften sehen, etwa eingebürgerte Bezeichnungen in Publikationen (Taipei statt Taibei, KMT für KuoMinTang-Partei statt korrekt GMD für GuoMinDang), alte Hinweisschilder usw.

Die Umschriften in diesem Buch

Die ***Sprachhilfe im Anhang*** wie auch die chinesischen Begriffe im Text basieren auf PinYin, teilweise mit zusätzlichen Angaben anderer Umschriften, so wie man sie vor Ort sehen wird - zumindest so lange sich PinYin noch nicht überall durchgesetzt haben wird. Dies bedingt leider und unvermeidlich, dass man hier und da reichlich Fantasie aufbringen muss, um etwa Straßennamen zu identifizieren. Bezeichnungen in den Ortsbeschreibungen sind im Text/Karten so angegeben, wie man sie im Lande meist sieht, in Klammern ergänzt mit PinYin (bzw. Wade-Giles oder anderen Umschriften) und am Rand - soweit notwendig - mit chinesischen Zeichen.

Es bleibt zu hoffen dass die Verantwortlichen mit dem Unfug mehrerer Romanisierungen nebeneinander baldmöglichst endgültig aufräumen.

An dieser Stelle sei darauf hingewiesen, dass die in diesem Buch praktizierte ***Großschreibung*** der Umschrift jedes einzelnen chinesischen Zeichens (die dem Leser die Aussprache und die Zeichenzählung erleichtert, ⇗ Benutzerhinweise) vor Ort in TaiWan nicht üblich ist. Also z.B. den Begriff MinSheng wird man in TaiWan als Minsheng, TaiBei als Taibei finden usw.

Sprachaufenthalt und Studium

Der Lernende der chinesischen Sprache steht bei einem sehr zu empfehlenden Sprachstudium vor Ort oft vor der Frage, welches Land sich eher zum Studium eignet: die Volksrepublik oder TaiWan.

VR oder TaiWan

Ein Sprachstudium ***in der Volksrepublik*** ist oft preiswerter, vor allem sind die Lebenshaltungskosten um einiges geringer als auf TaiWan, außerdem hat man die Möglichkeit, das Festland (den Ursprung der chinesischen Kultur) und seine historischen Stätten direkt zu besuchen. Die Praxis zeigt allerdings, dass manch ein Student - von Verwaltungsbürokratie, Hindernissen im Alltag oder eventuell falscher Wahl des Studienortes (in einer Region, die gar nicht Mandarin oder nur starke dialektale Abweichungen spricht) verhältnismäßig entnervt - ohne entscheidende Lernerfolge und Sprachpraxis blieb.

Die Vorteile eines Sprachaufenthaltes ***in TaiWan*** liegen in einer sehr unbürokratischen und problemlosen Organisation, in dem im Umgang mit Ausländern geschulten Personal sowie in der direkten Anwendung der Sprache im Alltag überall auf der Insel.

Ein von den meisten Lernenden unterschätzter Faktor ist ferner die Verwendung der ***traditionellen Langzeichen*** auf TaiWan und in HongKong, während in der VR fast ausschließlich in Kurzzeichen geschrieben wird (Ausnahmen sind dort alte Beschriftungen). Nach einiger Zeit ist man in der Lage, anhand der gelernten Langzeichen auch die Kurzzeichen zu erschließen, umgekehrt ist dies nicht der Fall.

Kosten

Die ***Kursgebühren*** bei taiwanesischen Instituten für ein Quartal belaufen sich im Schnitt auf etwa 700-800 €, mindestens so viel muss man auch für ein ***Zimmer*** für diese Zeit veranschlagen. Die meisten Ausländer wählen eine Schule in TaiBei, doch auch TaiZhong (TaiChung) oder TaiNan sind sehr zu empfehlen, da beide nicht so überlaufen sind wie TaiBei und auch Unterkünfte günstiger als in TaiBei sind.

Sprachaustausch

Eine weitere, sehr beliebte und kostenlose Möglichkeit, die chinesische Sprache vor Ort zu erlernen bzw. zu vertiefen, besteht im sogenannten Sprachaustausch („Language-Exchange"). Der Austausch besteht schlicht darin, dass man sich mit einem einheimischen Interessenten trifft (meist in einem westlichen Fast-food-Restaurant oder einer Studentenmensa) und sich eine gleiche Anzahl von Stunden die ***jeweilige Muttersprache wechselweise beibringt.*** Diese Methode ist für beide Seiten sinnvoll, da direkt mit Muttersprachlern gesprochen wird und vor allem die Alltagssprache intensiv vermittelt werden kann. Dennoch sollten Grundkenntnisse bereits vorhanden sein. Sowohl in den englischsprachigen Tageszeitungen wie auch an den schwarzen Brettern und Aushängen der Universitäten suchen Taiwaner nach „Language-Exchange", gelegentlich kommt es sogar vor, dass man als Westler unvermittelt im Park oder in einem Restaurant angesprochen und nach seinem Interesse an Sprachaustausch gefragt wird.

Studium

Ausländer, die regulär an einer Hochschule studieren wollen, sind grundsätzlich zugelassen, müssen sich aber zuvor einem ***Sprachtest*** unterziehen. Ist dieser bestanden, stehen alle ***Fakultäten*** offen bis hin zum Examen (Magister, Promotion).

Hier einige Anschriften ***taiwanesischer Sprach- und Hochschulen:***

- ***National TaiWan Normal University,*** Mandarin Training Center, 62 HePing DongLu, Sec. 1, TaiBei, Tel. (02)-23218405, www.mtc.ntnu.edu.tw/indexe.html.
- ***FuJen Catholic University,*** 510 ZhongChengLu, XinChuang, TaiBei, Tel. (02)-29031111, www.fju.edu.tw/eng_fju.
- ***TaiBei Language Institute,*** 104 XinYiLu, Sec. 2, TaiBei, Tel. (02)-23410022, www.tli.com.tw/tli/eng/en/1-1.asp.
- ***China Language Institute,*** 51 TianMu BeiLu, TaiBei, Tel. (02)-28727127.
- ***Chinese Culture University,*** Mandarin Learning Center, 9 RooseveltLu, Sec. 2, TaiBei, Tel. (02)-23564616, www.pccu.edu.tw/intl/index-e.htm.
- ***National ChungHsing University,*** 250 KuoKuangLu, TaiZhong, Tel. (04)-22873181, Fax 22870925, http://www.nchu.edu.tw.
- ***National ChengKung University,*** 1 TaHsuehLu, TaiNan, Tel. (06)-2368660, www.ncku.edu.tw/ver2006/en/
- ***TaiBei Language Institute,*** Dpt. KaoHsiung (GaoXiong), 507 ZhongShanLu, Sec. 2, KaoHsiung, Tel. (07)-2153638, Fax (07)-2152981, tli.ka507@msa.hinet.net.

Telefon

Grundsätzlich empfiehlt sich die Anschaffung einer ***Telefonkarte*** (z.B. in 7/11-Läden, 200 NT$ reichen völlig aus), mit der man von allen öffentlichen Telefonen (und die gibt es reichlich, praktisch immer im/am Hauptbahnhof) aus anrufen kann.

Innerhalb TaiWans

Das Telefonieren ist einfach und - zumindest innerhalb TaiWans - um ein Vielfaches preiswerter als vergleichbare Gespräche in Europa. Innerhalb einer Region mit „gleicher" ***Ortsvorwahl*** wird diese nicht mitgewählt, nur bei Gesprächen in einen anderen Vorwahlbereich. Die Kosten bei Telefonaten von ***öffentlichen Fernsprechern*** bewegen sich im Rahmen von 1 NT$ für 20 Sekunden bis 1 NT$ für 35 Sekunden (abgerechnet wird stets nach Zeittakten).

Internationale Gespräche

Noch vor wenigen Jahren war es eine sehr teure Angelegenheit, von Taiwan aus nach Europa anzuklingeln. Bis zu ihrer Privatisierung 1997 hatte die taiwanesische staatliche Gesellschaft „Directorate General of Telecommunications“ (DGT) das Monopol auf alle Telefonangelegenheiten. Mit der Liberalisierung des Telefonmarktes und dem Entstehen zahlreicher privater Anbieter wurde es wesentlich günstiger, nach Österreich, Deutschland oder in die Schweiz zu telefonieren, heute liegt der durchschnittliche ***Minutenpreis*** bei etwa 25 Cent. Gespräche vom Hotel aus kosten deutlich mehr. Gespräche an öffentlichen Telefonzellen sind etwas teurer, besser sind die Prepaid-Karten diverser Privatgesellschaften, die ab 200 NT$ in Minimärkten erhältlich sind.

Bei Gesprächen aus TaiWan nach Europa muss bei Telefonaten ***mit Münzen oder von Hoteltelefonen aus*** zunächst die ***002,*** dann die nationale Vorwahl, anschließend die Ortsnetzkennzahl ohne die Null und schließlich die Teilnehmernummer gewählt werden. Frankfurt/Main wäre demnach mit 002+49+ 69+Teilnehmernummer anzuwählen. Nach TaiWan: 00886+Vorwahl ohne 0+Teilnehmernummer.

Achtung: Telefoniert man aber mit einer ***Prepaid-Karte,*** dann muss man darauf achten, welcher Zugangscode zu verwenden ist.

Beispiel: Auf der Karte der Firma „006-Supercard“ rubbelt man zunächst einen Code frei *(card-number).* Man wählt eine kostenlose Zugangsnummer, die auf der Rückseite angegeben ist (z.B. 0800-006-863), man braucht auch keine Münzen einzuwerfen. Dann (es ertönen mehrere Ansagen, warten, bis Englisch kommt) gibt man die freigerubbelte Kartennummer ein. Daraufhin wird das vorhandene Guthaben in Minuten angesagt, schließlich wählt man für diese „006-Supercard“ 006+49+69+Teilnehmernummer (alle Prepaid-Karten zeigen auf der Rückseite, welche Nummer vor das „49“ zu setzen ist).

Mobiltelefone

In Taiwan wird sowohl 900 als auch 1800 MHz GSM sowie 3G 2100 verwendet, sodass man sein Mobiltelefon problemlos nutzen kann. Wegen hoher Gebühren sollte man bei seinem Anbieter nachfragen, welcher der Roamingpartner günstig ist und diesen per ***manueller Netzauswahl*** voreinstellen. Nicht zu vergessen sind die ***passiven Kosten,*** wenn man von zu Hause angerufen wird (Mailbox abstellen!). Der Anrufer zahlt nur die

Notfall- und Informationsnummern

- Polizei: 110
- Polizei (englischsprachig): 264 oder (02)-25254275, 23817475
- Feuerwehr: 119
- Ambulanz: (02)-7216315 oder ebenfalls 119
- Internationale Telefonvermittlung: 100
- Amt für Ausländerangelegenheiten (Visum): 02-3818341 oder 02-3817475
- TI-Stelle des CKS-Flughafen: (03)-3982194, 3834631
- TI-Stelle des SungShan-Flughafen/TaiPei: (02)-7173737
- TI-Hauptstelle in TaiPei: (02)-23491500
- Englischsprachige „Hotline“ für Touristen (tgl. von 8–20 Uhr): 02-27173737

Foto: wl

„Telefonzelle“ beim Historischen Museum/TaiBei

Gebühr ins heimische Mobilnetz, die teure Rufweiterleitung ins Ausland zahlt der Empfänger.

Wesentlich preiswerter ist es, sich von vornherein auf ***SMS*** zu beschränken, der Empfang ist dabei in der Regel kostenfrei. Tipp: Man lasse sich von allen wichtigen Personen eine SMS schreiben, sodass man im Ausland nicht zu wählen braucht, sondern nur auf „Antworten“ drücken muss. Der Versand und Empfang von ***Bildern per MMS*** hingegen

Kosten für Inlandsgespräche

Entfernungsstufe	***7.00–19.00 Uhr, Sa bis 13.00 Uhr***	***19.00–23.00 Uhr, Sa. ab 13.00 Uhr***	***23.00–7.00 Uhr u. So.***
A	20 Sek./NT$	40 Sek./NT$	60 Sek./NT$
B	12 Sek./NT$	24 Sek./NT$	40 Sek./NT$
C	6 Sek./NT$	12 Sek./NT$	20 Sek./NT$

Entfernungsstufe A sind Ortsgespräche, B Gespräche ins nähere Umland und C Gespräche in nicht benachbarte Provinzen oder zu den vorgelagerten Inseln. Innerorts oder innerhalb einer Provinz wird die Vorwahl nicht gewählt. Die Tabelle gilt als Orientierungshilfe, die Tarife können je nach Telefongesellschaft/Anbieter variieren.

ist nicht nur relativ teuer, sondern je nach Roamingpartner auch gar nicht möglich. Die ***Einwahl ins Internet*** über das Mobiltelefon, um Daten auf das Notebook zu laden, ist noch kostspieliger - da ist in jedem Fall ein Gang in das nächste Internetcafé weitaus günstiger.

Falls das Mobiltelefon ***SIM-lock-frei*** ist (keine Sperrung anderer Provider vorhanden ist) und man viele Telefonate innerhalb Taiwans führen möchte, kann man sich eine örtliche ***Prepaid-SIM-Karte*** besorgen, die es kostenlos (z.B. in 7/11-Minimärkten) gibt, dann kann man diese gegen Gebühr aufladen. Ein Beispiel dafür ist die IF-card; besonders vorteilhaft für den Reisenden ist die primär englische Benutzerführung bei der Mailbox und die schnelle Freischaltung.

Tourismus

TaiWan ist ein sehr wohlhabendes Land und benötigt im Gegensatz zu vielen asiatischen Ländern keine Touristenströme als Devisenbringer. Jährlich kommen etwa ***zwei Millionen Besucher*** nach TaiWan, die meisten aus dem asiatischen Raum. Verglichen mit anderen asiatischen Reisezielen ist diese Zahl verhältnismäßig klein, und tatsächlich wird der westliche Tourist in vielen Gebieten TaiWans, von touristischen Orten oder Ballungszentren abgesehen, vergeblich nach anderen „Langnasen" *(Chang Bi)* Ausschau halten. Der Durchschnittstourist bleibt etwa sieben Nächte und lässt im Schnitt 150 € pro Tag im Land.

Im Gegensatz zu den meisten asiatischen Ländern braucht der Tourist um die Kleinigkeiten des Alltags nicht zu feilschen, in TaiWan herrscht ein Fixpreissystem, ähnlich wie bei uns. Auch das öffentliche Verkehrssystem ist preiswert, gut und zuverlässig, sodass das ***Reisen in TaiWan*** in vielerlei Hinsicht sehr einfach ist und der unkundige Tourist nur sehr selten übervorteilt wird.

TaiWan hat touristisch ***eine Menge zu bieten:*** Inseln, Strände, Berge, brodelnde Städte, chinesische Kultur, eine vielfältige Küche, ein hervorragendes öffentliches Verkehrsnetz, Hotels internationaler Extraklasse und vieles mehr.

Noch wird TaiWan als Urlaubsziel nur ganz am Rande in Erwägung gezogen. Die Mehrzahl der Besucher sind ***Geschäftsreisende,*** welche nach Abschluss der geschäftlichen Besprechungen „zwei, drei Tage Informationsaufenthalt" anhängen, um in einem Blitzprogramm à la Nippon die Schönheiten des Landes portioniert und häppchenweise vorbereitet zu bestaunen.

Einheimische Touristen

Ein nicht zu unterschätzender Faktor, bedingt durch die Insellage, ist der einheimische Tourismus. Mit steigender Mobilität wurde das eigene Land in den 1970er und 1980er Jahren für viele Taiwaner zum ***wichtigsten Urlaubsziel.*** Auslandsreisen und vor allem Devisen wurden kontrolliert, Schwarzgeld ließ sich daher am besten im Lande selbst verjubeln.

Faktisch bedeutet dies, dass ***Touristenhochburgen*** wie z.B. Sonne-Mond-See, YangMinShan, KenTing, ALiShan, TaRoKo besonders an Sonn- und Feiertagen überfüllt und dann auch überteuert sind. Der ausländische Besucher macht sich diese Tatsache am besten so zu Nutze, dass er am Wochenende die dann leeren Städte, unter der Woche aber die ländlichen Gebiete besucht. Genaue Planung und Beachtung dieser Regel wird sich im Hinblick auf Zimmerkapazitäten und Naturgenuss mehr als auszahlen.

Östliche Touristen

Für ***japanische Besucher*** ist TaiWan immer noch ein billiges Urlaubsland, daher ist es kein Wunder, dass deren Anteil am Auslandstourismus fast 50 % beträgt. Auch aus historischen Gründen kommen die Söhne und Töchter Nippons gerne ins Land, stand die Insel doch ein halbes Jahrhundert lang unter japanischer Herrschaft.

Auf Besucher aus ***HongKong*** entfallen etwa 10 %, weitere rund 10 % auf Touristen aus anderen Ländern der Region (ohne VR China), davon überwiegend aus Südkorea.

Diese starke ***Asienlastigkeit des Tourismus*** bringt für den Besucher aus dem Westen drei Nachteile mit sich. Einerseits wird ein Aufenthalt in TaiWan durch die Anwesenheit großer Touristenströme aus Japan nicht gerade billiger. Da zweitens für asiatische Besucher in der Regel chinesische Schriftzeichen zur Verständigung ausreichen, wird nur vergleichsweise selten in Englisch auf günstige Unterkünfte aufmerksam gemacht. Und schließlich kann es gelegentlich vorkommen, dass man sein Zimmer in den Städten vorzeitig räumen muss, weil eine Reisegruppe reserviert hat.

Und nun die gute Nachricht: Asiatische Touristen im Allgemeinen und japanische im Besonderen bringen in der Regel wenig Zeit mit und treten häufig ***in Gruppen*** mit einheitlichem Erkennungsmerkmal (Käppi, Regenschirm, Fotoapparat) auf. So schnell sie auch einfallen, so rasch sind sie auch wieder verschwunden. Für den Reisenden bedeutet dies, dass bei plötzlich auftretendem Blitzlichtgewitter einer überfallartig auftauchenden japanischen Reisegruppe in entlegenen Regionen TaiWans kein Grund zur Beunruhigung bezüglich Zimmerengpässen besteht. Meist sind solche Gruppen per Bus unterwegs und haben ihr Quartier in einer Großstadt.

Westliche Touristen

Der ***rucksackreisende Individualtourist*** westlicher Prägung ist in TaiWan nach wie vor ein oft bestaunter Sonderling, auch seit dem „Visit Tawan Year 2004" hat sich daran wenig geändert. Der Mut, ohne Kenntnis einer fremden Sprache auf sich allein gestellt ein Land zu bereisen, noch dazu eventuell mit bescheidenen finanziellen Mitteln, wird von den Taiwanern geradezu bewundert.

Den größten Anteil westlicher Touristen stellen US-Bürger mit 12 %, gefolgt von Europäern mit 6 % (von insgesamt zwei Millionen Touristen, also gerade einmal 120.000). Daher ist die Touristik-Branche in TaiWan auch ***kaum auf den westlichen Traveller eingestellt.*** Ein Bauboom bei Billigunterkünften wie in anderen südostasiatischen Ländern fand daher in TaiWan bislang nicht statt, im Gegenteil: Immer mehr einfache Unterkünfte werden abgerissen, Neubauten beherbegen höherpreisige Hotels.

Westliche Touristen, vor allem US-Amerikaner, sind aber auch sehr ***beliebte Gäste,*** was sich vor allem aus der Rolle der Amerikaner als langjährige Verbündete TaiWans nach 1949 gegen die VR China erklärt. Allgemein wird der weiße Tourist keinen diskriminierenden Vorurteilen wegen seiner Hautfarbe, Religion etc. begegnen. Farbige Besucher können es dagegen manchmal etwas schwerer haben.

Hat man den Flughafen verlassen, wird man als Westler bald feststellen, dass die ***Sprachunkundigkeit*** das größte Problem darstellt. Allerdings wird durch die Freundlichkeit und Hilfsbereitschaft der Bevölkerung so manche Sprachbarriere überbrückt, auch ein durch kulturelle Unwissenheit bedingter Faux Pas wird dem Westler meist großzügig nachgesehen.

105t Foto: wl

In der Reisegruppe fühlt man sich am wohlsten

Uhrzeit und Kalender

Zeitunterschied

Die ***Uhrzeit*** in TaiWan ist der MEZ um sieben Stunden (während der europäischen Sommerzeit sechs Stunden) voraus; damit liegt TaiWan in derselben Zeitzone wie Hong-Kong oder Singapur. 12.00 Uhr in Berlin hieße 19.00 Uhr in TaiBei während der mitteleuropäischen (Normal-) Zeit, 18.00 Uhr während der Sommerzeit.

Nun liegt TaiWan auf der gleichen Breite wie das südliche Ägypten. Dies bedeutet, dass es relativ ***schnell dunkel*** wird, in den Bergen muss man sich darauf einstellen, im Winter ab 17 Uhr Ortszeit im wahrsten Sinne des Wortes „im Dunkeln zu tappen".

Kalender

TaiWans Kalender beruht offiziell auf dem ***Sonnenjahr,*** zahlreiche Feiertage (wie das berühmte chinesische Neujahr) richten sich jedoch nach dem ***Mondkalender.*** Dieser ist zu unserem Kalender um bis zu sechs Wochen nach vorn oder hinten verschoben, der fünfte Mondmonat kann also zwischen Mitte März und Mitte Juli liegen.

Die bei uns übliche Zählweise für das aktuelle Jahr (zum Beispiel 2009) wird zwar verstanden, offiziell rechnet man in TaiWan aber das Jahr 1911 (Gründung der Republik) als das Jahr Eins. Demzufolge muss man die „20" wegdenken, durch eine „1" ersetzen und von dieser Zahl „11" abziehen, um zum ***taiwanesischen Jahr*** zu kommen. 2010 ist also das „Jahr 99 der Republik" (110-11=99).

Unterkunft

Der größte Posten während einer Reise auf TaiWan sind die Unterkunftskosten. Wer allein reist, zahlt automatisch mehr, da nicht die Personenzahl, sondern das Zimmer an sich den Preis bestimmt. ***Einbettzimmer*** (Doppelbetten) kosten weniger als ***Zweibettzimmer*** (zwei getrennte Betten), gleichgültig, wie viele Personen darin wohnen wollen.

Bezeichnungen der Unterkünfte

Die Spannbreite der Unterkunftsmöglichkeiten auf TaiWan ist sehr breit und nahezu stufenlos. Theoretisch kann man die Unterkünfte an der Bezeichnung (in Klammern in PinYin) ein wenig kategorisieren: Es gibt ***LuShe*** (*LüShe* - Pensionen), ***TaLuShe*** (*DaLüShe* -Gasthäuser), ***FanTian*** (*FanDian* - Hotels), ***DaFanTian*** (*DaFanDian* - große Hotels), ***PinGuan*** (*BinGuan* - Resorthotels) und in den Bergen ***ShanChuan*** (*ShanQuan* - Berghotels). Allerdings gibt die reine Benennung nicht allzu präzise Auskunft über das zu erwartende Preisniveau. *LuShe* sind jedenfalls in der Regel die günstigsten Unterkünfte für Zimmer. Der Bezeichnung ist der Name vorangestellt, *LiLuShe* wäre demnach zu übersetzten mit „Pension Li".

Preisgestaltung und allgemeiner Service

Eine optisch-qualitative Differenzierung wie in unseren Breiten (Burghotel in alter Burg, Alpenpension in Blockhausbauweise o.Ä.) gibt es so nicht, chinesische Hotels sind sich in den Städten relativ ähnlich. Die ***Preise für Zimmer*** innerhalb einer Unterkunft sind oft gleich, gewisse Abstufungen der Zimmerpreise sind durch kleine Details bedingt (Fenster, Blick, Größe, Bettenzahl usw.). Es ist also nicht so, dass man erst stundenlang verhandeln muss, ein genannter Preis ist in der Regel fair, ohne dass es besondere Touristenpreise gäbe - das hat man auf TaiWan nicht nötig. Prinzipiell kosten in den Touristenorten (Inseln, Bergresorts) Zimmer an den Wochenenden deutlich mehr als unter der Woche.

Sehr angenehm ist die chinesische Tradition des *KaiShui* ***(heißes Trinkwasser)***, welches entweder in Kannen oder Etagenautomaten in praktisch jedem Hotel/Herberge kostenlos zur Verfügung steht. Tee, Kaffee und Fertigsuppen können damit die Reisekasse nicht unerheblich entlasten.

Preiskategorien in diesem Buch

In den Ortsbeschreibungen werden die Unterkünfte in ***vier Kategorien*** eingeteilt, ersichtlich an ein bis vier hochgestellten €-Zeichen hinter dem Namen der Unterkunft. Der bei den Kategorien angegebene Preis ist immer der ***Preis für ein Doppelzimmer*** bzw. der Preis für 2 Schlafsaalbetten bei der untersten Kategorie (€).

Eine grundsätzliche Anmerkung (was man vor Ort gar nicht als Problem sieht) zu €- und €€-Unterkünften: Oftmals sieht man schon außen in Leuchtreklame den Preis für die Übernachtung sowie den Preis für 2 Stunden. Viele Häuser sind im wahrsten Sinne des Wortes auch ***Stundenhotels,*** keinesfalls aber Bordells! Prinzipiell sind damit zwei Zielgruppen angesprochen: junge taiwanesische Pärchen ohne eigene Wohnung und Reisende mit etwas Aufenthaltsdauer in einer Stadt vor der Weiterreise, die sich einfach bequem frisch machen wollen. Derartige Hotels sind also nicht unbedingt anrüchig.

Jugendherbergen

Taiwan ist seit 2007 Mitglied der ***IYHF*** (International Youth Hostel Federation), viele der früher meist nur Schülern vorbehaltenen Institutionen stehen heute jedermann offen. Auch ein eventuelles Buchen vorab ist heute kein Problem mehr - man wendet sich entweder direkt an die ***Zentrale Taiwans*** (Taiwan Youth Hostel Association, Room 3037, 3F., No.3, Beiping W. Rd., Zhong Zheng District, Taipei City100, Tel. 886-02-2331-1102, Fax 886-02-23311393, ctyha@yh.org.tw, www.yh.org.tw/English/eng_main.htm), oder bucht über das ***internationale Booking-Network*** www.hihostels.com. Insgesamt sind derzeit 32 Häuser dem Dachverband angeschlossen; Details siehe Ortsbeschreibungen.

€: *bis 1000 NT$ – einfachste Unterkünfte, Schlafsäle, Jugendherbergen*

Die billigste Lösung ist der ***Schlafsaal,*** was sich unangenehmer anhört, als es letztlich in der Praxis ist. In Großstädten und touristischen Hochburgen sind die Schlafsäle oft recht voll, dagegen in anderen Regionen unter der Woche meist völlig leer. Betten in Schlafsälen kosten je nach Qualität und Lage des Schlafsaales zwischen 250–300 NT$ pro Person und sind insbesondere bei Einzelreisenden sehr beliebt. Normalerweise sind die Betten sauber und gepflegt, leider kommt der westliche Individualtourist nicht immer in alle Häuser hinein. Vielfach sind die Schlafsäle von Schulklassen ausgebucht oder man will dem Westler nicht „zumuten" (dummerweise), mit Asiaten in einem Schlafsaal zu liegen.

Eine ganze Reihe von ***Jugendherbergen oder Erholungsheimen*** werden staatlich betrieben. Wer ausschließlich hier unterkommen will, hat die Möglichkeit, sich jeweils telefonisch bei der nächsten Station ein Bett reservieren zu lassen (bei allen staatlichen Herbergen sehr anzuraten, da sie oft ausgebucht sind). Staatliche Herbergen, für die in aller Regel kein besonderer Ausweis benötigt wird, gibt es in folgenden Orten:

Die Jugendherbergen sind in der Regel mit Schlafsälen ausgestattet; manche Jugendherberge verfügt auch über Mehrbettzimmer, seltener Doppel- oder gar Einzelzimmer.

Wer auf etwas Privatsphäre Wert legt, sollte dann schon auf eine Zimmerunterkunft zurückgreifen. Einfache DZ kosten hier ab rund 750 NT$ (für 2 Personen), wobei längst nicht in allen Häusern Klimaanlage und TV sowie eigenes WC Standard geworden sind. Das hört sich zunächst gut an, der Unterschied zu den höheren Kategorien besteht allerdings darin, dass nicht unbedingt alles funktioniert, die Aircondition zentral gesteuert wird, Fenster entweder nicht existieren oder zerbrochen und mit Holzbrettern vernagelt sind, der Fernseher „erst nächste Woche geliefert wird" o.Ä., auch lässt die Sauberkeit manchmal mehr oder weniger zu wünschen übrig.

Bei diesen Unterkünften empfiehlt es sich, die üblichen Routinechecks vor der Bezahlung vorzunehmen: Schließt die Tür lückenlos mit dem Boden ab (Ungeziefer), funktionieren Spülungen und elektrische Geräte, wie schließt das Fenster (Hitze, Ungeziefer), schließt das Türschloss (Sicherheit), Lage (Lärm) usw. Derartige Kleinigkeiten können eine ganze Menge an Preis- und Komfortunterschied, auch in ein- und demselben Hotel, ausmachen.

Es sei ausdrücklich darauf hingewiesen, dass manch westlicher Reisender seinen Fuß nicht in derartige Billigunterkünfte setzen würde!

€€: bis 2000 NT$ – einfache Hotels

Einfache Hotels dieser Kategorie bieten alles, was das Herz begehrt: ein eigenes Bad, Aircondition, Kühlschrank, Kabelfernsehen, heißes Trinkwasser, Tee ... - ideal für den preisbewussten, aber dennoch auf Sauberkeit und Privatsphäre Wert legenden Reisenden. Der ***Unterschied zu den hochpreisigen Unterkünften*** liegt darin, dass es sich hier meist um in die Jahre gekommene Bauten handelt, denen eine Generalüberholung nicht schaden könnte und bei denen nicht unbedingt alles funktioniert: Mal fehlt der Duschvorhang, mal funktioniert der Kühlschrank nicht, und wieder einmal ist gerade in diesem Zimmer - deshalb ist es ja auch so günstig - der Fernseher in Reparatur. Auch wird man Dinge wie Frühstück, Minibar oder Hotelretaurant nur in Ausnahmefällen vorfinden.

€€€: 2000 bis 3500 NT$ – Mittelklassehotels

Diese Kategorie ist manchmal nicht leicht von der €€-Kategorie zu unterscheiden. In Thermalbadorten sind sie praktisch identisch, kosten nur einfach mehr. Üblicherweise verfügen alle Mittelklassehotels über ***funktionierende Einrichtung,*** sind neuer, moderner, gut in Schuss, die Zimmer sind größer/geräumiger - schlicht bequemer und komfortabler. Hinzu kommen oftmals kostenlose Zeitungen in der Lobby oder kostenloser DSL-Anschluss auf dem Zimmer. Manchmal wird auch eine zusätzliche ***Besonderheit*** im Hotel geboten wie etwa Disco, Karaoke-Bar oder Sauna. In vielen Mittelklassehotels wird auch ein ***westliches Frühstück*** (im Preis inbegriffen) angeboten, welches sich allerding oftmals auf Toast, Marmelade und Spiegelei nebst einer kleinen Tasse Kaffee beschränkt.

€€€€: über 3500 NT$ – Hotels der gehobenen Mittelklasse und Spitzenhäuser

Gute Hotels und internationale Tophotels brauchen den Vergleich mit anderen Reiseländern in keiner Weise scheuen, neben ***perfekten Zimmern*** mit DSL-Anschluss, Unterhaltungsmöglichkeiten im Haus (Schwimmbad, Sauna, Disco, Karaoke-Bar, Fitness) werden auch Ausflüge direkt im Hotel organisiert, Transfers arrangiert (teilweise hoteleigener Limousinenservice) und ***diverse Speisemöglichkeiten*** (chinesisch, japanisch, westlich) in hoteleigenen Restaurants angeboten.

Die Nominalpreise sind zunächst recht hoch, in flauen Zeiten kann man jedoch auf Anfrage ***Rabatte*** von bis zu 30 % erhalten.

Camping

Theoretisch kann man sich auch mit wildem Camping durchschlagen, doch das Klima ist so unterschiedlich, dass man in der Ebene im Zelt wie in einer Sauna schwitzt, im Hochland dagegen ohne Schlafsack erfriert. Eigene Zeltausrüstung ist wirklich ***nur Spezialisten*** zu empfehlen, die nahezu ausschließlich in den Bergen Langstreckenwanderungen oder angemeldete Bergbesteigungen planen. Reguläre Campingplätze gibt es sehr selten, sie sind dann auch sehr teuer, sodass man sich auch gleich ein günstiges Zimmer nehmen kann.

Verkehrsmittel

Das öffentliche Transport- und Verkehrswesen auf TaiWan ist, wenn man von einigen unzugänglichen Bergregionen absieht, ausgezeichnet ausgebaut und ermöglicht dem Touristen ein ***zügiges und problemloses Reisen.*** Zu vorgelagerten Inseln nimmt man das Flugzeug, der Preisunterschied zu Fährschiffen ist aufgrund der Konkurrenz der vielen Inlandsgesellschaften relativ gering. Auf der Hauptinsel selbst kommt für den Touristen hauptsächlich der Bustransport, zwischen größeren Städten auch die Bahn in Betracht.

Flugzeug (FeiJi)

Inlandsflüge sind sehr preiswert und unproblematisch. An den Flughäfen sowie den Innenstadtbüros der einzelnen Gesellschaften kann man in der Regel ***Tickets*** noch für den gleichen Tag kaufen, eine Buchung einen oder zwei Tage vorher ist dennoch ratsam, da es insbesondere an Wochenenden und Feiertagen zu Engpässen kommen kann. Zum Ticketkauf muss der Reisepass vorgelegt werden, ebenso beim Einchecken. Die Preise sind stabil und bei den einzelnen Inlandsgesellschaften quasi identisch, alle Tickets müssen in NT$ (bar oder Kreditkarte) bezahlt werden.

Sicherheitsbedenken bei Inlandsflügen sind überflüssig. Einzig die Strecke TaiBei–HuaLian geht über gefährliche Gipfel des nördlichen Berglandes, bei schlechter Witterung kommt es hier gelegentlich zu Unglücken. Buchung und Verkauf funktionieren zuverlässig, auch die angegebenen ***Flugzeiten*** werden meist eingehalten, zu Verzögerungen kann es in der Regenzeit bei starken Niederschlägen kommen.

Sollte ein Flug ***ausgebucht*** sein, muss man dennoch nicht die Flinte ins Korn werfen. Zunächst einmal sind die Angestellten sehr hilfsbereit und versuchen alles, dem Ausländer weiterzuhelfen – Freundlichkeit und Lächeln vorausgesetzt! Außerdem liegen sogenannte „Stand-By"-Listen aus, Wartelisten für ausgebuchte Flüge, in die man sich eintragen kann und je nach Platzierung auf freigewordene Plätze aufrückt.

Schiff (QuanZi)

Der Fährtransport spielt auf TaiWan eine untergeordnete Rolle, wenn man von der Stadtfähre in KaoHsiung (GaoXiong), den ***Fähren*** nach XiaoLiuJiu sowie mit Abstrichen den Passagierbooten auf die Inseln PengHu, LanYu und LuDao absieht. Auf den größeren Strecken (vor allem LanYu und LuDao) ist das Schiff beinahe ähnlich teuer wie der Flug, ist unzuverlässig und kostet viel Zeit. Gut und zuverlässig sind insbesondere die PengHu- und XiaoLiuJiu -Linien.

Auto und Motorrad (QiChe & MoTuoChe)

Mit Ausnahme der für länger entsandten Diplomaten und Geschäftsleute empfiehlt es sich für TaiWan-Reisende, auf einen PKW zu verzichten. Der ***Verkehr in den Metropolen*** ist äußerst gewöhnungsbedürftig, um nicht zu sagen für den mittels Strafkatalogen disziplinierten Mitteleuropäer gefährlich. Zudem funktioniert der öffentliche Nah- und Fernverkehr so ausgezeichnet, dass, von wenigen Ausnahmen in entlegenen Gebieten abgesehen, einfach keine Notwendigkeit für ein eigenes Fahrzeug besteht.

Ferner gibt es für Touristen die Möglichkeit, sich vielerorts für einen oder mehrere Tage einen ***Scooter*** (schneller Motorroller mit 50 ccm oder mehr) preisgünstig zu mieten und damit praktisch alle sehenswerten Punkte zu erreichen. In den entlegenen Regionen (Bergland, Ostküste) macht das Mopedfahren einen Heidenspaß und ist auch für den ungeübten Touristen bei risikofreiem Fahren empfehlenswert. Die Verleihstellen für

041t Foto: wl

Allgemeine Diskussion über die Schuldfrage ...

Scooter (welche normalerweise über ein sehr praktisches, abschließbares Gepäckfach verfügen) werden im beschreibenden Teil bei den jeweiligen Orten genannt, die Mietpreise bewegen sich zwischen 500 und 700 NT$/Tag. Der Mietpreis wird im Voraus entrichtet, der Reisepass als Sicherheit hinterlegt. Der Vermieter muss (!) die Fahrzeugpapiere dem Kunden mitgeben, da gelegentlich Polizeikontrollen vorkommen können und Fahrer (nicht Halter) ohne Papiere mit Geldbußen belegt werden. Voraussetzung für die Anmietung eines Gefährtes über 50 ccm ist ein internationaler Führerschein, der nationale Führerschein wird leider nur noch selten akzeptiert. Offiziell wird in TaiWan mit Helm gefahren, in der Regel verfügen die Vermietstellen über ausreichendes Material.

Für eine kleinere Gruppe von vier bis sechs Personen kann es sinnvoll sein, einen ***PKW/Minibus zu mieten,*** um entlegene Gebiete zügig und unabhängig besuchen zu können. In TaiBei und KaoHsiung (GaoXiong) bieten auch internationale Fahrzeugvermieter ihre Leistungen an, wobei allerdings mit Preisen ab 1800 NT$ pro Tag zu rechnen ist. Eine einwöchige Tour kostet dann für vier Personen rund 15.000 NT$ (inkl. Benzin), eine überlegenswerte Alternative zum öffentlichen Transport. Preisgünstig kann man Fahrzeuge z.B. bei folgenden Abietern mieten:

- Der US-Amerikaner ***Gordon Boyce*** hat gerade für Touristen diese Marktlücke erkannt und in drei Großstädten Filialen mit neuwertigen Kleinwagen und VW-Bussen eröffnet. Kleinwagen (Toyota Tercel o.Ä.) sind ab 1450 NT$/Tag, VW-Busse ab 2900 NT$/Tag zu haben - ältere Fahrzeuge sind günstiger. Die E-Mail-Adresse für alle Filialen lautet gordon@ proqc.com.tw. Die Adressen sind:

TaiBei: 3 ChengDeLu (Wade-Giles: ChengtehLu), Sec. 7, Tel. (02)-28280033, Fax 02)-28262191.

TaiZhong (TaiChung): 183 TaiZhongGangLu (MPS II: TaijunggangLu), Sec. 2, Tel. (04)-22547000, Fax (04)-22541959.

KaoHsiung (GaoXiong): 81 ChangQianLu (ChangChian), Tel. (07)-8020800, Fax (07)-8068120.

- Ein anderer preiswerter Anbieter wäre ***VIP-Rent a Car,*** 148 MinQuan DongLu, Sec. 3 (MinChuan East Rd.) in TaiBei, Tel. (02)-27131111, Fax 25469966, E-Mail: vipcar@vipcar.com.tw.
- Leser verweisen auf gute Erfahrungen mit ***HoTai,*** 557 SongJiangLu, TaiBei, Tel. (02)-25163816, E-Mail: jacky-945@yahoo.com.tw
- Andere einfach zu findende Moped- und Fahrzeugverleiher werden in den Ortsbeschreibungen gesondert aufgeführt.

Das ***Straßennetz auf TaiWan*** ist landesweit gut ausgebaut, wobei die mautpflichtigen Autobahnen entlang der Westküste von KeeLung (JiLong) nach KaoHsiung (GaoXiong) verlaufen. Im Bergland ist das Straßennetz naturbedingt weniger dicht, gelegentlich kommt es zu Sperrungen durch Erdrutsche und Einstürze.

Bus (KungKungChiChe)

In der ersten Hälfte dieses Jahrzehnts fand geradezu ein (wettbewerbsmäßiger) Kleinkrieg unter den privatisierten und staatlichen Busgesellschaften statt, aus dem einige wenige Unternehmen als Sieger hervorgegangen sind. Richtig flächendeckend (auf Groß- und Kleinstadtebene) arbeitet nur die nationale ***GuoGuang KeYun GongSi*** (Wade-Giles: *KuoKuang*) mit den silber-blauen „Greyhoundbussen". Sie sind o.k., bequem, einigermaßen zügig, nicht überfüllt und etwas preiswerter (ca. 10 %) als die Langstreckenbusse. Letztere werden von den beiden „siegreichen" Firmen betrieben, der „roten" ***HoHsin*** und der „grünen" ***United*** - politische Analogien sind rein zufällig! Sie haben Büros in den Großstädten der Westküste, die meist gegenüber vom Hauptbahnhof bzw. nahe der GuoGuang-Busbahnhöfe liegen. Ihre „echten" Busbahnhöfe liegen meist ein Stück außerhalb des Zentrums in Autobahnnähe, gefahren wird aber (auch) zum Büro im Zentrum. Diese beiden Linien sind etwas teurer, bieten dafür aber auch einen geradezu pompös-luxuriöses Platzangebot, von dem man im Flugzeug nur träumen kann. Bedient werden jedoch nur einige wenige Mittel- und Langstrecken entlang der Westküste (jeweils beliebig kombiniert non-stop TaiBei - CKS Airport - TaiZhong/TaiChung - ChiaYi - TaiNan - KaoHsiung/GaoXiong). *HoHsin, United* wie auch *GuoGuang* bieten quasi einen 24h-Service.

Im Süden dominiert die ***GaoXiong KeYun GongSi*** mit beigefarbenen Bussen die Routen im Umland von KaoHsiung/GaoXiong (s. dort) und ist insbesondere für Transfers nach KenTing und FoKuangShan von Belang. An der Ostküste hat sich (neben der nationalen GuoGuang) die ***HuaLian KeYun GongSi*** (orange-beige) durchgesetzt, die alle Orte zwischen TaiTung (TaiDong) und HuaLian (HuaLien) bedient.

Das ***Überlandbussystem*** auf TaiWan hat zwar aufgrund der hohen privaten Motorisierung einige Kürzungen erlitten, ist aber nach wie vor außerordentlich effektiv, preiswert (im Schnitt 5-6 NT$/km) und für den Individualtouristen die angenehmste und zügigste Art der Fortbewegung. Nicht nur Großstädte, auch die kleineren Orte werden mehrfach täglich angefahren, lediglich einige wenige abgelegene Punkte sind definitiv nicht mit dem Bus zu erreichen.

Tickets werden an den Schaltern im Busbahnhof gekauft, beim Einstieg kontrolliert und müssen beim Ausstieg abgegeben werden. Auf den Tickets sind Ausgangs- und Zielort sowie der Fahrpreis aufgedruckt. Man kann Tickets auch einen oder mehrere Tage im Voraus kaufen, was allerdings nur vor größeren Feiertagen notwendig ist.

Die Verkäufer sprechen selten Englisch, man bewaffne sich am besten mit Zettel und Stift, um über Uhrzeit und ***Fahrtziel*** schriftlich zu kommunizieren. In den Busbahnhöfen größerer Orte steht auf den aushängenden Fahrplänen neben den chinesischen Ortsangaben bisweilen eine lateinische Umschrift, die allerdings auf TaiWan nicht einheitlich gehandhabt wird. Man muss manchmal einige Fantasie walten lassen, um das gewünschte Fahrtziel zu erkennen. Es hilft meist nur ein mehrfaches Kontrollieren und Suchen der Zeichen des Fahrtzieles oder das Zeigen auf die Zeichen des Zielortes in den Ortsbeschreibungen dieses Handbuchs.

Das jeweilige Stadtbussystem wird in den Ortsbeschreibungen erläutert.

Bahn (HuoChe)

Das taiwanesische Schienennetz ist höchst einfach - rund um die Insel mit einigen wenigen zusätzlichen Sonderabschnitten wie der ALiShan-Schmalspurbahn und der „historischen" ChiChi-Linie. Die ***Fahrpreise*** liegen etwas höher (10-15 %) als die der Busse, dafür bieten die Züge zwischen den Großstädten absolute zeitliche ***Zuverlässigkeit,*** während Busse gelegentlich im Stau stehen - vor allem zwischen TaiNan und Kao-Hsiung (GaoXiong) empfiehlt sich die Bahn (45 Minuten, Bus 1 ½ h). Besonders in der Umgebung von Großstädten ist der Zug eine ratsame Alternative zum Bus, da die Züge nicht nur pünktlich fahren, sondern auch die ***Bahnhöfe*** stets zentral (und somit günstig für die Unterkunftssuche) liegen.

Tickets können entweder bis zu drei Tagen im Voraus oder für den gleichen Tag (unterschiedliche Schalter) gekauft werden. Die Karten werden vor Betreten der Bahnsteige kontrolliert, müssen aufbewahrt werden und nach dem Ausstieg beim Verlassen der Bahnsteige wieder am Ausgang abgegeben werden. Eine Fahrt kann unterbrochen werden, dann darf man das Ticket behalten (gibt der Beamte am Ausgang das Ticket zurück, ist dies ein untrügliches Zeichen dafür, dass man noch nicht am Zielort angekommen ist).

Züge existieren in vier Kategorien, ***Nahverkehrspendelzüge*** *(PuTongChe),* ***Nahverkehrszüge*** *(FuHsingHao),* ***Fernzüge*** *(ChuKuangHao)* und ***Expresszüge*** *(TzuChiang-Hao).* Auf den großen aushängenden Preis- und Fahrtabellen sind sie neben Zugnummer, Zugart, Abfahrtszeit, Zielbahnhof, Ankunftszeit und Gleis preislich in den Farben rot (Expresszüge), orange (Fernzüge), grün (Nahverkehrszüge) und blau (Pendelzüge) dargestellt. Die Expresszüge sind durchschnittlich doppelt so teuer wie die Pendelzüge, letztere fahren aber nur kurze Strecken und halten an jedem Bahnhof. Theoretisch kann man von TaiBei bis Gao Xiong (KaoHsiung) ausschließlich mit Pendelzügen fahren, dies bedingt dann aber x-faches Umsteigen. In den Zügen gibt es keine Unterteilung in Klassen.

In der Praxis nennt man beim ***Ticketkauf*** den Zielort und schreibt die ungefähre gewünschte Abfahrtszeit auf einen Zettel, der Schalterbeamte sucht dann eine passende Direktverbindung aus. Ohne Chinesischkenntnisse ist es aussichtslos, eine größere Strecke ausschließlich mit den billigen Zügen zurücklegen zu wollen. Meist erhält man eine Verbindung mit einem der schnelleren Züge.

Alle Bahnhöfe sind vernetzt; sind freie Sitzplätze vorhanden, wird ein Platz zugewiesen und gleich auf die Fahrkarte aufgedruckt. Auf dem Ticket stehen Ausgangs- und Zielbahnhof, Zugnummer, Abfahrtszeit, Wagen- und Sitznummer. Es kommt vor, dass auf dem ***reservierten Platz*** bereits jemand sitzt. Dann zeige man seine Karte, der Platz wird unverzüglich geräumt. Man kann sich ohne weiteres auf freie Sitzplätze setzen, bis jemand kommt, der diesen Platz gebucht hat. Die Reservierung eines Sitzplatzes (Ticketkauf mindestens einen Tag vor Fahrtantritt) ist immer ratsam, Stehen ist auf längeren Strecken nicht angenehm.

Rückfahrkarten sind erhältlich und bringen 15 % Kostenersparnis, die Rückfahrt muss dann allerdings binnen zwei Wochen angetreten werden und ein Sitzplatz für die Rückfahrt extra reserviert werden (kostenfrei).

Studenten können gegen Vorlage von Reisepass und Studentenausweis einen sogenannten ***„TR Pass"*** erwerben, der zu unbegrenzten Fahrten mit Pendler- und Nahverkehrszügen (nicht Fernzüge!) berechtigt und wahlweise für 10 Tage/1098 NT$, 20 Tage/1647 NT$ oder 30 Tage/2196 NT$ erhältlich ist.

Sehr gerne nutzen Touristen auch den mit 1706 NT$ recht günstigen ***„Island Round Rail Pass"***, mit dem innerhalb von 15 Tagen nach Antritt der ersten Fahrt insgesamt sieben beliebige, unterschiedliche Einzelabschnitte im Schienenoval bereist werden können, zuzüglich der Nebenlinien (zählen nicht zu den sieben Etappen).

HSR (High Speed Rail)

Neben der „normalen" Bahn verkehrt zwischen TaiBei und GaoXiong (KaoHsiung) ein Hochgeschwindigkeitsexpress (HSR, High Speed Rail), der die 345 km in knapp 2 Stunden zurücklegt. Er pendelt alle paar Minuten mit den Stationen TaoYuan/CKS-Airport - HsinChu - MiaoLi - TaiChung - ChangHua - YunLin - ChiaYi - TaiNan - ZuoYing/KaoHsiung. Die HSR hat nichts mit der Bahn zu tun, fährt auf einem eigens gebauten Hochgeschwindigkeitszug-Gleissystem und hat den für die Nutzer dieses Buches vielleicht entscheidenden Nachteil, dass die neuen HSR-Bahnstation mit Ausnahme TaiBeis ein gutes Stück (5–10 km) außerhalb des Zentrums liegen und mit Zubringerbussen jeweils vom/zum Hbf gesondert angefahren werden müssen; das gilt auch für die HSR-Station TaoYuan/CKS-Airport. Preise usw. siehe Kapitel „TaiBei".

Metro

Neben dem schon seit 1996 in TaiBei bestehenden Metrosystem verfügt seit September 2008 auch die zweitgrößte Stadt GaoXiong (KaoHsiung) über eine Metro, und in TaiChung wird seit 2008 bis zur voraussichtlichen Eröffnung 2012 ebenfalls ein gleichartiges städtisches Massentransportmittel gebaut. Noch etwas fernere Zukunftsmusik ist die für 2013 (Eröffnung) geplante Metroverlängerung von TaiBei zum internationalen CKS-Airport, die Reisenden die Fahrt ins Zentrum deutlich erleichtern wird; Einzelheiten zu den einzelnen Systemen siehe Ortsbeschreibungen.

Taxi (ChuZuQiChe)

Manchmal fühlt man sich in den Großstädten auf TaiWan wie in New York: „Yellow Cabs" überall! Tatsächlich scheint jedes zweite Fahrzeug in den Innenstädten ein Taxi zu sein. Eine Taxifahrt ist im Vergleich zu Europa preiswert, der ***Fahrpreis*** richtet sich nach Entfernung und Fahrzeit. Die Fahrzeuge sind fast immer klimatisiert und mit Taxameter ausgestattet, welches entweder nach Zeittakten (Stau) oder Entfernungstakten zählt. Der Grundpreis einschließlich der ersten 1500 Meter beträgt je nach Stadt 70–80 NT$ und taktet weiter in Schritten von 6 NT$ (300 m oder 2 Minuten). An Flughäfen werden Pauschalsummen verlangt, die etwas höher liegen als eine Fahrt mit Taxameter aus der Stadt zum Flughafen. Dies wird mit längeren Wartezeiten der Fahrzeuge begründet, wohingegen die Taxis in der Stadt umherfahren und jederzeit Kunden auflesen können. Ähnlich verfahren auch in Schlange wartende Taxis an Bahnhöfen, sodass man einiges spart, wenn man einen Straßenzug entfernt ein vorbeifahrendes Taxi stoppt.

Taxis werden mit nach vorne ausgestrecktem Arm und nach unten wedelnder Hand ***herbeigewunken.*** Streitigkeiten gibt es selten, bei älteren Taxis ohne Taxameter (Inseln) muss man allerdings den Preis vorher aushandeln. Die wenigsten Fahrer sprechen Englisch, man überzeuge sich daher vor Antritt der Fahrt davon, dass der Fahrer das Ziel auch verstanden hat. Hotels und Touristeninformationen rufen bei Bedarf dem Touristen gerne ***telefonisch*** Taxis.

Zum Thema ***Sicherheit*** bei Taxifahrten sei auf das Kapitel „Sicherheit" verwiesen.

0611 Foto: wl

Wanderwegweiser am PaTungKuan-Plateau

Fahrrad (ZiXingChe)

Von China sagt man zwar, es sei das Land der Radfahrer, für TaiWan gilt dies allerdings nur sehr bedingt. In den Ebenen der Westküste ist das Radfahren für den Touristen aufgrund der relativ hohen Verkehrsdichte in den Ballungszentren und der für den Radler eher uninteressanten Landschaft weniger zu empfehlen. Das Bergland verlangt immense Kondition und gutes Material, die Strecken ins Gebirge sind steil bis sehr steil und mit Gepäck meist nur schiebend zu bewältigen. Nicht zu vergessen sind die subtropischen klimatischen Bedingungen, an die sich der Ungeübte zunächst gewöhnen muss. Daher dürfte für den „normalen" Mitteleuropäer in erster Linie die Ostküste für das Radfahren in Frage kommen.

Daneben wurden bislang 5 Radrouten sehr gut ausgebaut und beschildert sowie die notwendigen Verleihstellen eingerichtet. Dies sind im einzelnen die Routen DongFong - DongShih (bei FongYuan/TaiZhong), die BaLi-Tour (Nordwest - TaiBei), die TianXiang - Taroko-Tour (bei HuaLian), die GuanShan-Tour (nördlich TaiDong) und die Route um den Sonne-Mond-See.

Interessenten können bei den jeweiligen Touristeninformationen Faltblätter („Taking Bikes on the Metro", „Bike Tour in TaiDong" usw.) erhalten, für die genannten punktuellen Spezialtouren empfiehlt sich die Internetseite http://eng.taiwan.net.tw/cycling/ mit genauen Plänen zum Ausdrucken und Angaben zu den Verleihstellen vor Ort, Anfahrt zu Start/Ziel sowie Informationen zu Sehenswürdigkeiten an der Strecke usw.

Leihmöglichkeiten sind noch immer sehr selten, auch hier helfen die TI-Büros vor Ort weiter.

Wer sein ***eigenes Fahrrad*** mitbringt, achte auch auf alle Ersatzteile, da es kaum Reparaturmöglichkeiten gibt oder aber die Teile wegen anderer Standardgrößen auf TaiWan unbrauchbar sind.

Viele Fluggesellschaften bieten mittlerweile den ***Transport von Rädern*** in speziellen Kartonagen an. Die Langstreckenbusse auf TaiWan nehmen große Gepäckstücke nur ungern mit, ansonsten ist man auf die Bahn angewiesen. Im Zug werden extra aufgegebene Gepäckstücke in Gepäckwagen transportiert, die es allerdings nicht in jedem Zug gibt. Es kann also vorkommen, dass man als Passagier einen oder zwei Züge vor seinem Rad ankommt. Man muss daher immer seinen extra ausgestellten Gepäckschein (ein Rad kostet rund die Hälfte des Passagiertickets) aufbewahren und das Fahrrad eventuell später abholen.

Zu Fuß und per Anhalter

In einigen ***entlegenen Bergregionen*** gibt es keine andere Möglichkeit, als auch größere Strecken zu Fuß zu gehen, wenn man kein eigenes Transportmittel hat. Damit sind nicht die zahlreichen Wanderungen in den Bergen gemeint, sondern vom öffentlichen Nahverkehr derzeit nicht bediente Teilstrecken wie TaYuLing - CuiFeng oder ALi-Shan - YuShan.

Per-Anhalter-Fahren ist auf TaiWan mehr oder minder unbekannt. Auf vom öffentlichen Busverkehr nicht befahrenen Strecken ist es in der Praxis aber oft so, dass mitleidige Seelen von sich aus anhalten und fragen, ob man nicht lieber mitfahren wolle. Kriminelle Übergriffe auf Ausländer sind praktisch unbekannt, die Menschen sind freundlich und meistens ziemlich erstaunt über den Mut und die Leistung, alleine und als Fremder durch entlegene Gebiete zu spazieren. Eine ganze TaiWan-Reise auf Autostopp aufzubauen, ist allerdings weder kulturell noch aus rein praktischen Erwägungen sinnvoll. Wo es einen Busanschluss gibt, wird in aller Regel erwartet, dass man auch als Student oder Tourist mit geringem Budget zumindest in der Lage ist, ein Ticket zu kaufen.

Unverzichtbar für jede längere ***Wanderung*** sind Sonnenschutz (Augen, Lippen, Haut) und Wasser. Zur Durchführung von eintägigen Touren sind keine besonderen Voraussetzungen nötig, bei den mehrtägigen ist zumindest ein leichter Schlafsack und genügend Verpflegung obligatorisch. Tropensonne und Höhenluft sind eine Kombination, die schon manchen „Nicht-Iron-Man“ vor einige Probleme gestellt hat. Gelegentlich gibt es auf Wanderpfaden unerwartete Hindernisse wie eingestürzte Pfade und Stege, die dann an von den Bergclubs angebrachten Seilen umklettert werden müssen. Auch wenn die Nettodistanzen auf Karten und Skizzen manchmal recht kurz wirken, kann eine unerwartete Kletterpartie sehr kräfte- und zeitraubend werden. Die Wandervorschläge im beschreibenden Teil orientieren sich am normal-sportlichen Mitteleuropäer ohne Bergerfahrung - echte Gipfeltouren sind ohnehin nur mit Sondergenehmigung und Führer möglich.

Versicherungen

Egal welche Versicherungen man abschließt, hier ein Tipp: Für alle abgeschlossenen Versicherungen sollte man die ***Notfallnummern*** notieren und mit der ***Policenummer*** gut aufheben! Bei Eintreten eines Notfalles sollte die Versicherungsgesellschaft sofort telefonisch verständigt werden!

Der Abschluss einer ***Jahresversicherung*** ist in der Regel kostengünstiger als mehrere Einzelversicherungen. Günstiger ist auch die ***Versicherung als Familie*** statt als Einzelpersonen. Hier sollte man nur die Definition von „Familie“ genau prüfen.

Auslandskrankenversicherung

Die Kosten für eine ärztliche Behandlung in TaiWan werden von den gesetzlichen Krankenversicherungen in Deutschland und Österreich nicht übernommen, daher ist der Abschluss einer privaten ***Auslandskrankenversicherung unverzichtbar.***

Bei Abschluss der Versicherung - die es mit bis zu einem Jahr Gültigkeit gibt - sollte auf einige Punkte geachtet werden. Zunächst sollte ein ***Vollschutz ohne Summenbeschränkung*** bestehen, im Falle einer schweren Krankheit oder eines Unfalls sollte auch der ***Rücktransport*** übernommen werden. Diese Zusatzversicherung bietet sich auch über einen ***Automobilclub*** an, insbesondere wenn man bereits Mitglied ist. Diese Versicherung bietet den Vorteil billiger Rückholleistungen (Helikopter, Flugzeug) in extremen Notfällen.

Wichtig ist auch, dass im Krankheitsfall der ***Versicherungsschutz über die vorher festgelegte Zeit hinaus*** automatisch verlängert wird, wenn die Rückreise nicht möglich ist.

Schweizer sollten bei ihrer Krankenversicherungsgesellschaft nachfragen, ob die Auslandsdeckung auch für TaiWan inbegriffen ist. Sofern man keine Auslandsdeckung hat, kann man sich kostenlos bei Soliswiss (Gutenbergstr. 6, 3011 Bern, Tel. 031-3810 494, info@soliswiss.ch, www.soliswiss.ch) über mögliche Krankenversicherer informieren.

Zur Erstattung der Kosten benötigt man ausführliche ***Quittungen*** (mit Datum, Namen, Bericht über Art und Umfang der Behandlung, Kosten der Behandlung und Medikamente).

Andere Versicherungen

Ob es sich lohnt, weitere Versicherungen abzuschließen wie eine Reiserücktrittsversicherung, Reisegepäckversicherung, Reisehaftpflichtversicherung oder Reiseunfallversicherung, ist individuell abzuklären. Gerade diese Versicherungen enthalten viele ***Ausschlussklauseln,*** sodass sie nicht immer Sinn machen.

Die ***Reiserücktrittsversicherung*** für 35–80 € lohnt sich nur für teure Reisen und für den Fall, dass man vor der Abreise einen schweren Unfall hat, schwer erkrankt, schwanger wird, gekündigt wird oder nach Arbeitslosigkeit einen neuen Arbeitsplatz bekommt, die Wohnung abgebrannt ist u.Ä. Nicht gelten hingegen: Terroranschlag, Streik, Naturkatastrophe etc.

Die ***Reisegepäckversicherung*** lohnt sich seltener, da beispielsweise bei Flugreisen verlorenes Gepäck oft nur nach Kilopreis und auch sonst nur der Zeitwert nach Vorlage der Rechnung ersetzt wird. Wurde eine Wertsache nicht im Safe aufbewahrt, gibt es bei Diebstahl auch keinen Ersatz. Kameraausrüstung und Laptop dürfen beim Flug nicht als Gepäck aufgegeben worden sein. Gepäck im unbeaufsichtigt abgestellten Fahrzeug ist ebenfalls nicht versichert. Die Liste der Ausschlussgründe ist endlos ... Überdies deckt häufig die Hausratsversicherung schon Einbruch, Raub und Beschädigung von Eigentum auch im Ausland. Für den Fall, dass etwas passiert ist, muss der Versicherung als Schadensnachweis ein Polizeiprotokoll vorgelegt werden.

Eine ***Privathaftpflichtversicherung*** hat man in der Regel schon. Hat man eine ***Unfallversicherung,*** sollte man prüfen, ob diese im Falle plötzlicher Arbeitsunfähigkeit aufgrund eines Unfalls im Urlaub zahlt. Auch durch manche (Gold-)***Kreditkarten*** oder eine ***Automobilclubmitgliedschaft*** ist man für bestimmte Fälle schon versichert. Die Versicherung über die Kreditkarte gilt jedoch meist nur für den Karteninhaber!

Land und Natur

Geografie

Fläche

Die Republik China, insgesamt etwas kleiner als die Schweiz, umfasst die Hauptinsel TaiWan (mit einigen vorgelagerten Inseln) mit 35.834 qkm, die 64 Pescadoreninseln (126 qkm), KinMen (150 qkm), MaTzu (25 qkm), TungSha (Pratas-Island, 8,5 qkm, 350 km südwestlich von GaoXiong/KaoHsiung) und NanSha (1200 km südlich von Kao-Hsiung).

Die einem Tabakblatt ähnelnde Hauptinsel misst in der Nord-Süd-Ausdehnung 377 km, in der Ost-West Ausdehnung gerade noch 144 km.

Lage

TaiWan liegt zwischen Japan, dem chinesischen Festland sowie den Philippinen und wird durch die TaiWan-Straße von der zwischen 130 und 220 km entfernten, gegenüberliegenden chinesischen Provinz FuJian (FuKien) getrennt.

Gestalt

Über 25.000 qkm der Hauptinsel TaiWan nehmen das Bergland und seine Ausläufer ein, nur rund 10.000 qkm zählen zu Ebene und flachem Hügelland (bis 500 m). Über 200 Gipfelregionen erreichen mehr als 3000 Höhenmeter, höchste Erhebungen sind der YuShan (3952 m), HsueShan (3900 m) und HsiuKuLuanShan mit 3860 m. Die längsten Flüsse sind der ChuoShui (186 km) und der TsengWen (138 km).

Klima

Die klimatischen Verhältnisse auf TaiWan werden im wesentlichen von drei Faktoren beeinflusst: dem Sonnenstand (Jahreszeit), der Monsunzeit (NW-Monsun oder SO-Monsun) und der Lage (tropisch oder subtropisch). Hinzu kommt natürlich die individuelle Lage der einzelnen Regionen des Landes (Gebirge oder Küste).

Klimazone

TaiWan liegt auf der ***nördlichen Hälfte des Erdballs,*** sodass die Sonnenintensität, wie auch bei uns in den Monaten Juni bis September am größten, während der Monate Dezember bis Februar am geringsten ist.

Zu zwei Dritteln liegt das Land im ***subtropischen*** (Hochdruckgebiet!), zu einem Drittel im ***tropischen Klimagürtel.*** Beide Faktoren zusammengenommen bedeuten, dass die Durchschnittstemperaturen im tropischen Süden weniger stark (20–32°) schwanken als im Norden (16–33°). Hinzu kommt der dritte und für den Niederschlag entscheidende Faktor: der Monsun.

Monsun

TaiWan liegt im Einflussgebiet zweier höchst unterschiedlicher Monsumströmungen. Der ***Nordwestmonsun*** entsteht durch Luftströmungen über dem zentralasiatischen Festland (überwiegend der chinesischen Wüstenregion), ist zunächst eher trocken und nimmt erst auf seinem Weg nach Südosten die Feuchtigkeit auf, die er u.a. über TaiWan abregnet und die im Norden oft rapide Temperaturschwankungen binnen weniger Stunden mit sich bringt; er beeinflusst hauptsächlich das Klima von November bis Februar.

Der subtropische Nordregen kann ganztägig in geringen Schauern niedergehen. Anders der ***Südostmonsun*** (April-September), der aus dem tropischen Süden heraufzieht und große Regenmengen mitbringt. Es regnet meist am Nachmittag für eine Stunde wolkenbruchartig, anschließend herrscht wieder strahlender Sonnenschein. Das dann verdampfende Wasser verursacht insbesondere in den Bergen den tückischen Nachmittagsnebel.

Taifun

Die größten Niederschlagsmengen gehen in den Monaten Juni bis August auf der Insel nieder. Mit der Strömung des SO-Monsuns zieht alljährlich aber noch eine weitere Wettererscheinung herauf, der Taifun. „Taifun" heißt auf Chinesisch *TaiFeng* und ist eines jener Wörter, die als chinesische Fremdwörter auch in die deutsche Sprache Einzug fanden. Diese unberechenbaren ***tropischen Wirbelstürme*** entstehen über dem Südwestpazifik und ziehen mit der Monsumströmung zum asiatischen Festland. Besonders betroffen sind immer wieder die Philippinen, TaiWan, Japan und Südchina während der Monate Juli bis September.

Man sollte einen Taifun keinesfalls unterschätzen, auch wenn bei entsprechend ***richtigem Verhalten*** keine große Gefahr für Leib und Leben besteht. Der taiwanesische Wetterdienst gibt frühzeitige Warnungen über Richtung, voraussichtliche Ankunft und Zielregion des Taifuns in Funk, Fernsehen und Presse (auch den englischsprachigen) bekannt. Bei Taifunwarnung können vor allem Verkehrsverbindungen kurzfristig unterbrochen werden, sodass an eine Weiterreise dann nicht zu denken ist. Berufs- und Schulverkehr sind dann besonders betroffen, auch wenn sich die Kinder und Jugendlichen über das „taifunfrei" natürlich genauso freuen wie bei uns über hitzefrei. Jeder Aufenthalt im Freien während eines Taifuns ist unbedingt zu vermeiden, es sind vor allem unwissende (dumme?) Ausländer, die durch herumwirbelnde Gegenstände getötet werden, weil sie einen Taifun live und draußen erleben wollen. Wer mehrtägige Bergtouren in den Sommermonaten plant, muss immer mit Abbruch oder Stornierung rechnen; wer alleine in den Bergen unterwegs ist, sollte sich immer nach den neuesten Wetterprognosen (bei einheimischen Reisenden, in den Unterkünften usw.) erkundigen.

Der ***schwerste Taifun*** seit einem Vierteljahrhundert auf TaiWan verwüstete im Juli 2004 zahlreiche Landstriche, insbesondere im westlichen Bergland.

Erdbeben

Zwischen der US-amerikanischen Westküste und den asiatischen Ländern Japan, Philippinen und TaiWan finden starke unterseeische Erdschollenverschiebungen statt, die nahezu alljährlich zu mehr oder minder schweren Erdbeben in der Region führen. Von Naturkatastrophen sind vor allem die ***zentrale Westküste und das westliche Bergland*** betroffen. In den vergangenen Jahren wurde die Region zwischen JiaYi (ChiaYi), dem Central Cross Island Highway und dem ALiShan wiederholt von schweren Erdbeben und heftigen Taifunen (s.o.) heimgesucht, zahlreiche Gebäude und Wandergebiete wurden zerstört.

Reisezeit

Viele Reisende planen - sofern sie nicht an europäische Ferienzeiten gebunden sind - ihren Urlaubsaufenthalt ausschließlich anhand des prognostizierten Klimas im Zielland. Da in TaiWan verschiedene Aktivitäten (rein kulturell, Bergwandern, Strand) möglich sind,

Klimatabelle

Die abgebildete Klimatabelle zeigt Durchschnittstemperatur, Durchschnittsniederschlag, Luftfeuchtigkeit, den jeweils herrschenden Monsun sowie die Möglichkeit eines heranziehenden Taifuns in drei Stufen (A=hohe Taifunwahrscheinlichkeit, B=muss stets in Erwägung gezogen werden, C=möglich, aber nicht sehr wahrscheinlich). Es geht dabei nur um die Bildung eines Taifuns überhaupt; ob er dann tatsächlich

		Norden	***Ost-küste***	***West-küste***	***Süden***	***Berge/ Ost***	***Berge/ West***
Jan.	T.:	18°	17°	17°	19°	6°	7°
	N.:	100	50	20	20	80	70
	L.:	84%	71%	70%	70%	68%	65%
	M.:	NW	NW	NW	NW	NW	NW
	Ta.:	–	–	–	–	–	–
Feb.	T.:	17°	17°	17°	19°	7°	8°
	N.:	150	60	40	40	110	100
	L.:	84%	71%	71%	70%	71%	70%
	M.:	NW	NW	NW	NW	NW	NW
	Ta.:	–	–	–	–	–	–
März	T.:	22°	19°	19°	21°	10°	10°
	N.:	160	80	50	40	170	160
	L.:	84%	73%	72%	71%	70%	70%
	M.:	Überg.	Überg.	Überg.	Überg.	Überg.	Überg.
	Ta.:	–	–	–	–	–	–
Apr.	T.:	25°	23°	24°	26°	13°	13°
	N.:	180	90	70	50	280	260
	L.:	83%	73%	74%	75%	74%	73%
	M.:	SO	SO	SO	SO	SO	SO
	Ta.:	–	–	–	–	–	–
Mai	T.:	28°	25°	26°	28°	13°	14°
	N.:	200	210	180	160	600	550
	L.:	82%	75%	74%	75%	78%	77%
	M.:	SO	SO	SO	SO	SO	SO
	Ta.:	–	C	–	–	C	–
Jun.	T.:	32°	29°	29°	30°	15°	15°
	N.:	330	430	370	330	800	750
	L.:	81%	81%	80%	79%	78%	77%
	M.:	SO	SO	SO	SO	SO	SO
	Ta.:	C	B	–	–	B	C

auf TaiWan trifft, ist immer ungewiss, da diese tückischen Stürme ihre Richtung kurzfristig und unberechenbar verändern können.

Die Statistik hat - vor allem ***für die Berge*** - einen Pferdefuß: die angegebenen statistischen Niederschlagsmengen können durchaus komplett an einem oder zwei Tagen niedergehen, ansonsten herrscht Dürre. So gab es nach Aussage einheimischer Pflanzer in der Region WuShe - LuShan von 1987 bis 1989 keinen Tropfen Regen, der See dort sah aus wie eine unwirtliche Mondlandschaft.

		Norden	***Ostküste***	***Westküste***	***Süden***	***Berge/ Ost***	***Berge/ West***
Jul.	T.:	33°	29°	30°	31°	15°	15°
	N.:	270	500	420	380	800	760
	L.:	78%	81%	80%	79%	76%	74%
	M.:	SO	SO	SO	SO	SO	SO
	Ta.:	B	A	C	C	B	B
Aug.	T.:	32°	30°	31°	30°	14°	15°
	N.:	260	540	430	390	830	800
	L.:	78%	81%	80%	80%	77%	77%
	M.:	SO	SO	SO	SO	SO	SO
	Ta.:	A	A	B	B	A	A
Sep.	T.:	30°	28°	29°	30°	13°	14°
	N.:	180	220	180	150	460	420
	L.:	80%	80%	79%	78%	74%	73%
	M.:	SO	SO	SO	SO	SO	SO
	Ta.:	A	A	B	C	A	A
Okt.	T.:	27°	24°	25°	26°	12°	13°
	N.:	120	90	30	20	190	150
	L.:	81%	73%	73%	73%	68%	67%
	M.:	Überg.	Überg.	Überg.	Überg.	Überg.	Überg.
	Ta.:	B	B	C	-	C	C
Nov.	T.:	18°	20°	21°	25°	10°	12°
	N.:	70	70	20	20	80	60
	L.:	81%	70%	71%	71%	61%	60%
	M.:	NW	NW	NW	NW	NW	NW
	Ta.:	-	-	-	-	-	-
Dez.	T.:	20°	19°	20°	22°	9°	10°
	N.:	80	50	20	10	90	70
	L.:	81%	70%	70%	70%	65%	64%
	M.:	NW	NW	NW	NW	NW	NW
	Ta.:	-	-	-	-	-	-

Erklärung:
T.=Temperatur, N.=Niederschlag in mm, L.=Luftfeuchtigkeit,
M.=Monsunrichtung (Herkunft, Überg.=Übergang), Ta.= Taifunstufe

079t Foto: wl

Üppige Vegetation im Tal der Puppen (WuLai)

sollte auch der eigene Interessensschwerpunkt sowie die touristischen Stoßzeiten der einheimischen Bevölkerung mitberücksichtigt werden.

So bringt das ***chinesische Neujahrsfest*** - die größte Feierlichkeit und Haupturlaubszeit des gesamten chinesischen Kulturkreises - trotz seiner unbestreitbaren Attraktivität etliche Beschränkungen mit sich (Mitte Januar - Mitte Februar, abhängig vom Mondjahr). Museen und öffentliche Einrichtungen sind geschlossen, Urlaubsgebiete überfüllt, die eigene Planung ist dann großen Unwägbarkeiten ausgesetzt.

Die Monate ***Juli bis August*** sind für Bergwanderer häufig zu feucht (auch in den Ebenen ist der starke Regen unangenehm), Straßen werden wegen Erdrutschen gesperrt, Busse fahren dann nicht, außerdem muss mit Taifunen gerechnet werden. Andererseits ist der Monat August der sogenannte „Geister-Monat", in dem die meisten Einheimischen zu Hause bleiben. Wassersportler werden die Pescadoren gerade im Sommer aufsuchen, wogegen diese Inseln im Winter unwirtlich sind.

Grundsätzlich kann folgende Empfehlung als Richtlinie gelten: Der tropische Süden ist ganzjährig attraktiv; Bergfreaks sollten auf die (regenreiche) Zeit Mitte Juni - Mitte September verzichten, Wassersportfreunde bevorzugt die Monate von Juni bis August wählen (Pescadoren Mai bis September), der überwiegend kulturell Interessierte kann sich sein individuelles Programm ganzjährig gestalten.

Flora

In den je nach Höhenlage unterschiedlichen Nadel-, Misch- und tropischen Wäldern TaiWans wachsen über 4000 verschiedene Pflanzenarten. Neben der ***Akazie*** ist der ***Bambus*** die verbreitetste Pflanzenart. Beide werden noch heute in entlegenen Gebieten als Brenn- oder gar Baustoff genutzt, die Sprossen des jungen Bambus auch als Lebensmittel. Von den zahlreichen Unterarten des Bambus wird der Besucher vor allem den baumstammdicken Bambus in den tropischen Regionen sehen, oberhalb der Nadelbaumgrenze in den Berglagen ab 2500 m den fingerdicken Bergbambus. Für die heimische Forstwirtschaft spielen der immergrüne Lorbeer, Nutzpalmen und die chinesische Korkeiche die größte Rolle. Das Frühjahr ist auf TaiWan von einer faszinierenden Farbenpracht der ***Azaleen*** und der Kirsch- und Pflaumenblüte geprägt, im Sommer sind die rosafarbenen und weißen ***Lotusblüten*** auf Seen und Teichen sehenswert. An ***Speisefrüchten*** werden in den mittleren Höhenlagen Birne, Apfel und Kirsche, in den warmen Regionen der Ebenen Mango, Sternfrucht, Guave, Litschi und Ananas angebaut. In den unteren Höhenlagen rund um den ALiShan kann man ausgedehnte ***Teepflanzungen*** besuchen und einen Einblick in die Erzeugung des Nationalgetränks der Chinesen gewinnen.

Fauna

Aufgrund seiner Lage in der subtropischen Klimazone und der vielfältigen Höhen- und Meereslagen beheimatet TaiWan etwa ein Zwölftel aller Tier- und Pflanzenarten der Welt, darunter viele seltene und bedrohte Arten. Allein 400 verschiedene Schmetterlings-, rund 400 einheimische Vogelarten und ebenso viele Zugvögel sind auf TaiWan zu finden. Weiterhin haben dort 61.000 Säugetier-, 92 Reptilien-, 30 Amphibien-, 150 Süßwasserfisch- und 50.000 Insektenarten ihren Lebensraum. Nicht verschwiegen werden darf, dass der Bestand an seltenen Tieren wie Schwarzbär, Leopard, fliegendem Fuchs oder Zibetkatze durch Urbarmachung und Rodung der Wälder erheblich reduziert wurde.

Am häufigsten trifft der Reisende heute noch auf Wildschafe, Wildschweine, Felsenaffen und Berghasen. In den Berglagen leben zwischen 1400 und 2000 Höhenmetern Mikado-Fasane und Drosselarten. In den Reisfeldern und Flussläufen der Niederungen brüten Wasserhühner, Rallen, Mandarin- und Krickenten.

Nationalparks

Durch verstärkten Umweltschutz, Jagdverbote für geschützte Tiere und die Einrichtung besonderer Nationalparks sollen die bedrohten Tierarten wieder zu größeren Populationen heranwachsen. Zur Zeit existieren folgende Nationalparks auf TaiWan:

Nationalpark	Hauptverwaltung	Telefon	Größe in ha.
KenTing	596 KenTingLu, PingTung	08-8861321	32.631
YuShan	112 MingShengLu, ShuiLi	049-773121,2,3	105.490
YangMingShan	1 TzuTzuHuLu, TaiBei	02-286113601	11.456
Taroko	291 FuShi (bei HsinCheng)	038-621100	92.000
SheiPa	615 KuanTungLu, TungShi	04-5888647	76.850

107t Foto: wl

Reisbauern auf LanYu

Staat und Politik

Geschichte

Die Ureinwohner

Archäologische Forschungen zeigen, dass die Insel TaiWan vor mindestens 10.000 Jahren von australo-polynesischen Stämmen besiedelt wurde. Je nach Ansiedlungsort (Inseln, Gebirge, Küste) entwickelten sich verschiedene Stämme der Ureinwohner (engl. Aborigines) mit voneinander stark abweichenden Sitten und Gebräuchen. Von den neun noch existierenden Stämmen auf TaiWan sind die Tsou, Bunun, Atayal, Saisiat, Paiwan und Rukai Bergstämme, die Ami, Puyuma und Yami (auch Ayami genannt) Küstenbewohner. Heute leben nach offiziellen Angaben etwa 350.000 Ureinwohner auf TaiWan.

Die ersten Chinesen

Den ersten (nachweisbaren) Kontakt mit China erfuhr TaiWan im 3. Jh. unserer Zeitrechnung, als das chinesische Han-Reich (221 v.Chr.-220 n.Chr.) in die sogenannten „drei Reiche" Wei, Shu und Wu zerfiel. Dabei eroberten die Wu zwar im Jahre 239 n.Chr. TaiWan, hatten dann aber kein Interesse, die Insel zu kolonialisieren. In den folgenden Jahrhunderten wanderten einzelne Gruppen von Hakka-Chinesen, einem Volksstamm aus Nordchina, nach TaiWan aus, um sich dort dauerhaft anzusiedeln. Sie nannten ihre neue Heimat *BaoTao* (Schatzinsel), da im Gegensatz zu dem durch Kriege und Naturkatastrophen gezeichneten Festland die Vegetation auf TaiWan im Überfluss gedieh.

Wegen der Eroberung Chinas durch die Mongolen (Yuan-Dynastie, 1280-1368) flohen viele Anhänger der vorangehenden (chinesischen) Sung-Dynastie - überwiegend aus der Festlandsprovinz FuKien (PinYin: FuJian) - nach TaiWan und siedelten im westlichen Flachland. Auf ihrer Sprache, dem FuKien-Dialekt, basiert heute die neben dem offiziellen Mandarin gesprochene ***taiwanesische Sprache.*** Auch die Mongolen erreichten die Insel und errichteten im Norden eine Militärbasis, in der Absicht, von hier aus Südjapan zu erobern. Nach dem Ende der Mongolenherrschaft (1368) folgte auf dem Festland die letzte echte chinesische Dynastie der Ming (1368-1644); TaiWan wurde nicht ins Reichsgebiet der Ming integriert und blieb daher in dieser Zeit von äußeren Einflüssen nahezu unberührt.

Der europäische Kolonialismus

Im 16. Jh. begann der Kontakt TaiWans mit den europäischen Kolonialmächten. Zu dieser Zeit nahmen die ***Portugiesen*** in der Seefahrt eine Monopolstellung ein, da keine andere europäische Nation den Seeweg nach Indien und China kannte. 1590 landeten sie auf der Suche nach Handelsstützpunkten an der Nordküste TaiWans. Angeblich riefen die Seefahrer beim Erblicken der Insel *Ilha formosa* (portugiesisch: wunderschöne Insel), was TaiWan für Jahrhunderte den Namen ***Formosa*** gab. Da in Portugal seit 1580 der spanische König *Philipp I.* in Personalunion regierte, übernahmen die Spanier 1626 von ihren iberischen Nachbarn den Handelsstützpunkt im Norden Formosas.

Die verlockenden Reichtümer des Fernen Ostens ließen bald Engländer und vor allem ***Holländer*** Richtung Osten ziehen. Die in der Schiffbautechnik weit überlegenen Holländer, die mit Hilfe windmühlenbetriebener Sägen ein Handelsschiff in vier Monaten anstatt der üblichen eineinhalb Jahre bauen konnten, versuchten bereits im Jahre 1620 Handelsbeziehungen mit China zu knüpfen und besetzten die zwischen TaiWan und dem

Festland liegende Inselgruppe PengHu (Pescadoren). Da China keiner europäischen Macht Handelsrechte gewährte, wurden die Holländer von den herrschenden Ming aufgefordert, die zum Festland gehörenden Inseln zu verlassen. Daher wichen die Holländer 1624 auf die Südspitze von Formosa aus. Sie errichteten zwei Festungen und gründeten die erste Hauptstadt TaiNan im Süden. Mauerreste des Fort Providenzia sind noch heute zu sehen, Fort Zeelandia ist dagegen gänzlich zerstört.

Das Eindringen der Holländer in den Machtbereich Spaniens führte bald zu militärischen Auseinandersetzungen zwischen den europäischen Erzfeinden. Der Kampf um die Vormacht auf Formosa endete 1641/42 mit dem Sieg der Holländer, die nun die gesamte Insel kontrollierten und TaiWan (neben Java) zu ihrer wichtigsten Handelsstation ausbauten.

Die Ruhe währte allerdings nicht lange: 1644 wurde die chinesische Ming-Dynastie auf dem Festland von der mandschurischen Ching-Dynastie (1644–1911) abgelöst. Zu den Anhängern der Ming gehörte auch der Feldherr ***KoHsingKa*** *(KoXingGa, ZhengChengGong),* der vor den siegreichen Mandschu mit 30.000 Soldaten auf 8000 Booten über die TaiWan-Straße nach TaiWan fliehen musste. Fast zwei Jahrzehnte lang bildeten die Holländer und die Vertriebenen eine gegen Festlandchina gerichtete Interessengemeinschaft, ehe der *KoHsingKa-Clan* 1661 die Holländer aus dem Land warf.

KoHsingKa spielt im Geschichtsbild der Taiwanesen eine nicht unerhebliche Rolle, da seine Flucht deutliche ***Parallelen zum Rückzug ChiangKaiSheks*** nach TaiWan 1949 aufweisen: die „Bösen" (dort die Mandschu, hier die Kommunisten) vertreiben die Armee des „Helden" (dort *KoHsingKa,* hier *ChiangKaiShek)* nach TaiWan. In beiden Fällen wird die einheimische Bevölkerung unterworfen, in beiden Fällen besteht der Anspruch der Geflohenen auf Rückeroberung Chinas, in beiden Fällen wurden erhebliche Wirtschaftsreformen auf TaiWan durchgeführt *(KoHsingKa* ließ vor allem die Landwirtschaft gezielt ausbauen). Hier enden allerdings die Parallelen, da die Mandschu 1682 TaiWan eroberten und von 1684 bis 1885 der chinesischen Provinz FuKien (FúJiàn) angliederten.

KoHsingKas ***Landwirtschaftsreformen*** gelten als Grundstein für die wirtschaftliche „Besserentwicklung" im Vergleich zum chinesischen Festland. Im folgenden Jahrhundert kamen deshalb trotz Ein- und Ausreiseverbotes fast eine Million Menschen aus den Provinzen KuangTung (GuǎngDōng, um Kanton) und FuKien auf die Insel.

Nach etwa 200 Jahren mehr oder weniger partnerschaftlicher Handelsbeziehungen zwischen Europa und China wurde der mandschurische Kaiserhof Mitte des 19. Jahrhunderts von den europäischen Kolonialmächten, vor allem England, immer stärker bedrängt, der Errichtung von Freihäfen und Handelsstützpunkten auf chinesischem Territorium zuzustimmen.

Die Verträge von NánJīng (NanKing) 1842 und TianJin (TienChin) im Jahre 1858 beendeten die Opiumkriege und brachten England die Kolonie HongKong ein, während Frankreich die taiwanesische Stadt KeeLung (JīLóng) mit Ft. San Domingo erhielt. Der Streit Chinas mit Frankreich über die französischen Kolonialisierungsbestrebungen in Indochina, welches unter chinesischem Einfluss stand, führte zur teilweisen Besetzung TaiWans und der PengHu-Inseln (Pescadoren) durch die ***Franzosen.*** 1885 zog Frankreich, nachdem der Kaiserhof in Peking der Öffnung weiterer französischer Handelshäfen auf dem Festland zustimmte und Indochina aufgeben musste, von TaiWan ab.

Im gleichen Jahr erhielt TaiWan erstmals den Status einer ***eigenständigen Provinz Chinas*** und wurde unter Gouverneur *LiuMingChuan* bald Chinas fortschrittlichste Provinz in den Bereichen Verwaltung, Wirtschaft, Technik und Industrie. TaiPei (TaiBei, dt. auch Taipeh) wurde neue Provinzhauptstadt und verfügte – wie taiwanesische Publikationen stolz herausstellen – über die erste elektrische Straßenbeleuchtung Chinas.

Von der japanischen Besatzung zur Republik

In den Jahren 1894/95 führten China und Japan wegen japanischer Ansprüche auf Teile Koreas und der Mandschurei einen erbitterten Krieg. Als Folge der Niederlage musste China im Vertrag von Shimonoseki 1895 die Provinz TaiWan (mit der Inselgruppe PengHu) vollständig ***an Japan*** abtreten.

Die Japaner versuchten, ihr ausgeprägtes Rechtssystem auf TaiWan zu übertragen, was heftigen Widerstand der TaiWan-Chinesen sowie der Ureinwohner hervorrief. Die abgesetzte Provinzverwaltung ging sogar so weit, TaiWan zur ersten asiatischen Republik auszurufen. Die damit einhergehende Erhebung wurde allerdings von den Japanern rasch niedergeschlagen. Auch für die Ureinwohner hatte die japanische Ära ihre Folgen: ihre Bewegungsfreiheit wurde auf neu gebildete Reservate begrenzt, Sumpfreisanbau und Viehzucht wurden eingeführt, Kopfjagd, Kindstötung und Stammesfehden unter Strafe gestellt. Auf ganz TaiWan wurden Straßen, Schulen und Häuser gebaut, ein Bildungssystem nach japanischem Vorbild eingeführt, welches den Taiwanern vorerst nicht zugänglich war. Für Historiker gilt die japanische Herrschaft in TaiWan als „Musterbeispiel" für eine wirkungsvolle und planmäßige Ausbeutung einer Kolonie. Die Umstrukturierung der Landwirtschaft vervielfachte insbesondere die Zuckerrohr- und Reiserträge. Diese wurden ins japanische Mutterland exportiert und damit der Kolonialapparat in TaiWan finanziert. Für TaiWan hatte dies zur Folge, dass das Land schon bald extrem exportorientiert war und dass noch heute zwar gerne japanisches Geld, weniger gern aber Japaner selbst gesehen werden.

Während TaiWan bis zur Kapitulation Japans 1945 Kolonie blieb, nahmen die Ereignisse auf dem Festland einen auch für TaiWan bedeutsamen Verlauf. Am 10.10.1911 (heute Nationalfeiertag TaiWans, die „Doppelzehn") zwang die nationalistische, republikanische Bewegung um *Dr. SunYatSen (SūnZhōngShān)* den letzten Mandschu-Kaiser *PuI (BuYi)* abzudanken und begründete die ***Republik China.*** *SunYatSen* verzichtete aber wenig später auf das Präsidentenamt und überließ General *YuanShiKai* die Macht, der sich 1915 allerdings selbst zum Kaiser krönte und die absolute Macht bis zu seinem Tode 1916 in Händen hielt. Daraufhin entbrannte ein Bürgerkrieg, in dessen Verlauf es den Nationalisten unter *ChiangKaiShek* gelang, erneut die Ideen *SunYatSens* durchzusetzen und die Republik China als Staatsform zu etablieren.

Geschwächt durch den Bürgerkrieg musste China 1931 auf japanischen Druck hin die Mandschurei in die Autonomie (besser: ein Marionettenkaiserreich von Japans Gnaden) entlassen. An der Spitze stand *Henry PuI,* der 1911 entthronte letzte Kaiser der *Ching.* 1937 schließlich trug Japan den ***Zweiten Weltkrieg*** nach China, ehe „Generalissimus" *ChiangKaiShek* mit Hilfe der Alliierten die Japaner am 2.9.1945 zur Kapitulation zwang. TaiWan gehörte damit erneut als Provinz zur Republik China, die ca. 6 Millionen Einwohner waren wieder chinesische Staatsangehörige.

Während des Krieges hatte die nationalistische Partei *(GuoMinDang bzw. KuoMinTang) ChiangKaiSheks* die Unterstützung der Kommunistischen Partei Chinas *MaoTzuTungs (MaoZiDong)* benötigt. Nachdem der gemeinsame äußere Feind (Japan) beseitigt war, wandte man sich nunmehr offen dem inneren Gegner zu. Als mehrmonatige Verhandlungen um Machtanteile zwischen Kommunisten und Nationalisten 1946 scheiterten, brach im Frühjahr 1947 der ***Bürgerkrieg*** offen aus. Während die Nationalchinesen von den USA unterstützt wurden, ließ die UdSSR der Kommunistischen Partei Chinas noch keine offizielle Hilfe zukommen, da sie bis 1945 auf der Seite Nationalchinas gegen Japan gestanden hatte. Die Kommunisten wurden vor allem von den ärmeren Bevölkerungsschichten Chinas unterstützt, sodass sich die Lage der Nationalchinesen trotz einiger Anfangserfolge dramatisch zuspitzte. Anfang 1949 kontrollierten kommunistische Truppen weite Teile Nordchinas, im März schließlich wich die Nationalregierung *ChiangKaiSheks* mit 500.000 Soldaten und 1,5 Millionen Zivilisten nach TaiWan aus und konnte nicht verhindern, dass *MaoTzuTung* am 1.10.1949 die Volksrepublik China proklamierte. Bei ihrer Flucht nahmen die Nationalchinesen praktisch die gesamten Goldvorräte des Landes sowie zahllose historische Kunstschätze aus ganz China mit. Heute zählt TaiWan zu den Ländern mit den größten Goldreserven der Erde.

Die Republik China auf TaiWan

Innenpolitische Entwicklung

Von den Ureinwohnern und den „alteingesessenen" chinesischen Einwanderern früherer Jahrhunderte wurden die „neuen" Taiwaner nicht sehr geliebt. Bis 1987 herrschte Kriegsrecht, die „alteingesessenen" TaiWan-Chinesen und Ureinwohner wurden in Politik und Wirtschaft stark benachteiligt. Zudem belastete die „Affäre 2/28" vom 28.2.1947 das ***Verhältnis zwischen „alten" und „neuen" Taiwanern:*** Der damalige nationalchinesische Gouverneur TaiWans, *ChenYi,* war aufgrund seines Lebenswandels und fortwährender Korruption der meistgehasste Mann der Insel, was schließlich zum offenen Aufstand der Taiwaner gegen ihn führte. Nationalchinesische Truppen schlugen die Erhebung brutal nieder, wobei etwa 10.000 Menschen ums Leben kamen. Erst zu Beginn der 1990er Jahre wurden „menschliche Fehler der damaligen Nationalregierung" eingestanden und am 28.2.1993 Mahnmale zum Gedenken an die Opfer errichtet.

Das Kriegsrecht sicherte den neuen Einwanderern eine rasche Kontrolle über das Land. So wurden die ***Ureinwohner*** aus den traditionellen Lebensräumen gerissen, in Fabriken rekrutiert und sollten schließlich zwangssinisiert, d.h. mit der chinesischen Bevölkerung verschmolzen werden. Erst in den 1980er Jahren besannen sich die Politiker auf „traditionelle" Werte TaiWans und begannen die Ureinwohner zu schützen, ließen „Musterdörfer" als Touristenattraktionen anlegen usw.

Die nahezu 40 Jahre des „Kriegszustandes" der Republik China auf TaiWan hatten innenpolitisch zur Folge, dass sich das ***totalitäre Einparteiensystem der GuoMinDang/KuoMinTang*** (***GMD/KMT,*** Nationale Volkspartei, gegründet 1919 als Nachfolger *SunYatSens* „Gesellschaft für die Wiedergeburt Chinas") etablieren konnte. Zwar waren nach 1949 drei Parteien zugelassen - neben der regierende GMD/KMT unter *Chiang KaiShek* waren das die YCP (Partei des Jungen China, gegründet 1923) und die CDSP (Demokratisch Sozialistische Partei Chinas, gegründet 1946) - die beiden letzteren waren aber nur geduldete Splittergruppierungen (unter 1 %).

Die gesamte Wirtschaft wurde in dieser Zeit zentral organisiert und nahm, begünstigt durch große Goldreserven, strikte Währungskontrolle und Anbindung des NT$ an den US$, einen imposanten Aufschwung.

1975 übergab *ChiangKaiShek* das Präsidialamt seinem Sohn *ChiangChingKuo,* der nach dem Tode seines Vaters (1978) einen ***vorsichtigen Reformprozess*** einzuleiten begann: 1986 erzwangen linksgerichtete Oppositionelle gemeinsam mit einigen parteilosen Abgeordneten die Gründung der DPP (Democratic Progressive Party, erkennbar an der für die Insel TaiWan stehenden grünen Flagge), die zunächst für ein autonomes TaiWan eintrat. 1987 endete dann formell das 40 Jahre dauernde Kriegsrecht, Verwandtenbesuche zum Festland wurden offiziell ebenso erlaubt wie Briefwechsel mit dem Festland.

Mit *LeeTengHui (LiDengHui)* folgte 1988 der erste gebürtige Taiwaner als Präsident, allerdings immer noch im Rahmen der Einparteienherrschaft der konservativen GuoMinDang/KuoMinTang (KMT/GMD). Er trieb die ***Reformen weiter voran,*** hob die „provisorischen Bestimmungen“ auf und sprach nicht länger von einer „kommunistischen Besatzung Festland-Chinas“ (eine Formulierung, die Peking selbstredend seit jeher störte). Die provisorischen Bestimmungen hatten u.a. festgelegt, dass bis zur Befreiung Chinas alle 1947/48 gewählten (und geflohenen) Repräsentanten der einzelnen Festlandsprovinzen im Amt blieben, bis eine freie Wahl aller Chinesen möglich sei. Dies hatte zur Folge, dass die Nationalversammlung regelrecht „vergreiste“, sodass z.B. Peking oder die innere Mongolei „repräsentiert“ wurden, während für das kleine TaiWan entsprechend weniger Sitze vorbehalten waren.

Neben der Notwendigkeit, die Tatsachen anzuerkennen, haben noch andere Ursachen die ***Reformbereitschaft der GuoMinDang/KuoMinTang*** bewirkt:

- ***Biologischer Faktor:*** Das Hauptargument TaiWans, hier säßen die frei gewählten Repräsentanten Chinas von 1947, hatte keine Bedeutung mehr, nachdem die meisten der einstigen Festlandsrepräsentanten mittlerweile gestorben oder zu alt waren (einige wurden völlig senil und apathisch im Rollstuhl ins Parlament gebracht).
- ***HongKong-Frage:*** Da der Handel mit HongKong 10 % des Gesamthandels TaiWans ausmachen und immense taiwanesische Investitionen in HongKong getätigt wurden, wollte man Peking nicht reizen, um HongKong auch über 1997 hinaus als Handelspartner zu behalten.
- ***TienAnMen 1989:*** TaiWan schloss sich nach der blutigen Niederschlag der Studentenproteste auf dem „Platz des Himmlischen Friedens“ zwar der Welle internationaler Entrüstung an, doch fiel die Kritik im Vergleich zu früher eher gemäßigt aus. TaiWan wollte auch hier als Alternative und Vorbild dastehen und Peking keine Ablenkung nach außen ermöglichen. Der Druck im Festland sollte erhalten bleiben, um die politische Isolation Pekings durch den Westen zu nutzen.
- ***Handel:*** Nach taiwanesischem Verständnis ist die Wirtschaftspolitik und der Handel ein Mittel der (Wiedervereinigungs-)Politik. Rege, freundschaftliche Handelsbeziehungen mit dem Festland bedeuten keineswegs die Aufgabe politischer Positionen, sondern man versucht lediglich, diese mit anderen Mitteln (als politischen oder militärischen) durchzusetzen.
- ***Innenpolitischer Druck*** als Folge der Liberalisierung: Wirtschaftlicher Aufschwung bedingt sehr oft Freiraum für politische Emanzipation, im Falle TaiWans entwickelte sich mit der DPP (Democratic Progressive Party) eine echte Opposition zur GuoMinDang/KuoMinTang. Dadurch war die GMD/KMT gezwungen, von verkrusteten Positionen abzurücken. Konkurrenz belebt wahrlich das Geschäft - und seit es auf TaiWan mehrere Parteien gibt, blüht das Land förmlich auf.

So waren die 1990er Jahre, von kleinen Ausnahmen abgesehen, durch eine intensivere Verständigungspolitik gekennzeichnet. Die Reformpolitik der GMD/KMT konnte allerdings das ***Erstarken der DPP*** nicht verhindern, diese errang mit moderner und pragmatischer Realpolitik in den 1990er Jahren rund ¼ der Abgeordnetenmandate zur Nationalversammlung, teilweise gelang sogar der Sprung in wichtige Bürgermeisterämter (GaoXiong/KaoHsiung und TaiBei, z.B. dem heutigen Präsidenten *ChenShuiBian* oder Premier *Frank Hsieh (Xie).*

Der Reformdruck führte zur ***Spaltung der GMD/KMT.*** Zunächst lehnte der rechte Flügel der GMD/KMT Reformen ab und spaltete sich als NKMTA (New KMT Alliance) ab, die sich später ***NP*** (New Party) nannte und klar auf das rechtskonservative Lager (An-

Das Chen-Attentat im Jahr 2004

Im März 2004 fanden turnusgemäß Präsidentschaftswahlen statt, in Frage kamen nur die beiden Giganten Amtsinhaber *ChenShuiBian* von der regierenden DPP sowie der GMD/KMT-Chef *LienChan*. Der Wahlkampf war von den Grundlinien der beiden Parteien geprägt, wobei *LienChan* für einen vorsichtigen Wiedervereinigungskurs mit China, *Chen* dagegen für die Unabhängigkeit TaiWans eintrat. Präsident *Chen* stellte sogar eine Volksabstimmung für den Fall eines Wahlsieges in Aussicht.

Dieses Manöver wurde in Peking heftig attackiert und als Hochverrat tituliert, die Opposition polarisierte die Unabhängigkeitsgegner, die Gesellschaft war (politisch) gespalten, der Wahlausgang war Prognosen zu Folge knapp, allerdings gab es leichte Vorteilen für die GMD/KMT.

Da wurden am Vorabend der Wahl - am 19. März 2004 - Präsident *Chen* und Vizepräsidentin *Anette Lu* (beide DPP) bei der Fahrt in einem offenen Jeep zu einer Wahlveranstaltung in TaiNan von einem Attentäter angeschossen und leicht verletzt.

Die Hintergründe sind bis heute unklar, in Oppositionskreisen wird sogar von einem arrangierten Attentat zwecks Stimmenfang gemunkelt, andere spekulieren über einen von Peking gesandten Täter, um deutlich zu warnen, dass es keine Unabhängigkeits-Abstimmung auf TaiWan geben dürfe. Wieder andere sprechen von der Tat eines Einzelnen.

Die Untersuchungen dauern auch nach der Wahl *Ma YingJius* zum Präsidenten im März 2008 noch an und gipfelten bislang in zahlreichen Festnahmen von Mitgliedern eines Waffenschieberringes in TaiNan, aus dessen Kreis die Tatwaffe stammen soll.

spruch auf ganz China) abzielte. Auf der anderen Seite wollte der ehemalige Präsident der GMD/KMT *LeeTengHui* noch weitergehende Reformen und spaltete sich mit einigen Anhängern 1998 als ***TSU*** (Taiwan Solidarity Union) von der GMD/KMT ab.

Zur Präsidentschaftswahl 2000 trat (neben *LianChan* und *Chen ShuiBian*) auch *James Soong* von der GMD/KMT an, was das GMD/KMT-Lager entzweite (2 GMD/KMT-Kandidaten). *Soong* wurde nach *Chen* Zweiter. Wegen Verrates der Parteilinie wurde er jedoch aus der GMD/KMT ausgeschlossen und gründete die ***PFP*** (People First Party). Somit musste bei den Wahlen zur Nationalversammlung im Dezember 2001 die seit 1949 währende Vorherrschaft der („Rest-“) GMD/KMT zusammenbrechen.

Von 2001 bis Januar 2008 dominierte nunmehr die DPP unter Präsident *Chen ShuiBian* das politische Geschehen auf Taiwan, und zunächst wurde der vorsichtige Unabhängigkeitskurs auch von einer knappen Bevölkerungsmehrheit bestätigt (2004). Nachdem aber die taiwanesische Wirtschaft aus einer ganzen Reihe von Gründen ins Schlingern geriet und die Präsidentenfamilie zudem noch in den Schlussjahren des DPP-Interims in Korruptionsskandale verwickelt worden war, folgte bei den Parlamentswahlen (Januar 2008) eine mit „Erdrutsch-Niederlage“ nur unzureichend beschriebene Ohrfeige für die DPP: 72 % der Wählerschaft stimmte für das KMT-geführte Parteienbündnis (81 von 115 Sitzen), nur 27 % für die DPP-Parteien (24 Mandate). Präsident *Chen* trat daraufhin sofort von seinen Parteiämtern zurück. Am 22. März 2008 eroberte KMT-Kandidat *Ma Ying-Jiu* mit 58,5 % dann auch das Präsidentenamt zurück, *Frank Hsieh* kam auf 41,5 % der Stimmen.

Foto: www.fotolia.de ©Xiongmao

Das Mausoleum ChiangKaiSheks

Außenpolitische Entwicklung

Die Republik China (also TaiWan) blieb nach 1949 außenpolitisch zunächst einzig anerkannter ***Repräsentant Chinas in den Vereinten Nationen*** und auf diplomatischer Ebene.

Als aber die Volksrepublik China im Oktober 1971 UNO Mitglied wurde, zog sich TaiWan sofort zurück, da eine Doppelmitgliedschaft zweier Chinas nach taiwanesischem Verständnis unmöglich ist. Gleiches galt für diplomatische Beziehungen: TaiWan brach automatisch die Beziehungen zu jenen Ländern ab, die offizielle Kontakte zu Peking knüpften, was zu einer ***außenpolitischen Isolation TaiWans*** führte. Während die VRC ihre diplomatischen Beziehungen von 49 auf 120 Staaten ausdehnte, sank die Anzahl der Staaten, zu denen TaiWan offizielle Beziehungen unterhielt, allein im Jahre 1979 von 66 auf 22. Im Oktober 1972 eröffnete die Bundesrepublik ihre Botschaft in Peking und erst am 1.1.1979 folgten die USA, neben Frankreich längster und treuester Verbündeter TaiWans. Die USA sahen die Möglichkeit, einen Keil zwischen Peking und Moskau zu treiben. Vier Monate später kündigte die Volksrepublik China auch wirklich den Friedens- und Freundschaftsvertrag mit der UdSSR aus dem Jahre 1950. Außerdem hatten die USA natürlich erkannt, dass man einen Fuß in der Tür zum chinesischen Markt haben muss. Frankreich schloss sich erst 1994 dieser Haltung an.

Heute unterhalten viele Staaten in TaiWan sogenannte ***„Verbindungsbüros“,*** die wirtschaftliche, kulturelle und gewisse konsularische Aufgaben wahrnehmen.

Die TaiWan-Frage

Die „TaiWan-Frage“ oder schlicht die Frage nach einer wie auch immer gearteten politischen Zukunft des Landes - ***als Teil Chinas oder als eigener Staat*** (mit sofortigem Kriegsrisiko) - teilt das Land in zwei etwa gleich große Lager unter der Bevölkerung und wird nahezu täglich in den Zeitungen debattiert und kommentiert.

„Beide Chinas“ betonten bis in die 1990er Jahre (unter GuoMinDang-Dominanz auf TaiWan) stets, die ***Wiedervereinigung*** sei absolutes Ziel, da es nur „ein China“ gebe, beide seien der einzige legitime Nachfolger der Republik *SunYatSens,* die jeweils andere Seite habe „vorübergehend“ die Kontrolle über das jeweils andere Gebiet. Beide Seiten betrachteten die „China/TaiWan“-Frage als rein innenpolitische Angelegenheit und verfolgten eine „Ein-China-Politik“. Erst unter dem ehem. Präsidenten der alten Einheitspartei GMD/KMT, *LeeTengHui,* wurde Ende der 1990er Jahre offen über „andere Möglichkeiten“ (Unabhängigkeit) nachgedacht, was aber jeweils militärische Manöver und sogar Raketenbeschüsse vor die taiwanesische Küste seitens der VR China zur Folge hatte.

Die Auffassung Pekings

Die Volksrepublik betrachtet Taiwan als „abtrünnige Provinz“ und verlangt ***bedingungslose Integration ins Mutterland*** ohne Einmischung von außen - daher auch die diplomatischen Probleme, vor Ort Konsulate zu eröffnen oder offizielle Kontakte zu pflegen. Ein Staat namens TaiWan existiert nach offizieller Vorgabe aus Peking einfach nicht. Nachdem die ***„Wiedereingliederung“*** von HongKong (1997) und Macau (2000) nach der neuen Prämisse „ein Land - zwei Systeme - drei Territorien“ funktioniert hat, lockt Peking TaiWan zu einer raschen Aufgabe allen einzelstaatlichen Denkens. Die Führungsriege in Peking hat klargestellt, dass man die „Heimholung der abtrünnigen Provinz“ als vorrangige Angelegenheit betrachte, insbesondere im Hinblick auf die olympischen Spiele 2008 in Peking. Die VR formuliert klar, dass jede Form einer taiwanesischen Unabhängigkeit sofort Gewaltanwendung zur Folge hätte und dass kein Staat sich in die „innerchinesische Angelegenheit“ einzumischen habe. 2005 wurde sogar ein explizit auf TaiWan abgezieltes „Anti-Sezessionsgesetz“ verabschiedet.

Die Auffassung der DPP

ChenShuiBians DPP, 2005 nochmals stärkste Partei und daher bis 2008 mit der Regierung beauftragt (⇗ Innenpolitik), steht für einen zunehmend klareren (wenngleich nicht unumstrittenen) ***Unabhängigkeitskurs,*** wobei sich innenpolitisches Kalkül mit außenpolitischem Taktieren teilweise vermischen. Man ist sich innerhalb der DPP darüber im Klaren, dass eine Unabhängigkeit tatsächlich sofortige Aktionen Pekings bedingen würde; die Aktionen in Tibet oder das TianAnMen-Massaker unterstreichen die Realität der offenen Drohungen. Dennoch muss man - will man langfristig innerhalb der Bevölkerung TaiWans glaubwürdig bleiben - etwas tun (im Dezember 2004 hatte es bei der letzten Parlamentswahl bereits Stimmeneinbußen gegeben, weil es vielen zu lange dauert mit der Unabhängigkeit).

Skandale um Korruption und Insidergeschäfte sowie die angeschlagene Wirtschaftslage führten zur Abwahl der DPP 2008 und brachten jedwede Unabhängigkeitserwägungen zum Erliegen.

Die Haltung der wiedererstarkten GMD/KMT

Bis in die 1990er Jahre galt in der (bis dato allein regierenden) GMD/KMT stark vereinfacht das Motto einer „Wiedervereinigung als R.o.C., Peking habe sich TaiBei zu beugen". Seit der Zeit, als die Partei durch *LeeTengHui (LiDengHui)* geführt wurde, bemüht sie sich um eine offene Diskussion mit Peking über einen ***„Sonderstatus" und eine Quasi-Autonomie unter einem gemeinsamen Dach.*** Die Partei lehnt eine Unabhängigkeitserklärung TaiWans als zu riskant ab (eine solche widerspräche auch der Geschichte der Partei, die ja für „ganz China" sprechen will) und arbeitet auf einen Erhalt des Status quo hin, unter dem es sich seit Jahrzehnten politisch isoliert, aber wirtschaftlich prachtvoll leben lässt.

Mit dem Sieg bei den Parlaments- und Präsidentschaftswahlen 2008 kehrte die KMT sofort zu einem ***Annäherungskurs mit der Volksrepublik*** zurück, was bereits im Frühsommer zur Genehmigung von Direktflügen zwischen Taiwan und China (erstmals seit 1949) führte. Auch sieht man die unter der „alten" KMT oft gebräuchliche Bezeichnung „Republic of China" zunehmend seltener, hier wird heute wieder auf ältere Bezeichnungen „Taiwan" oder „Chinese Taipei" zurückgegriffen.

Die politische Realität

Dennoch gilt für beide Seiten, dass realpolitische Interessen ganz obenan stehen und Drohgebärden nur ein übliches Säbelrasseln bedeuten. Beide Seiten setzen ihren ***vorsichtigen Annäherungskurs*** fort, insbesondere auf den Gebieten der Festlandsinvestitionen für taiwanesische Unternehmen (seit ca. 10 Jahren) und des kleinen Grenzverkehrs (Fährbetrieb) für touristische Reisen zwischen KinMen (JinMen) und der volksrepublikanischen Provinz FuJian. Auch die Übernahme des KPC-Vorsitzes durch den Realpolitiker der jüngeren Generation *HuJinTao* garantiert mittelfristig die friedliche Koexistenz (wirtschaftliche Kooperation), das überkommene Säbelrasseln gehört zunehmend der Vergangenheit an.

Mit *Ma YingJius* Amtsantritt als Präsident ist das Zeitalter des Kalten Krieges zwischen beiden Seiten vorerst beendet, und im Ergebnis wurden am 15.12.2008 tägliche Direktflüge zwischen China (u.a. ShenZhen, ShangHai) und Taiwan aufgenommen. *Ma YingJiu* meinte dazu, „Von nun an wird der Dialog an die Stelle der Konfrontation treten."

Die Staatsflagge:
Blau für Demokratie,
Weiß für Wohlstand und
Rot für Nationalismus

Staat und Verwaltung

Staatsname

Offiziell nennt sich TaiWan ***Republik China auf TaiWan.*** So soll bereits im Namen auf die Übergangslösung hingewiesen werden, dass die 1949 vertriebene Nationalregierung sich nur bis zur Wiedervereinigung oder Rückeroberung des Festlandes auf TaiWan aufhalten will. Um Peking nicht zu verärgern und den jüngsten Annäherungskurs nicht zu gefährden, verzichtet man aber offiziell meist auf diesen Begriff und verwendet einfach nur „Taiwan" oder „Chinese Taipei".

Staatssymbole

Die ***Flagge*** ist rot mit einer weißen Sonne auf blauem Grund im oberen linken Viertel. Die drei Farben sollen die drei Prinzipien *SunYatSens* symbolisieren: *MinChuan* (Demokratie), *MinSheng* (Wohlstand) und *MinTzu* (Nationalismus). Der Text der ***Nationalhymne*** wurde von *SunYatSen* selbst geschrieben und beginnt mit den Worten *San Min Chu I...* („Drei Volksprinzipien"). Wichtigste Partei ist bis heute die *KuoMinTang (GuóMīnDàng),* die nach 1949 bis 1987 die Einheitspartei TaiWans war. Das obere linke Viertel der Staatsflagge, die weiße Sonne auf blauem Grund, ist außerdem die Parteifahne der KuoMinTang.

Die Pflaumenblüte stellt die ***Nationalblume*** dar. Ihr kommt u.a. bei der Hotelklassifizierung durch das TTB (TaiWan Tourist Bureau) praktische Bedeutung zu. Anstatt der international gängigen Sterne werden den großen Hotels je nach Standard ein bis fünf Pflaumenblüten verliehen.

Das politische Selbstverständnis

Formal betrachtet besucht der Reisende nicht das Land „TaiWan", sondern die ***„Republik China auf TaiWan" (Republic of China).*** Diese versteht sich als Rechtsnachfolgerin der 1911 auf dem chinesischen Festland gegründeten „Republik China" (deren Gründungstag ist bis heute der Nationalfeiertag TaiWans). Während *Maos* kommunistische Revolution die „Volksrepublik China" auf dem gesamten chinesischen Festland (ohne HongKong und Macao) entstehen ließ, hielten *ChiangKaiShek* und seine Einheitspartei GMD/KMT, die 1949 vom chinesischen Festland nach TaiWan übersiedeln mussten (mitsamt dem gewählten Parlament der „Republik China"), weiterhin an der „Republik China" fest (⇗ Geschichte).

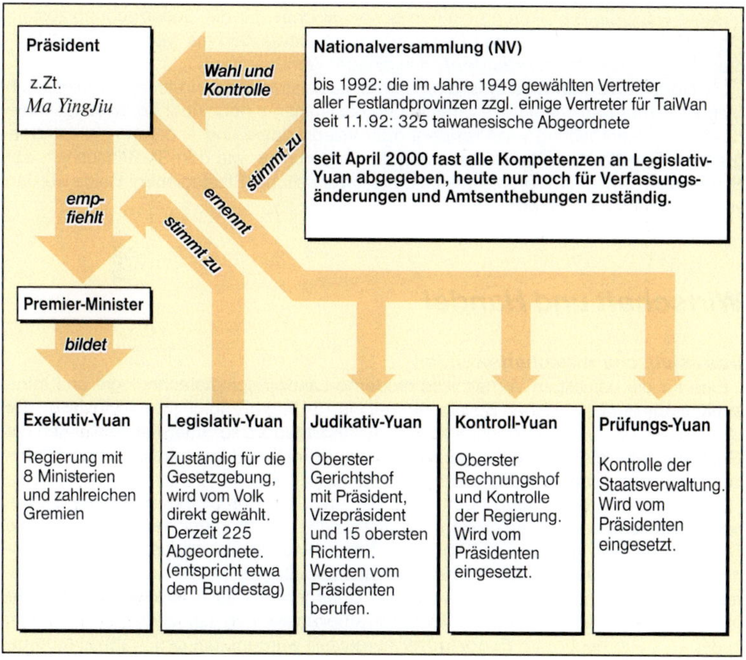

Die ***von der R.o.C. kontrollierten Gebiete*** umfassen die Hauptinsel TaiWan mit ihren vorgelagerten Inseln (Regierungssitz dieser „Provinz TaiWan" ist ChungHsing bei TaiZhong/TaiChung), PengHu (die Inselgruppe der Pescadoren), KinMen (JīnMén, früher QueMoy) und MaTzu (MāZǔ) sowie einige von mehreren Ländern beanspruchte Inseln im südchinesischen Meer. Die beiden Inseln KinMen und MaTzu liegen zum Ärgernis der Kommunisten nur einen Steinwurf vom Festland entfernt und gleichen militärischen Hochsicherheitstrakten, die heute gerade deshalb bei Einheimischen eine Art „Mauertourismus"-Welle auslösen.

Gewaltenteilung der Republik China

Die Verfassung der Republik China wurde 1947 in NanKing (NanJing), dem damaligen Sitz der Nationalregierung, in Kraft gesetzt. Nach dieser existierten neben dem mit weitreichenden Vollmachten ausgestatteten ***Präsidialamt*** und dem „gesamtchinesischen Parlament", der ***Nationalversammlung,*** eine ***Gewaltenteilung in fünf Yuan*** („Rat") genannte Bereiche (⇗ Schema).

Dieses Schema und der Anspruch der ***Regentschaft über ganz China*** blieben seit 1949 unverändert bestehen, die 1947 gewählten Greise sollten allen Ernstes für Ganz-China zuständig bleiben! Erst 1991 befand der Judikativ-Yuan (oberster Gerichtshof) diesen Zustand für nicht mehr zeitgemäß. Bis dahin war für TaiWan zusätzlich eine Provinzialversammlung, ein TaiWan-Parlament, zuständig.

Heute wählt die Bevölkerung ein rein taiwanesisches, für die Gesetzgebung zuständiges Plenum (Parlament), den ***Legislativ-Yuan,*** sowie den mit weitreichenden Vollmachten ausgestatteten ***Präsidenten*** in direkter Wahl.

Die ***Nationalversammlung*** wird von den im Legislativ-Yuan vertretenen Parteien nach Maßgabe ihrer Parlamentssitze ernannt und bestimmt nur noch über Verfassungsänderungen, Amtsenthebung von Präsident oder Vizepräsident und Änderung der Landesgrenzen. Der ***Kontroll-Yuan*** überwacht die Regierung sowie den Staatshaushalt, der ***Prüfungs-Yuan*** kontrolliert die gesamte Staatsverwaltung (Staatsdiener). Beide werden vom Präsidenten eingesetzt.

Wirtschaft und Handel

Das asiatische Wirtschaftswunder

Eine für die damaligen Verhältnisse moderne Landwirtschaftstechnologie und Infrastruktur aus der japanischen Besatzungszeit bis 1945, großzügige Investitionshilfen der USA sowie die von der Nationalregierung 1949 mitgebrachte Staatskasse bildeten die ***Grundlage*** für die wirtschaftliche Entwicklung in TaiWan. Mit zentralistischen Sechsjahresplänen gab die Regierung dabei das Tempo vor.

Standen die 1950er Jahre noch unter der Prämisse der Grundversorgung mit Lebensmitteln und der Bildung größerer Staatsbetriebe, wurde in den 1960er Jahren eine Strategie verfolgt, die auf den Export von Landwirtschaftsüberschüssen und die Produktion von Gebrauchsgütern im eigenen Land abzielte. Steuerbefreiung und Kreditanreize für eine sich allmählich entwickelnde Unternehmerklasse spielten eine ebenso große Rolle wie die Errichtung von „Exportverarbeitungszonen" (spezielle Industrieparks, in denen steuerbegünstigt ***Exportgüter*** hergestellt wurden), um den Wettbewerbsvorteil niedriger Lohnkosten nutzen zu können. Das Ziel, Devisenüberschüsse zu erwirtschaften, wurde durch die staatliche Kontrolle unternehmerischer Aktivitäten, eine nicht frei konvertierbare Währung sowie hohe Importzölle flankiert.

In den 1970er Jahren entwickelte sich TaiWan ***vom Agrar- zum Schwellenstaat,*** als durch den Mangel an Arbeitskräften auf der Insel verstärkt die Investition in kapitalintensive Produkte gefördert wurde. Die reichlichen Gold- und Devisenreserven, der starke Binnenmarkt und ein Überangebot an gut ausgebildeten Fachkräften ermöglichten insbesondere in der Elektro- und Schwerindustrie ***technische Innovation und hohes Wachstum.*** Mit massiven Regierungsinvestitionen wurden im Laufe der 1970er Jahre die sogenannten „zehn nationalen Bauprojekte" (unter anderem Stahlindustrie, Schiffbau, Petrochemie, Elektrizität, Telekommunikation, Transportwesen) weitgehend fertiggestellt.

In den 1980er Jahren konzentrierte sich die Regierung noch stärker auf Güter mit hoher Wertschöpfung. Nach US-Vorbild wurden Technologieparks in Universitätsnähe gegründet, Finanzmittel, Steueranreize und Stipendien großzügig gewährt, sodass TaiWan rasch zu einem der wichtigsten ***High-Tech-Produzenten*** aufsteigen konnte. Ende der 1980er Jahre betrug der Anteil von High-Tech-Produkten am Gesamtexport bereits 38 %, führend waren dabei Elektronik-, Informations- und Maschinenbauindustrie. 1998 hatte TaiWan Japan als führenden Hersteller von Notebooks überflügelt.

Nach offiziellen Statistiken erreichte TaiWan in den vergangenen 40 Jahren - bei einer Arbeitslosenquote von durchschnittlich 2-4 % - eine Steigerung des Pro-Kopf-Einkommens der Bevölkerung von umgerechnet ca. 250 € im Jahr 1950 auf ca. 23.000 € für 2008 (Schwarzeinkommen nicht gerechnet). Die allgemein gute Ausbildung und die niedrige Arbeitslosenrate ermöglichten es weiten Teilen der Bevölkerung, am ***allgemeinen Wohlstand*** teilzuhaben.

Da sich der Staat als Auftrags- und Arbeitgeber mittlerweile immer stärker zurückgezogen hat, bilden heute etwa 700.000 ***Privatunternehmen*** mit jeweils weniger als 50 Beschäftigten (= 98 % der eingetragenen Firmen) das Rückgrat der Volkswirtschaft. Sie erwirtschaften 65 % der Exporteinnahmen, 55 % des Bruttosozialproduktes und beschäftigen 70 % der Arbeitnehmerschaft. Die restlichen 2 % der Unternehmen sind überwiegend ***Staatsbetriebe*** mit Monopolstellung in den Bereichen Telekommunikation, Post, Bank, Transport, Tabak und Alkohol.

Angestellte dieser Staatsbetriebe und Beamte genießen freie Gesundheits- und Pensionsvorsorge. Seit Mitte der 1990er Jahre genießen alle Bürger eine soziale Grundversorgung.

Der imposante Aufstieg TaiWans in die Reihe der Industrienationen hat natürlich auch seine negativen wirtschaftlichen Begleiterscheinungen. Die rigorose staatliche Kontrolle aller Aktivitäten, auch der Investitionen im Ausland, unterbindet teilweise das freie unternehmerische Handeln und behindert die Investitionsbereitschaft. Das führt zu gigantischen Geld- und Devisenreserven im Lande (heute verfügt TaiWan mit ca. 280 Mrd. US$ über die drittgrößten Devisenreserven weltweit), die ein Problem für den Geldmarkt darstellen.

Zugunsten einer rasanten Entwicklung wurde ferner ein drastischer ***Raubbau an der Natur*** billigend in Kauf genommen. So kommen statistisch auf jeden Quadratkilometer TaiWans (wobei nur 30 % des Landes überhaupt besiedelt sind) drei gemeldete Fabriken und 450 Kraftfahrzeuge (⇗ Umweltschutz). Welch gewaltiger Wandel sich in dem ehemaligen Agrarland vollzogen hat, zeigt sich darin, dass die beiden größten Wirtschaftszweige heute Dienstleistungen (ca. zwei Drittel Anteil am BSP) und Industrie (ca. ein Drittel) sind und die Land- und Forstwirtschaft nur noch einen Anteil von ca. 2 % (Fischereiwirtschaft ca. 1 %) einnimmt.

Die Schattenwirtschaft

Jedes Land der Erde kennt Schwarzarbeit, Vetternwirtschaft, Steuerhinterziehung und ähnliches mehr - auch das relativ wohlhabende TaiWan. Dennoch treibt das typisch chinesische Streben nach Einsparung und Gewinn manchmal seltsame Blüten. Die Zauberworte heißen ***GuanXi*** (Beziehung) und ***SuiBian*** (nach Belieben). Will jemand ein Geschäft betreiben und erhält keine Lizenz, so kauft oder mietet er eben ein Gebäude, hängt Leuchtreklame an die Fassaden und wirtschaftet *SuiBian*. Ausreichende *GuanXi* sorgen dafür, dass niemand daran Anstoß nimmt, Kapital privat besorgt wird usw.

Aus Sicherheitsgründen (Erdbeben, Taifun) durften Wohngebäude früher nicht höher als drei Etagen gebaut werden. Nun gut, dann werden drei Etagen gebaut, das Gebäude wird staatlich abgenommen, später dann wird *SuiBian* eine Dachwohnung oben aufgesetzt (und schwarz Miete kassiert). Ganze Unternehmen, Buslinien, Restaurants, Schulen, Hotels, ja sogar eine komplette Kabel-TV-Gesellschaft wurden so aufgezogen! Auch wenn heute die Kontrollen und Bestimmungen spürbar strenger gehandhabt werden, so ist es für ausländische Investoren oder Arbeitsuchende immer noch von Bedeutung zu wissen, ob die Firma, mit der man es zu tun hat, ***staatlich, illegal privat oder legal privat*** (d.h. in das Handelsregister eingetragen) ist.

Nach inoffiziellen Schätzungen laufen rund 15 % der Wirtschaft am Staat vorbei, dennoch wird für 2009 - nach einigen Jahren nur sehr begrenzten Wirtschaftswachstums - eine Wachstumssteigerung von gut 5 % erwartet. Nun darf man natürlich keineswegs annehmen, dass offizielle Stellen das Problem ignorieren. Faktum aber ist, dass es die Betreiber illegaler Geschäfte oft billiger kommt, eine Strafe zu zahlen, als für eine Genehmigung den Behördenweg zu gehen. Und sollte mal etwas sein - man hat ja gute *GuanXi* ...

Verkehr und Umwelt

Infrastruktur

Mit der industriellen Entwicklung schritt auch der Ausbau des Verkehrsnetzes zügig voran. TaiWan verfügt heute mit der Evergreen Marine Corporation über die größte Containerschiffgesellschaft und mit GaoXiong (KaoHsiung) über den ***drittgrößten Umschlaghafen der Erde*** (nach HongKong und Singapur). Über 530 Millionen Tonnen Fracht werden jährlich von der Handelsflotte abgefertigt. Über die beiden internationalen ***Flughäfen*** des Landes, HsiaoKang International (GaoXiong) und ChiangKaiShek International (TaoYuan), werden jährlich knapp 1 Millionen Tonnen Fracht befördert und über 350.000 Passagiere abgefertigt.

Die Länge des ***Eisenbahnnetzes,*** welches entlang der Küste um die gesamte Insel führt, beträgt 2635 km. Eine neue Hochgeschwindigkeitsstrecke von TaiBei nach GaoXiong wird gebaut und soll 2006 eröffnet werden.

Das ***Straßennetz*** umfasst über 20.000 km und muss fast 15 Millionen PKW und LKW sowie eine ebenso hohe Zahl an Mopeds verkraften. In einem Land von der Größe der Niederlande, einer Bevölkerungszahl von mehr als 23 Millionen und einer statistischen Bevölkerungsdichte von über 600 pro qkm (Deutschland ca. 230) ist der ***Verkehrsinfarkt*** unvermeidlich. Man muss sich dabei vor Augen halten, dass Industriegebiete, Besiedelung und Verkehr wegen der riesigen, unzugänglichen Gebirgsregionen auf nur etwa 30 % der Fläche TaiWans begrenzt sind. Entlastung brachte in ⇗TaiBei die MRT, eine Mischung aus U- und S-Bahn; ein vergleichbares System wurde 2008 in GaoXiong (KaoHsiung) in Betrieb genommen.

TaiWan wurde in der jüngeren Vergangenheit wiederholt von verheerenden ***Erdbeben und Taifunen*** heimgesucht, besonders betroffen waren stets flächendeckend die Regionen TaiZhong/TaiChung und MiaoLi (mittlere und nördliche Westküste/Bergland). Tausende Menschen verloren dabei ihr Leben und unzählige Existenzen wurden zerstört. Immer wieder wurden auch Verkehrswege in Mitleidenschaft gezogen, häufig aber nur vorübergehend. In den Ortsbeschreibungen wird bei den betroffenen Orten des Berglandes darauf hingewiesen, an welchen Stellen mit Beeinträchtigungen für den Reisenden zu rechnen ist.

Umwelt

Bedingt durch Industrie, Verkehr und privaten Wohlstand bleiben ***erhebliche Umweltbelastungen*** nicht aus. Aufgrund der geografischen Gegebenheiten kann man TaiWan in drei Regionen einteilen: einen dicht besiedelten Industriegürtel entlang der Westküste, das fantastische, kaum besiedelte Hochland und die ländliche Ostküste. Besonders spürbar sind die Umweltbelastungen an der Westküste, da sich hier vom Großraum TaiBei im Norden bis GaoXiong/KaoHsiung im Süden TaiWans ein mehr oder weniger zusammenhängendes Industriegebiet erstreckt.

Noch vor wenigen Jahren wurden an einem durchschnittlichen Tag über 1500 Tonnen Industrieabfälle, 450 Tonnen Landwirtschaftsmüll und 800 Tonnen Abwässer allein aus Privathaushalten ungeklärt in die ***Flüsse*** geleitet, an 20 % aller Tage des Jahres in den

091t Foto: wl

Problembereich Hausmüll

Ballungszentren eine gesundheitsschädliche ***Luftverschmutzung*** gemessen und galten 20 % der Flüsse als schwer geschädigt. Aufgrund dieser Situation wird in den Zeitungen seit Jahren der „pollution index" (Luftbelastungsgrad) abgedruckt.

Mit steigendem Lebensstandard, höherem Bildungsniveau und zunehmender Demokratisierung wurde aber - letztlich auch auf Druck der Bevölkerung - das ***Umweltproblem energisch angepackt.*** Neben der heutigen Oppositionspartei DPP, die wegen ihrer grünen Schriftzüge (in Abgrenzung zum Blau der GMD/KMT) von westlichen Besuchern oft vorschnell als taiwanesische Grüne Partei eingestuft wird, engagieren sich mittlerweile rund 100 taiwanesische Umweltschutzgruppierungen. Man hat längst erkannt, dass weitere Umweltschutzmaßnahmen in großem Umfang durchgeführt werden müssen und will die Unternehmen dabei stark einbeziehen.

In der Praxis hat die Metro in den beiden größten Städten deutlich die Lebensqualität verbessert, hinzu kamen aber auch ***rigorose Verbesserungen*** in den Bereichen Müllbeseitigung und Sauberkeit in der Öffentlichkeit. In der MRT gelten „Singapurer Verhältnisse", will heißen: kein Essen und Trinken in den Stationen, kein Kaugummikauen, nicht einmal Essenstüten in der Hand sind erlaubt. Die Straßen sind spürbar sauberer geworden, die Großstädte haben hervorragende Müllabfuhr-Systeme, teilweise auch mit Mülltrennung. Rauchverbote in öffentlichen Anlagen und eine Verlagerung der Plastikschalen-Garküchen in die Food-circles großer Kaufhäuser tun ihr Übriges und tragen zu einer längst spürbaren Trendwende bei. Auch in Kleinigkeiten wie der Vermeidung von Plastiktüten beim Einkauf (Papiertüten oder 1 NT$ Gebühr für Plastik sind mancherorts schon die Regel) erkennt man deutlich das gestiegene Umweltbewusstsein in TaiWan.

Mensch und Gesellschaft

Bevölkerung

Nach dem Stand von 2008 leben in der Republik China etwas mehr als 23 Mio. Menschen, was bei einer Landfläche von gut 36.000 qkm einer Bevölkerungsdichte von 647 pro qkm entspricht. Das ***Bevölkerungswachstum*** ist tendenziell rückläufig, ein Nullwachstum wird im Jahre 2030 erwartet. Die Lebenserwartung auf TaiWan beträgt, bedingt durch die Entwicklung zur Industriegesellschaft und der damit einhergehenden medizinischen Weiterentwicklung, 72 Jahre für Männer bzw. 77 Jahre für Frauen. Aufgrund der zunehmenden Einbindung der Frau in die Arbeitswelt tendiert man zu einer freiwilligen Einkind-Ehe, weshalb schon heute 4 % der Bevölkerung über 70 und knapp 9 % über 65 Jahre alt sind. Ausbildung und Beruf führen häufig zu einer relativ späten Heirat, was die Geburtenziffer ebenfalls negativ beeinflusst. Kulturhistorisch und teilweise auch aus juristischen Gründen ist der Wunsch nach männlichen Nachkommen größer als nach weiblichen; das hat aber auf TaiWan (auf 100 neugeborene Mädchen kommen hier 105 Knaben) nicht so starke Auswirkungen wie auf dem Festland (100:115).

Nach der Übersiedelung der Nationalregierung nach TaiWan 1949 setzte sich die Bevölkerung aus drei Gruppen zusammen: ***Ureinwohner, Alt-Chinesen*** (Nachkommen der Übersiedler vom Festland vor 1895) und ***Neu-Chinesen*** (Übersiedler von 1949 und deren Nachkommen). Die Distanz zwischen den drei Gruppen ließ sich in den ersten Jahrzehnten der KMT auf TaiWan nur langsam abbauen. Einerseits sprachen die Alt-Chinesen, wie während der japanischen Besatzung (1895–1945) angeordnet, nur Taiwanesisch (FuJian-Art) oder Japanisch, andererseits hatten die „Taiwaner" mit der Nationalregierung schlechte Erfahrungen gemacht („Affäre 2/28", ⇗Geschichte). Und schließlich hatten die Neuankömmlinge 1949 einen erheblichen Vorteil durch mitgebrachte Staatsgelder, Vermögen und Militärstreitmacht. Lange Zeit bezeichnete man sich gegenseitig als *BenDiRen* (Menschen von hier) und *WaiShengRen* (außerhalb Geborene).

Da bereits mit der Gründung der Republik (1911) das Mandarin als Amtssprache festgelegt worden war, forcierte die Nationalregierung auf TaiWan die rasche Ausbildung und Verbreitung dieser Sprache nach 1949. Durch Ausbildung und Einbindung in die Arbeitswelt verschmolzen Alt-Chinesen und Neu-Chinesen in den kommenden Jahrzehnten, sodass heute nur noch die Ureinwohner eine eigenständige Gruppierung von knapp 350.000 Menschen darstellen. Durch zunehmende Urbanisierung und die finanzielle Attraktivität der Städte geht allerdings auch die kulturelle Identität der Ureinwohner zunehmend verloren: Sonntags tanzt man im Ureinwohner-Gewand in den Kulturdörfern, um am Montag mit dem BMW shoppen zu fahren.

Neun verschiedene ***Stämme der Ureinwohner*** leben heute auf TaiWan: Attayal, Saisiat, Ami, Bunun, Tsou, Puyuma, Rukai, Paiwan, Yami. Der Schutz der Kultur und des Lebensraumes der Ureinwohner ist in der Verfassung verankert, als regelrechte Behörde für Ureinwohner-Angelegenheiten fungiert die „World Vision of TaiWan", die bedürftige Ureinwohner unterstützt und sich um den Erhalt dieser Kulturen kümmert.

Glaubensrichtungen

Die drei großen heute in Asien existierenden Weltreligionen sind nicht in Ost-/Südostasien entstanden, sondern durch Berührung mit anderen Kulturen importiert worden; dies gilt sowohl für das Christentum (durch katholische Missionare), für den Islam (Seefahrtsverbindungen der Araber nach Südostasien), wie auch für den Buddhismus, der über Indien Einzug nach China und Südostasien fand.

090t Foto: wi

Tai-Chi-Gruppe im öffentlichen Park

Die chinesische Kultur war seit ihren Anfängen vor 7000 Jahren von ***Schamanismus und Naturgötterverehrung*** geprägt. Die Verehrung der Ahnen spielte eine zentrale Rolle wie auch die Vorhersage der Zukunft durch das Werfen von Orakelknochen. Später nahm auch die Verehrung legendärer Urkaiser eine sehr bedeutende Stellung ein. Einige Tempel und Gebräuche gehen noch heute auf diese Phase zurück, wie etwa Orakelstäbchen in manchen daoistisch-schamanistischen Tempeln: Man achte an den Altären auf Dosen, in denen eine Art Stäbchen mit vielen Schriftzeichen stecken. Diese werden gemischt und so lange geschüttelt, bis eines „von Geisterhand gezogen“ herausfällt; das darauf verzeichnete Gebet wird dann gesprochen. Anschließend werden zwei nierenförmige Holzstücke hochgeworfen und je nach Lage des Auftreffens auf den Boden dann gedeutet.

Während der Epoche der streitenden Reiche (6. Jh. v.Chr.) kamen die sogenannten „100 Schulen“ auf. Philosophen entwickelten verschiedene Denkmodelle, die alle Menschen vom Regenten bis zum kleinsten Untertan auf einen moralisch richtigen Weg hin zur harmonischen Gemeinsamkeit führen sollten (vor allem ***Konfuzianismus*** und ***Daoismus*** sind als wichtigste und prägendste Schulen zu nennen). Die bedeutendsten klassischen Philosophen wie *Konfuzius, LaoTzu, MoTzu* wirkten in dieser Phase, ihre Ideen und Lehren spielen noch heute eine wesentliche Rolle in der modernen chinesischen Kultur. Der sanfte ***Buddhismus,*** der über die Meditation zur Erleuchtung führen möchte, kam diesem Gedankengut wesentlich näher als die offensiven und jeweils „einzig wahren“ Religionen Christentum und Islam und hatte daher die besten Aussichten, auch in China auf Akzeptanz zu treffen.

Entscheidend ist, dass sich die ***Denkrichtungen nicht ausschließen;*** ein Buddhist kann durchaus auch Konfuzianer sein und zudem an Naturgötter glauben. Keine der genannten Richtungen nimmt Alleingültigkeit für sich in Anspruch. Daraus resultiert auch die Verwirrung bei westlichen Besuchern, wenn ein Chinese am Morgen dem häuslichen Ahnenschrein Opfer darbringt, am Mittag im Konfuziustempel Räucherstäbchen entzündet, um dann am Abend im MaTzu-Tempel (Göttin des Meeres) um ruhige Überfahrt zu bitten.

Christentum und Islam sind jenseitsbezogene Religionen, die logisch aufgebaut sind und klare „wenn-dann" Regelungen beinhalten, um ins Paradies zu gelangen. Die östliche Denkschule ist dagegen auch stark ***diesseitsbezogen*** und sucht nach praktischen Lösungen und Ratschlägen für die Menschen. Die wichtigsten Strömungen des heutigen TaiWan sind Buddhismus, Konfuzianismus und Daoismus.

Das Straßenbild, sieht man von TaiPei als moderner Metropole einmal ab, wird von zwei Hauptelementen geprägt: Handel, wohin man blickt, und zahllose ***Tempel*** und ***Schreine*** für verschiedenste religiöse Zwecke. Bauweisen und Stile taiwanesischer Tempelanlagen sind für die meisten westlichen Besucher eine faszinierende Attraktion, eine gewisse Kenntnis der Hauptmerkmale von Tempeln, Göttern und Glaubensrichtungen ist ein wesentlicher Schlüssel zum Verständnis der modernen chinesischen Gesellschaft. Ob geschäftiger Manager oder kleiner Fischer: Die Anhänger der jeweiligen Richtung halten sich uneingeschränkt an zeremonielle und rituell-traditionelle Regeln. Es gibt es keine „Kirchensteuer", jeder Tempel ist für sich selbst verantwortlich und auf Spenden angewiesen. Einzig die Buddhisten haben eine echte Hierarchie entwickelt, doch auch sie sind auf Spenden angewiesen.

Konfuzianismus

KungFuTzu (KŏngFūZĭ) wurde vermutlich 551 v.Chr. geboren und wirkte mit seinen Lehren als Berater an verschiedenen Fürstenhöfen. Seine ***fundamentalen Begriffe*** waren Nennung der Dinge beim Namen, Harmonie, Tao (⇗ Daoismus), Himmel, Humanismus, Kindesgehorsam, Weisheit, Liebe, Pflichterfüllung und Respekt. Konfuzius – so die Latinisierung des Ehrentitels *„KungFuTzu* – „Meister Kung" – machte den Humanismus zum wichtigsten Element seiner Philosophie. Güte, Mitmenschlichkeit, Mildtätigkeit und Liebe waren seiner Vorstellung nach erstrebenswerte Elemente des Individuums. Wer diese Attribute verinnerlicht und umsetzt ist ein weiser und gütiger „Edler" *(ChunTzu),* der auch zum Regieren geeignet ist. Ein Regent könne nicht lange an der Macht bleiben, wenn er dem Volk kein geeignetes Vorbild sei. Ein guter Herrscher müsse für Nahrung sorgen, angemessen für Verteidigung sorgen und stets um das Vertrauen des Volkes bemüht sein. Konfuzius hatte durchaus erkannt, dass die politische Praxis anders verlief und mühte sich dennoch unerlässlich um Verbreitung seiner Grundsätze.

Konfuzius war einer der herausragenden chinesischen Denker mit nachhaltiger Wirkung bis in die Gegenwart. Dennoch sah er sich selbst weder als unfehlbar („dass manches keimt und nicht blüht, ach, das kommt vor"), noch war er ein überirdischer Heiliger. Für die weitere Verbreitung der Lehren sorgten nach dem Tod des Konfuzius (479 v.Chr.) viele seiner Schüler. Zu den bekanntesten zählen *MengTzu* (Mencius, 372–289 v.Chr.) und *HsünTzu* (313–238 v.Chr.). Im elften nachchristlichen Jahrhundert griffen die sogenannten ***Neo-Konfuzianer*** die Lehren des Konfuzianismus auf und erweiterten sie. *Chou TunYi* (1017–1073) integrierte Elemente der Yin-Yang Schule (die beiden Gegenpole Yin und Yang sowie die Grundelemente Feuer, Wasser, Erde, Holz und Metall). *ChuHsi* (1130–1200) erweiterte die Lehre um den Gedanken des Naturprinzips (es gebe unendlich viele Naturgesetze, sobald eine Erscheinung auftritt, sei sie als Naturprinzip erkannt). Seit *WangYangMing* (der ↗YangMingShan bei TaiBei wurde nach ihm benannt) setzen sich auch buddhistische Tendenzen im Konfuzianismus fest, wie die Meditation als Mittel zur Erkenntnis oder die bestehende Einheit zwischen Erkenntnis und Handeln.

Zahllose ***Umgangsformen*** und Riten für das Miteinander im Alltag basieren auf dem Konfuzianismus wie auch die teilweise bis in unsere Tage gültige Beamtenprüfung. Was dem Europäer oft als übertriebene Höflichkeit oder Ritual vorkommt, ist nichts anderes als eine Befolgung der Lehren des Konfuzius. (Auch bei uns gibt es ähnliche Rituale wie etwa ein Tabu des Wäschewaschens am Sonntag: „am siebenten Tage …"). Dabei nimmt jedes Individuum einen festen Platz in einem gigantischen Netz ein, der Konfuzianismus weist jedem einen konkret definierten Platz zu (daraus resultieren auch die exakten Verwandtschaftsbezeichnungen für den dritten Schwager mütterlicherseits, den vierten Onkel väterlicherseits usw.).

Um dieses große Netz harmonisch zusammenhalten zu können, sind feste Regeln *(Li)*, Menschlichkeit *(Ren)*, Gerechtigkeit *(Yi)*, Harmonie *(He)* und Tugend *(De)* nötig, allesamt haben aufgrund ihres ***Vorschlagscharakters*** größere Wirkung hinterlassen als die westlichen Anweisungen „du sollst - sonst". Konfuzius hätte, um das christliche Gebot „du sollst nicht töten" darzulegen, wohl gesagt „der wahrhaft Weise vermeidet, wo immer es ihm möglich ist und die Umstände es erlauben, das Töten". Auf den ersten Blick meint man, hier würden zahlreiche Hintertürchen offengelassen, aber genau das ist ein zentraler Unterschied zwischen Ost und West: Es wird nicht Klartext gesprochen, man „wurstelt" sich irgendwie heraus, man vermeidet klare, unzweideutige Formulierungen; das ist im Alltag spürbar und bereitet vor allem Geschäftsleuten große Probleme. Im westlichen Denken würde zu töten zwangsläufig bedeuten, aus der Gemeinschaft der guten Christen herauszufallen (Sünde). Im Konfuzianismus würde dagegen „lediglich" die Stufe des Edlen, Weisen nicht erreicht, der „Sünder" fällt aber nicht aus dem Netz der Gemeinschaft heraus.

Der ***Geburtstag des Konfuzius*** (28. September) wird auf TaiWan als „Teacher's day" zelebriert. Voller Respekt vor der Institution des Lehrers bringen die Schüler dem Lehrer Geschenke mit oder überreichen einen kleinen Geldbetrag in einem rotem Umschlag. In den Konfuziustempeln (↗Ortsbeschreibungen) werden farbenfrohe Zeremonien abgehalten, die den Nationalfeiertagen oder den großen daoistischen Zeremonien in nichts nachstehen.

Daoismus

Der geistige Vater des Daoismus ist ***LaoTzu*** *(LǎoZi*, das „alte Kind"), der um 604 v.Chr. geboren wurde. Enttäuscht von der Menschheit und dem Leben zog er im hohen Alter nach Westen und hat auf der Reise das *TaoTeChing* (etwa: Der Weg zur höchsten Erkenntnis) verfasst. Zentrales Thema ist der Einklang mit der Gesamtheit des Kosmos und der Natur und das umfassende Erkennen des Ganzen. Dabei lernt der Mensch nicht durch aktive Verbesserung und Einmischung in weltliches Geschehen, sondern durch einen völligen Rückzug von jedem Handeln *(WuWei*, nicht Handeln), passivem Beobachten und Erkennen. Zu erkennen gilt es jenes Tao, welches mal Ruhe, Vernunft, Gott, Leben, Prinzip und anderes bedeuten kann.

Bezogen auf den edlen Menschen, der nach Konfuzius aktiv Menschlichkeit walten lassen muss, wird im Daoismus der letztlich Gute durch ein ***„nicht tun, aber dabei nicht untätig sein"*** definiert. Gemeint sind damit gleichmütiges und freiwilliges Zurücktreten vor dem Willen anderer. „Wer andere überwindet, ist zwar stark, doch wer sich selbst

Mensch und Gesellschaft

Daoistische Beschwörung im YuHuang-Tempel, TaiNan

überwindet (andere nicht zu besiegen), zeigt wahre Tapferkeit", oder „wer andere kennt, ist klug, wer sich selbst kennt, ist erleuchtet" sind zentrale Lehren des Daoismus. In der Praxis bedeutete dies, dass Daoisten schon im Diesseits sich von allem Irdischen verabschieden und ein meditatives Leben als Eremit oder Wandermönch führen sollen, um irgendwann das Tao zu erkennen.

Der eher spirituelle Daoismus hatte es stets schwer, sich neben dem leichter verständlichen und praxisnäheren Konfuzianismus zu bestehen. Er spaltete sich ab dem dritten Jahrhundert n.Chr. in zahlreiche Untergruppierungen auf, die alle meditativen und spirituellen Charakter hatten. Einige verschmolzen mit dem Buddhismus und bereicherten dessen Lehren. Im heutigen TaiWan ist der ***daoistische Tempel*** mit seinen farbenfrohen (bisweilen blutigen) Ritualen weit von der ursprünglichen theoretischen Ausrichtung entfernt. Zahlreiche Götterstatuen wurden aufgenommen und toleriert, der Tempel dient auch nicht als Stätte zur Suche nach dem Tao, sondern vielmehr als Mischform schamanistischer Götterverehrung und daoistischer Philosophie. Der Besucher wird daher auf TaiWan „daoistische" Tempel besuchen, die tatsächlich aber bestimmten Gottheiten gewidmet sind (Schamanismus) und meist von Daoisten, aber auch von Konfuzianern und gelegentlich sogar von Buddhisten aufgesucht werden. Umgekehrt sind buddhistische oder Konfuziustempel fast ausnahmslos auf die eigene Richtung beschränkt.

Symboltiere an und vor daoistischen Tempeln sind Drache und Tiger. Derzeit gibt es auf TaiWan über 8000 Tempel, rund 30.000 Geistliche und 3,5 Mio. Anhänger des Daoismus. Typisch für daoistisch-schamanistische Tempel sind Öfen zur Verbrennung von Symbolgeld und Briefen für die Ahnen, riesige Räucherstäbchen in Form von Spiralen unter der Decke, ein dreigeteiltes Eingangstor sowie ein farbenfroh verziertes Dach.

Eine der bedeutendsten daoistischen Gottheiten ist *MaTzu (MāZǔ),* die ***Göttin des Meeres,*** die aufgrund der Insellage TaiWans für Fischer und Seefahrer eine herausragende Bedeutung hat. Als Tempelwächter („Wachposten" rechts und links vom Tempeleingang) fungieren sehr häufig die Generäle *Fan* und *Hsie (Xie),* zu deren Existenz es eine rührende Geschichte gibt: *Hsie* (klein und dicklich) und *Fan* (lang und dürr) verabreden ein Treffen auf einer Brücke. *Hsie* kommt etwas zu früh und will über das Brückengeländer ins Wasser blicken, als er das Gleichgewicht verliert, in das Gewässer stürzt und ertrinkt. *Fan* erscheint kurz darauf und findet seinen Freund tot vor. Daraufhin erhängt er sich aus Loyalität zu *Hsie* (die heraushängende Zunge in den Darstellungen von *Fan* symbolisiert den Selbstmord durch Erhängen). Ob dieser Freundschaft wurden sie zu Wächtern der Tempel und Symbol für Loyalität unter den Menschen. Eine andere Anekdote berichtet man in TaiBei: Im ManKa-Viertel in TaiBei glauben die Menschen, dass die Geister von *Fan* und *Hsie,* mit Ketten beschwert, nachts die Straßen durchstreifen und Diebe verschlingen. Tatsächlich ist die Kriminalitätsrate in ManKa niedriger als in anderen Stadtteilen TaiBeis!

Großen Einfluss nahm der Daoismus auf die im Westen als typisch chinesisch empfundene klassische ***Landschaftsmalerei.*** In Naturdarstellungen verschwinden die Einflüsse des Menschen oft bis zur Unkenntlichkeit. Selbst bedeutende Persönlichkeiten und Weise werden winzig klein dargestellt. Die Natur als größter Ausdruck der Harmonie dient dabei als Vorbild für das *WuWei,* wonach der Mensch so wenig wie möglich aktiv ändern, sondern durch passives Beobachten erkennen soll.

Buddhismus

Eine der drei großen Weltreligionen neben Islam und Christentum, der Buddhismus *(FóJiào),* nimmt wie überall in Ost- und Südostasien, auch in China und TaiWan eine wichtige soziale und teilweise auch politische Stellung ein. Der Buddhismus entstand in Indien durch den historischen Buddha, *Prinz Siddharta Gautama.* Er wurde 563 v.Chr. in Lumbini (heute im südlichen Nepal) geboren. Ein Hofastrologe am Hofe des Vaters sagte ihm ein großes Schicksal bevor, weshalb er vom Vater besonders geschützt und von Leid und Elend ferngehalten wurde. Im jugendlichen Alter wurde er mit einer Prinzessin verheiratet und Vater eines Sohnes. Als er bald darauf einen kranken, alten Mann erblickte, war er vom Elend auf der Welt so erschüttert, dass er beschloss, heimlich den Hof mit all seinen Reichtümern wie auch seine eigene Familie zu verlassen und als Asket die wesentlichen Dinge des Lebens meditativ zu erfahren. Unter einem Feigenbaum wurde er erleuchtet, erkannte also das Wesentliche, und verkündete dies in den sogenannten ***heiligen vier Wahrheiten:*** 1. Das Leben bedeutet Leiden, 2. Die Ursache dafür ist menschliche Gier, 3. Die Lösung ist die Überwindung der Gier, 3. Das Mittel dazu ist der heilige achtgliedrige Pfad.

Zentrale Themen bei der Umsetzung dessen sind die Gleichheit aller sowie der Zyklus der Wiedergeburt. Demzufolge ist jeder Mensch mit jedem verwandt und muss allen gegenüber tolerant, mitfühlend und mildtätig sein. Um aus dem ewigen ***Kreislauf der Wiedergeburt*** herauszutreten, muss man während der irdischen Lebenszeit Gutes tun. Dies können Opfergaben, das Errichten von Tempeln oder das Beachten der fünf Grundregeln (Schonung aller Lebewesen, nichts erschleichen, Aufrichtigkeit, kein Alkohol, kein Ehebruch) sein. Die Pflicht zur Schonung allen Lebens ist Ursache dafür, dass überzeugte Buddhisten ausschließlich vegetarische Nahrung zu sich nehmen. Das ständige gute Handeln *(Karma)* beeinflusst die Art der Wiedergeburt (ob als Mensch oder etwa als Insekt) und die Entscheidung, ob der ewige Kreislauf *(Samsara)* beendet wird und man ins Paradies der Erleuchteten *(Nirwana)* einzieht.

Nach dem Tode *Gautamas* 483 v.Chr. breiteten sich seine Ideen in südliche Richtung quer durch Indien aus. Streng dem Ideal des Asketischen Weisen *Arhat* folgend, entwickelte sich im Süden die Theravada- oder Hinayana-Richtung, während sich im Laufe der Zeit im Norden (also dem Ursprungsgebiet) die ***Mahayana-Richtung*** durchsetzte, die den Boddhisatva (eine Art Halbgott, der für Menschen als Schützer zur Verfügung steht) als Ideal anerkennt und sich in liturgischen und rituellen Details von der alten Schule unterscheidet. Die südliche Hinayana-Richtung breitete sich in Südindien, Sri Lanka und Südostasien aus, die Mahayana-Schulen nach Norden (Tibet, China, Vietnam, Japan).

Der ***Buddhismus*** war ***in China*** vermutlich schon in der frühen Han-Dynastie (zweites vorchristliches Jahrhundert) bekannt, kam aber offiziell erst unter dem Han-Kaiser *Ming-Ti* um 65 n.Chr. ins Land. Da die Lage der einfachen Bauern sehr schwer war und sie wichtigere Probleme hatten als den philosophischen Disput zwischen Konfuzianern und Daoisten, fand der Mildtätigkeit verheißende und zumindest für das Jenseits vielversprechende Buddhismus leicht Gehör und Anhänger. Vieles in seinem meditativen Gedankengut und in der Grundhaltung fand sich ferner auch im Konfuzianismus oder Daoismus, sodass die Buddhisten nicht als störende Fremdkörper empfunden wurden.

Die verschiedenen lokalen Strömungen und Einflüsse der chinesischen Philosophien führte zu nicht weniger als 13 buddhistischen Richtungen in China, deren bekannteste die Chan-Schule (in Japan: Zen-Buddhismus) wurde. Sie stellt eine vollkommene Vermischung daoistischer und buddhistischer Gedanken dar.

Wie auch der Islam, kam der Buddhismus erst am Ende der Ming-Zeit (1642) mit den Flüchtenden nach TaiWan, wo er sich zur führenden religiösen Strömung entwickelte. Das Kloster FoKuangShan (FóGuāngShān) im Südwesten gilt weltweit als eines der wichtigsten buddhistischen Zentren überhaupt. TaiWan zählt heute 4.900.000 Buddhisten, über 9.000 Mönche und rund 4.000 Tempel. Da die ***Buddhisten in TaiWan*** ähnlich organisiert sind wie unsere christlichen Kirchen, nehmen sie auch unterschwellig Anteil an politischen Entscheidungen. So lassen sich taiwanesische Politiker regelmäßig vor Wahlen in buddhistischen Tempeln beim Gebet oder beim Spenden pressewirksam filmen oder fotografieren. Das Wohlwollen der buddhistischen Kirche ist diesem Personenkreis sehr wichtig, da die Meinung der buddhistischen Führer auf TaiWan viel zählt (ähnlich etwa dem Einfluss der katholischen Kirche in Polen).

Neben den Statuen des historischen *Buddha* (meist entweder auf Lotusblüte im meditativen Lotussitz oder liegend in der Nirwana-Position) sind auf TaiWan noch zwei weitere buddhistische Figuren sehr oft zu sehen. *KuanYin (GuānYīn),* die Gottheit der Barmherzigkeit, existiert entweder hundertarmig (in Taoistentempeln) oder zweiarmig, stehend, mit einer Vase in der Hand. *KuanYin* war ursprünglich ein Zwitterwesen, wird aber heute nahezu ausschließlich als weibliche Gottheit dargestellt. Der Maitreya-Boddhisatva *MiLoFu (MiLèFó),* die zweithöchste Halbgottheit nach *Buddha,* wird als dickbäuchig, freundlich, gemütlich und stets lächelnd dargestellt. Er gilt als buddhistischer Messias, echte Schreine für ihn sind jedoch selten. Meist befindet sich eine Statue von ihm vor buddhistischen Heiligtümern, auf Vorhöfen oder auf Nebenaltären. Symboltier der Buddhisten ist der weiße Elefant, der vor manchen Tempelanlagen lebensgroß dargestellt wird.

Christentum

Es scheint auf den ersten Blick erstaunlich, doch auf TaiWan leben heute rund eine Dreiviertelmillion chinesischer Christen - immerhin rund 3,5 % der Gesamtbevölkerung. Rund 300.000 Katholiken werden von über 2.000 Priestern in nahezu ebenso vielen Kirchen betreut. Die Protestanten sind wegen des starken Engagement englischer und kanadischer Missionare im 19. Jh. sogar noch etwas stärker vertreten. Diese relativ hohen Zahlen haben zwei historische Ursachen: die europäische Missionspolitik und - erstaunlicherweise - *ChiangKaiShek.* Mit der Landung der Portugiesen und Spanier im Norden kam der katholische Glaube ins Land. Nachdem die protestantischen Holländer ihre Rivalen vertrieben hatten, missionierten auch sie - allerdings nur in geringem Umfang und überwiegend in und um TaiNan. Als dann die Engländer Mitte des 19. Jh. dem Kaiserhof eine Konzession nach der anderen abgerungen hatten, schickten sie protestantisch-anglikanische Missionare auch nach TaiWan. Dass das Christentum auch im jungen TaiWan nach dem zweiten Weltkrieg eine Rolle spielte, hängt auch mit dem Übertritt *ChiangKaiSheks* zum Christentum nach seiner Heirat mit *SungMeiLing (Madame Chiang)* zusammen. Die meisten christlichen Kirchen befinden sich in und um TaiNan.

Andere Religionen

Der ***Islam*** spielt auf TaiWan nur eine untergeordnete Rolle. Ende der Ming-Dynastie (ab 1640) kamen mit den Flüchtlingen auch einige Moslems, deren Gemeinde heute rund 52.000 Mitglieder zählt.

Weiterhin gibt es noch andere chinesische Philosophien, die sich großer Beliebtheit erfreuen oder wie die ***Yin-Yang-Schule*** bis heute die traditionelle Medizin (⇗) mit beeinflussen. Die Yin-Yang-Schule und ihre Idee der zwei Gegenpole sowie der Tendenz zum Einklang des Menschen mit der Natur wurde von vielen anderen Philosophen (u.a. *LaoTzu)* aufgegriffen und verarbeitet. *Yin* steht für das Dunkle, Weibliche, Passive, den Mond und das Weiche, *Yang* dagegen für das Männliche, Helle, Aktive, das Harte, die

Sonne. Alle materiellen wie immateriellen Dinge sind entweder Yin oder Yang zuzuordnen. Sind beide Elemente ausgewogen vertreten, herrscht das angestrebte Gleichgewicht. Gemeinsam mit den fünf Grundelementen (Holz, Metall, Wasser, Erde, Feuer) wurden damit alle Zusammenhänge der Welt und des Kosmos erklärt. Dabei wurden die Elemente nicht als Material betrachtet, sondern als Kräfte oder Prinzipien mit jeweils unterschiedlicher Wirkung. Diese Idee entnahm man dem berühmten *I-Ching (YìJīng* oder *I-Ging,* Buch der Wandlungen), einer etwa 3000 Jahre alten Anweisung für die Interpretation von Trigrammen oder Hexagrammen (zusammengesetzte Blöcke aus geschlossenen oder unterbrochenen Linien, wie sie beispielsweise in der südkoreanischen Staatsflagge zu sehen sind). Diese bildeten ursprünglich die Anordnung der geworfenen Orakelknochen ab und dienten zur Erklärung von Naturphänomenen und deren Weissagung.

094t Foto: wl

Schon Kinder werden in traditionelle Rituale – hier das Stäbchenschütteln im Tempel – eingebunden

Mentalität, Brauchtum und Verhaltenshinweise

Gesichtsverlust

Der Gesichtsverlust ist das Schlimmste, was einem Chinesen passieren kann. Also tut er in jedem Bereich alles, um dies zu verhindern. Dies wird der Tourist ebenso feststellen können wie der Geschäftsmann oder der Politiker. Fragt man nach dem Weg, wird man auf jeden Fall eine Antwort bekommen, sei sie nun richtig oder falsch (der Tourist ist Gast, der Chinese will ihm eine Freude machen, sonst ist er ein schlechter Gastgeber und verliert bei Unwissenheit das Gesicht).

Bei Geschäftsverhandlungen verspricht ein Chinese möglicherweise alles (um den Auftrag zu bekommen und gegenüber seiner Firma nicht das Gesicht zu verlieren) - um dann beim Liefertermin etwa einen Taifun, ein gesunkenes Schiff oder einen Streik vorzuschützen (um gegenüber dem Geschäftspartner nicht das Gesicht zu verlieren).

Der Politiker schließlich ist ein Meister im Verwenden von Formulierungen, welche - obgleich es sich um eine Drehung um 180 Grad handelt - das Bisherige dennoch als nach wie vor gültig erscheinen lassen.

Auch im Kleinen ist der Gesichtsverlust von zentraler Bedeutung: Es muss das richtige Geschenk zum richtigen Zeitpunkt sein, Ärger darf niemals gezeigt werden, stets ist ein ***Lächeln*** verpflichtend, auch in noch so unangenehmen Situationen - und dies ist für den Touristen oftmals die schwierigste Hürde beim Versuch, sich der gastgebenden Kultur etwas anzupassen. Gleichgültig, ob man ein Zimmer nicht bekommt, einen Zug verpasst oder ob das Essen nicht schmeckt und überteuert ist - ein Lächeln ist selbst bei einer Beschwerde obligatorisch! Wer seinen Ärger zeigt oder gar lautstark wird, hat sein Gesicht verloren und erreicht dann noch weniger. Richtig ist es, immer höflich und lächelnd (nicht auslachend), aber unbedingt beharrlich zu sein. Gerade auf TaiWan geben sich die Menschen viel Mühe beim Erklären und Weiterhelfen. Da wir die Gäste sind, sollten wir uns anpassen und niemanden brüskieren.

Betelnüsse und Spucken

Eine für den europäischen Besucher befremdliche (Un-) Art des chinesischen Kulturkreises ist das Kauen von Betelnüssen und das Spucken. Abgesehen von den modernisierten Großstädten wird man auf den Gehwegen und Straßen bisweilen rötliche Flecken sehen, die an getrocknete Blutlachen erinnern. Dies sind jedoch keine Blutflecken, sondern Spuckflecken von Betelnusskauern. Der Betelnuss-Baum ist eine sehr dünne, schlanke Palmenart, die überall in den flacheren Regionen der Insel wächst. Die Nuss selbst ähnelt einer Eichel und wird mit einer roten Paste sowie mit Kalk bestrichen, anschließend in ein Blatt eingewickelt und überall an kleinen Ständen in einer Art Zigarettenschachtel für rund 10 NT$ pro Stück verkauft. Beim Kauen wird die Speichelproduktion angeregt, das Gemisch aus Nuss- und Pastensaft hat eine leicht berauschende Wirkung. Ein markantes Merkmal der Betelnusskauer sind die rötlich bis schwarz gefärbten Zähne bei exzessivem Genuss. Während die moderne Jugend das Betelnusskauen als antiquiert ablehnt, halten gerade ältere Menschen, Landbewohner und einfachere Berufsgruppen wie Bauarbeiter und Busfahrer (auch während der Fahrt!) an dieser typisch tropischen Tradition fest.

Spucken im Allgemeinen wird als eine Art Selbstreinigung empfunden - je geräuschvoller, desto gesünder. Radikale Versuche, dies zu unterbinden (wie in Singapur mit gesalzenen Geldstrafen), wurden auf TaiWan bislang nur teilweise umgesetzt (etwa in der Metro), allerdings ist diese Angewohnheit auf TaiWan bei Weitem nicht so verbreitet wie auf dem chinesischen Festland und gilt mittlerweile auch unter Taiwanern als „bäuerlich".

Visitenkarten

Die bei uns sprichwörtliche „Visitenkarte" wird in TaiWan sehr wörtlich genommen. Jeder Berufstätige, selbst Student, Rentner oder Garküchenbesitzer ziert sich mit einer Namenskarte *(MíngPiàn)*. Mit Titeln wird dabei nicht gegeizt, jeder nennt sich „Manager" oder „Director". Für die Geschäftswelt ist sie unverzichtbar, auch als Tourist ist es durchaus ratsam, sich mit genügend Visitenkarten (möglichst zweisprachig, vor Ort sehr billig) auszustatten. Die Präsentation einer Karte, die traditionell - wie alle Gegenstände - mit zwei Händen überreicht und entgegengenommen wird, ist zur Gesichtswahrung unbedingt notwendig, da sie den Menschen nach Außen repräsentiert. Keine Visitenkarte zu besitzen, hieße, das Gesicht zu verlieren!

Höflichkeit

Die Herabsetzung der eigenen Person und das übertrieben wirkende Schmeicheln des Gegenüber ist fest in der konfuzianisch geprägten chinesischen Kultur verankert. Wer als Ausländer auch nur *NǐHǎo* stammeln kann, wird sogleich als Sprachgenie tituliert, wer den Namen *ChiangKaiShek* kennt, wird als historisch bewandert bezeichnet und so fort. Dies wird auch der Tourist oder Geschäftsreisende feststellen, der sich mit einem Taiwaner erstmals unterhält. Wichtig ist, dass nichts davon ernstgenommen wird und man das Spiel mitspielt. ***Komplimente*** sind stets zurückzuweisen und mit einem Gegenkompliment zu erwidern. Es handelt sich lediglich um in die Rhetorik fest aufgenommene Floskeln, auf die man sich als Fremder nichts einbilden sollte. Im Gegenteil: Man sollte etwa mit „Aber woher denn, Ihr Englisch ist doch viel besser" antworten, der Bewunderung Europas mit einem Hinweis auf die „große Bedeutung TaiWans für die internationale Staatengemeinschaft" begegnen und so fort.

Auf die Frage, wie ihm denn der Rucksack gefalle, würde ein Chinese sich ***niemals negativ äußern,*** sondern selbst den unpraktischsten und hässlichsten Rucksack als wunderhübsch und überaus praktisch bezeichnen. Die Frage eines Einheimischen, ob er dieses oder jenes vom Touristen gezeigte Foto als Geschenk bekommen könne, sollte dieser ***niemals mit „nein" beantworten.*** Dies wäre unhöflich und entspricht einfach nicht der chinesischen Höflichkeitsrhetorik. Angebracht ist eine - wenn auch noch so dumme - Ausrede wie „das Foto gehört meinem Bruder"; für beide Seiten ist dann das Gesicht gewahrt.

Lebhaftigkeit (ReNao)

Überall in den Metropolen wird der Tourist eine rege Emsigkeit feststellen, die Menschen in den Lokalen unterhalten sich lautstark, kleine Geschäfte werben mit Leuchtreklame und lauter Musik. Die Spielhallen sind voll mit lärmenden Automaten aller Art, selbst in großen Kaufhäusern herrscht gelegentlich Diskoatmosphäre. All dies erzeugt ein Gefühl der Geborgenheit, welches dem Bedürfnis entspricht, nicht allein und einsam, sondern im Schutz einer Gruppe zu leben. Reisen, Essen, Einkaufen, Lernen - ***alles geschieht in Gruppen,*** Einzelgängern steht man eher misstrauisch gegenüber. Einzelne Spaziergänger im Park gelten beispielsweise als romantisch oder gar als unglücklich Verliebte. Daraus resultiert für den Besucher ein Bild der Lebhaftigkeit und eine Geräuschkulisse, die selbst europäische Städter in Erstaunen versetzt.

Alterszählung & chinesischer Kalender

Die chinesische Astrologie teilt den Tierkreis in einen ***Zwölfjahresrhythmus*** ein, wobei jedem Jahr ein bestimmtes Tierkreiszeichen zugeordnet wird. Einem Tierkreiszeichen-Jahrgang werden entsprechende Eigenschaften zugeordnet und das ideale Partner-Tierkreiszeichen ermittelt. Dabei kommt es allerdings nicht nur auf das Geburtsjahr an, sondern auch auf die genaue Geburtsstunde. Selbst die Blutgruppe spielt für den Charakter und bei der Wahl des Ehepartners eine wichtige Rolle. Der chinesische astrologische Kalender ist auch bei der weitverbreiteten Wahrsagerei und Handleserei immer von Bedeutung. Auch das berühmte chinesische Neujahrsfest richtet sich nach dieser auf dem Mondkalender basierenden Zählweise, die Umstellung von einem Tierkreiszeichen auf das nachfolgende findet im Zeitraum vom 21. Januar bis 28. Februar statt.

In der Alterszählweise zählt das Jahr der Geburt bereits als „eins", der erste Geburtstag (westlicher Rechnung) als „zwei", sodass bei einer Altersangabe im Vergleich zu unserer Zählweise ein Jahr abzuziehen ist.

Gelegentlich findet man in TaiWan auch die Datierung des ***Kalenders nach der Revolution*** von 1911. Der 10.10.2005 wäre dann „94/10/10" (94 Jahre nach der Revolution).

Farben

Rot ist die wichtigste ***Glücksfarbe*** in der chinesischen Kultur. Glückssprüche an den Haustüren zum chinesischen Neujahrsfest, Einladungen zu großen Festen wie zu einer Hochzeit oder einem Jubiläum werden auf roten Karten geschrieben. Lediglich Lehrern ist es erlaubt, mit rotem Stift zu schreiben. Nachrichten, Briefe und Mitteilungen dürfen nicht mit roter Tinte/Kugelschreiber geschrieben werden, da dies als Akt der Unhöflichkeit interpretiert wird.

Die Farbe ***Weiß*** symbolisiert ***Trauer und Tod.*** Falls man zu einer Beerdigung eines Bekannten oder Freundes eingeladen wird, erwartet die Familie des Gestorbenen ein Geldgeschenk in einem weißen Umschlag. Einer Chinesin sollte man daher auch auf keinen Fall weiße Blumen schenken, das wäre ein böser Schnitzer.

Orange spielt nicht nur als Farbe des Buddhismus, auch als Symbolfarbe des Goldes ***(Wohlstand)*** eine große symbolische Rolle. So ist der Goldfisch der wichtigste (unverzehrbare!) Zierfisch. Das Wort *Yú* (2.Ton) für Fisch ist außerdem lautgleich mit *Yù* (4.Ton) für Wohlstand, der Fisch daher generell ein Glückszeichen. Karotten und Orangen sind ein geeignetes Mitbringsel, um symbolisch „Wohlstand" zu wünschen. Es ist kein Zufall, dass goldgelb auch die Farbe der chinesischen Kaiser war.

Mensch und Gesellschaft

Der Chinesische Tierkreis

Ratte	1912	1924	1936	1948	1960	1972	1984	1996	2008
Büffel	1913	1925	1937	1949	1961	1973	1985	1997	2009
Tiger	1914	1926	1938	1950	1962	1974	1986	1998	2010
Hase	1915	1927	1939	1951	1963	1975	1987	1999	2011
Drache	1916	1928	1940	1952	1964	1976	1988	2000	2012
Schlange	1917	1929	1941	1953	1965	1977	1989	2001	2013
Pferd	1918	1930	1942	1954	1966	1978	1990	2002	2014
Schaf	1919	1931	1943	1955	1967	1979	1991	2003	2015
Affe	1920	1932	1944	1956	1968	1980	1992	2004	2016
Hahn	1921	1933	1945	1957	1969	1981	1993	2005	2017
Hund	1922	1934	1946	1958	1970	1982	1994	2006	2018
Schwein	1923	1935	1947	1959	1971	1983	1995	2007	2019

Bitte beachten:
Bis Anfang Februar Geborene fallen möglicherweise in das Tierkreiszeichen des Vorjahres.

Geschenke

Unverzichtbarer Bestandteil chinesischer Höflichkeit ist das Mitbringen von Geschenken zu Einladungen aller Art. Dabei müssen sowohl die gesellschaftliche Stellung zwischen Schenkendem und Beschenktem, der ***Symbolgehalt des Geschenkes*** wie auch der Anlass berücksichtigt werden. Wird man als Tourist zu einem zwanglosen Besuch eingeladen, sind ein Beutel Tee (z.B. grüner OoLung) oder Süßigkeiten als Geschenk völlig in Ordnung. Ist man zum Essen eingeladen, bietet sich eine Flasche westlichen Cognacs und eine Tüte Orangen für die Dame des Hauses an. Die Orange nimmt wegen ihrer positiven symbolischen Farbe (sowohl goldfarben für Wohlstand als auch leuchtorange für buddhistisch) einen ohnehin sehr hohen Stellenwert ein, generell kann man mit Obst als Geschenk keinen Fehler begehen. Allerdings dürfen es nie vier Stück (egal was) sein, da die Zahl 4 *(sì)* lautgleich mit *(sǐ)* sterben gesprochen wird. Mit Blumen sollte man vorsichtig sein, insbesondere Schnittblumen sind bei traditionell denkenden Taiwanern den Ahnen - am Grab - vorbehalten.

Es gehört zu den Spielregeln, dass der ***Wert des Geschenks*** je nach Beziehung und Anlass erheblich zunimmt. Zu einer Hochzeitsfeier sollte der Eingeladene mindestens 5000 NT$ in verschlossenem roten Umschlag überreichen, Sachgegenstände besser nur mit Rücksprache der Eltern des Brautpaares verschenken - überflüssige oder doppelte Geschenke bedeuten Gesichtsverlust!

Außerhalb solcher offiziellen Anlässe werden Geschenke meist ***rituell abgelehnt,*** der Schenkende muss dann ebenso rituell auf der Annahme bestehen, oft mit dem Hinweis, der Gegenüber möge es doch bei Nichtgefallen weiterverschenken. Geschenke können verpackt oder unverpackt überreicht werden, dürfen aber in verpacktem Zustand vom Beschenkten nicht sofort geöffnet werden, sonst gilt man als gierig.

Gelage

Einladungen, Geschäftsessen oder Feierlichkeiten können leicht und übergangslos zu heftigen Trinkgelagen ausarten. Alkohol fließt dann reichlich, dem Gastgeber oder Ehrengast - und zu einem solchen kann auch der Tourist leicht werden - kommt dann die schwierige Aufgabe zu, mit nahezu jedem am Tisch ein Glas „auf die Freundschaft" oder „auf die Gesundheit" ex, *KanPei,* zu trinken. ***Trinkfestigkeit,*** Durchhaltevermögen und hohe Disziplin auch zu fortgeschrittener Stunde sind unerlässliche Voraussetzungen - nicht nur für Geschäftsleute -, um in Kontakten mit Einheimischen bestehen zu können. Schwäche zu zeigen bedeutet oftmals Gesichtsverlust und kann zum baldigen Abbruch der Beziehungen führen. Dies ist auch ein Grund, warum Frauen selten in repräsentative Funktionen aufsteigen - es ist für die chinesische Frau nicht schick, zu rauchen oder Alkohol zu trinken. Andererseits wird Trinkfestigkeit immer auch mit Durchhaltevermögen und Erfolg im Geschäftsleben gleichgesetzt.

Wenn es schließlich ans ***Bezahlen*** geht, wird jeder am Tisch geradezu vehement auf den Kellner einstürmen und unter beinahe handgreiflichen Auseinandersetzungen darauf bestehen, die Rechnung für alle zu begleichen. Dies ist ein offen zur Schau gestelltes Zeichen des persönlichen Wohlstandes und der Wertschätzung allen Anwesenden gegenüber. Als Ausländer kann man getrost ein wenig mittun, die Gastfreundschaft der Taiwaner gestattet es schlichtweg nicht, dass man tatsächlich einmal die Rechnung einer solchen Veranstaltung übernehmen müsste. Man beachte aber, dass im Falle eines Gegenbesuches in Europa ähnliches erwartet wird, was oft ein Problem des kulturellen Missverständnisses mit sich bringt, wenn sich eine Firma in Europa „ungenügend" um ihre Geschäftspartner kümmert!

Diese Art der Geschäftsbesprechungen ist auf TaiWan mittlerweile zu einem ***gesellschaftspolitischen Problem*** geworden. Zahlreiche vernachlässigte Ehefrauen beklagen in offenen Leserbriefen in den Tageszeitungen, dass sie ihre Männer nur noch im gesundheitlich bedenklichen Zustand der (Voll-)Trunkenheit zu Gesicht bekämen und so zahlreiche Ehen mehr oder minder gefährdet seien.

Tabus

Man ist auf TaiWan vom Westen, insbesondere durch die engen Beziehungen zu den USA, einiges gewohnt, was nicht mit der chinesischen Tradition und den allgemeinen Anstandsregeln übereinstimmt. Dennoch verschafft es sowohl direkte Erleichterungen (ein Passant bringt den Touristen trotz Umweges zum gewünschten Tempel, plötzlich ist doch noch ein Zimmer im Hotel frei) als auch Respekt, wenn man bestimmte Dinge berücksichtigt und sich an die Spielregeln des gastgebenden Landes hält.

Es ist ein Akt der Unhöflichkeit, Geld, Geschenke oder Visitenkarten ***mit einer Hand*** zu überreichen oder gar nur auf den Tisch zu legen. Höflich und respektvoll ist es, Gegenstände stets mit beiden Händen und einer leichten Verbeugung zu überreichen.

In chinesischen Hotels mit Lift wird man oft vergeblich den Knopf für den vierten Stock suchen. ***Die Zahl vier*** *(sì)* klingt lautlich ähnlich wie das Wort *(sǐ)* (sterben). Auf die dritte Etage folgt daher direkt die fünfte, obgleich dies faktisch die vierte ist - die Zahl vier ist einfach tabu. Man vermeide daher auch alles, was ähnlich interpretiert werden könnte, wie 400 NT$ als Geschenk, vier Bücher oder ähnliches. Drei und sieben dagegen sind Glückszahlen.

Es ist in China eher verpönt, dass ***Pärchen*** sich ***in der Öffentlichkeit*** küssen oder Händchen halten. In den Metropolen weicht dieses Tabu allerdings mehr und mehr auf, mittlerweile kann man auch auf TaiWan manches junge Pärchen händchenhaltend lustwandeln sehen.

Die chinesische Kultur hängt sehr an Symbolik und Vorzeichen, teilweise in enger Verknüpfung mit der Wahrsagerei und dem chinesischen Tierkreis. Am ***chinesischen Neujahr*** gibt es einige Dinge, die man auf keinen Fall tun sollte. Das neue Jahr soll Glück und Wohlstand bringen, fegt jemand, so verscheucht er das Glück. Wer an diesem Tag seine Kleidung wäscht, wird mit einem harten und arbeitsreichen Jahr bestraft, wer sich streitet, hat ein von Reibereien geprägtes Jahr vor sich.

Ärger sollte man ohnehin nie zeigen, auch dies würde Gesichtsverlust bedeuten. Auch in kritischen und ärgerlichen Situationen muss man die Zähne zusammenbeißen, sich beherrschen und stets lächeln - ein Zeichen von Selbstdisziplin und geistiger Überlegenheit.

Mit äußerstem Missfallen begegnet man der westlichen Form des ***Lachens,*** die als „auslachen“ und „unkultiviert“ interpretiert wird. Lautstarkes Lachen wird vermieden; das Lachen gleicht eher einem breiten Kichern, Frauen halten meist sogar beim Lachen die Hand vor den Mund. Der Grund dafür ist, dass das Tierische am Menschen (Fletschen der Zähne) anderen gegenüber nicht unhöflicherweise gezeigt werden soll.

Beim Essen darf man nie die Essstäbchen in die Schale stecken (Zeichen für einen baldigen Todesfall), sondern nur quer darüberlegen. Einen Fisch umdrehen, nachdem die Oberseite aufgegessen wurde, um dann die Unterseite zu essen hieße, das Schiff des Fischers zum Kentern zu bringen! Daher soll man den Fisch liegenlassen, die Gräten entfernen und erst dann weiteressen. Hinzu kommt, dass der Fisch *(Yú)* mit Überfluss *(Yú)* gleich lautet. Dreht man den Fisch um, verkehrt man auch den materiellen Überfluss ins Gegenteil.

Staub

In den Großstädten wird man gelegentlich Arbeiter, Fußgänger oder Kraftfahrer mit ***Mundschutz*** beobachten. Dies ist zwar auch eine bedauerliche Folge des Smogs und der industriellen Verschmutzung, liegt aber auch in der Abneigung gegenüber Staub begründet. Einheimische Studenten wählen bevorzugt die hinteren Bänke, um möglichen Staubeinflüssen (Tafelkreide) zu entgehen, moderne Klassenzimmer sind mit Faserstifttafeln ausgestattet. Die das Lebensodem *Chi (Qī)* tragende Atemluft soll möglichst von das Gleichgewicht störenden Einflüssen freigehalten werden - erstaunlich, dass die industriellen Luftverunreinigungen durch diese Einstellung noch nicht zurückgedrängt wurden.

Geomantik

Die traditionelle Wissenschaft von der Erkundung des idealen Platzes und der Ausrichtung beim Bau eines Hauses oder Gebäudes, die Geomantik, spielt im chinesischen Kulturkreis nach wie vor eine große Rolle. Interessanterweise lautet die chinesische Bezeichnung für Geomantik *FengShui (Feng* = Wind, *Shui* = Wasser), ein sehr anschauliches Bild, da nach der chinesischen Vorstellung die Strömungen von Luft und Flüssigkeit sowohl bei Lebewesen als auch in der unbelebten Natur eine Schlüsselrolle spielen. Der Geomantiker ist ein immer noch wichtiger Beruf, beim Bau von Häusern und Ahnenschreinen ist er mindestens so wichtig wie der Architekt. Selbst moderne Großunternehmen wählen ihren Standort nach den Vorgaben eines Geomantikers, gehen die Geschäfte schlecht, wird er ebenso häufig wie ein Wirtschaftsberater gerufen. Selbst die Bezeichnung eines Ortes oder einer Stadt hat symbolhaften Charakter. So wird man feststellen, dass es keine Ortsnamen gibt, die irgendwelche negativen Bezeichnungen wie „Teufelshöhle“ oder „Galgenberg“ tragen.

Persönliche Fragen

Während einer Bahnfahrt in Europa beschränken sich die Gespräche der (miteinander nicht bekannten) Reisenden meist auf das Reiseziel, die Krankheitsgeschichte der besuchten Person, die letzten Ligaergebnisse und die politische Allwetterlage. In TaiWan werden in öffentlichen Verkehrsmitteln oder auf der Parkbank auch dem Touristen kurz nach dem Vorstellen sehr schnell eine ganze Reihe aus unserer Sicht recht persönlicher Fragen gestellt. So sind Fragen nach Beruf, Verdienst, Ehe und Kindern, wie viel man während der Reise so ausgebe und ähnliches völlig normale Gesprächsthemen, die in aller Offenheit besprochen werden. Man sollte auf Fragen dieser Art einigermaßen vorbereitet und keinesfalls brüskiert sein. Auf keinen Fall darf man erwiedern, dieses oder jenes gehe den Fragenden nichts an, vielmehr sollte man, wenn die Fragen nicht beantwortet werden sollen, eine Ausrede parat haben. Oder aber man antwortet ausweichend - auf jeden Fall aber immer höflich und lächelnd.

Die Frau in der Gesellschaft

Auch in TaiWan verschiebt sich die traditionelle Rolle der Frau als Mutter und Haushüterin allmählich hin zu einer aktiven Teilhabe am Arbeits- und Gesellschaftsleben. Mit zunehmender Ausbildung und höherem Lebensstandard sehen sich heute eine Vielzahl der Frauen mit der Mehrfachbelastung als Berufstätige, Mutter, Hausfrau und Partnerin konfrontiert. Eine zentrale Forderung, die der völligen ***juristischen Gleichbehandlung,*** konnte bislang jedoch nicht durchgesetzt werden. Traditionell wird der Name des Man-

Mehr Spaß in der Gemeinschaft

nes angenommen, im Scheidungsfalle fallen die Kinder dem Mann zu und wird das Vermögen nach dem Ermessen des Mannes „aufgeteilt".

Geschiedene und auch Witwen werden nach wie vor in der Gesellschaft als „mit Makeln behaftet" betrachtet, was zu einem immensen Anstieg ***psychologischer Hilfsdienste*** (etwa 30 für verschiedenste Fälle wie Gewalt in der Ehe, Mobbing, Kindesmissbrauch und andere) und sogar zur Einrichtung einer telefonischen Hotline für betroffene Frauen führte („The Warm Life", Tel. 02-23819769 auch für Ausländerinnen).

Vor allem in der ***Arbeitswelt*** haben es Frauen sehr schwer, verantwortungsvolle Positionen zu erreichen, zu traditionsbewusst sind die Männer - und können es sich außerdem schwer vorstellen, Frauen in gewisse Etablissements zu „Arbeitsbesprechungen" oder zu den vielfältigen Trinkgelagen mitzunehmen.

Nicht von ungefähr kommt daher vielleicht das Ergebnis einer breitangelegten Studie der Zeitschrift „Elle", wonach die taiwanesischen Frauen die unglücklichsten und unromantischsten Frauen der Welt sein sollen!

Besondere Probleme, meist basierend auf kulturellen Missverständnissen, können sich im Falle der ***Heirat einer Europäerin*** mit einem Taiwaner ergeben. Auch das wurde inzwischen erkannt: ein Ansprechpartner für telefonische Beratung in diesen Fällen ist das Mackay Counseling Centre in TaiBei, Tel. (02)-25718427.

Foto: wl

Zeit der Besinnung

Bildungswesen

Gemäß der Verfassung der R.o.C. fließen mindestens 15 % des staatlichen, 25 % des Provinzetats und 35 % des Etats der Lokalverwaltungen in den ***Aus- und Fortbildungssektor.*** So stehen diesem wichtigen gesellschaftspolitischen Bereich derzeit jährlich über elf Milliarden US$ zur Verfügung. Davon kamen 3 Milliarden € aus dem Staatshaushalt (zum Vergleich: in Deutschland etwa 2 Milliarden €; die deutschen Ergebnisse bei der Pisa-Studie kommen ja nicht von ungefähr ...).

Das ***Schulsystem*** ist dem US-amerikanischen angenähert und beginnt mit einer sechsjährigen obligatorischen Grundschulausbildung, an die sich eine dreijährige Hauptschulausbildung bis zur neunten Klasse anschließt. Anschließend folgt eine wiederum dreijährige Ausbildungsphase, deren Wahl vom gewünschten Ziel (Vorbereitung auf den Beruf, technisches College, Universität) abhängt. Nach der zwölften Klasse bestehen erneut zahlreiche Wahlmöglichkeiten (Fachhochschulen, Universitäten oder technische Hochschulen), deren erster Abschluss (etwa: Magister) mit 23 bis 24 Lebensjahren erreicht ist.

Die Schulen sind verpflichtet, sehr eng mit den Eltern zusammenzuarbeiten. So müssen alle Hausaufgaben von den Eltern durchgesehen und unterzeichnet werden. Lehrer und Dozenten sind absolute Respektspersonen, denen nicht widersprochen werden darf.

Von den Möglichkeiten und finanziellen Mitteln her betrachtet, ist das taiwanesische Schulsystem sicherlich bemerkenswert. Allerdings wirken sich zwei Faktoren auch nachteilig auf den ***Bildungsstand*** aus: Erstens ist die höhere Schulbildung nicht umsonst (kostenfrei ist nur die Bildung bis zum ersten allgemeinen Abschluss, der in etwas dem deutschen Hauptschulabschluss vergleichbar ist), lediglich ärmere Familien erhalten freie Lehrmittel. Zweitens gelten die Schüler als relativ faul - was eine Verkennung der Umstände ist. Die Kinder werden sowohl von der modernen Informationsgesellschaft überfüttert (PC, TV, Spielhallen, MTV) als auch von den Eltern - wegen der Kosten und des gesellschaftlichen Ansehens - erheblich unter Druck gesetzt und teilweise sogar zusätzlich in ergänzende Abendschulen und Privatunterrichte geschickt. Trotzdem ergab der letzte offizielle Vergleich der Schülerleistungen zwischen japanischen und taiwanesischen Jugendlichen, dass die Japaner in allen Belangen überlegen waren.

Im Jahr 2001 wurde Englisch zum Pflichtfach an allen Grundschulen TaiWans; damit wird das Reisen in TaiWan für Mitteleuropäer durch fallende Sprachbarrieren langfristig sicherlich noch einfacher.

Soziales

Der allmähliche Übergang vom Agrar- über den Industrie- zum Dienstleistungsstaat brachte wachsenden Wohlstand und die Forderung nach einer ***sozialen Minimalabsicherung aller*** mit sich. Basierend auf der chinesischen Tradition, dass die Familie die Kernzelle der Gesellschaft ist und eine Verantwortung für alle Familienmitglieder trägt, entstanden allerdings lediglich flankierende staatliche Maßnahmen wie Jugendschutzgesetze, allgemeine, einkommensunabhängige Schulausbildung, Unterstützungen für Personen ab 70 Jahren, Behindertenversorgung und ähnliches.

Prinzipiell war es lange Jahre die Aufgabe des Einzelnen oder dessen Familie, für genügend Mittel im Alter, bei Krankheit oder Arbeitslosigkeit zu sorgen. Der wirtschaftliche Aufschwung führte zunächst zu speziellen Krankenversicherungen für bestimmte Berufsgruppen wie Farmer oder Industriearbeiter, noch nicht aber zu einer Sozialversicherung im mitteleuropäischen Sinne. Für Soldaten und Staatsdiener gelten besondere staatliche Absicherungsgesetze. 1995 wurde zunächst eine freiwillige ***Krankenversicherung*** angeboten, die mittlerweile obligatorisch ist. Wer Mitglied ist, trägt bei ärztlicher Behandlung keine weiteren Kosten, auch dürfen diese Patienten von Ärzten und Krankenhäusern nicht abgelehnt werden. (Daneben ist eine Privatabsicherung erlaubt, dann ist man allerdings nicht Mitglied der staatlichen Heilfürsorge.)

Neben der allgemeinen, umfassenden Krankenversicherung wurden inzwischen außerdem die Renten- und die Arbeitslosenversicherung durchgesetzt. Nur wenige Jahre nach Einführung stand 2005 bereits eine Reform an, bei der es u.a. darum ging, dass ein fester Arbeitgeberanteil an den Sozialversicherungen gezahlt werden soll (zuvor zahlten nur die Arbeitnehmer).

Zur Verbesserung der gesundheitlichen Versorgung sollen künftig über die bisherige Grundsicherung hinausgehende staatliche Programme eingeführt werden. Diese beinhalten dann unter anderem (für Kinder kostenlose) Schutzimpfungen, Schwangerschaftsuntersuchungen, Krebsuntersuchungen bis hin zu genetischen Tests zur Vorhersage möglicher Schäden bei Neugeborenen.

TaiWan hat die höchste Rate ***Kurzsichtiger*** weltweit. Unter den Jugendlichen benötigen bereits mehr als zwei Drittel eine Sehhilfe. Sehtests bei der Einschulung, moderne Augenarztpraxen sowie die Ausbildung zahlloser Optiker sollen hier Abhilfe schaffen. Da Sehhilfen weit verbreitet sind, kommt es für Touristen oftmals zu folgender Situation: Fragt man einen Einheimischen nach einem bestimmten Ort - unter Hindeuten auf einen Stadtplan oder kleingeschriebene chinesische Zeichen - entschuldigt sich dieser mit dem Hinweis, er habe seine Lesebrille nicht dabei - Gesichtswahrung bei Nichtwissen.

Traditionelle Künste

Chinesische Heilkunst

Die traditionelle chinesische Medizin basiert auf den Erkenntnissen zweier Jahrtausende. Unter *ChinShih HuangTi* (Chin-Dynastie, 221-207 v.Chr.) wurden im Buch *NeiChiang* (innerer Fluss) eine Vielzahl traditioneller Behandlungsmethoden erstmals schriftlich festgehalten. Während der Han-Dynastie (206-220 n.Chr.) wurde dieses Werk erweitert und bildete die Grundlage für praktisch alle traditionellen Heilmethoden bis in unsere Zeit.

Der Kerngedanke der chinesischen Medizin besagt, dass der Mensch sich in einem ***Gleichgewichtssystem innerhalb der Natur*** *(Yin-Yang)* befindet. Ist dieses Gleichgewicht gestört, zeigt sich das in Form einer Krankheit. Ursache für derartige Gleichgewichtsstörungen können die „sechs äußeren" (Kälte, Hitze, Feuchtigkeit, Wind, Feuer, Trockenheit) oder die „sieben inneren Faktoren" (Ärger, Sorge, Schwermut, Trauer, Angst, Überraschung, aber auch Glück) sein. Ist die Ursache der Störung erkannt, werden z.B. Akupunktur oder traditionelle Medikamente eingesetzt.

Die ***Akupunktur*** basiert auf der Theorie, der Körper sei von selbstheilender Lebensenergie *(Chi)* erfüllt. Bei Krankheit sei dieser Fluss unterbrochen, durch Reizung bestimmter Körperpunkte könne diese Unterbrechung beseitigt und der Selbstheilungsprozess eingeleitet werden.

Die ***traditionellen chinesischen Medikamente*** sind meistens reine Naturheilmittel, die natürlichen Wirkstoffe von Pflanzen oder Knochen sollen eigene Körperabwehrfunktionen stärken oder ein Ungleichgewicht bekämpfen. Die medizinische Wirkung von Pflanzen auf bestimmte Körperpartien wurde genauestens analysiert und katalogisiert und ist keineswegs als „Quacksalberei" abzutun.

Malerei

Als goldenes Zeitalter der traditionellen chinesischen Malerei gilt die Ära der Tang-Dynastie (618-907 n.Chr.). Beamte und Oberschicht förderten die typische Landschaftsmalerei in Wasserfarben. Während der Sung-Dynastie (1036-1101 n.Chr.) kamen dann kleine Gedichte und Texte sowie rote Namenssiegel des Künstlers und des Empfängers zum Bild hinzu. Diese ***Literaten-Malerei*** genannte Form blieb die vorherrschende Variante der chinesischen Malerei bis ins 20. Jh. Auffallende Unterschiede zur westlichen Malerei sind die nahezu ausschließliche Verwendung von Wasserfarben, die stets subjektiv-realistische Darstellung der Landschaft oder Szene aus der Sicht des Künstlers (im Westen objektiv-realistisch) sowie die aus der Kalligrafie abgeleitete Strichtechnik (⇗ Daoismus).

Porzellan

Schon die frühen Kulturen Chinas vor 5000 Jahren verstanden sich auf das Brennen und Verzieren von tönernen Nutzgefäßen. Seit der Han-Dynastie (206 v.Chr.-220 n.Chr.) wurden Porzellanartikel und Keramiken bis nach Indien und Japan geliefert. Weltbekannt wurde bei späteren Kontakten mit Europa das berühmte „chinesische Porzellan", dessen Material aus ChingTeChen (Provinz KiangSi) stammt. Diese Gegend ist noch heute berühmt für ihre Porzellanmanufakturen. In TaiWan erfreut sich die Porzellanherstellung wieder zunehmender Beliebtheit, einige Universitäten bieten sogar Ausbildungsgänge für das Porzellan- und Töpferhandwerk an.

Bronzen

Gefäße aus Bronze wird der Besucher in nahezu allen Museen antreffen. Wegen ihrer Haltbarkeit sind sie ein ausgezeichnetes Zeugnis der jeweiligen Kulturepoche. In China und TaiWan sind Bronzegefäße schon aus dem zweiten vorchristlichen Jahrtausend bekannt; sie dienten als Kochgefäß, als Trinkgefäß, als Behälter bei rituellen Handlungen sowie als Musikinstrumente. Chinesische Bronzen gelten als besonders fein und symmetrisch ausgewogen. Hauptmotive und Randmuster wurden stets sorgsam aufeinander abgestimmt und verleihen der Musterung oft einen dreidimensionalen Charakter. Viele der ältesten in China und auf TaiWan gefundenen Bronzen werden im National Palace Museum in TaiPei (⇗) ausgestellt. Noch heute finden große dreibeinige Bronzekessel zum Beispiel für Räucherstäbchen vor Tempeln Anwendung.

Jade

Für wohl keine andere Kultur spielt Jade in der Symbolik und im Kunsthandwerk eine so große Rolle wie für die chinesische. Als flache, eckige Scheibe poliert und mit einem runden Loch versehen galt sie schon den chinesischen Frühkulturen als Ausdruck der Kosmologie zu Ehren der Himmels- und Erdgeister. Aufgrund ihrer Seltenheit und Kostbarkeit wurden Ziergegenstände aus Jade nur von Reichen oder hohen Würdenträgern getragen. Auch zu rituellen Zwecken fand die Jade Verwendung, so als symbolische Be-

070t Foto: wl

Wandmalerei im ShanHsiu-Tempel/TouLi

fehlstafel des Kaisers an ins Ausland Gesandte. Die Entwicklung zum reinen Kunsthandwerk für Schmuckgegenstände begann unter der Sung-Dynastie (960–1276 n.Chr.), nur am Kaiserhof wurden fortan Jadegegenstände in Zeremonien eingesetzt. Jade gilt heute als bevorzugtes Geschenk für Ehepartner untereinander und zur Hochzeit, sie gilt als Symbol des Wohlstandes und als Schutz vor Unglück. Bei traditionellen Bestattungen im chinesischen Altertum wurden den Verstorbenen die Körperöffnungen mit Jade verschlossen, da dies der Verwesung vorbeugen sollte. Verstorbene Kaiser wurden aus diesem Grunde oft zusätzlich in Jadegewändern bestattet. Jade nimmt noch heute neben Gold die wichtigste Stellung auf dem Schmuckmarkt des heutigen TaiWan ein.

Laiendarbietungen und Spiele

Der Reisende wird in TaiWan im Alltag oder an Festtagen in Europa vollkommen unbekannte Vorstellungen beobachten können, die von ganz gewöhnlichen Menschen dargeboten werden und nicht immer einer bestimmten Kunstrichtung zuzuordnen sind. Sehr populär und durch das Fernsehen auch bei uns bekannt sind die sogenannten Drachen- und Löwentänze.

Der ***Drachentanz,*** seit der Sung-Dynastie (960–1279 n.Chr.) weit verbreitet, wird von einer Tanzgruppe mit einem Pappmaché-Drachen aus mehreren etwa 2 m langen Teilstücken an nationalen Feiertagen aufgeführt. Die größten Drachen erreichen in TaiWan bis zu 120 m Länge.

Nahezu an jedem Festtag werden ***Löwentänze*** aufgeführt, die weniger Personen benötigen und daher einfacher zu koordinieren sind. Ursprünglich sollte der Löwe als Symbol der Stärke am chinesischen Neujahrsfest böse Einflüsse vom neuen Jahr fernhalten.

So beliebt wie etwa bei uns das Jojo ist in China und TaiWan das von einer Person zu spielende ***Diabolo.*** Der Spieler hält ein an zwei Handgriffen befestigtes dünnes Seil in beiden Händen (ähnlich einem Hüpfseil) und bewegt einen hantelförmigen Gegenstand damit hin und her, schleudert ihn hoch und fängt ihn am gespannten Seil wieder auf. Das Diabolospiel fördert Konzentration und Geschicklichkeit und ist auch heute bei Jung und Alt sehr beliebt.

Ein beliebter Sport für zwei Spieler auf Pausenhöfen oder in Parks ist das ***Federballkicken.*** Ein absolutes Muss für jedes chinesische Kind (und sehr oft auch für Erwachsene) ist das ***Kreiseldrehen,*** wobei Größe und Gewicht des Drehkreisels zwischen Miniatur- und 50-kg-Geräten variieren.

Um viel Geld kann es beim ***MaJiang (Mah-Jong)*** gehen, bei dem es aus verteilten und aus der Mitte gezogenen Steinen ähnlich wie beim Bridge wertvolle Sequenzen zu erreichen gilt. Die meisten der genannten Volkskünste werden in TaiWan sorgsam gepflegt; die Eltern geben ihr Wissen an die Kinder weiter, oft gehören diese Kulturgüter sogar zum Schulunterricht.

Kleidung

Die traditionelle Kleidung der Chinesen muss von der heutigen, an westlichen Vorbildern orientierten, differenziert werden. Der überwiegende Teil der Bevölkerung, insbesondere die Jugend, trägt Jeans oder Stoffhosen nebst Bluse oder Hemd. Die aus der Tradition hervorgegangen Stile und Besonderheiten sind dennoch nach wie vor vorhanden und haben sich in TaiWan zu einem eigenständigen Design weiterentwickelt. Die Ursprünge gewebter Stoffe reichen archäologischen Funden zufolge (Nadeln aus Knochen oder Muscheln) rund 20.000 Jahre zurück.

Regelrechte ***Kleidungsordnungen*** für bestimmte Stände und Feierlichkeiten sind seit etwa 4500 Jahren bekannt, wobei Länge und Farbe des Gewandes immer eine feste Bedeutung hatten. Das bedeutendste war das *ShenYi,* eine mit Rock oder Hose zusammengenähte, weit geschnittene und mit Stickereien verzierte Tunika aus Seide, die an besonderen Tagen oder von Gelehrten und Regierungsbeamten getragen wurde.

Die ***Farb- und Glückssymbolik*** bei den Stickereien spielte stets eine wesentliche Rolle. So wurden Drachen oder Trigramme (geschlossene oder unterbrochene Dreiergruppen von Strichen aus der Yin-Yang Lehre, ⇗ Daoismus) für die Stickerei verwendet, Grün für den Frühling, Rot für den Sommer, Weiß für den Herbst und Schwarz für den Winter als Grundfarbe der Kleidung gewählt.

Obgleich gerade in TaiWan hervorragende Synthesen moderner Ansprüche und klassischer Muster kreiert wurden, liegt der Schwerpunkt heute in einer alltagstauglichen ***Berufskleidung im westlichen Stil.*** Für Feiertage hat zumindest die taiwanesische Frau nach wie vor auch östliche Gewänder zur Verfügung.

Namensstempel

Viel wichtiger als die Unterschrift war und ist in China der Namensstempel. Gleichgültig ob auf offiziellen Dokumenten, auf privaten Briefen oder auch Gemälden - überall fällt das rote Quadrat mit kunstvollen Schriftzeichen auf. Jeder Chinese nennt einen Namensstempel sein eigen, Stempelmacher ist ein hochangesehener und weitverbreiteter Beruf.

Als ***Ausgangsmaterial*** diente früher Kupfer, Marmor oder Jade, heute wird auch Speckstein, ein sehr häufiger und (sofern grün) der Jade ähnlicher, wenn auch weicherer Stein. Hat der Kunde dem Stempelgraveur seinen Namen genannt, entwirft dieser zunächst eine einmalige Komposition auf dem Papier in traditioneller Siegelschrift. Anschließend graviert er dem polierten, manchmal am oberen Ende mit einer Figur verzierten Rohling als Skulptur (die Zeichen treten von der Oberfläche hervor, alles Übrige ist weggraviert) oder als Freske (die Zeichen sind vertieft, erscheinen also weiß im Druck) den Namenszug ein.

Der ***Stempelabdruck*** wird bei Behörden oder der Bank hinterlegt, als Beweis der Authentizität bei späteren „Unterschriften". Zur Eröffnung eines Bankkontos ist ein Namensstempel *(TuChang)* auch für Ausländer unerlässlich. Gedruckt wird ausschließlich mit einer sehr festen, in kleinen Porzellandöschen gelagerten roten Tintenpaste. Auch wenn es unzeitgemäß erscheinen mag - für Chinesen, auch auf TaiWan, ist es auch heute noch üblich, neben die Unterschrift auf Verträgen oder bei Geldgeschäften den Namensstempel hinzuzufügen. Die Kunst des Stempelgravierens wird auf allen Kunsthochschulen gelehrt und gilt als außerordentlich schwierig. Der Namensstempel ist außerdem ein Vorläufer für den Buchdruck in China.

Möbel

Die reichhaltig mit Ornamenten und Schnitzereien versehenen antiken Möbel in Museen, älteren Herrschaftshäusern oder auch Tempeln sind für den Besucher eine der Augenfälligkeiten, denen er auf TaiWan begegnet. Die Verwendung von Möbelstücken als Gebrauchsgegenstände entwickelte sich in der chinesischen Kultur erst verhältnismäßig spät. Erst mit der Han-Dynastie (206 v.Chr.-220 n.Chr.) kam der Gebrauch von Betten und Bänken als Sitzgelegenheit auf. Bis zum Ende der Mingzeit (1368-1644) waren Stühle, Tische, Betten, Schränke, Schatullen und anderes mehr reine Gebrauchsgegenstände und selbst am Kaiserhof ohne größere Verzierung. Erst mit der Ching-Dynastie (1644-1911) und deren Kontakte zu anderen Kulturen kam die Verzierung von Möbelstücken als Ausdruck des eigenen Wohlstandes mehr und mehr in Mode. Kunstvoll verzierte und aus heutiger Sicht verspielt gearbeitete Stücke, welche als „antik chinesisch" gelten, stammen ausnahmslos aus dieser Periode. Analog zur chinesischen Architektur waren Sandel-, Birnen- und Ebenholz die wesentlichen Rohstoffe bei der Herstellung.

Neben einfachen Holzmöbeln für die Masse der Bevölkerung gab es die berühmten ***Lackmöbel*** für die reicheren Schichten. Nach dem Schnitzen der Stücke wurden sie mehrfach lackiert und anschließend spiegelglatt poliert, wobei häufig Perlmutt- oder Jadeeinlagen mit Drachen- oder Löwenmotiven zur weiteren Verzierung verwendet wurden. Heute wird im normalen Haushalt eher ein westlicher Stil (Leder- oder Stoffgarnituren) bevorzugt, daneben sind auch Bambus- und Rattanmöbel sehr beliebt. Letztere sind - verglichen mit europäischen Preisen - preiswert und werden in hoher Qualität auch für den Export nach USA und Europa produziert. Möbel im sogenannten „traditionellen" Stil werden nach wie vor als Ziermöbel in Firmen, in großen Hotels oder Restaurants, aber auch von Privatpersonen gekauft.

Lackwaren

Die Kunst der Lackverzierung bei Möbeln, Figuren, Geschirr und Zierrat ist eine rein chinesische Kunstform mit einer jahrtausendealten Geschichte. Vor rund 7000 Jahren entdeckten die Bewohner des gelben Flusses, dass der Saft des Lacksumach-Baumes nach dem Trocknen sehr fest und glänzend wird. So überzog man Alltagsgegenstände wie Töpfe und Krüge aus Ton oder Metall damit, um sie sowohl haltbarer als auch schöner zu machen. Bis zum ersten Jahrtausend vor unserer Zeitrechnung verwendete man den Lacksumach-Saft dann auch zur Lackierung von Waffen, Ritualgegenständen, Dosen, Götterbildern und anderem. Die Lackkunst erlebte zu dieser Zeit in China eine Blüte, selbst in andere Regionen Asiens wurde geliefert. Bis ins 19. Jh. hinein erreichte dieses Kunsthandwerk in China immer größere Vollendung, bis billigere und leichter zu verarbeitende Ölfarben aus Europa nach China kamen. Nach dem zweiten Weltkrieg wurden auch diese wieder verdrängt und durch die noch günstigeren chemischen Kunstfarben ersetzt. Die traditionelle Methode, das Übereinanderlegen von bis zu 20 verschiedenfarbigen Lackschichten und anschließendem Herausschnitzen der Motive hat sich dennoch als optisch schönste und auch haltbarste Form erwiesen. Heute werden Lackarbeiten überwiegend als Zierstücke (Schmuckschatullen, traditionelle Möbel) oder besondere Geschirrformen (große flache Dose mit mehreren Einsätzen) in TaiWan verwendet.

Knoten

Im Laufe der Zeit entwickelte sich in China der Knoten vom reinen Gebrauchs- auch zum ***Schmuck- und Ziergegenstand,*** der es vor allem den einfacheren Menschen erlaubte, Alltagsgegenstände wie Spiegel, Götterstatuen, Amulette, Fächer ohne Kosten zu verzieren. Selbst Figuren, Blumen oder symbolisches Geld wurde gänzlich aus Hanf, Baumwoll-, Seiden- oder Lederbändern geknotet. Noch heute spielt die Symbolik des Knotens eine große Rolle bei Glücksanhängern, Geschenkverpackungen und selbst an Gürteln. Fünf Merkmale unterscheiden den chinesischen Knoten von westlichen oder japanischen: Sie sind stets sehr fest geknüpft, sind symmetrisch aufgebaut, sehr kompliziert, dreidimensional und entstehen in den drei Arbeitsgängen knüpfen, ziehen, vollenden. Oft werden für Schmuckanhänger Perlen und Jadefiguren eingearbeitet. In zahlreichen Geschäften und Kaufhäusern auf TaiWan werden geknotete Glücksbänder und Schmuckanhänger feilgeboten, insbesondere in Tempeln oder an Götterstatuen sind diese zu bewundern.

Stickereien

Eine der ältesten handwerklichen Künste des alten China ist die Stickerei. Die Historiker streiten, ob deren Anfänge im dritten oder erst im zweiten vorchristlichen Jahrtausend zu suchen sind. Der Zweck bestand zunächst in der Verzierung von Kleidung und damit der Demonstration der gesellschaftlichen Stellung. Mit dem Aufschwung des Handels während der Han-Dynastie (206 v.Chr.-220 n.Chr.) entwickelte sich die Stickerei mit zunehmendem Wohlstand vermehrt zu einer Kunst der Verzierung von Wandbildern und Accessoires. Mit der Ausbreitung des Buddhismus in China und dessen erster Blüte unter den Dynastien Wei und Tang im sechsten und siebenten Jahrhundert unserer Zeitrechnung nahm die Stickerei auch im religiösen Bereich eine große Rolle ein. Eindrucksvolle Relikte der filigranen „Buddha besticken" genannten Stickereien sind im National Palace Museum in TaiPei zu sehen. Bis zur Ming-Dynastie (1368-1644) wurden Technik und Verwendung weiter verfeinert, sodass unter anderem Geldtäschchen, Tücher, Wandbilder, Baldachine und Transparente bestickt wurden. Beim verwendeten Material reicht die Bandbreite von Seide über Goldfäden bis hin zu menschlichen Haaren. Auch im modernen TaiWan wurde die Stickkunst bewahrt, auch wenn sie durch die veränderte Rolle der Frau, die sich mit diesem Hobby traditionell beschäftigte, in den Hintergrund getreten ist. Der Tourist wird meist in buddhistischen Tempeln und während religiöser Festlichkeiten die bunten Stickereien auf orangefarbenem Grund (Fahnen, Transparente) bewundern können.

TaiJiQuan (TaiChiChuan)

Wer auf TaiWan in den frühen Morgenstunden durch die Parks der Innenstädte spaziert, wird viele jüngere und ältere mit einer Art Sportanzug bekleidete Menschen bei seltsam ruhig und in Zeitlupentempo vorgetragenen Leibesübungen beobachten können. Dies ist das in ganz China weitverbreitete, traditionelle *TaiChiChuan (TàiQīQuán,* etwa: „Aufnehmen der höchsten Lebensenergie"), eine Sonderform der *KuoShu* (Nationalkunst). Der Grundgedanke basiert auf dem auch in Medizin und Glauben enthaltenen Prinzip der Ausgewogenheit von Yin und Yang. Sind diese Elemente im Körper harmonisch und ausgewogen, kann die nicht physisch existente Lebensenergie *(Chi)* fließen und Gesundheit wie auch ein langes Leben fördern. Die Übungen verlangen äußerste Körperbeherrschung und Disziplin; entscheidend ist, dass alle Bewegungsabläufe rund und sanft ablaufen, da nur so körperliche Ausgewogenheit für die Aufnahme des Chi hergestellt werden kann.

Musik und Chinesische Oper

Die ***traditionelle Musik*** ist für den westlichen Besucher sicherlich äußerst gewöhnungsbedürftig. Bei Beerdigungen, in den Tempeln, in der chinesischen Oper oder auch in Parks begegnen dem Besucher fremde, oft völlig wirr scheinende Klänge mit Dissonanzen und ungewöhnlichen Rhythmen.

Bereits vor unserer Zeitrechnung gab es in China eine umfassende Musiktheorie und hochentwickelte Instrumente, welche hauptsächlich rituelle Verwendung fanden. Bis heute besteht ein klassisches Orchester meist aus sieben Musikern mit Laute *(PiPa),* Bambusflöte *(TiTzu),* Wölbbrettzither *(KuCheng),* Kniegeige *(ErHu),* Schalmei *(SoNa)* und verschiedenen Rhythmusinstrumenten. Ursprünglich wurde in ländlichen Regionen auf den Reisfeldern und Teeplantagen gesungen oder erzählte Liedertexte musikalisch

0881 Foto: wl

Szene einer Chinesischen Oper

begleitet. Durch Kontakte mit anderen Kulturen wurde die traditionelle chinesische Musik mit klassischen und modernen Elementen angereichert. Einer der bekanntesten Komponisten TaiWans, *LiTai Hsiang,* verbindet die Musik seiner Vorfahren (er stammt aus einer Ureinwohnerfamilie) mit traditionellen chinesischen und modernen westlichen Rhythmen. Selbst einheimischen Kennern fällt es gelegentlich schwer, die Grenzen zwischen den einzelnen Traditionen klar zu erkennen.

Gerade die Musik auf TaiWan wurde durch die 50jährige japanische Besatzung und die enge Anlehnung an die USA nach 1949 stark von anderen Nationen geprägt. In den 1970er Jahren kam die chinesisch gesungene ***Popmusik*** auf, die sich heute auch mit gesellschaftspolitischen Themen wie Umwelt oder Festlandspolitik auseinandersetzt.

Eine Sonderform in der Musik nimmt die berühmte ***Chinesische Oper*** *(KuoChü, GuóJú,* auch Peking-Oper genannt) ein. Der Tang-Kaiser *TaiTsung* gründete 626 n.Chr. die erste kaiserliche Schule für Hofmusik. Gesang, Musik, Akrobatik, Pantomime und Rezitativ-Gesang vereinigten sich hier zu einer vollkommen neuen Kunstform. Mythen, Legenden und historische Ereignisse bildeten den Themenkern für Darbietungen dieser neuen Opernkunst, die sich im Laufe der Zeit regional weiter- und auseinanderentwickelte. Die Ausbildung der Darsteller gehörte zu den schwierigsten und langwierigsten überhaupt, da jede Geste und Bewegung bis ins kleinste Detail einschließlich Maske und Garderobe ausgefeilt waren. Alle Rollen, auch Frauenrollen, wurden ausschließlich von Männern gespielt. Der bekannte Film „Lebewohl meine Konkubine" bietet einen ausgezeichneten Einblick in dieses Thema.

Der Schauspieler der Peking-Oper spielt weniger eine Rolle als einen Charakter, der durch die farbige Maske und das Kostüm festliegt und für den Zuschauer sofort erkennbar ist (vergleichbar dem europäischen Puppentheater). Die wichtigsten Charaktere sind der alte (weise) und der junge (kämpferische) *Sheng,* die ältere und die schöne *Tan,* der je nach Schminke gute oder böse *Ching* sowie der Spaßmacher und Kommentator *Chou.*

Neben traditionellen Stücken werden heute auch westliche Dramen umgearbeitet, zum Beispiel *Shakespeares* „Macbeth" zum „Königreich des Verlangens" von *WuHsingKuo.* Moderne Themen handeln von der schwierigen Beziehung TaiWans zum Festland und aktuellen innenpolitischen Fragen, oft in verschlüsselter Form. Für den Touristen empfiehlt sich weniger der Besuch eines kompletten Opernstückes als vielmehr ein ***Besuch der Proben*** von Peking-Opernschülern der *„National FuHsing Dramatic Arts Academy",* 177 NeiHuLu, Sec. 2, TaiPei, Tel. (02)-27962666. Dienstags und donnerstags wird für rund 15 US$ ein zweistündiges Besuchsprogramm mit kurzer Aufführung, Besuch der Ausbildungsstätte und der Möglichkeit für Besucher, selbst in Kostüm und Maske zu schlüpfen, angeboten.

Literatur

So umfassend und ereignisreich wie die chinesische Geschichte ist auch die Literatur. Vergleichbar mit dem antiken Griechenland befand sich auch in China die Niederschrift von Heldenepen, Geschichtswerken und Dokumenten schon vor 3000 Jahren auf einem sehr hohen künstlerischen Niveau. Viele hervorragende Quellen und Schriften der frühen Unterhaltungsliteratur gingen durch die von Minister *LiSi* angeordnete Bücherverbrennung während der Chin-Dynastie (221-206 v.Chr.) verloren. Viele der alten Erzählungen blieben jedoch durch mündliche Überlieferung im Volk lebendig, da das Auswendiglernen von Texten in der Ausbildung und die Erzählung von Ereignissen über Generationen im einfachen Volk in China eine große Rolle spielte.

Die ***klassische Literatur*** sei hier mit sechs großen Werken vorgestellt:

- Die ***„Geschichte der drei Reiche"*** (von *LoKuanChung,* 1330-1400), welches den Kampf um die Vorherrschaft in China nach der Han-Dynastie während der Jahre 220-264 n.Chr. beschreibt.
- Die Heldengeschichte ***„Die Räuber vom LiangShan Moor"*** *(ShuiHuChuan,* von *ShihNaiAn* 1290-1365 verfasst).
- Die berühmte ***„Reise nach dem Westen"*** des buddhistischen Mönches *HsuanTang,* der nach Indien zog und den Buddhismus nach China brachte *(WuChengEn,* 1506-1582).
- ***„Schlehenblüten in goldener Vase"*** ist ein monumentaler erotischer Sittenroman über die Ming-Zeit (1368-1644). Sowohl die sprachlich verschlüsselten erotischen Szenen wie auch die Beschreibung des Alltagslebens machen dieses Werk äußerst interessant *(ChingPingMei,* erschienen um 1610).
- Eine gesellschaftskritische Satire, die vor allem mit dem korrupten Beamtentum abrechnet, ist ***„Die inoffizielle Geschichte der Gelehrten"*** von *WuChingTzu (JuLin WaiShih* , um 1750).
- Mehrfach verfilmt und auch im Deutschen Fernsehen zu sehen war der ***„Traum der roten Kammer"*** *(HongLouMeng)* von *TsaoHsüehChin* (1792), in dem der Sitten- und Machtverfall der Familie *Chia* geschildert wird.

Nach dem Ende der japanischen Besatzung und dem Rückzug der Nationalregierung nach TaiWan bestand die unter staatlicher Zensur stehende moderne nationalchinesische Literatur in den 1950er und 1960er Jahren überwiegend aus antikommunistischer Propaganda und der Reflektion westlicher Autoren wie *Joyce, Kafka* oder *Hemingway.* Diese Einflüsse und neue literarische Techniken wie Rückblende oder die Vermischung von Handlungssträngen beeinflussen auch die ***neuere taiwanesische Literatur.*** Eines der bekanntesten Werke unserer Zeit ist *PaiHsienYungs „TaiPeiRen"* (Menschen von TaiPei, 1971), in dem die Sehnsucht der Einwanderer nach Wohlstand und Luxus geschildert wird. Mit der zunehmenden diplomatischen Isolation Nationalchinas in den 1970er Jahren wurde die Politik und der Wunsch nach mehr Demokratie wichtigstes Thema der neuen taiwanesischen Literatur der 1970er und 1980er Jahre. Als wichtigster Vertreter kristallisierte sich *HuangChunMing* heraus, zu dessen bekannteren und verfilmten Werken das den japanischen Sextourismus angreifende *„Sayonara"* (1986) zählt. Mit der neuen Demokratisierung werden seit den 1980er Jahren auch aktuelle Themen wie unter anderem Umwelt oder Homosexualität literarisch verarbeitet.

Film

Ähnlich wie in der Literatur war das filmische Schaffen taiwanesischer Regisseure in den ***1950er und 1960er Jahren*** nahezu ausschließlich auf staatlich verordnete antikommunistische Propagandafilme beschränkt. Hinzu kamen lediglich einige rührselige Melodramen, die den Publikumsgeschmack jener Zeit auch außerhalb TaiWans trafen, insbesondere in Malaysia und Singapur.

Ein Umschwung erfolgte in den ***1970ern,*** als der taiwanesische Markt von US-Produktionen und Kung-Fu-Filmen aus HongKong beherrscht wurde. Bis zu 200 Filme jährlich wurden mit einem Mal auf TaiWan produziert, die sich mit aktuellen Zuständen auf der Insel beschäftigten und dem Verlangen des Publikums nach anderen als gewalttäti-

074t Foto: wl

Verschachtelte Dachkonstruktion des WenWu-Tempels (Sonne-Mond-See)

gen Filmen nachkamen. In den ***1980er Jahren*** wurden soziale Probleme der breiten Bevölkerung ein immer bedeutenderes filmisches Thema. Auch die eigene Geschichte der Nationalregierung wurde dabei mitverarbeitet. Vorreiter dieser neuen Bewegung waren unter anderem die Regisseure *HouHsiaoHsien* („Stadt der Traurigkeit"; „Millenium Mambo") und *Edward Yang* („Spur des Schreckens"; „YiYi").

Internationale Erfolge kamen seit *LeeAng* (international bekannt unter *Ang Lee,* mit taiwanesischem Namen *LiAn)* mit seinen Filmen „Das Hochzeitsbankett" (1993), „Eat Drink Man Woman" (1994), „Tiger & Dragon" (2001) und „Hero and Hulk" (2003), „Brokeback Mountain" (2005) und „Gefahr und Begierde" (2007) hinzu. Ein weiterer, auch in Europa bekannter Meilenstein wurde die Gemeinschaftsproduktion von HongKong, Volksrepublik China und Taiwan „Lebe wohl, meine Konkubine" *(PaWang PiehChi).*

Klassische Architektur

Auf TaiWan ähneln sich viele Ortschaften im Stadtbild sehr stark. Offizielle Einrichtungen, Firmen oder moderne Wohngebäude unterscheiden sich kaum von den Betonsilos anderer Städte auf dem Globus. Markante Unterschiede sind dagegen bei den älteren Privathäusern, Tempeln, Herrscherpalästen und Schreinen sichtbar. Der wichtigste Aspekt bei der Bauweise ist hier die symmetrische und ausgewogene Achse, der nach-

geordnete Flügel rechts und links angefügt sind. Dieses Prinzip liegt nahezu allen Bauwerken zugrunde.

In den ***Wohnhäusern*** werden die Familienmitglieder entsprechend ihrer Stellung innerhalb der Familie untergebracht. Der Hausherr erhält den Hauptraum, die älteren Mitglieder wohnen im hinteren Abschnitt des Hauptraumes und die jüngeren Angehörigen in den Seitenflügeln. Grundbestandteil eines solchen Gebäudes ist ein Holzgerüst mit querliegenden, ineinandergesteckten (nicht genagelten) Balken und mehreren freistehenden verzierten Tragsäulen, die Wände wurden dann mit Lehm aufgefüllt (später auch mit Ziegeln). Diese klassische Bauweise wurde auch in Korea, Japan und Vietnam angewandt.

Die wichtige Bausubstanz, Holz, die in der chinesischen Symbolik auch Leben bedeutet, musste gegen Verfall geschützt werden, weshalb die hölzernen Bestandteile in leuchtenden Farben (meist rot als Glücksfarbe) lackiert wurden. Oft wurden Teile des inneren Holzgerüstes gleichzeitig als Schnitzerei verziert und lackiert, was ***klassischen Bauwerken*** einen unnachahmlichen Stil und Farbenpracht verlieh. Außerdem wurden auch die Innenwände mit religiösen oder philosophischen Themen, gelegentlich auch reinen Landschaftsmalereien verziert. Ein weiteres auffallendes Merkmal ist das meist nach innen gebogene Dach mit farbigen röhrenförmigen, gebrannten Dachziegeln. Dessen vier äußere Enden sind oft mit Tierkreiszeichen (bei konfuzianischen Tempeln) oder grellbunten Drachen- und Phoenixfiguren (bei daoistischen Tempeln) geschmückt. Wohlhabende Kaufleute und Würdenträger konnten es sich ferner leisten, einen ***chinesischen Garten*** mit Teichen, Spazierwegen und Pavillons zwischen den einzelnen Wohngebäuden anzulegen. Ein berühmtes und gut erhaltenes Beispiel hierfür sind die Lin-Gärten in BanJiao (PanChiao) bei TaiBei.

Ortsbeschreibungen

Routenempfehlungen

Organisierte Halbtages-/Tagestouren

Wer wenig Zeit mitbringt oder bestimmte Punkte in TaiWan organisiert im Rahmen eines Ausfluges besuchen möchte, kann auf eine ganze Reihe von Anbietern zurückgreifen, die auch schon vor der Reise oder am Flughafen kontaktiert werden können. Angeboten werden u.a. die Nordküste, TaiBei (Stadtrundfahrt, Nachttour), YangMingShan, WuLai, Sonne-Mond-See, TaiNan, KenTing, diverse HuaLian-Adventure-Tours, TaRoKo oder Ost-Taiwan.

Die ***Preise*** liegen bei 800 bis 1000 NT$ für eine Halbtagestour und bei 1200 bis 1700 NT$ für eine Ganztagestour mit Mittagessen.

Die Tourismusinformationsstellen verfügen über eine Komplettübersicht („Taiwan Tour Bus") und helfen bei der ***Buchung.*** Stadtrundfahrten und mehrtägige Rundreisen werden von jedem größeren Hotel vermittelt, können aber auch problemlos selbst über Agenturen gebucht werden. Tagesausflüge finden oft schon bei einer Beteiligung von mindestens zwei Personen statt.

Wer sich vorab genauer mit einzelnen Angeboten befassen möchte, kontaktiere:

- ***Für Nordtaiwan-Touren inkl. TaiBei:*** *JangMing International Travel Service* (www.aps.com.tw), *Edison Travel Service,* 190 SongJiangLu, 4. Stock, Tel. (02)-256353, www.edison.com.tw und *HuiFong Travel Service,* 36 NanJing DongLu, Sec. 2, 8. Stock, Tel. (02)-25515805, 25373224, www.hftravel.com.tw.
- ***Für Touren an der Westküste und KenTing:*** *PingDong Travel Service* (www.ptbus.com.tw) sowie *Merry Travel Service* (www.hunters-tour.com.tw).
- ***Für Touren an der Ostküste (inkl. HuaLian und TaRoKo):*** *Southeast Travel Service,* 60 ZhongShan BeiLu, Sec.2, Tel. (02)-25713001 (www.set tour.com.tw/Main/G_Travel.asp).

Selbst arrangierte Rundfahrten

Alle in diesem Buch beschriebenen Punkte zu besuchen, würde einen mehrmonatigen Aufenthalt auf TaiWan voraussetzen, aufgrund der praktischen Visafreiheit für Aufenthalte bis zu 30 Tagen kann der normale Reisende im Rahmen eines 2-3 wöchigen Aufenthaltes viel Sehenswertes auch ohne organisierte Touren besuchen. Prinzipiell kommen drei Varianten in Betracht:

TaiBei nebst zielgerichteter Einzelausflüge

Manche Reisende wollen sich auf die Hauptstadt beschränken, um ein mehrfaches „Umziehen" zu vermeiden. Meist hält man sich dann fest in TaiBei auf (1-2 Wochen) und unternimmt in dieser Zeit einzelne Tagesausflüge zu Zielen wie ***YangMingShan, TaRoKo, Nordküste, TaiNan, WuLai*** usw. - hier wird jeder eigene Schwerpunkte setzen, daher sind konkrete Ratschläge schwer möglich. Auf diese Art lernt man hauptsächlich TaiBei, das eigentliche TaiWan dagegen nur höchst oberflächlich kennen.

Rundreise im Uhrzeigersinn

Diese klassische Form einer 2- bis 3-wöchigen Rundreise wird von den meisten Backpackern wie folgt durchgeführt:

Vom CKS-Flughafen Transfer nach ***TaiBei*** (da dorthin die häufigste Anbindung besteht), 3–4 Tage Aufenthalt. Bahn- oder Busfahrt nach ***HuaLian*** (1–2 Tage), ***TaRoKo*** (Wanderung oder Busfahrt bis TienHsiang/TianXiang, dort 2–3 Tage Aufenthalt). Über ***TaYuLing (DaYuLing), JenAi (RenAi)*** und ***PuLi*** (mit oder ohne Aufenthalten) fährt man jeweils per Bus oder geht je nach Belieben auch teilweise zu Fuß zum ***Sonne-Mond-See*** (dort 1–2 Tage). Von dort per Bus nach ***ShuiLi*** und weiter per Bahn nach ***TaiNan*** (via ErShui), dort erkundet man 2–3 Tage die alte Hauptstadt. Über ***KaoHsiung (GaoXiong)*** (1 Ü, FoKuangShan-Ausflug) tankt man dann ein paar Tage Sonne im tropischen ***KenTing (KenDing)*** an der Südspitze (3–4 Tage), um abschließend über ***TaiZhong (TaiChung)*** (1 Übernachtung) zum CKS-Flughafen zu transferieren.

Rundreise gegen den Uhrzeigersinn

Hier fährt man vom CKS-Flughafen aus direkt nach ***TaiZhong (TaiChung)*** (1–2 Ü), anschließend zum ***Sonne-Mond-See*** (2 Ü), via ***ChiaYi (JiaYi)*** zum ***ALiShan*** (1–2 Ü), anschließend nach ***TaiNan*** (2–3 Ü) und via ***KaoHsiung (GaoXiong)*** (1 Ü, Ausflug FoKuangShan) weiter nach ***KenTing (KenDing)*** (3 Ü). Von hier aus reist man über ***TaiTung (TaiDong)*** (1–2 Ü) und die Ostküste nach ***HuaLian*** (1 Ü) und besucht die ***TaRoKo-Schlucht*** (2 Ü in TienHsiang/TianXiang). Erst jetzt fährt man via ***HuaLian*** nach ***TaiBei*** (Bus oder Bahn), um dort noch 3 Tage zu verbringen und von hier aus zum CKS-Flughafen zu transferieren.

Auch diese Route ist auf etwa 2–3 Wochen ausgelegt. Ihr Hauptvorteil liegt darin, dass man erst zum Schluss TaiBei besucht, Einkäufe nicht mit sich herumschleppen muss und einen deutlich kürzeren Rückweg zum Flughafen hat als etwa von TaiZhong aus.

Die Höhepunkte auf einen Blick

Die Transportmöglichkeiten auf TaiWan sind sehr gut und preiswert, man kann daher beinahe nach Belieben ein eigenes Programm zusammenstellen. Keinesfalls auslassen sollte man:

- ***TaiBei:*** die moderne Hauptstadt und Metropole; kulturell ein Muss
- ***TaRoKo:*** die Marmorschlucht rund um TienHsiang (TianXiang)
- ***Sonne-Mond-See:*** TaiWans bedeutendster und romatischster Binnensee im Bergland
- ***ALiShan:*** die beliebteste und am besten organisierte Bergregion des Landes
- ***TaiNan:*** die alte Hauptstadt, die historische Monumente und moderne chinesische Großstadt nebeneinander bietet
- ***FoKuangShan (FoGuangShan):*** das bei KaoHsiung/GaoXiong gelegene bedeutendste buddhistische Kloster TaiWans
- ***KenTing (KenDing):*** der Hauptbadeort im tropischen Süden TaiWans mit beinahe südostasiatischem Flair.

台北 TáiBěi (TaiPei, Taipeh, Terrasse Nord)

012t Foto: wl

Altes Stadttor - Relikt früherer Epochen

Überblick

Lage und Bedeutung

In einer Schüssel im Norden TaiWans, umgeben von mehreren Hügeln und kleineren Bergen, liegt mit der Hauptstadt TaiBei, das ***administrative, wirtschaftliche und zu einem Großteil auch kulturelle Herz TaiWans.*** Mit offiziell 2,7 Millionen, tatsächlich aber mit den umliegenden Gemeinden und nicht registrierten Zuwanderern vermutlich doppelt so vielen Einwohnern, ist TaiBei die ***größte Stadt*** der Insel und wird gelegentlich sogar mit TaiWan gleichgesetzt (zum Beispiel in der wieder häufiger zu lesenden Bezeichnung „Chinese TaiPeh").

Entwicklung im 20. u. 21. Jh.

Es waren die Japaner, die in den 1920er Jahren TaiBei wegen der Nähe zum wichtigen Hafen KeeLung (JiLong) ausbauten und den Ort mit dem raschen Anwachsen der Bevölkerung von 150.000 auf 400.000 Einwohner in den ***Status einer Stadt*** erhoben. Nach dem Rückzug der KuoMinTang(GuoMinDang)-Armeen vor den siegreichen Kommunisten auf dem chinesischen Festland wählte *ChiangKaiShek* nicht etwa die traditionsreichen Metropolen TaiNan oder TaiZhong (TaiChung) als ***Zentrum,*** sondern, um den nur vorübergehenden Zustand des Rückzuges zu betonen, das bis dahin eine eher untergeordnete Rolle spielende TaiBei. Nachdem der vorläufige Zustand immer mehr zum Dauerzustand wurde und 1978 zahlreiche Auflagen des seinerzeit geltenden Kriegsrechts gelockert wurden, kamen neue Ideen aus Wirtschaft, Verkehr, Kultur, Mode, aber auch neues politisches Gedankengut nach TaiBei.

Die Rolle der Stadt als De-facto-Hauptstadt brachte es mit sich, dass TaiBei ***zunehmend aufblühte*** und Stadtarchitektur, Bildungswesen, Geschäftstätigkeit, aber auch Verkehrschaos, Kriminalität und Umweltbelastung in den 1980er Jahren zu anderen Metropolen des fernen Osten aufschlossen. Durch den damit einhergehenden Wohlstand und die Bildung einer modernen Mittelschicht wurden immer mehr Menschen auf dem Land von den sich bietenden Chancen angezogen - die ***Bevölkerungszahl*** wuchs. Die dadurch knapper werdenden Grundstücke verteuerten sich immens, sodass Mieten und Grundstückspreise heute kaum mehr tragbare Höhen erreicht haben. Gegenwärtig versuchen die Arbeitnehmer wieder, im Umland zu wohnen und in die Stadt zu pendeln, andere Unternehmen verlagern Produktions- und Dienstleistungsbetriebe in Vororte oder gänzlich andere Standorte der Insel.

Einen ***umweltpolitischen „Quantensprung"*** erfuhr TaiBei unter der Amtszeit des damaligen DPP-Bürgermeisters *ChenShuiBian* (1994–1998, dann bis 2008 Präsident), der rigoros den öffentlichen Nahverkehr förderte (Metrobau), eine stark verbesserte Müllabfuhr einführte und dazu beitrug, die Stadt auf den fünften

093t Foto: wl

508 m hoher Gigant im Herzen TaiBeis

Platz der 40 lebenswertesten Städte Asiens (laut einem großangelegten Vergleich der Zeitschrift *Asiaweek)* anzuheben.

Das ***frühe 21. Jh.*** ist vor allem durch Neubauten (u.a. das TaiBei-101, mit 508 m einige Jahre lang höchstes Bürogebäude der Welt), Modernisierung (Busverkehr, Sauberkeit der Innenstadt, Anlage angenehmer Stadtparks) und Wandel zur Unterhaltungsgesellschaft (moderne Mediengesellschaft, modernste Boutiquen, Geschäfte und Kaufhäuser, Freizeitangebote) geprägt. Vieles ist zwar immer noch „wie früher" (so, wie man es in TaiZhong oder TaiNan noch heute erlebt), doch das moderne TaiBei überrascht durch penible Sauberkeit, Weltoffenheit und als angenehme Metropole für den Reisenden.

Verhältnis zum Land

Trotz aller chinesischer Tradition geben sich die Menschen in TaiBei weltmännisch. Die neuesten Moden werden importiert, das Auto gehört ebenso zum Statussymbol wie eine möglichst gute Ausbildung für die Kinder. Die ***Menschen in TaiBei*** empfinden ihre Stadt als den eigentlichen wirtschaftlichen Motor und als kulturellen Trendsetter für ganz TaiWan. Hektische Geschäftigkeit und Schnellebigkeit scheinen allgegenwärtig, während sonst im Lande immer ein Gefühl typisch asiatischer Gemütlichkeit spürbar ist.

TaiBei war und ist immer der ***Vorreiter auf TaiWan,*** ob ausländische Waren, Modetrends, westliche Fast-Food-Ketten, Hochhäuser, politische oppositionelle Tätigkeiten - alles nahm stets in TaiBei seinen Anfang. Auch daher scheint es eine für den Ausländer gar nicht sichtbare ***Rivalität*** zu geben zwischen *TaiBeiRen* (Menschen aus TaiBei) und den *BieDeRen* (anderen Menschen). Erstere sind zu einem Großteil die Nachfahren der 1949 mit *ChiangKaiShek* nach TaiWan geflohenen GuoMinDang/KuoMinTang-Getreuen, letztere dagegen können teilweise auf eine lange taiwanesische Ahnenliste zurückblicken. Eine große Rolle bei der Ausbildung der genannten Rivalität spielte die Tatsache, dass sich die Bewohner vieler Städte und Dörfer vom GuoMinDang-Regime in TaiBei und dessen Anhängern bevormundet fühlten.

Tradition, Chaos und Moderne

Den Reisenden erwartet eine moderne asiatische Großstadt, die ***sowohl Tradition als auch zukunftsorientiertes Flair*** ausstrahlt. Altehrwürdige Tempelanlagen wechseln sich mit modernsten Wolkenkratzern ab, westliche De-luxe-Restaurants bieten ihre kulinarischen Genüsse in unmittelbarer Nähe kleiner Garküchen an, moderne Kliniken mit westlicher Medizin werden ebenso häufig um Rat gefragt wie der Handleser in einer kleinen Hinterhofkammer.

Das Leben in TaiBei wirkt zwar manchmal etwas chaotisch, funktioniert aber dennoch auf unerklärlich wundersame Weise. Als Europäer wird man dazu wohl eine ambivalente Haltung einnehmen - einerseits ist man schockiert über das ***„Chaos“,*** andererseits bewundert man ***Fleiß und Lebensfreude*** der Menschen, die sich hier scheinbar mühelos zurechtfinden.

Umschrift

In TaiBei wurde als erster Großstadt TaiWans ***PinYin*** als verbindliche Umschrift eingeführt, daher wird auch in diesem Kapitel durchgehend PinYin angewendet. Manche Begriffe werden in anderen Städten anders wiedergegeben, als das Informationsmaterial in TaiBei es zum Ausdruck bringt (GaoXiong wird fast überall außerhalb TaiBeis mit KaoHsiung romanisiert u.Ä.).

Leider hat aber die Umstellung auch in TaiBei noch längst nicht vollständig gegriffen, es werden nach wie vor auch ***andere Umschriften*** verwendet. Als Beispiel sei auf die große ZhongHua Lu (Metrostation XiMen) verwiesen, die in der offiziellen „Travel Map of Taiwan“ (Touristeninformation) als ZhongHuaLu (PinYin) und als

JhongHuaLu (MPS II) geführt wird, in der ebenfalls erhältlichen „Taipei City-Bus Route Map" dagegen als ChungHuaLu (Wade-Giles). Ein weiteres Beispiel wäre TaiBei (PinYin) selbst, welches noch sehr oft als Taipei bezeichnet wird.

Die gute Nachricht ist, dass zumindest die Metrostationen durchgehend und einheitlich in PinYin romanisiert wurden.

Orientierung

北南
西
東

Für eine grobe Orientierung ist es wichtig zu beachten, dass die Stadt anhand zweier ***Straßenachsen*** geviertelt ist. Die ZhongXiaoLu am Hauptbahnhof ist die Ost-West-Achse, die ZhongShanLu die Nord-Süd-Achse. Straßen nördlich der ZhongXiaoLu werden mit dem Zusatz 中*Bei* (Nord) versehen, südlich mit 中*Nan* (Süd), westlich der ZhongShanLu werden die Straßen durch 中*Xi* (West), östlich durch 中*Dong* (Ost) erweitert. Die Kenntnis dieser Zeichen hilft schon einmal weiter. Steht man an einer Abzweigung „XYBeiLu/YZDongLu", so weiß man gleich, dass es sich um eine Ecke im nordöstlichen Viertel der Stadt handelt.

Als Vorsichtsmaßnahme sollte man sich die ***Visitenkarte des Hotels*** mitnehmen, um zur Not per Taxi (oder Bus via Hauptbahnhof) zurückzufinden – und immer wieder fragen, fragen, fragen!

Ankunft in TaiBei

TaiBei ist für die meisten Touristen die erste Station auf TaiWan nach dem internationalen CKS-Flughafen bei TaoYuan. Da man zu diesem Zeitpunkt noch über wenig Erfahrung verfügt, bietet es sich an, entweder in der Nähe des Hauptbahnhofs eine ***Unterkunft*** zu suchen oder (noch einfacher) am Hotelreservierungsschalter am Flughafen bzw. über die Touristeninformation im Hbf. eine Unterkunft (zumindest erst einmal für eine Nacht) zu buchen. Am Folgetag kann man sich dann ausgeruht ins Gewühl der neuen Umgebung stürzen.

Sehenswertes

„Highlights" für Kurzaufenthalte

Wer sehr wenig Zeit hat, sollte auf jeden Fall die fünf bedeutsamsten Punkte aufsuchen oder kann bei vielen Reisebüros (z.B. im Hbf.) jederzeit eine Sondertour vereinbaren. Zu diesen Höhepunkten gehören die ***CKS-Gedächtnishalle*** zu Ehren des Präsidenten *ChiangKaiShek,* das **Nationalpalastmuseum** mit den Kunstwerken der chinesischen Kulturgeschichte, der ***Konfuziustempel*** im Angedenken an den großen Philosophen, der ***LungShan-Tempel*** als Zeugnis chinesischer Tempelarchitektur sowie einer der ***Nachtmärkte,*** bevorzugt der WanHua-Nachtmarkt mit der berüchtigten „Snake Alley".

Von den Zielen am Stadtrand im Grünen verdienen vor allem der ***PiShan-Tempel,*** auf einem die ganze Stadt überblickenden Hügel gelegen, der ***SongShanLu-Park*** mit seinen zahlreichen Spazier- und Wandermöglichkeiten sowie der ***YangMingShan,*** ein beliebtes Naturreservat im Norden der Stadt, Beachtung.

Im näheren Umland liegen das historisch bedeutsame Fort San Domingo in ***DanShui*** *(TanShui)* sowie die Ureinwohnersiedlung mit Freizeitpark ***WuLai*** südlich von TaiBei, die man bei wenig Zeit als Erstes in Erwägung ziehen sollte.

Routenbeschreibungen

TaiBei bietet interessante Sehenswürdigkeiten, Ausflüge, Parks, Tempelanlagen, Museen und Einkaufspaläste wie keine andere Stadt in TaiWan sonst. Man kann leicht mehrere Wochen in TaiBei verbringen, ohne auch nur annähernd alles Interessante gesehen zu haben. Die für „Kurzaufenthalte" genannten Punkte sollten eigentlich für den „normalen" Reisenden, der im Rahmen seines Urlaubs 3 oder 4 Tage in der Metropole verbringt, mehr als genügen.

Die nachfolgenden Detailbeschreibungen orientieren sich an dem ***im Zentrum*** untergekommenen Traveller, als erstes werden daher die zu Fuß erreichbaren Sehenswürdigkeiten vorgestellt.

Die weiteren Sehenswürdigkeiten sind ***in Routen gegliedert, die an den Metrolinien ausgerichtet sind,*** sodass man mit möglichst geringem Aufwand an Fahrten möglichst viel sieht. Unbedingt empfiehlt sich hierfür die Anschaffung einer „Easy-Card" (⇗ Metrohinweise).

Zu Fuß erreichbare Sehenswürdigkeiten im Zentrum

Die meisten der folgenden Sehenswürdigkeiten kann man gut zu Fuß erkunden; meist startet man beim Hauptbahnhof oder der näheren Umgebung.

Underground Shopping Mall

台北車站地下市場

Unmittelbar unter dem Areal des Hauptbahnhofes wurde mit dem Bau der Metro ein schier endloses Labyrinth angelegt, in dem die Passagiere für Metro und Bahn geschickt an Tausenden von ***Shops und Ständen*** vorbeigeschleust werden. Immerhin kann man hier einige Schnäppchen machen, vor allem bei fliegenden Händlern mit Preisen wie im „Ein-Euro-Shop".

Mitsukoshi-Tower

日本白貨

Das vor Beendigung der Bauarbeiten am „TaiBei 101" (508 m, 101 Stockwerke) höchste und modernste Hochhaus TaiBeis rechts gegenüber dem Hauptbahnhof ist ein riesiges Büro- und Kaufhausgebäude wie viele andere auch, hat aber eine Besonderheit. Vor dem Gebäude führt rechts eine Rolltreppe nach unten (!) zum TaiBei-View Point. Für 165 NT$ darf man den Aufzug zur ***Aussichtsplattform*** mit fantastischem Blick über die Stadt benutzen. Im Erdgeschoss befindet sich eine ausgezeichnete ***Food-Mall*** (erst ab 11 Uhr geöffnet) mit Dutzenden chinesisch-taiwanesischen und westlichen Imbissständen (sehr empfehlenswert!).

★ 24 (Seite 192); Metro Hauptbahnhof, Exit 6.

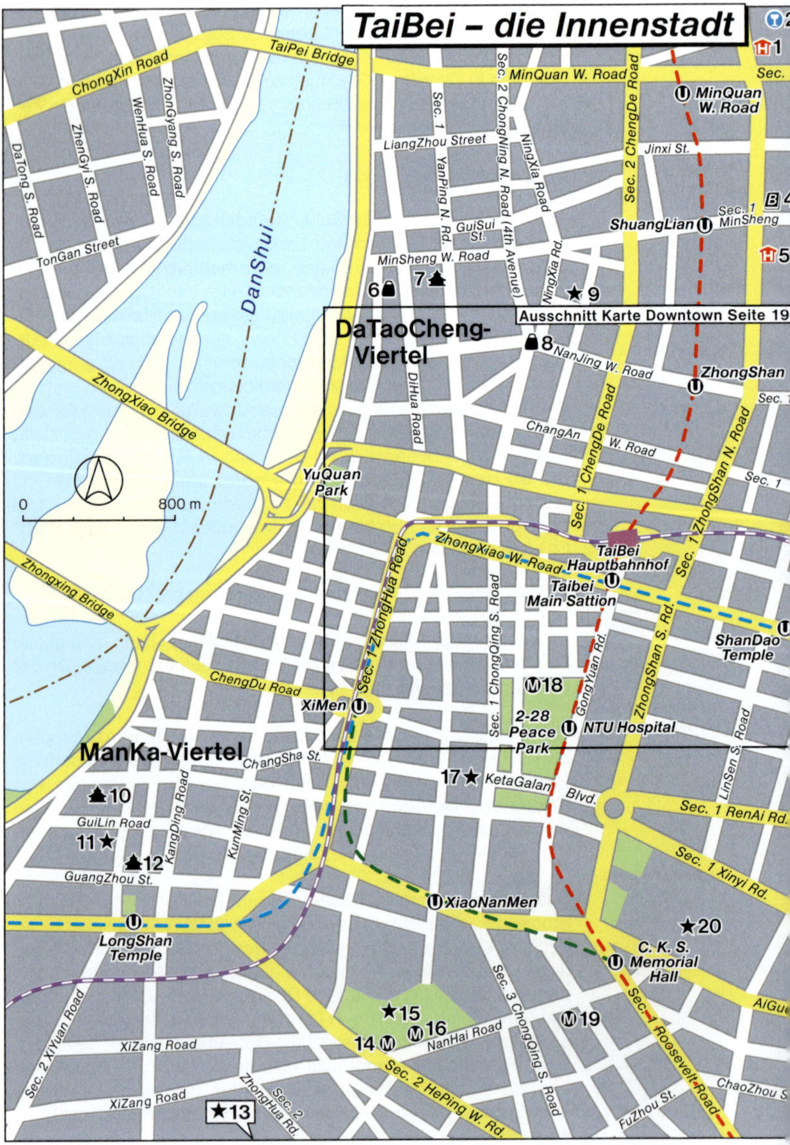
TaiBei – die Innenstadt
Ausschnitt Karte Downtown Seite 19
DaTaoCheng-Viertel
ManKa-Viertel
DanShui
ChongXin Road
TaiPei Bridge
MinQuan W. Road
ZhonGyang S. Road
WenHua S. Road
ZhenGyi S. Road
DaTong S. Road
TonGan Street
LiangZhou Street
Sec. 1 YanPing N. Rd.
Sec. 2 ChongNing N. Road (4th Avenue)
NingXia Road
NingXia Rd.
Sec. 2 ChengDe Road
Jinxi St.
GuiSui St.
MinSheng W. Road
Sec. 1 MinSheng
MinQuan W. Road
ShuangLian
ZhongXiao Bridge
Zhongxing Bridge
0
800 m
NanJing W. Road
ZhongShan
DiHua Road
ChangAn W. Road
Sec. 1 ChengDe Road
Sec. 1 ZhongShan N. Road
YuQuan Park
ZhongXiao W. Road
TaiBei Hauptbahnhof
Taibei Main Sattion
Sec. 1 ZhongHua Road
Sec. 1 ChongQing S. Road
GongYuan Rd.
Sec. 1 ZhongShan S. Rd.
ShanDao Temple
ChengDu Road
XiMen
2-28 Peace Park
NTU Hospital
LinSen S. Road
ChangSha St.
KetaGalan Blvd.
Sec. 1 RenAi Rd.
Sec. 1 Xinyi Rd.
GuiLin Road
KangDing Road
KunMing St.
GuangZhou St.
XiaoNanMen
LongShan Temple
C. K. S. Memorial Hall
AiGu
Sec. 3 ChongQing S. Road
Sec. 1 Roosevelt Road
Sec. 2 XiYuan Road
XiZang Road
NanHai Road
Sec. 2 HePing W. Rd.
Sec. 2 ZhongHua Rd.
ChaoZhou S
FuZhou St.
1
2
4
5
6
7
8
9
10
11
12
13
14
15
16
17
18
19
20

- 1 ShanShui Hotel
- 2 ShuangCheng-Kneipenstraße
- 3 XingTian-Tempel (Nordtour)
- 4 Caves Bookstore
- 5 Ambassador Hotel
- 6 DiHua-Nachtmarkt
- 7 XiaHai ChengHuangMiao
- 8 YuanHuan-Nachtmarkt
- 9 ChenDe XingTang
- 10 JingShanTang-Tempel
- 11 „Snake Alley“
- 12 LongShan-Tempel
- 13 QingNian-Park
- 14 Historisches Museum/ Kunstgalerie
- 15 Botanischer Garten
- 16 Science Education Center
- 17 Präsidialpalast
- 18 TaiWan Provincial Museum (Provinzmuseum)
- 19 Postmuseum
- 20 CKS-Gedächtnishalle/ Nationaltheater
- 21 Country Club Travel
- 22 TaiBei Hostel
- 23 Pub „Zum Fass“
- 24 EVA Air
- 25 Museum der Chang-Gründung
- 26 Pub Eight Immortals

TaiBei

Museum der Chang-Gründung
鴻禧美術館

Neben den Familien *Chen* und *Wang* ist die Familie *Chang* einer der einflussreichsten Clans des Landes. Um das der breiten Öffentlichkeit zu demonstrieren, wurde im Untergeschoss des familieneigenen Unternehmens unter *TaiPan ChangTienKen* (genannt *T. K. Chang)* ein Museum eingerichtet, in dem zahlreiche ***antike chinesische Kunstwerke*** ausgestellt sind. Der Familienlegende zufolge erwarb der heute 86-jährige *T. K.* im Alter von neun Jahren sein erstes Stück, eine Vase aus KuangTung, und baute die Sammlung im Laufe der Zeit aus. Seine vier Söhne trugen nicht unerheblich zur Kollektion von Jadefiguren, Statuen und Porzellan von der Dynastie Han (206 v.Chr.-211 n.Chr.) bis zur letzten Qing-Dynastie (1644-1911) bei. Die Sammlung besteht überwiegend aus seltenen und einmaligen Stücken, das Museum ist sehr besucherfreundlich aufgebaut und beherbergt - ganz nebenbei - eine öffentliche ***Bibliothek*** und einen kleinen ***Bonsai-Garten,*** dessen ältester Baum über 200 Jahre alt ist.

Ⓜ 25 (Seite 150); 63, RenAiLu, Sec. 2, geöffnet tgl. (außer Montag und Feiertage) 10.30-16.30 Uhr, Eintritt 120 NT$ (Kinder und Studenten halber Preis). Man kann binnen 10-15 Minuten vom CKS-Park laufen. Alternativ MRT ZhongXiao XinSheng.

Postmuseum
郵政博物館

Zum 70. Jahrestag der chinesischen Post am 20.3.1966 wurde das ⊕Postmuseum eröffnet, zunächst in einem Vorort TaiBeis, seit1984 am heutigen Standort in der 45 ChongQing NanLu, Sec. 2 (Tel. 23945185-7). Die Erdgeschosshalle ist einem Postgebäude nachempfunden; die Etagen 2-4 führen nacheinander durch die ***Geschichte der Post,*** angefangen bei frühen Landverbindungen zwischen China und Europa bis hin zu den heutigen Dienstleistungen der modernen Post TaiWans. Philatelisten wird vor allem die fünfte Etage mit einer Ausstellung seltener chinesischer und internationaler ***Briefmarken*** in Verzückung versetzen. Die sechste Etage ist einer wechselnden Ausstellung vorbehalten, der siebte Stock rundet mit einer ***Fachbibliothek zum Postwesen*** das Museum ab.

Im Museum selbst werden keine ***Sammlermarken*** verkauft, wohl aber in zahlreichen kleinen Geschäften rund um das Museum. Zusätzlich findet vor dem Museum an Sonntagen eine private Briefmarkenbörse statt.

Ⓜ 19 (Seite 150); Geöffnet 9.00-17.00 Uhr (außer Montag und an auf Feiertage folgenden Tagen); als Eintritt wird eine Postkarte für 5 NT$ verkauft (Kinder und Studenten 3 NT$). Man erreicht das Postmuseum zu Fuß binnen fünf Minuten von der CKS-Gedächtnishalle (MRT CKS-Memorial Hall); Busanbindung siehe dort.

ChiangKaiShek Memorial Hall
中正紀念堂

Um einmal tief in die Klischeekiste zu greifen: Was der Tower für London oder der Eiffelturm für Paris ist, bedeutet die CKS-Gedächtnishalle für TaiBei. Ein Besuch hier ist quasi ***Pflicht*** - sonst hat man TaiWan nicht gesehen!

097t Foto: wl

Haupttor zum CKS-Park mit Nationaltheater

Wenn man den sich über 250.000 qm erstreckenden CKS-Park von der ChungShanLu aus durch das „Tor der großen Mitte und perfekten Aufrichtigkeit" betritt, „übersieht" man leicht die im klassischen chinesischen Stil gehaltenen Bauten, rechts das ***Nationaltheater,*** links die ***Nationale Konzerthalle.***

Der Blick ist auf das am gegenüberliegenden Ende des Parks liegende „achte Weltwunder", die ***CKS-Gedächtnishalle,*** fixiert. In der Tat ist das von westlichen Reisenden oft respektlos als „übergroße weiße Zuckerdose mit blauem Deckel" titulierte Bauwerk etwas Einmaliges. Das tiefblaue Dach ist dem TianTan (Himmelstempel) in Peking nachempfunden, der Unterbau aus blendend weißem Marmor erinnert vielleicht etwas an die Pyramiden von Gizeh. Mit dem Tode des taiwanesischen „Übervaters" *ChiangKai-Shek* am 5.4.1975 entstand die Idee eines der Größe *Chiangs* gebührenden Bauwerks, das am 5. April 1980 zum fünften Todestage des Präsidenten eröffnet wurde.

Im Obergeschoss der zweistöckigen Anlage befindet sich lediglich eine 16 m hohe, hier ausnahmsweise sitzende ***Bronzestatue Chiangs,*** stets flankiert von Ehrenmahnwachen des Wachbataillons (sehr pompös!). Viele mag auch der Wachwechsel (9.00–17.00 Uhr zu jeder vollen Stunde) faszinieren. Im Untergeschoss liegt das ***CKS-Museum,*** in dem die wichtigsten Stationen aus

ChiangKaiShek (JiangZhongCheng, JiangJieShi)

Der Gegenspieler *MaoZiDongs* wurde als *Jiang ZhongCheng* am 31.10.1887 in ChiKou, Provinz CheJiang, geboren. Nach Beendigung der Schulausbildung im Jahre 1906 entschloss sich der schon in der Jugend als Einzelgänger beschriebene *Chiang*, Militärwesen in Japan zu studieren. Ausschlaggebend dafür, dass seine Wahl auf Japan fiel, war unter anderem die Erinnerung an die schmachvolle Niederlage Chinas im chinesisch-japanischen Krieg von 1894/95. 1909 trat *Chiang* als Kadett der japanischen Armee bei und war gleichzeitig ein aktives Mitglied der chinesischen DongMenHui-Partei, der Vorläuferorganisation der späteren GuoMinDang (KuoMinTang). Es wird berichtet, *Dr. SunZhongShan (SunYatSen)* habe während eines Treffens in Tokio geäußert, dieser Mann *(Chiang)* werde ein Held der Revolutionsbewegung werden.

Als am 10.10.1911 die chinesische Revolution das Kaiserreich stürzte, fuhr *Chiang* heimlich in sein Heimatland zurück und schickte Uniform nebst Säbel per Post an seine japanische Einheit, um nicht als unehrenhaft zu gelten. In ShangHai wurde er beauftragt, mit 100 Revolutionären die Stadt HangZhou (HangChow) zu nehmen, was ihm, ohne auf nennenswerten Widerstand zu stoßen, gelang. 1912/13 befehligte er das neue chinesische Ausbildungsregiment in ShangHai, musste aber gemeinsam mit *SunYatSen* im Juli 1913, nach der kurzzeitigen Restauration der Monarchie durch den General und Staatspräsidenten *YuanShiKai*, nach Japan fliehen.

YuanShiKai starb bereits 1914; in der bis 1923 währenden Zeit der Wirren und der regionalen Militärmachthaber blieb *Chiang* auf der Seite *SunYatSens*. Zum Dank ernannte *Sun* nach seiner (Wieder-)Ernennung zum Präsidenten der Republik China *Chiang* zum Oberbefehlshaber der Streitkräfte von GuangZhou (Kanton). Die endgültige Einigung Chinas gelang *Chiang* erst nach dem Tode *Suns* (1925) im Jahre 1926. Anschließend zog er sich von seinem Kommando zurück und heiratete *SungMeiLing*, eine Nichte *SunYatSens*. 1928 kehrte er auf Wunsch der Partei in sein Amt zurück, brach einen letzten Widerstand im Norden Chinas und wurde 1929 zum Parteivorsitzenden und Nachfolger *SunYatSens* ernannt. Die Folgejahre waren geprägt von innenpolitischen Kämpfen gegen die Kommunisten (1934 „langer Marsch") sowie außenpolitisch von einer zunehmenden Verschärfung der Beziehungen zu Japan (1931 Besetzung der Mandschurei durch Japan). 1936 wurde er sogar von eigenen Truppen festgesetzt und zu Verhandlungen mit den Kommunisten gezwungen („HsiAn-Zwischenfall"). Diese innere Uneinigkeit - und somit erwartete Schwäche - nahm Japan 1937 u.a. zum Anlass, nach China einzumarschieren und den Weltkrieg in Fernost zu beginnen. Das zunächst allein kämpfende China geriet unter starken Druck, erst am 7.12.1941 (Pearl Harbour) traten die Westmächte und China als Verbündete auf (Kriegserklärung Chinas an Deutschland und Italien am 8.12.1941).

Nach der Kapitulation Japans am 10.8.1945 begann die Ära der erneuten Auseinandersetzungen mit den von der UdSSR unterstützten Kommunisten, die in einem Fiasko für *Chiang* und die KuoMinTang endete. In der letzten Wahl der Republik China am 29.3.1948 wurde *Chiang* als Präsident bestätigt, konnte aber den stetigen Vormarsch der Truppen *Maos* nicht mehr verhindern. Entscheidend war die Schlacht von HuaiHai, in der die schlecht geführte und teilweise undisziplinierte Armee *Chiangs* rund 550.000 Mann verlor. Anfang 1949 ließ *Chiang* alle Goldvorräte und Kunstschätze Chinas nach TaiWan verlegen, welches er als letzte Rückzugsfestung vorgesehen hatte. Auf TaiWan wollte *Chiang* die verbliebenen Truppen umstrukturieren und baldmöglichst das Festland zurückerobern.

Nachdem eine Rückeroberung immer unwahrscheinlicher wurde, verlegte sich *Chiang* in den 1950er und 1960er Jahren auf den wirtschaftlichen und auf Verteidigung ausgelegten Ausbau TaiWans. Er musste trotz großer wirtschaftlicher Erfolge auf TaiWan miterleben, wie immer mehr Staaten der Republik China diplomatisch den Rücken kehrten und die kommunistische Volksrepublik China auf dem Festland anerkannten. *ChiangKaiShek* starb 1975 und liegt - auf eigenen Wunsch vorläufig bis zur Rückeroberung ganz Chinas - in ⇗TzuHu im Nordwesten TaiWans aufgebahrt.

dem Leben des früheren Präsidenten in teilweise heroisierenden Gemälden und Fotografien festgehalten sind. Eine Reihe persönlicher Gegenstände *Chiangs* sowie eine öffentliche Bibliothek ergänzen die Ausstellung. Filmvorführungen zu Leben und Werk werden ebenfalls mehrfach täglich angeboten.

★ 20 (Seite150); Museum und Halle (Eintritt frei) sind täglich 9.00–17.00 Uhr geöffnet, der Park ist durchgehend geöffnet. Ausländische Touristen wissen auch die ISD-Telefone und den Postschalter in der Haupthalle sehr zu schätzen. Tipp: Ansichtskarten sind in TaiWan relativ schwer zu bekommen; im kleinen Shop neben der Post in der CKS-Halle wird man fündig! MRT CKS Memorial Hall.

Doch nicht nur die CKS-Gedächtnishalle, auch der ***CKS-Park*** ist sehenswert. Kleine Teiche, Blumenbeete und Spazierwege laden zum Verweilen ein, oftmals kann man hier einheimische ErHu-Spieler (einsaitiges Musikinstrument), TaiJiQuan/TaiChiChuan-Praktizierende oder oben an den Plattformen der Konzerthalle und des Nationaltheaters Tänzer, Cheerleadergruppen und Musikanten beobachten. Am „Doppelzehner" (10. Oktober, Nationalfeiertag in Erinnerung an den Sturz der Qing-Dynastie am 10.10.1911) finden hier auf dem riesigen Platz farbenfrohe Umzüge mit Drachen- und Löwentänzen statt.

Präsidialpalast
總統府

Das große Gebäude an der JenAiLu, Ecke ChungChingLu, ist an nationalen Feiertagen ein beliebtes Nachtfoto-Motiv. Am Jahrestag der Revolution, dem 10.10. (in chinesischen Zeichen ++ geschrieben), wird die Nationalflagge und das Portrait von *Dr. SunYatSen* durch Tausende farbiger Glühbirnen an der Fassade dargestellt.

★ 17 (Seite150); MRT NTU Hospital.

2-28 Peace Park (ErErBa HePing GongYuan)
二二八和平公園

Der ***ehemalige HsinYuan*** (Neuer Park) wurde vom damaligen Bürgermeister ***Chen*** in Erinnerung an einen Anti-GuoMinDang-Aufstand vom 28.2.1947 im Jahr 1997 in den „2-28 Park" (28.-Februar-Park) umbenannt, inzwischen heißt er 2-28 Peace Park. Der Park, vom Hauptbahnhof keine 500 m Richtung Südosten, ist eine willkommene Oase, um ein wenig im Grünen zu spazieren und dem Verkehr zu entrinnen. Pavillons und Pagoden am Teich laden zum Verweilen ein, in den Morgenstunden üben Einheimische TaiJi-Quan/TaiChiChuan. Der Park ist durchgehend geöffnet.

● MRT NTU Hospital.

Provinzmuseum (ShengLi BoWuGuan)
臺灣省博物館

Direkt am 2-28 Peace Park liegt das ***TaiWan Provincial Museum*** (2 XiangYangLu, Tel. 02-23613925), in welchem vorwiegend Handwerkskunst und Alltagsgegenstände sowie Nahrungsmittel und Gewürze der ***taiwanesischen Ureinwohner*** ausgestellt werden. Geöffnet täglich außer montags 9.00–17.00 Uhr.

Ⓜ 18 (Seite 150); MRT NTU Hospital.

DaTaoCheng-Viertel (DaTaoChengQu)
大同區

Das Viertel DaTaoCheng nordwestlich vom Hauptbahnhof ist neben dem ManKa-Viertel eines der ältesten Viertel TaiBeis. Ein etwa ein- bis zweistündiger Rundgang gibt einen kleinen Einblick in das ***ursprüngliche TaiBei*** und dessen Besonderheiten.

Zunächst geht man vom Busbahnhof West/Ost die ZhongQingLu bis zur großen sechsarmigen Kreuzung hinauf (in der Mitte des Kreisels findet abends der ***YuanHuan-Nachtmarkt*** statt) und folgt dort der NingXiaLu, bis eine kleine Straße rechts abzweigt. 🔒 8 (Seite150)

陳德星堂

Darin liegt nach 30 m auf der linken Seite der ⊕***ChenDe XingTang*** (ChenTe HsingTang) (27 PingYangJie), kein Tempel im eigentlichen Sinne, sondern ein Familienschrein des Chen-Clans. Die Familie *Chen* war und ist eine der größten und einflussreichsten Großfamilien TaiBeis, ihren verstorbenen Mitgliedern wird hier gedacht. Die Hunderte von kleinen Schrifttafeln (anstatt einer Hauptfigur) stehen je für ein Clanmitglied. Im Frühjahr und im Winter kommen Familienmitglieder aus aller Welt zu großen gemeinsamen Feierlichkeiten zusammen. Oft sind dann Tausende von *Chen* hier versammelt; derartige Festivitäten halten eine Großfamilie auch interkontinental zusammen. ★ 9 (Seite150)

迪化街

An der Ecke NingXiaLu/MinShengLu biegt man links ein und erreicht nach knapp 10 Minuten die ⊕DiHuaJie. Diese Straße ***(DiHua-Nachtmarkt)*** ist sowohl die älteste als auch heute noch bedeutendste Einkaufsstraße der Einheimischen für getrocknete Lebensmittel wie Fisch, Nüsse, Pilze, Gewürze, Obst, Süßwaren, Nudeln, Tee usw. - alles in riesigen Mengen an der Straße aufgereiht.

霞海成隍廟

Hinter den Ständen in südlicher Richtung liegt linker Hand an der DiHuaLu ein unscheinbarer, kleiner, roter Wellblechbau. Dies ist der ⊕***XiaHai ChengHuangMiao*** (61 DiHuaJie), der Tempel des Stadtteil-Gottes XiaHai (HsiaHai). Die Anlage ist zwar nur sehr klein, nichtsdestotrotz aber der bedeutendste Tempel dieses Viertels. Es finden ständig Prozessionen und Rituale statt, der Tempel gilt nicht umsonst als einer der aktivsten der Stadt. Der Stadtgott XiaHai steht für Aufrichtigkeit und Gerechtigkeit, die größten Festivitäten finden hier am 13. Tag des 5. Mondmonats statt. ▲ 7 (Seite150)

貴德街

Direkt gegenüber biegt man in die Gasse Nr. 72 links ein, dann geht man durch die nächste Gasse rechts (Nr. 86) zur ⊕***GuiDeJie*** (KueiTeChie). Dieses kleine Sträßchen war bis zum Anfang des 20. Jahrhunderts die exquisite Wohngegend der Kolonialkaufleute und reichen taiwanesischen Teehändler. Heute erinnern noch die Gebäude der ChenTianLai-Residenz und die LiChunSheng-Kirche an diese Epoche.

南京西路
法主公宮

Am südlichen Ende trifft die GuiDeJie auf die ⊕NanJingXiLu (NanJingXiLu), der man nach links bis zur Nr. 388 folgt. Hier liegt in der Straße der ⊕***FaQuGong-Tempel;*** ein reicher Teehändler namens – wen wundert es – *Chen* brachte aus der Festlandsprovinz AnHui eine FaQu-Statue mit, die Wünsche erfüllen soll. Am Geburtstag des Gottes, dem 22. Tag des 9. Mondmonats, finden ihm zu Ehren auf ganz TaiWan Opferzeremonien mit roten Reisküchlein statt. Wer einen Wunsch hat, muss einen Kuchen opfern, wird der Wunsch erfüllt, muss er im Folgejahr zwei Kuchen opfern, dann beginnt das Ritual von vorne. Vom Tempel aus geht man über die NanJingXiLu und den interessanten YuanHuan-Nachtmarkt zurück zum Hbf.

● Alternativ Bus H-660 zum ZhongXing-Hospital (Südende der DiHua Street).

Die südwestliche Innenstadt – das alte TaiBei

Westlich der ChiangKaiShek-Gedächtnishalle Richtung DanShui-River erstreckt sich der älteste und traditionellste Teil der Metropole mit zahlreichen Museen, dem botanischen Garten und dem alten ManKa-Viertel mit dem lebhaften daoistischen LongShan-Tempel und der berühmt-berüchtigten HuaXiJie, besser bekannt unter dem Namen „Snake Alley".

Ein Besuch dieses Bezirks beginnt per MRT (Station XiaoNan-Men, Ausgang 2, dann 200 m die BoAiLu entlang) im Botanischen Garten oder alternativ zu Fuß ca. 10 Minuten von der CKS-Halle/Postmuseum kommend in der NanHaiLu.

Science Education Center
科學館

Besser kann das Zentrum gar nicht liegen, genau links (großer runder Bau) vom Historischen Museum und der Kunstgalerie; beide sind, wie in Europa nicht anders, für ***Kinder*** eher eine Strafe. Daher bringe man die Kinder einfach zum Zentrum für Wissenschaft und Bildung. Hier werden Vorgänge aus den Bereichen Technik, Umweltproblematik, Biologie und andere ***naturwissenschaftliche Phänomene*** anschaulich und sehr einfach vermittelt, vielfach mit auf Knopfdruck laufenden Modellen. Erklärungen gibt es zwar nur auf chinesisch, vieles erklärt sich aber von selbst. Auch „große Kinder" werden hier manches Interessante entdecken!

Ⓜ 16 (Seite 150); 41 NanHaiLu, Eintritt 20 NT$ (Automat außen vor dem Eingang rechts). MRT CKS Memorial Hall, Busse C/E/F-1.

Nationale Kunstgalerie
文化館

Direkt neben dem Science Education Center liegt die Nationale Kunstgalerie, in der ***überwiegend moderne Kunstwerke TaiWans,*** in gelegentlichen Wanderausstellungen auch klassische Kunstwerke (vorrangig Malerei) ausgestellt werden. Außerdem werden Kataloge, Nachschlagewerke, aber auch Lehrbücher (engl.) zum Thema „chinesische Malerei" angeboten.

Ⓜ 14 (Seite 150); geöffnet tgl. 8.00–18.00 Uhr, Eintritt frei.

Historisches Museum
歷史博物館

Links vom Science Education Center befindet sich in dem großen, traditionellen Gebäude mit grünem Dach (das helle ist die Kunstgalerie) das Historische Museum TaiBeis. Im Gegensatz zum Nationalpalastmuseum werden hier weniger bekannte Kunstwerke ausgestellt, v.a. ist die Anzahl der ausgestellten Stücke viel geringer, sodass auf kleinerem Raum ein guter Eindruck von ***chinesischer Kunstgeschichte.*** In einigen Hallen befinden sich Wanderausstellungen, andere sind Dauereinrichtungen. Die ***geschichtliche Darstellung*** von der Frühgeschichte der Menschheit bis zur Moderne wird teilweise durch Nachbildungen steinzeitlicher Szenen, Höhlen, Jagdtrophäen usw. aus Pappmaché untermalt. Wer sehr wenig Zeit für TaiBei mitbringt und auf das Nationalpalastmuseum verzichten möchte, sollte zumindest im Historischen Museum gewesen sein.

Ⓜ 14 (Seite 150); geöffnet 10.00–18.00 Uhr täglich (außer montags), Eintritt 40 NT$.

Botanischer Garten
植物園

Zwischen den Eingängen von Historischem Museum und Science Education Center geht es geradeaus zu einem chinesischen Tor mit Digitalanzeige. Hier ist das National Institute for Education and Research untergebracht, Besucher haben zu dieser Bildungseinrichtung allerdings keinen Zutritt. Links vor dem Tor führt eine Drehtür in den Botanischen Garten, der einen Eindruck von ***in und um TaiBei wachsenden Pflanzen*** vermittelt; die Beschriftungen sind leider nur auf chinesisch. Am kleinen Teich kann man der altbekannten Frage, wann ein Teich bei sich täglich verdoppelnden Lotusblüten gänzlich zugedeckt sein wird, praktisch auf den Grund gehen.

★ 15 (Seite 150); geöffnet tgl. 4.00–22.00 Uhr, Eintritt frei. Von hier aus nimmt man am besten die Metro zur Station LongShan Temple und folgt der Beschilderung. Alternativ kann man vom Botanischen Garten auch zu Fuß die HePing immer geradeaus bis zur ZhongHuaLu gehen und dort links bis zum LungShan-Tempel im ManKa-Viertel gehen (ca. 15 Minuten).

ManKa-Viertel (ManKaQu)

龍山寺

Neben DaTaoCheng ist ManKa das einzige zumindest teilweise noch ursprüngliche Viertel TaiBeis und beherbergt u.a. zwei der großen touristischen Attraktionen der Stadt – die sogenannte „Snake Alley" und den ⌽***LongShan-Tempel*** (211 GuangZhouJie), um den sich eine kleine Geschichte rankt: Vor etwa 300 Jahren ließ ein Bewohner von ManKa sein Amulett mit einer kleinen GuanYin-Figur (Boddhisattva der Barmherzigkeit) an einem Baum hängen. In der Dunkelheit begann die Figur seltsam zu leuchten, sodass sich keiner der Anwohner (meist Einwanderer aus der Provinz FuJian) mehr getraute, das Amulett zu entfernen. Im Laufe der Zeit bemerkten sie, dass das Amulett Wünsche erfüllen konnte – und so errichteten sie 1738 um den Baum herum den LongShan-Tempel.

Foto: wl 009t

Löwe vor dem LongShan-Tempel

Viele der Fukienesen hatten grob gearbeitete Steine als Ballast für die Schiffe auf der Überfahrt mitgebracht – diese wurden für die Pflasterung des Hofes verwendet. Das dreigeteilte Haupttor ist verschlossen und wird nur an besonderen Feiertagen geöffnet, man betritt den Tempel durch die Seitenflügel-Tore. In den Haupthallen sind zahlreiche Gottheiten zu sehen, der Hauptschrein zeigt eine GuanYin-Statue, die während eines Bombenangriffes im Zweiten Weltkrieg unversehrt blieb, während die gesamte Halle mit Inventar zerstört wurde. Dieser bei den Einheimischen beliebteste Tempel TaiBeis ist stets gut besucht, hier kann man lebendigen Tempelalltag erfahren.

▲ 12 (Seite 150); MRT LongShan Temple, Exit 1.

Am Tempelausgang hält man sich rechts, überquert die Kreuzung, und nach ein paar Metern sieht man rechts den Eingang/Torbogen des ***TaiBei HuaXi Tourist Night Market.*** Hier liegt das Zentrum der chinesischen Medizin TaiWans – es gibt Ginseng, eingelegte Reptilien, Wurzeln, Kräuter, außerdem bieten Akupunktur- und Akupressurspezialisten, Handleser und viele kleine chinesische Apotheken hier ihre Dienste an.

桂林路。
。華西街

An der nächsten Kreuzung (中 GuiLinLu) biegt man links ab bis zur 中 HuaXiJie, zu erkennen an einer Stiftungsinschrift (engl.) an den Marmorplatten der Torsäulen. Hier befindet man sich inmitten der ***Snake-Alley,*** weltberühmter Horrortrip für westliche Touristen und kulinarisches Paradies für Anhänger „außergewöhnlicher" chinesischer Speisen und Getränke. Die Gasse, vollgestopft mit aneinandergereihten Ständen und Garküchen, wurde noch vor wenigen Jahren als touristisches Highlight propagiert. Nachdem Tierschützer und westliche Touristen mit dem Eindruck von „barbarischen, tierquälenden, allesfressenden Chinesen" abgereist waren, hält man sich von offizieller Seite heute eher zurück. Dass man in Asien im Allgemeinen und in China im Besonderen mancherlei zu sich nimmt und auf besondere Arten zubereitet, die man im Westen als barbarisch bezeichnen würde, hat kulturelle und historische Gründe: die chinesische Medizin auf der einen Seite (Knochen als Heilmittel) und das warme Klima auf der anderen (keine Kühlschränke bedingten früher stets frische Schlachtung).

Hier in der „Snake-Alley" findet man Affenschrumpfköpfe und Bärenknochen (werden pulverisiert, Aphrodisiaka), eingelegte Schlangen und Reptilien (Medizin und Kräftigung), frisch vor den Augen der Kunden zubereitete Getränke aus Schlangeninnereien (lebend entnommen, die Schlange zappelt derweil weiter), selbiges von Schildkröten (Kraft- und Potenzgetränke), schließlich können die Tierchen auch frisch gebraten vor Ort verzehrt werden – alles nichts für schwache Nerven. Ein Besuch lohnt sich übrigens erst ab 20.00 Uhr, vorher ist nahezu alles geschlossen.

★ 11 (Seite 150); MRT LongShan Temple.

青山宮

貴陽街

Am nördlichen Ende der HuaXiJie gelangt man wieder auf die GuiYangJie, auf der man wenige Meter nach rechts bei Nr. 218 auf den 中 ***JingShanTang-Tempel*** trifft. Auch zu diesem gibt es eine schöne Geschichte: Fischer brachten die Statue der Gottheit JingShan Mitte des 19. Jh. nach ManKa in die 中 GuiYangJie, wo sie plötzlich stehenbleiben mussten. Da keiner wusste warum, warfen sie die *GuWen* (Orakelknochen) und erfuhren dadurch,

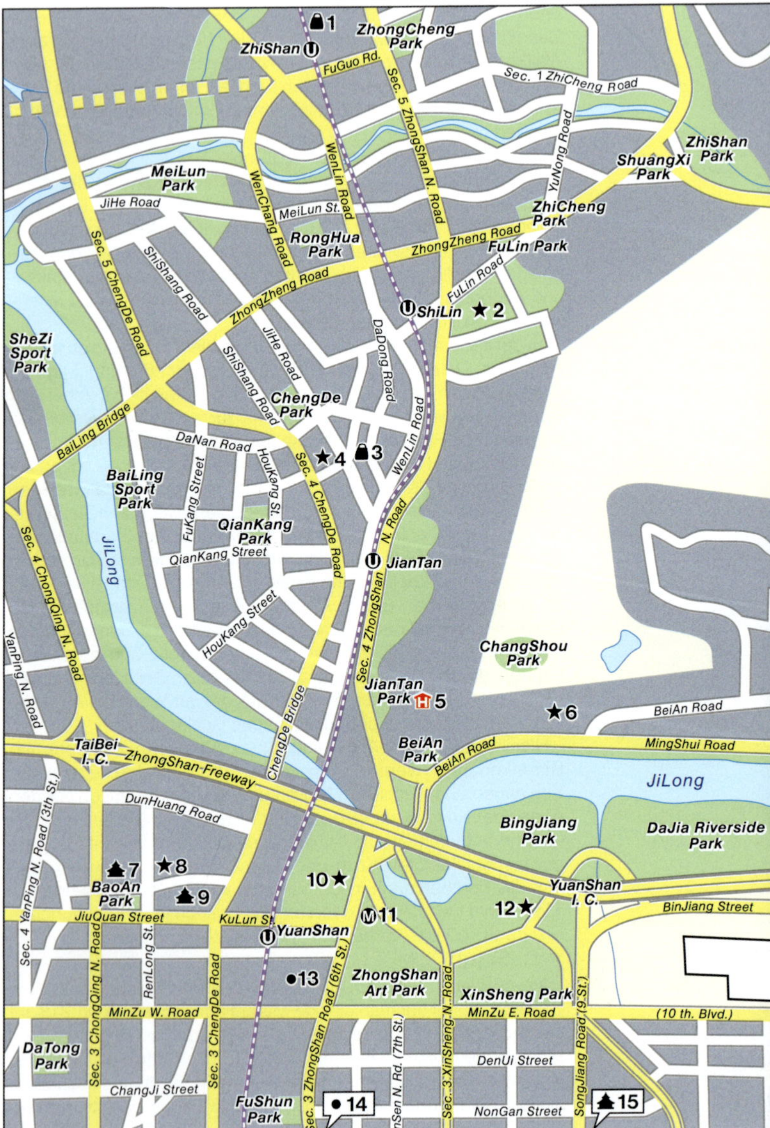
1
ZhongCheng Park
ZhiShan
FuGuo Rd.
Sec. 1 ZhiCheng Road
Sec. 5 ZhongShan N. Road
YuNong Road
ZhiShan Park
ShuangXi Park
MeiLun Park
WenLin Road
WenChang Road
JiHe Road
MeiLun St.
ZhiCheng Park
RongHua Park
ZhongZheng Road
FuLin Park
FuLin Road
Sec. 5 ChengDe Road
ShiShang Road
ShiLin
2
DaDong Road
JiHe Road
SheZi Sport Park
ShiShang Road
ChengDe Park
WenLin Road
BaiLing Bridge
DaNan Road
HouKang St.
4
3
BaiLing Sport Park
FuKang Street
Sec. 4 ChengDe Road
N. Road
QianKang Park
Sec. 4 ChongQing N. Road
JiLong
QianKang Street
JianTan
Sec. 4 ZhongShan
HouKang Street
ChangShou Park
YanPing N. Road
ChengDe Bridge
JianTan Park
5
6
BeiAn Road
TaiBei I. C.
BeiAn Park
BeiAn Road
MingShui Road
ZhongShan-Freeway
JiLong
Sec. 4 YanPing N. Road (3th St.)
DunHuang Road
BingJiang Park
DaJia Riverside Park
7
8
10
BaoAn Park
9
YuanShan I. C.
12
BinJiang Street
JiuQuan Street
KuLun St.
11
YuanShan
Sec. 3 ChongQing N. Road
RenLong St.
Sec. 3 ChengDe Road
13
Sec. 3 ZhongShan Road (6th St.)
ZhongShan Art Park
Sec. 3 XinSheng N. Road
XinSheng Park
SongJiang Road (9.St.)
MinZu W. Road
MinZu E. Road
(10 th. Blvd.)
InSen N. Rd. (7th St.)
DaTong Park
DenUi Street
ChangJi Street
FuShun Park
14
NonGan Street
15

- 1 Carrefour-Supermarkt
- 2 ShiLin-Präsidenen-Residenz
- 3 ShiLin-Nachtmarkt
- 4 TaiBei Sea World
- 5 Grand Hotel
- 6 Märtyrerschrein
- 7 BaoAn-Tempel
- 8 „Botschaft der Republik Wetogether"
- 9 Konfuzius-Tempel
- 10 Kindererholungszentrum
- 11 Fine Arts Museum & TaiBei Story House
- 12 LinAnTai (hist. Siedlung)
- 13 TaiBei-Stadion
- 14 JennySa Travel
- 15 XingTian-Tempel
- 16 Chinese Culture & Movie Center
- 17 ShunYi Ureinwohner-Museum
- 18 Nationalpalastmuseum

dass die JingShan-Statue genau hier bleiben wolle. Also stellte man sie hier an der Straße ab; zur gleichen Zeit wütete eine Epidemie in Nord-TaiWan, ManKa blieb seit Eintreffen der Statue von weiteren Krankheitsfällen verschont. Man schrieb dieses Wunder JingShan zu und sammelte Geld, um einen Tempel zu errichten – dieser entstand 1854 und blieb in seiner ursprünglichen Form erhalten.

Neben dem Hauptschrein befinden sich rechts und links je drei Glasvitrinen; hinten rechts stehen vis à vis die Generäle *XieBiAn* und *FanWuDi* (klein und rundlich bzw. lang und dünn, mit heraushängender Zunge als Zeichen für Selbstmord ⇗ Daoismus). Beide waren früher angeblich in der Nacht kettenrasselnd in den Straßen zu hören – es habe hier daher kaum Diebe gegeben. In den beiden Vierer-Vitrinen sind die acht Unsterblichen dargestellt. ▲ 10 (Seite150)

Vom JingShan-Tempel geht man weiter die GuiYang-Straße entlang, an deren Ende rechts und links ***LiaoTienWu (ChiXin-Markt)*** liegt. Dies ist die alte Einkaufs- und Handelsstraße von ManKa; von den alten Ziegelsteingebäuden mit den Rundbögen sind nur noch hier am Ende der Straße einige erhalten. Fukienesische Snacks, Obst und getrocknete Lebensmittel werden hier vertrieben, im Gegensatz zur Snake-Alley verirrt sich hierher kaum ein Tourist.

八十一康定路

Schließlich kommt man zur KangTingLu, und in der Mitte des Halbkreises der Straße liegt der Eingang zum ***QingShui-Tempel*** (QingShuiGong, ⊕81 KangTingLu). Der Hauptgott des Tempels, PengLai, hat die Augen halb geschlossen; dies soll seine Konzentrationsfähigkeit symbolisieren: Er soll Naturkatastrophen vorhersagen können, und zwar so, dass der Statue bei drohendem Unheil die Nase abfällt, die erst dann wieder anwächst, wenn die Katastrophe bereinigt ist. Der Tempel entstand 1787 und gilt als typisch für den Baustil der mittleren Qing-Epoche.

●Aus dem Tempel kommend, biegt man scharf rechts ab zur ZhongHuaLu, wo gleich links die Haltestelle für die Linien 0 und 253 zum QingNian-Park (s.u.) liegen. Wer zurück zu den günstigen Hotels beim Nordtor möchte, kann (aus dem Tempel scharf links) die 24 zum PeiMen nehmen. (Direkt vom/zum Hbf. fahren: 24, 25, 38, C-49, 65, 234.)

QingNian-Park (QingNian GongYuan) 青念公園

Der Park liegt am Ufer des DanShui-Flusses und dient als größtes städtisches Erholungsgebiet. Er bietet neben einigen Schwimmbädern Rollschuhbahnen und sogar Tennisplätze; an Wochenenden kann man hier sehr viele Einheimische und westliche Schüler beim TaiJiQuan beobachten.

★ 13 (Seite 150); Bus vom Hbf.: C-253.

ZhongZheng Riverside Park

Südlich der ShuiYuanLu wurde am XinTian/DanShui-Fluss der ZhongZheng Riverside Park mit ***Rad- und Wanderwegen*** als Naherholungsgebiet angelegt.

★ 1 (Seite 178); ab Botanischem Garten ca. 10 Minuten der QingNianLu Richtung Fluss folgen.

Kultur-Tour zwischen DanShui-River und JiLong-River

Geradezu eine famose Ansammlung von höchst bedeutsamen und interessanten Punkten findet der Reisende leicht erreichbar mit der Metro (Station YuanShan) ***im Nordteil der Stadt*** zwischen den Flüssen JiLong und DanShui. Der Schwerpunkt dieser Route liegt auf ***Kunst und Kultur,*** ein voller Tag sollte hierfür angesetzt werden. Die Tempel unterscheiden sich stark voneinander, sodass - gemeinsam mit dem klassischen LinAnTai-Wohnkomplex - ein recht umfassender Eindruck von religiöser und weltlicher klassischer Baukunst entsteht.Von der ***Metro-Station YuanShan*** folge man einfach der (englischen) Beschilderung zum Konfuziustempel, der 5 Gehminuten von der Station entfernt liegt.

Konfuziustempel (KongZiMiao)
孔子廟

364 Tage im Jahr wird man den Konfuziustempel (275 TaLung-Jie) als einen sehr ***ruhigen Park*** genießen können. Die Anlage gehört zu den drei größten Schreinen (neben TaiNan und Kao-Hsiung/GaoXiong), die in TaiWan zum Angedenken an den Meister errichtet wurden. Mit Leben erfüllt wird sie nur am 28. September, dem Geburtstag von *Konfuzius.* Dieser Tag wird als ***Tag des Lehrers*** gefeiert, Schüler machen überall im Lande ihren Lehrern kleine Geschenke, in den Tempeln spielen sich großartige, farbenfrohe Zeremonien ab, unterstützt von zahlreichen Rhythmusinstrumenten, die während des Jahres in der Haupthalle aufbewahrt werden.

Die Anlage zeigt den ***typischen Aufbau aller Konfuziustempel*** (alle wurden nach dem Vorbild des Tempels von ChuFu in der VR China, dem Heimatort des Konfuzius, errichtet): Eine große Mauer umgibt einen Garten, der eigentliche Tempel wird wiederum von einer Mauer mit Seitengängen rundum umgeben. Durch das Hauptportal betritt man den Innenhof, in dessen Mitte die eigentliche Haupthalle steht. Der Schrein selbst ist außerordentlich schmucklos und besteht lediglich aus einer großen Kalligrafie, umsäumt von den unterschiedlichsten Instrumenten.

▲ 9 (Seite160); am Ausgang der MRT-Station YuanShan der Beschilderung folgen, der Tempel liegt in der JiuQuanLu rechter Hand.

BaoAn-Tempel (BaoAnGong)
保安宮

Direkt um die Ecke vom Konfuziustempel kann man schon von weitem die weitläufige Anlage des daoistischen BaoAn-Tempelkomplexes sehen. Dieser gigantische, sich über die Straße hinweg erstreckende Tempelkomplex in der 61 HaMiJie entstand im ausgehenden 18., frühen 19. Jh. als ***Schutztempel fukienesischer Einwanderer.*** Der Baustil gleicht dem ihrer Heimat auf dem chinesischen Festland, typisch sind die Galerien unter den doppelten Dächern. Der Komplex besteht aus Vorhalle, Haupthalle und rückwärtiger Halle, wobei in letzterer die Vermischung der ***verschiedenen Glaubensrichtungen*** Chinas zu sehen ist: Die zweite Etage hier ist rein buddhistisch, während die Anlage an sich daois-

102t Foto: wl

Die ominöse „Republik Wetogether"

tische Merkmale (Drachenverzierung der Dächer usw.) aufweist. Die hier verehrten ***Hauptgottheiten*** sind *PaoSheng* (Gott der Medizin), *RuLaiFo* (Gott des Glücks) und *ZhuSheng NiangNiang* (Göttin der Fruchtbarkeit).

Interessanterweise liegen sich die ***Zentren der beiden geistigen „Rivalen"*** *Konfuzius* und *LaoTzu* (sofern man in der chinesischen Philosophie überhaupt von Rivalen sprechen kann) praktisch gegenüber.

▲ 7 (Seite160).

Botschaft der Republik Wetogether
我們同一國
大使館

Rechts vom Haupteingang des BaoAn-Tempels steht ein kleineres weltliches Gebäude, welches sich als „Embassy" (Botschaft) der „Wetogether Republic" entpuppt. Es handelt sich um ***moderne Kunst*** des TaiBeier Künstlers *ChiangYangHui,* der vor einigen Jahren die Idee hatte, in einer ehemaligen Polizeidienststelle ein ***Symbol der Gemeinschaft aller Menschen*** zu kreieren. Die „Sechs Regeln" der „Republik" wie auch die Exponate im Inneren erklären sich (englisch) von selbst.

★ 8 (Seite 160).

ZhongShan Art Park
中山美術公園

Auf der Ostseite der Metro sieht man schon bei der Anfahrt neben dem Stadion die große Grünfläche des ZhongShan Art Park, der Spazierwege, Spielflächen (Inliner) und kleine Hügeln für morgendliche TaiJiQuan-Übungen umfasst. ***Durch den weitläufigen Park*** erreicht man die weiteren Punkte dieser Tour.

103t Foto: wl

Das schnuckelige TaiBei Story House

Kindererholungs-zentrum (ErTung YüLe ZhongXin)
兒童育樂中心

Am Nordrand des Parks amüsieren sich die Jüngeren lieber im Kindererholungszentrum statt im gegenüber liegenden Museum der schönen Künste (s.u.). Der Park, in dem früher der TaiBei-Zoo untergebracht war, besteht aus drei zusammenhängenden, größeren Abteilungen: einem ***Rummelplatz*** mit Fahrtgeschäften, einer „Welt von morgen" und der ***„Welt von gestern".*** Letztere ist neben dem „Space-Theatre" die vielleicht größte Attraktion; bestehend aus einer Art Freilichtmuseum mit vielen Gebäuden früherer chinesischer Epochen, in denen jeweils diverse Utensilien ausgestellt sind und den Kindern Schritt für Schritt die chinesische Geschichte nähergebracht wird. Von der nachgebauten Stadtmauer und der Aussichtsplattform kann man die ganze Stadt TaiBei überblicken. Die ***„Welt von morgen"*** bewegt sich thematisch in die entgegengesetzte Richtung, im großen ***„Space-Theatre"*** (150 NT$ extra) finden gelegentlich besondere Veranstaltungen mit 3-D-Effekten, 360-Grad-Filmvorführungen usw. statt.

★ 10 (Seite160); Park-Ticket 50, Kinder 30 NT$; montags geschlossen. Zwei Eingänge führen in den Park: von der Metro durch die Grünanlage gehend linker Hand (Haupteingang) sowie diesen links liegen lassend immer geradeaus an einer Polizeistation vorbei in die Sackgasse hinein zum Nebeneingang.

TaiBei Story House
台北故事館

Vom Nebeneingang des Kinderparks führt eine Unterführung direkt zum neu eröffneten TaiBei Story House. Das ***Gebäude*** wurde 1914 unter der japanischen Kolonialregierung im westlichen Stil errichtet und erinnert äußerlich an einen europäischen Kleinstadtbahnhof dieser Zeit. Es diente lange Jahre als stilvoller Club der Oberschicht und wurde 1979 vom benachbarten Fine Arts Museum aufgekauft und verwaltet. Nach kompletter Renovierung 2003 wurde eine ***Wechselausstellung zu originär kulturhistorischen chinesischen Themen*** eröffnet, etwa Teezeremonien oder klassische Hochzeiten.

Ⓜ 11 (Seite 160); das Museum hat Di–So 10.00–18.00 Uhr geöffnet, Eintritt 40 NT$, Kinder 25 NT$. Die Cafeteria auf dem Gelände gilt als vorzüglich für Tees und Gebäck.

Museum der schönen Künste (MeiShuKuan)
林安泰古厝簡介

Das ***TaiBei Fine Arts Museum*** (Museum der schönen Künste) ist das größte Museum TaiWans, welches mit teilweise fester und teilweise wechselnder Thematik die ***moderne nationale und internationale Kunst*** zeigt. Europa im Allgemeinen und Deutschland im Besonderen scheinen überdurchschnittlich oft mit Ausstellungsthemen vertreten zu sein, so beispielsweise durch eine mehrmonatige Ausstellung Nordrhein-Westfalens zum Thema „Die Generation der 90er Jahre - moderne deutsche Kunst". Kunstwerke einheimischer Künstler fehlen nicht, im Erdgeschoss können eine Reihe chinesischer Souvenirs erworben werden.

Im Museum gilt ein generelles ***Fotografierverbot,*** welches streng überwacht wird.

Ⓜ 11 (Seite 160); Eintritt 40 NT$, geöffnet tgl. außer montags.

XinSheng-Park
新生公園

Vom Museum der schönen Künste aus blickt man auf das TaiBei Story House an der Treppe mit einer Unterführung; dieses rechts liegen lassend biegt man an der Straße haarnadelförmig nach rechts um das Museum gehend herum in das ruhige Nebensträßchen (Großgärtnerei) ab und folgt diesem bis zu einer Straßenunterführung linker Hand, wo man auf der anderen Seite eine Grünanlage/Park sieht (5 Minuten ab Museum). Man geht an einem kleinen Tempel vorbei und steht im XinSheng-Park, der mit gummierten Joggingwegen ausgelegt wurde und ein beliebter, moderner ***Freizeitsportler-Treffpunkt*** wurde.

Das einzige historische Monument in diesem modernen Park ist das ***Denkmal zu Ehren von Claire Lee Chennault*** (1893–1958), im Zweiten Weltkrieg kommandierender General der chinesischen Freiwilligen-Luftwaffeneinheit „Flying Tigers". Nach dem Krieg war der gebürtige Nationalchinese kommandierender General der amerikanischen Luftwaffe und nach seiner aktiven Laufbahn Begründer und Vorsitzender der noch heute existierenden Fluggesellschaft *Air Asia*.

LinAnTai KuTsuo ChianChie
林安泰古厝簡介

An der Parknordseite liegt das LinAnTai, ein ***klassisches chinesisches Wohnhaus*** im Qing-Stil und eines der am besten konservierten Beispiele chinesischer Privatbau-Architektur des 18. und 19. Jh., gekennzeichnet durch zahlreiche Stein- und Holzschnitzarbeiten. Auch wenn TaiWan seinerzeit noch nicht so dicht

Gebete im XingTian-Tempel

besiedelt war wie heute, entspricht die weitläufige Anlage nicht dem Wohnstil der Durchschnittsbürger. LinAnTai zeigt den ***Wohn- und Lebensstil der Oberklasse,*** traditionelle Gartengestaltung und Großzügigkeit des Areals machen deutlich, wie die obere Beamtenschicht zu wohnen pflegte. Die Wohnräume entstanden um 1740, ursprünglich in kleinerem Umfang und in einem anderen Stadtteil. Sie wurden mit zunehmender Familienmitgliederzahl erweitert und vergrößert, in seiner jetzigen Form wurde das Gebäude erst um 1823 fertiggestellt und sollte in den 1970er Jahren einer Straßenerweiterung zum Opfer fallen. Taiwanesische Historiker kämpften für eine Verlegung Stein für Stein an den jetzigen Standort.

Privatgebäude wurden früher (häufig auch noch heute) nicht nach unseren Maßstäben (Lage, Anzahl der Räume etc.) errichtet, vielmehr spielte das klassische ***FengShui*** eine zentrale Rolle: *FengShui* (Geomantik) bezeichnet die unsichtbaren Kräfte, welche über Glück oder Unglück eines Gebäudes entscheiden. Eine der Grundregeln des *FengShui* (wörtlich: Wind und Wasser) besagt, dass der Eingang stets nach Südwesten ausgerichtet sein muss. Der Baumeister spielte eine geringere Rolle als der Schamane, der mit Gewichten und Wünschelruten störende Felder und Geister am Grundstück aufspürte. Auch heute wirkt sich das *FengShui* oftmals stärker auf Immobilienpreise aus als die „Lage" nach unserem Verständnis.

★ 12 (Seite 160); Eintritt frei, geöffnet tgl. (außer montags und an Feiertagen) 9.00–17.00 Uhr. Sehr empfehlenswert!

XingTian-Tempel (XingTianGong)
行天宮

Viele Touristen bevorzugen den ↗ LungShan-Tempel im ↗ ManKa-Viertel; Grund genug, den ***klassisch-daoistischen Tempel*** XingTianGong (HsingTienKung) auch einmal - am besten morgens - zu besuchen. Hier werden die alten daoistischen Rituale spürbar ernst genommen, schon optisch an den blauen (traditionelle daoistische Farbe) Kitteln der in Gebete versunkenen Tempeldienerinnen erkennbar. Der Tempelkomplex ist von einer Mauer umgeben, an der Räucherstäbchen, Opfergeld und die duftenden weißen Lotusblüten an Pilger verkauft werden, erst dann betritt man den eigentlichen Tempel. Das Hauptheiligtum stellt den Kriegsgott *KuanKung (HsingTien)* dar, eine wichtige, aggressive Figur des Daoismus. Die zahlreichen Opfertische sind stets reichlich gedeckt, an der Frontseite befinden sich die Gebetstische mit klassischen Schriften. Der Tempel entstand im 19. Jh. im Stil der späten Ching-Dynastie als Hort der konservativen Richtung des Daoismus.

Ferner kann man vom Tempel aus den 300 m entfernten (gleiche Straßenseite der MinChuanLu, vorbei an der Leichenhalle) ***ZhongXing-Park*** besuchen (das geschmückte Gebäude dazwischen ist das städtische Krematorium), eine größere, sehr gepflegte Grünanlage mit Bambus, einem kleinen Teich und vielen kleinen Blumenbeeten.

▲ 3 (Seite 150); von der Südostecke des XinShen-Parks folgt man der SongJiangLu 10 Minuten in südliche Richtung und findet die Tempelanlage linker Hand. Vom/zum Hbf. fahren C-49, E-0, F-222, die Metrostationen ZhongShan bzw. MinQuan W. Rd. liegen ca. 10-15 Gehminuten entfernt.

Historisches Erbe, Tradition und Moderne – der ShiLin-Distrikt

Nördlich des JiLong-River könnte man man leicht ein, zwei Tage im Stadtteil ShiLin verbringen; die vorgeschlage Route verbindet Höhepunkte wie das berühmte Nationalpalastmuseum, den Märtyrerschrein mit Wachwechsel, Straßen- und Nachtmärkte sowie das Chinese Culture & Movie Center (Filmstudios von TaiBei).

Man sollte auch für diese Tour mit einem ganzen Tag rechnen, allein im ***Nationalpalastmuseum*** gibt es genug zu sehen. Vor allem für (Kunst-)Historiker nd Sinologen ist das Museum ein Muss, ebenso für jeden, der sich auch nur ein wenig für Kunst und Kultur (ganz) Chinas interessiert.

Nationalpalast-museum (KuoWei KuKung PoWuYuan)
故公博物館

Wer schon einmal ein Aerogramm aus TaiWan gesehen hat, wird sich gewiss an das Bild auf der Rückseite erinnern. Abgebildet ist ein mit mehreren Türmchen im chinesischen Stil errichtetes gigantisches Bauwerk am Fuße eines dicht bewaldeten Hügels im Stadtteil ShiLin.

Dieser Palast ist das National Palace Museum, der Stolz und das ***kulturhistorische Aushängeschild*** der R.o.C., welches für den gesamten chinesischen Kulturkreis eine Bedeutung hat wie etwa der Louvre in Paris für Europa.

Dass auf dem kleinen TaiWan ein Hort der chinesischen Geschichte steht, nicht aber in der Volksrepublik, hat eine pikante und spannende ***Vorgeschichte:***

In der Sung-Dynastie (960–1279 n.Chr.) begannen die Kaiser erstmals, gezielt Zier-, Kult- oder Alltagsgegenstände am Kaiserhof zu sammeln. Die kaiserlichen Beamten überall im Reich wurden angewiesen, alles, was von Interesse sein könnte, zu sammeln und an den Hof zu schicken. Diese für die Regenten so erfreuliche und lukrative Tradition wurde auch unter den Dynastien Yuan (1279–1368), Ming (1368–1644) und Ching (1644–1911) fortgeführt. So entwickelte sich allmählich die ***kaiserliche Schatzkammer in der verbotenen Stadt in Peking,*** die kaum je ein Sterblicher zu sehen bekam außer den Herrschern und deren Hofstaat. Angesammelt wurden Gemälde, Möbelstücke, Schmuck, Bücher, Kunsthandwerkliches, Kalligrafien - kurz, alles was vom kulturellen Erbe Chinas zeugt.

Nach dem Sturz der letzten Dynastie und der Gründung der Republik 1911 stand der letzte Kaiser *PuYi* in der verbotenen Stadt erst unter Hausarrest und musste die Stadt schließlich 1924 ganz räumen; alle Besitztümer fielen danach der ***Republik China*** (R.o.C.) zu. 1925 wurden die Tore der verbotenen Stadt in Peking für die Allgemeinheit geöffnet, das ***erste Nationalpalastmuseum*** war geboren, die Zeugnisse der chinesischen Kultur nun jedermann zugänglich.

Mit der Besetzung der Mandschurei durch Japan (1931) befürchtete China einen baldigen Angriff, sodass 1933 alle Kunstschätze des Kaiserpalastes in rund 7000 große Holzkisten verpackt und per Eisenbahn in die ***Hauptstadt NanKing*** befördert wurden. Ungeöffnet zog der Tross von dort jeweils vor den vordringenden Japanern fliehend kreuz und quer durch das Land. Nach der Kapitulation Japans kamen die Schätze schließlich 1947 zurück in die Hauptstadt NanKing, wo sie teilweise der Öffentlichkeit gezeigt wurden.

Doch schon 1949 mussten die Truppen der GuoMinDang den vormarschierenden Kommunisten weichen - erneut wurde eiligst eingepackt und über 6000 Holzcontainer auf dem Seeweg ***nach TaiWan verschifft.*** Da die R.o.C. sich nur auf einen „vorübergehenden" Rückzug einstellte, wurden die Kisten auch hier nicht ausgepackt, sondern in einem Lagerhaus des „provisorischen Regierungssitzes", TaiBei, untergestellt.

Nachdem sich das Vorhaben der „Rückeroberung" auch in den 1960er Jahren nicht realisieren ließ, wurde das ***heutige Nationalpalastmuseum gebaut,*** welches 1965 die Pforten öffnete. Während der gesamten, langen Odyssee ist nach offiziellen Angaben nicht ein einziges Stück beschädigt worden.

Die Kunstschätze des Nationalpalastmuseums (NPM) sind einer der ganz großen und äußerst schwierig zu beurteilenden ***Streitpunkte zwischen TaiWan und der Volksrepublik.*** Letzere fordert, da international das einzige anerkannte „China", alle Gegenstände heraus, da sie Eigentum der Volksrepublik seien. Umgekehrt argumentiert TaiWan, die Stücke seien der R.o.C. nach dem Fall des Kaiserreiches zugefallen, ihre Truppen hätten sie vor den Japanern in Sicherheit gebracht und schließlich (was nicht von der Hand zu weisen ist) hätten die Kommunisten während der Kulturrevolution auf dem Festland nahezu alles Alte zerstört und somit offen kundgetan, dass sie die Erinnerungen an die alten Zeiten gar nicht wollten.

Heute befinden sich rund 700.000 Einzelstücke im Besitz des NPM, ausgestellt werden allerdings nur etwa 15.000. Alle drei Monate wird die ***Ausstellung*** dann komplett ausgewechselt, sodass es rund 12 Jahre dauert, ehe der Besucher jeden Gegenstand einmal zu sehen bekommt! Das NPM liegt nicht zufällig direkt an einem kleinen Berg. Dieser wurde ausgehöhlt, mit endlosen Gängen und vollklimatisierten Hallen durchzogen, wo die 685.000 jeweils gerade nicht gezeigten Stücke lagern.

Durch Schenkungen und Ankäufe wächst der Bestand des NPM stetig weiter, bedeutende Ausstellungsreihen (sind praktisch immer dabei) sind Keramik (bis zu 5000 Jahre alte Stücke), Bronzen (bis zu 3000 Jahre alt), Kalligrafie (Orakelknochen, Handschriften usw.) und Malerei.

Führungen in Englisch finden täglich um 10.00 und 15.00 Uhr statt, zweimal wöchentlich auch auf Französisch (Information dazu an der Kasse, auch Deutsch ist auf Voranmeldung möglich, Tel. 28812021). Im Museum werden um 9.30 und 14.30 Uhr neben der „Galerie zum Vergleich chinesischer und anderer Weltkulturen" ***Diashows*** zu chinesischer Kunst und Kultur (engl.) vorgeführt. Der ***Souvenirladen*** im Eingangsbereich bietet Dias, ausgezeichnete kunst- und kulturgeschichtliche Bildbände sowie sehr günstige Drucke und Reproduktionen chinesischer Kalligrafien und Malereien an.

2 2 1 茬山路

Ⓜ 18 (Seite 160); ⌖221, ZhiShanLu, Sec.2, geöffnet tgl. 9.00–17.00 Uhr, das Teehaus bis 16.30 Uhr, das Restaurant 9.00–19.00 Uhr (Mittagessen 11.00–14.00, Abendessen 17.00–18.30 Uhr), der Garten nebenan tgl. (außer montags) 9.00–17.00 Uhr (20 NT$). Im Museum herrscht absolutes Fotografierverbot, alle Geräte werden im Eingangsbereich von den Angestellten in Schließfächern verwahrt. Eintritt 100 NT$ (Studenten 50 NT$). MRT ShiLin, dort 255 oder 304 nehmen.

ShunYi-Ureinwohnermuseum

Das kleine Privatmuseum (ShunYi Museum of Formosan Aborigines) in der 282 ZhiShanLu, Sec. 2, in unmittelbarer Nähe zum Nationalpalastmuseum gelegen, Tel. 28412611, zeigt die vielleicht umfassendste Ausstellung zu ***Alltags- und Opfergegenständen*** der taiwanesischen Ureinwohner. Für Kenner sehr zu empfehlen, allerdings sind die Exponate nur in chinesischer und japanischer Sprache beschriftet. Englischsprachige ***Führungen*** sind auf Anfrage möglich.

Ⓜ 17 (Seite 160); geöffnet täglich (außer Montag) 10.00–18.00 Uhr, vom 20.1. bis 20.2. geschlossen; Eintritt 150 NT$.

Chinese Culture & Movie Center (ZhongYang TianYing WenHuaCheng)

中央電影文化成

Hinter diesem Begriff verbirgt sich eine etwas andere Sehenswürdigkeit, 10–15 Minuten zu Fuß vom Nationalpalast-Museum enfernt, das Chinesische Kultur- und Filmzentrum, das aus den ***Filmstudios*** der Stadt entstanden ist. Wer einmal hinter die Kulissen eines KungFu-Filmes blicken oder einfach nur etwas Filmluft schnuppern möchte, ist hier herzlich willkommen. Die Filmstudios (Eintritt 200 NT$) und das dazugehörende ***Wachsfigurenkabi-***

nett mit überwiegend chinesischen historischen Persönlichkeiten (Eintritt 100 NT$) sind täglich 9.00–17.30 Uhr geöffnet.

Viele (einheimische) Touristen kamen hierher, sahen sich das Ganze einmal an, kamen aber kein zweites Mal – und die Besucherströme blieben sehr bald aus. Die Studios konnten dies natürlich nicht auf sich sitzen lassen (Gesichtsverlust!) und errichteten daher (rund um Burger King) ein ***Simulationskino*** (100 NT$, 4 bis 5 90-minütige Vorstellungen) mit 3-D- und 360-Grad-Effekten sowie die heftig propagierte ***City of Cathay,*** eine Art Kulissenstadt im chinesischen Stil mit klassischem Nachtmarkt. Die Angestellten kleiden sich im traditionellen Stil (Kostüme gibt es schließlich zur Genüge beim Film), sogar eine alte chinesische Währung nur für den Konsum im Park wurde eingeführt.

★16 (Seite 160); Eintritt: 200 NT$ (170 NT$ ermäßigt), geöffnet 8.30–17.30 Uhr. Busse F-213 (Achtung: fährt nur etwa alle 30–45 Min.), L-255, L-304 vom/zum Zentrum wie auch zum NPM. Vom NPM zu Fuß sind es etwa 1300 m der Hauptstraße rechts hinunter folgend (Orientierungspunkt per Bus: Burger King).

ShiLin Präsidenten-Residenz
士林官邸

Auf dem Weg von den Studios zur Metrostation ShiLin passiert man die ***ehemalige Residenz des „Generalissimus" Chiang-KaiShek*** (60 FuLin Lu), eine seiner Stadtvillen mit traditionellem chinesischem Garten. Das Haus, noch immer in Familienbesitz, wurde noch nicht für die Öffentlichkeit zum Besuch freigegeben, der Garten allerdings ist zugänglich (Eintritt frei).

★ 2 (Seite 160).

ShiLin-Nachtmarkt
士林夜市

Von der Metrostation ShiLin aus kann man wieder zurück ins Zentrum oder per Bus zum Märtyrerschrein fahren. Zwischen den Metrostationen ShiLin und JianTan liegen noch einige weitere Punkte zur Besichtigung, wenn man schon alles andere ausgeschöpft haben sollte. Vor allem der ShiLin-Nachtmarkt (MRT JianTan, dort beschildert) mit Einkaufs- und Probiermöglichkeiten von Snacks hat es vielen Einheimischen wie auch Touristen angetan.

3 (Seite 160).

TaiBei Sea World
台北海洋館

Die ***TaiBei Sea World*** enttäuscht dagegen eher: Trotz eines spektakulären 18-Meter-Unterwassertunnels sind die meisten Aquarien und Marineexponate unzureichend beschriftet (nur chinesisch oder wissenschaftlich) und können daher nur optisch, weniger inhaltlich genossen werden.

★ 4 (Seite 160); MRT JianTan, 128 JiHeLu, geöffnet tgl. 9.00–22.00 Uhr, Eintritt 480 NT$, Tel. 28803636.

Märtyrerschrein
忠烈祠

Der Schrein der Märtyrer ist ein Heldengedenkplatz für die im Krieg der R.o.C. gegen die Volksrepublik Gefallenen. Für den Touristen ist dieser friedliche und feierliche Ort insbesondere wegen des ***Wachwechsels der Ehrengarde*** interessant, der in einem

Dr. SunYatSen (1866-1925)

孫中山

SunYatSen (Mandarin: *SunZhongShan*) wurde am 12.11.1866 als *SunWen* in XiangShan (Festlandsprovinz GuangDong) geboren und setzte sich sein ganzes Leben für die republikanischen Strömungen Chinas ein. Nach Abschluss des Medizinstudiums beschloss er, als Berufspolitiker tätig zu werden und gründete die „Gesellschaft zur Erneuerung Chinas" (1894). Am 10.10.1911 stürzten Teile der Armee, die der republikanischen Bewegung positiv gegenüberstanden, die kaiserliche Mandschu-Dynastie (1644-1911) und zwangen den letzten Kaiser, *Henry PuYi,* zum Abdanken. Am 1.1.1912 rief *Sun* die „Republik China" aus und organisierte die republikanische Volkspartei GuoMinDang (KuoMinTang). Er selbst wurde zum Präsidenten ernannt, trat aber bald darauf freiwillig zugunsten des machthungrigen Generals *YuanShiKai* ab. Nach dessen Tod (1917) baute er die GuoMinDang mit Unterstützung der kommunistischen Internationalen (KomIntern) und seinem fähigsten militärischen Führer *ChiangKaiShek* zu einer Kaderpartei um. Es gelang zu seinen Lebzeiten nicht mehr, China völlig zu einen und regionale Machthaber, insbesondere im Norden Chinas, zu kontrollieren. *Dr. Suns* politische Ideen basieren auf den „drei Volksprinzipien" (SanMinZhuYi) Nationalismus, Demokratie und Volkswohlstand.

Sun war mit *SungJingLing* aus der reichen Händlerfamilie *Sung* verheiratet. Ihre Schwester *SungMeiLing* heiratete *ChiangKaiShek,* sodass zwischen *Sun* und *Chiang* auch enge Familienbande entstanden. *Dr. Sun* starb am 12.3.1925 in Peking und ist der von „beiden Chinas" hochverehrte Gründervater des nachkaiserlichen China. *ChiangKaiShek* setzte im Wesentlichen *Suns* Lebenswerk fort, obgleich sich sowohl die kommunistische Volksrepublik wie auch Nationalchina (TaiWan) als politische Erben *Suns* verstehen.

15-minütigen Zeremoniell 5 Minuten vor jeder vollen Stunde stattfindet (von 9.00 bis 17.00 Uhr). Der Komplex besteht aus mehreren im traditionellen chinesischen Stil errichteten Gebäuden, die einzelnen Flügel enthalten Fotos und Berichte der Heldentaten der Märtyrer der Nation. Die Anlage ist täglich von 9.00 bis 17.00 Uhr geöffnet.

Auf dem Weg dorthin (zu Fuß oder per Bus) passiert man das große ***Grand Hotel,*** auch eine Art Wahrzeichen TaiBeis und im klassischen chinesischen Tempelstil errichtet (⇗ Unterkunft).

★ 6 (Seite 160); Bus F-213 vom/zum Nationalpalast-Museum fährt über Grand Hotel/Märtyrerschrein.

Die moderne Oststadt

Das Gebiet östlich der FuXing Lu (wo die „braune" Metrolinie verläuft) ist von weitläufigen Straßenzügen mit modernen Hochhausbauten geprägt und gilt als ***architektonisches Vorzeigeviertel.*** Neben modernen Kaufhäusern und dem Messezentrum findet man das ehemals höchste Gebäude der Welt (TaiBei 101), die Gedächtnishalle des Begründers der Republik China (Dr. Sun YatSen).

Für die gesamte Runde sollte man ohne World Trade Center mindestens 5-6 Stunden einplanen, besucht man eine Ausstellung im WTC, entsprechend länger.

SunYatSen Memorial Hall
國父紀念館

Am 12.11.1965, dem 100. Geburtstag von *SunYatSen,* wurde im Gedenken an den Gründer der Republik China der Grundstein zur ***SunYatSen-Gedächtnishalle*** von Präsident *ChiangKaiShek* gelegt. Die Fertigstellung der riesigen Halle dauerte bis Mitte 1972. ***Teich und Brücke*** im Park wurden ausschließlich mit Materialien aus der Heimat *Suns* errichtet - die Volksrepublik hatte nichts dagegen einzuwenden, da *Sun* von beiden Chinas verehrt wird.

080t Foto: wl

Ehrenwache am Märtyrerschrein

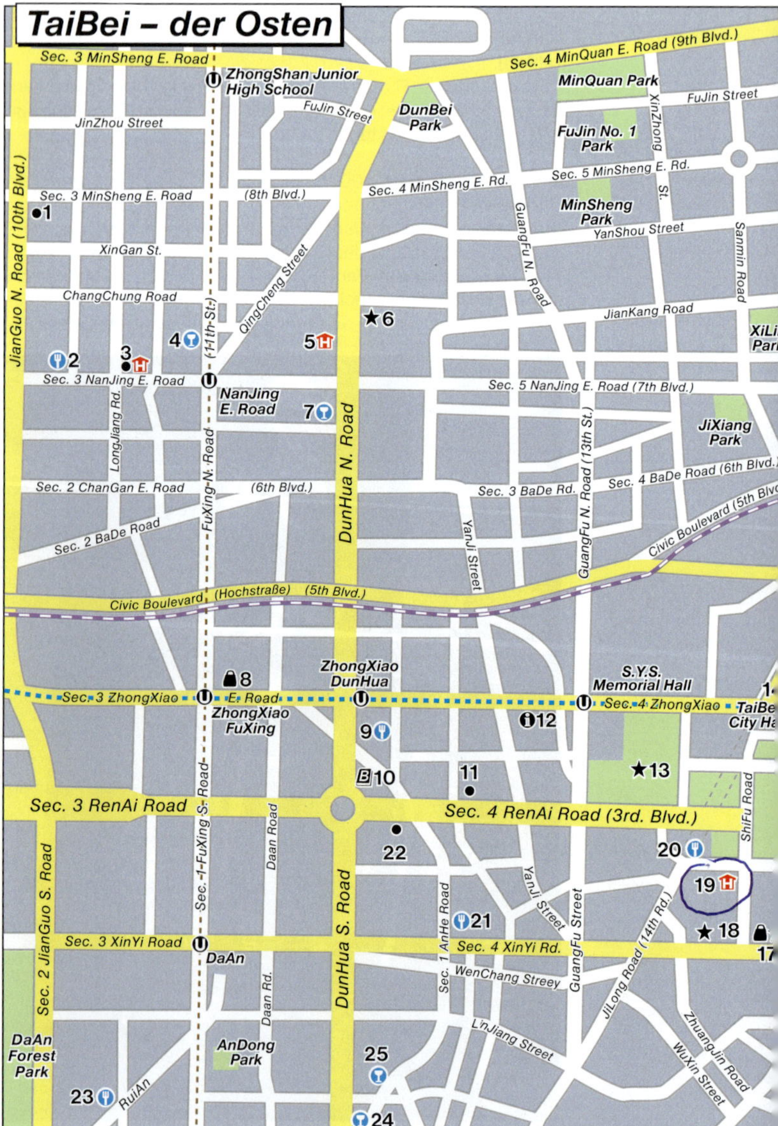
TaiBei – der Osten
Sec. 3 MinSheng E. Road
ZhongShan Junior High School
Sec. 4 MinQuan E. Road (9th Blvd.)
MinQuan Park
FuJin Street
DunBei Park
FuJin No. 1 Park
XinZhong St.
JinZhou Street
Sec. 5 MinSheng E. Rd.
JianGuo N. Road (10th Blvd.)
Sec. 3 MinSheng E. Road
(8th Blvd.)
Sec. 4 MinSheng E. Rd.
MinSheng Park
YanShou Street
GuangFu N. Road
Sanmin Road
XinGan St.
QingCheng Street
ChangChung Road
JianKang Road
XiLi Park
(11th St.)
Sec. 3 NanJing E. Road
NanJing E. Road
Sec. 5 NanJing E. Road (7th Blvd.)
LongJiang Rd.
FuXing N. Road
DunHua N. Road
GuangFu N. Road (13th St.)
JiXiang Park
Sec. 2 ChanGan E. Road
(6th Blvd.)
Sec. 3 BaDe Rd.
Sec. 4 BaDe Road (6th Blvd.)
Sec. 2 BaDe Road
YanJi Street
Civic Boulevard (5th Blvd.)
Civic Boulevard (Hochstraße) (5th Blvd.)
ZhongXiao DunHua
S.Y.S. Memorial Hall
Sec. 3 ZhongXiao E. Road
Sec. 4 ZhongXiao
TaiBei City Hall
ZhongXiao FuXing
Sec. 3 RenAi Road
Sec. 4 RenAi Road (3rd. Blvd.)
Sec. 1 FuXing S. Road
Daan Road
ShiFu Road
Sec. 2 JianGuo S. Road
DunHua S. Road
Sec. 1 AnHe Road
YanJi Street
GuangFu Street
JiLong Road (14th Rd.)
Sec. 3 XinYi Road
DaAn
Sec. 4 XinYi Rd.
WenChang Streey
Daan Rd.
LinJiang Street
ZhuangJin Road
WuXin Street
DaAn Forest Park
AnDong Park
RuiAn
1
2
3
4
5
6
7
8
9
10
11
12
13
14
17
18
19
20
21
22
23
24
25

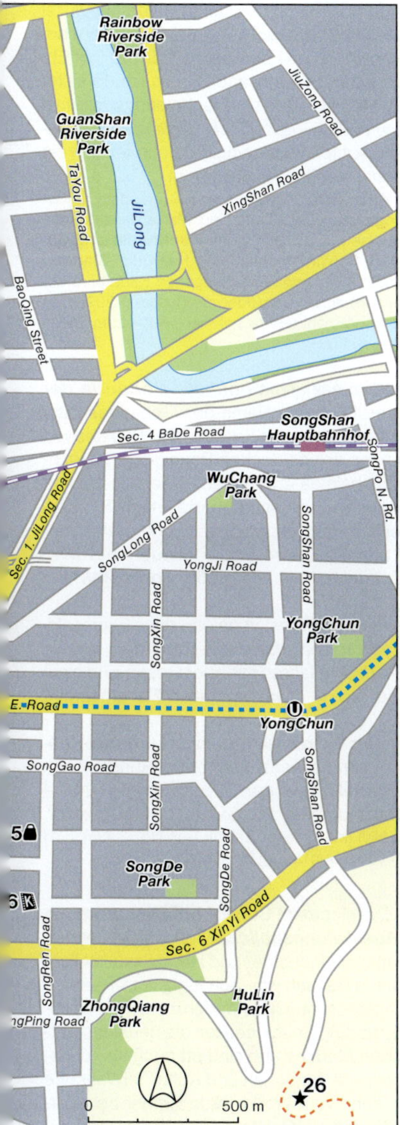

- ● 1 Deutsches Institut
- 2 Rest. FengLinDu
- ● 3 China Airlines, Westin Resort Hotel
- 4 Pub Brass Monkey
- 5 Asiaworld Plaza
- ★ 6 Forum der Nachwuchskünstler (Akrobatik, Oper)
- 7 Shannon Irish Pub
- 8 Kaufhaus Sogo Department Store
- 9 Rest. Papa Giovanni's
- 10 Buchgeschäft XinXueYou ShuJu
- ● 11 Wing On Travel
- 12 Touristeninformation (Zentrale)
- ★ 13 SunYatSen-Gedächtnishalle
- ● 14 Swiss Industries Trade Office
- 15 Mitsukoshi-Kaufhaus
- 16 Warner-Village Kinowelt
- ★ 17 TaiBei 101
- ★ 18 TaiBei World Trade Center
- 19 Grand Hyatt TaiBei Hotel
- 20 Rest. Peking TuYiChu
- 21 Rest. China Pa
- ● 22 Lufthansa
- 23 Rest. Hot Palace
- 24 Pub Saints and Sinners
- 25 Carnegie's Pub
- ★ 26 SiShouShan-Park

Das ***Gebäude*** wurde, ganz im Sinne des Landesvaters, bewusst schlicht und in rein chinesischem Baustil gehalten. Das Innere beherbergt an der Frontseite eine 25 m hohe ***Bronzestatue*** (mit Ehrenposten davor), die als Vorbild für alle anderen im Lande sichtbaren Statuen *Dr. Suns* gilt (einfachstes Unterscheidungsmerkmal für die Statuen *SunYatSens* und *ChiangKaiSheks: Chiang* steht meistens, *SunYatSen* sitzt). Am rechten Seiteneingang befindet sich ein ***Museum,*** welches Leben und Werk *Dr. Suns* zeigt.

★ 13 (Seite174); 505, RenAiLu, Sec.4, Tel. 27588008, geöffnet täglich 9.00–17.00 Uhr (Park durchgehend), Eintritt frei. Tipp: Man sollte aus Gründen der geschichtlichen Abfolge erst die SunYatSen-, später die CKS-Gedächtnishalle besuchen.MRT SunYatSen Memorial Hall oder Stadtbus C-299. Von hier aus kann man auch zum nahe gelegenen Hauptbüro der Touristeninformation (5 Minuten) laufen und/oder die Busse C-299, 504 (gleiche Straßenseite) zum SongShanLu-Park nehmen. Auch zum TaiBei 101 sind es keine 10 Minuten zu Fuß.

TaiBei 101
台北一0一

2004 wurde das mit 508 m seinerzeit ***höchste Gebäude der Welt,*** das „TaiBei 101", eröffnet. Der Name des Gebäudes leitet sich aus der Anzahl der Etagen über der Erde ab. Der Bau des von einem Tochterunternehmens des deutschen Baugiganten „Hochtief" im Stile eines Bambushalmes errichteten gläsernen Turmes verschlang rund 700 Millionen Euro und dauerte knapp 3½ Jahre. Das Innere beherbergt in den ersten Stockwerken eine moderne ***Shopping-Mall*** sowie zahllose Edelboutiquen und Markengeschäfte und im Untergeschoss die größte ***Food-Mall*** des Landes.

Das Fahrstuhlproblem wurde dergestalt gelöst, dass Expresslifte auf jeder zehnten Etage halten, dazwischen pendeln jeweils „Kurzstreckenlifte". Die ***Aufzüge*** fahren mit einer Geschwindigkeit von 10 m in der Sekunde, was in etwa dem freien Fall entspricht ($9{,}81 m/s^2$)!

Im 4. Stock (5 F.) fährt der Expressslift zur inneren ***Aussichtsplattform*** mit (klare Sicht vorausgesetzt) famosem Rundumblick über die Stadt (stolze 350 NT$, Kinder 320 NT$, tgl. 10.00–22.00 Uhr). Outdoor Observatory im 92. Stock 1000 NT$ extra.

★ 17 (Seite174); MRT City Hall (kostenloser Shuttle Bus No. 2 zum 101) oder knapp 10 Minuten zu Fuß ab SunYatSen Memorial Hall.

TaiBei World Trade Center ShiMao ZhongXin)
世貿中心

Der China Export Trade Development Council (CETRA) errichtete die großen ***Messe- und Ausstellungshallen*** in den 1980er Jahren, um nationale und internationale Industrie- und Handelsausstellungen abhalten zu können. Ein Besuch ist – abhängig vom Thema – nicht nur für Fachleute interessant. Unter anderem zeigen Spielzeug-, Leder-, Elektronik- und Schmuckmessen die neuesten Entwicklungen des heimischen Marktes und sind oft auch für Touristen ein interessanter Einblick in Wirtschaft und Kultur TaiWans. Es empfiehlt sich, vor einer Fahrt zum World Trade Center bei Informationsstellen (TI oder direkt im WTC unter 02-27251111) das aktuelle Programm zu erfragen. Die Eintrittspreise liegen deutlich unter europäischen Messepreisen und variieren je nach Thema und Umfang.

Eine ***„Zweigstelle“*** der CETRA befindet sich direkt am nationalen SongShan-Flughafen in TaiBei (Blick zum Flughafengebäude – 50 m links) und bietet gleichfalls Industrie- oder Handelsausstellungen. Das Angebot hier ist kompakter und für den Touristen, der sich einen kurzen Überblick verschaffen möchte, noch empfehlenswerter als die umfangreichen Ausstellungen des WTC. www.sinica.edu.tw

★ 18 (Seite 174); vom Hbf. fahren folgende Busse zum WTC: C-22, C/E/F-1, 38. MRT City Hall oder knapp 10 Minuten ab SunYatSen Memorial Hall.

SiShouShan-Park
松山路園

Wer nicht die 350 NT$ für die Aussicht vom TaiBei 101 zahlen will (aber trotzdem eine gute TaiBei-Totalaufnahme machen möchte) und wer nicht einen ganzen Reisetag für den nördlich TaiBeis gelegenen Park YangMingShan opfern will (aber trotzdem frische Luft und Stille in unmittelbarer Nähe der Stadt sucht), ist hier genau richtig. Am östlichen Stadtrand tauchen völlig unvermittelt einige steile, unbebaute Hügel auf, die zu ***Spaziergängen mit herrlichen Blicken auf die Stadt*** einladen.

Ausgangspunkt des Parks ist ein daoistisches Kloster am Fuße der Hügel, von dem aus man am besten links hinter dem Tempel die Treppe hinaufgeht und sich anschließend stets nach rechts, immer dem kleinen Betonpfad folgend, orientiert. Die Chinesen nennen die ***Hügel*** die SiShouShan (Vier-Tiere-Berge), da sie von weitem vier Tieren ähneln sollen. Der höchste Hügel wird ⌽JiuWuShan (9-5-Berg) genannt. Über diesen gibt es eine kleine Legende: Am 5.9.1915 wurde der 95-jährige *YuHui* zum 95-sten Mal Ururgroßvater. In Gedenken an diesen Tag beschloss er, auf den Hügel zu steigen und den Göttern zu danken. In Erinnerung an diese in Anbetracht des hohen Alters großartige Leistung und das Zusammentreffen der Ziffern neun und fünf nannten die Einheimischen den Hügel fortan „9-5-Berg“. Die steilen Hänge werden von einer Vielzahl daoistischer Figuren geschmückt, der Blick auf die Stadt ist fantastisch.

九五山

★ 26 (Seite 174); Stadtbusse C-299 (bester Bus) vom/zum Hbf. oder ab MRT YongChun (Ausgang 2) Bus 263 bis zur Endstation nehmen (FengTian Gong), dann weiter aufwärts (Gabelung: Mitte) durch das Parktor zum Tempel gehen (5 Minuten). Der Park ist sehr gut beschildert, man sieht auch an vielen Stellen das TaiBei 101, an dem man sich orientieren kann, wenn man etwa zur XinYiLu, Sec. 6, gehen möchte (Hinweg wie beschrieben, zurück zur XinYi Lu, 15 Min. bis TaiBei 101).

Traditionelle Wohnviertel – der Südosten (JingMei, MuZha)

Im Südosten findet man noch viel Tradition und ältere Bauten, Wohnviertel und den großen städtischen Zoo.

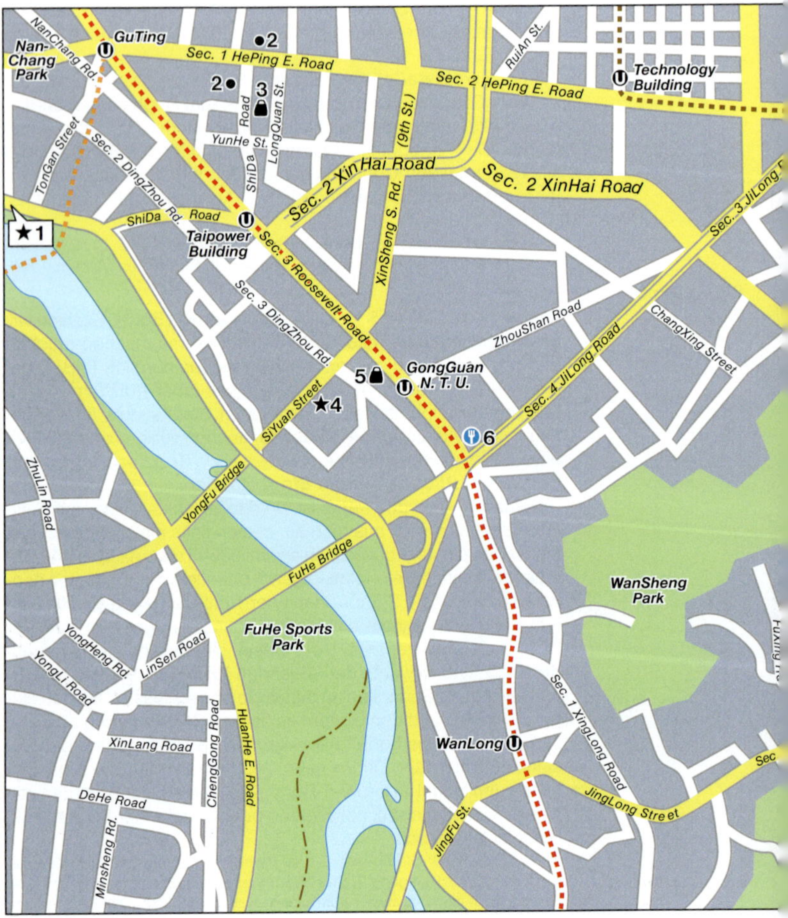

★ 1 ZhongZheng Riverside Park
● 2 National Taiwan Normal University
3 ShiDa-Nachtmarkt
★ 4 TaiBei Waterpark
5 GongGuan-Nachtmarkt
6 Rest. Ponderosa
● 7 Tunnel und Fußweg zum XingLong-Park
8 ZhiNan-Tempel
★ 9 MuZha-Teepark
● 10 National ChengChi University (ZhiNan-Universität)
★ 11 Zoo
12 JinLong-Tempel

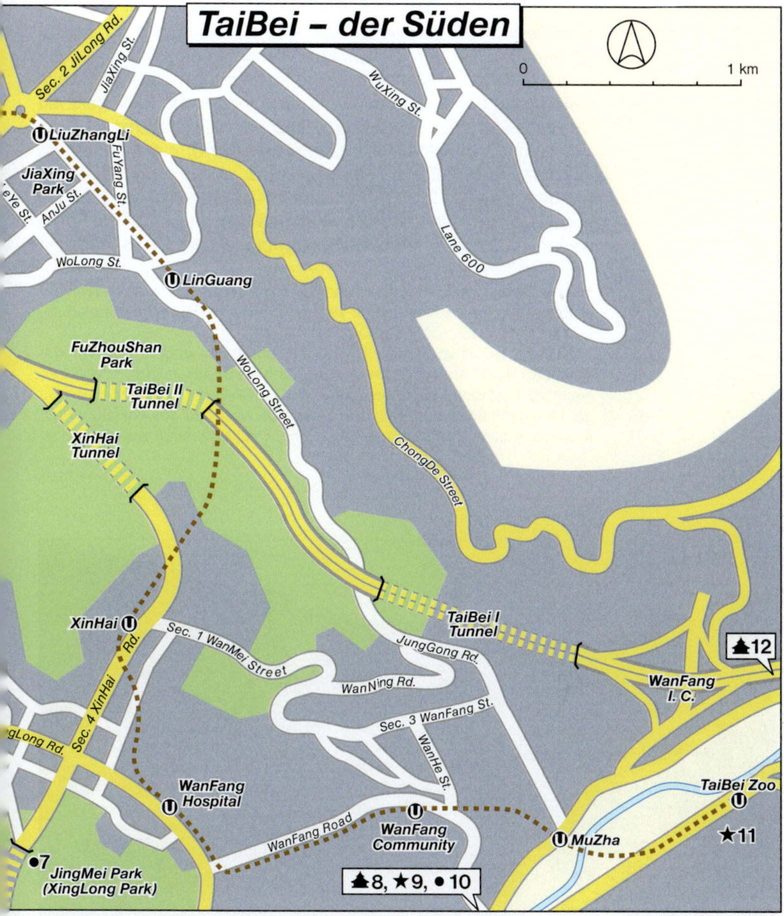
TaiBei – der Süden
0
1 km
Sec. 2 JiLong Rd.
JiaXing St.
WuXing St.
LiuZhangLi
FuYang St.
JiaXing Park
AnJu St.
eYe St.
Lane 600
WoLong St.
LinGuang
FuZhouShan Park
TaiBei II Tunnel
WoLong Street
XinHai Tunnel
ChongDe Street
XinHai
Sec. 4 XinHai Rd.
TaiBei I Tunnel
Sec. 1 WanMei Street
JungGong Rd.
12
WanNing Rd.
WanFang I. C.
Sec. 3 WanFang St.
WanHe St.
gLong Rd.
WanFang Hospital
TaiBei Zoo
WanFang Road
WanFang Community
MuZha
11
7
JingMei Park (XingLong Park)
8, 9, 10

JingMei-Park (JingMei Yuan)
景美山園

Der ***Stadtteil JingMei*** im Süden TaiBeis ist vor allem durch seinen großen Friedhofsberg bekannt und daher bei den Einheimischen wenig beliebt. Die Mieten hier sind hier niedriger als anderswo in TaiBei, seit der MRT-Anbindung allerdings nicht mehr ganz so deutlich wie früher. Sehenswert ist hier der völlig untouristische (da unbekannte) ***JingMei-Park (XingLong-Park),*** einer der Berge inmitten von TaiBei. Die Lage des kleinen daoistischen ***Tempels*** auf dem Berg ist famos, hier wäre ein idealer Platz für ein Ausflugslokal oberhalb der Stadt. Rund um den Tempel führen Pfade weiter aufwärts zum höchsten Aussichtspunkt des Parks, bestückt mit einer TaiWan-Flagge.

● Karte Seite 178; MRT XinHai, dann 10 Minuten die XinHaiLu in südlicher Richtung bis zum Tunnel (siehe zweiter Tunnel der Busanfahrtsbeschreibung).

Stadtbus B-237 vom/zum Hbf., bis man durch den langen Tunnel (Friedhofsberg) fährt. An der dritten Haltestelle danach aussteigen, erkennbar, wenn man auf eine Fußgängerüberführung zufährt; der Bus biegt dort links ab. Man gehe ab der Überführung geradeaus weiter auf der XinHaiLu, Sec. 4, bis man nach 400 m den zweiten Tunnel sieht. Vor dem zweiten Tunnel

108t Foto: wl

SungShan-Park: Erholungsgebiet am Stadtrand

folgt man links dem Fußweg hinauf, überquert den Tunnel und folgt dann links dem Stufenpfad hinauf immer aufwärts (Schild „XianJi-Rock"), vorbei an Rastplätzen, Trimm-Dich-Stationen und kleinen Badminton-Plätzen bis zu dem kleinen Tempel.

TaiBei Zoo (TungWuYuan)
木柵動物園

Der städtische Zoo von TaiBei liegt in der südlichen Randgemeinde ***MuZha*** und ist bei Alt und Jung sehr beliebt. Das Gelände ist recht weitläufig, sehr gut gepflegt und zeigt einige in Europa selten zu sehende Tierarten. Für Kinder wurde ein ***„Streichelpark"*** eingerichtet, wo kleine Besucher Tiere hautnah erleben können. Insgesamt ist dieser Zoo sicherlich ***einer der schönsten Tierparks Asiens.***

★ 11 (Seite 178); geöffnet tgl. 9.00–17.00 Uhr (letzter Einlass 16.00 Uhr, Eintritt 60 NT$ (Kinder 30 NT$), Tel. 29382300. MRT TaiBei Zoo. Stadtbus B-237 vom/zum Hbf.

JinLong-Tempel (JinLongSi)
金龍寺

Im östlichen Vorort NeiHu enden die Busse sowohl vom Hbf. als auch von MuZha kommend. Man muss nun auf der rechten Seite (bergwärts) zwischen den Häusern entlang gehen (50 m), bis man auf ein „Sackgasse"-Verkehrsschild trifft. Hier führt eine Straße links steil aufwärts zum 700 m entfernten JinLong-Tempel ***(Goldener-Drache-Tempel),*** eine kleine buddhistische Anlage mit einem Dreier-Schrein in der Haupthalle oberhalb der Straße und einer 10 m hohen GuanYin-Statue (unterhalb), die aus einer Vase ihre Mildtätigkeit verströmt. Die Anlage liegt auf dem Weg zum BiShan-Tempel, der noch 1500 m weiter entlang der Straße oben auf dem Berg thront.

▲ 12 (Seite 178); Wegbeschreibung siehe BiShan-Tempel.

BiShan-Tempel (BiShanSi)
碧山巖開漳聖廟

Nach wenigen hundert Metern, vom JinLong-Tempel der Straße folgend, sieht man oben auf dem Hügel den ***daoistischen Tempel*** des Klosters BiShanSi, und es scheint unglaublich, dass Menschen dort oben auf dem BiShan (grüner Berg) ein so gewaltiges Bauwerk errichten konnten. Angenehmer ist der Waldweg, der 100 m hinter dem Goldener-Drache-Tempel beginnt: Links durch das rote Tor hält man sich immer bergan (an allen Abzweigungen rechts), vorbei an einer CKS-Statue und einer kleinen Pagode bis zum BiShanSi auf 320 m Höhe. Der Tempel selbst ist daoistisch, hat allerdings auch einige Elemente der Yin-Yang-Schule integriert, zu erkennen an dem Kreis mit zwei identischen, aneinanderliegenden Nierenbögen.

Die Anlage an sich ist sehenswert, der eigentliche Höhepunkt aber ist die ***Aussicht auf Gesamt-TaiBei.*** Wer möchte, kann gegen eine Spende im Tempel nächtigen und gute Nachtaufnahmen von TaiBei machen. Zahlreiche Rund- und ***Wanderwege*** um den Tempel haben das Gebäude zu einer Art Wanderheim werden lassen. BiShanSi ist nicht zuletzt wegen seiner Lage einer der Höhepunkte TaiBeis.

● Karte Umschlagklappe vorn; man geht die Strecke zwischen der NeiHu-Haltestelle zu den beiden Tempeln am besten zu Fuß. Von unten fährt die ZhiNan-Linie 6 zum Zoo, die Stadtbusse C-247 (beste Linie, fährt über den Märtyrerschrein) und C-604 fahren vom/zum Hbf.

Bus: Vom Zoo (MRT TaiBei Zoo) zum Jin-Long-Tempel fährt nur die ZhiNan-Linie Nr. 6 um 10.35, 12.00, 12.35, 13.45, 15.15, 16.05, 17.05 und 17.55 Uhr. Man beachte vor dem Zoobesuch, zu welcher Zeit man zum Jin-Long-Tempel weiterfahren will. Vom/zum Hbf. C-247 (fährt am häufigsten) und C-604.

ZhiNan-Tempel (ZhiNanGong)
指南宮

Diese interessante Anlage im Süden TaiBeis ist ein sehr gutes Beispiel für die Verträglichkeit verschiedener Glaubensrichtungen in einem Komplex. Es handelt sich hier um ***zwei Tempelanlagen:*** Am Ende der Treppe trifft man zuerst auf einen kleinen daoistischen Schrein, weitere 100 m dahinter liegt das buddhistische ZhiNan-Kloster (ZhǐNánGōng bedeutet übersetzt „Tempel der Unsterblichen").

Der ***Bau*** der Anlage, wegen der langen Treppe auch „Tempel der tausend Stufen" genannt, wurde vor über einhundert Jahren begonnen, wird aber nie fertiggestellt werden. Im Tempelbereich werden Ziegelsteine und Dachziegel (symbolisch) verkauft, der Käufer schreibt seinen Namen darauf, dann werden sie eingebaut - irgendein Flügel ist laufend in Erweiterung.

Die ***buddhistische Zentralhalle*** wird von einer seltenen Kuppel überdacht, in deren Nischen außen Boddhisatvas stehen. Der Schrein besteht aus zwei „Etagen", unten Buddha, flankiert von zwei Boddhisatvas auf den buddhistischen Symboltieren Löwe und Elefant, oben drei Darstellungen Buddhas mit Perle, Pagode und Kelch in den Händen.

Die ***Terrasse*** des Tempels überblickt die umgebenden Hügel und die Stadt. Entlang der langen Treppe und am Eingang bieten zahlreiche fliegende Händler Spezialitäten wie getrocknetes Obst, Süßigkeiten, Räucherstäbchen und kleine Mahlzeiten an. Daneben liegt ein kleiner ***Teich,*** in dem Hunderte von Schildkröten (Symboltiere Chinas für langes Leben) schwimmen.

● Karte Umschlagklappe vorn; Anfahrt zum Tempel per MRT bis WanFang-Community, von dort aus mit der „kleinen 10" (xiao 10) bis zum Tempel. Der Bus fährt allerdings erst zum Teepark (s.u.), die Tour könnte in der Reihenfolge vertauscht werden.

Busse: B-237 nur zur ZhiNan-Universität (von dort muss man eine gute halbe Stunde zu Fuß weiter: 100 m zurück zur Abzweigung, dort engl. Schild, immer der Straße folgen; kostet so nur 15 NT$). Vom/zum MuZha-Zoo: Stadtbusse A/B-236, A-237, 282 und ZhiNan-Busse 3, 6 (jeweils ab/bis Uni). Vom/zum MuZha-Teepark: Minibusse 10, 11 (ab Uni, andere Straßenseite).

MuZha-Teepark
木柵茶園

Es mag Kenner überraschen, aber hier in den relativ niedrig gelegenen Hügeln um TaiBei wird in bescheidenen Maßen (qualitativ umstrittener) Tee angebaut. Der MuZha ChaYuan lädt denn auch

109t Foto: wl

Wird stetig erweitert: der ZhiNan-Tempel

primär zu Spaziergängen durch die Hügel und zur Rast in einem der vielen ***Teehäuser*** ein. Hier werden zahlreiche Spezialitäten zum Thema Tee angeboten. Neben dem Getränk kann man Tee-Eier (stundenlang in Tee hartgekochte Eier), Tee-Huhn (in Teeblättern gesottenes oder gebratenes Hühnerfleisch), Tee-Suppe, Tee-Sülze und vieles mehr kosten. Einige der ***Rundwege*** führen bis hinauf auf die höchsten Hügel, von denen man ungestört die Aussicht genießen kann. Bestaunenswert ist vielfach die alpine Ausrüstung der Städter, die die Treppen des Parks mit schweren Rucksäcken, Bergstiefeln und Spitzstöcken bezwingen.

★ 9 (Seite 178); Busse zum/vom Hbf.: vom Park zuerst Minibusse 10, 11 zur ZhiNan-Universität. Dort mit 236, 237, ZhiNan-Linie 3, 6 weiter zum Zoo oder mit der B-237 direkt zum Hbf.

Das Universitätsviertel - GongGuan

Rund um die beiden Universitäten „National Taiwan Normal University" (in der HePingDongLu) und „National Taiwan University NTU" (in der XinShengNanLu/RooseveltLu) einige ***Einkaufs- und Einkehrmöglichkeiten*** sowie der Besuch des neuen ***Wasser-Museums.***

TaiBei Waterpark
台北自來水博物館

Der TaiBei Waterpark verquickt thematisch das Element Wasser studienhaft mit einer neuartigen Freizeitgestaltung. Neben einem Freibad findet man auf dem Areal ein Trinkwassermuseum nebst einer kleinen Wasseraufbereitungsanlage.
★ 4 (Seite 178); Eintritt 250 NT$, Infos unter www.aquakid.com.tw. MRT GongGuan, Exit 4.

GongGuan-Nachtmarkt
台北自來水博物館

Der GongGuan-Nachtmarkt war über viele Jahre der bedeutendste ***Straßenmarkt*** neben der „Snake Alley". Hier werden jedoch hauptsächlich Textilien und Kleinkram von fliegenden Händlern angeboten, die allerdings zunehmend festen Geschäften zu weichen scheinen. Wer einfache Kleidung zu günstigen Preisen sucht, wird hier immer noch fündig.

In den Parallelsträßchen zwischen GongGuan-Markt und TaiBei Waterpark findet man außerdem zahlreiche ***kleine traditionelle Lokale.***
▮ 5 (Seite 178); GongGuan, MRT GongGuan.

ShiDa-Nachtmarkt
師大夜市

Wendet man sich von Ausgang 2 der MRT-Station Taipower Building in die kleine ShiDaLu, steht man im ***Studentenviertel,*** auch wenn es auf den ersten Blick nicht so aussehen mag. Ein paar Blöcke nördlich liegt die National Taiwan Normal University (auch ShiDa-Universität genannt), und zwischen ihr und der Roosevelt Rd. hat sich entlang der gleichnamigen ShiDaLu einer der kleinen, aber feinen Nachtmärkte entwickelt.

Entlang dieser Straße findet man ferner einen ***Welcome-Supermarkt*** und etliche ***Studentenkneipen*** wie das italienische „Va Bene" (Tel. 02-23650878), „Jr. Café" (gute Biere) oder auch das höherpreisige „Vino Vino" mit hübschem Balkoninterieur im Obergeschoss.
▮ 3 (Seite 178).

An-/Abreise

Luftweg

International

TaiBei ist nicht direkt an das internationale Flugnetz angebunden, Interkontinentalflüge starten und landen vom ***CKS-Airport bei TaoYuan,*** etwa 50 km südwestlich der Stadt. TaiBei muss, wie jeder andere Ort der Insel auch, per Bus oder Taxi angefahren werden (ca. 1 Stunde), es gibt keine etwaige Transit-Flugverbindung vom CKS-Airport zum TaiBei-Airport (wohl aber vom CKS-Airport nach KaoHsiung/GaoXiong, ⇙ Praktische Reisetipps, An- und Rückreise).

Alle TaiWan anfliegenden Fluggesellschaften haben Buchungs- und ***Rückbestätigungsschalter*** in TaiBei. Mindestens 72 Stunden vor dem gebuchten Rückflug muss bei manchen Gesellschaften die Reiseabsicht nochmals telefonisch oder persönlich der Gesellschaft mitgeteilt werden *(reconfirmation),* sonst wird der Platz möglicherweise als „frei" erneut verkauft.

Einige wichtige ***Fluggesellschaften*** für die Rückbestätigung:

131 南景東路二段
- ***China Airlines (TaiWan),*** Φ 131 NanJing DongLu, Sec. 3, Tel. (02)- 27151212.

129 長春路
- ***Cathay Pacific Airways,*** Φ 129 MinSheng DongLu, Sec. 3, Tel. (02)-27152333.

98 建國北路一段
- ***Lufthansa German Airlines,*** Φ 4 RenAiLu, Sec. 4, Tel. (02)-23252295.
- ***EVA Air,*** 117, ChangAn DongLu., Sec. 2, Tel. (02)-25011999.

National

Der nationale ***SongShan-Airport*** liegt verkehrsgünstig am nördlichen Stadtrand (nächste MTR-Station: ZhongShan Junior High School) und verbindet TaiBei mit nahezu jedem an den Luftweg angebundenem Ziel auf TaiWan (einschließlich der Inseln). Außen neben dem Haupteingang befindet sich ein Tourist Information Center mit elektronischer Info-Säule (engl.; geöffnet 8.00–20.00 Uhr), 100 m rechts (aus dem Flughafen kommend) die Pendelbusse TaiBei - CKS-Airport (120–150 NT$). Die Stadtbusse halten gegenüber vom Haupteingang. Das Airlines-Personal spricht in der Regel gut englisch, Buchungen und Reservierungen können jederzeit problemlos vorgenommen werden.

Die ***Flüge kosten*** je nach Zielort zwischen rund 2000 NT$ (TaiZhong) und 5000 NT$ (LanYu).

Flugtickets

Es empfiehlt sich grundsätzlich, das internationale Rückflugticket bereits ***in Europa*** zu kaufen. Auch wenn nicht mehr die hohen Preise der Vergangenheit zu zahlen sind, sind echte Billigflüge eine Seltenheit. Für den Kauf von Flugtickets in TaiWan kann man sich direkt an die oben genannten Fluggesellschaften wenden, ferner haben sich folgende Reisebüros als preiswert und zuverlässig erwiesen:

- ***Wing On Travel,*** 79 RenAiLu, Sec. 4, Tel. (02)-27722998.
- ***Jenny Su Travel,*** 27 ZhongShan BeiLu, Sec. 3, 10. Stock, Tel. (02)-25947733.
- ***Country Club Travel,*** 152 ZhongXiao DongLu, Sec. 1, 5. Stock, Tel. (02)-23567003.

Sonderangebote und weitere Anschriften werden in den englischsprachigen Tageszeitungen gelegentlich abgedruckt.

Bahn

Hauptbahnhof
臺北火車站

Das gigantische Bahnhofsgebäude dient dem Reisenden auch als zentraler Orientierungspunkt. Größe und Interieur des Hauptbahnhofes können es mit manchem europäischen Flughafen aufnehmen. Hinzu kommen die unterirdischen, den Hbf. mit der Metro verbindenden „Katakomben", gefüllt mit kleinen Läden, Schließfächern (große für Rucksäcke gegenüber von „Dough's Café") und endlosen Shopping-Malls.

Im Erdgeschoss befindet sich ein riesiges Rollboard mit Abfahrtszeiten und Endstation der Züge, auch in lateinischer Schrift. ***Ticketschalter*** 1–21 verkaufen Tickets für denselben Tag, die umseitigen Ticketschalter 21–40 für Folgetage (da TaiBei meist Ausgangspunkt der Züge ist, können hier Reservierungen für zwei bis drei Tage im Voraus vorgenommen werden).

Links von Ticketschalter Nr. 1 bietet ein ***Touristeninformationsschalter*** Broschüren und Stadtpläne und ist eventuell bei der Unterkunftsvermittlung behilflich. Gegenüber können Touren und Ausflüge und organisierte Rundfahrten (ein- oder mehrtägig) bei ***EZ-Travel*** (www.eztravel.com.tw) oder ***Lion-Travel*** (www.liontravel.com.tw, Tel. (02)-23897890) gebucht werden.

Des Weiteren findet man im Erdgeschoss zahlreiche öffentliche Telefone, 7/11, Bankautomaten (EC) und eine kleine Post sowie im Obergeschoss eine Kaufhalle mit mehreren kleinen südostasiatischen Schnellrestaurants.

Generell ist es nicht immer einfach zu sagen, ***Bahn oder Bus*** seien für diesen oder jenen Ort besser; für TaiBei allerdings scheint die pünktliche Bahn trotz höherer Preise gegenüber den oft im Stau stehenden Bussen den Vorzug zu verdienen.

Taiwan High Speed Rail

Die ***HSR*** (High Speed Rail, UG-1) verbindet mit Stationen u.a. in ZhongLi undTaoYuan, TaiChung, ChiaYi und TaiNan die Hauptstadt mit dem südlichen GaoXiong (KaoHsiung), wobei die 345 km in 2 Stunden zurückgelegt werden. Die Züge fahren von 6.30 bis 23.30 Uhr tgl. spätestens alle 30 Minuten, der Fahrpreis liegt bei 800–1000 NT$ (TaiChung), 1420–1780 NT$ (TaiNan) bzw. 1560–1950 NT$ (KaoHsiung-ZuoYing, hier Metroanschluss ins Zentrum). Details und Fahrpläne unter www.thsrc.com.tw/en/ticketing.

MRT (TaiBei Metro)
台北捷運公司

Nach endlosen Schwierigkeiten (Bodenbeschaffenheit, Verteuerungen, technische Probleme) konnte das weitläufige Kernstück einer umfassenden und modernen Metro (MRT - Municipal Rapid Transit) ***in TaiBei und seinen wichtigsten Vororten*** fertiggestellt werden (⇗ Umschlag-Innenseite vorne). Im Zentrum verläuft die Metro unterirdisch und in den Außendistrikten quasi als S-Bahn. Die wichtigsten innerstädtischen Sehenswürdigkeiten wie auch interessante Außenbezirke (DanShui, BanChiao, MuZha-Zoo) sind nun in wenigen Minuten erreichbar.

Insbesondere Sprachunkundigen wird das Reisen durch die mehrsprachige Bedienerführung erheblich erleichtert. ***Sechs farbig markierte Linien*** verkehren im 4- bis 7-Minuten-Takt täglich von 6.00 bis 23.00 Uhr.

Eine einfache Fahrt kostet je nach Ziel zwischen 20 und 70 NT$ (ab Hbf. normalerweise 20–30 NT$). ***Fahrkarten*** mit Magnet-Lesestreifen sind an den Automaten (auch englische Menüführung)

Die Easy-Card
悠遊卡

Der Name hält, was er verspricht: Die eierlegende Wollmilchsau im Transportsystem der Hauptstadt kann man nur als genial bezeichnen. O.k., man hat in HongKong „abgekupfert“, wo der dortige „Octopus“ sogar noch weitergehend genutzt werden kann, aber immerhin: In den meisten Metro-Stationen in TaiBei kann man eine Plastikkarte für 500 NT$ erwerben, wobei 100 NT$ als Pfand und 400 NT$ als Fahrwert berechnet werden. Dieser Wert kann an Automaten (Metro, 7/11 u.a.) in 100 NT$-Schritten jederzeit aufgestockt werden (in den Metro-Informationskiosken in 500er-Schritten).

Die Nutzung gewährt nicht nur 20 % Rabatt auf alle Fahrten, sie erleichtert vor allem die lästige Suche nach dem passenden Fahrgeld. Dies mag in der Metro (Wechselautomaten) weniger tragisch sein als im Bus, wo die „Easy-Card“ ebenfalls gilt; bei langen Busfahrten (x-faches der 15 NT$) wird angesagt bzw. vom Fahrer gezeigt, dass nochmals 15 NT$ in bar zu entrichten sind (kommt selten vor).

Die konkrete Nutzung ist spielend einfach: Man hält die Karte vor ein Lesegerät am Drehkreuz der Metroeingänge zu den Zügen und passiert – die Station wird gespeichert. Beim Verlassen der Metro hält man wieder sein Ticket vor das Lesegerät, der fällige Betrag wird „abgebucht“. Hat man nicht mehr genügend auf dem „Konto“, wird die aktuelle Fahrt vom Pfand abgezogen. Da der Pfand 100 NT$ beträgt und eine einfache Fahrt maximal 70 NT$ kostet, kann man also auf jeden Fall die aktuelle Fahrt noch problemlos durchführen. Dann muss die Karte wieder „aufgeladen“ (eingezahlt) werden.

Am Ende des Aufenthaltes gibt man die Karte an den Metro-Schaltern ab und erhält den Restbetrag (Pfand plus evtl. verbleibendes Guthaben) vollständig zurück. Lediglich bei sehr geringer Nutzung (unter drei Fahrten) wird eine Gebühr von 20 NT$ einbehalten.

jeder Station erhältlich, für intensive Stadtbesichtigungen lohnt sich allerdings die „Easy-Card" (⇗ Kasten).

Wichtigste Station ist der Hauptbahnhof ***„TaiBei Main Station"***, wo sich drei Linien kreuzen und auch die meisten Stadtbusse schnell zu finden sind. Am häufigsten werden wohl Exit 6 (Mitsukoshi-Tower) und Exit 9 (GuoGuang Busstation, CKS-Airport-Bus) von westlichen Reisenden frequentiert.

In allen Stationen stehen zweisprachige Ortspläne mit allen Sehenswürdigkeiten, Einkaufsgelegenheiten, großen Hotels u.Ä. Man sollte unbedingt einen Blick darauf werfen, um zu wissen, ***welchen Ausgang*** man benutzen soll. Insbesondere der Hauptbahnhofsbereich gleicht einem unterirdischen Labyrinth, man sollte in etwa wissen, wo man herauskommen möchte.

Ansonsten aber ist die Metro ein Segen und erlaubt heute ein sehr ***entspanntes Reisen*** in der Innenstadt.

Bus

TaiBei als Herz TaiWans ist an nahezu jeden größeren Ort der Insel per Bus angebunden. Allerdings gibt es eine ganze Reihe verschiedener Busbahnhöfe, die wichtigsten unmittelbar am Hauptbahnhof.

Generell ist zu überlegen, ob man aus TaiBei heraus nicht besser die Bahn nimmt; für Busse ist die ***beste Abfahrtszeit*** aus der

081t Foto: wl

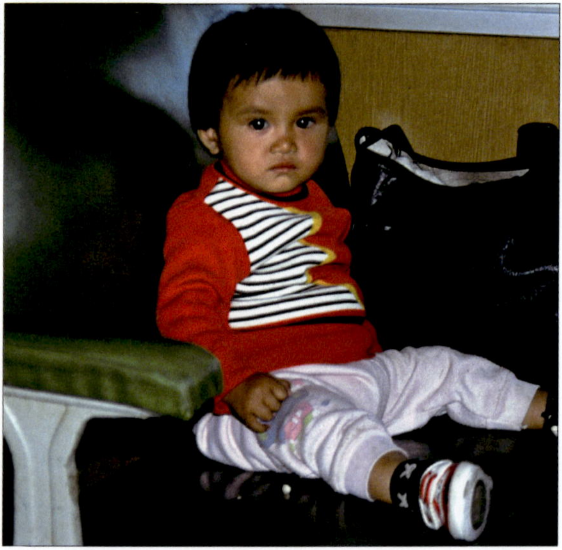

Wenn einer eine Reise tut … (ErShui-ShuiLi-Linie)

Stadt der Sonntagvormittag, wenn ausnahmsweise fast freie Bahn herrscht. Ansonsten muss man unter Umständen mit 1-1½ Stunden Fahrt rechnen, ehe man den Stadtrand erreicht.

Überlandbusse Nord
(4 ChengDeLu)
臺灣客運北站

Ⓑ 16 (Seite 192); hier fahren überwiegend Busse nach Nordosten und entlang der Westseite der Insel, u.a. ***LungMen, YiLan, Tou Cheng, KeeLung/JiLong, FuLung, YeLiu, ChinShan*** usw. etwa alle 40 Minuten via Küstenroute.

Auf der Inlandsroute fährt man via SuAo nach ***YiLan,*** an die Westküste z.B. nach ***TaiZhong (TaiChung), RiYuehTan (Sonne-Mond-See), PuLi, CKS-Airport*** (Bussteig 12, selten, besser den Bus vom Airport-Bbhf. nehmen, s. unten).

Informationsschalter und Münzschließfächer (30 NT$ pro Öffnung des Faches, zeitlich unbegrenzt) befinden sich in der Halle. Tickets sind an Automaten zu kaufen, nur wenige Schalter verkaufen Tickets direkt, überwiegend wechseln sie nur Scheine in Münzen.

Überlandbusse West/Ost
(173 ZhongXiao XiLu)
臺灣客運西站

Ⓑ 20 (Seite 192); hier fahren die Busse zum ***ALiShan*** (nur ein Bus tgl. 8.30 Uhr), ***ChiaYi*** (alle 30 Minuten), ***TaiNan*** (etwa alle 45 Minuten), ***PingTung*** (etwa alle 50 Minuten, 550 NT$), ***KaoHsiung/GaoXiong*** (rund um die Uhr alle halbe Stunde), ***TaiZhong/TaiChung, PuLi, TaiTung, KenTing, HengChun*** und ***ShuiLi*** (alle 30-40 Minuten).

Die Endstationen sind an den Bussteigen auch in lateinischen Lettern angeschrieben; in der Halle gibt es Münzschließfächer.

Bbhf. Private Expressbusse
(ChengDeLu)

Ⓑ 9, Ⓑ 10 (Seite 192); *United Bus* (grün) und *HoHsin* (rot) bieten Luxus-Expressbusse entlang der Westküste (***CKS-Flughafen, TaiZhong/TaiChung, KaoHsiung/GaoXiong, TaiNan, ChiaYi/JiaYi*** und ***PingTung/PingDong***) alle 20 Minuten rund um die Uhr auf der Bahnhofsnordseite in der ChengDeLu. KaoHsiung kostet hier rund 500 NT$ einfach, TaiZhong 250 NT$. Für Langstrecken mit dem Bus sind diese Unternehmen unbedingt empfehlensert. Die Privatbus-Unternehmen sind per Metro „TaiBei Main Station", Exit 1, zu erreichen.

CKS-Airport-Bus
國際機場車站

Ⓑ 21 (Seite 192); zwischen dem Busbahnhof der Überlandbusse Ost/West sowie dem Hauptbahnhof liegt in einem kleineren, unscheinbaren Gebäude der Busbahnhof des ***CKS-Airport-Zubringers.*** Dieser fährt hier von 6.45 bis 0.30 Uhr alle 15-20 Minuten für 138 NT$. Wer einen Flug erreichen muss, sollte spätestens vier Stunden vor dem geplanten Abflug im Bus sitzen (klüger ist die Abreise aber ab ⇗ ZhongLi). Außerdem verkehrt hier ein ***Pendelbus nach KeeLung/JiLong*** für 55 NT$.

Weitere wichtige Linien

Eine weitere Buslinie verkehrt alle 15 Minuten zwischen dem nationalen ***SongShan-Flughafen*** und dem internationalen ***CKS-Flughafen*** für 122 NT$ (7.10–23.50 Uhr). Stadtbus 260 fährt vom Hbf. zum ***YangMingShan-Park,*** der ***WuLai-Bus*** startet in der GongYuanLu (gegenüber der Metrostation NTU Hospital).

Stadtbusse

Trotz MRT sind einige wichtige Punkte in der Stadt nach wie vor nur per Bus zu erreichen. Informationsmaterialien über die Sehenswürdigkeiten TaiBeis werden reihenweise herausgegeben. Dabei sind teilweise die Nummern der Busse vermerkt, die „vom Hauptbahnhof zu den Sights" führen. Wer jedoch anhand dieser Angaben als Sprachunkundiger die einzelnen Orte anzusteuern versucht, wird ***vermutlich verzweifeln.*** „Vom Hauptbahnhof" bedeutet nämlich in der Praxis „irgendwo in einem Radius von etwa 500 Metern rund um die 10-spurige ZhongXiaoLu beim Hauptbahnhof", und nicht etwa von einem zentralen Stadtbusbahnhof. Jedes Haltestellenschild (direkt an der Straße) gilt für mindestens 2–3 der darauf (arabisch) genannten Linien. Auch wenn man mit viel Glück eine richtige Haltestelle erwischt, heißt das noch lange nicht, dass der Bus auch direkt zum Ziel fährt. Manche Busse fahren lediglich ein, zwei Blöcke weiter; wer nicht Chinesisch lesen kann, ist verloren. Dann stellt sich die Frage: Wo soll man denn nun aussteigen? Manche Schriften der Tourist-Information empfehlen hierzu, man solle für diese oder jene Sehenswürdigkeit „an der NanHua-Haltestelle aussteigen, dann sind es noch fünf Minuten zu Fuß" - großartig. Welcher Tourist aber weiß in einem Dschungel von Schriftzeichen, welches die NanHua-Haltestelle ist? Das steht zwar an den kleinen Haltestellenschildern (der Zielhaltestelle!), aber selbst mit Adleraugen könnte man in einem vollen, dahinrasenden Stadtbus die Haltestellenschilder nicht rechtzeitig lesen.

Es ist also notwendig, den Dschungel etwas zu lichten: Rund um den Hbf. befinden sich mehrere größere Ansammlungen von Haltestellenschildern. ***Jede „Sammelhaltestelle" wird (nur hier im Buch, nicht an den Bussen!) mit einem Buchstaben belegt*** - ein bewährtes System seit der Erstauflage dieses Buches, welches sogar die Taiwanesen inzwischen übernommen haben (aber nur in chinesischen Fahrplänen)! Jede genannte Linie bekommt dann diesen (für den Leser hilfreichen) Zusatzbuchstaben, um den richtigen Platz sofort auf der Karte „TaiBei, Downtown" zu lokalisieren (dieses System gilt nur für den Bereich um den Hbf., genannte Linien zwischen Sehenswürdigkeiten benötigen diese Unterscheidung nicht). Dadurch verringert sich zwar die Anzahl der theoretisch „möglichen, in die Nähe des Ziels" führenden Linien erheblich, die genannten sind dann aber sicher.

Die übrigen Verbindungen (ohne Buchstaben, also ohne Haltestelle an den eingezeichneten Punkten A–X) kann man jederzeit vom Zielort zurück zum Hauptbahnhof nehmen oder auch zum Ziel hin, wenn zufällig eine solche Linie am Ausgangspunkt, an dem man gerade ist, hält.

Ein kleines ***Beispiel*** zeigt, wie einfach dieses System funktioniert: Angenommen, man möchte einen Nachmittag per Bus im Zoo verbringen. Theoretisch fahren (laut Prospekten und Auskünften der TI) die Nummern 236, 237, 258, 282, 294, 295 ab Hbf. Im beschreibenden Teil der Sehenswürdigkeiten TaiBeis findet der Leser vor den Linien 236 und 237 den Großbuchstaben „A". Ein Blick auf die Karte „TaiBei Downtown" und er weiß, wo genau der Bus abfährt.

Achtung: Um vom Hauptbahnhof zu den Haltestellen A, B und H zu gelangen, gehe man zu Exit 1, C wäre Exit 4, D, E und I Exit 6, F und G schließlich Exit 8.

Hat man die Haltestelle gefunden, muss man den entsprechenden ***Bus herbeiwinken*** (sonst hält er u.U. nicht). Dies geschieht wie bei Taxis mit auf- und abwedelnder, nach vorne zur Straße ausgestreckter Hand.

Dann besteigt man den Bus – was nun? Man achte zum einen auf die anderen Fahrgäste, zum anderen (falls man alleine oder als erster zusteigt) auf ein Leuchtschild hinter dem Fahrer oben unter der Decke. Am ersten Schriftzeichen erkennt man, ***ob beim Einsteigen*** (中*Shang*) ***oder beim Aussteigen*** (中*Xia*) ***gezahlt wird*** (bei langen Strecken/Zonenüberschreitung auch – nacheinander – beides). Dieses ebenso einfache wie raffinierte System bedeutet folgendes: In allen anderen Städten TaiWans bezahlt man pauschal 15 NT$ beim Einsteigen, diese Summe wurde als ausreichend für alle Ziele dort angenommen. TaiBei dagegen ist so gigantisch, dass die einfache Strecke vieler Busse 10 oder mehr Kilometer lang ist. Deshalb gilt in TaiBei für weite Strecken nicht der Preis von 15 NT$ (Studenten 12, Rentner und Kinder 8 NT$), sondern von 30 (24/16) NT$, in seltenen Ausnahmefällen sogar 45 (36/24) NT$. Bezahlt man beim Einsteigen, schaltet der Fahrer ab einem bestimmten Punkt auf „Bezahlen beim Aussteigen" um – somit ist gewährleistet, dass der richtige Betrag beim Ein- und/oder Aussteigen gezahlt wird; man sollte sich daher die Zeichen *Shang* und *Xia* merken, sonst muss man unter Umständen, wenn man voreilig sein Geld in den Kasten geworfen hat, beim Ausstieg einer Kurzstrecke nochmals zahlen, auch wenn unkundigen Touristen dies oft nachgesehen wird. Bezahlt wird entweder bar, besser aber mit der „Easy-Card" (↗ Metro).

上車買票
下車買票

Im Bus sollte man sich unbedingt so setzen oder stellen, dass man einigermaßen freien Blick nach vorne hat und die großen Straßen (lateinisch für Autofahrer angeschrieben) erkennen kann. Ist man dann der Meinung, dicht vor dem Ziel zu sein, muss man ***klingeln*** (die Busse halten nicht, wenn niemand klingelt und an der Haltestelle niemand winkt).

Die Stadtbusse fahren in unterschiedlicher ***Frequenz,*** abhängig auch vom Verkehr; nur sehr selten wartet man länger als 10 Minuten. Es ist zu beachten, dass die Stadtbusse in TaiBei auf ihrer Tour

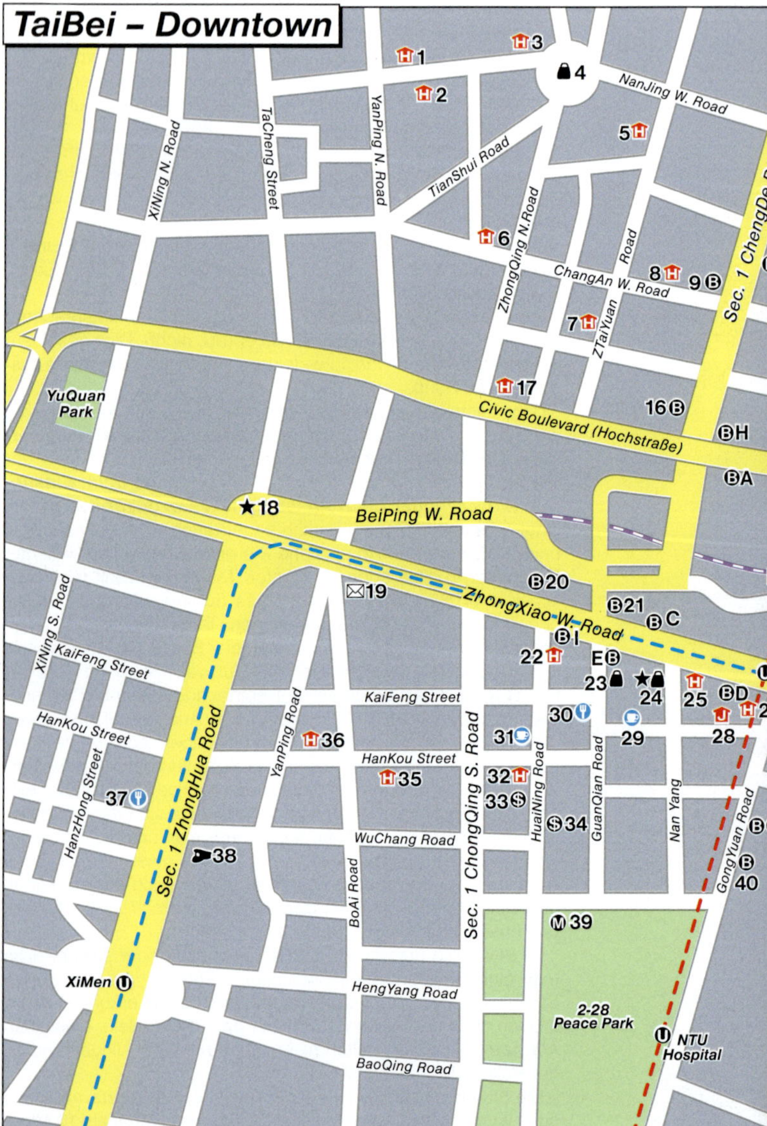
TaiBei – Downtown
NanJing W. Road
TianShui Road
XiNing N. Road
TaCheng Street
YanPing N. Road
ZhongQing N.Road
ChangAn W. Road
TaiYuan Road
Sec. 1 ChengDe Road
YuQuan Park
Civic Boulevard (Hochstraße)
BeiPing W. Road
ZhongXiao W. Road
XiNing S. Road
KaiFeng Street
HanKou Street
HanZhong Street
Sec. 1 ZhongHua Road
YanPing Road
KaiFeng Street
HanKou Street
WuChang Road
Sec. 1 ChongQing S. Road
HuaiNing Road
GuanQian Road
Nan Yang
GongYuan Road
BoAi Road
XiMen
HengYang Road
BaoQing Road
2-28 Peace Park
NTU Hospital

- 1 Fortune Hotel
- 2 GongYe & FuLai Hotels
- 3 HuaTa Hotel
- 4 YuanHuan-Nachtmarkt
- 5 MeiShuan Hotel
- 6 ZhongXin Hotel
- 7 JinLong Hotel
- 8 XinZhou Hotel
- 9 HoHsin-Busse
- 10 United-Busse
- 11 Mopedverleih Wang
- 12 Rest. Celestial
- 13 Kodak Hotel
- 14 Happy Family Hostel I
- 15 Happy Family Hostel II
- 16 GuoGuang-Überlandbusse/Nord
- 17 MeiShan Hotel
- 18 BeiMen/Stadttor
- 19 Hauptpost
- 20 GuoGuang-Überlandbusse/West/Ost
- 21 GuoGuang-Busse/CKS-Airport
- 22 Keyman's, Royal, Paradise Hotels
- 23 Unterführung & Underground Shopping Mall
- 24 Mitsukoshi-Tower, Supermarkt & Food-Mall
- 25 Cesar Park Hotel
- 26 Cosmos Hotel
- 27 TaiBei Asiaworld Youthhostel
- 28 YMCA Hotel
- 29 Starbucks Café
- 30 Mc Donald´s
- 31 Café Latte
- 32 Flowers Hotel
- 33 Land Bank (EC)
- 34 Cathay Bank (EC)
- 35 Pan American Hotel
- 36 Orient Hotel
- 37 Rest. HuiBinLou
- 38 Ausländerpolizei / Visaangelegenheiten
- 39 Taiwan Provincial Museum
- 40 Busse nach WuLai
- 41 Chinese Handicraft Center
- 42 Universitätsklinik

A bis I:
Sammelhaltestellen rund um den Hauptbahnhof

bei ***Hin- und Rückfahrt*** nicht unbedingt dieselbe Strecke benutzen.

臺北火車站

Merken sollte man sich 中 *TaiBei CheZhan* (TaiBei Hauptbahnhof) und diese vier Zeichen auf den Haltestellenschildern suchen (von oben nach unten), wenn man irgendeine Linie ***zum Hauptbahnhof*** nehmen will.

Wer schon vorab ganz bestimmte Routen suchen und notieren möchte, sei auf die offiziellen Webseiten ***www.dot.taibei.gov.tw*** verwiesen und www.taipeibus.taipei.gov.tw/index_e.htm verwiesen.

Mietwagen

In TaiBei ist es weder notwendig (gute Verkehrsmittel) noch ratsam (Parkplatzmangel, ungewohnter Verkehr), mit einem eigenen Vehikel unterwegs zu sein. Wer TaiBei als Ausgangspunkt für eigene Fahrten wählt, findet Mietwagen bei:

- ***Gordon Boyce,*** 3 ChengDeLu (Wade-Giles: ChengTe), Sec. 7, Tel. (02)-28280033, Fax (02)-28262191, E-Mail: gordon@proqc.com.tw, Kleinwagen („Toyota Tercel" o.Ä.) ab 1500 NT$/Tag, VW-Busse ab 3000 NT$/Tag.
- Ein anderer preiswerter Anbieter wäre ***VIP-Rent a Car,*** 148 MinQuan DongLu, Sec. 3 (auch: MinChuan East Rd.), Tel. (02)-27131111, Fax (02)-25469966, E-Mail: vipcar@vipcar.com.tw.
- Leser verweisen auf gute Erfahrungen mit ***HoTai,*** 557 SungChiangLu, Tel. (02)-25163816, E-Mail: jacky-945@yahoo.com.tw, sowie mit ***Conny Car Rental (XiaoMa ZhuChe),*** 307 FuXing BeiLu, 200 m vor dem nationalen Flughafen rechter Hand, Tel. (02)-27174440, Fax (02)-27174401.

Unterkunft

Man sollte meinen, in der Metropole mit den höchsten Besucherzahlen in TaiWan (überwiegend Geschäftsreisende) seien die ***Preise*** im Unterkunftsbereich deutlich höher als in anderen Regionen - mitnichten. Selbstverständlich bietet TaiBei auch Hotelzimmer zu Höchstpreisen, aber eben nicht nur. Tatsächlich kann man pauschal sagen, dass es ebenso viele einfache Unterkünfte gibt wie Komfortsuiten und die Preisskala je nach den individuellen Anforderungen von 500 NT$ pro Zimmer bis 50.000 NT$ oder mehr pro Zimmer/Suite reicht.

Als Individualtourist kommt man mit Bus oder Bahn am bzw. in unmittelbarer Nähe vom ***Hauptbahnhof*** im Zentrum an. Dieser dient als ausgezeichneter Orientierungspunkt, von dem aus man sich auf die Suche nach einer geeigneten Unterkunft machen kann. Wie in den meisten anderen Städten auf TaiWan auch liegen die günstigen Unterkünfte in Gehnähe zum Hbf., wobei die günstigsten Möglichkeiten nördlich in der ChangAnLu und deren Seitengassen liegen, die einfache Mittelklasse dagegen mehr auf der Bahnhofssüdseite in den Straßen HuaNing und HanKou.

Für die erste Nacht ist es durchaus ratsam, den (kostenlosen) ***Reservierungsservice im CKS-Flughafen*** in Anspruch zu nehmen, einen freien Platz zu buchen und sich die genaue Anschrift in chinesisch von den Damen am Schalter aufschreiben zu lassen (gilt dann im Hotel als Beweis, wer wann wo reserviert hat). Außerdem wird die beste Anfahrtsmöglichkeit genannt, wenn man eine Unterkunft außerhalb der Bahnhofsnähe wünscht.

Einfachste Unterkünfte

Diese Unterkünfte haben meist keine englischen Schilder angebracht, sind überwiegend auf einheimische Reisende eingestellt und sehr einfach ausgestattet. Westliche Individualtouristen sind jedoch keine Unbekannten, teilweise findet man auch Schlafsaalbetten (200–250 NT$/Person) oder einfache Zimmer zu ca. 350–450 NT$. Es gibt hier ferner Gemeinschaftsräume mit Waschmaschine oder Wäschereiservice, Kochgelegenheit und TV. Die Unterkünfte sind ***oft ausgebucht,*** hier ist telefonische Voranmeldung/Reservierung am Flughafen anzuraten.

2中山北路一段二樓
16北平西路四樓

●***Happy Family Hostel II*** €, 中 2 ZhongShan BeiLu, Sec. 1, 56 Xiang, 2.–3. St., Tel. (02)-25621735. Klein und sauber, haben eine ältere Filiale, das ***Happy Family Hostel I*** €, in der 中16 BeiPing XiLu, 4. St., Tel. (02)-23753443, Nähe Hbf., Travellertreff. Beide können auch unter www.taiwan-hostel.com reserviert werden. Das Schlafsaalbett kostet 350 NT$, EZ 400–500 NT$ und DZ 700–900 NT$.

50忠孝西路十二樓

●Das ***TaiBei Asiaworld Youth Hostel*** €, 中 50 ZhongXiao XiLu, 12.–14. St., Tel. (02)-23317272. Liegt schräg gegenüber vom Hbf. und ist eigentlich nur ein überschaubares, kleines, in die Jahre gekommenes Kleinhotel. Reservierungen unter E-Mail aabc@ms8.hinet.net oder über die chinesischsprachige Homepage www.yh.org.tw.

11林森北路五巷六

●***TaiBei Hostel*** €, 中 11 LinSen BeiLu, 5 Xiang, 6. St., Tel. (02)-23952950, www.taipeihostel.com. EZ kosten hier 500 NT$, DZ 600 NT$ (750 NT$ mit Bad) und Schlafsaalbetten 300 NT$. Fernsehraum (Sat-TV) mit Internetecke (gegen Gebühr) bzw. kostenloses WLAN, Waschmaschine.

Auf der Bahnhofsnordseite wird man vor allem in der TaiYuanLu/ChangAnLu fündig; die ehemalige „Hochburg" an Billigunterkünften (einfache Kleinhotels ohne Gemeinschaftsräume usw.), die TianShuiLu (bzw. deren Gebäude), wurde mehr oder minder dem Erdboden gleichgemacht.

美門旅社

中***MeiShuan LüShe*** €, 64 TaiYuanLu, Tel. (02)-25634142, DZ kosten 600 NT$. Braunes „Hotel"-Schild beachten, liegt günstig zum Hbf. und den Bussen von *United* und *HoHsin,* die Zimmer sind schlicht, aber o.k., die Seitenstraße liegt recht ruhig.

美山大旅社

●Dieses ist nicht zu verwechseln mit dem 中***MeiShan DaLüShe*** €, Civic Blvd./ChengZhou XiLu, Tel. (02)-23652297, unmittelbar am Ausgang 2 der Metro Hbf. auf der Bahnhofsnordseite. Kleine Zimmer sind hier zwischen 650 und 750 NT$ zu haben.

金龍大飯店

●Das 中***JinLong (vormals LongYuan) DaFanDian*** €, 57 TaiYuanLu, Tel. (02)-25417576, hat einfache DZ zu 750 NT$ und liegt ebenfalls sehr günstig am Exit 6 der Metro Hbf.

中心大旅社

●Ein Stückchen nördlich gibt es in der NanJingXiLu und der ChangAnLu noch einige Billigunterkünfte, u.a. das 中***ZhongXin DaLüShe*** €, 177 ChangAn XiLu, Tel. (02)-25589103, mit DZ zu 650 und 750 NT$. Zu erkennen am blauen „Hotel"-Schild; sehr schlicht, wenige westliche Touristen.

公也旅社
福來旅社

●Ein Block nördlich in der NanJing XiLu liegen schräg gegenüber vom markanten „Fortune Hotel" das ⌽***GongYe LüShe*** € mit DZ ab 550 NT$ sowie wenige Meter weiter in einer Seitengasse das ⌽***FuLai LüShe*** €, welches zum gleichen Preis über die etwas besseren Zimmer verfügt.

Einfache Hotels

Die einfache Mittelklasse dürfte für die meisten Reisenden von Interesse sein; auch hier gibt es hinreichend Alternativen beidseitig des Hbf.

信洲大飯店
華大旅社六樓
基督教青年會賓館
柯達大飯店
老爺大飯店

⌽***Xin Zhou DaFanDian*** €€, 83 ChangAn XiLu, 2.–6. St., Tel. (02)-25116511, DZ von 900 bis 1100 NT$.

●Einen Straßenzug nördlich bietet das ⌽***Hua DaLüShe*** €€, 121 NanJing XiLu, 6. St., Tel. (02)-25312468, einfache DZ ab 900 NT$.

●Das ⌽***YMCA*** €€ in der 19 XuChangLu, Tel. (02)-23113201, ymcahtl@ms17.hinet.net, bietet DZ um 1500 NT$ und ein ordentliches Restaurant auch für Nicht-Gäste (Exit 6 Metro Hbf.).

●Das Hotel ⌽***Kodak (KeTa TaFanTian)*** €€ hat mehrere Häuser, das günstigste findet man in der 1 ZhongShan BeiLu, Sec. 2, 11 Xiang, 2.–7. St., Tel. (02)-25422222, www.khotel.com.tw, mit Zimmerpreisen zwischen 1300 und 1850 NT$.

●In der ⌽HuaiNingJie liegen praktischerweise gleich drei (stark konkurrierende) kleine Mittelklassehotels nebeneinander. Das ***Royal*** €€, 3 HuaiNingJie, Tel. (02)-21685592, ist das älteste der drei und bietet recht kleine, aber ordentliche Zimmer ohne Kühlschrank und sonstige Annehmlichkeiten ab 1450 NT$.

Mittelklassehotels

懷寧大飯店

●Das zum oben genannten Royal unmittelbar benachbarte ⌽***Keyman's*** €€€ ***(HuaiNing LüTian),*** 1 HuaiNingJie, Tel. (02)-23114811, www.keymans.com.tw, liegt bei 1950 NT$ pro DZ, und das

●***Paradise*** €€€ ***(YiLeYuan TaFanTian),*** 7 HuaiNing Jie, Tel. (02)-23141181, schließlich bietet sogar Internetanschluss auf den Zimmern. DZ kosten zwischen 1700 und 2000 NT$. Beide liegen sehr günstig zum Hbf., aber auch zu den zentralen Sehenswürdigkeiten, wobei das „Keyman's" als etwas besser gilt.

山水閣大飯店

●Lesertipp: Wer nicht auf den letzten NT$ achten muss und auf einen deutschsprachigen (!) Hotelier wie auch eine einfache Unterkunft Wert legt, dem sei das ⌽ ***ShanShui Hotel*** €€ (*ShanShui* = „Landschaft") in der 181 ZhongShanBeiLu, Sec. 2 (Ecke MinQuanLu), Tel. (02)-25971281, empfohlen. DZ ab 1700 NT$, Reinigungs- und Tour-/Ticketservice werden ebenfalls angeboten. Allerdings mit Gepäck nur per Bus (42, 47, 216, 218, 268, 277, 279, 287, 291, 308, 310 und 603) erreichbar, besser ein Taxi nehmen oder bei der TI reservieren lassen. Nach Mr. *Chen* fragen. Onlinebuchung unter www.asiarooms.com (Hotel SanSui) möglich, kostet dann 43–46 US$ (EZ) bzw. 47–50 US$ (DZ).

177南京西路

●Näher zum Zentrum und auf der Hbf.-Nordseite liegt das ***Fortune*** €€€, ⌽177 NanJing XiLu, Tel. (02)-25551016, Fax 25551022, schlichtes Mittelklassehotel mit Preisen zwischen 1800 und 2420 NT$.

Wer etwas vom Hbf. entfernt wohnen möchte, findet in der HanKou Jie drei brauchbare Mittelklassehotels:

８８漢□街一段 Φ***Pan American*** €€€, 88 HanKouJie, Sec. 1, Tel. (02)-23147305, mit Preisen ab 2500 NT$, und das

８５漢□路一段 ● ***Orient*** €€€, Φ85 HanKouJie, Sec. 1, Tel. (02)-23317211, etwas ältlich und bei gleichen Preisen etwas zu teuer.

華華大飯店 ● Am besten scheint das Φ***Flowers*** €€€, 19 & 36 HanKouJie, Sec. 1, Tel. (02)-23123811, Fax 23123800, E-Mail: hotel.flowers@msa.hinet.net. Älterer und neuerer Bau direkt gegenüber um die Ecke, Zimmer ab 2320 NT$ - sehr empfehlenswert in dieser Klasse.

Hotels der gehobenen Mittelklasse und Spitzenhotels

天成大飯店 Φ***Cosmos*** €€€, 43 ZhongXiao XiLu, Sec. 3, Tel. (02)-23617856, Fax (02)-23118902, www.cosmos-hotel.com.tw. Älteres Hotel, gut in Schuss, einige Annehmlichkeiten (Sauna, Fitness), mit DZ ab 3500 NT$ eins der günstigeren Hotels in dieser Klasse; empfehlenswert besonders wegen der unmittelbaren Nähe zum Hbf.

TaiBei bietet reihenweise Tophotels zu entsprechenden Preisen; die folgenden sind - bei entsprechendem Geldbeutel - ganz besonders zu empfehlen:

圓山大飯店 Φ***Grand Hotel*** €€€€, 1 ZhongShan BeiLu, Sec. 4, Tel. (02)-28868888, Fax (02)-28852885, www.grand-hotel.org. *Das* Hotel TaiWans schlechthin. 1995 wurde das stilvolle Dach nach einem Brand restauriert, im Obergeschoss soll später eine der politischen Kammern ihren Sitz nehmen. DZ ab 6000 NT$ (bei online Buchung ab 4000 NT$).

國賓大飯店 Φ***Ambassador*** €€€€, 63 ZhongShan BeiLu, Sec. 2, Tel. (02)-25511111, Fax (02)-25315215, www.ambassadorhotel.com.tw. Beliebtes Konferenzhotel (1000 Personen fassende Halle inkl. Übersetzungsbüros), relativ zentral, alle Annehmlichkeiten inkl. Eiswürfelmaschine auf dem Zimmer; DZ ab 7100 NT$.

凱撒大飯店 Φ***Caesar Park*** €€€€, 38 ZhongXiao XiLu, Sec. 1, Tel. (02)-23115151, Fax (02)-23319944, www.caesarpark.com.tw. Bevorzugtes Businesshotel mit allem Komfort und DZ ab 8000 NT$ (online Sonderaktionen ab 5000 NT$).

● Das ***Grand Hyatt TaiBei*** €€€€ in der 2 SongShouLu, Tel. (02)-27201234, Fax (02)-27201111, www.taipei.grand.hyatt.com.tw, eines der jüngsten Tophotels im Geschäftsviertel rund um das „TaiBei 101" bietet u.a. mehrere 5-Sterne-Restaurants, ein Unterhaltungszentrum (mit Live-Bands, Disco, Karaoke) Sauna, Dampfbad, Fitnessräume - kostet aber auch die unbescheidene Summe von knapp 10.000 NT$ (pro Nacht, Einstiegspreis) bzw. online ab 8100 NT$/DZ!

假日大飯店 亞環 ● Im nördlichen Zentrum bietet das Φ***Asiaworld Plaza*** €€€€ (100 DunHua BeiLu, Tel. 02-27150077, Fax (02)-27134148, www.marimari.com/hotel/taiwan/taipei/asiaworld/index.html ähnlichen Luxus bei DZ-Preisen ab 8000 NT$, online ab rund 80/110 US$.

Essen und Trinken

TaiBei wird unter Kennern als ein ***Eldorado für Anhänger der chinesischen Küche*** bezeichnet, da auf sehr engem Raum durch die 1949 nach TaiBei gekommenen Festlandschinesen alle Provinzküchen vertreten sind. Für die Zehntausenden von Büroangestellten im administrativen und wirtschaftlichen Herz der Insel, die in den Mittagspausen oder nach Feierabend einen Snack zu sich nehmen wollen, entstanden zahllose Schnellküchen und Im-

098t Foto: wl

Landesspezialitäten findet man hauptsächlich an Straßenständen

bissstände (meist in Food-Malls größerer Kaufhäuser zusammengefasst), sodass auch der Tourist in allen Preisklassen etwas finden kann.

Preiswerte Küche

- Im Zentrum findet man leicht seinen Morgencafé, entweder direkt am Hbf. (z.B. ***Mr. Brown***) oder in der HuaiNing Lu ***(Café Latte, Starbucks);*** die gesamte Palette an westlichen Fast-Food Restaurants ist unübersehbar.
- Chinesische ***Schnellimbissrestaurants*** (wo man seine Speisen selbst zusammenstellt, 75-100 NT$), Raviolikùchen (*ShuiJiao,* 80-125 NT$) und Nudelgerichte (100-150 NT$) gibt es konzentriert in den Einkaufsstraßen des Zentrums, überwiegend im Viertel gegenüber vom Hbf. Dabei ist zu beachten, dass es um so günstiger wird, je mehr man sich in Seiten- und Nebenstraßen bewegt. Zur Mittags- und Abendzeit (11.30-13.00 bzw. 17.00-19.00 Uhr) gibt es die größte Auswahl, manche Shops sind außerhalb dieser Stoßzeiten sogar ganz geschlossen.
- Eine breite Auswahl an Snacks und kleinen, preiswerten Gerichten bieten auch die ***Nachtmärkte*** (⇗ Unterhaltung). „Seltsames" (Schlange, Schildkröte usw.) bietet etwa der auch „Snake Alley" genannte ***HuaXi-Nachtmarkt*** (⇗ „Die südwestliche Innenstadt - das alte TaiBei": „ManKa-Viertel"). Auch wenn die Preise hier an Touristen orientiert sind, ist die „Snake Alley" nach wie vor sehenswert.

- Sehr günstig sind auch die kleinen Lokale und Stände nahe der Universitäten, allen voran die Gegend südlich der ***ShiDa DaXue*** (Taiwan National Normal University, ⇗ Unterhaltung).
- Etwas höher in Auswahl und Preisen (je nach Gericht zwischen 100 und 250 NT$) liegt die ***Yoshinoya-Kette:*** Ursprünglich wurde japanisches Fast-Food angeboten, mittlerweile wurde für den heimischen Markt die chinesische Küche integriert. Die Filialen der Kette haben außen eine bebilderte Preisliste/Speisekarte für günstige östliche Komplettmenüs, Kennfarbe: orange.
- In den zahlreichen ***Bäckereien*** der Innenstadt gibt es köstliche süße und herzhafte Teilchen oder Sandwiches.
- Die Geschäfte der ***YiMei-Kette*** (rosafarbenes Logo) bieten günstig japanische Sushi-Snackpakete an.
- Noch vor wenigen Jahren war ***westliches Fast-Food*** in TaiBei zwar vertreten, kostete aber unverhältnismäßig viel. Es galt als schick, sich hier aufzuhalten und stundenlang an einer Cola zu schlürfen. Da den Verantwortlichen der Umsatz zu gering war, sind die Preise durch die große Konkurrenz heute sogar weit günstiger als in Europa. Vertreten sind die großen amerikanischen Ketten, überwiegend im Zentrum südlich vom Hbf.
- Wer sich auf keine Experimente in Nudelshops oder Garküchen einlassen möchte, sollte unbedingt einen der großen ***Food-Stalls*** besuchen, jene Ansammlung westlicher, japanischer und vor allem taiwanesischer Schnellrestaurants in den großen „Department-Stores", die herzhafte lokale Gerichte aller Coleur sehr sauber und schmackhaft auf engem Raum anbieten. Vor allem sieht der Kunde vorher, was er bestellt: Meist sind Muster des Gerichts in Plastik ausgestellt.

Für den Reisenden dürften hauptsächlich drei primär in Frage kommen: zum einen der ***Mitsukoshi-Tower*** gegenüber vom Hbf. Im UG 1 liegt eine große Food-Mall, unter anderem die „DianXin JieFang" (DimSum-World) mit leckeren *ShuiJiao;* im UG 2 finden Selbstversorger einen guten Supermarkt und eine Bäckerei.

Eine noch größere Food-Mall - zu etwas höheren Preisen - wurde im ***TaiBei 101*** (⇗ Sehenswürdigkeiten) eingerichtet. Sie gilt schon heute als die beliebteste Food-Mall in ganz TaiWan.

Günstig zum Zentrum liegt auch das kleine ***YuanHuan-Rondell*** (JianCheng-Kreisel) an der ZhongQing BeiLu/NanJing XiLu, wo Dutzende von kleinen Garküchen zusammengefasst wurden und äußerst preiswert gute Gerichte von *ShuiJiao* bis Hotpot anbieten

Mittleres und gehobenes Preisssegment

In TaiBei als dem wirtschaftlichen, politischen und kulturellen Herz TaiWans sind nicht nur zahlreiche chinesische, sondern auch internationale Küchen vertreten. Die asiatischen Gerichte sind in der Regel qualitativ besser, preislich liegen sie nicht unter europäischen Restaurants. In manchen (insbesondere japanischen Restaurants) kann man leicht 100 € pro Nase lassen. Günstig und gut sind dagegen die mongolischen Barbecues, die bei Festpreisen „eat as much as you can" anbieten. Die Anzeigen in den englischsprachigen Tageszeitungen informieren, welches Lokal gerade zu welchen Festpreisen interessante Angebote macht.

5-Sterne-Restaurants findet man außerdem in nahezu allen Tophotels, auch für Nicht-Gäste.

Chinesisch-taiwanesische Küche

1 南京西路

● ***Celestial,*** ⌖1 NanJing XiLu, Tel. (02)-25211097, eines der ältesten und traditionsreichsten Peking-Restaurants. Neben klassischen Entengerichten (ab 750 NT$, allerdings für mehrere Personen) erfreuen sich die zahllosen Nudelvariationen einer großen Beliebtheit bei Einheimischen und Reisenden gleichermaßen. Als Alternativen für speziell nördliche Küche wären auch das

９０中華路一段
５０６仁愛路四段

● ***HuiBinLou,*** ⌖90 ZhongHuaLu, Sec. 1, Tel. (02)-23312555, oder das
● ***Peking TuYiChu,*** ⌖506 RenAiLu, Sec. 4, Tel. (02)-27297853, zu empfehlen

９南京東路三段

● Im ***FengLinDu,*** ⌖9 NanJing DongLu, Sec. 3, Tel. (02)-25096991, kann man die scharfe SiChuan-Küche und taiwanesische Gerichte in milderen Variationen wie auch original-scharf versuchen; mittlere bis gehobene Preisklasse.

２瑞安路２３街

● Der ***Hot Palace,*** ⌖2 RuiAnLu, 23 Jie, Tel. (02)-27001515, hält, was der Name verspricht: Die Gerichte sind feuerscharf, für Westeuropäer nahezu höllisch.

安和路一段
145 號

● Das sehr angenehme ***China Pa,*** ⌖145 AnHe Lu, Sec. 1, Tel. (02)-27027011, bietet neben gehobener chinesischer Küche auch Kunst- und Jazzevents. Gelungene Mischung aus Küche und gepflegtem Entertainment.

Westliche Küche

三羅斯福路
三段

● Besonders erwähnenswert ist das ***Ponderosa*** am GongGuan in der ⌖Roosevelt Lu, Sec. 3. (Tel. 02-211884342, MRT GongGuan, rechts gehen, gegenüberliegende Straßenseite), eigentlich ein Steakhaus, welches ein sehr gutes Salat-, Nudel-, Obst- und Snackbufett („salad bar") anbietet. Man kann sich selbst nehmen, so viel man will, das kostet inkl. aller Softdrinks 300 NT$, außerhalb der Stoßzeiten 250 NT$.

忠孝東路四段
170 巷 6 弄
22 號

● ***Papa Giovanni's*** ist ein echter italienischer Familienbetrieb mit guten hausgemachten Pizzas, Nudelgerichten und Broten. Gigantische Speisekarte im mittleren Preissegment, Tel. (02)-27118720, ⌖22 ZhongXiao DongLu, Sec. 4, Alley 6, Lane 170.

士林區克強路
17 號

● ***Uli's Euro Deli,*** ⌖17 KeQiangLu, stillt das Heimweh nach europäischen Gerichten von Snacks über Kartoffelgerichte bis zum frisch gebrühten Kaffee. Gelegen ein Stückchen außerhalb im Norden, MRT MingDe, Exit MingDeLu, nach 300 m rechts in die KeQiang (tlw. KeChiang) Lu hinein; Tel. (02)-28312741.

● Und wer gerne die japanische Küche genießen möchte, ohne angesichts der Rechnung ein Riechsalzfläschchen zu benötigen, dem sei die ***Wasabi Dining Bar*** empfohlen, wo bezahlbare, einfache und herzhafte Fischgerichte aus dem SuShi-Angebot herausragen (TaiBei 101, 4. St.).

Einkaufen

Kaufhäuser

台北一0一
日本百貨

- Im Distrikt XinYi mit dem TaiBei 101 gibt es zahlreiche Einkaufsmöglichkeiten, sowohl in der ***Mall des* ⴲ *TaiBei 101*** wie auch im ⴲ ***Mitsukoshi Department Store*** neben der TaiBei City Hall (MRT Taibei City-Hall). Letzterer ist für Reisende vielleicht auch wegen dem chinesischen „Mister Minute" (Schuhreparaturen) im UG für den Notfall ganz interessant.

太平洋百貨

Auch wenn man in diesen beiden alleine schon einen ganzen Tag verbringen könnte - es gibt natürlich noch viele andere, zum Beispiel den ⴲ ***Sogo Department-Store*** in der ZhongXiao DongLu/Ecke FuXing NanLu (MRT ZhongXiao FuXing, Exit 4).

Interessant sind auch die Supermärkte der Kaufhäuser, in denen neben Lebensmitteln auch alle üblichen Drogerieartikel erhältlich sind. Die Kaufhäuser in TaiBei sind täglich ***geöffnet,*** die Kaufhallen 11.00-21.30 Uhr, die Supermärkte 9.00-21.00 Uhr (Richtzeiten).

- Eine Filiale der ***Carrefour-Supermarktkette*** findet man rechts der MRT-Station ZhiShan (ca. 300 m in Fahrtrichtung weiter).
- Leser empfehlen den ***Chinese Handicraft Mart*** des Taiwan Handicraft Promotion Center (1 SuZhouLu Ecke ZhongShanLu, www.handicraft.org.tw) mit Geschenkartikeln, Kunst, Kunstgewerbe usw. in allen Qualitäten und Preisen.

Bücher und Zeitschriften

Die taiwanesischen englischsprachigen Tageszeitungen, einige ausländische ***Zeitungen*** und Periodika (auch der „Spiegel"), eine Auswahl englischsprachiger Taschenbücher und Literatur, ***Ansichtskarten*** sowie ***Lehrbücher*** (Englisch - Chinesisch) sind teilweise sehr preisgünstig in den Buchläden zu kaufen.

Gute ***Landkarten*** (in lateinischer Umschrift) sind leider Mangelware, chinesische Stadt- oder Regionenkarten kosten zwischen 70 und 100 NT$. Die bei Reisenden und Studenten beliebtesten Buchgeschäfte:

台北一0一

- ***Page One,*** im ⴲ TaiBei 101, 3. St. („4th fl."), größter Zeitschriftenhandel TaiWans mit zahlreichen deutschen Journalen und Tageszeitungen. Was man hier nicht findet, gibt es woanders auch nicht.

１２９和平東路一段

ⴲ ***Lucky Bookstore,*** ⴲ 129 HePing DongLu, Sec. 1, Tel. (02)-23927111 (an der ShiDa-Universität), Busse B-18, B-3, B-15 254 vom/zum Hbf. Nebenan liegt ein gutes Fotogeschäft für Entwicklungen und Fotokopien.

１０３中山北路二段

- ***Caves Books,*** ⴲ 103 ZhongShan BeiLu, Sec. 2, Tel. (02)-25371666, gute Auswahl an englischsprachiger Literatur. Hier werden auch Karten für Konzerte, Opern usw. vertrieben. MRT ShuangLian, Busse C-502 Hbf. - SongShan-Flughafen) und C-49 fahren durch die ZhongShan BeiLu.

２５９敦化南路一段

- ***XinXueYou ShuJu,*** ⴲ 259 DunHua NanLu, Sec. 1, Tel. (02)-27007000, ist die größte Zweigstelle einer Buchgeschäftskette, hat sich auf Taschenbuchausgaben englisch- und chinesischsprachiger Literatur spezialisiert. Karten für kulturelle Veranstaltungen gibt es hier auch. Das Geschäft liegt ein gutes Stück vom Stadtzentrum entfernt an der Kreuzung von RenAiLu und DunHuaLu. MRT ZhongXiao DunHua, mit dem Bus fährt man am besten mit der 274 die JenAiLu entlang, bis sie die DunHuaLu (Kreisel) kreuzt.

Foto und Elektronik

Im beiden Sektoren findet in Zentraleuropa, vor allem in Deutschland, in der Mitte dieses Jahrzehnts ein heftiger Preiskampf statt, sodass ***nur selten echte Preisvorteile*** in TaiWan erzielt werden können. Ausnahmen sind vielleicht Spezialsoftware (Chinesisch) oder Digitalspeicher.

Grundsätzlich empfiehlt es sich, einen Richtpreis schon in Europa zu erfragen und dann gegebenenfalls gezielt nach vergleichbaren oder identischen Modellen vor Ort zu suchen.

開封路
博愛路

Fachgeschäfte findet man in den oben genannten Kaufhäusern, vor allem aber auch im Bereich südlich des Hauptbahnhofes in der ⌽KaiFengLu (EDV) sowie in der ⌽BoAiLu (Fotobedarf).

Unterhaltung

Kino

Wie auch bei uns werden die aktuellen ***Kinoprogramme*** englischsprachiger Filme in den englischsprachigen Tageszeitungen abgedruckt.

松壽路 124 號

● ***Warner Village,*** das größte und neueste cineastische Projekt, findet man um die Ecke vom TaiBei 101 in der ⌽124 SongShou Lu mit nicht weniger als 18 Kinosälen. Hier laufen mindestens drei bis vier Vorstellungen täglich in englischer Sprache.

Chinesische Oper und Akrobatik

177內湖路二段

● Dienstags und donnerstags findet von 11.00 bis 12.30 Uhr an der ***FuXing-Akademie*** ein 90-minütiges Informationsprogramm zur Chinesischen Oper statt. Geboten werden eine Videoeinführung, eine 20-minütige Kurzvorführung sowie ein Besuch der Ausbildungsklassen und Schminkräume (wo man sich auch selbst maskieren lassen kann), Gespräche mit Darstellern sowie der Besuch des akademieeigenen Museums. Die FuXing-Akademie liegt in der ⌽177 NeiHuLu, Sec. 2 (Tel. 02-27962666, Anmeldung bei Ms. Chiang) und ist mit den Stadtbussen E-247 und K-287 (30 NT$) zu erreichen;. Gebühr 300 NT$.

133敦化北路

● Wechselnde Programme bietet das ***YouShi YiWen ZhongXin (Forum der Nachwuchskünstler),*** ⌽133 DunHua BeiLu, gegenüber vom Asiaworld-Plaza. Sehr zu empfehlen sind die oft angebotenen Kombi-Vorstellungen chinesischer Akrobatik (vom Feinsten!), chinesischer klassischer Musik und zweier kurzer Akte aus einer chinesischen Oper. Das Programm dauert ca. zwei Stunden, kostet 135 NT$ (Kinder/Studenten die Hälfte) und beginnt mittwochs und samstags um 19.30 Uhr. Programme und Zeiten wechseln allerdings, eine Anfrage bei der „Hotline“, Tel. (02)-27173737, oder einer der Touristeninformationsstellen empfiehlt sich, da an der Kasse nur chinesisch gesprochen wird. Busse D-23, E-262 oder C-502 (bei letzteren an der nächsten Haltestelle nach dem SongShan-Flughafen aussteigen und Rest des Weges geradeaus laufen) oder MRT NanJing DongLu.

● Gehobene Unterhaltung (klassische Konzerte, Chinesische Oper) wird im ***Nationaltheater*** (an der CKS-Halle) geboten. Programme und Karten im Vorverkauf sind in den Buchläden der Stadt, über die offizielle Homepage

114t Foto: wl

„Der Gütige hilft auch dem Tiger" - PaoAn-Tempel

www.ntch.edu.tw/english/ sowie mithilfe der TI-Stellen zu bekommen. Auch internationale Künstler der klassischen Muse und folkloristischer Unterhaltung treten hier auf (MRT CKS-Memorial Hall).

Nachtmärkte

Ursprünglich waren die Nachtmärkte eine Ansammlung von Ständen fliegender Händler für die Bewohner der jeweiligen Viertel nach Feierabend bis spät in die Nacht. Mittlerweile haben sich einige von ihnen zu Essstraßen und Schaufenstern verschiedenster

092t Foto: wl

Straßenhändlerin in TaiBei

Kleinwaren für Einheimische und Touristen gewandelt. Ein Besuch der Nachtmärkte TaiBeis gehört sicherlich zu den billigsten und gleichzeitig kulturell interessantesten Abendaktivitäten. Neben Delikatessen wie Geflügelteile (hauptsächlich Ente, ca. 200 NT$) und Krabben in diversen Saucen (800 NT$) findet man hauptsächlich leckere Kleinigkeiten zum „Durchprobieren" wie süße Reisbällchen (30 NT$), in Blätter gewickelte Teigtaschen mit Schweinefleisch und Pilzen (30 NT$), Kräutertees (15-30 NT$) oder die allgegenwärtigen Nudelsuppen (ab 40 NT$).

Berühmt-berüchtigt ist der ***HuaXi-Nachtmarkt*** (GuangZhou Street Night Market) im ManKa-Viertel (⇗„Die südwestliche Innenstadt - das alte TaiBei": „ManKa-Viertel"), vor allem wegen der weltbekannten ***„Snake Alley"***, wo es kulinarische Köstlichkeiten wie Schlange und Vogelnestsuppe, Potenzmittel in Form geriebener Affenköpfe oder Bärenknochen und zu gleichem Zweck frisch zubereitete Getränke aus Schlangengalle oder Schildkrötenblut zu bestaunen gibt. Das Marktleben beginnt nicht vor Einbruch der Dunkelheit, es lohnt sich daher, einen Besuch der großen Tempel des ManKa-Viertels auf den Spätnachmittag mit anschließendem Besuch der „Snake Alley" zu legen.

Mindestens ebenso beliebt (bei Studenten und Nachtmarkt-Begeisterten sogar *der* Tipp schlechthin) ist der ***ShiLin-Nachtmarkt*** direkt westlich der MRT-Station JianTan.

Etwas ruhiger und weniger exotisch geht es auf dem ***Abendmarkt des ShiDa-Viertels*** zu. Gelegen ist er in der ShiDaLu gegenüber der Fußgängerunterführung an der ShiDa-Universität (National Taiwan Normal University), an der Gabelung links. Hier gibt es kleine und günstige Snacks und Bierkneipen, aber auch Geschäfte und Obststände.

Eine Fundgrube für Gewürze, Tee und Süßwaren (fantastische Gerüche) ist der ***Abendmarkt in der DiHuaLu*** (⇗ „TaTaoCheng-Viertel"), unweit des JianCheng Circle Food Mall nordwestlich vom Hauptbahnhof.

Wer am Abend Boutiquen und Shops mit Produkten aller Art „Made in TaiWan", aber auch ständig wechselnde fliegende Händler sucht, geht auf den vor allem bei jüngerem Publikum favorisierten ⌽ ***GongGuan YeShi,*** einfach GongGuan genannt (Roosevelt Lu, Sec. 4). Die Geschäfte erstrecken sich hier auf beiden Straßenseiten über rund einen Kilometer, beginnend ein Stück südlich der Abzweigung zur XinHaiLu. MRT GongGuan oder Busse E-0/Nan.

公館夜市

Teehäuser

Man sollte meinen, im Mutterland des Tees sei der Genuss einer frisch zubereiteten Tasse ein preiswertes, allgegenwärtiges Vergnügen. Dem ist mitnichten so, da im schnellebigen TaiBei westlichem Fast-Food immer mehr der Vorzug gegeben wird. Die verbliebenen traditionellen Teestuben sind daher inzwischen vergleichbar mit Wiener Kaffeehäusern, in denen stilvoll parliert, diskutiert und Zeitung gelesen wird. Leider reißt dieses Vergnügen aber auch große Löcher in den Geldbeutel.

- Eines der am schönsten gelegenen und stilvollsten Teehäuser ist das ***Teehaus neben dem Heimatmuseum im Vorort PeiTou,*** ShenYuan, 32 YouYaLu, Tel. (02)-28965700, ⇗ PeiTou; es wurde früher von den Japanern als Offizierscasino genutzt.
- Kein echtes Teehaus, aber ein breites Angebot an Sorten zu erschwinglichen Preisen bietet der ***Traditional Chinese Tearoom*** im 4. Stock des Nationalpalastmuseums.
- Näher im Stadtzentrum liegt das ***YuanYuan,*** ⌽ 24 DunHuaBeiLu, 155 Jie, 66 Xiang (Tel. 02-27688423), welches am ehesten das Flair einer traditionellen Teestube verbreitet.
- In der Nähe des Hauptbahnhofes in der ⌽ 63 BoAiLu liegt das ***LuoDuoLun KaFeiDian,*** eines der günstigsten Cafés in TaiBei.
- Ein echtes Schnäppchen kann man 14.30–17.30 Uhr im ***Rhine European Restaurant,*** ⌽ 136 XinYiLu, Sec. 4, Tel. (02)-27000725 machen.

２４敦化北路
１５５街６６巷

６３博愛路

１３６信義路斯段

TaiBei

Tee, Kaffee und Gebäck in unbegrenzter Menge für 185 NT$/Person. Ansonsten wird hier französische Küche vom Feinsten serviert.

黑森林

● Wer mal wieder Lust auf etwas Heimisches hat: ⌖***Schwarzwald,*** in der 20 WenZhou Jie, nahe ShiDa-Essmarkt, Richtung DaAn-Park, Tel. (02)-23693785, bietet Brote, Kuchen und Hausmannskost, ist aber auch für taiwanesische Verhältnisse ziemlich teuer.

● Nicht gesondert müssen die zahllosen westlichen Ketten wie ***Mr. Brown*** (Hbf.) oder ***Starbucks*** erwähnt werden; hier ist der Morgencafé ebenso gut und meist preiswerter.

Kneipen und Musik

Die meisten Reisenden werden schon in einer der zahlreichen Schänken auf den Nachtmärkten fündig; außerhalb derselben gibt es in TaiBei ebenfalls eine reichhaltige Auswahl. Zu den empfehlenswertesten gehören:

林森北路 119 巷 55 號

● ***Zum Fass,*** ⌖No. 116–118, Sec 1, Xin Sheng N. Rd., 119 Gang, Tel. (02)-25313815, MRT ZhongShan (ca. 15 Gehminuten). Eine der ersten deutschen Kneipen, und da noch immer existent, zwangsläufig ein empfehlenswerter Dauerbrenner sowie Treffpunkt der deutschsprachigen Gemeinde in PaiBei. Gemischt schweizerisch-deutsche Küche und zahlreiche deutsche Biermarken für lange, heimische Abende.

● Im o.g. ShiDa-Nachtmarktviertel betreibt ein waschechter Engländer ***JB's Bar & Restaurant,*** bietet nicht nur etliche Sorten englisches Bier, sondern auch sehr gutes Essen. 148 Shi Dà Lù, Tel. 02 2364-8222.

天母東路 78 號

● ***The Pig,*** ⌖78 TianMu DongLu, Tel. (02)-28740631, gibt es ebenfalls schon fast 20 Jahre; tgl. 12.00–2.00 Uhr, Happy Hour 12.00–20.00 Uhr, Jazz-events, Livebands, gute Musik und Tex-Mex-Gerichte als Snacks. Außerhalb im Bezirk TianMu – Taxi erforderlich.

中山北路六段 11 號

● Vor einigen Jahren öffnete der ***Club 49*** in der ⌖11 ZhongShan BeiLu, Sec. 6, MRT ZhiShan, Tel. (02)-28350644, seine Pforten und ist heute eine der beliebtesten Adressen für Nachtschwärmer. Lateinamerikanische Livemusik, gute Stimmung und erschwingliche Getränkepreise locken ein gemischtes Publikum in hohen Zahlen in die Bar.

安和路二段 114 號

● Im ***Saints and Sinners,*** ⌖114 AnHe Lu, Sec. 2, um die Ecke vom Far Eastern Plaza Hotel und vom World Trade Center, Tel. (02)-27399001, kann man bei guten Bieren und Großbild-Fernsehern gemütlich abhängen. Beliebter Treffpunkt englischsprachiger Expats. MRT LiuChangLi, die HePing zurück bis zur dritten Straße rechts (AnHe).

安和路二段 100 號

● Nicht allzu weit enfernt startete ***Carnegie's,*** ⌖100 AnHe Lu, Sec. 2, Tel. (02)-23254433, eine der besten Rock'n-Roll-Bars des Landes. Fast durchgehend geöffnet, Happy Hour 11.00–21.00 Uhr, Crazy Hour (85 NT$/Drink) 18.00–19.00 Uhr; Wahnsinns-Menüs ab 225 NT$, fetzige Musik, eigener DJ, jüngeres Publikum. MRT siehe „Saints and Sinners".

復興北路 166 號

● The ***Brass Monkey,*** ⌖166 FuXing BeiLu, Tel. (02)-25475050, spricht mehr die Sportbegeisterten an. Liveübertragungen (nordamerikanische Profiligen), Poolbilliard, Foosball (kanadisch für Tischfußball), Darts usw.

敦化北路六號

● Wer eine originär irische Kneipe sucht, wird im ***Shannon,*** ⌖6 DunHua BeiLu, Tel. (02)-27720948, fündig. Fetzige Musik, leckeres „Guiness" vom Fass und irische Gerichte reichen sich bei guter Stimmung die Hand.

新生南路二段 30 號

● Als echte Kannengeber-Kneipe sei auf die ***Eight Immortals*** („8 Unsterblichen") in der ⌖30 XinSheng NanLu, Sec. 2, Tel. (02)-23214507, verwiesen (am DaAn-Park, leicht zu finden). Man bestellt Speisen und Getränke unten am Eingang und genießt oben auf der Dachterrasse. Bier wird im Six-pack geordert - die acht buddhistischen Heiligenfiguren würden sich im Grab umdrehen.

雙城街

Eine der bekanntesten Gegenden TaiBeis mit endlosen Kneipen, Bars und Snacklokalen mit langen Öffnungszeiten ist die ф***ShuangCheng Jie*** (MRT MinQuan XiLu), auch gleichzeitig Straßen- und Nachtmarkt ***(QingGuang-Nightmarket).*** In der Region scheinen vorwiegend Südostasiaten (Philippinos, Vietnamesen, Indonesier) beheimatet zu sein, einige der Etablissements tragen entsprechende Namen. Bekannter sind hier etwa ***Die Kneipe*** (Nr. 6, 23 Gang, nicht so toll), ***Malibu-West,*** 9 ShuangChengLu, 25 Gang, Tel. (02)-25928228, sehr empfehlenswert, ***Montana Pub*** (San-Miguel- oder Tiger-Biere für 99 NT$) oder der angenehme ***MeiLiann-Pub,*** 23 ShuangChengLu, Tel. (02)-25994356; Longdrinks kosten in diesem Viertel durchschnittlich 220 NT$.

Institutionen und Adressen

Information

2 8 0 忠孝東路四段

- Die Zentrale des ***R.o.C. Tourism Bureau*** liegt in der Nähe der SunYat-Sen-Gedächtnishalle in der ф280 ZhongXiao DongLu, Sec. 4, 9. Stock, Tel. (02)-23491500; ❶ 12 (Seite 174). Allerdings wird hier das Material erstellt, man ist nicht unbedingt so gut sortiert wie die Außenstellen. Ein Besuch hier ist nur in Verbindung mit der SunYatSen-Halle zu empfehlen.
- Sehr gut ist auch die TI am nationalen ***SongShan-Stadtflughafen,*** die täglich ab 8.00 Uhr geöffnet ist, alle erhältlichen touristischen Publikationen und Karten anbietet und über gut Englisch sprechendes Personal verfügt.
- Eine weitere Zweigstelle befindet sich im ***Hauptbahnhof,*** hier ist die Auswahl allerdings etwas kleiner.
- In den ***Metrostationen JianTan, ZhongXiao DunHua und XiMen*** wurden ebenfalls an dem orangefarbenen „i“ leicht erkennbare Tourismusinformationsstellen eingerichtet.
- Ein ausgezeichneter Service für Touristen ist die ***Tourist Hotline,*** Tel. (02)-27173737, von 8.00 bis 20.00 Uhr, deren englischsprachiges Personal Auskünfte und Hilfestellungen aller Art (Veranstaltungen, Busverbindungen, Fahrpläne, Hilfevermittlung in Notfällen usw.) anbietet.
- Eine spezielle ***Touristeninformations-Hotline für Busse*** wurde unter Tel. 0800-011765 eingerichtet.
- Bei längeren Aufenthalten informieren die schwarzen Bretter in den Eingangshallen der ***Universitäten*** über freiwerdende Zimmer, zu verkaufende Mopeds, Fahrräder, Lehrmaterial und Ähnliches.

Post/Telefon

郵局
電話

✉ 19 (Seite 192); die ф***Hauptpost*** liegt an der Ecke ZhongXiao XiLu/BoAiLu. Rechts davon befindet sich das Paketzentrum zum Verschicken von Päckchen und Paketen (es gibt dort auch Kartons und Bandumwickelmaschinen, sehr preiswert und professionell), links um die Ecke werden Telefonkarten verkauft.

- Internationale Direkttelefonate sind mit Karte an den ***ISD-Apparaten (International Self Dialling)*** z.B. im Hbf. möglich (Hinweise unter „Telefon“ im Kapitel „Praktische Reisetipps A–Z“ beachten!).

Polizei

外使警察

● 38 (Seite 192); ⊕***Foreign Affairs Police,*** 96 YenPingLu (Haupteingang), Eingang auch auf der ZhongHuaLu. Geöffnet 8.30–12.00 und 13.00–17.00 Uhr, Tel. 02-23213175. Zur ***Visumverlängerung*** sind keine Fotos, aber gute Begründungen mitzubringen. Es empfiehlt sich, gleich um 8.30 Uhr zu erscheinen, da im Laufe des Vormittages die Schlange immer länger wird und Wartezeiten von einigen Stunden dann nicht auszuschließen sind. Ansonsten dauert die kostenfreie Prozedur etwa 15 Minuten.

7 忠孝東路一段

●In der ⊕7 ZhongXiao DongLu, Sec. 1 (gegenüber des markanten LaiLai-Sheraton-Hotels) liegt die ***TaiWan Provincial Police Administration, Foreign Affairs Office.*** Hier können ***Berggenehmigungen*** des Typs A beantragt werden. Der Schein kostet nur 40 NT$, Voraussetzung ist allerdings der Nachweis eines einheimischen Führers sowie ein Empfehlungsschreiben des Bergvereins TaiWans (damit wird verhindert, dass sich irgendjemand als Führer ausgibt). Vor dem Antrag muss man sich daher mit der ***RoC Alpine Association*** (RoCAA), 10. Etage, 185 ⊕ZhongShan BeiLu, Section 2, TaiBei, Tel. 25935662, Mail rocalp@ms.34.hinet.net, in Verbindung setzen.

中山北路二段十樓

Banken

Geldwechsel (Bargeld und gängige Reiseschecks) ist bei allen Banken in TaiBei möglich. Die Kurse für Bargeldtausch sind nahezu identisch.

敦化北路四段

●Bei ***Reiseschecks*** werden unterschiedliche Gebühren erhoben, sodass Amex-Reiseschecks am besten direkt bei ***American Express,*** 363 ⊕Fu Xing(Bei)Lu, 10. Stock, gegenüber der Metro-Station Zhong Shan Junior High School (braune Linie); Tel. (02) 2719590; geöffnet Mo–Fr 9.00–15.30 Uhr, Sa bis 12.00 Uhr, Tel. (02)-27151581, eingelöst werden (außen AMEXCO-Geldautomat).

●Ansonsten empfiehlt sich gerade in TaiBei der Einsatz der „EC-Karte mit P.I.N." an den ***Maestro-Automaten,*** die man mittlerweile sehr häufig an den Banken (z.B. *Land Bank* oder *Cathay United,* beide günstig zwischen Hbf. und 2-28 Peace Park gelegen), aber auch am Hbf. sieht.

Europäische Vertretungen

Nur einige wenige Staaten unterhalten formelle diplomatische Beziehungen mit TaiWan, beispielsweise „Weltmächte" wie Guinea-Bissau oder der Vatikanstaat. Alle für den Touristen gegebenenfalls notwendigen Hilfestellungen (Papiere, Beglaubigungen, Passersatz im Verlustfall usw.) werden von sogenannten ***„Kulturbüros" oder „Handelsdelegationen"*** wahrgenommen, die in der Praxis nichts anderes sind als Konsulate, aber auch wichtige Ansprechpartner für Geschäftsleute und Studierende (gelegentlich Nebenjobs). Die Fachleute vor Ort erteilen ferner zu allen Rechts-, Investitions- und Handelsfragen Auskunft.

●***German Institute Taipei,*** 4F, No. 2, Minsheng East Road, Sec.3, Tel. 225016188, Fax 25016139, git@germany.org.tw, www.germany.org.tw

●***Austrian Trade Delegation,*** 5F, 164 Fuhsing North Road, Tel. 27128597, Fax 25149980, taipeh-ot@bmaa.gv.at, www.austria.org.tw

● ***Trade Office of Swiss Industries*** (TOSI), Room 3101, 31st Floor, International Trade Building 333, Keelung Road, Section 1, Tel. 27201001, Fax 27576984, tosi@swiss.org.tw, www.swiss.org.tw

Bibliotheken und Länderinstitute

Wer sich zum Studium in TaiWan aufhält, wird gelegentlich ***Literatur in deutscher oder englischer Sprache*** benötigen. Aber auch Geschäftsreisende können bei den folgenden Institutionen Einblick in für sie eventuell wichtige Unterlagen nehmen.

Für den Touristen sind die Länderinstitute interessant, da sie über ***Leseräume mit neueren Zeitungen und Zeitschriften*** aus den Heimatländern verfügen und (so zum Beispiel im Deutschen Kulturzentrum) kostenlos Filmabende anbieten.

和平西路一段 20 號

● Eine kleine deutschsprachige Bibliothek gibt es im ***Deutschen Kulturzentrum,*** ⊕20 HePing XiLu, Sec. 1, Tel. (02)-23657294, Fax (02)-23687542.

099t Foto: wl

Manche Verbindungen ins Hinterland wurden noch nicht modernisiert

333齊龍路三段
●Adressbücher, Statistiken und Unterlagen, die mit dem taiwanesischen und internationalen Handel in Verbindung stehen, findet man im ***China External Trade Development Council (CETRA)*** in der ⌽333 JiLongLu, Sec. 3, 4. St., Tel. (02)-27255960. Unter dieser Nummer können auch generell Informationen zu Wirtschaft und Handel angefragt werden.

128烟酒路二段
●Rein wissenschaftlichen Zwecken dient die Bibliothek der ***Academia Sinica,*** ⌽128 YanJiuLu, Sec. 2, NanKang, Tel. (02)-27899326.

21中山南路
●Um einiges kleiner, überwiegend chinesischsprachig und hauptsächlich mit politischen Themen bestückt ist die Bibliothek der ***CKS-Gedächtnishalle,*** alle Wissensgebiete deckt dagegen die ***National Central Library,*** ⌽21 ZhongShan NanLu, Tel. (02)-23619132 gleich gegenüber, ab.

Krankenhäuser

In TaiBei gibt es eine ganze Anzahl von guten Krankenhäusern, die im Notfall alle erdenklichen Hilfsmaßnahmen einleiten. Der medizinische und hygienische Standard ist generell als sehr gut zu bezeichnen. Da alle Behandlungen vom Patienten selbst zu zahlen sind, ist eine Auslandskrankenversicherung (erstattet nach der Rückkehr auf Antrag die angefallenen Kosten, ⇗Versicherungen) dringend anzuraten.

In TaiBei kann man in ***Notfällen*** die (02)-23119940 (englischsprachige Polizei) oder (02)-27216315 (Ambulanz, meist nur chinesischsprachig) anrufen. Auch die englischsprachige „Tourist Hotline", Tel. (02)-27173737, hilft im Notfall weiter und ruft einen Krankenwagen.

424八德路二段
●***TaiAn YiYuan*** (Adventist Hospital), ⌽424 BaDeLu, Sec. 2, Tel. (02)-27718151. Englischsprachig, bestes und teuerstes Krankenhaus auf TaiWan.

7中山北路
●***National TaiWan University Hospital,*** ⌽7 ZhongShan NanLu, Tel. (02)-23123456.

3羅斯福路二段 81街
●***Roosevelt Dental Clinic,*** ⌽3 Roosevelt Lu, Sec. 2, 81 Jie, Tel. (02)-23923829. Reine Zahnklinik.

Tagesziele rund um TaiBei

陽明山

YángMíngShān (YangMing-Berg)

Keine 20 km nördlich der Metropole TaiBei liegt der mit 11.500 ha ***kleinste Nationalpark TaiWans.*** Von den bis auf 1100 m ansteigenden Gipfeln hat man die Stadt im Blick, und es ist kaum vorstellbar, dass der lärmende und stickige Koloss so nahe sein soll. Die Region weist zahlreiche (kommerziell genutzte) heiße Quellen auf und stellt die Gegend mit der größten vulkanischen Tätigkeit TaiWans dar. So sind denn auch heiße Quellen und Schwefelbecken, aber auch Wasserfälle, unberührte Natur und rund 70 km Wanderwege die Hauptattraktionen des Parks, der sich über 900 Höhenmeter (von ca. 200–1120 m) erstreckt. Ursprünglich hieß die Region *TsaoShan* (Grasberg), wurde aber nach 1949 in Angedenken an den Ming-Philosophen *WangYangMing* umbenannt.

Seit 1985 ist das Gebiet ein Naturpark, die Schwefelgewinnung wurde eingestellt und durch ***Blumenzucht*** abgelöst. Von März bis Juni ist der Park in ein leuchtendes Farbenmeer der verschiedensten Blüten getaucht, besonders beliebt sind die in TaiWan nicht allzu häufigen Kirschblüten. Sehr selten fällt auf den obersten Gipfeln des Parks im Winter etwas Schnee - dann gilt gleiches wie für die Gipfel der Zentralberge: Eine westliche Rock-Gruppe könnte kaum mehr Bewunderer anlocken, an unbeschwertes Umherwandern ist dann nicht zu denken.

YangMingShan ist leicht von TaiBei aus zu erreichen, die Tagesausflügler an den Wochenenden machen denn auch den Löwenanteil der Besucher aus. Das Hauptproblem für Individualtouristen ist, dass es mit öffentlichen Verkehrsmitteln im Park nur Haltepunkte an der Hauptstraße ChinShan-Beach-TaiBei gibt und man ein eigenes ***Transportmittel für eine Erkundung*** innerhalb eines Tages haben oder sich auf einen kleinen Abschnitt beschränken muss. In TaiBei gibt es zahlreiche Autovermietungen, keine Leihmopeds. In Frage kommt einzig der Mopedverleih in TanShui (⇗), man fährt dann am Besten über PeiTou in den Park. Ansonsten muss man, wenn man nicht nur das Einfahrtsgebiet sehen will, ziemlich weit laufen. Ein weiterer Nachteil ist, dass nur chinesische Wegweiser existieren, englischsprachige Karten für Touristen somit nur von begrenztem Nutzen sind. Selbst zur Parkverwaltung/Information kommt man nur, wenn man den Weg von der Endstation der Buslinie 260 genau kennt oder aber die teurere ChinShan-Beach-Linie zur Parkverwaltung nimmt. Der Park ist täglich geöffnet, die Information nicht an Montagen. Hier die wichtigsten Punkte, die man bequem ***ohne Leihfahrzeug*** besuchen kann:

Parkverwaltung/ Information

Wer mit dem ChinShan-Bus über die Hauptstraße kommt, kann direkt an der Verwaltung aussteigen; etwas schwieriger ist es mit demStadtbus 260 (30 NT$). Unterhalb des Busplatzes führt ein

- 1 Yoshinoya Rest.
- 2 McDonald's
- 3 Supermarkt
- 4 japanische Holzhäuser
- 5 Öffentliche heiße Quellen
- 6 Teehaus und Museum
- 7 Bus Nr. 230
- 8 HuShan-Thermalquellen
- 9 LungFeng-Thermalquellen
- 10 FengHuang-Thermalquellen
- 11 Parkverwaltung, Campingplatz
- 12 ChinShan-Campingplatz
- 13 LengShui
- 14 ChuanSzu-Fälle
- 15 NeiHuangHsi-Fälle

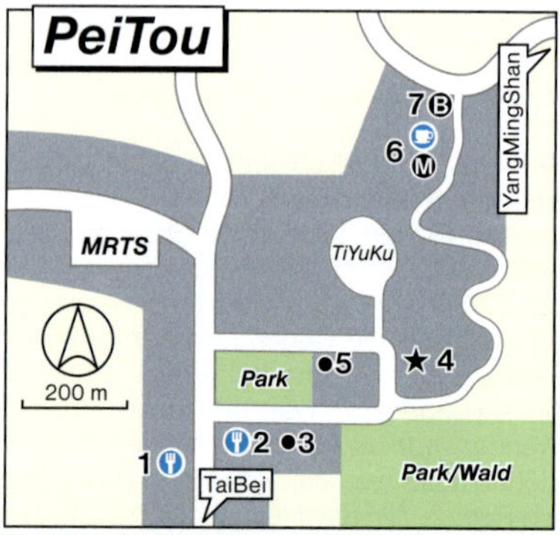

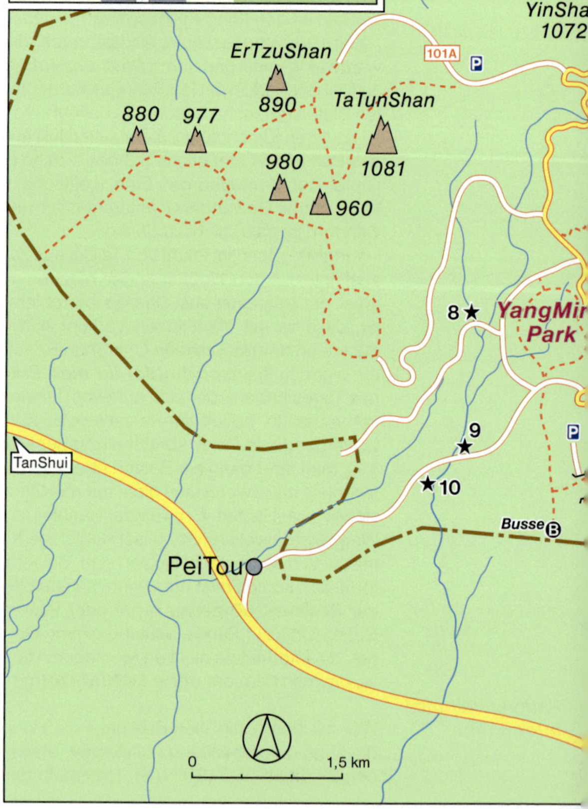

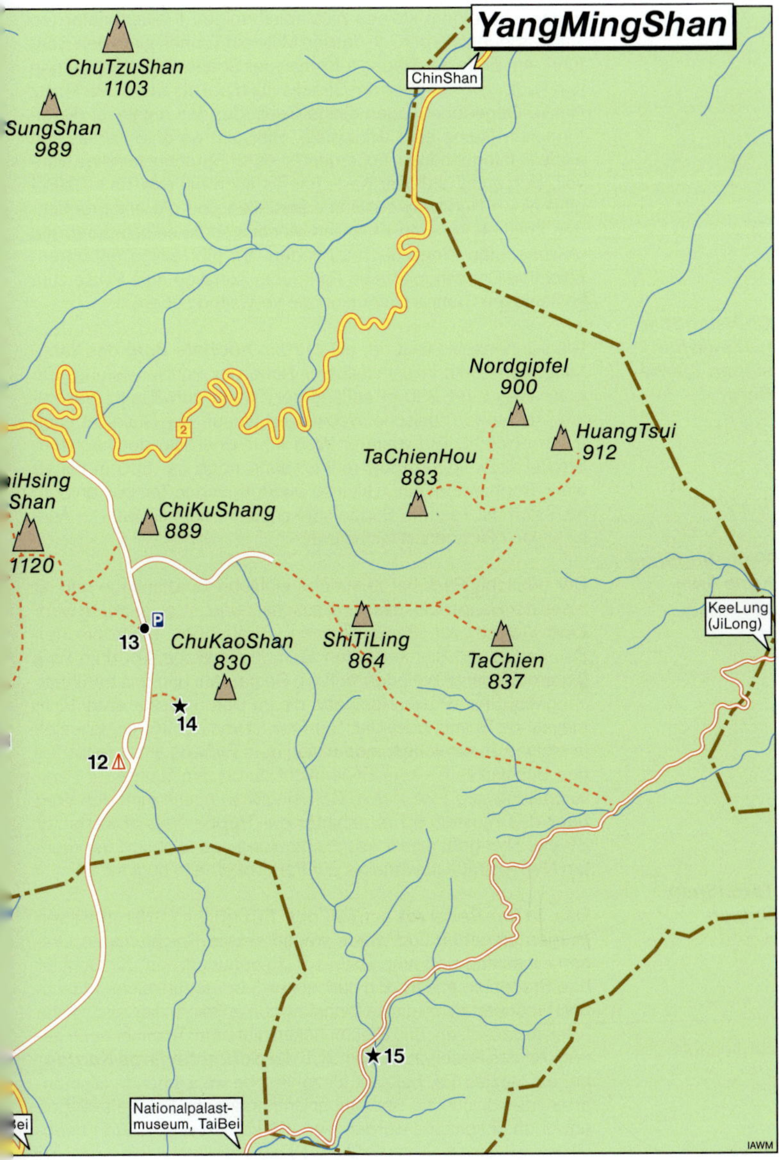
YangMingShan
ChinShan
ChuTzuShan
1103
SungShan
989
Nordgipfel
900
HuangTsui
912
TaChienHou
883
2
ChiKuShang
889
1120
13
ChuKaoShan
830
ShiTiLing
864
TaChien
837
KeeLung
(JiLong)
14
12
15
Nationalpalast-
museum, TaiBei
IAWM

Fußweg zu einem kleinen halbkreisförmigen Freilufttheater (so sieht es jedenfalls aus), in dessen Mitte ein Tunnel durch den Berg führt. Am Ende der Treppe folgt man der Straße etwa 1 km bergan (ein Fußweg in der Mitte der Strecke kürzt ab) bis zum 2. Parkplatz (links). Gegenüber liegen einige Gebäude, das rechte ist die Information (keine engl. Hinweise). Hier gibt es gute Karten und aktuelle Informationen, außerdem ist es für Sprachunkundige sinnvoll, sich anhand dieser Karte (die es auch bei den TIs in TaiBei gibt) einen Rundweg zusammenzustellen und die entsprechenden Zeichen notieren zu lassen. Ansonsten ist es schwierig, die gewünschten Wege auch zu finden. Es gibt einige gebührenpflichtige Campingplätze im Park, über sonstige gute Plätze zum kostenlosen Campen informiert die Verwaltung ebenfalls.

ChiHsingShan (QiXingShan, sieben Sterne Berg)
七星山

Glücklicherweise liegt der mit 1120 m ***höchste Berg*** des YangMingShan-Parks in unmittelbarer Nähe der Parkverwaltung. Ein guter Weg führt 200 m entlang der Straße aufwärts ab Verwaltung rechts (chinesische Wegweiser) hinauf, der Gipfel ist nach 2 km erreicht. Ein weiterer Weg führt oberhalb der nächsten Straßenabzweigung (dort rechts, dann noch ca. 500 m bis zu einer Treppe) über einen kleinen buddhistischen Tempel, an dem man sich mit Tee und Suppe stärken kann, zum Gipfel. Die Aussicht von hier oben ist fantastisch.

YangMingShan KungYuan
陽明山公園

Der hübsche ***Park*** hat zahlreiche einfache Spazierwege und ist eines der Hauptziele, das von Pauschaltouristen angefahren wird. Eine Vielzahl von Bambushainen, Sträuchern, subtropischen Baumarten und Blumenbeeten säumen die Wege. Vor dem Park (unterer Zugang) befinden sich ein Restaurant und das berühmte YangMingShan-Postkartenmotiv, die im Durchmesser etwa 10 m messende Blumenbeet-Uhr. Der Park ist von der 260er-Haltestelle einfach zu erreichen, indem man dem Fußweg am unteren Teil des Busplatzes bis zum Ende (nicht durch den Tunnel zur Parkverwaltung, s.o.) folgt. Vom ChiHsingShan nimmt man den Weg über das Kloster, 50 m dahinter die Treppe links abwärts zur Straße. Hier geht man links zur Gabelung und folgt dort der rechten Nebenstraße abwärts bis der Park linkerhand beginnt.

TaTunShan-Region
大屯山

Das ***TaTun-Reservat*** am Fuß des TaTunShan (1081m) ist von Bergen umgeben und wurde wegen seines Reichtums an Gräsern, Insekten und Amphibien zur „Erziehungszone" für Schüler und Studenten erklärt. Ein natürlicher See mit zahlreichen Fisch- und Froscharten hat einige Einheimische animiert, hier zusätzliche Arten auszusetzen, und Stechmücken gibt es im Sommer auch genug. An das Reservat schließt sich der ***Schmetterlings-Korridor*** an, ein kleines Tal, bekannt für zahlreiche wildblühende Blumenarten, die von Juni bis September Unmengen von Schmetterlingen anziehen. Insgesamt wurden hier 150 verschiedene Arten beobachtet. Ferner liegt hier ein ***Vogellehrpfad,*** ein sehr hübscher Wanderweg bis zum ErTzuShan (890 m), in dessen Bäumen eine Vielzahl an Vogelarten leben. Auffälligste Arten sind Mullers Barbet und die Blaue Elster.

七星站

Man erreicht das Reservat mit dem ChinShan-Bus (Haltestelle ⊕ChiHsingChan aussteigen) und folgt der „101-A" in östliche Richtung knapp zwei km; der Trail beginnt dann linker Hand.

Heiße Quellen
溫泉

YangMingShan hat eine ganze Reihe von Baderessorts, die allerdings überwiegend kommerziell genutzt werden, also am besten über die Hotels in PeiTou zugänglich sind. Am bekanntesten sind ***HuShan WenChuan, FengHuang WenChuan*** und ***LungFeng WenChuan;*** ★ 8–10 (Seite 212). Für 120–130 NT$ kann man die Badewannen dieser Hotels benutzen, ohne dort auch übernachten zu müssen. Interessanter ist das ***LiuHiuKu*** (Sulfat-Tal), welches einer unwirtlichen, gelbweißen Mondlandschaft gleicht und zahlreiche kleinere Quellen umschließt.

An-/Abreise

Von/nach TaiBei: Stadtbusse K-260, 301 direkt zur Haltestelle vor dem Park oder ChinShan-Bus zur Parkverwaltung. Von/nach PeiTou Stadtbus 230. Wer von YangMingShan nach PeiTou fährt, steigt am besten oben beim PeiTou-Museum aus (steile S-Kurve, von der links eine Straße nach unten führt, Bus hält genau in der Kurve; „⊕BěiTóuWénWùGuǎn").

北投文物館

Von/nach ChinShan-Beach: ChinShan-Bus zwischen TaiBei und ChinShan-Beach an der Parkverwaltung oder einer der Haltestellen an der Hauptstraße.

013t Foto: wl

Lauschige Plätzchen im YangMingShan-Park

Unterkunft

Weil der Einsamkeit und Ruhe suchende Individualtourist eher die Ausnahme, der Wochenend-Gruppenreisende dagegen die Regel ist, gibt es im Parkgebiet lediglich einige wenige organisierte Campingplätze nahe der Parkverwaltung. Die Frage nach einer Zelterlaubnis in abgelegeneren Gebieten des Parks löst zwar (gemäß chinesischer Vorstellung kann die fremde Natur nur in Gruppen erlebt werden) Erstaunen aus, wird aber bereitwillig beantwortet. Hotels gibt es im Park keine.

Essen und Trinken

An der 260er-Bushaltestelle befinden sich einige Snackstände; am YangMingShanKungYuan befindet sich auch ein teureres Restaurant. Getränke und Souvenirs gibt es gegenüber der Parkverwaltung (am Parkplatz). Für längere Wanderungen empfiehlt es sich, reichlich Wasser mitzunehmen!

Information

Die Wegweiser selbst zur Parkinformation sind nur auf chinesisch; Karten und Auskünfte bei der Parkverwaltung.

北投

PeiTou (BěiTóu, Nordeingang)

Das ***Kurbad*** PeiTou, nur 15 km nördlich vom Zentrum TaiBeis gelegen, ist seit der japanischen Ära auf TaiWan beliebtester Erholungsort für Anhänger heißer Quellenbäder. Die Japaner erkannten früh den Wert der Lage PeiTous an den Ausläufern des YangMinShan und errichteten eine Reihe von Bädern, die den japanischen Verwaltern aus TaiBei eine willkommene Abwechslung zum Alltag boten. Es entstanden außerdem eine Reihe von Freudenhäusern mit jungen Chinesinnen, die auf ihre „Aufgaben" in ChiaoHsi im Nordosten TaiWans eingehend vorbereitet wurden. Diese Epoche gehört zwar der Vergangenheit an, dennoch gilt PeiTou auch heute noch als eine Hochburg der sogenannten „wilden Blumen". Geschäftsleute aus aller Welt werden oftmals von ihren taiwanesischen Geschäftspartnern eingeladen, „die heißen Quellen von PeiTou zu genießen". Nicht wenige Millionen-Dollar-Geschäfte werden hier in den Bädern und Etablissements, und nicht in den Büros von TaiBei abgeschlossen.

Der ***japanische Einfluss*** ist gelegentlich noch in der Architektur zu erkennen, man achte in den kleinen Gassen einmal auf hölzerne Tore mit dahinterliegenden flachen Privathäusern, ★ 4 (Seite 212); das PeiTouWenWuKuan (Folk Art Museum) ist dem Stil eines großen japanischen Privathauses nachempfunden.

Auf dem Hügel oberhalb PeiTous im YangMingShan-Park errichteten die Japaner nach der Übernahme TaiWans eine wissenschaftliche Untersuchungsstation, die sich ausschließlich mit Giftschlangen beschäftigte. Bei ihrem Abzug 1945 ließen sie angeblich alle Schlangen frei – hierauf basieren die Gerüchte, in der YangMingShan-Region gebe es besonders viele Giftschlangen.

TiYuKu
地獄谷

Mit dem Rundgang beginnt man am besten am Stadtpark, nach 250 m liegt links vom Park das TiYuKu ***(Erde-Kerker-Tal),*** zu erkennen an mehreren Verkaufsständen und einem kleinen chinesischen Tor. Schon durch den weithin vernehmbaren Geruch nach faulen Eiern riecht man, was einen hier erwartet: Kochendheißes Schwefelwasser sprudelt hier aus der Erde, sodass selbst im heißesten Sommer ein waschküchenartiger Nebel über dem kleinen Tal liegt. Der Boden des kleines Teiches weist die typischen gelblichen Schwefelrückstände auf. Rechts vor dem Tor liegt das ***öffentliche Badehaus „Millenium Hot Springs“*** (45 NT$, geöffnet 5.30–7.45, 8.30–11.15, 12.00–14.45, 15.30–18.15 u. 19-00–21.45 Uhr), wo man auch ohne teures Hotel direkt „an der Quelle“ das heiße Wasser genießen kann.

PeiTouWuKuan
北投文物舘

50 m weiter an der Straße sieht man linker Hand eines jener alten sino-japanischen Privathäuschen. Dahinter folgt man der Hauptstraße weiter (links), bis man nach 500 steilen Metern zum PeiTouWenWuKuan kommt (die meisten Schilder weisen auf Hotels hin, man orientiere sich an den Zeichen für YangMingShan, meist braune Schilder). Dieses ***Heimatmuseum*** beherbergt eine kleine, aber vorzügliche Sammlung originaler Gegenstände der Ureinwohner, eine Ausstellung zur Geschichte des Umlandes sowie zum Thema Schwefelgewinnung. Das Gebäude ist in typisch japanischem Baustil gehalten, auffallendstes Merkmal ist das luftige Obergeschoss mit unzähligen Fenstern. Das Gebäude diente früher als japanisches Offizierserholungsheim, später als Unterkunft für Staatsgäste der R.o.C; seit 1984 ist hier das Museum untergebracht. Geöffnet Dienstag–Sonntag 9.00–17.00 Uhr, Eintritt 100 NT$, Studenten 50 NT$ (bei Redaktionsschluss wegen Umbau geschlossen). Ⓜ 6 (Seite 212)

019t Foto: wl

Japanische Lauben in PeiTou

Im nebenanliegenden ***Shen-Garten,*** Tel. (02)-28965700, bietet ein nettes Teehaus ein „mongolisches Barbecue" für 385 NT$/ Person an.

An-/Abreise

Die ***Stadtbusse*** K-216, K-217, K-218, I-223, 302 fahren zwischen TaiBei und PeiTou. Leider merkt man nicht, wann man aus TaiBei heraus beziehungsweise in PeiTou ist. Man achte nach 40–45 Minuten Fahrt auf folgende Merkmale: rechts McDonald's, links Yoshinoya-Restaurant, rechts Hotelschilder (mit Heiße-Quellen-Zeichen) und Stadtpark, grünes Straßenschild (lat.: ChungShan rechts, TaYeh links) sowie der ***MRT-Station*** links hinter der Kreuzung. Einfacher und schneller ist die MRT TamShui-Linie bis Station PeiTou. Dort umsteigen nach Hsin PeiTou. Ausgangspunkt für Spaziergänge im Ort sind die beiden Straßen rechts und links des PeiTou-KungYuan (PeiTou-Stadtpark) bei McDonald's.

100 m oberhalb vom Museum kann man den Bus 230 zum ***YangMing-Shan-Park*** nehmen (⇗ Karte YangMingShan).

Unterkunft

PeiTou kann leicht als Tagesausflug von TaiBei aus in Verbindung mit YangMingShan oder TanShui besucht werden. Ein Übernachtungsstopp kommt für den Individualreisenden weniger in Betracht. Die meisten Heiße-Quellen-Hotels im Ort und entlang der Straße vom TiYuKu zum Museum gehören der oberen Preisklasse an; hier die Anschriften einiger Hotels der gemäßigten Preiskategorien:

月光莊旅社 ⊕ ***YuehKuangChuang LuShe,*** 115 KuangMingLu, Tel. (02)-28914478, DZ 750 NT$.

賓成旅社 ⊕ ***BinCheng LuShe,*** 7 WenChuanLu Weg 21, Tel. (02)-28914171, DZ 800 NT$.

第一閣旅社 ⊕ ***TiYiKe LuShe,*** 17 WenChuanLu, Tel. (02)-28912222, DZ 1000 NT$.

新秀閣大飯 ⊕ ***HsinHsiuKe TaLuShe,*** 238 KuangMingLu, Tel. (02)-28912166, DZ 1200 NT$.

大屯旅館 ⊕ ***TaTun LuKuan,*** WenChuanLu, Tel. (02)-28924121, DZ 1950 NT$.

天母 *TienMu (TiānMǔ, Himmelsmutter)*

Nach einigen Wochen des Reisens in Asien verspürt manch ein Traveller einen Heißhunger auf: Kartoffeln. Nun ist das nördlich vom Grand-Hotel gelegene Viertel TienMu keineswegs eine Agro-Hochburg, sondern ein Nobelviertel TaiBeis. Die Gegend wirkt schon optisch wesentlich sauberer, die Fußwege sind nicht von Mopeds verstellt und daher frei begehbar, eine Erholung verglichen mit dem Kampf um Gehfläche anderswo. Seit Jahrzehnten leben hier überwiegend ausländische Arbeitnehmer, Delegierte und wohlhabende Taiwaner. Dementsprechend andersartig sind hier auch die Einkaufsmöglichkeiten, von der Dosensuppe bis zum Kartoffelrösti sind westliche Produkte vertreten, aber auch Sushi und roher Frühstücksfisch haben durch die Vielzahl japanischer Manager und Techniker Einzug gehalten. TienMu ist ein Einkaufsparadies für länger im Lande Lebende, die wieder einmal etwas Heimisches auf den Tisch zaubern möchten.

011t Foto: wl

Die Lin-Gärten als Beispiel chinesischer Gartenarchitektur

An-/Abreise

MRT: XinBeiTou (in PeiTou umsteigen), Stadtbusse K-220, K-224, K-268, 267, 601, 603 fahren vom Hbf. nach TienMu, die Nummern 223 und 601 fahren von TienMu zum TsingJenMiao, die Nummer 223 fährt außerdem nach PeiTou.

情人廟

TsingJenMiau (QíngRénMiào, Tempel der Verliebten)

Dieser hübsche Tempel zwischen TienMu und PeiTou war ursprünglich ein buddhistischer Schrein zu Ehren des Boddhisatva KuanYin und wurde von vielen Pärchen als ***Verlobungsort*** aufgesucht, was ihm den Namen „Tempel der Verliebten" eintrug. Trotz dieser optimistisch stimmenden Tatsache mangelte es dem Tempel an Einkünften, die jungen Besucher spendeten wenig, ältere, wohlhabende Besucher blieben aus. So wurde der Tempel an die Daoisten der Gegend verkauft, die ihn in seine heutige Bezeichnung ChaoMingSi umtauften. Die Dachverzierungen wurden nachträglich abgebracht, die ursprüngliche Form ist praktisch nicht mehr erkennbar. Mit den Daoisten ging auch die „gesellschaftliche" Funktion des Tempels verloren, im Volksmund wird er aber immer noch als TsingJenMiao, Tempel der Verliebten, bezeichnet.

An-/Abreise

Von TianMu Stadtbusse 223 und 601, von/nach PeiTou Bus 223, vom/zum Hbf. in TaiBei I-223, K-224, 207, 601.

扳橋
中和

PanChiao und ChungHo (BǎnQiáo und ZhōngHé)

Beide Vororte von TaiBei liegen etwa 20 km südwestlich des Zentrums und markieren den Beginn des westlichen Industriegürtels. Mit meist über „100" weisen diese Stadtteile auch den größten Luftverschmutzungsgrad des Großraumes TaiBei auf (ab 50 beginnt „gemäßigt", ab 100 „ungesund"). Reisende sind denn auch selten anzutreffen, obgleich es hinreichend sehenswerte Punkte für einen Ausflug von TaiBei aus gibt.

LinChia HuaYuan (Lin-Gärten)
林家花園

Hier liegt der berühmteste, ***klassische chinesische Garten*** einer Privatfamilie auf ganz TaiWan. Die Familie Lin kam im 18. Jh. nach TaiWan und begann mit dem Bau des Familiensitzes in PanChiao 1853. Die Vollendung des Meisterwerkes zog sich bis 1890 hin, der seinerzeitige Zustand ist in den folgenden Jahrzehnten aber leider nicht mehr aufrechterhalten worden.

1984 übernahm die Stadt das Gelände und restaurierte die Anlage mit erheblichem finanziellen Aufwand (über 150 Millionen NT$). In den Lin-Gärten sieht man neben zahlreichen Wohn- und Zeremonialgebäuden im traditionellen chinesischen Baustil einen langen Fußweg durch die verwinkelte Anlage, immer wieder unterbrochen durch überraschende Spielereien wie eine Überführung oder einen Weg durch kleine Felsen und mehrere kleine Teiche. Als Außenstehender ist man fast geneigt, die Anlage für die Filmkulisse einer klassischen chinesischen Residenz zu halten.

● Der Garten ist für die Öffentlichkeit täglich außer montags und auf Nationalfeiertage folgende Tage von 9.00-17.00 Uhr geöffnet; Eintritt 100 NT$. Der Eingang liegt von der Bushaltestelle kommend ein Stück der Mauer entlang (rechts) um die Ecke (42-65 HsiMenChie).

KuanYinMiao
觀音廟

Hinter dem LinChia HuaYuan (vom Eingang der Lin-Gärten folgt man nach links dem Bogen der Straße bis zur Kreuzung) liegt ein recht interessanter, wenn auch nicht allzu großer ***Tempel,*** der von einer hohen Mauer umgeben ist. In diese Mauer sind zahlreiche goldene Buddha-Platten und Svastikas (buddhistische Hakenkreuze) eingelassen, sodass es sich auf den ersten Blick um eine buddhistische Anlage zu handeln scheint. Der Tempel im Innenhof dagegen trägt mit seinen bunten Drachenverzierungen am Dach, den zahlreichen Figuren sowie den Drachen- und Tigermotiven überwiegend daoistische Züge, einzig eine Svastika hinter der KuanYin-Hauptfigur weist auf einen buddhistischen Hintergrund hin. Dieser Tempel ist ein Musterbeispiel für die friedliche Koexistenz verschiedener Glaubensrichtungen unter einem Dach. Der Tempel liegt in der 69 HsiMenJie (Westtorstraße).

YuanTongSi
圓桶寺

Der YuanTongSi ist ein großes ***buddhistisches Kloster*** am Fuße der Hügel von ChungHo. Viele westliche Bewohner von TaiBei loben die auch für Besucher offene vegetarische Küche des Klosters (keine Anmeldung notwendig). Tatsächlich ist die Klosterküche auch der vorrangige Grund für einen Besuch in ChungHo, die Aussicht ist am YangMingShan oder am PiShanSi besser.

An-/Abreise

An der Haltestelle nahe der Lin-Gärten in PanChiao fährt die H-307 von /nach TaiBei (vom Garten kommend rechte Straßenseite, fährt über ChungHo). Vom Hbf./TaiBei fährt außerdem die H-260 (nicht zu verwechseln mit K-260/YangMingShan) nach PanChiao. Unbedingt den Fahrer oder Einheimische nach den „LinYuan" fragen, sonst verpasst man leicht den Ausstieg. Einziger Orientierungspunkt ist eine große Fußgänger-Überquerung kurz vor den Gärten.

Auf der linken Seite (von den Gärten kommend) fahren Busse nach SanHsia (dort Umstieg nach TaoYuan, ChungLi oder TzuHu möglich, ⇗ Kapitel Nordwesten), zu erkennen an den drei Strichen (drei für „san") in der Zielortangabe des Busses (keine Nummern).

Die Fahrt mit den Stadtbussen kostet 30 NT$. PanChiao hat außerdem Bahnanschluss und ist an das MRT-System angeschlossen: PanChiao

Zum YuanTungSi fährt man ab Lin-Gärten zunächst mit der 307 bis ChungHo und steigt dort in die 243 um, die ab hier auch direkt vom/zum Hbf. fährt. Der Tempel liegt links von der Hauptstraße; auf dieser Seite fährt der Bus zurück ins Zentrum.

烏來

WuLai (WūLái, Krähen kommen)

Wulai ist neben YangMingShan eines der beliebtesten und schönsten Ziele in der näheren Umgebung von TaiBei. WuLai bietet sich für den Individualtouristen vor allem deswegen an, weil mehrere Attraktionen dicht zusammenliegen.

Schon die ***Anfahrt*** ist interessant und gliedert sich in zwei markante Abschnitte: Die erste halbe Stunde fährt man ausschließlich durch die Stadt, anschließend steigt die Straße ab ***PiTan*** steil an und führt durch sattes Grün über den Kesselrand des Molochs TaiBei, dessen Smogglocke man von hier aus deutlich erkennen kann.

烏來溫泉

Das 30 km südlich der Stadt liegende WuLai zerfällt in drei Ortsteile. Der Bus hält in ⊕ ***WuLaiWenQuan,*** einem kleinen Thermalbad-Resort, dessen heiße Quellen allerdings nur in den Hotels entlang der kleinen Hauptstraße zu genießen sind. Eine Reihe teurer Restaurants und Souvenirshops ergänzen das Dorf.

Über eine Brücke (50 NT$ Überquerungsgebühr/Naturpark-Gebühr!) kommt man zur Straße, die nach ***WuLai*** führt (links, 3 km). Zum Ort kommt man aber auch über die Treppe an der Straße hinauf mit einer kleinen Schmalspurbahn (zusätzlich 60 NT$ einfach), die alle paar Minuten den Hang hinauf zur Siedlung fährt. WuLai selbst ist berühmt wegen seiner etwa 50 m senkrecht fallenden WuLai PuBu ***(WuLai-Wasserfälle)*** – eines der bekanntesten Fotomotive TaiWans; ★ 9 (S. 222).

Genau gegenüber der Fälle führt eine Treppe hinauf zur Theaterhalle der ***Atayal-Ureinwohner,*** in der diese eine einstündige Vorstellung ihrer Kultur mit Theater und Spielen darbieten; ● 8 (S. 222).

雲仙樂園

Rechts daneben ist die Talstation der Seilbahn ins ⊕ ***YunHsin LeYuan,*** genannt ***Dreamland*** (Seilbahnrückfahrkarte inkl. Eintritt

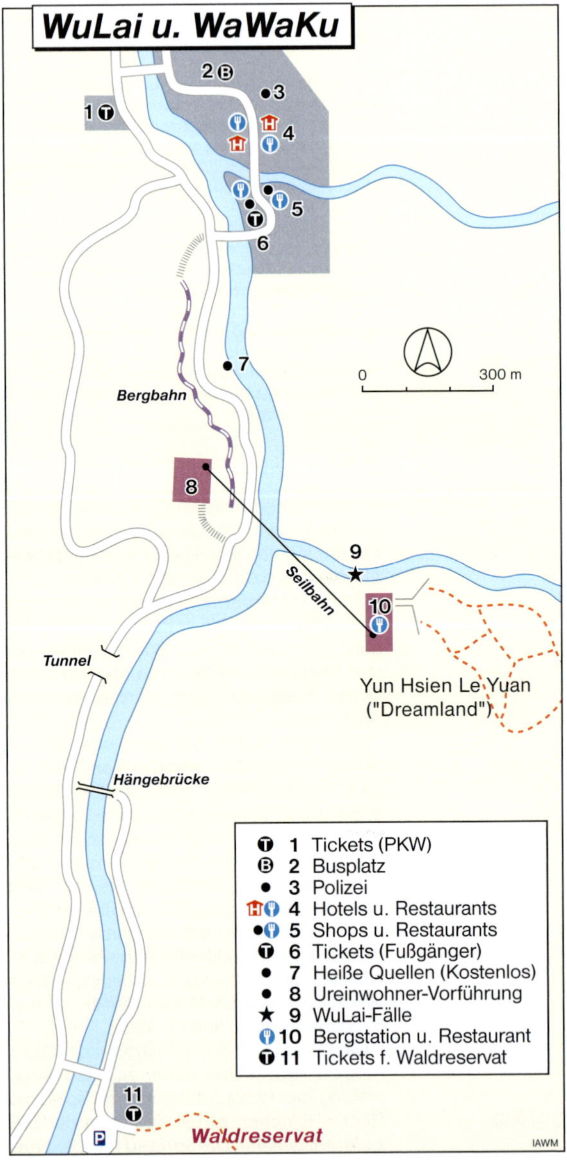
WuLai u. WaWaKu
Bergbahn
Seilbahn
Tunnel
Hängebrücke
Yun Hsien Le Yuan
("Dreamland")
Waldreservat
0
300 m
IAWM
1 Tickets (PKW)
2 Busplatz
3 Polizei
4 Hotels u. Restaurants
5 Shops u. Restaurants
6 Tickets (Fußgänger)
7 Heiße Quellen (Kostenlos)
8 Ureinwohner-Vorführung
9 WuLai-Fälle
10 Bergstation u. Restaurant
11 Tickets f. Waldreservat

240 NT$, Studenten160 NT$) liegt. Die Aussicht während der Fahrt über den Wasserfall ist fantastisch, ebenso von oben hinunter ins Tal. Das Dreamland, konzipiert vor allem für Kinder, ist eine Art Rummelplatz mit Autoscootern, Schiffsschaukel, Fahrgeschäften usw.; interessant ist hier vor allem die Lage im Berg. Am oberen Ende befindet sich eine Art Trimm-Dich-Pfad, bestehend aus Brücken und Schaukeln über Schluchten, auf dem man die früheren Transportmethoden der Ureinwohner nachvollziehen kann - ein Heidenspaß für Jung und Alt.

Von einem Besuch von WuLai an ***Wochenenden*** und Feiertagen ist abzuraten, unter der Woche dagegen hat man die Gegend für sich allein.

An-/Abreise

Die private Busgesellschaft *HsinTien KeYun* fährt alle 15 Minuten ab GongYuanLu (gegenüber MRT NTU Hospital) für 80 NT$ zur Endstation WuLai. Alternativ MRT bis XinDian, vor der Station Bus nach WuLai (Haltestelle wenige Meter bergan/gegenüber der Post, 40 NT$, ca. 45 Minuten).

Unterkunft

Für den Touristen besteht eigentlich keine Veranlassung, mehrere Tage in WuLai zu verbringen, vor allem da öffentliche Verkehrsmittel ohnehin nur von/nach TaiBei verkehren und von WuLai aus keine anderen Ziele per Bus erreichbar sind. Der heißen Quellen wegen wurden einige Hotels gebaut, allerdings zählen diese nicht unbedingt zur Kategorie „preiswert".

碧山閣飯店
ф ***Green Hill Hotel,*** Tel. (02)-26616342, DZ ab 1800 NT$.

秀山山莊
ф ***SuShan Hotel,*** Tel. (02)-26616789, DZ 2650 NT$, beide an der Hauptstraße in WuLai WenQuan.

烏來山莊
ф ***WuLai ShanChuang Hotel,*** Tel. (02)-26616204, DZ 1850 NT$, über die gebührenpflichtige Brücke, rechts, nächste Straße links, etwa 2 km ab Bushaltestelle.

娃娃谷

WaWaKu (WáWáGŭ, Tal der Puppen)

Wer wenig Zeit hat und keine Bergziele wie Taroko, YuShan oder ALiShan plant, kann hier einen kleinen Eindruck von der Bergwelt TaiWans bekommen. Das WaWaKu, auch *Qingwagu Neidong* genannt, ist ein ***ruhiges, kleines Tal*** entlang eines herrlich erfrischenden Gebirgsbaches, in den man an mehreren Stellen eintauchen kann. Ausgangspunkt ist WuLai, wo sich die Straße hinter der Siedlung teilt: Rechts verläuft die Straße hinauf über den Hügel bis zum WuLaiShanChuang Hotel und zur Bushaltestelle, links geht es in das Tal.

Nach etwa 1 km erreicht man eine ***Hängebrücke,*** die man überquert, um dann 2 km entlang kleinerer Wasserfälle oberhalb des Baches bis zur kleinen Siedlung der Atayal-Ureinwohner (⇗ Exkurs) zu folgen. Zum Bach führen mehrere versteckte Pfade hinunter, man achte besonders an den (engl.) Warnschildern auf steile Pfade abwärts zu den natürlichen Pools.

Hinter der Siedlung trifft man rechts über die Brücke wieder auf die Straße nach WuLai, links kommt man zu einem kleinen ***Naturpark*** mit Grill- und Zeltmöglichkeit, wo man einem 3 km langen

Rundweg zu mehreren schönen Aussichtspunkten folgen kann (Eintritt 50 NT$).

Für WaWaKu gilt wie schon für WuLai: An Wochenenden und Feiertagen gleicht das Tal einem Volkswandertag. WuLai und WaWaKu sind leicht binnen eines Tages zu sehen.

An-/Abreise

Per Bus bis WuLai (⇗), von dort aus zu Fuß oder per Taxi (ca. 300 NT$, fährt aber nur die Straße, nicht den ruhigen Weg über die Hängebrücke) durch das Tal.

碧潭

PiTan (BìTán, blaugrüner Tempel)

Wer noch genügend Zeit und Energie mitbringt, kann auf dem Weg von WuLai nach TaiBei in HsinTien auf halber Strecke halten und den kleinen See umwandern oder sich mit einem Ruderboot sportlich betätigen. Auf der anderen Seite liegt ein kleines buddhistisches Kloster mit einer 15 m hohen, weißen KuanYin-Statue. Der Gang durchs WaWaKu ist allerdings einem Stop am See vorzuziehen. HsinTien markiert gleichzeitig auffallend den Stadtrand von TaiBei.

An-/Abreise

Die *HsinTienKeYun* fährt ab ChingTaoHsiLu (⇗WuLai) von/nach TaiBei, 30 NT$.

020t Foto: wl

Hängebrücke im „Dreamland!“ (WuLai)

Die Atayal

Mit etwa 80.000 Mitgliedern stellt die Gruppe der Atayal die zweitgrößte Ureinwohner-Gemeinschaft auf TaiWan dar. Der Name bedeutet wörtlich „Aufrichtige" und stand ursprünglich nur für eine Untergruppe der Atayal und wurde erst später zum Sammelbegriff für den ganzen Stamm.

Der Lebensraum der Atayal erstreckte sich von TanShui im Nordwesten quer über das nördliche Hügelland bis an die Ostküste und reichte im Süden bis zum Zentralbergland; es hat damit von allen Ureinwohnerstämmen auf TaiWan die größte Verbreitung. Bevorzugte Siedlungsgebiete waren dabei die fruchtbaren Täler. Aus der Größe des Siedlungsraumes ergab sich der Bau vieler Verbindungswege, von denen u.a. der TsaoLing-Trail (TaLi FuLung, ⇗ Nord-TaiWan) oder der berüchtigte HeHuan-Trail (⇗ Zentralbergland Nord) dem Wanderer noch heute ausgezeichnete Einblicke in die frühen Transportwege gewähren.

Der Überfluss an Boden hatte den Vorteil, dass die Atayal weit weniger Ernteverluste als andere Stämme zu verzeichnen hatten. Daher spielt bei ihnen die Tradition des Erntetanzes als Bitte an die Götter um reichlich Nahrung praktisch keine Rolle. Der einzige Tanz war der Tanz der Jünglinge, die um ihre Bräute warben. Auch eine allgemeine, einheitliche Religion liegt nicht vor; um rituelle Angelegenheiten kümmerte sich ausschließlich ein Zeremonialrat, die einfache Bevölkerung befasste sich nur zu besonderen Anlässen mit Gebeten, Ritualen und Tänzen. Eine der gemeinsamen Grundvorstellungen besagte, dass Blut der Träger allen Lebens sei, was sich auch in der bevorzugten Farbe der traditionellen Kleidung der Atayal, nämlich Rot, äußert. Die Kleidung wurde von den Frauen gewebt, die hierzu eine einmalige, in ihrer Schwierigkeit an den indonesischen „Doppel-Ikat" erinnernde Technik verwendeten. Die Atayal am LiWo-Fluss (⇗ Zentralbergland Nord) weisen eine Sonderentwicklung auf: sie besiedelten diese Region erst seit dem späten 17. Jh. und tragen als bevorzugte Grundfarbe Weiß.

Die Atayal lebten hauptsächlich von Ackerbau und Jagd (die Kunst des Bogenschießens ist ein Hauptmerkmal des Stammes) und waren auch als Kopfjäger gefürchtet. Die handwerklichen Fähigkeiten (Holz- und Bambusverarbeitung, Knüpferei) suchten landesweit ihresgleichen. Andere Stammessitten waren das Feilen der Eckzähne (ähnlich den Balinesen, um dem Menschen das Raubtierelement zu nehmen) sowie diverse Gesichtstätowierungen.

Heute sind die meisten Atayal in der modernen taiwanesischen Gesellschaft aufgegangen, nur wenige Dörfer folgen noch der traditionellen Lebensweise. Die besten Eindrücke vom früheren Leben der Atayal gewinnt der Reisende in WuLai sowie in PuLoWan und entlang dem alten HeHuan-Trail (⇗ Taroko).

082t Foto: wl

Der Norden

0
10 km
PaiShaWan
FuKuiChiao
SanChih
PaLi
TanShui
ShihMen
KuanYinShan
612 m
YangMingShang
Nationalpark
LuChou
ChinShan
SanChung
YehLiu
TaiBei
WanLi
HSR
YungHo
KeeLung
(JiLong)
HsiChih
K.-PaTu
ShenKeng
ChiuFen
JuiFang
ShihTing
PiTouChiao
LungTung
PingLing
ShuangChi
KungLiao
YenLiao
FuLung
MiYuehWan
TouCheng
TaLi

Rund um die Nordspitze

淡水

TanShui (DànShuǐ, frisches Wasser)

An der Mündung des TanShui-Flusses gelegen, hatte TanShui seit jeher eine besondere Rolle als Hafenstadt gespielt und zahlreiche Seefahrernationen angezogen. Die bis in die heutige Zeit sichtbaren ***Relikte der kolonialen Epoche*** TanShuis lohnen daher einen Besuch im äußersten Nordwesten TaiWans. Die große Sehenswürdigkeit im Ort ist ohne Zweifel das HongMaoCheng (Fort der Rothaare), dem zur Kolonialzeit wichtigsten Hafen TaiWans kommt dagegen heute weder touristische noch kommerzielle Bedeutung zu.

KuanTuKung
關渡宮

Auf dem Weg nach TanShui, Ausgang 1, lohnt ein Halt am ***KuanTuKung*** (MRT: KuanTu, aus der Station kommend rechts und immer geradeaus bis zum Tempel). Es handelt sich hier um die bedeutendste Tempelanlage der Meeresgöttin MaTzu (Haupthalle) mit weiteren Schreinen der PaHsien (8 Unsterbliche), der hundertarmigen KuanYin (Boddhisatva der Barmherzigkeit) und einer Grotte, deren Durchwandeln Reichtum verspricht. Das angrenzende Naturschutzgebiet mit Schlammspringern und zahlreichen Vogelarten verspricht viel Ruhe und kostet keinen Eintritt.

HungMaoCheng
紅毛成

HungMaoCheng oder ***Fort San Domingo*** ist eine der größten historischen Sehenswürdigkeiten auf TaiWan, die mit den europäischen Kolonialmächten in Verbindung steht.

1626, während der Endphase der chinesischen Dynastie der Ming (1368–1644), übernahmen die Spanier TanShui von den Portugiesen. Sie errichteten hier 1629 das Fort San Domingo zur Verteidigung ihrer Errungenschaften in Nord-TaiWan gegen chinesische und holländische Übergriffe und zur Kontrolle des Hafens. Das Fort wurde aus lokalen Materialien gebaut, anschließend zunächst weiß verputzt. Nachdem die Holländer nur wenige Jahre später (1641) die Spanier vertrieben hatten, strichen sie es in hellroter Farbe an. 1661 verloren aber auch sie ihre Stützpunkte im Kampf gegen den Ming-Getreuen *KoHsingKa,* der auf TaiWan eine Bastion gegen die Mandschu-Qing-Dynastie errichten wollte. San Domingo erhielt zu diesem Zeitpunkt seinen chinesischen Namen HongMaoCheng, ***Festung der Rothaare*** (wegen der Haarfarbe der Holländer). Im Laufe der Kämpfe wurde das Fort schwer beschädigt und bis 1681 von *KoHsingKas* Erben wieder funktionsfähig gemacht. Zwei Jahre später wurden die Nachfahren *KoHsingKas* von den Mandschu überrannt, das teilweise zerstörte Fort von den Ching-Truppen bis 1724 erneut restauriert. Im Zuge der „ungleichen Verträge“ zwischen Britannien und China fiel 1861 auch das Fort an das Empire. Die Engländer errichteten

1891 hinter dem Fort das aus roten Ziegeln im typisch englischen Kolonialstil gebaute Konsulat, in welchem sie bis 1972 residierten.

Heute zeigen die ***Ausstellungen*** in diesem Gebäude die Wohnräume im unveränderten Zustand des viktorianischen Zeitalters. Das Fort wäre eigentlich (wie HongKong) eben wegen der britisch-chinesischen Verträge nach den Opiumkriegen auf Dauer britisch. 1972 wurde es von Großbritannien zunächst an Australien, später an die USA verpachtet. Im Juni 1980 verzichtete *Queen Elizabeth II.* auf das koloniale Erbe und übereignete die Festung mitsamt dem Konsulat TaiWan. Heute ist das Gelände ein Museum (seit 1984) und als Hintergrundmotiv für Hochzeitsfotos bei den Einheimischen sehr beliebt. Eintritt 40 NT$.

Fisherman's Wharf
紅毛成

Zu dieser recht touristischen Attraktion geht man am Ende der Straße den Fluss entlang bis zur großen hölzernen Brücke; Alternativ Bus 26 ab MTR-Station. An der Promenade kann man oben spazieren, unten shoppen. An Wochenenden und Feiertagen finden Paraden der berittenen Polizei statt.

An-/Abreise

- ***Bus:*** von/nach ***TaiBei:*** alle 20–30 Minuten von der HsinTien-Haltestelle (50 m vom Langstrecken-Bbhf weiter in die ChungChengLu) für 50 NT$. Langstreckenbusse nach TaiBei fahren nur 3 x tgl. um 8.00, 8.30, 13.30 Uhr; von/nach ***TaiZhong:*** 9.00, 13.30, 14.00 Uhr (250 NT$); von/nach ***KeeLung (JiLong):*** alle 30 Minuten (160 NT$); von/nach ***NiaoShanTou*** (Richtung BaLi, 42 NT$, ⇗KuanYinShan) von der HsinTien-Nahverkehrsbusstation. Diese Linie hat ebenfalls eine Haltestelle an der Tankstelle, hier fährt alle 20 Minuten ein Bus die Küstenroute/Nordost entlang Richtung ***PaiShaWan*** und ***ChinShan.***
- ***Fähre:*** Richtung KuanYinShan setzt die Fähre alle 15–20 Minuten über.
- ***Moped:*** Ein Mopedverleih in TanShui befindet sich in der 51 ChungChengLu auf der linken Seite vom Bbhf. kommend, 500–600 NT$/Tag. Per Roller kann man so binnen einen Tages z.B. KuanYinShan, die Strände der Nordwestküste und das Fort sehen.

002t Foto: wl

Hafengebäude in KeeLung

★	1	HongMaoCheng/Ft. San Domingo	Ⓑ	15	Nahverkehrsbusse (nach SW)
H	2	HsiangTing-Hotel	Ⓣ	16	Tankstelle,
▲	3	ChinFu-Tempel	H		dahinter Hotel Solar
●	4	Fähre (Richtung KuanYinShan)	Ⓤ	17	MRT-Endstation
▲	5	FuYou-Tempel		18	McDonald's
▲	6	LungShan-Tempel	●	19	TanChiang-Universität
H	7	HsiangLai-Hotel			
●	8	Mopedverleih			
	9	Seafood-Restaurant (No. 17)			
H	10	TungFeng-Hotel			
	11	Café La Coupoule			
H	12	TanShui-Hotel			
Ⓑ	13	Stadtbusse nach TaiPei/PeiMen			
Ⓑ	14	Überlandbusse (KeeLung, TaiPei)			

●***MRT:*** (⇗ TaiBei); TanShui-Linie bis Endstation. Von/nach TaiBei 60 NT$, schnellste Möglichkeit vom/zum Zentrum.

Unterkunft

TanShui wird meist nur als Tagesausflug von TaiBei aus besucht. Man kann aber ebensogut einen frühen Bus von TaiBei nehmen, das Fort besichtigen (eventuell per Leihmoped zum KuanYinShan und/oder den Stränden fahren), hier übernachten und eine Rundreise über KeeLung (JiLong) fortsetzen. Unterkünfte sind allerdings rar:

淡水旅社 ***TanShui LuShe*** €, 11 ChungChengLu, Tel. (02)-26212530, DZ 550 NT$.Vor dem Café Coupoule links in die Gasse.

東豐旅社 ***TungFeng LuShe*** €, 62 ChungShanLu, Tel. (02)-26212569, DZ ab 600 NT$. Leicht zu finden an der Hauptstraße.

享來大旅社 ***HsiangLai TaLuShe*** €€, 22 ChungShanLu Weg 129, Tel. (02)-26228661, Dorm 280 NT$, DZ ab 650 NT$, bessere Zi. bis 1400 NT$.

享亭休閒旅館 ***HsiangTing HsiuChian LuKuan*** €€, 105 MinChuanLu, Tel. (02)-28097777. Gegenüber Ft. San Domingo, DZ 1400–2000 NT$.

萬熹飯店 ***WanHsi FanTian (Hotel Solar)*** €€, 35 ChungChengTungLu, Tel. (02)-26215281. Gegenüber der MRT-Station, DZ 1400–2250 NT$.

觀音山

KuanYinShan (GuānYīnShān, Berg des GuanYin-Boddhisatva)

Mit nur 612 m ist der Berg nicht allzu hoch, aber, da man direkt von Meereshöhe kommt, recht anstrengend zu besteigen. Am Gipfel steht ein ***buddhistischer Tempel*** zu Ehren von *KuanYin* (Gottheit der Gnade), die Aussicht über die Nordwestküste und nach TanShui ist fantastisch, sofern das Wetter mitspielt. Selbst bei strahlender Sonne am Vormittag regnet es im Sommer nahezu jeden Nachmittag. Als „Hausberg" von TaiBei wird der Berg oft mit öffentlichen Verkehrsmitteln angefahren, ein Besuch ist aber auch von TanShui aus möglich. Unmittelbar bei PaLi liegt der ***Wasserrutschen-Vergnügungspark*** PaHsien LeYüan (BaXian LeYuan); Eintritt 400 NT$, Tel. (02)-26105200.

An-/Abreise

●***Bus:*** von/nach ***TaiBei:*** von der Überlandhaltestelle der SanChong KeYun (⇗ TaiBei/PeiMen); von/nach ***TanShui:*** Eine Linie pendelt zwischen TanShui und PaLi alle 25–30 Minuten; von der Bushaltestelle NiaoShanTou (liegt TanShui genau gegenüber) geht man 300 m zurück und nimmt die erste Straße rechts. 4 km, rund 1,5 Stunden aufwärts.

●***Boot:*** Von TanShui fährt eine Fähre alle 15 Min. direkt nach NiaoShanTou am Fuße des Berges, 15–25 NT$ einfach, ein Moped kostet nur wenig mehr.

白沙萬海水浴場

PaiShaWan HaiShui YuChang (Weiss-Sand-Bucht-Meereswasser-Badeplatz)

Diese schöne ***Sandstrandbucht*** ist weniger besucht als ChinShan-Beach und liegt im äußersten Norden TaiWans; am rechten Ende der Bucht (etwa 30 Minuten zu Fuß) liegt der ***Leuchtturm FuKuiChiao,*** der nördlichste Punkt der Insel. Der Zutritt zum Strand kostet 100 NT$. Vor dem Ortseingang liegen ein paar Fußwege mit einem Aussichtspavillon über die Nordspitze. Sicher einer der besten Strände des Nordwestens.

An-/Abreise

●***Bus:*** Nach ***TanShui*** 50 NT$, ***KeeLung (JiLong)*** 96 NT$ mit der Tan Shui-KeeLung-Linie alle 25 Minuten. Von/nach ***TaiBei*** fährt man (mit jeweiligem Umsteigen) entweder über TanShui oder ChinShan-Beach.

金山海水浴場

ChinShan HaiShui YuChang (Goldberg-Meereswasser-Badeplatz)

Etwa 2 km westlich von YehLiu liegt die große Sandstrandbucht, die TaiBei am nächsten liegt und dementsprechend gut besucht ist. Hier kann man den Städtern zusehen, die sich todesmutig in 60 cm tiefes Wasser wagen. Davon abgesehen ist PaiShaWan-Beach netter. Der Eintritt zum Strand kostet wieder mal 100 NT$. Eine Unterkunftsmöglichkeit ist gegeben, TaiWan hat aber bessere Strände, die eine Übernachtung eher lohnen würden.

Unterkunft

金山活動中心

ф ***ChinShan HuoTung ChungHsin*** €€€, direkt am Strand, Tel. (02)-24981190, Bungalow 3500, 10-er Bungalow 3000, 4-er Bungalow 2500 NT$.

An-/Abreise

● ***Bus:*** von/nach ***TaiBei:*** Die Route über die N-2 (zweigt hier ins Inland ab) führt über YangMingShan direkt nach TaiBei. In TaiBei muss man den Bus von der TaiBei ChungLunChan (⇗ TaiBei) nehmen, einfacher ist es, per Bahn nach KeeLung oder per Bus nach TanShui zu fahren, und den Besuch des Strandes mit einem anderen Ziel zu verbinden; von/nach ***Tan Shui*** 86 NT$, Direktverbindung ChinShan – TanShui oder KeeLung-TanShui-Linie, alle 25 Minuten; von/nach ***KeeLung (JiLong):*** Direktbusse von/nach KeeLung wie auch Busse der KeeLung-TanShui Linie.

野鉚

YehLiu (YěLiŭ, Offenes Feld für den Blick)

Von KeeLung (JiLong) kommend passiert man zunächst „Green-Bay", ein modernes Yacht-Zentrum mit Sportboothafen im Schloss-Look (dessen Vorbild vermutlich in Lübeck zu suchen ist) und „Green-Land", das Nobelwohnresort der Reichen. Die hier früher noch öffentliche, sehr schöne Sandstrandbucht FeiTsui-Wan wurde dem Resort zugeschlagen und privatisiert. Hinter dem nächsten Hügel liegt YehLiu, ein kleiner ***Fischereihafen*** mit einer der größten Attraktionen der Nordküste: Die aus Meeresauswaschungen entstandenen Gesteinsformationen des ***YeLiu-Coast-Parks:*** 7 km Rundwege führen entlang zahlreicher vom Meer geformter Felsen, denen Namen wie „geschnittene TouFu-Stücke", „Pilzfeld" oder „Nofretete" (einer der Felsen hat aus einem bestimmten Winkel tatsächlich eine gewisse Ähnlichkeit mit der berühmten ägyptischen Büste) gegeben wurden. Vom Aussichtspavillon oben an der Klippe blickt man die Küste bis PiTou-Chiao entlang, das Wasser hier ist glasklar. Eintritt 100 NT$. Neben dem Eingang befindet sich ein ***Ocean-Park*** mit diversen Wassershows (2 x tgl., an Sonn- und Feiertagen 3 x tgl.).

An-/Abreise

● ***Per Bus*** von ***TanShui*** (100 NT$) oder ***KeeLung (JiLong)*** (42 NT$); Busse in beide Richtungen verkehren etwa alle 20 Minuten. Die Busse halten in YehLiu direkt am Tor zum Park. Eigene Fahrzeuge müssen eine Parkgebühr entrichten.

九份

ChiuFen

Das von steilen Treppen und zahlreichen traditionellen Gebäuden geprägte Dörfchen ChiuFen war schon unter den Japanern als Quelle für einen begehrten Stoff bekannt, der auch später unter der KuoMinTang-Ära den Ort gegenüber einer breiten Öffentlichkeit abschirmte: ***Gold.*** Insbesondere der großangelegte Abbau der Japaner ließ die Minen jedoch bald erschöpfen, und ChiuFen geriet nahezu in Vergessenheit. Erst seit wenigen Jahren bemüht sich die Lokalverwaltung, durch umfassende Restaurierungsprojekte, ein Goldminenmuseum, Teehäuser und Restaurants das Interesse der Fremden wiederzubeleben - diesmal nicht um Gold zu finden, sondern Bares im Ort zu lassen.

Besonders beachtenswert sind das ***Museum*** (täglich 9.30-17.00 Uhr, 60 NT$), der ***FuShan-Tempel*** („Glücksberg") sowie der dem Kriegsgott *KuanKung* gewidmete ***ShengMing-Tempel.***

An-/Abreise

- ***Bus:*** am besten ***ab KeeLung (JiLong)*** (Nahverkehrs-Busbahnhof, Richtung ChinKuaShih, 42 NT$. Von/nach ***TaiBei*** per Bahn bis JuiFang, dort per Bus ca. 5 km Richtung ChinKuaShih; Taxis von JuiFang bis ChiuFen kosten etwa 300 NT$.

Unterkunft

民宿

Hotels oder ähnliches gibt es vor Ort nicht, die Einheimischen verdienen sich aber gerne ein Zubrot (250-300 NT$ pro Person), indem sie ***Privatunterkünfte*** anbieten - in den Hauptgassen wird mit entsprechenden Schildern 中*„zhong"* geworben. Einzige Ausnahme ist das neue ***JiuFen LongMen Guesthouse*** (Tel. 02-24966036, www.minsuking.com/welcome53) bei der Schule am Nordrand des Dorfes. Pikobello DZ kosten 1500 NT$; die Eigentümer holen und bringen Gäste vom/zum Bahnhof JuiFen.

基龍

KeeLung *(JīLóng, tiefes Fundament)*

Wenn man aus dem Bahnhof kommt oder aus dem Bus steigt und über den direkt am Hafen gelegenen weiten Vorplatz blickt, spürt man sofort - diese Stadt hat Flair. Die nördlichste Großstadt TaiWans (350.000 Einwohner) und neben KaoHsiung (GaoXiong) wichtigster Hafen des Landes unterscheidet sich in mancherlei Hinsicht von anderen Städten TaiWans, die sich ansonsten mehr oder weniger gleichen.

Es mag daran liegen, dass der ***Hafen*** praktisch mitten in der Stadt liegt und damit räumlich ein großzügiger Eindruck entsteht. Darüber hinaus aber zeugt die Architektur von ständiger Beeinflussung durch ausländische Nationen, keine andere Stadt wurde aufgrund ihrer strategischen Schlüsselstellung so oft belagert oder besetzt. Die großen Gebäude am Hafen, emsiger Handel bis in die Hinterhöfe, Bars, Restaurants, Märkte, ein einmaliger Nachtmarkt, die grünen Hügel rund um die Stadt und der ChungCheng-Park auf der anderen Hafenseite verleihen KeeLung eine Stimmung, die mit

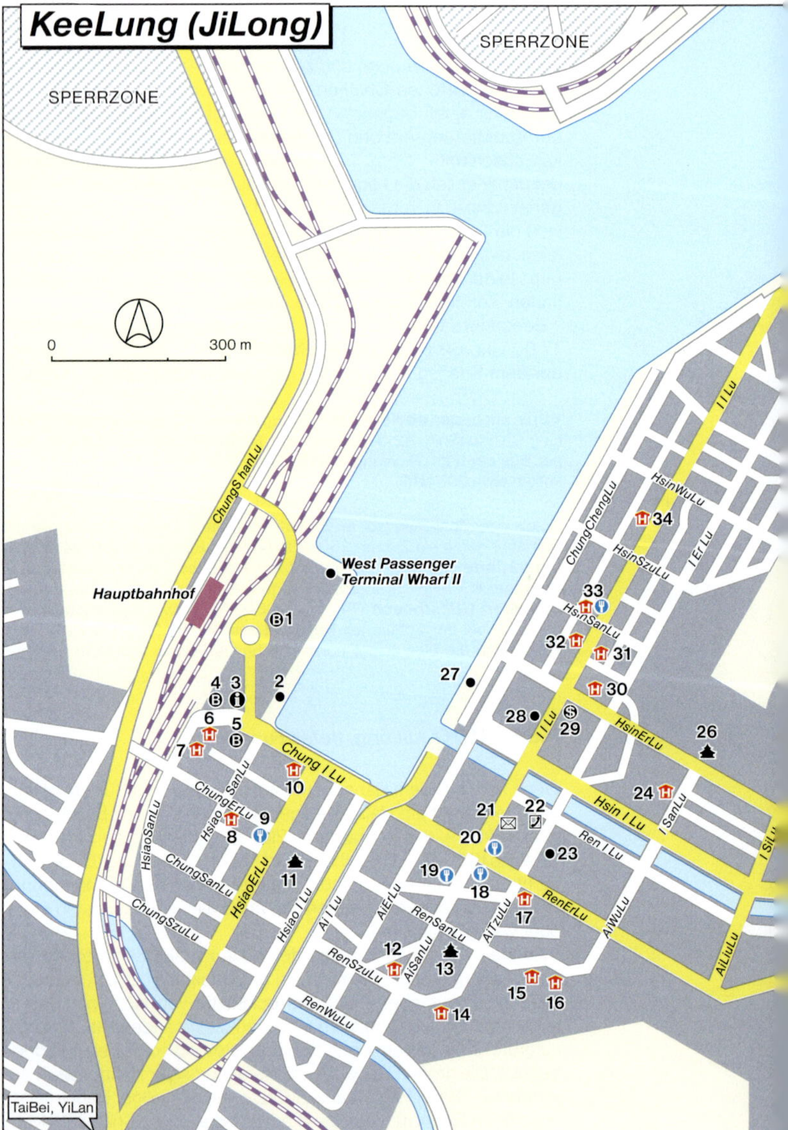
KeeLung (JiLong)
SPERRZONE
SPERRZONE
0
300 m
ChungS hanLu
Hauptbahnhof
West Passenger
Terminal Wharf II
B 1
2
3
4
5
6
7
8
9
10
11
12
13
14
15
16
17
18
19
20
21
22
23
24
26
27
28
29
30
31
32
33
34
Chung I Lu
ChungErLu
HsiaoSanLu
Hsiao SanLu
ChungSanLu
ChungSzuLu
HsiaoErLu
Hsiao I Lu
Ai I Lu
AiErLu
AiSanLu
AiTzuLu
AiWuLu
AiLiuLu
RenSanLu
RenSzuLu
RenWuLu
RenErLu
Ren I Lu
Hsin I Lu
HsinErLu
HsinSanLu
HsinSzuLu
HsinWuLu
ChungChengLu
I Lu
I Lu
I Er Lu
I SanLu
I SiLu
TaiBei, YiLan

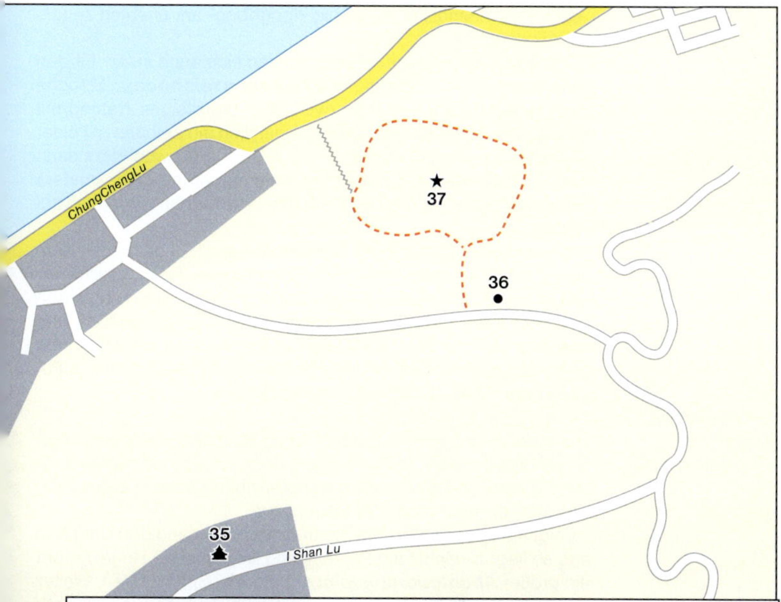

- 1 Stadtbusse
- 2 Matrosenfähren
- 3 Touristeninformation
- 4 Überlandbusse
- 5 Busse Nahverkehr Ost/West und Buchladen
- 6 YongChi-Hotel
- 7 LungFa-Hotel
- 8 ChieLienHua-Hotel
- 9 Kentucky Fried Chicken
- 10 HuaShuai-Hotel
- 11 ChingAn-Tempel
- 12 HuaKuo-Hotel
- 13 Daoistentempel
- 14 ChinChungTai-Hotel
- 15 LuWen-Hotel
- 16 OuFeng-Hotel
- 17 OuHsiang-Hotel
- 18 McDonald's
- 19 Ark-Restaurant
- 20 Pizza Hut
- 21 Hauptpost
- 22 Nat. Telefongesellschaft
- 23 Hess-Buchladen
- 24 HsinHai-Hotel
- 25 Abenteuerspielplatz
- 26 buddh. Nonnenkloster
- 27 East Passenger Terminal/ Haupthafen
- 28 Kulturzentrum
- 29 Bank of TaiWan
- 30 Hotel Aloha (ALeHa)
- 31 Dream Palace-Hotel
- 32 Hotel Kodak (KeTa)
- 33 LanMei-Hotel und chin. Steakhaus
- 34 LaoYe-Hotel
- 35 KuanYin-Statue & Tempel
- 36 Hinweistafel zum Fort & Denkmal
- 37 HaiMen-TienHsien-Ruinen (Fort)

„ein wenig ShangHai, ein wenig HongKong" am ehesten zu umschreiben ist.

Die Besonderheiten KeeLungs zeigen sich auch in der für den Reisenden nicht unwichtigen ***Straßenbezeichnung:*** Manche Hauptstraßen haben keinen zwei- oder dreisilbigen Namen mit dem Zusatz *Lu* für Straße, sondern lediglich ein Zeichen mit einer Zahl plus *Lu.* So gibt es also eine „Yi1Lu", ganz woanders dann eine „Yi2Lu" usw. – diese Art der Nummerierung ist besonders hier im äußersten Norden ein Relikt der japanischen Herrschaft auf TaiWan.

Neben seiner Funktion als Containerhafen dient der Hafen KeeLungs auch als nationaler und internationaler ***Passagierhafen*** und ist somit auch als Ausgangs-/Endpunkt einer Reise durch den Norden für den Individualtouristen von Bedeutung. Von KeeLung aus lässt sich die Nordwestküste bis TanShui und zurück binnen eines Tages erkunden, entlang der Nordostküste bieten sich FuLung oder YiLan als nächste Haltepunkte an.

ChungCheng KungYuan (ChiangKaiShek-Park) 中正公園

Die exponierte Lage des ChungCheng-Stadtparks ist allein schon einen Besuch wert. In den Hügeln befindet sich ein halbes Dutzend Tempel und die Ruinen einer alten chinesischen Festung von besonderer geschichtlicher Bedeutung.

Folgt man der Straße vom Zentrum aus kommend den Berg hinauf, so liegt zunächst am Parkeingang links um den Hügel herum ein großer ***Abenteuerspielplatz*** mit allerlei Spielgeräten. Weiter den Berg hinauf folgen ein kleines buddhistisches Kloster linker Hand sowie der von der Stadt aus sichtbare ***ShiChianYin-Tempel,*** in dessen Seitenflügel und Pavillons laufend größere Ahnenfeiern, Opferzeremonien u.Ä. abgehalten werden. Er wurde 1965 mit großzügigen Spenden aus dem ganzen Lande errichtet und ist für taiwanesische Touristen ein Hauptziel in KeeLung.

Weiter bergauf liegt der buddhistische ***KuanYin-Tempel,*** der von einer 22 m hohen KuanYin-Statue (Boddhisatva der Barmherzigkeit) überragt wird. Die Statue ist innen hohl und über Treppen begehbar. Zwei weiße Elefanten säumen den Zugang zum Tempel, begrüßt wird der Besucher ferner von der Statue des immer freundlichen *MiLoFu,* der zweithöchsten Gottheit des Buddhismus. Im Tempel selbst wird KuanYin als eine hundertarmige (Zeichen der Allmacht) Reinkarnation dargestellt.

Weiter aufwärts der Straße entlang (an der Abzweigung links) gelangt man zum ***HaiMenTienHsien*** (auch ***ErShaWan-Fort*** genannt, nach dem engl. Hinweisschild blaues chinesisches Schild/ Abzweigung Fußweg rechts beachten) . Die Festung wurde 1840, also kurz vor Ausbruch des ersten britisch-chinesischen Opiumkrieges unter dem Qing-Magistrat YaoYing errichtet. Sie trug ausschlaggebend dazu bei, die britischen Angriffe auf KeeLung abzuschlagen (August 1841 bis 1843). Die Franzosen waren in ihren Angriffsbemühungen „erfolgreicher", zerstörten im Jahre 1884 die

004t Foto: wl

Hafengebäude in KeeLung

Festung, rückten aber nach Einigung mit dem Mandschu-Hof über Indochina wieder ab. Die Stadt KeeLung restaurierte 1979 und 1988 Teile dieses historischen Monumentes. Von oben hat man einen großartigen Blick auf den Hafen. Am Ende des Rundweges führen Stufen abwärts zur Straße, auf der man links wieder zum Zentrum gelangt.

● Der ***Stadtbus*** 201 fährt alle 10–15 Minuten ab Stadtbusbahnhof, allerdings nur in die Hsin2Lu. Aussteigen, wenn man rechts ein großes rotes Ziegelsteingebäude sieht (Bus hält ca. 150 m dahinter). Gegenüber vom Eingang dieses Gebäudes führt eine kleine, leicht zu verfehlende Straße den Berg hinauf. Auch ***Taxis*** verkehren zum und im Park.

FuHsiao TuShuKuan und Nonnenkloster
佛教圖書館

Am oberen Ende der Yi3Lu liegt ein ganz modernes, erst 1995 fertiggestelltes, aus Marmor errichtetes ***buddhistisches Nonnenkloster*** mit einer Bibliothek. An der Treppe begrüßt der rundliche *MiLoFu* den Besucher, die Türen der Haupthalle sind mit kupfernen Boddhisatva-Reliefs und am Mitteltor mit Reliefs des heiligen Banyan-Baumes Buddhas beschlagen. Das Innere der Haupthalle besteht aus reinem Marmor und Teakholz, der Hauptschrein zeigt einen Buddha aus weißem Marmor, flankiert von zwei ebenfalls marmornen Boddhisatvas. Die Seitenwände sind großflächig mit buddhistischen Szenen bemalt, farbige Kacheln zieren die Decke – diese neue Anlage gehört sicherlich mit zu den prunkvollsten auf TaiWan.

Nachtmarkt
夜市

Erst am Abend erwacht die Yi2Lu sowie die angrenzenden Sträßchen jenseits des Kanals zu Leben: Im unteren Teil werden Kleidung und Souvenirs gehandelt, der obere Teil rund um den kleinen daoistischen Tempel birst vor Essensständen. Dieser Nachtmarkt beherbergt die wohl größte Konzentration an Imbissständen TaiWans. Bis in die 1970er Jahre soll man hier von Ratte über Schlange bis Hund alle chinesischen Köstlichkeiten zubereitet haben, heute gibt es nur noch „normale“ Snacks und Gerichte.

An-/Abreise

- ***Bahn:*** Wer keinen Direktzug nimmt (mit KeeLung/JiLong als Endstation), muss in ***PaTu,*** 4 km vor dem Sackbahnhof KeeLung in den Pendelzug PaTu - KeeLung umsteigen (einzige Möglichkeit auf TaiWan, sich mit der Bahn zu verfahren, da TaiBei-HuaLian-Züge nicht über KeeLung fahren, sondern nur in PaTu halten)! Anbindung nach TaiBei besteht mindestens alle halbe Stunde (von 5.15-23.15 ca. 60 Züge), nach Südosten (von 5.04-23.20 Uhr ca. 35 Züge) sind die günstigsten Verbindungen: 8.52 Uhr HuaLian, 9.08 Uhr TaiTung (TaiDong), 9.24 Uhr HuaLian, 9.55 Uhr TaiTung.

  Preisbeispiele: TaiBei 70 NT$, TaiNan 865 NT$, KaoHsiung (GaoXiong) 1175 NT$ (via Südost-) 942 NT$ (via Nordwestroute), TouCheng 144 NT$, YiLan 181 NT$, HuaLian 410 NT$, TaiTung 772 NT$.
- ***Bus:*** In KeeLung gibt es drei Busbahnhöfe, vom Hbf. kommend links fahren die Stadtbusse, rechts die Langstreckenbusse in nordwestliche Richtung (z.B. TanShui) und 50 m dahinter an der rechten Straßenseite der Hauptstraße Richtung Zentrum die Überlandbusse/Nahverkehr in östliche Richtung (FuLung) und zusätzlich auch bis ChiShan (Nordwest, halbe Strecke bis TanShui).

野鉚
淡水

Zum ***Langstreckenbusbahnhof*** noch einige Hinweise: für Busfahrten müssen Tickets am Automaten (mit englischer Anleitung, aber nur chinesischen Ortsangaben) gelöst werden (ⴲYehLiu unten links 3 hoch, 3 rechts; ⴲTanShui unten rechts 2 hoch, 2 links). An den Bussteigen in der Haupthalle (wo auch der Ticketautomat steht) fahren nur die Busse nach TaiBei und anderen Großstädten. Die Haltestellen für kürzere „Langstrecken“ (z.B. TanShui via YehLiu, ChinShan-Beach, PaiShaWan-Beach) liegen rechts außen hinter Bussteig 1.

Nach ***KaoHsiung (GaoXiong):*** 8.00, 9.30, 11.10, 15.00, 16.25, 18.10 Uhr; nach ***TaiZhong:*** 6.40, 8.10, 9.00, 9.45, 12.00, 14.05, 15.10, 15.50, 17.00, 20.00 Uhr; ***TaiBei:*** 5.00-23.00 Uhr alle 5 bis 8 Min.; ***TanShui:*** 6.20-23.00 Uhr alle 20-30 Min., ***FuLung:*** 6.00-22.10 Uhr 20 x tgl. Küstenroute plus Inlandsrouten.

Stadtbusse kosten 15 NT$, Überlandbusse z.B. 36 NT$ bis YehLiu, 50 NT$ bis ChinShan-Beach, 90 NT$ bis PaiShaWan-Beach, 135 NT$ bis TanShui.

003t Foto: wl

KeeLung - Hafenstadt für Fracht und Passagiere

● ***Schiff:*** vom Hbf. kommend befindet sich links nach 150 m der „Passenger Terminal West" (Wharf II) für die nationale Linie nach ↗ ***KinMen*** und ↗ ***MaTzu.*** Die Strecke wird nach Öffnung der Insel wieder häufiger angefahren, aktuelle Zeiten und Frequenzen sind am linken Eingang einzusehen.

Die kleine Anlegestelle direkt gegenüber vom Hbf. trägt zwar innen englische Beschriftung, hat aber für Touristen keine Bedeutung: von hier werden lediglich die Matrosen zu den Handelsschiffen gefahren.

Der Haupthafen (Wharf I) liegt auf der anderen Seite des Hafenbeckens Richtung Zentrum und wickelt sowohl die nationale Passagierlinie nach ***Gao Xiong (KaoHsiung)*** wie auch die internationale Passagierlinie nach ***Okinawa*** (Japan, ↗ internationale „An-/Abreise") ab. Die Abfahrten sind immer abends zwischen 18.00 und 23.00 Uhr. Der Hafen hat außer dem Ticket-Office im dritten Stock auch einen ***allgemeinen Informationsschalter*** (alles engl. ausgeschildert).

Unterkunft

Es gehört zu den Besonderheiten KeeLungs, dass es eine Reihe leicht zu findender Mittelklassehotel gibt, aber nur wenige, manchmal geradezu versteckte Billighotels. Außerdem liegen fast alle Unterkünfte mindestens 10 Gehminuten vom Bahnhof entfernt. Zu den weiteren Besonderheiten der Stadt zählt auch die überwiegende Benennung der Straßen mit Zahlen. Wer die chinesischen Zahlen (bis fünf) kennt, kann sich daher leicht orientieren. Einige „auffindbare" Unterkünfte sind:

Einfachste Unterkünfte

協和旅社
ф ***HsieHe LuShe*** €, 22 Hsiao4Lu, Tel. (02)-24621236, 2232648, DZ ab 700 NT$, hinter dem Langstreckenbusbhf (gegenüber der Abfahrt Richtung TanShui, s.o.).

綠文綠燈
ф ***LuWen LuShe*** €, 28 Ren3Lu, Tel. (02)-24224224, DZ 550–600 NT$, (neben dem OuFeng-Hotel), zu erkennen an einer Treppe und den blauen Schriftzeichen darüber.

老工朋友活動中心
● Weit ab vom Zentrum liegt das ф ***LaoKung PengYou HuoTung ChungHsin*** €, 22 AnYiLu, Weg 370 mit einfachen DZ zu 620 NT$. Das „Arbeitnehmer Erholungszentrum" liegt am Hang Richtung YeLiu. Jeder Bus Richtung YeLiu/ChinShan-Beach/TanShui fährt direkt daran vorbei, man zeigt dann am besten dem Fahrer die Zeichen – er hält dann ausnahmsweise hier (keine Haltestelle).

金中泰賓館
ф ***ChinChungTai PinKuan*** €, 13 Ren5Lu, Tel. (02)-24289186, DZ 680–725 NT$, o.k., aber schwer zu finden: an der Fußgängerüberführung zwei Häuser in die Ren-5-Lu, links in die „Halle" hinein, dort rote Schriftzeichen nach links.

龍發旅社
ф ***LongFaLuShe*** €, 23 Hsiao4Lu, Tel. (02)-24224059, 24232131, DZ 550 NT$, erträglich, aber laut, neben dem HieHe LuShe (s.o.)

Einfache Hotels

蝶戀花旅社
ф ***ChieLienHua LuShe*** €€, 81 Hsiao3Lu, Tel. (02)-24201145, DZ 1100 NT$, haben auch einfache Zi. ab 600 NT$.

永吉旅社
ф ***YungChi LuShe*** €€, 31 Chung1Lu, Tel. (02)-24223570, normale DZ für 1000 NT$, aber auch günstige Zi. ab 800 NT$.

阿樂合大飯店
ф ***ALeHa TaFanTian*** €€, 292 Hsin2Lu, Tel. (02)-24227321. Auch Aloha-Hotel genannt, ordentliche DZ ab 950 bis 1550 NT$.

華師旅社
ф ***HuaShuai LuShe,*** 108 Hsiao2Lu, Tel. (02)-24223131, DZ kosten hier zwischen 1200 und 1750 NT$.

Die folgenden sechs Adressen verfügen über DZ mit TV und Klima, allerdings wird kein Wort Englisch gesprochen, sodass man sich gegebenenfalls mit Händen und Füßen verständlich machen muss.

歐香旅社 ⌖**OuHsiang TaFanTian,** 215 Ron2Lu, Tel. (02)-24201166.
華國大飯店 ⌖**HuaKuo TaFanTian,** 18 Ai3Lu, Weg 49, Tel. (02)-24267101.
欣海大飯店 ⌖**HsinHai TaFanTian,** 6 Yi3Lu, Tel. (02)-24254688.
柯達達飯店 ⌖**KeTa TaFanTian,** 7 Yi1Lu, Tel. (02)-24230111.
老爺達飯店 ⌖**LaoYe TaLuShe,** 71 Yi1Lu, Tel. (02)-24224141.
歐風賓館 ⌖**OuFeng BinKuan,** 24 Ren3Lu, Tel. (02)-24241176.

Essen und Trinken

８３義一路

Ein gutes ***chinesisches Steakhaus*** liegt in der ⌖83 YiYiLu/Ecke HsinSanLu. Westliches Fastfood ist mit ***Pizza-Hut, KFC*** und ***McDonald's*** (mit einer Liberty-Statue auf dem Dach) vertreten. In KeeLung sollte man die zahlreichen ***Stände am Nachtmarkt*** probieren – hier gibt es preiswert verschiedenste Kleinigkeiten von Suppen über Backfisch bis zu Fruchtsäften und Obst.

Information

- Im Haupthafen, 3. Stock, befindet sich ein Informationsschalter für Schiffsreisen und allgemeine Fragen zum Ort.

005t Foto: wl

Westliche Einflüsse auf TaiWan (KeeLung)

Institutionen

醫院 ⌖ ***Krankenhaus:*** 267 Hsin2Lu, Tel. (02)-24242688.
警察 ⌖ ***Polizei:*** 1 ChungYiLu (neben dem Überland-Bbhf.).
銀行 ⌖ ***Bank:*** Bank of TaiWan, 16 Yi1Lu, Tel. (02)-24283171.
郵局 ⌖ ***Post:*** 130 Yi1Lu.

Die Nordostküste

Östlich von KeeLung (JiLong) Richtung YiLan erstreckt sich die Nordostküste, die zwar nicht an die malerische Ostküste heranreicht, aber dennoch einige hübsche Flecken aufweist, die einen zumindest kurzen Halt empfehlenswert machen. Ein echtes Problem ist die Tatsache, das nur verhältnismäßig wenige Busse die Küstenroute fahren und „sight-hopping" mit öffentlichen Verkehrsmitteln von PiTouChiao bis YenLiao unmöglich ist. Erst bei FuLung fährt der Bus die Küstenroute nach YiLan, auch Züge von KeeLung (JiLong) treffen erst in FuLung auf die Küste. Wer nicht per Moped unterwegs ist (der nächste Verleih befindet sich in YiLan) und überall halten kann, sollte sich auf den Strand von FuLung und den nahegelegenen historischen TsaoLing-Trail beschränken.

鼻頭角

PiTouChiao (BíTóoJiăo, Nase-Kopf-Horn)

Der nordöstlichste Zipfel TaiWans, PiTouChiao, hat mehrere Aussichtspunkte zu bieten. Von KeeLung (JiLong) kommend liegen vor dem Tunnel linker Hand ein Pavillon und ein kleiner Tempel am Berg, kurz dahinter führt ein Asphaltweg hinauf zum ***PiTouChiao-Park,*** von wo aus man die Nordküste bis KeeLung und die Nordostküste bis FuLung überblicken kann.

An-/Abreise

Zwischen KeeLung (JiLong) und YiLan besteht noch eine Busanbindung 20 x tgl., die Küstenroute soll aber bis auf jeweils drei Busse täglich schrumpfen. Für einen kurzen Halt in PiTouChiao ist ein Ausflug von YiLan aus per Moped empfehlenswerter.

龍洞

LungTung (LóngDòng)

Kurz hinter PiTouChiao liegt der ***LungTung-Coast-Park*** mit künstlich angelegten Seewasser-Schwimmbädern und Holzfußwegen entlang der Küste. Der mit viel Beton gebaute Park gleicht daher eher einem Hafen denn einem Küstenerholungsgebiet. Der Eintritt beträgt 100 NT$. Schöner ist der kostenlose ***LungTung-Park*** oben an den Klippen, wo man einem steilen Fußweg bis nach unten an die schroffen Felsen folgen kann. Hier wird von Einheimischen gerne Seefisch geangelt oder entlang der Küste gewandert; die Aussicht ist auf jeden Fall bemerkenswert.

An-/Abreise

Der (seltene Küsten-)Bus aus Richtung KeeLung (JiLong) oder YiLan hält direkt am LungTung-Coast-Park; zu den Klippen folgt man der Straße etwa 200 m (Richtung KeeLung) bis vor den Tunnel, dort führt ein Weg hinauf zum Parkplatz und Aussichtspavillon des LungTung-Parks.

金沙彎

KinShaWan-Beach (Goldsandbucht)

Es ist schon manchmal erstaunlich: Dieser in vielen lokalen Publikationen eifrig propagierte Strandabschnitt würde wenig Aufmerksamkeit bei westlichen Reisenden erregen, denn er erscheint winzig, ohne jede Attraktion, und direkt an der Hauptstraße gelegen. Busse halten hier auch gar nicht. Immerhin gibt es einen netten Kinderspielplatz; seit neuestem sind Aktivitäten aller Art (einschließlich Baden) aus Umweltschutzgründen nicht mehr möglich.

鹽寮

YenLiao-Park

Der gesamte Küstenstreifen von hier bis hinunter nach FuLung (ca. 3 km) besteht aus purem, sauberem Sandstrand mit besten Möglichkeiten zum Schwimmen und Bodysurfen (Surfen mit dem eigenen Körper). Dieser ***schönste Strand der Nordostküste*** kostet normalerweise 100 NT$ Eintritt, allerdings nur dann, wenn zahlreiche Besucher erwartet werden - an Wochenenden und Feiertagen vor allem. Bei mäßigem Wetter sind Kasse und Snackbars nicht geöffnet, wohl aber kassiert der Parkplatzwächter je nach Fahrzeug zwischen 20 und 50 NT$). Im Park ist außer den Rundwegen zum Strand auch das Denkmal für die im Widerstand gegen die japanische Besatzung gefallenen Taiwaner von Interesse. Geöffnet werktags von 8.30 bis 18.00, an Sonn- und Feiertagen von 8.30 bis 17.00 Uhr.

An-/Abreise

Normalerweise halten am YenLiao-Park keine Busse, man muss dem Fahrer bedeuten, dass man aussteigen will. Natürlich kann man auch von FuLung die etwa drei km zum Parkeingang laufen.

福隆海水浴場

FuLung HaiShui YuChang (Glück-grossartig-Meereswasser-Badeplatz)

Ein weiterer schöner Strand der Nordostküste liegt in FuLung. Einige Übernachtungsmöglichkeiten und der nahegelegene TsaoLing-Trail lohnen durchaus einen längeren Halt. Direkt an der Bushaltestelle führt ein Teerweg zur ***Parkverwaltung*** und dem Eingang zum ***FuLung Beach Park.*** Der Zutritt zum Strandpark kostet 60 NT$, Informationen und Multimedia-Präsentationen bietet das Informationszentrum der Parkverwaltung (Tel. 02-24991115).

Von der Bushaltestelle ein Stück der Hauptstraße entlang nordwärts (300 m) liegt der LungMen-Park. Er verfügt über einen modernen ***Campingplatz*** am Ufer eines kleinen Flusses. Hier werden auch alle Arten von Wassersportausrüstung (Surfbretter, Schnorchel usw.) vermietet sowie Fahrräder (Tel. 02-24991791). Der Eintritt zum Terrain kostet 70 NT$, Zelten kostet extra.

Genau zwischen den beiden Zufahrten der Strandanlagen führt ein geteerter Weg zum ***Strand,*** ideal zum kostenlosen Campen und um den Strand in Ruhe zu genießen. Ein weiterer (kleiner) kostenloser Strand liegt am südlichen Ortsende von FuLung.

Der Ort selbst ist winzig und besteht nur aus der Hauptstraße, die einzige Seitenstraße im Ort führt zum Bahnhof. Anders als im südlichen KenTing gibt es kein Strandnachtleben - Stimmung muss selbst mitgebracht werden.

An-/Abreise

- ***Bahn:*** Expresszüge halten nicht in FuLung, sondern nur die Nahverkehrszüge (von YiLan oder KeeLung/JiLong), ca. 25 x tgl. nach Norden, ca. 20 x tgl. nach Süden, davon aber nur die folgenden durchgehend bis HuaLien: 7.20, 10.32 13.20, 18.45 Uhr. Nach TaiTung (TaiDong) durchgehend 3 x vormittags und 2 x nachmittags, alle übrigen enden in SuAo.
- ***Bus:*** alle Busse der Küstenlinie (↗ YiLan, KeeLung/JiLong) stoppen direkt beim Coast Park Management Office.
- ***Zu Fuß/TsaoLing-Trail:*** Anstatt der Küste per Bus zu folgen, bietet sich der lohnenswerte TsaoLing-Trail (↗ TaLi) über die Hügel bis TaLi an. Vom Park-Management Office folgt man zunächst der Hauptstraße in Richtung Norden bis zur Tankstelle (1 km), dann links der Straße 1500 m bis zum Start des Trails (engl. beschildert). Der Weg ist zunächst geteert bis zu einer Brücke (2000 m), hier rechts weiter gehen (750 m) bis links die Stufen über die Hügel beginnen. Für die gesamte Strecke benötigt man etwa 4 bis 5 Stunden, Getränke muss man ausreichend mitnehmen.

龍門園

ф ***LungMen-Park*** mit modernem Campingplatz (Tel. 02-24991791), kostet je nach Camper-/ Mietzelt ab 400 NT$ pro Person. Wer sein eigenes Zelt mitbringt, zahlt immer noch 250 NT$. 250 m an der Hauptstraße nach dem Coast Park Management Office weitergehen, dann rechter Hand.

福隆海水浴場園

ф Im ***FuLung-Beach-Park*** (108 Räume) werden überteuerte Bungalows (bis 12.000 NT$) und Zimmer (ab 3.500 NT$) vermietet (Tel. 02-24991211 bis 6). Eingang am Coast Park Management Office Richtung Strand. Camping 300 NT$, Zelte sind vorhanden.

福隆旅社

ф ***FuLung LuShe,*** Tel. (02)-24991362, DZ 650 NT$, vom Bhf aus rechts die Hauptstraße 100 m entlang, auf der gegenüberliegenden Straßenseite. Von der Bushaltestelle auf der selben Straßenseite Richtung YiLan/Süd 300 m. Kleine Räume, aber für eine Nacht o.k.

心理大飯店

ф ***HsinLi TaFanTian*** (direkt am Hbf.), Tel. (02)-24991539. DZ 1000 NT$.

大溪
蜜月彎

TaLi/TsaoLing-Trail

TaLi selbst ist nur ein sehr kleines Straßendorf, hat aber zwei lohnende Ziele von historischer Bedeutung.

Zur Zeit des Ching-Kaisers *HungLi* (genannt *ChienLung,* 1711-1799), der von 1736 bis 1796 regierte, entwickelten sich die nördlichen Großsiedlungen TanShui und TaiBei sehr rasch. Als Folge hiervon wurde das Ackerland knapp, zumal sich zusätzlich vom Festland immer mehr Menschen in diesem Gebiet ansiedelten. Die Region um YiLan war dagegen kaum besiedelt und lag landwirtschaftlich nahezu brach. Die Siedler sollten sich also an der Ostküste niederlassen, wozu es (wegen der aufwändigen Seeroute und der langen Küstenroute ganz um den Norden herum) eines Weges bedurfte. So entstand auf der Basis winziger von Ureinwohnern genutzter Pfade um 1807 der ***TsaoLing-Weg*** von TanShui bis YiLan. Dieser Fußweg war weit über 100 Jahre lang die Hauptverbindung von Nordwest nach Nordost. Mit zunehmender

029t Foto: wl

Blick auf die malerische Nordostküste (PeiKuan)

Motorisierung wurden große Teile des Trails nach und nach ausgebaut und schließlich von modernen Straßen verschluckt. Ein etwa 9 km langes Teilstück ist allerdings erhalten geblieben und zählt zu den interessantesten Fußmärschen Nord-TaiWans durch sehr ursprüngliches Hügelland, kleine Reisterassen und entlang Gebirgsbächen.

Man kann den Trail von zwei Seiten angehen, entweder hier von TaLi im kleinen Garten hinter dem Tempel des Jadekaisers oder von FuLung aus startend. Wer ohnehin in FuLung stoppt, sollte unbedingt den Trail bis TaLi gehen und erst von dort per Bus weiterfahren.

In TaLi endet der Trail am ***Tempel des Jadekaisers.*** Dieser dreistöckig versetzte Tempel ist im unteren Bereich mit einem Schrein für den Himmelskaiser verziert, der obere zweistöckige Bereich zeigt als Hauptfigur den Jadekaiser mit den acht Unsterblichen. Vom Obergeschoss aus hat man eine interessante Perspektive auf den Jadekaiser (desselben Schreins wie unten), architektonisch äußerst interessant und sehr selten zu sehen.

Bei den ***Essständen*** am Tempel kann man sich vor dem Tsao-Ling-Trail mit günstigem Seafood stärken: leckere Shrimp-Nudelomelettes für 60 NT$ und Bratfisch für 80 NT$. Am oberen Tempelbereich führt rechts der Weg zum kleinen Tempelgarten und dem Trail.

An-/Abreise

Da TaLi über Bahn- und Busanschluss verfügt, kommt man gut hierher und wieder weiter. Sehr empfehlenswert ist der Fußmarsch über den TsaoLing-Trail nach FuLung in nördliche (oder umgekehrt in südliche) Richtung.

- ***Bus:*** Alle Küstenbusse zwischen YiLan und FuLung (rund 20 täglich) halten direkt am Tempel.
- ***Bahn:*** Nur Nahverkehrszüge halten in TaLi, Anbindungen siehe YiLan/KeeLung (JiLong).

大溪
蜜月彎

MiYuehWan

Gleich hinter dem Ortsende von ***TaHsi*** liegt die „Flitterwochen-Bucht", ein sehr beliebter ***Badestrand.*** Man erreicht den Strand per Nahverkehrszug oder Bus bis TaHsi, dann etwa 10 Gehminuten in südlicher Richtung die Straße entlang.

北館

PeiKuan (BěiGuǎn)

Am Aussichtspunkt PeiKuan führt ein hübscher Rundweg die Klippen entlang; beachtenswert die lebensgroße KuanYin-Statue in den Felsen. Greifbar nahe liegt die kleine Insel KueiShanTao, benannt nach ihrer Form, die einer Schildkröte ähnelt. PeiKuan ist von Süden kommend erster lohnenswerter Stopp, wenn man per Leihmoped aus YiLan unterwegs ist. Öffentliche Verkehrsmittel halten hier nicht.

028t Foto: wl

WuFengChi-Wasserfälle in ChiaoChi

Der Nordosten

Überblick

Während der Norden mit den lebhaften Metropolen TaiBei und KeeLung (JiLong) wie auch der Westen überbesiedelt wirken, beginnt hier an der Nordostküste der lange Zeit unzugängliche und rückständige Teil der Insel. Von der Bezirkshauptstadt YiLan (Ilan) aus kann man per Leihmoped sehr gut sowohl Teile der Nordküste wie auch die spektakuläre Küstenstraße von SuAo nach HuaLian bereisen. Von HuaLian aus, der beschaulichen Metropole des Ostens, bieten sich fantastische Wandermöglichkeiten durch den nahegelegenen Taroko-Nationalpark und das nördliche Bergland oder eine Weiterreise entlang der schönen Ostküste nach Süden an. Mit Fertigstellung der A-5 (TaiBei - SuAo) hat sich die Anfahrt mit Direktbussen nach YiLan auf ca. 60 Minuten verkürzt.

Nördlich von YiLan

頭成

TouCheng (Kopf-Stadt)

TouCheng ist ein kleiner ***Verkehrsknotenpunkt.*** Von YiLan kommend zweigt kurz vor TouCheng die N-9 nach TaiBei (Inlandsstraße) nach links ab (grünes Schild, mit lateinischen Buchstaben), Selbstfahrer zur Nordostküste (FuLung) folgen hier der halbrechten Abzweigung (N-2, nur chinesisch) zur Küste.

Entlang der Hauptstraße gibt es eine Reihe guter ***Seafood-Restaurants,*** ansonsten ist ein längerer Halt hier wenig sinnvoll.

礁溪

ChiaoChi (Klippe-Bach)

10 km nördlich von YiLan, an der Hauptstraße Richtung TaiBei, liegt der ***Kurort*** ChiaoChi. Die hier besonders mineralienhaltigen heißen Quellen werden kommerziell genutzt und haben das kleine Straßendorf rasch wachsen lassen. Zahlreiche große Hotels, auch international, prägen das Ortsbild, die Quellen selbst kann man heute nicht mehr als große Attraktion preisen.

Vor und während der japanischen Besatzungszeit wurden hier Mädchen aus ganz TaiWan für „besondere Dienste" ausgebildet um anschließend nach ⇗ PeiTou bei TaiBei geschickt zu werden. ChiaoChi erlangte daher einen etwas obskuren Ruf, der heute allerdings kaum mehr gerechtfertigt ist.

WuFengChiPuPu
五峰旗瀑布

Die für den Reisenden größte Attraktion sind die ***Wasserfälle der fünf Gipfel,*** die sich westlich der Stadt erheben. Vor dem Fußweg zu den Fällen werden regionale Spezialitäten wie *MuEr* („Holzohren", eine getrocknete Pilzart), Kosmetika, Kräuter und eine auf Stein wachsende Pflanze verkauft, der eine wundersame Heilkraft nachgesagt wird. Die Pflanze wird nach dem Aussehen „goldenes Hundehaar" genannt und soll Blutungen unverzüglich stoppen. Der Fußweg führt steil bergan zum Hauptwasserfall, der etwa 30 m tief den Felsen hinabstürzt. Ein weiterer Weg zweigt kurz vor dem Fall links ab und führt zu einem schönen Aussichtspavillon (800 m). Die Quellen-Hotels und die Wasserfälle liegen kurz vor dem südlichen Ortsende Richtung Berge, ein braunes Hinweisschild (man achte auf ⊕ *Wu* für die Zahl 5) weist den Weg, von hier aus sind es noch etwa 15 Minuten Fußweg zu den Fällen.

五

Unterkunft

Als traditioneller Kurort verfügt ChiaoChi über eine Reihe (teurer) Hotels, für Individualtouristen besteht keinerlei Grund, hier zu übernachten. Die großen Hotels liegen an der Hauptstraße und der Straße zu den heißen Quellen, zusätzlich seien einige günstigere Unterkünfte, an der zum Hbf. führenden TeChangLu gelegen, genannt:

家園大飯店 ⊕ ***ChiaYuan TaFanTian*** €, 10 WenQuanLu, Tel. (03)-9882171, DZ 700 NT$.

鴻月莊大飯店 ⊕ ***HongYuehChuang TaFanTian*** €, 12 WenQuanLu, Tel. (03)-9882024, DZ 750–800 NT$.

錄星大飯店 ⊕ ***LuChing TaFanTian*** €, 38 WenQuanLu, Tel. (03)-9881566, DZ 900 NT$.

An den Quellen finden sich u.a. die folgenden Hotels, alle DZ mit eigenem Bad, TV und A/C:

東園旅社 ⊕ ***TungYuan LuShe*** €€, 27 TeChangLu, Tel. (03)-9882111, DZ 1350 NT$.
義一大飯店 ⊕ ***YiYi TaFanTian*** €€, 16 TeChangLu, Tel. (03)-9881211, DZ 1700 NT$.
富紳大飯店 ⊕ ***FuShen TaFanTian*** €€€, 10 TeChangLu, Tel. (03)-9883085, DZ 2200 NT$.
福星大飯店 ⊕ ***FuHsing TaFanTian*** €€€, 24 TeChangLu/Weg 8, Tel. (03)-9881110, DZ 2550 NT$.

An-/Abreise

- ***Bus:*** Alle Linien TaiBei/KeeLung (JiLong) – HuaLian/YiLan stoppen in ChiaoChi (7 x täglich). Oder man erreicht den Ort von YiLan aus, siehe die dortigen Anbindungen Richtung Norden.
- ***Bahn:*** ChiaoChi ist mit je ca. 35 Zügen in beide Richtungen täglich ausgezeichnet ans Schienennetz angebunden; spätestens alle 60 Minuten kommt man per Bahn weiter.
- ***Moped:*** Man folge in YiLan der ChungShanLu nach Norden Richtung TaiBei, kurz nach dem Ortseingang von ChiaoChi zweigt links die Straße zu den Quellen und den Fällen ab.

宜蘭 YiLan *(YíLán, angenehm-Orchidee)*

Die Hauptstadt des gleichnamigen Bezirks YiLan fungiert als wichtiger Transitknotenpunkt zwischen TaiBei, der Nordküste, der nördlichen Gebirgsregion und der Ostküste. Hier gibt es zahlreiche Bahn- wie auch Busverbindungen in die genannten Gebiete, per Leihmoped kann an einem Tag die Nordostküste besichtigt werden, sodass man nicht auf die teuren Luxusressorts dort angewiesen ist. Auch nach Süden ist YiLan eine wichtige Station. Man kann, von Norden kommend, direkt bis ↗ SuAo fahren und dort den einzigen Bus entlang der fantastischen Küstenstraße

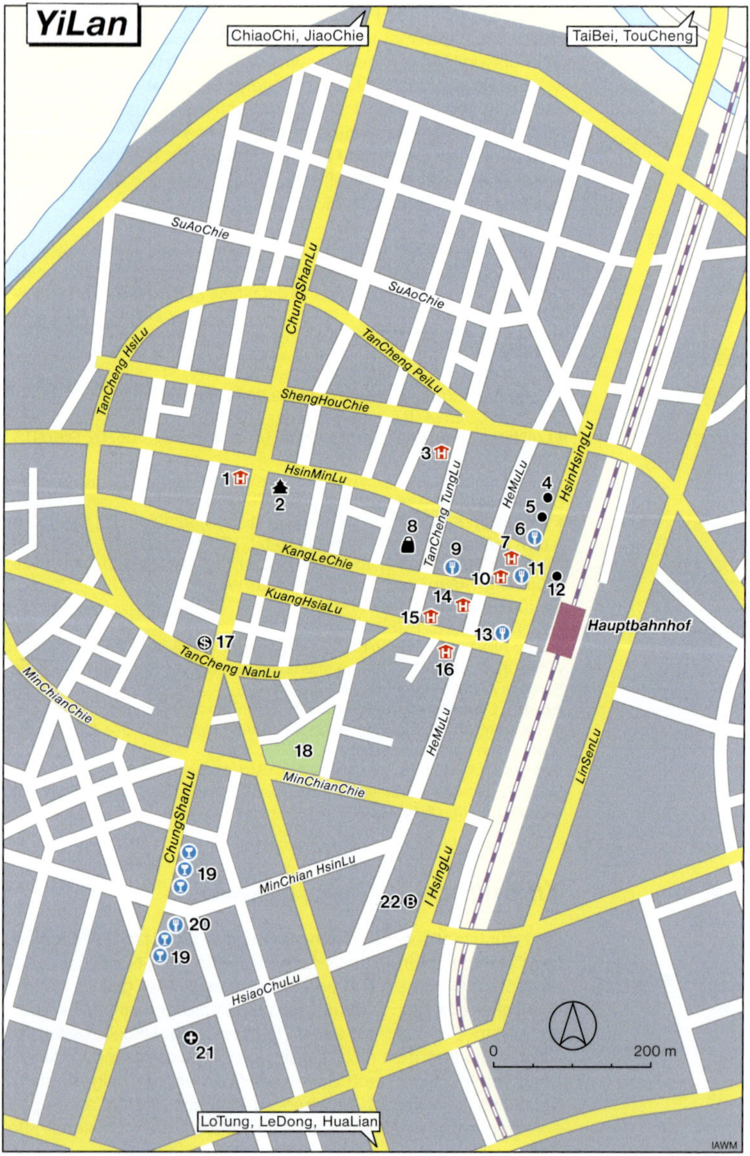
YiLan
ChiaoChi, JiaoChie
TaiBei, TouCheng
SuAoChie
SuAoChie
ChungShanLu
TanCheng HsiLu
TanCheng PeiLu
ShengHouChie
HsinMinLu
HsinHsingLu
HeMuLu
TanCheng TungLu
KangLeChie
KuangHsiaLu
TanCheng NanLu
MinChianChie
MinChianChie
HeMuLu
LinSenLu
Hauptbahnhof
ChungShanLu
MinChian HsinLu
I HsingLu
HsiaoChuLu
LoTung, LeDong, HuaLian
1
2
3
4
5
6
7
8
9
10
11
12
13
14
15
16
17
18
19
19
20
21
22
0
200 m
IAWM

1	TaiPingYang-Hotel	13	chin. Enten- & Hühnerrestaurant
2	MaTzu-Tempel	14	WangTzi-Hotel
3	SanHe-Hotel	15	TungYa-Hotel
4	Supermarkt	16	ChungHua, YinHsin und TiHou-Hotels
5	Europe Entertainment Tower	17	Bank of Taiwan
6	McDonald's	18	ChungShan-Park
7	HsiangShe- und TaCheng-Hotels	19	Studentenkneipen
8	Markt	20	Pizzeria
9	Alex' Restaurant	21	Krankenhaus
10	ChinHeCheng-Hotel	22	Überlandbusse
11	Seafood-Restaurant		
12	Mopedverleih		

nach HuaLian nehmen. Es ist aber ebensogut möglich, wenn nicht sogar besser, in YiLan zu stoppen (wo mehr unternommen werden kann, falls man den einen Bus in SuAo verpasst) und von hier aus am nächsten Tag die knappe halbe Stunde nach SuAo zu fahren und dann den 14.30-Küstenbus nach HuaLian zu nehmen.

Europe Entertainment Tower
歐洲樂樓

In diesem schlossähnlichen Gebäude befindet sich eine riesige ***Spielhölle.*** Computerspiele und Spielautomaten aller Art über zwei Etagen verursachen einen Höllenlärm. Bei manchen Spielen kann man mehr oder weniger attraktive Preise von Plüschtieren bis zum De-Luxe-Haushaltsmixer gewinnen. Wer sehen will, was die taiwanesische Jugend unter Europa versteht, sollte hier vorbeischauen. Der Europe Entertainment Tower befindet sich rechts vom Hbf., im Parterre links außen hielt *McDonald's* Einzug.

ChungShan KungYuan
中山公園

Der kleine ***Stadtpark*** ist so ziemlich der einzige Ort der Stadt, an dem man ein wenig im Grünen sitzen kann. Häufig treffen sich hier ältere Einheimische zum Kartenspiel, an Sonntagen zum Vogelsingen. Hierzu bringt man die Vögel in den Park und hängt sie in den Käfigen an die Bäume. Dann erfreut man sich am gemeinsamen Gesang der gefiederten Freunde und begutachtet die prächtigsten Exemplare - sehr zum Stolz ihrer Besitzer.

MaTzuTang
媽祖堂

Der kleine MaTzuTang gegenüber vom TaiPingYang-Hotel ist ein ruhiger, daoistischer Tempel, in dem man sehr gut beobachten kann, wie die „Ahnenopfer" verkauft, geopfert, anschließend von den Tempeldienern eingesammelt und erneut verkauft werden. Es gibt nämlich keine Seitengänge mit versteckten Lagerräumen wie in vielen anderen Tempeln, hier stehen alle Lebensmittel und Opfer direkt in der Zentralhalle.

026t Foto: wl

Europe Entertainment Tower

Unterkunft

YiLan ist völlig untouristisch und hat dementsprechend keine Jugendherbergen o.Ä., günstige DZ gibt es aber eine ganze Reihe.

東亞旅社 ф ***TungYa LuShe*** €€, 40 KuangHsiaLu, Tel. (03)-9322570, EZ ab 500 NT$.

三和大旅社 ф ***SanHe TaLuShe*** €€, 59 TanChengTungLu, Tel. (03)-9322259, wenige Zi. ab 330 NT$, sonst 750–850 NT$.

香師旅社 ф ***HsiangShi LuShe*** €€, 19 HsinMinLu, Tel. (03)-9354718. DZ 800 NT$.

帝后大旅社 ф ***TiHou TaLuShe*** €€, 39 KuangHsiaLu, Tel. (03)-9355565, DZ ab 800 NT$.

新風旅社 ф ***ChungHua LuShe*** €€€, 33 KuangHsiaLu, Tel. (03)-9322338, DZ 2850 NT$, haben auch einige wenige EZ.

金和成大飯店 ф ***ChinHeCheng TaLuShe*** €€€, 30 KangLeLu, Tel. (03)-9354722, gute DZ zu 2100 NT$.

大成大飯店 ф ***TaCheng TaFanTian*** €€€€, 31-35 HsinMinLu, Tel. (03)-9322952; beliebtes Gruppenhotel mit ordentlichen DZ ab 3400 NT$.

王子大飯店 ф ***WangTzi TaFanTian*** €€€€, 27 HeMuLu, Tel. (03)-9322358.

太平洋大飯店 ф ***TaiPingYang TaFanTian (Hotel Pazifik)*** €€€€, 87 ChungShanLu, Tel. (03)-9323966, sehr gutes Mittelklassehotel mit Preisen ab 3200 NT$.

Essen und Trinken

５１新星街 ●Ein gutes ***Seafood Restaurant*** liegt in der ф 51 HsinHsingLu, Tel. (03)-9353838.

●Exquisite internationale Küche mit Rokoko-Ambiente bei ***„Alex-Restaurant“,***

１８康樂街 ф 18 KangLeLu, Tel. (03)-9352277, gehobenes Preissegment.

•Im winzigen Studentenviertel, 10 Minuten zu Fuß von Downtown, liegen eine Reihe gemütlicher und preiswerter ***Bierkneipen*** sowie eine brauchbare ***Pizzeria*** (s. Karte), den weltweit geschmacksgleichen BigMac gibt es am ***Europe Entertainment Tower.***
•Sehr gut und - verglichen mit anderen Städten in TaiWan - sehr günstig ist der ***Supermarkt*** daneben (mit Theke für warme Snacks).

Institutionen

銀行
警察
醫院

中***Bank:*** Bank of TaiWan, 1 ChungShanLu, Tel. (03)-9321515.
中***Polizei:*** 23 TanChengNanLu (hier Visaverlängerung; Tel. 03-9325522).
中***Krankenhaus:*** 3 HsiaoChuLu, Tel. (03)-9322362.
•***Information:*** 23 TanChengNanLu, geöffnet 8.00-12.00 und 13.30 bis 17.30 Uhr, kein englischsprachiges Personal.

An-/Abreise

•***Bahn:*** Alle Züge stoppen in YiLan, Züge in beide Richtungen (HuaLian und TaiBei) fahren mindestens stündlich, in den Stoßzeiten von/nach TaiBei sogar alle 20 Minuten. Züge bis HuaLian verkehren halbstündig, durchgehend bis TaiDong (TaiTung) 6x täglich.
•***Bus:*** Der Bbhf. liegt 500 Meter vom Bhf links in der YiHsingLu. Nach ***TaiBei*** besteht etwa stündlich Anbindung, nach ***TaiZhong (TaiChung)*** nur 7.30 und 12.50 Uhr. Abfahrt zum ***TaiPingShan*** um 9.30 Uhr, nach ***LiShan*** 7.00 und 12.10 Uhr; nach ***SuAo/NanFangAo*** alle 15 Minuten; nach ***TouCheng*** fahren zwischen 6.30 und 18.10 Uhr 8 Busse tgl., drei davon weiter über TaHsi und FuLung bis ***KeeLung.***

Die YiLan-JiLong(KeeLung)-Linie fährt bis FuLung an der Küste entlang, anschließend im Landesinneren via KungLiao und JuiFeng bis KeeLung. Für die weitere Fahrt entlang der Nordküste muss man in FuLung Richtung PiTouChiao umsteigen.
•***Moped:*** Schräg gegenüber der Tankstelle (rechts vom Hbf.) in der HsinHsingLu gibt es einen Mopedverleih, pro Tag ca. 500 NT$/Moped; damit ist es ein Leichtes, insbesondere die mit Bussen etwas schwer erreichbaren Punkte (vor allem die kleinen Strände) der Nordküste zu besuchen.

Zwischen YiLan und HuaLian

羅東

LoTung (LuóDōng, Netz-Osten)

LoTung kommt als alternativer Ankunftsort (statt YiLan) aus ⇗LiShan/WuLing-Farm in Betracht . Von hier aus kann man entweder den Pendelbus nach YiLan nehmen oder per Bahn direkt bis TaiBei oder HuaLian fahren; alle Züge in Nord- und Südrichtung stoppen hier. LoTung ist mit YiLan beinahe zusammengewachsen und wird von einigen Busgesellschaften öfter angesteuert als YiLan selbst. Busse und Züge pendeln viertelstündig zwischen beiden Orten.

蘇澳

SūAò (Erwachen-Ankerplatz)

SuAo ist ein wichtiger Transitpunkt für Busreisende in Nord-Süd-Richtung. Es gibt keine direkten Busverbindung zwischen HuaLian und TaiBei, alle Linien enden hier. Erschwerend kommt hinzu, dass nur ein Bus täglich um 14.30 Uhr nach HuaLian fährt, der rund 4 Stunden für die Route benötigt. Die meisten Reisenden fahren heute per Bahn, insbesondere wer aus TaiBei anreist. Wer die reizvolle Küstenstraße nach Süden per Bus erleben will, muss also in SuAo stoppen. Kommt man mit einem frühen Zug, so kann man auch ohne Übernachtung direkt per Bus weiterfahren. Achtung: Die Züge halten nicht in SuAo, sondern ***HsinSuAo,*** dem neuen Bahnhof. Hier verkehren Pendelbusse nach SuAo, gut 10 Minuten Fahrt. Man muss dies berücksichtigen, um den einzigen Bus nach HuaLian zu erreichen. In der Stadt gibt es außer dem daoistischen Tempel HsienKungMiao in der ChungShanLu nichts Besonderes zu besichtigen.

Unterkunft

興華旅社
ф***HsingHua LuShe*** €, 13 SuNanLu, Tel. (03)-9962581, einfache DZ ab 500 NT$.

海天大旅社
ф***HaiTian TaLuShe*** €€, 96 ChungShanLu, Tel. (03)-9962576, sehr sauber und empfehlenswert mit DZ zu 800 NT$.

華國大旅社
ф***HuaKuo TaLuShe*** €€, 25 HePingLu, Tel. (03)-9562091; gleiche Preise, aber nicht ganz so ordentlich wie das HaiTian.

金都大旅社
ф***ChinTou TaLuShe*** €€, 6 TaiPingLu, Tel. (03)-9962586, zu teuer für das Gebotene mit 1400 NT$ für kleine DZ.

蘇澳大飯店
ф***SuAo TaFanTian*** €€€, 7 SuTungLu, Tel. (03)-9965181, gutes Mittelklassehotel mit DZ ab 2400 NT$, unter der Woche 30 % Rabatt.

An-/Abreise

- ***Bus:*** nach HuaLian 1 x tgl. um 14.30 Uhr, nach/von TaiBei: etwa stündlich Busse (über YiLan).
- ***Bahn:*** Vom Bbhf. SuAo muss man zunächst den Pendelbus nach ***HsinSuAo*** nehmen; Züge in beide Richtungen (TaiBei, HuaLian) fahren nahezu alle Stunde, Expresszüge halten nicht.

南方澳 NánFāngAò (Süd-Himmelsrichtung-Erwachen)

Während SuAo als eine der größten Marinebasen des Nordens dient, blieb der kleine ***Fischereihafen*** NanFangAo, ein eigenständiger Stadtteil 2 km südlich des Zentrums, sehr ursprünglich. Hier kann man zahllose alte Fischerkähne bewundern und den Geruch getrockneten und frischen Fisches einatmen. In NanFangAo liegt auch eine alte, nach wie vor aktive Werft für Fischerfangboote.

- Von SuAo/Zentrum folge man der ChungShanLu bis über die Brücke, dann rechts Richtung HuaLian, nach 250 Metern links in die SuNanKungLu einbiegen, von hier aus sind es noch 1,5 km. Insgesamt dauert der Spaziergang von SuAo bis NanFangAo eine knappe halbe Stunde.

蘇花公路 SuHua KungLu

Eine der größten Attraktionen des Nordostens ist die SuHua KungLu, die ***Küstenstraße*** von SuAo nach HuaLian. Sie wurde in den 1920er Jahren von den Japanern begonnen, aber nie für den öffentlichen Verkehr fertiggestellt. Immer wieder wurde die Verbindung zwischen Nordosten und Osten durch Bergrutsche unterbrochen, besonders die Gegend der ***ChingShui-Klippe*** galt als unbezwingbar. Die Ausläufer der Zentralgebirgskette/Nord fallen hier Hunderte von Metern nahezu senkrecht zum Meer ab. Bis in die achtziger Jahre wurde HuaLian fast ausschließlich per Frachter aus KeeLung (JiLong) versorgt. Dies änderte sich mit dem Bau der SuHua KungLu und der Bahnlinie. Wie hinter vorgehaltener Hand erzählt wird, wurden angeblich 30.000 Rotchinesen als Billigarbeiter für diese gefährliche Arbeit vom Festland „eingekauft", von denen 20.000 ihr Leben verloren haben sollen. Die Strecke war und ist gefährlich zu befahren. Die Einheimischen glauben, das käme daher, dass die Seelen der umgekommenen Rotchinesen entlang der Straße nach Sühne schreien. Häufig wehen gelbe Fähnchen an der Strecke, welche die toten Seelen beschwichtigen sollen. Die Strecke ist wirklich nur per Bus spektakulär (⇗ HuaLian, SuAo), die Bahnlinie dagegen führt durch zahlreiche Tunnel, ist dafür freilich wesentlich schneller.

新成

HsinCheng (XīnChéng, Neue Stadt)

„Neustadt" ist eine kleine Arbeitersiedlung bei einem riesigen Zementwerk kurz vor ⇗ Taroko. Für Individualtouristen ist nur wichtig, dass die Züge TaiBei - HuaLian hier halten. Wer also ***in den Taroko-Nationalpark*** möchte, ohne in HuaLian über Nacht Station zu machen (Busse ab HuaLian brauchen etwa 50 Minuten bis Taroko), steigt am besten hier aus. Aus dem Bahnhof kommend, wendet man sich nach links, an der Hauptstraße wieder links und geht (das große Zementwerk liegt direkt linker Hand) ca. 2 km bis zum Eingang des Taroko-Nationalparks. Taxis vom Bhf. bis dorthin kosten ca. 200 NT$.

Umgekehrt, von der Schlucht kommend, nimmt man die HuaLian-TienHsiang/Taroko Busse bis HsinCheng, wenn man per Bahn weiterfahren will (TaiBei oder TaiDong/TaiTung). Dem Fahrer muss man dann bedeuten anzuhalten, wenn man über die kleine Eisenbahnbrücke hinter dem Zementwerk angelangt ist; erstes Sträßchen rechts zum Bahnhof gehen (liegt etwas außerhalb der eigentlichen Stadt).

花蓮

HuāLián (HuaLien, Blume Lotus)

HuaLian, mit gut 200.000 Einwohnern sechstgrößte Stadt TaiWans und damit größte der gesamten Ostküste, hat sich zum Ausgangspunkt für Fahrten entlang der Ostküste oder in die nördliche Bergregion entwickelt. Zement und Marmor sind die Hauptindustriezweige der Region, überall in der Stadt wird man auf Marmorfiguren und chinesische Stempel aus Marmor stoßen. HuaLian liegt am Ende der spektakulären SuAo-HuaLian-Küstenstraße und war bis zu deren Fertigstellung nur per Boot (vor allem von KeeLung/JiLong aus) zu erreichen. Die traditionelle Altstadt befindet sich daher nahe am Meer, die neueren Stadtteile entwickelten sich erst in den letzten Jahrzehnten mit der Straßen- und Schienenanbindung.

Die meisten Reisenden kommen direkt aus TaiBei und werden erst einmal im wahrsten Sinne des Wortes aufatmen: verhältnismäßig wenig Verkehr, gute Luft und ein die Stadt umgebendes spektakuläres Panorama zwischen Meer und Bergen. Von hier aus lassen sich gut organisierte oder mit öffentlichen Verkehrsmitteln durchgeführte Tagestouren in den Taroko-Nationalpark unternehmen, auch die Stadt selbst hat ein paar interessante Sehenswürdigkeiten zu bieten.

Sehenswertes

TungChiaSi
東家寺

Die kleine ***buddhistische Anlage*** in der Altstadt ist vermutlich die schönste religiöse Stätte der Stadt. Zwei Treppen um einen kleinen Teich führen durch den Vorgarten hinauf zum Hauptgebäude, vor dem drei goldene Buddhas auf einer Lotusblüte sitzen. Dahinter verbergen sich in schmalen Gängen Urnennischen mit Bildern Verstorbener. Das linke Gebäude dient den Mönchen als Unterkunft, rechts führt eine Treppe zur siebenstöckigen Pagode, von der aus man einen sehr guten Blick auf die Altstadt mit den Bergen im Hintergrund hat. Auch in der Pagode selbst befinden sich wieder drei goldene Buddhas sowie zahllose Urnennischen mit der Asche feuerbestatteter Buddhisten.

▲ 43; 48 WuHuanChie.

FuTianTang
福天堂

Der außen bunt verzierte, innen aber recht karge daoistische ***Glück-und-Himmelstempel*** zeigt im Erdgeschoss einen Schrein, der dem Himmelskaiser gewidmet ist, im Obergeschoss steht ein Schrein für die drei Erhabenen *Yao, Shun* und *Yu* (legendäre Urgestalten am Anfang der chinesischen Geschichte).

▲ 44; 69 PeiPinLu, der Tempel ist leicht zu verfehlen, man achte auf der dem Meer abgewandten Straßenseite auf ein rotes Metalltor.

Hualien County Stone Sculpture Museum

Leser empfehlen dieses sehr schöne, neue und wirklich sehenswerte Museum mit traditionellen und zeitgenössischen Kunstwerken in der 8 WenFuLu, gleich hinter dem Menonite Hospital (http://stone.hccc.gov.tw); Eintritt 20 NT$.

ChungCheng KungYuan
中正公園

Der ***Park*** ist sehr kinderfreundlich angelegt, der untere Teil besteht aus einem weitläufigen Spielplatz mit vielen Pavillons, der Mittelteil aus Spazierwegen und Badminton-Plätzen. Der Park liegt am MeiLunShan, der mit 162 m höchsten Erhebung der Stadt. Der Marsch hierher ist nicht sonderlich anstrengend: Man folge der kleinen Straße bis zur Militärsperre, kurz vorher führt ein Fußweg

023t Foto: wl

HuaLian – Schlüssel zum Bergland im Osten

HuaLian
TaiBei
TaRoKo, YiLan, SuAo, Flughafen
HsiangChiLu
KuoMinLu
KuoSheng PaChie
KuoHsingChie
KuoMin ChiuChie
KuoMin PaChie
MeiLunShan
Bahnhof
KuoLien WuLu
KuoSheng ChiChie
Chung Cheng Stadtpark
HsinHsingLu
JuiMeiChie
FuHanLu
FuChienLu
KuoLien SanLu
KuoLien YiLu
KuoLien ErLu
TaiTung
ChangHsiaoLu
ChinFengLu
ChungShanLu
Schule
ChungMeiLu
Gefängnis
MinCuanLu
MingLiLu
LinSenLu
HsinKangChie
SanMinChie
FuHsingChie
KuangFuChie
Stadtmarkt
Nachtmarkt
KungChengChie
KungYuanLu
MinKuoLu
MingYiChie
SiYouChie
Stadion
ChungChengLu
ChungHuaLu
LiYu-See
PeiPinChie
HaiPinChie
HePingLu
ShangHaiChie
ChungHsiaoChie
ChungShanLu
ChengKungChie
KuangTungChie
ChungHeChie
PAZIFISCHER OZEAN
TaiTung (Inlandroute)
TaiTung (Küstenroute)
0
500 m
IAWM

- 1 Tankstelle
- 2 Amusement World/Spielhallen
- 3 Fast-food-Restaurant
- 4 FuKuo Hotel
- 5 Qing Ye Hotel und Snacklokal
- 6 HuaLianKeYun-Busse und Touristeninformation
- 7 Jugendherberge Ivy's Farm
- 8 Schwimmbad
- 9 ChungShan-Stadtpark
- 10 Mopedverleih und Privatlinie „Airbus" (Flughafenbus)
- 11 Qian Tai Hotel
- 12 YongQi Hotel
- 13 Enrigue's Café
- 14 LiHsin Hotel
- 15 McDonald's und Watson-Drogerie
- 16 Hacker Internet Café
- 17 Tempel der 1000 Kerzen
- 18 Märtyrerschrein
- 19 Formosa Backpackers Hostel
- 20 HuPei (Northward) Hotel
- 21 TaYi Hotel
- 22 Rest. HeBa RiPen LiaoLi
- 23 Bistro/Snackbar
- 24 Biergarten
- 25 McDonald's
- 26 Langstreckenbushaltestelle
- 27 Hauptpost
- 28 Starbucks Café; 7/11-Minimarkt
- 29 Buchladen
- 30 YuanTung-Kaufhaus
- 31 HungTung Travel Service
- 32 HuaLien Travel Service
- 33 TaHsin Hotel
- 34 HuaLianKeYun-Busse und Hotel JinLong
- 35 JinRi Hotel
- 36 SB & Fast-food-Restaurants
- 37 FAT Airlines
- 38 WuZhou Hotel
- 39 Leo's Café & Taiwan Coop-Bank (EC)
- 40 YuanTung und TienRen Hotels
- 41 Bank of Taiwan
- 42 ICBC Bank
- 43 TungChia-Tempel
- 44 FuTian-Tempel
- 45 HuaLienHsueYuan-Jugendherberge
- 46 Pavillon
- 47 Sculptural Museum
- 48 Sitz d. Provinzregierung
- 49 Polizei & Visaangelegenheiten

Sperrgebiet

nota bene:
YiLu/YiChie = erste Straße
ErLu/ErChie = zweite Straße
SanLu/SanChie = dritte Straße usw., da die meisten Straßen im Stadtteil Neustadt (am Hbf.) durchnummeriert sind.

links hinauf zum Berg. Von den Aussichtspunkten des Parks und vom MeiLunShan hat man schöne Rundblicke auf die Stadt und die steilen Ausläufer des Zentralberglandes.

Märtyrerschrein
忠烈祠

In Analogie zum Schrein von TaiBei hat auch HuaLian ein Denkmal für die gefallenen Nationalisten errichtet. Leider sind die eigentlichen Haupthallen meist geschlossen.

★ 18 (Seite 258); An der HsiangChiLu, man erreicht den Märtyrerschrein entweder über die LinShenLu-Brücke, die Alt-, Neu- und Oberstadt verbindet, oder über Fußwege vom ChungCheng KungYuan her.

TiChunTang (ChinFengChie)
地春堂

Dieser daoistische, außerordentlich belebte ***Tempel*** könnte auch „Tempel der 1000 Kerzen“ genannt weren. Es brennen Hunderte von großen Kerzen und Räucherstäbchen, den MaTzu-Schrein und die Decke kann man vor lauter Ruß kaum erkennen.

▲ 17 (Seite 258); der Tempel liegt an der ChinFengLu zwischen Alt- und Neustadt gegenüber einer Kaserne.

027t Foto: wl

Fehlt in keiner größeren Stadt - der Märtyrerschrein

Die Ami

Der Besucher auf TaiWan wird von allen Ureinwohnern vermutlich am ehesten auf Mitglieder der Ami-Ureinwohner treffen. Zum einen sind sie mit 130.000 Angehörigen die größte Ureinwohnergruppe auf TaiWan, zum anderen leben sie in den touristischen Hochburgen der Ostküste, insbesondere HuaLian und der Zufahrt zur Taroko-Schlucht, aber auch in zwei Enklaven im Paiwan-Gebiet an der Südwestspitze TaiWans. Aufgrund der weiten territorialen Verbreitung haben sich die Ami im Laufe der Zeit in fünf Untergruppen auseinanderentwickelt. Allen gemeinsam ist die matriarchalische Organisation des Heimes. So zieht der Mann nach der Heirat in das Haus der Frau, alle Alltagsfragen wie Finanzen und Haushalt regelt allein die Frau. Wichtige, etwa eine Verheiratung der Kinder oder das ganze Dorf betreffende Fragen werden von den Männern mitbestimmt bzw. im Männerrat der Alten entschieden. Ein beliebtes Foto- und Postkartenmotiv sind die Erntetänze der Ami, die nicht nur rituellen, sondern auch unterhaltenden Charakter für die Ami selbst besitzen. Ihre Aufführungen sind am sehenswertesten in HuaLian oder im „Aboriginal Culture Village" am Sonne-Mond-See (⇗). Obgleich letzterer eigentlich zum Einzugsgebiet der Atayal und Bunun zu zählen ist, nutzen die geschäftstüchtigen Ami aber auch dieses wichtigste Urlaubsziel der Taiwaner für ihre Darbietungen.

ChungShan KungYuan
中山公園

Der kleine ***Stadtpark*** der Neustadt wird meist von Jugendlichen besucht. Die traditionellen chinesischen Freizeitbeschäftigungen wie Karten-, Mahjong-Spiel oder TaiChiChuan wird man aufgrund der Altersstruktur der Neustadt nur selten erleben. Interessant für Reisende mag das öffentliche Schwimmbad am Südende des Parks sein. ● 9 (Seite 258)

Ami-Aufführungen
阿美文化村

Die Ebene um HuaLian ist die Heimat des größten Ureinwohner-Stammes TaiWans. Die Ureinwohner nutzen die heutige Beliebtheit der Stadt,um ihre Kultur den Touristen vorzustellen. Es gibt zwei Bühnen, die von HuaLian aus besucht werden können, eine bei HsinCheng, die andere im Ami-Kulturdorf, 5 km außerhalb des Zentrums Richtung TaiTung (TaiDong) (N-9). Die Tänze sind zwar sehr touristisch aufgemacht, aber dennoch vermitteln sie einen guten Eindruck von den ursprünglichen Tanzkulturen der Ami. Wer noch andere Ureinwohner-Stätten besucht, wird die Unterschiede zu den Darbietungen anderer Stämme durchaus erkennen können. Am interessantesten ist ein Besuch im August, wenn die Erntetänze der Ami beginnen.

● Leider gibt es keine öffentlichen Verkehrsmittel (Taxi 200–250 NT$ einfach), sodass sich eine organisierte Tour anbietet. Besonders beliebt ist das Abendprogramm (Abfahrt 19.45 Uhr, Vorstellung 20.20 Uhr) für je nach Anbieter 350–400 NT$, Fahrt inkl. Eintritt (der alleine 250 NT$ ausmacht); ⇗ auch organisierte Touren weiter unten.

Orientierung und Unterkunft

HuaLian ist aufgrund seiner Lage nahe des TaRoKo-Nationalparkes und als Ausgangspunkt für Fahrten entlang der Ostküste in südliche Richtung ein beliebter Touristenort. Dementsprechend gibt es zahlreiche Unterkünfte, bei deren Auswahl die Einteilung der Stadt in drei Teile zu beachten ist: die Altstadt nahe am Meer, die Neustadt, entstanden nach Fertigstellung der Bahnlinie, sowie die ***Oberstadt nordöstlich des MeiLun-Flusses*** am MeiLun-Berg. Letztere ist von Kasernen, einem Gefängnis und Verwaltungsgebäuden geprägt und von keinerlei touristischem Interesse, vom ChungCheng-Park, dem Märtyrerschrein und einigen Luxushotels abgesehen. Die ***Neustadt am Bahnho***f hat eine Reihe von - allerdings neueren und etwas teureren - Hotels. Bahnreisende, die in Gehnähe zum Bahnhof unterkommen möchten, finden hier auf jeden Fall etwas. Die ***Altstadt in Meeresnähe*** bietet all das, was man von taiwanesischen Städten kennt: günstige Unterkünfte, Märkte, Läden über Läden ... Da alle Langstreckenbusse (mit Ausnahme des Busses von/nach TaiDong/TaiTung) nur am Hauptbahnhof halten, muss man die 2,5 km zur Altstadt zu Fuß gehen oder am Nahverkehrsbusbahnhof den halbstündig zwischen Alt- und Neustadt pendelnden 105er-Bus nehmen.

Einfachste Unterkünfte

農莊熱情
預約專線

●Die ф***Jugendherberge Ivy's Farm,*** 247 ChungYangLu, Tel. (03)-8465535, www.hua-lien.com/ivyfarm, bietet DZ zu 1500 NT$, 4er für 2000 NT$ und 6er zu 3000 NT$, womit Kleingruppen im Bereich bis 750 NT$ pro Person (inkl. Frühstück) untergebracht werden können. Der vielleicht entscheidende Nachteil ist die Lage am Nordwestrand der Stadt ohne Busanbindung, man muss aus dem Hbf. kommend rechts zur ChungShanLu, dort rechts über die Gleise hinweg bis zur Kreuzung mit der ChungYangLu gehen und dieser links über die ChienKuo/QianGuo hinweg folgen, die Farm liegt dann gleich rechter Hand (ca. 20 Minuten zu Fuß).

五洲大旅社

ф***WuZhou TaLuShe,*** 84 ChungShanLu (Altstadt), Tel. (03)-8332292, DZ 660 NT$, einfach, „WuZhou" unter dem Logo.

花蓮學圓

●Das ф***HuaLien HsueYuan*** (Schüler und Studentenjugendherberge, HuaLian XueYuan) in der 40 KungYuanLu, Tel. (03)-8324124, bietet nicht nur Dormitories zu 400 NT$ sondern auch drei Doppelzimmer im obersten Stock mit wunderbarer Aussicht und Dusche/WC im Zimmer zu 1500 NT$. Sehr sauber und empfehlenswert, außerdem können TaRoKo-Touren (ab 700 NT$) und Rafting-Exkursionen (rund 900 NT$) arrangiert werden.

金龍大旅社

ф***JinLong TaLuShe,*** 77 ChungShanLu (Altstadt), Tel. (03)-8323126, DZ 700 NT$, sehr schlicht, aber direkt neben dem Stadtbusbahnhof. „Hotel Golden Dragon" an der Glastür.

大新大旅社

ф***TaHsin TaLuShe*** (auch: DaShin), 101 ChungShanLu (Altstadt), Tel. (03)-8322125, bei 900 NT$, besser, sehr beliebt bei westlichen Backpackern.

●***Formosa Backpackers Hostel,*** recht neu in der 206 JianGuoLu (Tel. 03-8352515) bietet der beliebte Traveller-Treff Dorm ab 350 und Zimmer ab 500 NT$. Heiße Getränke und Shampoo inkl., Surfbrettverleih.

Einfache Hotels

永祺飯店

ф***YongQi TaFanTian,*** 139 ChienKuoLu (Hbf.), Tel. (03)-8356111, Fax 8355727, schlichte, funktionale DZ ab 1050 NT$.

今日大飯店

ф***JinRi*** TaFanTian, 8 HsuanYuanLu (Altstadt), Tel. (03)-8325180, ab 850 NT$, beste Zimmer für 1800 NT$.

仟台大飯店

ф***QianTai TaFanTian,*** 83/1 KuoLienLu, Sec. 1 (Hbf.), Tel. (03)-8330121, direkt beim Bahnhof (zwei Türme, „Bullaugen"), ab 1000 NT$, die meisten Standard-DZ kosten 1350 NT$.

湖北大飯店 ⊕**HuPei TaFanTian,** 361 ChungShanLu (Altstadt), Tel. (03)-8325182. Heißt auch „Northward-Hotel" und ist häufig mit Gruppenreisenden ausgebucht. Einfache DZ kosten hier 1450–1750 NT$.

Mittelklassehotels

青葉旅館 ⊕**QingYe LüGuan (Chin Ye),** 83 KuoLienLu, Sec. 1 (Hbf.), Tel. (03)-8330186, Fax (03)-8330188, www.hl-hotel.com.tw/hotel_view.php?hotel_no=76. Das Hotel bietet angenehme, wenngleich nicht sonderlich große Zimmer ab 1600 NT$, einige wenige werden auch zu 1400 NT$ vermietet.

１５國聯二路 ● **FuKuo TaFanTian,** ⊕15 KuoLienLu, Sec.2 (Hbf), Tel. (03)-8351151, Fax (03)-8339367; DZ kosten hier ab 2250 NT$. Das Hotel liegt etwas zurückgesetzt vom Hbf. und ist deutlich ruhiger.

麗馨大飯店 ⊕**LiHsin TaFanTian,** 589 ChungShanLu, Tel. (03)-8347411, Fax (03)-8344067; die ordentlichen Zimmer sind hier ab 1800 NT$ zu haben, an Wochenenden 40 % Aufschlag.

岱怡大飯店 ⊕**TaYi TaFanTian,** 341 ChungShanLu (Altstadt), Tel. (03)-8358181, Fax (03)-8357247, DZ ab 2000 NT$ – zu teuer für das Gebotene, aber immerhin eine ordentliche Alternative.

Hotels der gehobenen Mittelklasse und Spitzenhotels

Diese Top-Hotels liegen weit ab in der Oberstadt und verfügen über alle denkbaren Annehmlichkeiten (Schwimmbad, Sportanlagen ...), man hat hier allerdings wenig mit HuaLian zu tun.

亞士都飯店 ⊕**AstarHotel,** 1 MinChuanLu, Sec. 6, Tel. (03)-8326111, Fax (03)-8324604, astar@ficnet.net. Nettes Hotel der gehobenen Mittelklasse mit Zimmern ab 3650 NT$, Suiten kosten den stolzen Preis von bis zu 45.000 NT$.

美侖大飯店 ⊕**Parkview Hotel,** 1 LingYuanLu, Sec. 1, Tel. (03)-8222111, Fax 8226999, www.parkview-hotel.com. Alle Annehmlichkeiten (Squashhalle, Sauna, toller Pool, Billiard, Fitness, Disco usw.); DZ ab 6000 NT$.

遠來大飯店 ⊕**Bellevista Resort,** Tel. (03)-8123999, Fax (03)-8123988, www.bellevista.com.tw. Liegt eine halbe Fahrstunde südlich der Stadt nicht weit vom Ocean Park, der unter demselben Management steht. Der stündliche Shuttlebus zwischen Hotel und Park ist daher für jedermann nützlich, ein weiterer Shuttlebus pendelt zwischen Hbf. und dem Resort. Wer hier wohnen möchte, muss ab 7500 NT$ auf den Tisch legen, dafür kann man Spielhalle, Saunas, Pools, Fitnessräume und allerlei Restaurants (japanisch, chinesisch, europäisch) nutzen.

Essen und Trinken

中山路
國聯路
● Für den morgendlichen Café bieten sich ***Starbucks*** in der ⊕ZhongShanLu oder ***Enrigues Café*** in der ⊕KuoLienLu nahe dem Hauptbahnhof an. Das ***Snackfood-Lokal*** 30 m neben dem ChingYe Hotel bietet Frittiertes und Gebratenes. Mittlere Preiskategorie, Spezialität sind Meeresfrüchte.

２２復興路 ● Japanisches wird im ***HeBa RiPen LiaoLi*** serviert (⊕22 FuHsingLu, Tel. 8166883), allerdings zu entsprechenden Preisen.

國聯五路/國聯四路 ● Gutes und preisgünstiges chinesisches Essen findet man neben den zahlreichen ***SB-Restaurants*** bei der chinesischen Mc Donald's-Version (⊕KuoLien 5/Ecke KuoLien 4), der von jugendlichem Publikum besuchten Snackbar TaTungLu/Ecke MingLiLu (hier kann man zu sehr günstigen Preisen verschiedene Kleinigkeiten ausprobieren) oder der ***Hähnchenbraterei*** ChungShanLu/Ecke ChungChengLu.

中山路 ● In ***Leo's Café*** (⊕ChungShanLu, ohne Hausnummer, neben Coop-Bank) werden gute, „westliche", belegte Brötchen serviert, der siebte Stock im ***YuanTung-Kaufhaus*** hat gleich mehrere günstige Snack-Restaurants.

024t Foto: wl

Gefahr für den Luftverkehr: die Berge bei HuaLian

民國路

遠東百貨

●Besonders empfehlenswert (insbesondere aus bayerischer Sicht) ist natürlich TaiWans bester, dabei aber keineswegs teurer ***Biergarten*** (!) in der ⌽MinKuoLu (schräg gegenüber HuaTungHotel Richtung MingLiLu).
●Für Fertigsuppen und Getränke ist der ***Supermarkt*** im Untergeschoss des ⌽YuanTung-Kaufhauses die erste Adresse der Stadt.

Institutionen

銀行２６公圜路
銀行３公圜路
郵局

警察

●***Banken:*** ⌽*ICBC,* 26 KungYuanLu, Tel. (03)-8350191 und ⌽*Bank of TaiWan,* 3 KungYuanLu, Tel. (03)-8322151, genau gegenüber.
⌽***Post:*** Die Hauptpost befindet sich im großen Block an der ChungChengLu/Ecke ChungShanLu.
⌽***Polizei/Visaverlängerung:*** 15 JuiMeiLu, Tel. (03)-8224023. 3 km von Altstadt und Neustadt entfernt in der Oberstadt.

An-/Abreise

Luftweg

●Der ***lokale Flughafen*** liegt am Nordrand der Stadt und kann mit dem Taxi (ca. 275 NT$) oder per Bus (Stadtbusbahnhof und Hbf 14 x tgl. von 8.50 –20.00 Uhr, 30 NT$) erreicht werden. Angeflogen werden TaiBei und KaoHsiung/GaoXiong von den beiden Gesellschaften *Trans Asia,* Tel. (03)-4498123, und *Mandarin Airlines,* am Airport, Tel. (03)-8263989. Details unter www.hulairport.gov.tw/eng/introduction.htm.

Bus

●Der ***Airbus*** (am Hbf., Ecke KuoLienLu, zu erkennen am braunen Schild mit der Aufschrift „24-hrs") fährt rund um die Uhr alle 2 Stunden nach TaiBei und zum CKS-Airport (380 bzw. 440 NT$). Dies ist auch die beste Möglichkeit, die Orte im Nordwesten (SuAo, YiLan) anzufahren. Achtung: Dieser Bus fährt nicht zum Flughafen HuaLian!

國光客運

●Die ⌽*DingDong KeYun* (neben der HuaLien KeYun) bietet einen Bus tgl. nach TaiDong/TaiTung (Küstenroute) sowie Anbindung an das südliche Binnenland.

鼎東客運

●Die ⌽*HuaLien KeYun* (rechts aus dem Hbf.-Gebäude kommend) bedient das Umland ***zwischen TaiTung (TaiDong) und YiLan.*** Wichtig für Reisende ist hier die Verbindung zur ***TaRoKo-Schlucht*** ins Bergland (bis TaRoKo 65 NT$, TienHsiang 120 NT$) 5-x tgl. sowie 7 Busse tgl. nach ***TaiTung*** (ca. 500 NT$).

Eine zweite Station der *HuaLien KeYun* liegt am anderen Ende der Stadt in der ZhongShanLu; Abfahrt nach ***TaRoKo*** hier 6 x tgl.

Zwischen beiden Stationen pendelt ein Stadtbus (Nummer 105) für 22 NT$, Kinder 11 NT$.

花蓮客運

●Die nationale Busgesellschaft ⌽*GuoGuang KeYun* hat lediglich eine recht bescheidene Station in der ChungCheng (ZhongCheng) Lu. Hier werden Überlandrouten nach ***TaiZhong (TaiChung)*** und ***KaoHsiung (GaoXiong)*** angeboten.
●Wer von HuaLian aus nicht über die Berge fahren möchte und direkt dem tropischen Süden entgegenstrebt, fährt am besten per Bahn nach PingTung und nimmt dort den Bus Richtung ***KenTing.***

Bahn

●Direktanbindung besteht mindestens stündlich nach ***TaiBei*** (3½ Stunden), 12 x tgl. von/nach ***TaiTung (TaiDong)*** (3 Stunden) und 1 x tgl. per Nachtzug über ***PingTung*** bis ***KaoHsiung (GaoXiong).*** Tagsüber fährt man bis TaiTung und steigt dort in einen der häufiger verkehrenden Züge nach Südwesten um.

Mopeds

- An der Kreuzung KuoLienLu, Sec.1 / KuoLienLu, Sec.3, vor dem Hbf. liegen zahlreiche Verleihstellen; ein 50-ccm-Roller kostet um die 500 NT$ pro Tag. Eine Anmietung ist sinnvoll für die Erkundung der Ostküste südwärts oder die SuAo-HuaLian-Küstenstraße nordwärts, da die öffentlichen Busse zu selten fahren.

Organisierte Touren

Ob „Taroko in-a-day", Abendtouren zu den Tänzen der Ami-Ureinwohner oder Rafting-Touren am HsiuKuLuan-Fluss (sehr empfehlenswert), in HuaLian findet sich alles. Die meisten Hotels, gerade kleinere, sind per *KuanHsi* (Beziehungen) mit dem einen oder anderen Reisebüro liiert, sodass man eine Reihe möglicher Touren direkt und zum gleichen Preis im Hotel buchen kann. Natürlich ist es auch möglich, selbst eines der folgenden Büros aufzusuchen:

- 156中山路 **HungTung Travel Service,** ⌖156 ChungShanLu (direkt neben dem Steak-House).
- 137中山路 **HuaLian Travel Service,** ⌖137 ChungShanLu, Tel. (03)-8325108.
- 148建國路 **Southeast Travel Service,** ⌖148 ChienKuoLu, Tel. (03)-8338121bis 5.
- Die meisten Agenturen kooperieren mit der zentralen ***TOURBUS Gesellschaft*** (Tel. 0800-011765, www.taiwantourbus.com.tw/english).

Preisbeispiele: Tagestour TaRoKo - TienHsiang und Ami-Tänze 1200 NT$, TaRoKo - TienHsiang - TaYuLing - LiShan - TaiZhong/TaiChung

025t Foto: wl

Der Karpfensee - beliebtes Ausflugsziel bei HuaLian

(One-way-Tour) 1200 NT$ (jeweils mit Mittagessen), Rafting-Tour mit mehreren weiteren Stops 1500 NT$.

- Wer sich besonders für ***Wildwasserfahrten*** interessiert, sollte den *Adventure Kayak Club* in TaiBei, Fax 00886-2-25425702, Mr. Lee Schondorf, vor Reiseantritt kontaktieren. Hier werden mehrtägige Ausflüge und Kayak-Kurse (zu ca. 5000 NT$) angeboten.
- ***Information:*** Infopunkt am Hbf. sowie unter der offiziellen Homepage http://tour-hualien.hl.gov.tw/en.

Sehenswertes in der Umgebung

TungFang HsiaWeil LoYuan 東方夏威夷樂園

Der ***Ost-Hawaii-Vergnügungspark*** ist eines der neueren Freizeitvergnügungen in der Nordostregion. Kein schlechter Freizeitpark, aber für Wasserrutschen, Schwimmbäder, Autoscooter und Rasenski wird kaum ein westlicher Tourist nach TaiWan gekommen sein. Ferner gibt es als Hawaiianer verkleidete Chinesen, die „echte" hawaiianische Tänze aufführen, der ganz große Renner bei den Einheimischen. Das Parkrestaurant bietet erstklassige „original hawaiianische" Gerichte, allerdings kommt man hier nicht unter 1000 NT$/Person weg.

1 建國路

- Der Park liegt in der ⊕1 ChienKouLu, Tel. (03)-8355041, - etwa 3,5 km außerhalb des Zentrums - und hat täglich von 8.00 bis 19.00 Uhr geöffnet (Eintritt 300 NT$). Zu Fuß sind es etwa 45 Gehminuten, ein Taxi kostet rund 200 NT$.

LiYuTan 鯉魚潭

Der ***Karpfen-See*** hat, von Weitem betrachtet, die Form eines Fisches und entstand durch die Errichtung eines kleinen Staudammes an der Ostseite. Es gibt hier im See natürlich auch Karpfen, so sind denn auch Angeln und Bootfahren beliebte Freizeitaktivitäten am See. Boote kann man mieten, Angelausrüstungen leider nicht. Man kann den See in einer guten Stunde umwandern oder an der Südostseite (genau entgegengesetzt von der Zufahrt) an der „Green Shower Area" einen Rundwanderweg zum Aussichtspavillon (2 Stunden) nehmen bzw. nochmals 2 Stunden weiter auf den LiYuShan (601 m) steigen. Ein Detailplan hängt am Anfang des Pfades. Von oben kann man einen herrlichen Blick auf das Tal genießen. Marschverpflegung ist mitzubringen, da es unterwegs keine Essensstände gibt.

- ***Selbstfahrer:*** In HuaLian (ChungChengLu) zunächst englisch ausgeschildert (braun, 18 km), Richtung Ortsausgang nur noch chinesisch (grün, die beiden ersten Zeichen mit je 4 Strichen darunter merken). Man folge der N-9 (Inland) Richtung TaiDong (TaiTung), dann dem erwähnten chinesischen Schild. Die Zufahrt erkennt man am Metall-„denkmal" mit einem Fisch auf der Spitze.
- ***Bus:*** Nur von/nach HuaLian (Bbhf. Altstadt und Neustadt) ca. alle 90 Minuten. An der großen Fischskulptur kurz vor dem See muss man den Bus herbeiwinken bzw. wenn man aussteigen will, dies dem Fahrer bedeuten.

Holzstege zu den Eremiten am PaHsienTung

Der Südosten

Überblick

Der Südosten - jener schmale Küstenstreifen zwischen HuaLian bis südlich von TaWu - ist anders als der hochindustrialisierte Westen und Norden TaiWans. Hier gehen die Uhren langsamer, der Verkehr ist wesentlich geringer und die Küstenlandschaft von einmaliger Schönheit. Bis zur Fertigstellung der Küstenstraße N-11 und der Inlandsstraße N-9 galt der Südosten als rückständig, hinterwäldlerisch und vom Fortschritt abgeschnitten. Auch heute noch zeigt sich beispielsweise am Fehlen westlicher Fastfood- oder Supermarktketten, dass im Südosten das ursprüngliche TaiWan am ehesten (vom Bergland abgesehen) entdeckt werden kann.

Von den Philippinen heranrauschende Taifune fegen häufig über diesen Teil der Insel hinweg. Der karge Boden tut ein Übriges, um der Region etwas Unwirtliches zu verleihen. Die gesamte Küste ab HuaLian bis TaiTung (TaiDong) steht als „Scenic East Coast“ unter Naturschutz, Industrie gibt es (auch wegen der vielen Unwetter) nicht; die Bewohner der Region leben von Fischfang, Tourismus oder Kleinhandel.

021t Foto: wl

Malerische Ostküste zwischen HuaLian und TaiTung

Die Küstenroute

Man kann die Strecke HuaLian - TaiTung entweder auf der N-9 (Inlandsstrecke), oder der reizvolleren Küstenstraße zurücklegen. Letztere bietet eine wesentlich interessantere Szenerie.

Die schönen Punkte der Ostküste haben den Nachteil, dass sie außerhalb größerer Orte liegen und nicht leicht erreichbar sind. Für alle folgenden Ziele entlang der Küste gilt, dass sie nur mit dem ***Überlandbus*** zu erreichen sind, der nur zwei mal pro Tag fährt. Wer ausschließlich per Bus/Bahn reist, muss sich genau überlegen, wo und ob er stoppt. Die Busse halten zwar nicht planmäßig an den Sehenswürdigkeiten (dort wohnt ja niemand), dennoch halten die Fahrer auf Wunsch. Später winkt man den nächsten Bus heran, die Fahrer kennen das.

Sehr schön und empfehlenswert ist die Fahrt mit einem gemieteten ***Moped*** (⇗ TaiTung oder HuaLian); man kann dann entweder TaiTung - Küstenstraße - JuiSui - YuLi - TaiTung an einem Tag fahren oder HuaLian - TaiTung mit einer Zwischenübernachtung und am folgenden Tag die Inlandsstrecke zurückfahren.

Die Ostküste ist auch die bevorzugte ***Radlergegend.*** Für diejenigen, die mit dem Drahtesel unterwegs schwitzen, werden im Folgenden - soweit wie möglich - alle Orte mit Übernachtungsmöglichkeiten genannt.

加路蘭

ChiaLuLan

Hinter dem südlichen Stadtrand von HuaLian windet sich die Küstenstraße N11 kurz nach dem HuaLian Travel Center, wo man Informationsmaterial zur Ostküste kaufen kann, einige Kilometer in die Hügel hinauf zum ***Aussichtspunkt*** HsiuLuKan, dem höchsten Punkt der Küstenstraße zwischen HuaLian und TaiTung mit Blick in eine Schlucht und das Plateau auf der anderen Straßenseite.

海洋公園

HuaLian Ocean Park

Etwa 20 km südlich von HuaLian an Küstenstraße 11 entlang trifft man auf die jüngste Attraktion der Westküste, das weitläufige ***Abenteuer- und Freizeitland*** „Ocean Park". Geboten wird eine breite Vielfalt an typischen Rummelplatzattraktionen, gepaart mit Besonderheiten wie Großaquarien, Delfinshows (einschließlich der Möglichkeit, mit Delfinen zu schwimmen) oder einem künstlichen Vulkan.

Ohne eigenes Gefährt ist man auf die **Busse** HuaLian - TaiTung (s. dort) angewiesen, die großen Hotels in HuaLian bieten teilweise einen eigenen Minibustransport an. Alternativ kann man um 10.50 Uhr (Wochenende und Feiertage 10.00 Uhr) vom Hbf. den Shuttle Bus zum Bellevista Resort nehmen und dort in den stündlichen Hotelshuttle zum Park umsteigen - dies klingt komplizierter, als es in der Praxis ist.

Geöffnet ist der Park werktags 9.00-17.00 Uhr, an Wochenenden 8.30-17.30 Uhr, ***Eintritt*** 890 NT$, Kinder 790 NT$, Tel. (03)-8123199.

氣氣海水浴場

ChiChi-Beach

Der ***Strand*** von ChiChi, eine riesige Schwarzsandbucht vulkanischen Ursprungs, kann nicht verfehlt werden. Er ist ideal zum Bodysurfen und Schwimmen und sicher der schönste Strand der Ostküste. Einheimische Touristen schwimmen hier wegen der hohen Wellen kaum; daher gibt es hier noch keine Hotels, lediglich ein Restaurant mit Parkplatz.

豐賓

FengPin (üppiges Gestade)

Der kleine Ort FengPin wird hauptsächlich von Nachfahren der Ami-Ureinwohner besiedelt. Nach den touristischen Vorführungen in HuaLian mit Tänzen, farbenfrohen Kostümen und Holzwerkzeugen barfüßiger Ureinwohner erwartet man hier vielleicht Ähnliches. Aber der Alltag der Ureinwohner sieht völlig anders aus, und man muss schon sehr genau hinsehen um zu erkennen, dass es sich hier nicht um Chinesen handelt. Das Städtchen ist für Radwanderer ein willkommener Stopp.

Unterkunft

國賓旅社

ȹ ***KuoPin LuShe*** €, 30 SanMinLu,
Tel. (03)-8791135, sehr einfache Zimmer ab 650 NT$. Empfehlenswert.

龍宮客店

ȹ ***LungTang KeChan*** €€, 120 SanMinLu,
Tel. (03)-8791116, 1250 NT$ für gute DZ, einfache (Fan) ab 600 NT$.

石梯坪

ShihTiPing

Viele Traveller empfehlen ShiTiPing als besonders gelungenen ***Aussichtspunkt.*** Wenn er auch meiner Meinung nach nicht so interessant wie die ⇗„Höhlen der acht Unsterblichen" ist, sehenswert ist er auf jeden Fall, da bei klarem Wetter Sicht bis TaiTung und HuaLian herrschen kann. Kurz hinter (südlich) ShiTiPing zweigt am nördlichen Ufer des HsiuLuKuan-Flusses die atemberaubende Bergstraße nach ⇗JuiSui ab. 6 km südlich weist eine weiße Säule auf den ***Wendekreis des Krebses*** hin.

八仙洞

PaHsienTung (BāXiānDòng)

Zu den sehenswertesten Punkten genau in der Mitte zwischen HuaLian und TaiTung zählen die ***Höhlen der acht Unsterb-***

lichen. Hierbei handelt es sich eigentlich weniger um Höhlen, als vielmehr um Grotten oder Felsvorsprünge, die - so die Legende - den acht Unsterblichen als Unterkunfts- und Meditationsstätte dienten. Später lebten hier zahlreiche daoistische Einsiedler, in den oberen Höhlen auch heute noch (allerdings sehr fortschrittlich mit TV). Von und nach TaiTung fährt viermal am Tag ein Bus.

Die gesamte Anlage ist heute eine buddhistische Reliquie und sehenswert vor allem wegen der ersten Haupthöhle. Den Zugang ziert der dickbäuchige *MiLoFu,* die vom Rang zweithöchste Figur des Buddhismus. Hinter dem Schrein in der ersten Höhle sprudelt eine Heilquelle aus dem Felsen über einen Kuan-Yin Boddhisatva.

Der Fußweg (überwiegend Holztreppen) zu den insgesamt zwölf Grotten ist recht anstrengend und führt auf beachtliche 145 m Höhe. Eine großartige Aussicht über ⇗SanHsienTai bis auf die Insel ⇗LuTao lohnt aber die Mühe. Man sollte eine gute (schweißtreibende) Stunde für PaHsienTung einkalkulieren. Gute Schuhe sind ratsam, da eine Stelle des Weges zumindest nach Regenfällen unangenehm werden kann.

長賓

ChangPin

Eine Übernachtung in ChangPin ist für Radler oder Busreisende interessant, die ein paar Stunden am 1,5 km nördlich gelegenen „schwarzen Strand" verbringen und die Höhlen der acht Unsterblichen (ChuHu Beach, 9 km nördlich von ChangPin) besuchen wollen. An der Hauptstraße liegen zwei Unterkünfte:

Unterkunft

長永旅社

ф***ChangYong LuShe*** €, 95 ChangPinLu, Tel. (08)-9831088, schlichte DZ kosten hier 600 NT$.

建華旅社

ф***ChianHua LuShe*** €€, 69 ChangPinLu, Tel. (08)-9831012, 1100 NT$.

祝湖海水浴場
太子堂

ChuHu Beach/TaiTzuTang

Dieser ***Strand*** wird nur selten von Einheimischen besucht: Wegen des vulkanischen dunklen Sandes wird es einem bei Sonne schnell „brenzlig" unter den Füßen. Am nördlichen Ende der Bucht zweigt landeinwärts eine Haarnadelkurve (Tor) zum TaiTzuTang, einem kleinen daoistischen ***MaTzu-Tempel,*** ab.

三仙臺

SanHsienTai (Drei-Unsterbliche-Terrasse, SānXiānTái)

5 km nördlich von ChengKung bzw. 27 km südlich von ChangPin liegen die ***Korallenfelsen*** der „drei Unsterblichen". Der Aussichtspunkt mit der kleinen, durch eine Bogenbrücke verbundenen Insel ist ein beliebtes Motiv für Kunststudenten, die hier stundenlang sitzen und malen. Einer chinesischen Legende zufolge rasteten drei der acht Unsterblichen hier auf der Insel auf ihrem

Weg zur pazifischen Zauberinsel PengLai. Durch den Park führt eine Reihe befestigter Fußwege, gesäumt von zahlreichen Rast- und Aussichtspavillons.

成功

ChengKung (Erfolg)

Ebenfalls ein netter Stopp mit Übernachtungsmöglichkeit ist der kleine ***Fischerhafen*** ChengKung, 17 km nördlich von TungHo. In der Nähe des Busbahnhofes in der ChungHuaLu gibt es ein paar Unterkünfte, eine Post und daneben ein kleines Restaurant mit köstlichen, getoasteten Snacks. Von hier aus kann man in einstündigem Fußmarsch SanHsienTai erreichen.

Orientierung

Aus Richtung TaiTung kommend fährt man auf der Hauptstraße (ChungHuaLu) bis durch eine S-Kurve. An deren Ende liegt rechts der Bbhf. 100 m weiter befindet sich rechts eine Bäckerei, links die Post und ein Snack-Restaurant. Nach weiteren 100 m folgt eine Kreuzung mit Schild Richtung HuaLian nach links, diese Straße ist die ChungShanLu, rechts liegt die ChungChengLu.

Unterkunft

賸福旅社
ф ***ChengFu LuShe*** €, 149 ChungHuaLu, Tel. (08)-9851010, mit 450 NT$ für kleine, einfache DZ keine Nobelherberge.

洞海旅社
ф ***TungHai LuShe*** €, 24 MinZuLu, Tel. (08)-9851037. Die besten DZ kosten 700 NT$, einfache EZ ab 500 NT$.

十中正路大旅社
ф ***TuPin TaLuShe*** €€, 10 ChungChengLu, Tel. (08)-9851103, haben DZ ab 750 bis 1000 NT$. Vom Bus zur ChungShanLu; dort, wo ein Wegweiser in lateinischer Umschrift links Richtung HuaLian weist, geht es rechts hinunter.

愼王子大旅社
ф ***ChenWangTzu TaLuShe*** €€, 56 ChungShanLu, Tel. (08)-9851612 mit Zimmern von 950–1350 NT$. Schräg gegenüber der Tankstelle am Ortsausgang/Nord.

東和

TungHo (DōngHè)

Das ruhige und idyllische Örtchen TungHo bietet sich als Stopp für Radler an, die nicht mehr die ca. 40 km bis TaiTung kommen. Unten am Meer sieht man einen Teil der uralten Küstenstrecke, am nördlichen Ortsende steht noch die alte ***TungHo-Brücke,*** die zum Zeitpunkt ihrer Errichtung (1957) als Meisterwerk taiwanesischer Brückenbautechnik gepriesen wurde. Am Südende der Brücke führen eine Treppe und ein Pfad (besser zu begehen) in die ***Schlucht*** hinab. An der Brücke zweigt auch die N23 ins Inland nach FuLi (64km) ab.

Unterkunft

南泰旅社
ф ***NanTai LuShe*** €, 91 TouKuanCun, Tel. (08)-9895712, winzig, nur 4 Zi. um 500 NT$, sehr privat.

泰順旅社
ф ***TaiShun LuShe*** €, 77 PenTouLa, Tel. (08)-9891010, DZ 700 NT$, haben auch einige einfache Zi. ab 400 NT$.

桃源山莊
ф ***TaoYuan ShanChuang*** €, 17-8 PenTouLa, Tel. (08)-9891317, ab 800 NT$.

Aufwärts fließendes Wasser

(engl. Hinweistafel: „Water flowing up“ zum Parkplatz) Hier überrascht eine gelungene ***optische Täuschung*** jeden, der vor der Besichtigung unter Berufung auf im Physikunterricht Gelerntes „unmöglich“ sagt. Das „Wunder“ befindet sich auf der gegenüberliegenden Straßenseite des Parkplatzes - ansehen und sich verblüffen lassen!

杉原

ShanYuan Beach (Spießtanne-Flachland)

14 km nördlich von TaiTung findet man einen schönen ***Strand*** in relativer Stadtnähe. Die große Bucht ist sehr sauber, und nur selten gehen Einheimische zum schwimmen an den Strand, die meisten halten nur für das obligatorische Erinnerungsfoto. Von hier hat man die Insel LuTao im Blick; der Strand ist sehr zu empfehlen, vor allem wenn man mit eigenem Transportmittel unterwegs ist.

小野柳

HsiaoYehLiu (klein-Freiland-Weide, XiǎoYěLiǔ)

Der kleine ***Park am Meer*** bei FuKang, ca. 12 km nördlich von TaiTung, bietet einen malerischen Blick aufs Meer sowie auf die Insel LuTao, die hier gute 30 km vor dem taiwanesischen Festland liegt. Außerdem gibt es einige „spektakuläre“ Felsformationen zu sehen. Wer keine weiteren Punkte der Ostküste anläuft, sollte von TaiTung aus zumindest hier einen Stopp machen.

父港
臺東港

FuKang (TaiTungKang, Vater-Hafen)

Der Hafen FuKang (10 km nördlich von TaiTung) dient als Abfahrtsort der ***(Personen-) Frachter nach LuTao und LanYu.*** Tickets sind bei den in TaiTung genannten Agenturen zu kaufen, nicht in FuKang. Die Frachter beladen ab Mitternacht und starten gegen 6.00 Uhr, häufig aber auch früher. Übernachtungsmöglichkeiten gibt es in FuKang nicht, auch besteht am frühen Morgen keine Busverbindung von/nach TaiTung (⇗ TaiTung, An-/Abreise).

Busse fahren vom Überlandbbhf/Nord in TaiTung, gehalten wird nur auf Verlangen. Dementsprechend muss ein Bus herangewunken werden, wenn man nach TaiTung oder HuaLian zusteigen will.

Die Inlandsroute (East Rift Valley)

瑞穗

JuiSui (glücksbringende Ähre, RùiSùi)

5 km nordöstlich von JuiSui wurde im Dörfchen HeGang ein ***Informationszentrum zum National Scenic Area East Rift Valley*** (168 SingHeLu Sec. 2, Tel. 03-8875306, www.erv-nsa.gov.tw) eingerichtet. Dieses Tal westlich der Küstenberge zwischen

022t Foto: wl

Der HsiuKuLuan - Eldorado für Rafting-Sportler

HuaLian/Karpfensee und TaiTung markiert das unmittelbare Aufeinandertreffen der eurasischen mit der philippinischen Erdplatte. Die kleine, gewundene Straße von der Mündung des HsiuKuLuan-Flusses hinauf bis JuiSui (22 km) ist absolut empfehlenswert - sofern man über ein eigenes Gefährt verfügt. Der Beifahrer wird entweder begeistert sein oder einem Herzinfarkt erliegen, während der Fahrer die großartige Szenerie entlang der Schlucht nicht sieht - volle Konzentration auf die Strecke ist erforderlich.

Von hier aus kann man auch die ***Wildwasser-Schlauchboote*** beobachten, noch besser: selbst daran teilnehmen. Touren werden in ↗HuaLian (ca. 1200 NT$ für Ganztagestour inkl. Lunchbox) und beim Rafting Center in JuiSui (820 NT$) angeboten. Die Angelegenheit ist naturgemäß sehr feucht - trockene Ersatzkleidung kann man im Bus oder im Center deponieren.

紅葉溫泉

Bei JuiSui (6 km entfernt, im Ort engl. ausgeschildert) befinden sich die ⊕***HongYe WenQuan*** (heiße Quellen) - leider, wie so oft, nur als Hotelbadewasser zu genießen. Es besteht keine öffentliche Verkehrsanbindung zum Kurzentrum.

Unterkunft

進癸旅社 5 中山路

⊕***ChinKui LuShe*** €, 5 ChungShanLu, Sec. 1,
Tel. (03)-8872229, DZ ab 750 NT$, unter der Woche ab 500 NT$.

華榮旅社28中山路

ΦHuaRung LuShe €, 28 ChungChengPeiLu, Sec. 1, Tel. (03)-8872214. Direkt gegenüber vom Bahnhof an der Hauptstraße, einfache DZ 700 NT$.

紅葉溫泉旅社

Φ**HongYueh WenChuan LuShe** €, Tel. (03)-8872176, DZ 800 NT$, Dorm 285 NT$. Bei den heißen Quellen, Zimmer werden auch stundenweise zur Benutzung des Quellwassers für rund 300 NT$ vermietet.

An-/Abreise

- Der **Überlandbus** HuaLian - TaiTung hält direkt am Bahnhof von JuiSui, Fahrzeit 2 Std. bis TaiTung, 1,5 Std. bis HuaLian.
- **Züge** verkehren etwa alle 90 Minuten, sind aber langsamer als die Busse.

玉里

YuLi (Jade Heimat, YùLǐ)

Einen guten Übernachtungsstopp kann man als Radler in YuLi einlegen, etwa auf halber Strecke zwischen HuaLian und TaiTung. Von hier aus sind es 10 km bis zur Zufahrt zum YuShan-Nationalpark/Ostseite (ausgeschildert), 11 km zu den heißen (Hotel-) Quellen von ΦAnTung (Frieden umfassen), beide Ziele sind nicht mit öffentlichen Verkehrsmitteln erreichbar.

安通溫泉

Unterkunft

新新旅社

Φ**HsinHsin LuShe,** 226 TaKeLu, Tel. (03)-8883103, vom Bahnhof nach links gehen, Zimmer kosten 820-900 NT$.

新高旅社

Φ**HsinKao LuShe,** 214 TaKeLu, Tel. (03)-8883106, 1000 NT$, gegenüber vom Bahnhof günstig gelegen.

玉麒麟

Φ**YuChiLin LuShe** („Gasthof zum jadenen Einhorn"), 210 TaKeLu, Tel. (03)-8883113, angenehme DZ kosten hier 1800 NT$.

東亞旅社

Φ**TungYa LuShe,** 205 ChungShanLu, Sec.1, Tel. (03)-8882021, DZ 700 NT$.

圓環旅社

Φ**YuanHuan LuShe,** 209 ChungShanLu, Sec.1, Tel. (03)-8883111, DZ 950-1050 NT$.

in AnTung (heiße Quellen):

安通溫泉大旅社

Φ**AnTung WenChuan TaLuShe,** Tel. (03)-8886108, 1100 NT$ für 3er-, 900 NT$ für 2er-Zimmer (Tatami-Matten, keine Betten). DZ mit westlichem Standard ab 1450 NT$. Hübsch nach japanischem Vorbild gemacht.

An-/Abreise

- **Busse** verkehren nur als Überlandbuslinie TaiTung - HuaLian, Anbindung besteht etwa alle 2 Stunden. Die Busse halten in der TaKeLu beim Hsin Hsin Hotel.
- **Züge** gehen durchschnittlich alle 90 Minuten in beide Richtungen. Wer flexibel in der Wahl des Transportmittels ist, kommt mit Bus oder Bahn nach spätestens einer Stunde in der gewünschten Richtung weiter. Auch Expresszüge halten in YuLi, sodass sogar direkt bis TaiBei durchgefahren werden kann.
- Am Bahnhof werden Mopeds vermietet (je nach Größe ab 500 NT$ pro Tag).

池上

ChihShang

Selbstfahrer, die den spektakulären Trip über den hier endenden Southern Cross Island Highway hinter sich haben (vor allem per Rad), finden hier erstmals wieder Unterkünfte, die meisten entlang der Hauptstraße.

Unterkunft

廣樂大旅社 ⌂**ShouLe TaFanTian** €, 227 ChungShanLu,
Tel. (089)-862007, ist ok für eine Nacht, 600 NT$.

成安旅社 ⌂**ChengAn LuShe** €, 263 ChungShanLu,
Tel. (089)-862076, DZ 700 NT$.

池上大飯店 ⌂**ChiShang TaFanTian** €, 308 ChungShanLu,
Tel. (089)-861066, Preise für DZ ab 700 NT$ (3er-Zimmer 1100 NT$) empfehlenswert.

An-/Abfahrt

- **Busse und Züge** halten in ChihShang wie auch in YuLi und JuiSui.

關山 KuanShan

Auch KuanShan, 14 km südlich von ChiShang bzw. 35 km vor TaiTung gelegen, kann als Zwischenstopp- oder Übernachtungsmöglichkeit genutzt werden. Dies gilt insbesondere für Radfahrer, Bus- und Bahnreisende können gleich bis TaiTung durchfahren. Wer Richtung SCIH (⇗ Zentralbergland Süd) per Rad unterwegs ist, kann hier noch einmal Proviant einkaufen.

Unterkunft

新生旅社 ⌂**HsinSheng LuShe** €, 49 ChungShanLu, Tel. (089)-811051,
bietet sehr schlichte Doppel-Zimmerchen zu 450 NT$.

金玉旅社 ⌂**ChinYu LuShe** €, 38 ChungShanLu, Tel. (089)-811007,
einfache Zi. ab 700 NT$, die besseren 1450 NT$.

An-/Abreise

- In KuanShan fährt um 9.30 Uhr der einzige **Verbindungsbus** zwischen ⇗ TaiTung und ⇗ TienChih im südlichen Bergland. In TienChih muss umgestiegen werden in den Bus von/nach TaiNan.

臺東 TaiTung *(TáiDōng, Terrasse-Ost)*

Ruhig und für taiwanesische Verhältnisse rückständig ist die Hauptstadt der gleichnamigen Provinz des Südostens, TaiTung.

Die Gegend um die Stadt wurde archäologischen Ausgrabungen zufolge schon vor 5000 Jahren von den PeiNan, einem frühen Jäger- und Bauernvolk besiedelt und gilt als frühestes menschliches Siedlungsgebiet auf TaiWan. Im rund 5 km nördlich von TaiTung gelegenen und nach diesem Stamm benannten Vorort PeiNan wurden Töpferwaren, Skelette und Särge dieser Epoche entdeckt.

Bis heute leben in der Provinz TaiTung überdurchschnittlich viele Nachfahren der Ureinwohner, was ebenfalls als Hinweis für das erste Kulturzentrum auf TaiWan gewertet wird. Ähnlich wie HuaLian war auch TaiTung lange Zeit verkehrstechnisch relativ isoliert und konnte bis in die siebziger Jahre nur auf dem Seeweg erreicht werden. Die Auswirkungen dieser Isolation sind bis heute sichtbar: TaiTung hat sich noch nicht von der Konsumsucht und Amerikagläubigkeit anderer Städte auf TaiWan anstecken lassen.

031t Foto: wl

TaiTung - Zentrum des Südostens

Mit der malerischen Ostküste im Norden, den Inseln LuTao und LanYu im Osten, und der spektakulären südlichen Ost-West-Verbindungsstraße (SCIH) im Nordwesten hat sich TaiTung zum beliebten Ausgangspunkt entwickelt und bietet Luft-, See-, Schienen- und Straßenverbindungen zu nahen und fernen Zielen. Die Sehenswürdigkeiten der Stadt sind alle gut zu Fuß erreichbar.

Orientierung

Im Vergleich zur Westküste erscheint TaiTung geradezu provinziell; es gibt keine Stadtbusse - lediglich einen Pendelbus zwischen dem neuen und dem alten Hauptbahnhof (⇗ Bahn). Die meisten Reisenden kommen über die Berge/Süd meist per Bus und landen daher am ***alten Hauptbahnhof im Zentrum;*** hier findet man Unterkünfte, Busanbindungen und die traditionelle Innenstadt.

In den ***Außenbezirken*** haben sich junge und moderne, sehr weitläufige Zentren um den Flughafen und um den neuen Hauptbahnhof entwickelt. Dort sind jedoch nur hochpreisige Unterkünfte und keine Sehenswürdigkeiten, auch (zumindest bislang) keine Busanbindungen für regionale Umlandsziele eingerichtet worden.

Sehenswertes

TaiTung-Strand
臺東海水浴場

Nur wenige Gehminuten entlang der TaTungLu Richtung Osten liegt der Hausstrand der Stadt. Er ist in aller Regel fast menschenleer, da der Meeresboden schon nach wenigen Metern steil abfällt und die Einheimischen den Wellen nicht trauen. Nichtsdestotrotz ist es ein netter Strand, einer der ganz wenigen auf TaiWan, die man zu Fuß von einer Stadt aus erreichen kann.

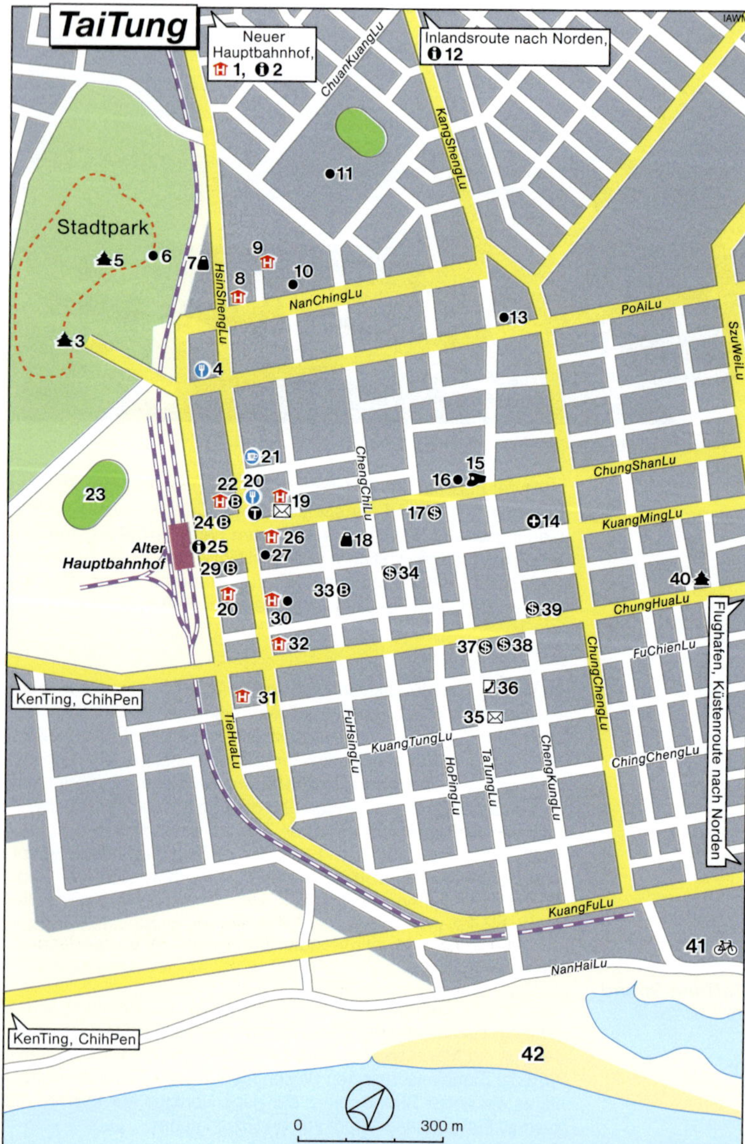
TaiTung
Neuer Hauptbahnhof, 1, 2
Inlandsroute nach Norden, 12
ChuanKuangLu
KangShengLu
Stadtpark
HsinShengLu
NanChingLu
PoAiLu
SzuWeiLu
ChengChiLu
ChungShanLu
KuangMingLu
Alter Hauptbahnhof
ChungHuaLu
FuChienLu
ChungChengLu
Flughafen, Küstenroute nach Norden
KenTing, ChihPen
TieHuaLu
FuHsingLu
KuangTungLu
HoPingLu
TaTungLu
ChengKungLu
ChingChengLu
KuangFuLu
NanHaiLu
KenTing, ChihPen
0
300 m
IAWM

1 LungLi Hotel	22 Zeus Hotel
2 Informationsstelle	und DingDong-Busgesellschaft
3 LungFeng-Tempel	23 Stadion
4 McDonald´s	24 HuaLianKeYun-Busgesellschaft
5 Pagode	25 Touristeninformation
6 Pavillon und Höhenweg	26 HsinHsin und HsinFuChih Hotels
7 Supermarkt	27 LanYu Travel Service
8 Air Park Hotel	28 TaiWanKeYun-Überlandbusse
9 KungChiao Hotel	29 LianYa & RenAi Hotels
10 Schwimmbad	30 ChinAn Hotel
11 Universität	und Taiwan Airlines
12 Informationsstelle	31 ChinLung Hotel
13 LanYu - Schifffahrtsgesellschaft	32 Gringo Hostel
14 Spital	33 DingDong-Nahverkehrsbusse / Süd
15 Polizei (Visastelle)	34 1st Commercial Bank
16 Stadthalle	35 Hauptpost
17 Bank of Taiwan	36 Nat. Telefongesellschaft
18 Fischmarkt	37 Taiwan 1st Bank
19 TungCheLe Hotel	38 Taiwan Land Bank
& Post	39 Taiwan Coop. Bank
20 Tankstelle	40 TienHou-Tempel
& KFC	41 Black Forest Bikeway
21 Café C'est la vie	42 städt. Strand

LungFeng FoKung
龍鳳佛宮

Am buddhistischen ***Drache-und-Phoenix-Tempel*** treffen sich die Einheimischen, um unter den Bäumen vor dem Tempel Karten und MahJong zu spielen oder früh am Morgen TaiChiChuan zu üben. Der Tempel selbst besteht aus zwei Stockwerken. Im unteren steht zentral die Figur des *TaoLin* (einer der legendären Fürsten zur Zeit der drei Reiche) inmitten von fünf in prächtigen Rüstungen posierenden Statuen. Im oberen Stock steht Buddha auf einer Lotusblüte, umsäumt von zwei Boddhisatvas. Die Innenwände zeigen Szenen aus dem Leben des historischen Buddha; ▲ 3. Neben dem Tempel wurde eine 9-stöckige Pagode erbaut, von der aus man einen weiten Blick über TaiTung auf das rapide ansteigende Bergland sowie aufs Meer hat; ▲ 5.

Auf den ***Berg*** hinter dem Tempel führt rechts neben der Pagode ein Fußweg am Pavillon vorbei steil aufwärts. Von oben aus kann man bei klarer Sicht die Insel LuTao ausmachen. Der Weg führt weiter auf dem Grat entlang hinunter zur anderen Seite des Tempelparks (ca. 45 Minuten); • 6.

TienHouKung
天后宮

Ein Besuch des kleinen ***daoistischen Tempels*** wird nach Einbruch der Dämmerung mit seinem davorliegenden Nachtmarkt und den Scharen von Besuchern besonders interessant. Dann nämlich werden daoistische „Läuterungen" und Rituale vollzogen. Der Komplex selbst besteht aus einem kleinen Hauptgebäude sowie rechts und links den traditionellen Glocken- und Trommeltürmchen. Die MaTzu-Hauptfigur am Altar hinter dem kleinen Innenhof ist leider durch die trübe Glasscheibe kaum zu sehen. An den Wänden sind eine Reihe von rosafarbenen Namensschildchen angebracht – alles verstorbene Daoisten der Nachbarschaft; ▲ 40.

„Schwarzwald"-Radtour

O.K., das ist eine etwas freie Übersetzung des ***TaiTung Black Forest Park Bikeway,*** einer von insgesamt sieben ausgewiesenen Radwegen der Region. Wer sich dafür interessiert, sei auf die englischsprachige Broschüre „Bike Tour in TaiTung" (erhältlich bei den lokalen Informationsstellen) verwiesen; ***Leihräder*** gibt es beispielsweise am Zugang in den Black Forest Park (der Park schließt sich nördlich an den Stadtstrand an), an dem die Black-Forest-Tour startet.

Die meisten Touren beginnen und enden am ***ehemaligen Hbf.*** (Innenstadt), dessen Gleisbett zum Radweg umfunktioniert wurde (siehe auch „Radfahren" im Kapitel „Praktische Reisetipps A–Z").

Information

Am Flughafen, am neuen Hbf. wie auch am alten Hbf.gibt es jeweils eine ***Informationsstelle,*** orangefarbenes „I", Tel. (089)-322423, wobei am alten Hbf. zusätzlich ein ***Travel Service Center*** der Region TaiTung, Tel. (089)-335349, eröffnet wurde (http://tour.taitung.gov.tw/english/index.asp).

Unterkunft

TaiTung bietet eine ganze Reihe von Unterkünften, die meisten allerdings im Bereich des ***alten Hbf.,*** sodass für Bahnreisende ein zusätzlicher Transfer notwendig sein wird. Die ***Preise*** sind insgesamt etwas niedriger als an der Westküste, dafür sind die Zimmer meist auch etwas schlichter in den einzelnen Klassen.

Einfachste Unterkünfte

Rund um den alten Hbf. liegt eine ganze Reihe brauchbarer Unterkünfte, alle befinden sich in unmittelbarer Gehnähe zu den Busstationen.

仁愛旅社

- Wem der Preis das Wichtigste ist, der kann im ⌽***RenAi LuShe*** € beim alten Hbf. in der 283 GuangMing Lu, Tel. (089)-322423, unschlagbar günstig mit 450–700 NT$/DZ unterkommen – bitte keine Komfortansprüche stellen (die ganz billigen haben kein eigenes Bad).

新生路 52 號

- Das kleine ***Gringo-Hotel*** € (vormals ***ChuanCheng LuShe***), ⌽52 HsinShengLu, Tel. (089)-322611, bietet bei insgesamt 13 Zimmern akzeptable Unterkunft mit Preisen von 650–800 NT$; im Erdgeschoss gibt es eine kleine Bar/Restaurant mit westlichen Gerichten.

金安大旅社

- Im ⌽***JinAn (ChinAn) LüShe*** €, 96 HsinShengLu, Tel. (089)-331168, beginnen die Preise für kleine, einfache DZ bei 500 NT$.

Einfache Hotels

新福治大飯店

- Im ⌽***HsinFuZhi TaFanTian*** €€, 417 ChungShanLu, Tel. (089)-331101, werden ab 850 NT$/DZ verlangt, bessere Zimmer kosten bis 1200 NT$ – durchaus o.k. in dieser Klasse.

新新大飯店

- Im ⌽***HsinHsin TaFanTian*** €€, 429 ChungShanLu, Tel. (089)-324185, nur wenige Häuser weiter, kann man als Einzelreisender ab 600 NT$ ein Zimmer bekommen, der Regelpreis für das DZ liegt bei 1200 NT$; ebenfalls empfehlenswert.

公教會館

● Im ⊕ ***KungChiao HuiKuan*** €€, 23 NanChingLu, Tel. (089)-310142, www.ttp-hotel.com.tw (online Reservierung möglich), kann zwar jedermann ab 950 NT$/DZ unterkommen, es bietet Staatsdienern und Lehrern (Ausweis) aber erhebliche Rabatte von bis zu 30 %. Die Zimmer sind schlicht, aber sauber und ordentlich.

聯亞大飯店

● Eine gute Alternative wäre noch das ⊕ ***LianYa TaFanTian*** €€ in der 296 TieHuaLu, Tel. (089)-332135, mit 86 Zimmern zwischen 1000 und 1500 NT$, Einzelreisende 35 % Rabatt.

Mittelklassehotels

興東園大飯店

● Im ⊕ ***HsinTungYuan TaFanTian*** €€€ ***(Hotel Zeus),*** 404 ChungShanLu, Tel. (089-325101, www.happyin.com.tw, liegen die Zimmerpreise bei rund 1800 NT$ (EZ ab 700 NT$), ohne dass viel mehr als bei den einfachen Hotels geboten würde. Der Hauptvorteil (Nachteil?) liegt wohl darin, dass die Busse (HuaLian, neuer Hbf.) unmittelbar vor der Tür starten.

東之樂賓館

● Das ⊕ ***TungCheLe PinKuan*** €€€ ***(Eastern),*** 374 ChungShanLu, Tel. (089)-310171, Fax 310178, gilt als beliebtestes Mittelklassehotel in TaiTung. Ordentliche Zimmer kosten 1600 NT$, Einzelreisende können ab 1200 NT$ unterkommen.

金龍大飯店

● Das ⊕ ***ChinLung (JinLong) TaFanTian*** €€-€€€, 284 TieHuaLu, Tel. (089)-310151, liegt ein wenig abseits vom Rummel rund um die Busstationen und bietet 52 sehr unterschiedliche Zimmer bei Preisen zwischen 800 und 3000 NT$ für die besten Räume. An der Rezeption liegen Bilder der einzelnen Ausstattungen bereit.

龍李旅館

● Am neuen Hbf. (625 HsinHsingLu) liegt das sehr ordentliche und kleine ⊕ ***LungLi LüGuan*** €€€ *(LungHsing),* Tel. (089)-228005, Fax 228193, mit 27 Zimmern zwischen 1400 und 2800 NT$ – die einzige Möglichkeit, am neuen Hbf. unterzukommen. Offizielle Adsresse ist die 625 HsinHsingLu.

Hotels der gehobenen Mittelklasse und Spitzenhotels

娜路灣大酒店

● Für Komforthotels muss man sich nach ↗ ChihPen begeben oder auf das 7 km vom Zentrum und 2 km von Flughafen und vom neuen Hbf. entfernte Oberklassehotel ⊕ ***NaRuWan*** €€€€, 66 LienHangLu, Tel. (089)-239666, Fax 239777, www.naruwan-hotel.com.tw, zurückgreifen. Schwimmbad, Entertainment-Plaza, mehrere Restaurants, Sauna und Nachtklub gehören zur Hotelangebot, die geräumigen DZ beginnen bei 5800–6500 NT$.

Essen und Trinken, Einkaufen

● Für das Frühstück empfiehlt sich, sofern man sich nicht gleich auf einen Nudelshop stürzen möchte, die leckere ***Bäckerei/Café C'est la vie*** in der HoAnLu.

● Wer sich auf keine Experimente einlassen möchte, findet links vom Hauptbahnhof eine ***KFC- Filiale.*** Neben den allgegenwärtigen Imbissständen und Nudelsuppenshops bietet sich für kleinere Gerichte das ***chinesische SB-Restaurant*** (⊕ 439 ChungHuaLu) an.

4 3 9 中華路

新生路＼南京路

● Der ***TungNung-Supermarkt*** (⊕ HsinShengLu/Ecke NanChingLu) hat eine große Auswahl an Fertigsuppen sowie ein Regal mit warmen Snacks zum Mitnehmen.

中山路＼中華路

● Auf dem ***Abendmarkt*** vor dem TienHou-Tempel werden preisgünstige, kleine chinesische Gerichte feilgeboten, am ***Stadtmarkt*** (d.h. überall rechts der ⊕ ChungShanLu bis zur ⊕ ChungHuaLu) gibt es vor allem reichlich Obst und Textilien.

● Selbstversorger finden außerdem einen ***7/11-Minimarkt*** gegenüber vom TungChihLe Hotel.

Institutionen

銀行
3 1 3 中山路
中華路╲大同路
3 6 9 中華路
3 8 8 中華路
郵局 1 1 0 大同路
公安局，
2 6 8 中山路
醫院

1 3 2 光明路
游泳池

•Banken:
Bank of TaiWan, Φ313 ChungShanLu (direkt gegenüber vom TI).
TaiWan 1st Bank, ΦChungHuaLu/Ecke TaTungLu.
TaiWan Land Bank, Φ369 ChungHuaLu, kurz hinter der 1st Bank.
TaiWan Cooperative Bank, Φ388 ChungHuaLu.

•Post: Φ110 TaTungLu, geöffnet Mo–Sa 8.00–17.00 Uhr.

•Polizei: für Ausländerangelegenheiten (auch Visa) ist die Dienststelle in der Φ268 ChungShanLu, Tel. (038)-334756 zuständig (neben der TI).

•Krankenhaus: ShengWei TaiTung YiYuan (Provinzialkrankenhaus), 1 WuChuanLu, Tel. (089)-324112.

•Erste Hilfe: Φ132 KuangMingLu; kein englischsprachiges Personal.

•YouYongChi: Das städtische ***Schwimmbad*** ist ausgesprochen angenehm, herrlich erfrischend und liegt zentral in der NanJingLu, zu erkennen am Schwimmersymbol an der Außenwand. Eintritt 80 NT$, im Sommer tgl. von 9.00–17.00 Uhr.

An-/Abreise

•Luftweg: Von TaiTung bestehen Flugverbindungen nach TaiBei, TaiChung, LanYu und LuTao. Die wichtigste Verbindung – zu den beiden letztgenannten Inseln – wird halbstündig bedient, die Route TaiTung – TaiZhong exklusiv von *Mandarin.* Das Büro von *Eastern* liegt in der 241 HsinShengLu, Tel. (089)-390388, am Flughafen Tel. 362677, die Schalter von *UNI,* Tel. (089)-362619, und *Mandarin,* Tel. (089)-3626676, direkt am Flughafen.

Im Flughafen steht eine elektronische ***Multimedia-Informationssäule,*** jedoch leider nur auf chinesisch: Hier werden alle sehenswerten Punkte auf Landkarten und Bildern dargestellt und mit Hintergrundinformationen ergänzt. Der Flughafen liegt etwa 5 km nordwestlich, außerhalb vom Stadtzentrum. Taxis nach TaiTung kosten ca. 250 NT$.

•Seeweg: TaiTung selbst verfügt über keine Anlegemöglichkeit; der Hafen von TaiTung liegt 11 km außerhalb in der Ortschaft FuKang (↗ TaiTung-Kang). Unbedingt zu beachten ist, dass Tickets für das Schiff nach LanYu oder LuTao vorab in TaiTung gebucht werden müssen. auch manche Hotels buchen diese Tickets.

7 9 中成路

HsinFa HangYun, Φ79 ChungChengLu, Tel. (089)-351931.

Die Schiffe sind Frachter und verkehren höchst unregelmäßig, da sie erst bei einigermaßen gefülltem Laderaum ablegen. Meist stechen sie gegen 5.00 Uhr morgens in See, um via LuTao (1 Stunde Fahrt, dort entladen) nach LanYu (weitere 3 Stunden, wieder entladen) und dann zurück nach FuKang zu fahren. Man kann fast überall auf TaiWan morgens um 5.00 Uhr einen Regionalbus bekommen – nur nicht nach FuKang. Taxis verlangen zu dieser Morgenstunde ca. 250 NT$. Der einfache Fahrpreis nach LanYu kostet 960 NT$, nach LuTao rund 400 NT$. Transport zwischen beiden Inseln: 800 NT$ (jeweils einfach). Buchung bei *KaiHsuan Transport,* 76 FuKangLu, Tel. 089-281047.

•Bahn: Die Züge halten nur am 5 km außerhalb gelegenen neuen Hbf., ein Verbindungsbus der Busgesellschaft *DingDong KeYun* pendelt zwischen dem neuen Hbf. und dem alten Hbf. (hält am Hotel Zeus).

Vom neuen Hbf. besteht 8 x tgl. Direktanbindung von/nach ***PingTung*** und ***KaoHsiung,*** 12 x tgl. von/nach ***HuaLian*** (jeweils gut 400 NT$).

•Bus: In TaiTung gibt es folgende Busstationen der verschiedenen Gesellschaften:

GuoGuang KeYun: Schräg gegenüber vom alten Hauptbahnhof halten die vertrauten blausilbernen Langstreckenbusse mit Zielen wie KaoHsiung (GaoXiong), TaiBei, PingTung und TaiZhong (TaiChung)– die Frequenzen sind allerdings nicht so häufig wie an der Westküste.

DingDongKeYun (alter Hbf.): Hier startet ein Bus täglich um 8.20 Uhr nach HuaLian sowie der Pendelbus zum neuen Bahnhof (etwa alle 30–40 Minuten).

DingDongKeYun (FuHsingLu): Diese Station wird die wenigsten Traveller berühren, hier werden die Dörfer der Inlandsroute (u.a. GuanShan, FuLi) angefahren. Busse zu den ChihPen WenQuan (Hot Springs) starten ebenfalls hier.

HuaLian KeYun: Neben der DingDong-Busstation liegt die Station der der HuaLian-Gesellschaft. Diese hat sich das Monopol auf der Expressroute TaiTung – HuaLian gesichert; die Busse fahren täglich 7.30, 8.20, 10.30, 12.30, 14.30 und 17.30 Uhr (4 Stunden, insgesamt 520 NT$). Hierzu noch eine Anmerkung: Die Busse fahren meist die Inlandsroute über das East Rift Valley nach FuLi; man löst zunächst ein Ticket bis hierhin (einfach „HuaLian" sagen, dann weiß man schon Bescheid) für 200 NT$, bleibt dort im selben Bus (ca. 15 Minuten Pause) und löst dann für den zweiten Abschnitt erneut (im Bus) ein Ticket bis HuaLian zu 320 NT$.

• ***Eigener Transport:*** Für Abstecher entlang der Ostküste oder wenn man mehrere Punkte ohne Zwischenübernachtung von TaiTung aus sehen möchte, bietet sich die Anmietung eines ***Mopeds*** an. Rund um das Zeus-Hotel und in der HsinShengLu beim Langstrecken-Busbahnhof gibt es einige Verleihstellen für 500 NT$/Tag. Wenn man zu zweit reist, ist ein Moped letztlich sogar günstiger und schneller, als einzelne Punkte nacheinander per Bus anzufahren. Ein weiterer Verleiher bietet seine Mopeds unmittelbar neben dem LongLi Hotel am neuen Hbf. an. Verglichen mit der Westküste ist der Verkehr auf der Ostseite TaiWans gering und stellt auch für weniger geübte Fahrer/-innen kein Problem dar.

Möglichkeiten, ***Fahrräder*** auszuleihen, siehe „Schwarzwald"-Radtour.

Die Südroute

知本溫泉

ChihPen (ZhīBěn WēnQuán, Weisheit-Ursprung-Heißquellen)

ChihPen, genauer gesagt das 3 km entfernt liegende ChihPen WenQuan, zählt bei den Taiwanern zu einem der beliebtesten Kurorte. Über die Attraktivität des Ortes klaffen die Meinungen westlicher Reisender sehr weit auseinander:

Ursprünglich entsprangen aus den Felswänden mehrere kleinere, heiße Schwefelquellen, denen eine besondere Heil- und Entspannungswirkung nachgesagt wurde und die daher bald regen Anklang bei Besuchern fanden. Findige Geschäftsleute kamen auf die Idee, es den Besuchern „einfach" zu machen und bauten ein Hotel nach dem anderen um die Quellen, die somit nur noch den Hotelgästen zugänglich sind. Das Wasser wird direkt in die Badewannen der Zimmer geleitet – perfekt für denjenigen, der ein paar Tage dort wohnen und sich kurieren möchte. Die Kehrseite der Medaille liegt auf der Hand: Die Quellen bringen dem Kurzzeitbesucher nur wenig Nutzen und das einstmals stille, beschauliche Tal von ChihPen WenChuan ist auch nicht mehr das, was es einmal war. Erfreuliche Ausnahme: Das Quellwasser-Schwimmbad beim Campingplatz ist gegen Eintritt für jeden zugänglich.

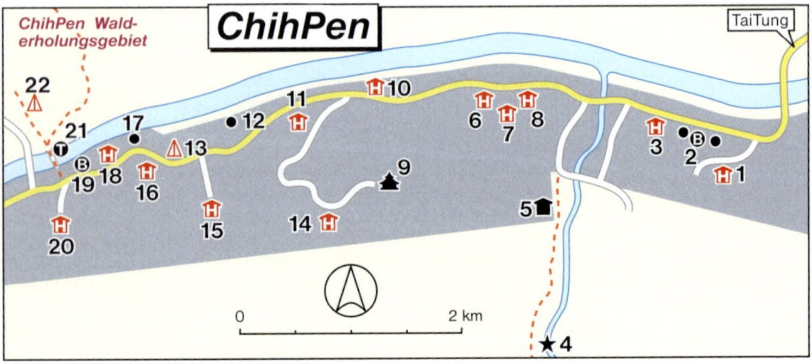

1 JinShui, LongYun und HsiuShan Hotels	12 Schwimmbad
2 Bushaltestelle und Geschäfte	13 Campingplatz
3 ChihPen Hotel	14 LaoYe Hotel
★ 4 PaiYi-Fälle	15 HongChuan Hotel
5 Holzhäuschen	16 TungTai Hotel
6 KuiYi Hotel	17 Schwimmbad
7 YiKui Hotel	18 LongYun Zhuang Hotel
8 FangHsin Hotel	19 Busparkplatz
9 ChingChue Tempel	20 MingChuan Hotel
10 TungChuan Hotel	21 Hängebrücke und Tickets
11 ChihPen TongMao Hotel	22 Campingplatz

Der Individualtourist, der den Abstecher nach ChihPen WenQuan von TaiTung aus macht und nicht in einem der teuren Hotels wohnen will, muss sich also darüber im klaren sein, dass er nicht der Quellen wegen hierher kommt, sondern vorrangig wegen des ChihPen-Parks und des buddhistischen Klosters.

WenQuan (heiße Quellen)
溫泉

Als geradezu legendär gelten die Becken des ChihPen-Hotels, zu erkennen an den vier Säulen vor dem weißen Kachelbau. Die drei Becken (sehr heiß, heiß und kalt) liegen im Freien direkt neben dem ChihPenTaFanTian und können gegen 100 NT$ Eintritt auch von nicht im Hotel wohnenden Besuchern genutzt werden.

PaiYi PuPu
白玉瀑布

Auf eine kleine Oase der Ruhe stößt man, sofern man den überwucherten Fußweg zum ***Weiße-Jade-Wasserfall*** findet. Heute ist der Fall mit vielen Rohren durchzogen, um die Hotels mit Frischwasser zu versorgen.

Die Fälle liegen rund 1 km ab Bushaltestelle die Straße entlang auf der anderen Seite der kleinen Brücke links, vorbei an den Holzhütten, dann immer am Bach entlang. Nach wenigen Metern endet die Asphaltierung, nur ein allmählich mehr und mehr überwucherter Fußweg führt weiter; ★ 4.

ChingChuehSi
清學寺

Neben dem großzügig angelegten Royal ChihPen Hotel liegt das von Weitem unscheinbare ***Kloster*** ChingChuehSi (QingXueSi; Kloster des hellen Erwachens). Linker Hand liegen Klosterbibliothek und Unterkünfte, die eigentliche Attraktion befindet sich unübersehbar rechter Hand: Der Klostertempel wird von zwei lebensgroßen, weißen Elefanten am Fuße der Treppe flankiert – ein eindeutiges Zeichen für eine buddhistische Anlage. Der Hauptschrein besteht aus zwei Buddhafiguren: einem drei Meter hohen und fünf Tonnen schweren, angeblich massiv goldenen Buddha aus Thailand sowie einem ebenso hohen Buddha aus blassweißem Marmor, ein Geschenk Burmas an das Kloster.

Die älteren Mönche erzählen immer wieder gerne die spektakuläre Geschichte von der Anlieferung der Statuen die steile

032t Foto: wl

Pfad zu den Weiße-Jade-Wasserfällen

Straße hinauf, wonach erst drei kleinere LKW aneinandergehängt gemeinsam in der Lage gewesen seien, den thailändischen Buddha den Berg hinaufzuziehen. Vor dem Hauptaltar stehen mehrere kleinere Figuren, die auffälligste ist die 100-armige KuanYin-Statue mit mehreren Gesichtern. An den Wänden hängen zahlreiche Darstellungen zum Leben und Werk Buddhas, untertitelt in mittelindischem Pali (Ausgangssprache für Burmesisch und Thai). Fotografieren ist erlaubt, die Schuhe müssen vor dem Tempel ausgezogen werden.

Schwimmbad

Genau gegenüber vom TungTai-Hotel liegt ein hübsch gestaltetes öffentliches Quellwasser-Schwimmbad, in dem kurioserweise auch Badehosen und Bikinis verliehen werden. An Wochenenden ist allerdings bestenfalls ein Stehplatz im Wasser zu ergattern. Eintritt: 160 NT$.

ChihPen LinShen YouLeChu

知本林森游樂區

An der unübersehbaren roten Hängebrücke hinter dem Busparkplatz beginnt das ***ChihPen Walderholungsgebiet (ChihPen Recreation Forest)*** mit einigen netten Rundwanderwegen entlang des Flusses und durch den Wald. Angenehm ist ein Bad im kühlen ChihShui-Fluss, der nur selten mehr als einen Meter tief ist.

Der Park besteht aus 4 verschiedenen Routen, bestehend aus dem *Scenic Trial* (45 Min. zu Fuß inkl. Wasserfall und Fußmassageplatz), dem *Brave Man's Slope Trail* (792 Treppen zu besteigen, inkl. Blick auf die ChihPen Hot Springs, auf TaiTung City und den Wasserfall), dem *Green Shower Trail* (1,8 km Länge, ca. 1 h zu Fuß, sehr bewaldet, ebenfalls Wasserfall) und dem *Banyan Shaded Trail* (2,1 km lang, ca. 80 Min. zu Fuß, man passiert außer dem Wasserfall zahllose Jahrhunderte alte Banyan-Bäume).

Im Park befinden sich auch ein Campingplatz sowie außerdem ein Zeltverleih.

Der Eintritt zum Park beträgt 20 NT$. Tel. des Ticket Office: (089)-510171, Visitors-Center: (089)-510961.

Unterkunft

Von den zwei ***Campingplätzen*** abgesehen, gibt es keine günstige Unterkunftsmöglichkeit. Alle Hotels haben sich die heißen Quellen zu Nutze gemacht und liegen im teuren Bereich. Während der Woche kann man ab 900 NT$ eine kleine ***Hütte*** mit A/C und TV, Tel. (089)-380665, 510610, direkt am Fußweg zum weißen Jadewasserfall mieten, am Wochenende kosten diese Hütten bis zu 2000 NT$.

Die meisten Resorthotels liegen entlang der Straße zwischen Bushaltestelle und ChihPen Recreation-Forest und kosten rund 2000 bis 3500 NT$. Zwei empfehlenswerte Häuser mit Möglichkeit der Online-Reservierung sind:

- ***ChihPenTung Mao (Toong Mau),*** 69 FuKueiLu, Tel. 089-511511, www.hauchinghotel.com.tw, sehr gute DZ 3200 NT$, Luxus: 4200 NT$.

老爺大酒店

- ***LaoYe TaChiuTian (Royal ChihPen)*** €€€€, Tel. (089)-510666, www.hotel-royal-chihpen.com.tw/en, bestes Haus vor Ort, DZ ab 7000 NT$ mit exzellentem Service und großem Frühstücksbüffet.

Folgende Hotels können vorerst nur telefonisch oder direkt vor Ort gebucht werden:

秀山園別館 ◆ ***HsiuShanYuan PieKuan*** €€€, Tel. (089)-512508.
金師大飯店 ◆ ***JinShui TaFanTian*** €€€, Tel. (089)-512150.
龍雲大飯店 ◆ ***LongYun Zhuang TaLuShe*** €€€, Tel. (089)-512627.
東台大飯店 ◆ ***TungTai TaFanTian*** €€€, Tel. (089)-512290, 512621.
泓泉大飯店 ◆ ***HongChuan TaFanTian*** €€€, Tel. (089)-510150.
明泉旅游山莊 ◆ ***MingChuan LuYou ShanChuang*** €€€, Tel. (089)-513996.
知本大飯店 ◆ ***ChihPen TaFanTian*** €€€, Tel. (089)-512220.
汸信大飯店 ◆ ***FangHsin TaFanTian*** €€€, Tel. (089)-514666, Zi. zwischen 2200 und 5000 NT$.
逸軌大飯店 ◆ ***YiKui TaFanTian*** €€€, Tel. (089)-510198.
宄宜大飯店 ◆ ***KuiYi TaFanTian*** €€€€, Tel. (089)-514008, Zi. ab 3300 NT$, Suiten bis 5000 NT$.

An-/Abreise

- ***Bahn:*** Der Bahnhof von ChihPen liegt äußerst ungünstig 2 km außerhalb des Ortes und 5 km von der eigentlichen ChihPen-WenQuan-Region entfernt. Am Bahnhof ist man auf Taxis angewiesen, die es vom Lebendigen nehmen (280 NT$ Minimum). Die Züge zwischen GaoXiong (KaoHsiung) und TaiTung halten hier in etwa zweistündigem Abstand.
- ***Bus:*** Eine öffentliche Busverbindung besteht etwa alle halbe Stunde nach ⇗TaiTung. Der Bus hält sowohl kurz nach dem Tor an den unteren Hotels wie auch oben kurz vor dem Park. Die 25-Minuten-Fahrt kostet 45 NT$.
- Im Ressort verkehren eine Reihe von ***Taxis,*** eine Fahrt vom Tor bis hinauf zum Park kostet etwa 150 NT$.

TaiMaLi

In der 5000 Einwohner zählenden Gemeinde ca. 30 km südlich von TaiTung gibt es außer dem Meeresblick nicht viel zu genießen,

Die Puyuma

Die in den Ebenen bei TaiTung lebende Gruppe der Puyuma zählt zwar nur etwa 8000 Mitglieder, nimmt aber dennoch eine besondere Stellung in der Geschichte TaiWans ein. Die Puyuma sind von nicht weniger als vier Stämmen (Ami, Bunun, Rukai und Paiwan) umgeben und drohten oft kulturell und ethnisch in diesen Stämmen aufzugehen, blieben aber trotz einer Auseinanderentwicklung in acht Untergruppen eine geschlossene eigenständige Gruppe. Die männlichen Stammesmitglieder waren als furchtlose Krieger berüchtigt, unter dem Ching-Kaiser *KangHsi* schlugen sie mit Regierungstruppen einen Aufstand auf TaiWan nieder. Der Stammesführer wurde daher vom Kaiser mit dem Ehrentitel „König der Puyuma" bedacht, die Krieger mit einer Art Uniform. Letzteres führte zu einer allmählichen Aufgabe der eigenen, traditionellen Bekleidung. Die Familie oblag den Frauen, auch in der Erbfolge stand stets die älteste Tochter an der Spitze. Eine besondere Klasse der Frauen waren eine Art Priesterinnen, die ihr Wissen nur an eigene Töchter weitergaben und für Rituale, Medizin und Zauberei zuständig waren. Die Männer unterlagen traditionell einer strengen Ordnung, die im Alter von etwa 12 Jahren mit dem Eintritt in die Versammlungshalle begann, wo die Knaben auf ihre zukünftigen Aufgaben (vorwiegend als Krieger) vorbereitet wurden.

Touristen stoppen hier praktisch nie. Wer die Südostküste gemächlich per Bus oder Fahrrad erkundet und übernachten will, findet einige preiswerte Unterkünfte, alle entlang der Hauptstraße.

Unterkunft

狀元大旅社

ΦChuangYuanLou TaLuShe €€, 74 TaiMaLiChie, Tel. (089)-781346, Fax 782576, 16 ordentliche EZ und DZ von 650–950 NT$.

東方別館

ΦTungFang PieKuan €€€, 25 TaiMaLiLu, Tel. (089)-781123, Fax 781326, 18 Zimmer ab 700 NT$.

An-/Abreise

- Von/nach TaiTung verkehren ***Nahverkehrsbusse*** direkt bis TaiMaLi, auch Busse nach TaWu halten hier.
- Zum ***Bahnanschluss*** gilt dasselbe wie bei TaWu (⇗).

大武

TaWu (Großer Schritt)

Die am häufigsten benutzte Reiseroute über TaiTung führt entweder über den SCIH nach TaiNan und GaoXiong (KaoHsiung) im Südwesten oder via PingTung direkt nach ⇗HengChun/KenTing im Süden (N-24). Übersehen wird meist die sehr interessante Strecke von TaiTung über TaWu nach FengKang/HengChun (N-9). Die Straße steigt von TaWu aus steil an und führt über die südlichen Berge bis zur Westküste, von wo aus entweder GaoXiong (Kao Hsiung)/PingTung oder KenTing erreicht werden kann. Mit dem Bus dauert die Fahrt ca. 5 Stunden, eine letzte Nacht an der Ostküste mag, vor allem wenn man per Rad unterwegs ist, ratsam erscheinen. TaWu bietet jenen Individualtouristen, die langsam und mit öffentlichen Verkehrsmitteln reisen, die Ursprünglichkeit einer entlegenen Kleinstadt sowie eine Reihe von Billigunterkünften.

Die Gegend um TaWu Richtung Westküste ist eine Imker-Hochburg, an der N-9 wird ***Honig*** in Gläsern und Kanistern angeboten.

Selbstfahrer müssen beachten, dass sie der 8 km südlich von TaWu landeinwärts verlaufenden N-9 folgen, nicht der scheinbar schöneren, weiter parallel zur Küste verlaufenden N-24. Letztere führt in ein wenige Kilometer später gesperrtes Militärgebiet.

Unterkunft

輔都旅社

ΦFuTou LuShe €€, 84 FuHsingLu, Tel. (089)-791035, mit insgesamt 13 DZ ab 750 bis 1200 NT$ bestes Haus am Ort.

An-/Abreise

- ***Bahn:*** Nicht alle Züge halten hier, sodass nur alle 2–3 Stunden (während der Hauptverkehrszeiten öfter) Anbindung nach TaiTung oder GaoXiong (KaoHsiung) besteht.
- ***Bus:*** Die Nahverkehrsbusse nach TaiTung fahren relativ häufig (ca. 7- bis 8 x/Tag), außerdem ist vom Bus aus mehr von der Küstenstrecke zu sehen als von der Bahn aus. Preis: 129 NT$. Nach Süden (KenTing) gibt es keine direkte Anbindung, man fahre bis FengKang und steige dort in die Busse aus GaoXiong (KaoHsiung)/PingTung um.

Der Süden

FengKang
SzuChungChi
CheCheng
HouWan
KueiShan
HengChun Airport
NanYenShan-Naturschutzgebiet
KenTingTon Safaripark
KenTingTon-Resort
ManChou
HengChun
ChiaLoShui
WanLiTon Beach
LungLuan-Tan
KenTing-Nationalpark
KenTing-Park
Sisal-museum
NanWan
TaChienShan 318 m
ShiTing-Park
KuanShan 152 m
Parkverwaltung und Museum
KenTing
HouPiHu
PaiSha Beach
Tropischer Wald
ChuanFanShih
OLuanPi Recreation Centre
ShaTaoWan
MaoPiTou
OLuanPi
0
5 km

Überblick

Im Süden TaiWans findet man die schönsten Strände der Insel, ein interessantes Nachtleben und intensive Besucherströme von Freitag bis Sonntag. Wer die Zeit hat, sollte als Wasser- und Strandfreak die Mühe der Fahrt hierher nicht scheuen, es lohnt sich. Die Südregion umfasst im wesentlichen den „KenTing-Nationalpark“, benannt nach dem gleichnamigen Ort an der Südküste, mit einer Vielzahl sehenswerter Punkte. KenTing wurde zu einem Sammelbegriff für die gesamte Südregion, seit 1984 der Nationalpark eröffnet wurde (www.ktnp.gov.tw/eng). Innerhalb dieses Gebietes befinden sich mehrere kleinere Parks und Schutzgebiete, die teilweise nur mit Sondergenehmigung betreten werden können. Das Klima hier im Sommer ist - ähnlich wie auf PengHu - tropisch heiß, entsprechend werden im näheren Umland eine Vielzahl von tropischen Früchten angebaut, die überall auf der Straße verkauft werden. Bis in die Nachkriegsjahre war der Haupterwerbszweig für die meisten Einwohner des Südens der Anbau von Sisal. Mit der Erfindung der Kunststofffaser wurde der Sisalanbau immer unwirtschaftlicher, sodass heute Tourismus und Viehzucht die größten Einnahmequellen sind.

Allgemein gilt auch hier die Empfehlung, einen Aufenthalt in KenTing auf Wochentage zu legen - Hotelpreise können sich an Wochenenden oder Feiertagen leicht verdoppeln, viele Hotels werden auch gänzlich ausgebucht sein.

Nördlich von KenTing

恒春

HengChun (beständig-Frühling, HéngChūn)

Die kleine Stadt 12 km nördlich von KenTing dient sehr oft als eine Art Auffanglager für diejenigen, die am Wochenende keine Unterkunft in KenTing gefunden haben oder erst spät am Abend per Bus hier ankommen und keine Verbindung mehr nach KenTing bekommen.

Wer etwas abseits des Trubels in und um KenTing unterkommen möchte, ist hier sicher nicht schlecht beraten. Sehenswert sind die vier Stadttore in HengChun. Interessant ist insbesondere die Tatsache, dass in keiner anderen Stadt TaiWans alle ursprünglichen Stadttore erhalten geblieben sind.

Unterkunft

Wer hier „strandet“, findet eine Reihe von Unterkünften in der Nähe des Busbahnhofs:

龍德大旅社

ф ***LungTe TaLuShe*** €, 143 ChungChengLu, Tel. (08)-8892701, einfache DZ ab 600 NT$, haben auch 3 komfortable DZ für 1200 NT$.

賓成大旅社

ф ***PinCheng TaLuShe*** €€, 67 ChungChengLu, Tel. (08)-8892501, hat Zimmer ab 750 NT$, bessere Zi. steigen bis 1380 NT$.

明人大飯店
⊕ MingRen TaFanTian (Hotel Major) €€, 68 HsinHsingLu, Tel. (08)-8892903, mit 980 NT$, ziemlich teuer für Zi. ohne Fan oder A/C.

亞洲大飯店
⊕ YaChouTaFanTian €€, 110 ChungChengLu, neu renoviert, empfehlenswertes Mittelklassehotel.

王妃大飯店
⊕ WangFue TaFanTian €€€, 152 ChungChengLu, Tel. (08)-8892801, im Ort das beste mit Preisen von 1600–2500 NT$ für sehr ordentliche DZ.

太子大飯店
⊕ TaiZi TaFanTian €€€, 158 ChungChengLu, Tel. (08)-8892401, direkt nebenan, bei nahezu gleicher Ausstattung etwas günstiger (1450–2250 NT$).

An-/Abreise

- Da es keine Bahnlinie gibt, kann der Süden ***nur per Bus*** erreicht werden. Von ***KaoHsiung (GaoXiong)*** fahren die meisten Busse über HengChun, aber auch direkt bis KenTing. Für die Rückfahrt muss besonders auf die Abfahrtszeiten geachtet werden – nur je zwei Busse fahren ab HengChun (um 10.25 und 14.30 Uhr) nach KaoHsiung – sonst sitzt man unnötig fest.
- Von/nach ***TaiTung (TaiDong)*** besteht lediglich eine indirekte Verbindung über ***FengKang*** (umsteigen) im Südwesten. Alle Busse nach PingTung, KaoHsiung (GaoXiong) und TaiNan halten dort. Reisende nach TaiTung müssen in FengKang umsteigen, eine andere Verbindung entlang der Südostküste besteht nicht (die dort verlaufende N-24 führt durch militärisches Sperrgebiet und ist für den Privatverkehr nicht passierbar).

H	1	FuYan-Hotel	H	8	WangFu & TaTzi-Hotels
H	2	YingWang-Hotel	H	9	MingRen-Hotel (Major)
⊕	3	Spital	B	10	Überland- und KenTing-Busse
✉	4	Post	$		und Bank
H	5	HengChun-Hotel	H	11	YaChou-Hotel (Asia)
H	6	PinCheng-Hotel	H	12	FuTa-Hotel
H	7	LungTe-Hotel	$	13	1st Commercial Bank

Von HengChun nach KenTing besteht ein Pendelverkehr in 30- bis 50-minütigen Abständen (24 NT$) von der gleichen Bushaltestelle.

- ***Geld (wichtig!):*** Am Busbahnhof gibt es eine Bank (nur Mo–Fr, 8.00–17.00 Uhr) – in KenTing selbst besteht bislang keine Wechselmöglichkeit!

四重溪

SzuChungChi (vier-Sorten-Bach)

Die ***heißen Quellen*** von SzuChungHsi liegen nicht mehr im Parkgebiet, sind aber, wenn man einmal den typisch asiatischen Blitztourismus (aussteigen, Foto, weiter) in Reinkultur erleben möchte, am ehesten über HengChun zu erreichen (nur per Leihmoped, keine öffentlichen Busse). Die Quellen selbst bestehen heute aus einer Leitung ins SzuChungHsi-Guest House, in dem man sich als Gast in den heißen Quellen aalen kann. Von den Quellen ist sonst wenig bis gar nichts zu sehen. Warum der Ort so bekannt ist? Er war während der japanischen Ära der größte Kurort im Süden (neben KuanTzuLing im Westen und PeiTou im Norden), für östliche Touristen ein Muss, für westliche eine Enttäuschung.

小墾丁旅夜圖家村

KenTingTon-Resort (Hsiao KenTing LuYeh TuChiaTsun)

Die jüngste Attraktion im Süden, in der taiwanesischen Presse gelegentlich auch als „Kensington" bezeichnet, liegt nahe der kleinen Ortschaft ManChou an der Inlandsstraße 200 zwischen HengChun und OLuanPi. Auf 120 Hektar wüstenähnlichem Terrain kommen Anhänger des zwei- oder vierrädrigen off-road Vergnügens auf ihre Kosten: Mit Jeeps werden die Besucher rund 30 Minuten über Stock, Stein und Wasserhindernisse geschaukelt. Vor Antritt der Fahrt werden die Besucher gefragt, ob sie die feuchte oder trockene Variante wünschen. In Vorbereitung sind auch Fahrradwege durch das Gelände, Räder können schon jetzt für 95 NT$/Tag gemietet werden. Das Ressort bietet außerdem eine Reihe von Freizeitaktivitäten wie Schwimmen, Sauna, Basketball, Bowling und Fitness-Raum. Abends finden sogenannte „Massullah-Nächte" statt, Tanz- und Kulturvorführungen der Paiwan-Ureinwohner, die noch heute in dieser Region leben.

An-/Abreise

- Von ***KaoHsiung(GaoXiong)*** (Überland/Langstreckenbusbhf. links neben Hbf.) fahren täglich zwei ***ressorteigene Busse*** (10.20 und 15.10 Uhr), ebenfalls zwei ab KaoHsiung-Flughafen um 9.40 und 14.30 Uhr für jeweils 360 NT$, Kinder 255 NT$. Kostenlose Platzreservierung ist unter Tel. (08)-889777 möglich.
- Eine öffentliche Verkehrsanbindung besteht nicht, von der nächstgelegenen Kleinstadt ***HengChun*** sind es noch etwa 15 km per ***Taxi*** (300 NT$).

Unterkunft/ Essen und Trinken

Die komfortablen Blockhütten des KenTingTon-Ressorts kosten ab ca. 4000 bis zu ca. 20.000 NT$ für sechs Personen (Info und Buchung unter www.kentington.com.tw). Das Restaurant bietet chinesische und westliche Gerichte der gehobeneren Preisklasse an.

Information

Im zweiten Stock des Hauptgebäudes ist ein kleines Informationszentrum untergebracht, in dem Einzelheiten über Veranstaltungen, Ausflüge, Sonderprogramme usw. zu erfahren sind, Tel. (08)-8861601, Fax (08)-2519292.

墾丁

KenTing

(KěnDīng GuóJiā-GōngYuán, Pflugbauern-Nationalpark)

Das knapp 18.000 ha große Gelände an der Südspitze TaiWans rund um das Dorf KenTing wurde im Januar 1984 zum Nationalpark erklärt - dem ersten auf TaiWan überhaupt. Über 200 Vogel-, 240 Schmetterlings-, 45 Reptilien- sowie rund 2200 Pflanzenarten leben in der subtropisch-tropischen Klimazone im Süden.

Der Name weist noch auf die erste Besiedlung hin: Erst um 1880 ließen die Mandschu-Ching die Region erstmals urbar machen und rekrutierten dafür eine Reihe von Bauern. Die Landwirtschaft ist heute in den Hintergrund getreten, KenTing mit seinen Stränden, Lokalen und der extrem trockenen Luft wurde zum beliebtesten Strand-Erholungsgebiet mit teilweise südostasiatischen Flair (einschließlich Strip-Shows à la Thailand). Leider sind die Ortsstrände derzeit nicht zugänglich; sie wurden vor Kurzem aufgekauft und in Resorthotelanlagen umgewandelt. Aber das Baden war und ist außerhalb KenTings ohnehin schöner! Es bietet sich an, mit Leihfahrrad/-moped das Umland zu erkunden. Zu Fuß sind von KenTing aus folgende Punkte gut erreichbar:

TaChienShan
大尖山

Groß und mächtig thront ein ***steiler Felskegel*** (DàJiānShān) unmittelbar nördlich von KenTing mit einer Höhe von 318 m über der Region. Er sieht von Weitem unbesteigbar aus, man muss aber keinesfalls einen Hubschrauber mieten, um die Aussicht vom Gipfel zu genießen. Ganz einfach gestaltet sich die Angelegenheit allerdings nicht: Der Weg hinauf ist steil, sehr steil. Gutes, festes Schuhwerk, gute Kondition (das letzte Stück geht es fast senkrecht an dort hängenden Seilen hinauf), mitgeführtes Trinkwasser und richtige Wetterbedingungen sind notwendig. Bei Regen - Finger davon lassen, der Anstieg ist so schon rutschig genug. Der Pfad selbst ist einfach zu finden: 500 m nach dem Parktor (●7, Seite 296) zweigt ein geteerter Weg nach links ab; weitere 350 m diesem folgend steht rechter Hand (am Fuße des Berges) ein Holzschild an einem Weidetor - hier entlang und aufwärts, aufwärts, aufwärts. Nicht aufgeben, der Blick entschädigt für alles!

KenTing-Ranch
墾丁牧場

Die Ranch bezeichnet sich als Lifestock Research Institute. Wer mal wieder „Landluft" schnuppern möchte oder Kühe aus nächster Nähe sehen will, sollte hier vorbeischauen. ●14

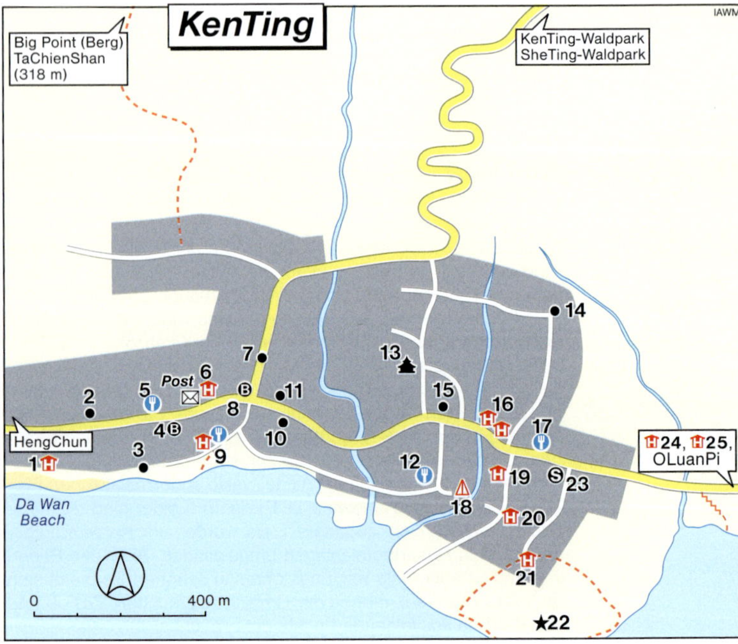

H	1	Chateau Beach Resort	●	14	KenTing-Ranch
●	2	Tankstelle	●	15	Fishermans Wharf
●	3	Strandhäuser	H	16	HongPin, MeiHsie, FuLe Hotels
B	4	Bushaltestelle	Ψ	17	Warung Didi II
Ψ	5	McDonald's	△	18	Campingplatz
H	6	HsinTaoFang Hotel	H	19	TienChu Hostel (Katholisch)
●	7	Parktor	H	20	JiaoShi HuiKuan (Teachers House)
B	8	Bushaltestelle	H	21	Youth Activity Centre
H Ψ	9	Cactus-Café	★	22	Froschfelsen und Uferweg
●	10	Moped + Jeep Verleih	S	23	Schule
●	11	Polizeistation	H	24	Cesar Park Resort
Ψ	12	Warung Didi	H	25	Howard Beach Resort
▲	13	Tempel			

033t Foto: wl

Youth Activity Center - ganz im traditionellen Stil

QingWaShi
青蛙石

Am Ortsausgang Richtung OLuanPi liegt links das „Pizza Castle" (Sea View Park), gegenüber führt der Weg zum KenTing Youth Activity Center. Davor stehend geht links ein Weg in den Park rund um den ***Froschfelsen*** (★22; warum er so heißt, sieht man am besten vom KenTing-Park aus), von wo aus man einen guten Überblick über die Bucht von KenTing bis zum Leuchtturm von OLuanPi genießen kann. Die Wege führen teilweise direkt am Meer entlang (und bieten Gleiches wie ⇗ ChiaLeShui, nur eben kostenlos). Dem Frosch selbst kann man nach einigen Unfällen nicht mehr auf die Nase steigen, unten am Meer ist noch der überwucherte Pfad (Holzsteg) zum Felsen erkennbar. Eintritt: 30 NT$.

Auch das am Rundweg gelegene ***Youth Activity Center*** verdient Beachtung: Es wurde im traditionell-chinesischen Stil der südlichen Ming (fukienesisch) von Taiwans bekanntestem Architekten *Dr. HanPao* errichtet und gleicht eher einem Freilichtmuseum denn einem Hotel für bis zu 450 Gäste (Besucher können nach Belieben umherspazieren). Die Unterkünfte liegen in den quadratischen, von Mauern umgebenen Höfen; Zentralgebäude, Verwaltung, Lesesaal, Kantine usw. befinden sich in tempelähnlichen Hauptgebäuden. Von manchen Wohneinheiten führen Tore direkt in den Park - eine der originellsten Unterkünfte auf TaiWan.

An-/Abreise

- ***Busse:*** nach KaoHsiung (GaoXiong) non-stop alle 12 bis 60 Minuten (250–320 NT$), 2 x tgl. nach TaiBei (742 NT$), - zu anderen Zielen fährt man über den Transitpunkt HengChun.

●Für die Rundreise vor Ort bietet sich ein ***Moped*** an, zu leihen überall im Ort. 24 Stunden kosten 650 NT$, 8 Stunden 600 NT$, 6 Stunden 450 NT$, 4 Stunden 350 NT$, 1 Stunde 125 NT$, überziehen bis zu einer Stunde bleibt ohne Folgen. Sechs oder acht Stunden genügen, aber auch 24 Stunden sind nicht uninteressant, um tagsüber die Küstenstreifen und in der Nacht die nachtblühende Barringtonia Indiae im tropischen Küstenwald zu sehen.

Fahrräder (Tandems) kosten zwischen 200 und 400 NT$ pro Tag (zu mieten z.B. im Youth Activity Center), auch ***Jeeps*** sind erhältlich (ab 1800 NT$ pro Tag).

●Wer im Caesar-Park Hotel oder OK Hill Hotel wohnen will, kann den ***Exklusivbus der jeweiligen Hotels von/nach KaoHsiung (GaoXiong)*** in Anspruch nehmen.

●***Achtung:*** Schilder (Liegende 8 in blau und rot) an der Straße deuten auf einen KentingShuttleBus hin, der alle Sehenswürdigkeiten östlich und westlich KenTing bis HengChun im Halbstundentakt verbindet. Er kostet 150 NT$ für 1 Tag, 250 NT$ für 2 Tage – fährt aber nur an Wochenenden!

Unterkunft

Es gibt in KenTing praktisch nur die Hauptstraße (KenTingLu) und ein, zwei Nebenstraßen; Hausnummern wird man vergebens suchen. Daher die folgenden Angaben ohne Straßenangabe.

Einfachste Unterkünfte

Total billige Unterkunft gibt es im Urlaubsort KenTing kaum, die günstigste Variante wäre der ***Campingplatz*** (kostet 230 NT$ pro Zelt), das wäre jedoch Verschwendung, da man außerhalb überall gut zelten kann.

Einfache Hotels

天主活中心

ф***Catholic Hostel*** €€, Tel. (08)-8861540; Dorm 600 NT$, DZ 1250, an Wochenenden bis 2000 NT$, bei westlichen Reisenden recht beliebt.

教師會館

ф***Teachers Hostel*** €€, Tel. (08)-8861241, Dorm 350 NT$, DZ 850 NT$, nur für Studenten mit chinesischem Studentenausweis zugänglich.

美協別館
福樂別館

ф***FuLe PieKuan (Foremost-Hotel)*** €€, Tel. (08)-8861007, ab 600, DZ ab 900 NT$.

鴻賓別館

ф***HongPin LuShe*** €€, Tel. (08)-8861003, EZ 650, DZ 900 NT$.

Die drei letztgenannten Hotels liegen direkt nebeneinander und haben Spielhallen im Erdgeschoss. Die Zimmer gleichen sich alle: einfach, meist fensterlos, mit Bad, TV und A/C. An Wochenenden und Feiertagen doppelter Preis in diesen Hotels.

心陶芳大飯店

ф***HsinTaoFang TaFanTien*** €€, Tel. (08)-8861021, etwas laute Zimmer (schlecht isoliert) durch den gegenüberliegenden Busparkplatz und das McDonald's nebenan. DZ 800–1100 NT$.

Mittelklassehotels

青年活動中心

ф***KenTing Youth Activity Center*** €€€, Tel. (08)-8861221 bis 4, http://kenting.cyh.org.tw, DZ ab 2800 NT$ (mit Kühlschrank), Dorm. (verschiedene Sechs- bis Achtbettzimmer) kostet 600 NT$, ist aber Einzelpersonen offiziell nicht zugänglich (fragen kostet nichts). Das Center ist zwar teurer als andere Jugendherbergen – aber jeden NT$ wert (s.o.). Wer sich zu zweit oder zu viert mal etwas Schönes leisten will, komme hierher.

仙人掌咖啡

●In der Parallelstraße DaWanLu erhält das ф***XianRenZhang KaFei (Cactus-Café)*** €€€, Tel. (08)-8886247, gute Kritiken in dieser Klasse mit interessanter Ziegel- und Fachwerkkonstruktion und blitzsauberen Zimmern ab 2100 NT$.

Hotels der gehobenen Mittelklasse und Spitzenhotels

Einerseits gehörte es bislang zu den Spielregeln im Parkgebiet, dass jedermann an den Stränden freien Zugang hat. Andererseits wurde der Ruf laut, dass doch hochpreisige Resorts bitteschön den Gästen entsprechende Ruhe bieten mögen. So ist es im Ergebnis heute so, dass in KenTing die Hotelstrände Resortgästen vorbehalten sind.

夏都沙灘酒店
Chateau Beach Resort €€€€, Tel. (08)-8862345, Fax 8862222, www.ktchateau.com.tw, herrliche Anlage mit DZ ab 6500 NT$ und bungalowähnlichen Familienräumen zu 9000 NT$. Jakuzzi, Kinderpool, diverse Sporträumlichkeiten und Restaurants, VP 2000 NT$ extra.

福華渡假飯店
Howard Beach Resort €€€€, 2 KenTing Rd., Tel. (08)-8862323, Fax 8862300, www.howard-hotels.com, mit Einkaufsarkade, Sportmöglichkeiten, Spielhalle, Kinderland, Kegelbahn usw. - und DZ ab 7200 NT$, die Suiten beginnen bei 14.000 NT$. Es liegt zur Wahrung seiner Exklusivität einige Kilometer außerhalb des Zentrums, ebenso wie das

凱撒大飯店
Cesar Park Hotel €€€€, 6 KenTing Rd., Tel. (08)-8861888, Fax 8861818, www.caesarpark.com.tw. DZ kosten ab 6700 NT$ aufwärts, Online-Buchungen ab 4000 NT$ (Nebensaison). Wellnessbereiche, Sonnenbank, geheizter Außenpool und zahlreiche Sportmöglichkeiten gehören ebenso zum Angebot wie Einkaufsarkade, westliche und östliche Restaurants sowie eine reine Bierbar.

Essen und Trinken

Jedes dritte Gebäude in KenTing hat etwas mit Essen zu tun. Neben dem mehrfach erwähnten amerikanischen Schnellimbiss sind vor allem eine Vielzahl von (teuren) Seafood-Restaurants und Pizzerien vertreten. Hervorzuheben ist die vom Briten *Neil* und seiner taiwanesischen Frau *Amy* betriebene **„Spaghetteria & Pizzeria Amy's Cucina"** (Tel. 08-1977131) schräg gegenüber vom PeiPing-Hotel. *Neil* arrangiert auch Bootstouren mit seinem Catamaran (im Lokal nachfragen). Auch die Südostasien-Stimmung wecken-den **Warung Didi** und **Warung Didi II,** in der DaWan Rd., Tel. (08)-8861835, sind sehr empfehlenswert. Der malayische Koch zaubert malayische, philippinische, indonesische und thailändische Köstlichkeiten zu moderaten Preisen. Zu einem beliebten Traveller-Treff hat sich das bei den Unterkünften vorgestellte **XianRenZhang KaFei (Cactus-Café)** entwickelt, wo man nicht nur hervorragend frühstücken kann (rund 180 NT$), sondern auch bis in die späten Abendstunden hinein TexMex-Snacks genießen kann.

Information

Leider liegt das **Visitor's Center** etwa 2 km außerhalb von KenTing beim Park Police Headquarter (Tel. 08-8861321, www.ktnp.gov.tw), außerdem kosten die englischsprachigen Broschüren ab 25 NT$. Die Ausstellungshalle im Center gibt einen kleinen Einblick in Geologie, Geschichte, Flora und Fauna der Region. Geöffnet täglich 8.30–12.00 und 13.00–17.00 Uhr, Eintritt frei.

Institutionen

郵局
Post: an der Hauptstraße, neben McDonald's.

警察
Polizei: rechts vom Tor, Zugang an der Hauptstraße, Tel. (08)-8861331.

醫院
Erste Hilfe: Es gibt kein Krankenhaus in KenTing, bei einer ernsten Erkrankung oder Badeunfällen muss Hilfe von außen herbeigeholt werden. Im Notfall sollte man sich an die Polizei, das Krankenhaus von OLuanPi, Tel. (08)-8851210, oder die Notaufnahme in HengChun, Tel. (08)-8892704, wenden.

- **Geld:** Wechsel von US$ ist nur in HengChun möglich. In einigen Oberklassehotels gibt es allerdings Geldautomaten, z.B. im Caesar Park Hotel.

Die Ostseite

Der Besuch der meisten Sehenswürdigkeiten bedarf eines eigenen Transportmittels (Fahrrad, Moped, Jeep). Entlang der Südspitze bis OLuanPi verkehrt der HengChun-OLuanPi-Regionalbus, dem man in KenTing zusteigen kann. Die Orte, Straßen und Punkte sind gut beschildert (engl.), sodass man sich als Selbstfahrer praktisch nicht verfahren kann. Wer wenig Zeit hat, sollte den Besuchsschwerpunkt auf die Ostseite legen.

墾頂森林游樂區

KenTing-Park (KenTing ShenLin YouLoChu)

Das heutige Parkgebiet war über viele Jahrhunderte hinweg Heimat eines Stammes der Paiwan-Ureinwohner, deren Kultur hier allerdings nicht mehr erhalten ist (⇗ Zentralbergland/Süd). In den 20erjahren pflanzten die Japaner hier über 500 Arten tropischer Pflanzen an und nannten das Gebiet ***KenTing tropischer botanischer Garten.*** 1967 wurde die Parkregion dem Ministerium für Forstangelegenheiten unterstellt und zum Erholungsgebiet erklärt. Auf einer Höhe von 230–300 m gelegen, umfasst der gesamte Park ca. 435 ha, von denen 26 ha der Öffentlichkeit zugänglich sind. In der Jungsteinzeit vor ca. 10.000 Jahren lag das Gebiet unter Wasser, sodass die Steinformationen im Park überwiegend aus Meeressedimenten und Korallenfelsen bestehen.

Ein kompletter Rundgang im englisch ausgeschilderten Park dauert etwa eineinhalb Stunden. Interessanteste Punkte sind ***Aussichtsturm*** *(observation tower)*, ***Feenhöhle*** *(fairy cave)* und ***Regenschirm-Turm*** *(umbrella tower)*. Der Eintritt beträgt 140 NT$ (Studenten 70 NT$; hier zu zahlen, nicht in KenTing), der Park ist täglich von 8.30 bis 18.00 Uhr geöffnet (Tel.08-8861211).

Etwa alle 90 Min. verkehrt zwar ein öffentlicher Bus zwischen dem Tor in KenTing und Park; will man aber auch den nahegelegenen ShiTing-Park besuchen, ist man auf ein eigenes Transportmittel oder Schusters Rappen angewiesen. Es sind 4,5 km vom Parktor (KenTing) bis zum Park (exakt 1 Stunde Fußmarsch), dann 2 km zum ShihTing-Park (30 Min.), dann 45 Min. hinunter zum Segelboot-Felsen, von dem aus man den Bus nach KenTing zurücknehmen kann.

社頂公園

ShiTing-Park

An der Küstenstraße kurz vor dem ChuanFanShih zweigt an einer Ampel landeinwärts eine steile Straße ab, an der nach 3 km rechts der ShiTing-Park liegt. Die Aussicht von der Straße selbst wie auch von den Aussichtsplattformen ist fantastisch, kleine Wanderpfade führen durch sattes Grün zu Felsgrotten, Tropfsteinhöhlen und allen Aussichtspunkten des Parks. Für die Zukunft ist die Anlage eines Rotwildgeheges an der Ostseite geplant. Der Eintritt ist frei.

船帆石

ChuanFanShih

Der **Felsen** im Meer stellt wahrlich nichts Besonderes dar, wären da nicht die fantasievollen chinesischen Bezeichnungen für ihn. Eine Legende besagt, ein kurzsichtiger Einheimischer habe einst geglaubt, ein Segelschiff (Dschunke) läge vor der Küste - so bekam der Felsen den Namen „Segelbootfelsen". Noch interessanter ist die moderne Version (muss wohl während des Vietnam-Krieges entstanden sein): Im Seitenprofil sähe der Felsen aus wie ein Kopf, und zwar der des ehemaligen US-Präsidenten *Richard Nixon,* dem das Wasser bis zum Hals steht! Die angrenzende kleine **Bucht** ist ideal zum Baden.

Unterkunft

am Felsen

金華大飯店

中 ***ChinHua TaFanTien*** €€, Tel. (08)-8851340, liegt direkt gegenüber vom Felsen. DZ 1000-1600 NT$, ordentlich.

O。K。山狀

中 ***OK Hill Hotel*** €€€€, Tel. (08)-8861601, www.okhill.com.tw. Das internationale Spitzenhotel mit allem Komfort liegt sehr schön am Hang Richtung KenTing. DZ ab 4500 NT$ aufwärts (Online ab 3990 NT$/Nebensaison). Das Hotel betreibt einen eigenen Pendelbus von/nach KaoHsiung (GaoXiong).

030t Foto: wl

Angeblich das Profil von Richard Nixon: der ChuanFanShih

Tropischer Küstenwald

Zwischen dem Segelbootfelsen und ShaoTaWan ist ein etwa 2 km langer Streifen des ursprünglich 500 ha großen tropischen Waldgebietes erhalten. Viele der tropischen Pflanzen TaiWans stammen aus Indonesien und den Philippinen, von wo aus die Samen mit der Meeresströmung angeschwemmt wurden. Hier wachsen noch ca. 180 verschiedene Pflanzenarten, zu deren berühmtesten die nachtblühende Barringtonia Indiae zählt. Viele Touristen sind hier auf der Suche nach diesem seltenen Naturschauspiel und treten sich nachts auf die Füße.

沙島彎

ShaTaoWan

Kurz vor OLuanPi liegt eine kleine ***Bucht*** mit unglaublich blauem Wasser. Der Sand dieser Bucht, ein hochwertiger Quarzsand, wurde über Jahrzehnte hinweg nach Hawaii und Japan zur Schmuckherstellung exportiert. Mittlerweile steht dieser Strand unter Naturschutz.

鵝鑾鼻

OLuanPi (Gans-Glöckchen-Nase)

OLuanPi, südlichster Punkt der Insel, ist schon von Weitem durch den markanten, weißen ***Leuchtturm*** auszumachen. Er dient der Schifffahrt durch die Straße von TaiWan als wichtiger Wegweiser und ist mit seinem hübschen Park auch für Touristen von Interesse. Ein Rundgang durch den ***Park*** und das kleine ***Museum*** am Leuchtturm nimmt mindestens eine Stunde in Anspruch. Eintritt 30 NT$ (+ 10 NT$ Parkplatz).

1,5 km weiter entlang der Ostküstenstraße kommt man zum ***OLuanPi Recreation Center,*** in dem gelegentlich Live-Vorführungen und kulturelle Veranstaltungen stattfinden. Die (geteerten) Wege über die Hügel, auf denen Heu für die KenTing-Farm gemacht wird, erinnern ein wenig an ländliche Gegenden in Europa.

Unterkunft

Die Unterkünfte in OLuanPi sind nicht billig, es gibt auch wesentlich weniger Verpflegungs- und Unterhaltungsmöglichkeiten als in KenTing.

鵝鑾鼻活動中心

中 ***OLuanPi HuoTung ChungHsin, OLuanPi Recreation Center*** €€€, Tel. (08)-8851210, Fax 8851191, knapp 2 km außerhalb und absolut ruhig, leider kein englischsprachiges Personal.

南央大飯店

中 ***President Wealth Hotel*** €€€€, Tel. (08)-8851088, www.clubhealth.com.tw. Luxushotel mit DZ ab 4500 NT$ (Winter) bis zu 6er-Suiten für 15.000 NT$.

Informationen

鵝鑾鼻醫院

● Beim Recreation Center von OLuanPi befindet sich auch ein kleines ***Krankenhaus,*** das einzige an der Südküste, welches für alle Notfälle zuständig ist, Tel. (08)-8851210.

佳樂水

ChiaLoShui (außerordentliche-Fröhlichkeit-Bach, JiāLèShuǐ)

Die Strecke entlang der Ostküste von OLuanPi bis ChiaLoShui ist famos. Entlang steiler Klippen und unzähliger, kleiner, ruhiger Sandbuchten führt die Straße nach ChiaLoShui, das vor allem wegen seiner bizarren ***Felsformationen*** bekannt wurde. Der 2 km lange, künstlich angelegte Fußweg dort mit einem Aussichtspavillon auf das eine oder andere Schiffswrack ist zwar ganz nett, aber keine 80 NT$ Eintritt wert, schließlich handelt es sich um eine natürliche Küstenformation in freier Natur. Jüngste Bauarbeiten lassen darauf schließen, dass bald eine Autobahn zu den Schiffswracks an den Felsen vorbei führen wird, bei dann doppeltem Eintritt, versteht sich!

南人山

NanJenShan (NanRenShan, Süd-Mensch-Berg)

An der Ostküste endet die Straße in ChiaLoShui; der Weg nach Norden kann nur im Inland über die „200" bis NanRen fortgesetzt werden.

Die Gegend ist aus mehreren Gründen ***unter Naturschutz*** gestellt worden und nur mit A-permit zu besuchen. Es ist zwar denkbar, dass im Rahmen der Parkentwicklung auch dieser Teil der Öffentlichkeit freigegeben wird, aber ehrlich gesagt: Besser wäre es, wenn es nicht so weit käme. Für Botaniker und Archäologen ist

0341 Foto: wl

Brücke bei ChiaLoShui

die Gegend rund um den NanRenShan von herausragender Bedeutung. Die Westseite liegt in einem geschützten Tal und ist von tropischem Regenwald bedeckt, die den Meereswinden zugewandte Ostseite von Monsunwald. An der Vegetationsgrenze beider Waldgebiete wurden in den vergangenen Jahren mehrere Pflanzenarten entdeckt, die man für ausgestorben hielt. Ferner wurden die einzigartigen, sehr kleinen Schlafhäuser der Ureinwohner in diesem Gebiet entdeckt. Schließlich stellt der nahe gelegene ⌽ ***NanRenHu (See der Südmenschen)*** ein unberührtes Paradies für Zugvögel dar. Ernsthaft interessierte Historiker und Botaniker wenden sich an die Hauptverwaltung in KenTing/Visitor-Center (Tel. 08-8861321), um Informationen über Gebiet und Genehmigungsprozedere zu erfahren.

南人湖

Die Westseite

Freilandmuseum der Sisalindustrie

Der Sisalpflanze kam in dieser Region lange Zeit eine Schlüsselbedeutung zu. 1901 aus Mexiko ins Land gebracht, entwickelte sich hier klimabedingt das Zentrum des Sisalanbaus und damit einhergehend auch die Weiterverarbeitung. Die starken, trockenen Winde und die gleißende Sonne ließen eine besonders strapazierfähige Faser wachsen, die den daraus hergestellten Produkten, vor allem den in der Schifffahrt verwendeten Seilen, eine besondere Güte verlieh. Die Sisalpflanze wächst 8–10 Jahre, treibt dann Blüten und stirbt im Jahr darauf ab.

Das kleine Freilandmuseum, eine ehemalige Faktorei, liegt 300 m entfernt vom Aussichtspunkt auf dem Weg zum LungLuanTan und ist 8.40–17.00 Uhr tgl. geöffnet; der Eintritt ist frei. Hier wird die Verarbeitung der Sisalpflanze an den verschiedenen Maschinen bis zum Endprodukt gezeigt, erklärende Hinweisschilder gibt es leider nur auf chinesisch.

龍鑾潭

LungLuanTan (Drache-Glöckchen-Teich)

Ursprünglich wurde das Gebiet des heutigen Sees landwirtschaftlich genutzt, tropische Regenfälle führten in diesem tief gelegenen Gebiet immer wieder zu verheerenden Überschwemmungen. So wurde in den 50er Jahren ein Reservoir gebaut, an dessen Nordende das Wasser kontrolliert in den PaoLi-Fluss fließt. Der See ist im Durchschnitt 3–4 m tief und dient mit seinen sumpfigen Ufern Wasser- und Zugvögeln als Unterschlupf. Von Oktober bis Mai können hier Schnepfen, Regenpfeifer, Wildgänse und zahlreiche Entenarten aus Sibirien, China und Japan beobachtet werden. Zu erreichen ist der LungLuanTan, in taiwanesischen Publikationen auch als „LungLun-Marsh" wiedergegeben, von KenTing aus Richtung NanWan (Westen), an der ersten Ampel links abbiegen, vorbei an Aussichtspunkt und Sisal-Freilandmuseum, ab dann ist es ausgeschildert.

關山

KuanShan

Vom 152 m hohen ***Berg*** KuanShan hat man freie Sicht sowohl nach Westen (Küste) als auch nach Osten (OLuanPi, NanWan, LungLuanTan). Am Gipfel können der ***FuTeKung-Tempel,*** ein daoistischer Tempel zur Besänftigung der Korallenriffe für die Fischer, und ***FeiLaiShih,*** der „herbeigeflogene Felsen“ besichtigt werden. Von letzterem (der wegen seiner Form mit dem Schildkrötenhügel (⇗ unten), verwechselt werden kann) glauben die Einheimischen, dass der bewachsene, gefährlich schräg stehende Felsen nur von einem TaiFun von den Philippinen hierhergeweht worden sein könne. Zum Tempel und zum Felsen folgt man vom ersten Parkplatz aus dem geteerten Weg weiter bis oben, wo mehrere Aussichtspunkte zum Verweilen einladen.

龜山

KueiShan

Im äußersten Nordwesten des Parkgebietes liegt 72 m ü.N.N. der KueiShan oder ***Schildkrötenhügel,*** von dem aus ein kleines Naturschauspiel zu beobachten ist (allerdings dauert es einige Monate). Die Flüsschen SuChung und PaoLi werden im Winter an der Mündung mit Meeressand zugeschwemmt, während dieser trockenen Monate hat das wenige nachfließende Wasser nicht die Kraft, die Sandmassen fortzuspülen. Im Sommer dagegen sehen die Flüsse und deren Mündungen völlig „normal“ aus.

Die ***Tunnel*** im Hügel stammen noch aus der japanischen Besatzungszeit, sie dienten als Munitionsdepot.

後彎

HouWan

Die ***Bucht*** von HouWan ist ruhig, denn kaum ein Tourist fährt dorthin. Am sehenswertesten in HouWan ist das recht neue ***National Museum of Marine Biology*** mit wunderschön eingerichteten Aquarien und (für Kinder) tollen Shows mit Belugawalen. Sehr empfehlenswert, informativ und hochinteressant, aber leider nur für Selbstfahrer erreichbar. Eintritt 320 NT$, Kinder frei, geöffnet Mo-Fr 9–18 Uhr, Wochenende und feiertags 8–18 Uhr, im Hochsommer bis 20 Uhr.

In der Gegend zwischen HouWan und HsunKuangTsui werden größtenteils noch ***Sisalpflanzen*** angebaut. Es lohnt sich, die langen, schlanken Blätter, die aus einer „am Boden stehenden Ananas“ wachsen, einmal aus der Nähe zu betrachten. Dann erkennt man nämlich, dass es sich um keine Ananas, sondern vertrocknete Blätterreste der Sisalpflanze handelt.

萬里桐

HsunKuangTsui

Die Küste um HsunKuangTsui ist vor allem zum ***Schnorcheln und Tauchen*** interessant. Die intakte Unterwasserwelt, Korallen und die Vielzahl tropischer Fische haben die Behörden veranlasst, hier ein Marinemuseum, Aussichtsplattformen und Glasbodenboot-Touren beim nahe gelegenen Dorf WonLiTon einzurichten.

白沙彎

PaiShaWan

Die nette kleine Bucht von PaiSha ist ideal zum ***Baden und Schnorcheln.*** Wasserscooter und andere Ausrüstung werden vor Ort verliehen. Hier existiert kein englischsprachiges Hinweisschild zum Strand, man muss – von Norden (HsunKuangTsui) kommend – in der Senke rechts in einen kleinen geteerten Weg einbiegen. PaiShaWan liegt günstig, geschützt auch vor dem (Winter-) Nordostmonsun, sodass hier ganzjährig geschwommen werden kann.

貓鼻頭

MaoPiTou (Katze-Nase-Kopf, MāoBíTóu)

MaoPiTou ist der westliche Zipfel der Südspitze TaiWans. Das Dorf selbst ist ein ruhiges, verschlafenes Nest. Größte Attraktion ist das ca. 1 km Richtung KenTing liegende ***Aussichtsplateau*** (30 NT$ Eintritt/Person), wo die Korallenfelsen rund um die Südspitze bewundert werden können. Besonders in den trockenen Wintermonaten erzeugen hier Rot-, Braun- und Grünalgen im „blauen" Meer bizarre Farbspiele.

後壁湖

HouPiHu

Der größte ***Fischereihafen*** im Süden kann bis zu 500 Fischerboote aufnehmen. Direkt neben dem Hafen (zu erkennen an den zwei langen, befahrbaren Mauern) werden Tauch- und Schnorchelkurse abgehalten – wenn wenige Schwimmer unterwegs sind, kann man hier rechts um die Felsen herum prima schnorcheln.

南彎

NanWan

NanWan wäre der größte, lebhafteste und vielleicht auch interessanteste Strand für Touristen. Scooter, Wellenreiten, Bodysurfen, Imbissstände, Busanbindung nach HengChun und KenTing – alles da und trotzdem nicht überlaufen. Wenn da nicht die Bemerkung in taiwanesischen Publikationen stünde „die Nähe zum Atomkraftwerk erforderte die Absperrung eines Teils der Strandregion, die andere ist absolut sicher". Optisch ist der Strand einwandfrei.

高雄

KaoHsiung (GāoXiòng, KaoShiong, Gaeo Shyong, groß und stark)

083t Foto: wl

Überblick

KaoHsiung liegt im Südwesten TaiWans und nimmt eine strategisch wichtige Position an den Seewegen zwischen Nordostasien und dem Indischen Ozean ein. Während der japanischen Besatzungszeit (1895-1945) wurde der Ort mit seinerzeit 60.000 Einwohnern erstmals in den Rang einer Stadt erhoben und hat sich seitdem zur zweitgrößten Stadt und südlichen Metropole TaiWans mit rund 1,6 Mio. Einwohnern entwickelt. 1979 erhielt KaoHsiung den (neben TaiPei einmaligen) Status eines administrativen Sondergebietes, untersteht damit keiner Distriktverwaltung und ist einer Provinz gleichgestellt. Das Gesicht der Stadt wurde in der Folgezeit durch moderne Gebäude verändert, zuletzt mit dem Bau einer Metro. Heute rangiert KaoHsiung unter den zehn weltgrößten Häfen und steht an vierter Stelle im Frachtcontainer-Umschlag. Daher wird der Eindruck des Reisenden auch vorrangig von emsiger Geschäftigkeit und „business" geprägt. Ein moderner, internationaler Flughafen ergänzt die gute Infrastruktur der Stadt.

Eine besondere Rolle kommt der Stadt als „Rivale" TaiBeis zu; die Bürger sind seit jeher erbost, dass ein Teil ihrer Steuern (früher 100 %, heute 50 %) nach TaiBei an die Zentralregierung zu zahlen ist. So konnte TaiBei sich rasch entwickeln (Stadtplanung, Metro usw.), während KaoHsiung heute der Makel der nach dem Luftverschmutzungsgrad unsaubersten Stadt TaiWans zukommt. Das wollte man natürlich nicht auf sich sitzen lassen und baute daher eine eigene U-Bahn, die Ende 2008 in Betrieb genommen wurde und das Umweltproblem entlasten soll.

Für den Touristen ist KaoHsiung insbesondere als Ausgangspunkt zu Attraktionen der näheren Umgebung und als wichtigster südlicher Transitpunkt von Bedeutung. Doch auch KaoHsiung selbst hat einige beachtenswerte Sehenswürdigkeiten vorzuweisen und bietet sich als Einkaufsstopp mit großen Kaufhäusern und einem reichhaltigen Angebot nahezu aller in TaiWan hergestellten Produkte an.

Sehenswertes

Sehenswürdigkeiten in Gehentfernung vom Zentrum

SanFengTang
三鳳堂

Die riesige ***Tempelanlage*** stammt aus dem Jahre 1673 und stand ursprünglich in einem anderen Stadtteil, bis sie 1972 an der jetzigen Stelle wieder aufgebaut wurde. Gewidmet ist der Tempel dem Prinzen und Marschall *NaCha* (auch unter *NouTsou* und *TaiTzuYe* bekannt), der vor 300 Jahren sein Leben für das seiner Eltern geopfert haben soll. Der Prinz ist als gekrönte Zentralfigur im Erdgeschoss zu sehen. Der Tempel zeigt sehr schön die Vermischung

043t Foto: wl

JhongShanLu - Hauptverkehrsader KaoHsiungs

von Buddhismus, Daoismus und Götterkult: Die Wände sind mit daoistischen Szenen bemalt, im Obergeschoss wird dagegen einem der Verbreiter des Buddhismus, *Shakimuni* (Mitte), einem der höchsten Götter des Daoismus, *YuWangTaTi* (links), sowie *KuanYin,* dem Boddhisatva der Barmherzigkeit (rechts) gehuldigt. Die oberen Etagen der Glocken- (rechts) und Trommeltürme (links) sind an den Wänden mit kleinen leuchtenden Gedenkkästchen bedeckt.

▲ 18 (Seite 310); HoPeiLu/Ecke JhongHuaLu Sec. 3, vom Bahnhof aus die JhongShanLu nehmen, vor dem kleinen Kanal rechts, dann immer geradeaus.

KaoHsiung (GaoXiong), Zentrum
MRT Red Line
MRT Orange Line
0
1000 m
ShouShan-Park
1
2
SYS-Universität, HsiTzuWan-Strand
Fort, Strand, Universität
3
Sizihwan 1
Fisherman's Wharf
4
Yanchengpu
2
5
6
7
8
9
10
11
12
13
14
15
16
17
18
19
LiShing Rd.
JianGuo 3rd Rd.
HeBei 2nd Rd.
HeNan 2nd Rd.
CiSian 2nd Rd.
ShinJhong 1st Rd.
LiouHe 2nd
JhongJheng 4th Rd
GuShan 1st Rd.
JianGuo 4th Rd.
LaiNan St.
DaYong Rd.
WuFu 4th Rd.
CiSian Rd.
GungYuan 2nd Rd.
DaCheng St.
HeShi Rd.
HeDung Rd.

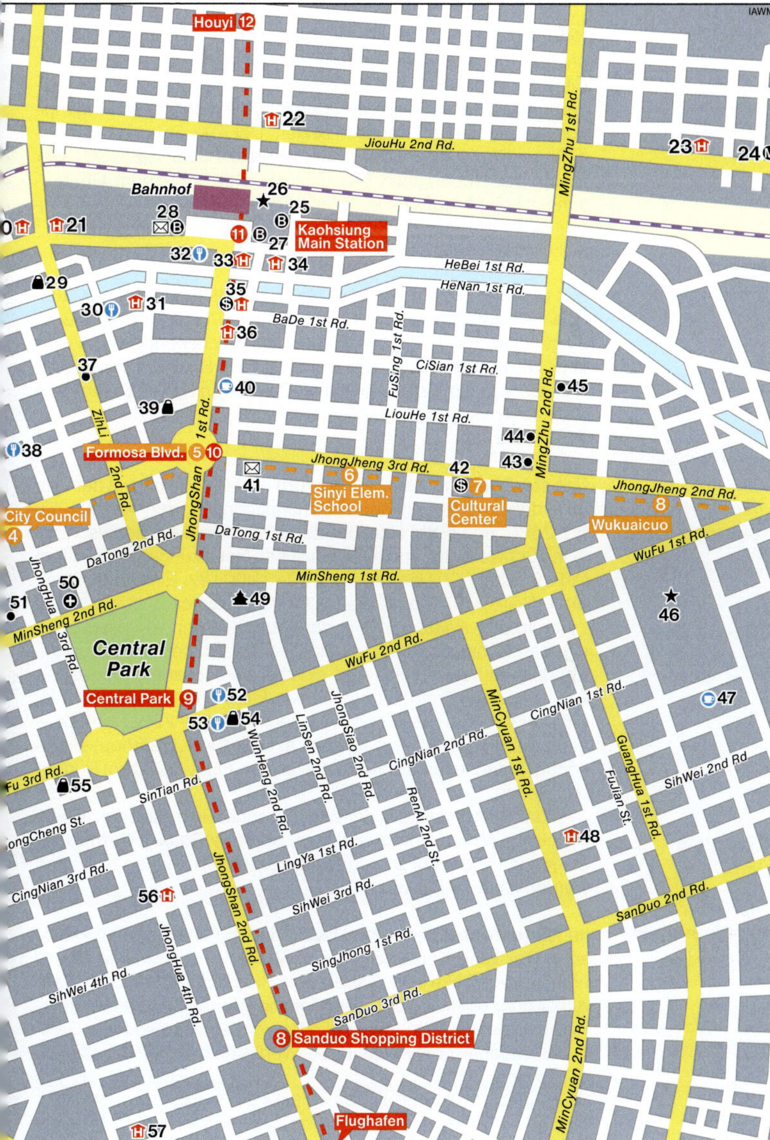
IAWM
Houyi 12
22
JiouHu 2nd Rd.
23
24
MingZhu 1st Rd.
Bahnhof
26
28
25
21
11
27
Kaohsiung Main Station
32
33
34
HeBei 1st Rd.
HeNan 1st Rd.
29
35
30
31
BaDe 1st Rd.
36
FuSing 1st Rd.
CiSian 1st Rd.
37
MingZhu 2nd Rd.
45
40
ZihLi 2nd Rd.
39
LiouHe 1st Rd.
JhongShan 1st Rd.
44
38
43
Formosa Blvd. 5 10
JhongJheng 3rd Rd.
42
41
6 Sinyi Elem. School
7 Cultural Center
JhongJheng 2nd Rd.
8 Wukuaicuo
City Council 4
DaTong 1st Rd.
DaTong 2nd Rd.
WuFu 1st Rd.
MinSheng 1st Rd.
JhongHua 3rd Rd.
50
51
49
46
MinSheng 2nd Rd.
Central Park
WuFu 2nd Rd.
Central Park 9
52
47
53
54
WunHeng 2nd Rd.
LinSen 2nd Rd.
JhongSiao 2nd Rd.
MinCyuan 1st Rd.
CingNian 1st Rd.
CingNian 2nd Rd.
GuangHua 1st Rd.
FuJian St.
SihWei 2nd Rd.
Fu 3rd Rd.
55
SinTian Rd.
RenAi 2nd St.
ongCheng St.
48
LingYa 1st Rd.
CingNian 3rd Rd.
SihWei 3rd Rd.
56
JhongShan 2nd Rd.
SanDuo 2nd Rd.
JhongHua 4th Rd.
SingJhong 1st Rd.
SihWei 4th Rd.
SanDuo 3rd Rd.
8 Sanduo Shopping District
MinCyuan 2nd Rd.
Flughafen
57

KuKuTang
鼓鼓堂

Unter der Woche steht dieser ***Tempel*** nahezu leer, nur an Wochenenden und Feiertagen finden hier regelmäßig daoistische Rituale, Feuerwerke und Prozessionen statt. Der KuKuTang berherbergt einige interessante Schreine, die nicht die sonst gängigen Hauptgötter der Daoisten zeigen. Der linke Schrein ist *ChengTeFu* gewidmet, der mittlere Hauptschrein *TianShang SzuMu,* der rechte der Nebengöttin *LiangLiangNi.* Der Schrein im Obergeschoss beherbergt eine kunstvolle Statue der Nebengottheit *WenChang.*

●(JhongShanLu/Ecke MinShengYiLu).

Vision for KaoHsiung

Aus dem Hbf. kommend linker Hand, unmittelbar hinter der GuoGuang-Busstation, wurde die Ausstellung „Vision for KaoHsiung" eingerichtet (Di–Fr 14.00–20.00 Uhr, Wochenende und Feiertage 10.00–20.00 Uhr, der Eintritt ist frei). Hier wird dargestellt, wie man sich die Stadtplanung und Entwicklung in der Zukunft vorstellt.

★ 26 (Seite 310).

Historisches Museum und Love River
歷史博物館

Das ***stadtgeschichtliche Museum*** liegt unmittelbar auf der Ostseite des Love River in der 272 JhongJhengLu, Sec. 4, Tel. (07)-5312560, und bietet einen kleinen Einblick in die Stadtgeschichte mit Schwerpunkt auf der japanischen Besatzungszeit. Geöffnet Di-Fr 9.00–17.00 Uhr, Sa, So 9.00–21.00 Uhr, Eintritt frei.

Ⓜ 11 (Seite 310). Metro: orange 04/City Council.

愛河

Der ⌖***Love River*** wurde in den letzten Jahren von einer ölbedeckten Schmutzgrotte zum städtischen Promenierareal umgewandelt. Neben deutlich und sichtbar verbessertem Gewässerschutz wurden Freizeitangebote wie Flussfahrten (Bambuskiosk am Ufer vor dem Historischen Museum, 16.00–22.00 Uhr) oder gemütliche Café-Bars am Fluss (u.a. Love River Tea Shop) eingerichtet. Manche Einheimische nutzen den Fluss auch zum Rudern und Baden.

玫瑰天主堂

An der Südwestseite in der WuFuLu schließlich steht das älteste christliche Monument KaoHsiungs, die ***Holy Rosary Cathedral,*** die jedoch leider nur zu den Gottesdiensten von innen besichtigt werden kann; ★ 8 (Seite 310).

ChungCheng WenHua ChungHsin
中正文化中心

Im ***Kulturzentrum*** von KaoHsiung finden nahezu täglich klassische westliche Konzerte, Opern, Musicals, chinesische Opern und Theaterstücke statt. Das aktuelle Programm ist telefonisch abrufbar oder direkt vor Ort (ganztägig) in Informationsblättern (englisch) einzusehen. Im Areal befindet sich ferner eine kleine Galerie, in welcher überwiegend die Werke heimischer Künstler zu sehen sind.

★ 46 (Seite 310); WuFuLu, Sec.1/Ecke HoPingLu, Sec.1, Tel. (07)-2015141, Stadtbusse 76 direkt, 36 zur Ecke SzuWei/HoPing; Metro rot R-8/SanDuo.

▲	1	YuanHeng Kloster & Tempel
★	2	Märtyrerschrein & Zoo
•	3	ChiChinTao-Fähren
•	4	PengHu Passagierhafen
B	5	Caves Buchladen
■	6	Sportartikel-Kaufhaus
●	7	La Face Bar
■	8	Holy Rosary Cathedral
H	9	Ambassador Hotel
$	10	ICBC-Bank
M	11	Hist. Museum
$	12	Bank of Taiwan
►	13	Polizei/Visaangelegenheiten
•	14	Lufthansa, TI, ICBC
■	15	Love River Tea Shop
■	16	Carrefour-Supermarkt
H	17	IYHF Hostel I
▲	18	SanFengTang-Tempel
■	19	Straßenmarkt SanFengJhong
H	20	TiaoLun Hotel
H	21	RuiCheng Hotel
H	22	MingShi Hotel
H	23	Summit Hotel
M	24	Museum der Wissenschaft und Technik
B	25	GaoXiongKeYun-Busse
★	26	Vision for KaoHsiung
B	27	GuoGuang-Busse
B	28	Stadtbusse,
✉		Post
■	29	Deutsche Boutique
●	30	Rest. Aneka
H	31	Riverside Hotel
●	32	McDonald's
H	33	ChienHua und Union Hotels
H	34	HuaHong Hotel
$	35	ICBC-Bank;
H		Hotel KaoShan (Himalaya)
H	36	Hotel ShunYü
•	37	Snackmarkt
●	38	FoKuang buddhistisches Restaurant (No. 202)
■	39	LiuHo-Nachtmarkt
●	40	I love my home Coffeshop
✉	41	Hauptpost
$	42	American Express
•	43	Malaysia & Japan Asia Airlines
•	44	Hsiao LiuChiu-Touren
•	45	Bekleidungskaufhaus
★	46	Kulturzentrum
●	47	Dog Pig Art Café
H	48	HanHsien International Hotel
▲	49	ChueMin-Tempel
+	50	Spital
•	51	China Airlines, FAT u.a.
●	52	McDonald's
●	53	Wendy's
■	54	WuFuLu-Straßenmarkt
■	55	TaLi-Kaufhaus
H	56	IYHF Hostel II
H	57	Hotel Splendor

0451 Foto: wl

Das ehemalige britische Konsulat in KaoHsiung

Blue Lagoon Waterpark
布魯樂谷水上樂園

Die sehr beliebte und an Wochenenden meist übervolle Schwimmbadlandschaft liegt leider etwas weit ab vom Zentrum, in der KaiSianLu, die ca. 2 km vor dem Flughafen links der JhongShanLu abzweigt (engl. Hinweisschild).

● Man nimmt am besten einen der Flughafenbusse, an Feiertagen fährt auch die 37 („Harbour Holiday Line") oder die Metro rot R 6/KaiSyuan. Geöffnet von Mai bis Oktober 10.00–21.00 Uhr, Eintritt stolze 365 NT$.

Museum für Wissenschaft
科學公議博物館

Knapp 2 km nordöstlich vom Hbf. in der 720 ChiuJuLu Sec. 1 liegt das neue Museum für Wissenschaft und Technik. Dieses lebendige und interessante Museum ist mehr eine Mischform aus 3D-Theater, wissenschaftlicher Ausstellung und „Museum zum anfassen" denn ein klassisches Museum.

Ⓜ 24 (Seite 310); geöffnet täglich außer montags von 9.00-17.00 Uhr, Eintritt 100 NT$. Busse 73 und 60 vom/zum Hbf bzw. Metro rot R-12/HouYi.

HsiTzuWan
西子彎海水浴場

Gelegen an der Küste südwestlich des ShouShan-Parks, hat sich HsiTzuWan zum wichtigsten Badestrand KaoHsiungs entwickelt und ist vor allem bei den Jüngeren sehr beliebt. In der südlichen Bucht wird überwiegend geangelt, in der nördlichen geplanscht.

清代國

Interessantester Punkt der Bucht ist dabei das alte, ehemalige ***britische Konsulat*** (中 ChingTaKuo) oben am Hügel (18 LieHaiLu), welches in seiner Architektur dem Fort San Domingo (↗ TanShui) sehr ähnelt. Die Aussicht von hier oben ist aber bei Weitem beeindruckender. Das Gebäude stammt aus dem Jahre 1866 und wurde von den Engländern errichtet, nachdem sie durch den Vertrag von TienHsin das kaiserliche China zur Öffnung von Freihäfen, unter anderen auch KaoHsiung, gezwungen hatten. Während der japanischen Besatzung (1895-1945) verließen sie das Konsulat, nach dem Zweiten Weltkrieg wurde das Gebäude als Wetterstation genutzt. Heute gilt es als bedeutendes historisches Monument der „Fremdmächte" auf TaiWan. Das Innere birgt eine Ausstellungshalle mit Modellen, Bildern und Gegenständen des alten TaKuo, wie KaoHsiung früher hieß.

★ 5 (Seite 316); Eintritt 30 NT$, geöffnet tgl. 9.00-18.00 Uhr. Am einfachsten kommt man vom Hbf. zum Fort und der Bucht mit Bus Nr. 2 zum Fährpier (Fähren nach ChiChin) und läuft knapp die 10 Minuten um das Hafenbecken herum zur Uferpromenade. Bus 99 fährt direkt ab Fort, aber nicht zum Hbf. Hier müsste man in der TaTungLu einmal umsteigen (2 oder 45 ab/zum Hbf. in die TaTungLu, dort umsteigen in die 99, zurück umgekehrt). Einfacher aber etwas teurer ist die Metro, orange 01/SiZhiWan.

Fisherman's Wharf

Die ehemaligen Bananen-Lagerhäuser am Ende der CiSianLu 3 wurden vor Kurzem komplett umgebaut und zum ***modernen Abendtreff für Nachtschwärmer*** umgestaltet. Cafés, Pubs und Snacklokale sowie ein einmaliger Blick über den Hafen im Lichtermeer locken allabendlich Einheimische und Touristen. Busse 50 und 248 vom/zum Hbf bzw. Metro orange 02/YangChengPu.

ShouShan

Das ***Naherholungsgebiet*** ShouShan lädt zu netten Kurzwanderungen ein und beherbergt die beiden weiter unten beschriebenen Sehenswürdigkeiten: das buddhistische Kloster YuanHengSi sowie den Zoo TongWuYuan.

Das gesamte Waldareal zwischen Kloster und Zoo (ShouShan) ist mit ***Wanderwegen*** durchzogen. Am einfachsten geht man vom Kloster 250 m die Straße weiter und dort eine breite Treppe rechts den Hügel hinauf. Von mehreren Aussichtspavillons hat man feine Blicke über Stadt und Hafenareal oder kann an Menschen gewöhnte wilde Affenherden im Unterholz beobachten. Für Rundwege halte man sich an die chinesische Beschilderung für den Zoo; auch wenn das Areal auf den ersten Blick recht unübersichtlich erscheint, kann man sich dennoch nicht verlaufen, überall stehen Hinweisschilder (chinesisch), der Zoo ist jedoch fast überall dabei.

● Per Bus nimmt man die 56 und 45 ab Hbf. oder die 99 ab dem Historischen Museum. Man kann aber auch leicht zu Fuß gehen, wenn man ohnehin den Love-River besucht: Man geht immer am Fluss entlang bis zur JianGuo-Brücke (JianGuo = Straße vom Hbf. zum Fluss), kurz vor der Brücke links in die SingLung (HsingLung, XingLong) Lu hinein und dort immer geradeaus über die Kreuzung und den Hügel hinauf zum Kloster.

World Games 17
HSR
TaiBei
1
Lotussee
16 Zuoying
19
Bahnhof und HSR-Station KaoHsiung
15 Ecological District
18
14 Kaohsiung Arena
Cheng-Ching-Hu
Aozihdi 13
GuShanLu
MinZuLu
SunYatSen-Autobahn
13
WanShouShan-Park
Houyi 12
12
siehe Zentrumskarte
2
Hauptbahnhof
JhiuRuLu
3
11 Kaohsiung Main Station
Formosa Blvd.
5 10
JhongChengLu
6 7 8 9
Martial Arts Stadium
Fongshan West
City Council 4
4
Central Park
Sizihwan 1
9
10
Weiwuyng
5
2 Yanchengpu
MinChuanLu
9
6
Fähre
Sanduo Shopping District 8
6 Sinyi Elem. School
7
8
Haupthafen
7 Cultural Center
10
ChengGongLu
8 Wukuaicuo
7 Shihjia
JhongShanLu
6
Kaisyuan
11
Cianjhen Senior High School 5
Caoya 4a
ChinChinTao
SinShengLu
SunYatSen-Autobahn
Int. Flughafen
4
Kaohsiung International Airport
0
3 km

YuanHengSi

Die Anlage liegt unübersehbar linker Hand am Berg. Dieses ***buddhistische Kloster*** ist das gewaltigste und nach FoKuangShan vielleicht reichste in TaiWan. Die beste Besuchszeit dürfte der Sonntag sein, da dann zusammen mit vielen Gläubigen - eine buddhistische Messe von 9.00 bis etwa 10.00 Uhr erlebt werden kann. Die Haupthalle - ein riesiger Tempel aus Marmor und Stein - beherbergt im Zentrum drei große Buddhas mit zwei Boddhisatvas (außen). Die Decke weist die typischen Holzkacheln mit der buddhistischen Svastika (Sonnenrad) auf. Darüber hinaus stehen an den Wänden nicht weniger als 5000 vergoldete Buddhas, was dem Schrein zusätzlichen Glanz verleiht. Um das Gebäude herum sind große Kupfertafeln mit Szenen aus dem Leben des *Gautama Buddha* angebracht. Das linke Gebäude dient als Unterkunft für die Mönche, das erste rechte Gebäude (von der Haupthalle aus gesehen) ist die Bibliothek, das äußere rechte ein Ahnenschrein, wo die Urnen der feuerbestatteten Ahnen stehen.

▲ 1 (Seite 310); Bus Nr. 45, 56 vom Hbf. zur KuShanLu oder Nr. 99 ab Hist. Museum.

TongWuYuan

動物園

Der ***Tierpark*** KaoHsiungs kann in keiner Weise mit TaiBeis Superzoo verglichen werden. Er ist aber zu empfehlen, um die einheimischen Kinder zu fotografieren, die sich an den Tieren erfreuen.

★ 2 (Seite 310); Eintritt 80 NT$, geöffnet tägl. außer montags 9.00-18.00 Uhr; die Straße am YuanHeng-Kloster weiter bergauf, an der Gabelung links, Bus 56.

TsoYing und Lotussee

左營
蓮潭

Der Lotussee im Stadtteil TsoYing galt schon unter den Qing (1644-1911) als eine Oase der Entspannung, sodass hier zahlreiche Tempel und Pavillons errichtet wurden. Die bedeutendsten und schönsten Bauwerke sind Tiger- und Drachenpagoden, Frühlings- und Herbstpavillon, QinShihHuangTi-Statue und der Konfuziustempel.

● Mit den Stadtbussen 205, 18 erreicht man TsoYing, den nördlichen Stadtbusbahnhof (linke Straßenseite). Genau an der gegenüberliegenden Seite der TsoYingTaLu führt ein schmales Sträßchen durch ein älteres Wohnviertel, am Ende links bis zum Markt, dort rechts ab zum Konfuziustempel, dem ersten Punkt am See. Alternativ fährt man mit dem Nahverkehrszug eine Station nach Norden (TsoYing-Station) und geht 500 m die JhengLiLu (geradeaus ab Bhf.) entlang. Natürlich geht auch die Metro: R-15/Ecological District.

KungTzuMiao
孔子廟

Das Areal und die Gebäude sind eine exakte Nachbildung des ***Konfuzius-Tempels*** in ChuFu, der Heimatstadt von *Konfuzius* in der Provinz ShanTung, VRC. Die Anlage in ChuFu ist ein Muster für den Aufbau aller Tempel zu Ehren des Meisters. Ein dreigeteiltes Tor führt über einen mit hohen Mauern (Kolonnaden) umgebenen Vorhof zum eigentlichen Schrein. Die Treppe zeigt eine (im Original marmorne) Steinplatte mit einem ungehörnten Drachen. Der Hauptschrein besteht lediglich aus einer goldfarbenen, mit Blumen umsäumten Kalligrafie. Die Decke zeigt die typischen Holzkacheln mit kreisrundem Drachenmuster. Rechts und links hinter dem Schrein sind Utensilien zu sehen, die am Geburtstag des *Konfuzius* (28. September) zum Einsatz kommen. Zu den einzelnen Gebäuden hängen Fotos mit englischsprachigen Erklärungen aus. Geöffnet von 9.00-12.00 und 13.30-17.00 Uhr. Vom Tempel aus sind es nur noch wenige Meter bis zum Seeufer.

Tian ChenGong
天櫬宮

Auf der linken Straßenseite kurz nach dem Konfuziustempel weisen kupferne Löwen, deren Tatzen auf großen Perlen ruhen, auf einen ***daoistischen Tempel*** hin. Der Name des Tempels bedeutet „dem Himmel untergeordneter Tempel". Über eine mit einer Drachendarstellung auf der Mittelplatte versehenen Treppe kommt man zur Haupthalle. Die Innenwände weisen bis zur Decke hinauf kunstvolle daoistische Darstellungen auf. Das Gebäude entstand im frühen 19. Jh. und ist somit ein „echter" Altbau am Lotussee.

ChinShihHuang-Ti-Pavillon
秦塔

Nicht zu übersehen ist die 20 m hohe, farbige Figur des *Chin- Shih HuangTi*. Jener erreichte im Jahre 221 v.Chr. die Einheit der zerstrittenen Einzelstaaten Chinas, begründete die kurzlebige Chin (Qin)-Dynastie (221-206 v.Chr.) und nahm erstmalig in der chinesischen Geschichte den Titel *HuangTi* (Kaiser) an. Unter seiner Regentschaft wurden die alten Einzelstaaten abgeschafft, u.a. Maße, Gewichte, Schrift und Währung auf Dauer vereinheitlicht und die ersten Teile der großen chinesischen Mauer zum Schutz gegen nördliche Eindringlinge errichtet. Seine Regentschaft, an der sein führender Minister *LiSzu* maßgeblich beteiligt war, wurde geprägt vom Streben nach der Abschaffung alles Alten auf der Basis der Philosophie der Legalisten, welche das Leben strikten Regeln und Normen unterwarfen. Die Opposition, hier insbesondere die traditionellen Konfuzianer, wurden durch die berühmte Bücherverbrennung des *LiSzu* kaltgestellt, die darauf zielte, die Verbreitung der auf den alten Zeiten basierenden Lehre des Konfuzianismus zu unterbinden. Nicht nur die Macht der nachfolgenden Han-Dynastie (206 v.Chr.-220 n.Chr.) fußte wieder auf dem Erhalt eines Zentralstaates, selbst *MaoTzuTung* wird ein Hang zum Schwärmen für die rigorose Innenpolitik des *ChinShiHuangTi* nachgesagt *(„ChinShihHuangTi* hat 4000 Schriftsteller geköpft – na und? Ich 40.000!").

Auf der Brücke rechts und links werden historische Generäle der Regentschaft des Chin-Kaisers dargestellt.

Tiger- und Drachenpagoden
虎龍塔

Hier wurde den wichtigsten Figuren des chinesischen Kalenders ein Denkmal gesetzt. Neben den Tierfiguren ragen zwei siebenstöckige Pagoden in den See hinein. Beide Anlagen sind ohne historischen Hintergrund und neueren Datums; ▲ 19 (Seite 316).

ChunChiuKe (QunQiuGe)
春秋閣

Im ***Frühlings und Herbstpavillon*** am Südende des Lotussees werden nicht etwa die Jahreszeiten verehrt, sondern der Name weist auf eine bedeutende Phase der chinesischen Geschichte hin: 722–481 v.Chr. war das Chinesische Reich in Einzelstaaten mit regionalen Machthabern zerfallen und von jahrhundertelangen Machtkämpfen um die Vorherrschaft geprägt. Auch eines der fünf klassischen konfuzianischen Werke wurde nach dieser Phase „ChunChiu" genannt und beschreibt die Zustände dieser Epoche. Von den beiden dreistöckigen Pagoden führt eine Brücke zu einem kleinen Pavillon im See, der einen netten Rundblick bietet.

086t Foto: wl

Buddhistischer Hauptschrein im YuanHeng-Kloster

ChiChinTao

旗津島

Wenn man Asienkenner fragt, welche chinesische Hafenstadt am Meer und auf einer ***mit pendelnden Fähren verbundenen Insel*** liegt, von deren Anhöhen aus man einen feinen Blick auf die Stadt hat, lautet die Antwort natürlich: HongKong. Doch auch KaoHsiung liegt teilweise auf einer (wie HongKong-Island per Autotunnel verbundenen) Insel, die zusätzlich ständig mit einer kurzen Fährfahrt angelaufen werden kann. Auch in KaoHsiung hat man vom kleinen „Peak" am Leuchtturm einen sehr guten Überblick über die Stadt bis zu den Hügeln des Hinterlandes. Der Südteil der Insel wird von Industrieanlagen geprägt, doch der Nordteil bildet ein lohnenswertes Ziel. Man kann sich ab der Fähre von einer Fahrradrikscha quer durch die Insel fahren lassen, die sehenswerten Punkte sind aber auch leicht zu Fuß (in jeweils 5-10 Gehminuten) zu erreichen.

Der ***Strand*** ist zweigeteilt, der gepflegte und umzäunte Teil kostet 50 NT$ Eintritt, gleich links daneben liegt der kostenlose und unbewirtschaftete Teil.

天后宮

Dem gegenüber befindet sich der große daoistische ⌽***TienHou-Kung-Tempel,*** hier am Meer wie so oft der Meeresgöttin *MaTzu* gewidmet. Die kleine Hauptstraße zwischen Tempel und Fähre wird von zahllosen Seafood-Restaurants gesäumt, allerdings ist es hier nicht gerade billig.

Ganz im Norden ChiChins dient ein ***Leuchtturm*** der Seefahrt als Orientierungspunkt, der kleine, zum Turm gehörende Ausstellungsraum zeigt einige Daten und Bilder zur Geschichte des Turmes. Von hier aus hat man die beste Aussicht auf KaoHsiung.

●Zwar besteht auch eine Busverbindung zur Insel durch den Tunnel, doch empfiehlt es sich, mit Bus Nr. 1 vom Hbf. zum Pier zu fahren (sobald man am Kai entlangfährt, klingeln; die Fährstation liegt rechts am Ende vor der Kurve). Dann für 15 NT$ (Kinder 8 NT$, Tel. 5717442) mit der ***Fähre*** übersetzen, die hier tgl. alle 15 Minuten ablegt.

Praktische Hinweise

Information

２３５中正路四段

●TI, ***KaoHsiung Branch,*** ⌽235 JhongJhengLu Sec. 4 , 5. Stock, Tel. (07)-2811513. Busse der Linien 1 und 45 halten in der JhongJhengLu. Orientierungspunkt ist das Gebäude der Imperial-Bank, linke Straßenseite. Vor dem Gebäude stehend, geht man rechts um die Ecke zu einem Lichthof, dort führen links die Türen zu den Aufzügen.

●Zentraler liegt die neue Filiale der ***TI*** im Hbf/Metro R-11/Main Station, die tgl. von 9.00-20.00 Uhr geöffnet hat (Tel. 2513193).

●Nützlich ist ferner die englischsprachige ***Telefon-Hotline*** unter 0800-011765, wo aktuelle Veranstaltungshinweise, aber auch Tipps zu Transport- und Unterkunftsfragen abgefragt werden können.

Umschriften

KaoHsiung gehört wie TaiNan noch immer zu den „Rebellenstädten" in Bezug auf die Romanisierung – die Stadt weigert sich standhaft, PinYin einzuführen. Im Ergebnis findet man daher ***drei Systeme*** gleichzeitig: an nicht erneuerten Beschriftungen vor Ort das alte Wade-Giles (WG), in neueren Stadtplänen der TI KaoHsiungs das MPS II, in Material zu KaoHsiung aus anderen Städten dagegen PinYin (PY), sodass der Sprachunkundige oft nur mit viel Fantasie erkennen kann, um welche Straße es sich handelt.

Da in KaoHsiung selbst das ***MPS II*** verwendet wird, sind in diesem Buch die Einträge auf der Karte zu KaoHsiung und die Adressenangaben ebenfalls in MPS II gehalten. (Dabei ist „KaoHsiung" eigentlich gar nicht MPS II, sondern Wade-Giles; die MPS-II-Umschrift „KaoShiong" ist aber nicht gebräuchlich, daher wird „KaoHsiung" verwendet.)

Als Beispiel seien bei den wichtigsten Straßen im Zentrum die verschiedenen Schreibweisen aufgeführt.
MPS II: JhongShanLu (PY: ZhongShanLu, WG: ChungShanLu),
MPS II: JhongJhengLu (PY: ZhongChengLu, WG: ChungChengLu),
MPS II: JianGuoLu (PY: JianGuoLu, WG: ChienKuoLu).

Unterkunft

Als Industriestandort, Seehafen, Metropole des Südens und Ausgangspunkt zu den umliegenden touristischen Attraktionen verfügt KaoHsiung über ein entsprechend breites Angebot für jeden Geldbeutel. Allerdings ist man hier weniger auf Touristen als auf internationale Geschäftsbesucher und Seeleute eingestellt. Die meisten günstigen Unterkünfte sind – wie in so vielen anderen Städten mit Schienenanschluss auch – in unmittelbarer Bahnhofsnähe zu finden. Die JianGuoLu Sec.1 (vor dem Bahnhof) und die JhongShanLu, Sec.1, sind das „Revier" für einfache Hotels. Noch billiger kann man im Rotlichtviertel beidseitig des Kanals in der HoPeiLu und HoNanLu unterkommen, wo es ebenfalls reihenweise kleine Hotels gibt.

Die etwas besseren Unterkünfte haben ein englisches Hinweisschild und liegen leider ziemlich weit ab vom Zentrum. Sobald die Metro eröffnet sein wird, haben viele Oberklassehotels in Flughafennähe dann eine gute Anbindung ans Zentrum.

Als Traveller sollte man in KaoHsiung darauf achten, in der Nähe des (Bus)Bahnhofs zu bleiben, da die Transportmöglichkeiten für den Reisenden hier am besten sind.

Einfachste Unterkünfte

１２０溫武街一段

●***IYHF 1*** € ***(International Youth Hostel Federation),*** ⌖120 WenWuLu Sec. 1, Tel. (07)-2012477, Fax 2156322, hat Betten in kleineren Dorms (4–6 Bettzimmer) für 350–420 NT$. Fernsehraum und Kochgelegenheit haben es zu einem Traveller-Treffpunkt werden lassen. Der Andrang ist so groß, dass vor etwa 10 Jahren ein

４２苓雅路

●***IYHF 2*** €, ⌖42 LingYaLu Sec. 2, Tel. (07)-3391533, eröffnet wurde mit ähnlichen Gegebenheiten. Wer die Wahl hat, sollte gleich zum neueren gehen, es ist nicht so „abgewohnt" und liegt zentrumsnäher, hat aber auch kein Flair.

巧倫別關

⌖***TiaoLun PinKuan*** €, 42 JianGuoLu Sec. 3, 2.–4. Stock, Tel. (07)-2618241, DZ kosten hier ab 550 NT$, kleiner Familienbetrieb mit mäßigen Zimmern.

瑞成別館 ⌽***RuiCheng PieKuan*** €, 40 JianGuoLu Sec. 3, Tel. (07)-2725761, für die DZ werden hier 800 NT$ verlangt; eine akzeptable Lösung in dieser Preisklasse.

華似大飯店 ⌽***HuaHong TaFanTian*** €•€€, 243 JianGuoLu Sec. 2, Tel. (07)-2375523-7, DZ zwischen 850 und 1100 NT$, beste Wahl dieser Klasse.

Einfache Hotels

Zwei empfehlenswerte und traditionelle Hotels liegen in der JhongShanLu und sind beide angenehmen wie auch verkehrsgünstig gelegen.

高山大飯店 ●Das ⌽***KaoShan TaFanTian*** €€ ***(Himalaya),*** 316 JhongShanLu, Sec. 1, Tel. (07)-2516602, Fax 2211056, bietet den Luxus einer Sauna (!) und ist an entsprechenden Bildern am Eingang leicht zu erkennen, DZ kosten ab 1200 NT$.

舜鈺大飯店 ●Ebenso angenehm wohnt es sich im ⌽***ShunYü TaFanTian*** €€, 392 PaTeLu/Ecke JhongShanLu Sec. 1, Tel. (07)-2013071, Fax 2350507, welches kleine, aber sehr hübsche Zimmer mit heißem Trinkwasser und tollem Bad bietet. Einzelreisende können ab 800 NT$ unterkommen, DZ ab 1600 NT$.

名什大飯店 ●Auf der Bahnhofsnordseite liegen in der ChiuRuLu ebenfalls etliche einfache Mittelklassehotels, u.a. das ⌽***MingShi TaFanTian*** €€, 2 PoAiLu Sec.1, Tel. (07)-3118477, mit angenehmen Zimmern ab 1500 NT$.

建國大飯店 ●Das ⌽***ChienKuo TaFanTian*** €€, 44 JianGuoLu Sec. 3, Tel. (07)-2862139, hat 120 sehr ordentliche Zimmer zwischen 1200 und 2200 NT$.

Mittelklassehotels

２８３建國路二段 ●Das ***ChienHua TaFanTian*** €€€ ***(King World),*** in der ⌽283 JianGuoLu Sec. 2, Tel. (07)-2722172 und 2378888, bietet angenehm ruhige Zimmer ab 1900 NT$ aufwärts (wenige EZ ab 800 NT$), wobei aber Rabatte um die 10 % die Regel sind.

４２６九如路 ●Das ***Summit Hotel*** €€€•€€€€, ⌽426 JiouRuLu, Tel. (07)-3845526, liegt auf der Bahnhofsnordseite nahe des Wissenschafts- und Technikmuseums und bietet komfortable DZ ab 3200 NT$.

２９５建國路 ●Das ***Union Hotel*** €€€, ⌽295 JianGuoLu Sec.2, Tel. (07)-2410101, liegt sehr günstig gegenüber vom Busbahnhof und wird vorwiegend von taiwanesischen Busreisenden besucht. Die Zimmer kosten offiziell 3250 NT$, mit etwas Verhandlungsgeschick bekommt man DZ unter der Woche schon ab 2000 NT$.

Hotels der gehobenen Mittelklasse und Spitzenhotels

寒軒國際大飯店 ⌽***HanHsien International*** €€€€ (vormals ***Linden***), 33 ShiWeiLu Sec. 3, Tel. (07)-3322000, Fax 3361600, www.hhih.com.tw/english.php, beginnt bei ca. 5000 NT$, man kann aber auch in der Suite für 80.000 NT$ logieren.

國賓大飯店 ●Das ⌽***Ambassador*** €€€€, 202 MinShengLu Sec. 2, Tel. (07)-2112511, Fax 2811115, http://kaohsiung.ambassadorhotel.com.tw/En/kaohsiung/index.aspx, hat praktisch identische Preise (die Suiten sind etwas günstiger), bietet aber ein Mehr an Hallenbad und Lage am Love River.

金典酒店 ●Die Nummer 1 in KaoHsiung, das ⌽***Splendor*** €€€€, 1 TiCiangLu, Sec. 3, Tel. (07)-5668000, Fax 5668080, www.thesplendor-khh.com, liegt am südlichen Zentrumsrand nahe der Flussmündung in KaoHsiungs höchstem Gebäude „KH 85“ (mit 300 m bis zum Bau des „101“ in TaiBei höchstes Haus TaiWans) und ist an seiner architektonischen Doppelturmbauweise ein gutes Orientierungsmerkmal. Die Zimmerpreise starten hier bei 6500 NT$, dafür erhält man reichlichen Luxus wie 11 Restaurants, Wellness oder Kinderbetreuung.

Essen und Trinken

- Selbstversorger werden in einem der Supermärkte (⇗ Einkäufe) fündig, ***Starbucks*** für den Frühstückscafé liegt günstig im neuen Hbf.-Gebäude.
- Der nett aufgemachte Coffee-Shop ***I love my home*** (JhongShanLu/Ecke LiouHeLu) bietet neben Kaffee auch Tees, Erfrischungen und Snacks.
- Westliches ***Fast-Food*** findet man bei KFC (JhongShanLu/Ecke BaDeLu) oder einer der zahlreichen McDonald's-Filialen, z.B. im Hbf.).
- Herzhafte Snacks empfehlen sich hauptsächlich auf den Straßenmärkten, allen voran auf dem ф***SanFengJhong-Straßenmarkt*** (JianGuoLu/Ecke Jhong-HuaLu). 三鳳忠夜市
- Im фTaLi-Department Store in der WuFuLu (tgl. 10.00–22.00 Uhr, Bus 2 ⇗ Hbf) bietet eine ***Food-Mall*** westliche und östliche Snacks und Gerichte. 大立百貨
- Als erstes indonesisches Restaurant (mittleres bis gehobenes Preissegment) der Stadt öffnete ***Aneka*** erst 2005 seine Pforten in der ф124 HeNanLu am Kanal, Tel. (07)-2860788, 30 m neben dem Riverside Hotel. 河南路 124 號
- Das ***FoKuang FanTian*** in der ф202 JhongHuaLu bietet ausgezeichnete vegetarische Küche der mittleren Preisklasse. 中華路 202 號
- Am oberen Ende der Preisskala rangiert die ***Sky Lounge*** im 19 Stock (20th floor, Tel. 2112518) des ⇗ Ambassador-Hotels. Neben einer berauschenden Aussicht über den Love River werden taiwanesische und internationale Spezialitäten angeboten.

Institutionen

郵局\中山路一段

ф***Post:*** JhongShanLu, Sec. 1/Ecke JhongChengLu, Sec. 3; geöffnet 8.00-17.00 Uhr (außer Sonntag). Achtung: Hier werden keine ***Telefonkarten*** verkauft, viele 7/11-Supermärkte haben 100 NT$-Karten auf Vorrat. Außen am Gebäude befindet sich eines der wenigen ISD-Kartentelefone der Stadt.

5中正路三段

- ***Banken:*** Wichtigste Adresse für Reisende mit American Express Schecks ist die ***American Express Bank,*** (MeiKuo YunTong YinHang) ф5 Jhong-JhengLu Sec.3, Tel. (07)-2263116, wo Schecks ohne Gebühr eingelöst werden.

中正路

In der фJhongJhengLu liegen reihenweise Banken, zum Großteil auch mit EC-Automaten, u.a. die HSBC oder die ChinFon-Bank.

醫院
101五福路三段

ф***Krankenhäuser:*** Bei ernsthaften Erkrankungen und Verletzungen ist ***Adventist Clinic,*** ф101 WuFuLu Sec. 3, Tel. (07)-2010148, zu empfehlen. In Notfällen hilft auch das ***KaoHsiungShih PingYuan*** (KaoHsiung City-Hospital, 100 Shinchiuan 1st Road, Tel. (07)-3121101). Notruf 119.

Für Kleinigkeiten (Erkältung, Sonnenbrand, Schmerzmittel) befinden sich ***Apotheken*** und chinesische Medizin an nahezu jedem Straßenzug.

高雄大學段

- ***Universität:*** фKaoHsiung ShiTa TaHsueh, HePingLu, Sec. 1, (gegenüber Kulturzentrum).

警察\中正路四段

ф***Polizei (Visaverlängerung):*** JhongShanLu, Sec.4 (gegenüber TI), Tel. (07)-2110605.

Unterhaltung

14中山路一段

- Für Filmfreunde sind zwei Punkte sehr zu empfehlen: ***Kiss MTV I*** (ф14 JhongShanLu Sec1, 3.Stock) und ***Kiss MTV II*** (4 JhongShanLu Sec1, 9.Stock) mit frei auswählbaren Laserdisc-Filmen in kleinen Räumen für 230 NT$/Person.

１９９自維四路

●An kleinen Kneipen (mit und ohne Speisen) gibt es keinen Mangel, für Nachtschwärmer sei die Filiale der auch hier vertretenen Kette **„Pig & Whistle“,** ф199 SzuWeiLu Sec.4, Tel. (07)-3301006, hervorgehoben, die bis in die frühen Morgenstunden geöffnet ist (im Erdgeschoss befindet sich ein britischer Pub und oben ist eine Disko untergebracht).

四維路 233 號

●Nicht weit entfernt, nahe der Mündung des Love River, bietet ф**La Face,** 233 SihWeiLu (auch alsSzi Wei oder Si Wei bezeichnet), Tel. (07)-9699751, belgisches Bier vom Fass und Snacks (Pizza, Burger) in angenehmem Ambiente.

五福四路
131 號

●Gegenüber vom Kulturzentrum in der ф131 WuFuLu, Tel. (07)-5212422, beschreitet das **Dog Pig Art Café** einen recht eigentümlichen Weg: Kunstausstellungen und Livekonzerte (Hip) gehen hier Hand in Hand.

●**Nachtmärkte:** Rund um den Formosa Blvd. (JhongJhengLu/Ecke ZhongShanLu, Metro: R-10 Formosa Blvd.) liegen der LiuHe-Nachtmarkt (beliebt für Snacks und warme Speisen) sowie der SinSing-Nachtmarkt (Textilien usw.).

Einkaufen

Die Einkaufsmöglichkeiten in Form von Supermärkten und Kaufhäusern liegen in KaoHsiung nicht ganz so zentral und verkehrsgünstig wie in anderen Städten.

●In der JianGuoLu, unmittelbar am Fluss, findet man eine Filiale der **Carrefour-Kette** (Bus 88, 93).

大立百貨

●Sehr gut ist auch der große ф**TaLi Department Store** (MRT R9 Central Park Station, Bus 83, 92, 100) in der WuFuLu/Ecke JhongHuaLu mit einem **Le-Marché-Supermarkt** und einem Kinderrummelplatz auf dem Dach. Größtes Kaufhaus in Südtaiwan, geöffnet tgl. ab 10.00 Uhr. Fachgeschäfte, Boutiquen und Kaufhäuser findet man auch im **SanDuo Shopping District** (gleichnamige MRT-Station R-8).

●Wer lieber auf einem **Straßenmarkt** nach günstiger Kleidung sucht, wird rechter Hand kurz hinter der Kreuzung WuFuLu/JhongShanLu fündig. Die

五福路

фWuFuLu (zwischen TaLi-Kaufhaus und dem Straßenmarkt) ist derzeit außerdem die Hochburg für moderne **Boutiquen und Fachgeschäfte.**

三鳳忠路

●Ein toller Straßenmarkt befindet sich in der ф**SanFengJhong-Street,** etwa auf halber Strecke zwischen dem Hauptbahnhof. und dem Love River in der JianGuoLu/Ecke JhongHuaLu. Hier werden noch recht traditionell Tees, Gewürze, Getrocknetes, Snacks, Süßwaren usw. angeboten, vielfach auch mit kleinen Proben.

An-/Abreise

Luftweg

Internationale Verbindungen

Der Flughafen von KaoHsiung ist der einzige internationale Flughafen neben dem ChiangKaiShek-Airport bei TaoYuan (in der Umgebung von TaiBei), man kann daher im Transit über den CKS-Flughafen (nicht direkt) **von Europa** aus nach KaoHsiung weiter fliegen. Ebenso werden viele **asiatische Ziele** wie HongKong, Manila oder Saigon direkt von KaoHsiung aus angeflogen. Das Ticket CKS – KaoHsiung sollte man bereits vor der Reise kaufen, im Transitbereich des CKS-Flughafens gibt es keine Schalter! Internationale Verbindungen bestehen zu etlichen asiatischen Metropolen wie Saigon, Manila oder HongKong.

Die Anschriften einiger wichtiger Airlines in KaoHsiung lauten:

- ***Lufthansa,*** 235 JhongJhengLu Sec.4, Tel. (07)-25611403.
- ***China Airlines (ZhongKuo HangGong),*** 81 JhongHuaLu, Sec. 3, Tel. (07)-2826141, (07)-2315186, Fax (07)-2116825.
- ***Cathay Pacific (GuoTai HangGong),*** 21 JhongHuaLu, Sec. 3, Tel. (07)-2827538.

Detaillierte Flugzeiten und Angaben zu weiteren Airlines findet man unter http://khh.travel/en/travel/LivingDetail.aspx?SN=652.

Vom/zum Flughafen pendelt der „Airport-Bus" Stadtbus zwischen Airport und Hbf. in 20-minütigem Abstand. Alternativ kann man auch Linienbus 12 nehmen (15 NT$), dauert etwa 30 Minuten. Airport-Taxis verlangen 350–400 NT$ je nach Tageszeit. Die rote Metrolinie (Station R-4) bietet ebenfalls direkte Flughafenanbindung – womit GaoXiong der Hauptstadt TaiBei gegenüber einen Vorteil hat.

Inlandsverbindungen

Innerhalb TaiWans werden TaiBei, TaiTung, HuaLian, aber auch „exotische" Ziele wie ChiMei und WangAn (PengHu) oder KinMen/JinMen angeflogen.

Preisbeispiele (einfach): TaiBei 1590 NT$, KinMen 1620 NT$, MaKung (PengHu) 1050 NT$ oder HuaLian 1750 NT$.

Nach jahrelangem Kampf zahlreicher Gesellschaften (teilweise hatte jede Insel ihre eigene Airline) sind es derzeit hauptsächlich die Airlines *Mandarin* und *Trans Asia,* die vor allem die Routen KaoHsiung – MaKung (10 x täglich von 7.30 bis 18.10 Uhr) und KaoHsiung – TaiBei (im Halbstunden-Rhythmus) anbieten. *Mandarin* fliegt außerdem 1 x tgl. nach LanYu (2000 NT$, einfach).

Die Anschriften dieser Airlines in KaoHsiung lauten:

- ***Mandarin Airlines (YongXing HangGong),*** 131 JhongJhengLu Sec. 1, Tel. (07)-8057900 und
- ***Trans Asia Airlines*** (FuHsing HangKung), 148 JhongHuaLu Sec. 3, Tel. (07)-8057861.

Seeweg

Die Gesellschaft *TaiWan HangYe,* 5 JiehSingLu Sec. 1, Tel. (07)-5613866, bietet für je nach Klasse 650–1500 NT$ (einfach) die Überfahrt zu den ***Pescadoren/MaKung*** (Tel. in MaKung 06-9264087, direkt am Hafen). Leider gibt es keinen geregelten Fahrplan, regelmäßig fährt die Fähre nur im Sommer, sonst nach Wetterlage.

Bus Nr. 1 ab Hbf. fährt am kleinen Pier der Stadtfähre nach ChiChinTao vorbei, danach aussteigen, 250 m geradeaus zur Hafenverwaltung (immer rechts halten), am Verwaltungsgebäude links um die Ecke, Haus Nr. 5 ist die ***Ticket- und Wartehalle.***

Bahn

KaoHsiung ist Endstation für die meisten Züge von Norden nach Süden und von Südwesten nach Osten. In ***nördliche Richtung*** starten hier zwischen 5.15 und 23.30 Uhr rund 55 Züge, meist mit Endstation TaiBei oder KeeLung (JiLong), einige fahren nur bis TaiZhong/TaiChung. Die Anbindungen nach Norden die Westküste entlang sind sehr zahlreich, vor allem nach TaiNan fährt man knapp 40 Minuten und ist damit weit schneller am Ziel als mit dem Bus.

Etwas seltener verkehren Züge ***Richtung Osten*** (zwischen 5.50 und 23.35 Uhr), viele enden in PingTung (dort umsteigen Richtung TaiTung). Nach TaiTung (via PingTung) kommt man 8 x tgl., nur einmal jedoch durchgehend bis HuaLian (Nachtzug gegen 21.00 Uhr).

087t Foto: wl

SanFengTang-Tempel

Im Zuge des Baus der U-Bahn wurde auch das ***Bahnhofsgebäude*** mächtig aufpoliert, zweisprachig (engl.) gestaltet und mit etlichen Shops versehen. Nützlich sind vor alllem die Hinweistafeln im Obergeschoss (nahe Gleiszugang) zu Bussen und Sehenswürdigkeiten. Das Stadtzentrum, wichtige Busstationen wie auch die meisten Hotels liegen am Bahnhofsvorplatz/Süd.

Ehe man den Bahnhof verlässt, muss man sich entscheiden, ob man ***vor oder hinter dem Hbf.*** unterkommen möchte; jede „Unterquerung" des Bahnhofs ist nur mit einer Bahnsteigkarte, erhältlich am Informationsschalter für 5 NT$, möglich (über die nächstmögliche Straße dauert der Fußweg rund 20 Minuten!).

Taiwan High Speed Rail

Die ***HSR*** (High Speed Rail), verbindet u.a. die Stationen TaoYuan, TaiChung, ChiaYi und TaiNan GaoXiong (KaoHsiung) mit der Hauptstadt TaiBei in rund 2 Stunden Gesamtfahrtzeit. Die Züge fahren von 6.30 bis 23.30 Uhr tgl. spätestens alle 30 Minuten, der Fahrpreis bis TaiBei liegt bei 1560 NT$ bzw. 1950 NT$ an Feiertagen. Details und Fahrpläne findet man unter www.thsrc.com.tw/en/ticketing. Im Unterschied zu TaiBei liegt der Endstations-Bahnhof nicht im Hbf, sondern einige Kilometer nördlich im Bezirk ZuoYing, wo allerdings Metroanschluss ans Zentrum besteht (rote Linie, Station R-16; siehe MRT/Metro).

MRT GaoXiong

Nach endlosen Verzögerungen wurden die wesentlichen Abschnitte einer neuen Metro/U-Bahn für GaoXiong Ende 2008 endlich eröffnet und entlasten die Verkehrssituation erheblich. Zudem vereinfacht die MRT dem Touristen den Besuch zahlreicher Bezirke erheblich, und nicht zuletzt erreicht man in wenigen Minuten die Endstation des High Speed Rail-Hochgeschwindigkeitszuges (s.o.)

Die ***Nutzung*** ist relativ einfach: es gibt 3 Tickets - münzähnliche Einfachkarten *(single journey ticket),* die beim Zugang eingeworfen werden, Tageskarten (*one day pass,* beliebig viele Fahrten an einem Tag, werden per Leuchtfläche abgetastet) und 2 Jahre gültige, permanent wiederaufladbare Werttickets (*CSC/stored value pass,* ebenfalls Abbuchung per Leuchtfläche).

Ticketkauf: An den Automaten (ATM) in den Stationen (touch-screen), nicht zu verwechseln mit den AVM (add value machine), an denen die Werttickets aufgeladen werden können. Die wiederaufladbaren Werttickets können *auch* in den Stadtbussen genutzt werden. Eine Einzelfahrt kostet je nach Entfernung zwischen 20 und maximal 60 NT$.

Orientierung/Streckenführung: Gebaut wurden fast wie ein „Pluszeichen“ 2 Linien: eine rote („Red Line“) von Süd (GangShan) nach Nord (SiaoGang/XiaoGang) mit Nummerierung der Stationen von R-1 bis R-24 bzw. eine orangefarbene („orange line“) von Ost (SiZhiWan) nach West (DaLiao) mit Nummerierung der Stationen von O-1 bis O-14. Sie treffen sich in der Station Formosa Boulevard, die als „O-5/R-10“ gekennzeichnet ist.

Erweiterungen bis 2011: Die Planungen für eine kreisförmige Straßenbahn im erweiterten Zentrum, die das „Kreuz“ der Metro verbinden wird, sind fertig. Ferner sind auf mittlere Sicht weitere Metrolinien und auch ein direkter Anschluss des HSR-Zuges bis zum Hbf in Vorbereitung.

Bus

Geschäftstüchtige Damen suchen am Hbf. oftmals Reisende nach KenTing für Privatbusse. Es muss kein Fehler sein, hier auch einmal die Preise mit denen der öffentlichen Linie (280 NT$) zu vergleichen, insbesondere, wenn die öffentlichen ausgebucht sind oder man die Vormittagsbusse verpasst hat. Diese Privatlinien sind allerdings nicht selten etwas teurer und fahren nicht unbedingt nach einem festen Fahrplan (auch wenn es anders behauptet wird).

GuoGuang KeYun

Rechts vom Bahnhofsvorplatz/Süd liegt der Haupt-Überlandbusbahnhof mit zahllosen Bussen nach ***TaiBei*** (rund um die Uhr, 500 NT$),***KeeLung (JiLong), CKS Airport, HuaLian, TaiZhong*** (260 NT$), ***HengChun*** (10-12 x tgl.), ***TaiTung*** (10-11 x tgl., 260 NT$), ***TungKang*** (Fährpier Hsiao LiuJiu/LiuChiu, 90 NT$) und ***PingTung*** (etwa alle 60 Minuten, 60 NT$).

GaoXiong KeYun

Links neben der GuoGuang-Station, etwas nach hinten versetzt und ziemlich unscheinbar, liegt die Zentralstation der *GaoXiong KeYun.* Von hier aus wird das ***Umland von KaoHsiung*** (KaoHsiung-County) angefahren, u.a. FoKuangShan, LinYuan, TungKang (Fährhafen für die Insel HsiaoLiuChiu), ChiaHsien, LiuKuei und TienChih (dort umsteigen nach TaiTung/TaiDong oder Fußmarsch ⇗ SCIH).

Eine Sonderlinie dieser Gesellschaft ist der KenTing-Express, der direkt in das südliche Urlaubsresort fährt (etwa alle 45 Minuten, 250-315 NT$).

United Bus und HoHsin

Die beiden Privatgesellschaften bieten auch in KaoHsiung ***Expressbusanbindung zu allen größeren Orten der Westküste*** rund um die Uhr (TaiBei, ChiaYi, CKS-Airport, TaiZhong usw.). Die Büros der beiden liegen schräg gegenüber der GuoGuang-Station bei den Hotels HuaHong und Welcome.

Stadtbusse

Aus dem Hbf. (Südausgang) kommend halbrechts ist die Haltestelle der Stadtbusse (weiße Grundfarbe). Für einige Sehenswürdigkeiten in KaoHsiung sind Busfahrten (15 NT$) unumgänglich. Wichtigste Linien sind der grüne ***Airport-Bus*** (dessen künftige Existenz nach der Metroeröffnung unsicher ist), die ***Nr. 60*** (Hbf. - ChengChingHu), ***Nr. 248*** (Hbf. - GuShan-Fährpier nach ChiChin-Island), ***Nr. 56 und 60*** (Hbf. - Hist. Museum/Love River), ***Nr. 2*** (WuFuLu für Kathedrale/Love River/TaLi-Kaufhaus) und die ***Nr. 99*** als verbindender Bus zwischen Hist. Museum und dem GuShan-Fährpier.

Taxi

Die unübersehbaren gelben Taxis sind zu jeder Tages- und Nachtzeit zuhauf auf der Straße. Das Herbeiwinken geschieht wie überall mit nach vorne ausgestreckter Hand. Einige ***Preisbeispiele*** vom Hbf.: zum Lotussee 250 NT$, zur ChiChin-Insel 280 NT$, zum Flughafen mindestens 300 NT$ (auch hier ist der Weg zum Airport billiger als retour, da die Taxis am Flughafen in der Regel lange Standzeiten haben und von dort in die Stadt ohne Taxameter fahren bzw. Fixpreise verlangen).

Leihfahrzeug

Wer eventuell ein Leihfahrzeug mieten möchte, wende sich an die sehr einfach zu findende Firma ***Car Plus*** (außen am Hbf. die Treppe hinauf), Tel. (07)-2365533. Ein ***Mopedverleih*** befindet sich direkt neben dem Union-Hotel gegenüber vom Hbf.

085t Foto: wl

Der Love River - Flaniermeile in KaoHsiung

Der Südwesten

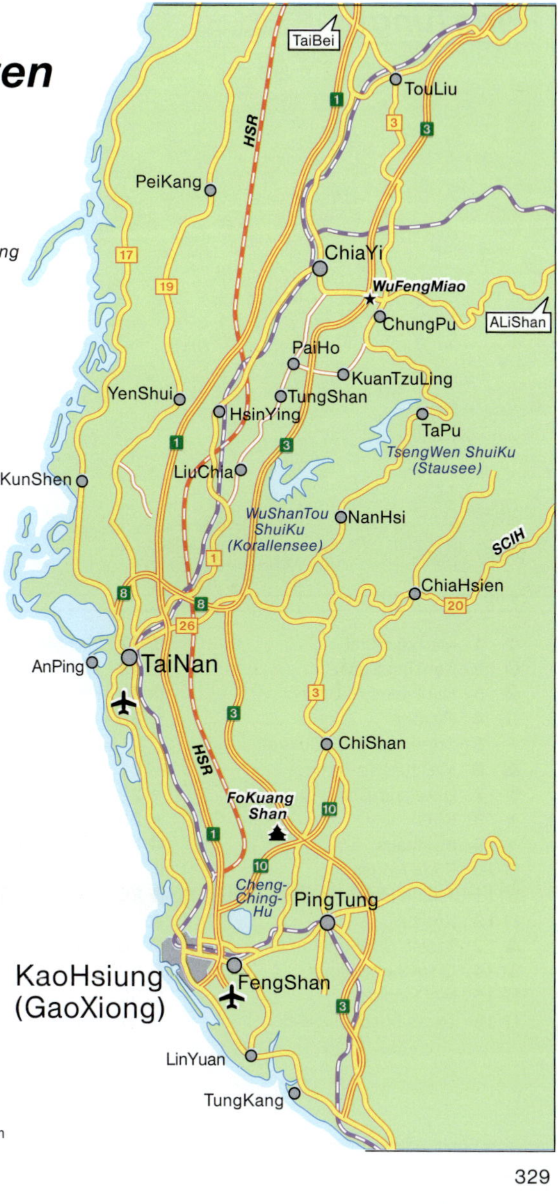

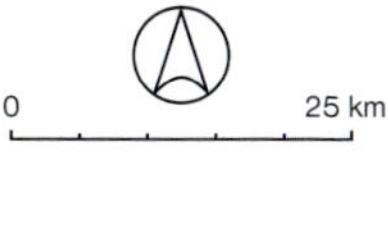

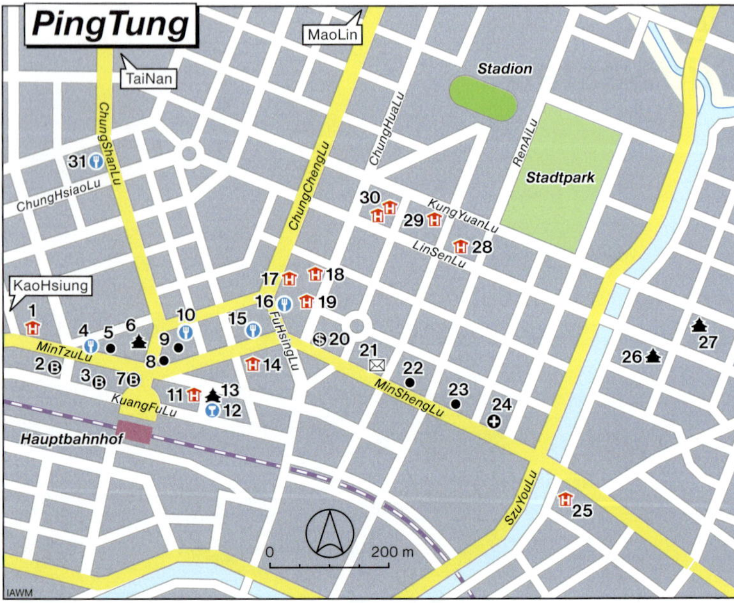

1 MinTzu Hotel
2 KenTing Busse
3 Nahverkehrs-Bbhf.
4 Pizzeria
5 Supermarkt & Bäckerei
6 MaTzuMiao-Tempel
7 Überland-Bbhf./Langstr.
8 KFC
9 Kaufhaus
10 Pizza House
11 TaiLun Hotel
12 Kneipe
13 Taoist. Straßentempel
14 ChinCheng Hotel
15 McDonald's
16 Texas Fried Chicken
17 HsinSheng Hotel
18 YiMei Hotel
19 PingTung TiYi (1st) Hotel
20 1st Commercial Bank, Bank of TaiWan
21 Post
22 Kino
23 Teegeschäfte
24 Spital
25 YiPin Hotel
26 NanChingKung-Tempel
27 HsinAnFo-Tempel
28 WanKuo Hotel
29 FuKuang Hotel
30 KuenYuan Hotel
31 Golden Bay Rest.

Rund um KaoHsiung

屏東

PingTung (PíngDōng, Wandschirm-Osten)

PingTung, die Hauptstadt des gleichnamigen Bezirks, liegt etwa 30 km östlich von KaoHsiung am Fuße des südlichen Berglandes und wird nur sehr selten von Touristen und Individualreisenden besucht. Dabei eignet sich PingTung ganz hervorragend als Basis für Ausflüge in die Berge sowie zum Buddhistenzentrum Nr. 1 in TaiWan, FoKuangShan. Die Stadt ist wesentlich gemütlicher, ruhiger und sauberer als das industrielle KaoHsiung, und es besteht kein Grund, PingTung zu meiden, nur weil es nicht von offizieller Seite als „touristisch von Interesse" eingestuft wird. Die innerstädtischen Sehenswürdigkeiten sind gut zu Fuß erreichbar.

NanChingKung
南景宮

In PingTung muss man den ***indo-buddhistischen Tempel*** (LinShenLu/Ecke ZiYouLu) gesehen haben, eines der wenigen Beispiele auf TaiWan, wo der indische Ursprung des Buddhismus eindeutig sichtbar und mit der chinesischen Architektur verschmolzen ist. Schon das Äußere erinnert mit seinen blattförmigen Fensteraussparungen, vor allem aber wegen des Stupa-Aufsatzes auf dem chinesischen Dach eher an ein indisches denn an ein chinesisches Bauwerk. Der Innenraum ist ringsum mit kleinen Nischen ausgekleidet, in denen Porzellanbuddhas bis unter die Decke stehen. Der Hauptschrein zeigt eine sieben Meter hohe Figur des Prinzen Buddha mit zwei Schülern, allesamt stark indisch geprägt; ▲ 26.

035t Foto: wl

Bietet prächtige Blicke auf das Bergland: HsinAnFo

HsinAnFo
心安佛

Ganz in der Nähe liegt der dreistöckige ***Tempel*** HsinAnFo (MinTzuLu/Ecke KungYuanTungLu). Der Schrein im Erdgeschoss ist *KuanYin* (Zentralfigur, Boddhisatva der Barmherzigkeit) gewidmet, das Mittelgeschoss diversen daoistischen Weisen, das Obergeschoss Buddha. Vom Balkon hat man einen guten Blick auf den Süden des Berglandes. Im Vorgarten steht ein großer, mit farbigen Kacheln verzierter Ofen für die Verbrennung von Briefen und Symbolgeld an die Ahnen; ▲ 27.

MaTzuMiao
天后宮

Bedeutendster ***Tempel*** in der Innenstadt ist der 1995 renovierte MaTzuMiao (ChungShanLu/Ecke MinTzuLu) gegenüber der Langstrecken-Busstation. Schon die Raumaufteilung ist interessant: Im Erdgeschoss befinden sich hintereinanderliegend zwei größere, reichlich mit Gemälden und Schnitzereien verzierte Hallen; die vordere dient daoistischen Zeremonien und beherbergt einen prächtigen MaTzu-Schrein (Göttin des Meeres), in der hinteren befindet sich ein Boddhisatva mit zwei Dienern und einem Kind. Die oberen Stockwerke sind versetzt; der erste Stock liegt über der buddhistischen Halle (hier sitzt Buddha, vor ihm der dickbäuchige *MiLoFu,* an den Seitenwänden die wichtigsten Boddhisatvas), der zweite liegt über dem MaTzu-Saal, der dritte Stock mit dem Jadekaiser, einem der legendären chinesischen Urkaiser im Zentrum, wieder über der buddhistischen Halle. Von oben kann man die hübsch verzierte Dachkonstruktion aus der Nähe bewundern; ▲ 6.

ChungShan KungYuan
中山公園

Ein wenig abschalten kann man im mit mehreren Teichen nett angelegten ***Stadtpark*** von PingTung in der KungYuanLu.

An-/Abreise

PingTung dient vorwiegend als Transitpunkt für (Bus-)Fahrten in das südliche Zentralbergland sowie den Süden TaiWans. Die Busverbindungen spielen hier demzufolge eine wesentlich größere Rolle als die Bahn.

● ***Bahn:*** Pendlerzüge zwischen PingTung und dem 30 km westlich gelegenen KaoHsiung (42 NT$) verkehren insbesondere in den Stoßzeiten alle 10–20 Minuten und sind den Bussen (zeitlich) vorzuziehen; zur Weiterfahrt in nördliche Richtung in ***KaoHsiung*** umsteigen. Die Anbindung nach Südosten ***(TaiTung/TaiDong)*** wird nicht so oft befahren wie die Nordlinie, lediglich 6–7 Züge täglich fahren nach TaiTung (170–338 NT$).

● ***Bus:*** Gleich vor dem Hbf. liegt der Langstrecken-Busbahnhof mit Anbindung u.a. nach ***KaoHsiung, TaiBei*** (Stadtmitte/Hbf.), ***TaiBei-Airport, TaiNan, TaiTung, TaiZhong (TaiChung), HuaLian*** und andere wichtige Ziele in nördlicher Richtung.

Vom Bahnhof aus 100 m nach links befinden sich die Kurzstreckenbusse. Hier werden u.a. ***KaoShu, SanTiMen*** (halbstündig), ***MaoLin/TaChin*** (85 NT$), ***LiKang, FoKuangShan*** u.a. angefahren.

Reisende von/nach ***KenTing*** bzw. ***HengChun*** müssen den dritten Busbahnhof von PingTung in der MinTzuLu aufsuchen (ca. 5 Gehminuten vom Hbf. einen Block nach links, dann rechts zur Hauptstraße, dort direkt linker Hand). Fahrpreis nach KenTing: 210 NT$, Busse verkehren ca. alle 2 Stunden.

Unterkunft

PingTung bietet zwar nicht die Auswahl des nahe gelegenen KaoHsiung, trotzdem findet sich etwas für jede Reisekasse.

一品大旅社 **YiPinTaLuShe €,** 179 MinShengLu, Tel. (08)-7228178, sieht von außen schlimmer aus als von innen, Zimmer ab 500 NT$. Über die Brücke, dann gleich rechts in das Sträßchen am Kanal gehen.

倚美旅社 **YiMeiLuShe €,** 68 ChungHuaLu, Tel. (08)-7324221, ist mit 485 NT$/DZ sehr günstig und nicht das Schlechteste.

新生旅社 **HsinSheng LuShe €,** 20 ChungChengLu, Tel. (08)-7323521, hat nur 10 Zimmer und ist oft voll; ab 450 NT$.

萬國旅社 **WanKuoLuShe €€,** 68 LinShenLu, Tel. (08)-7322657, mit überwiegend netten Zimmern. EZ beginnen bei 750 NT$, DZ bis zu 1450 NT$. 15 Min. vom Bhf.

臺輪大旅社 **TaiLun TaFanTien €€,** 159 MinZuLu, Tel. (08)-7322108, liegt mit 800-1200 NT$ am unteren Preisende dieser Klasse. Liegt sehr günstig.

倚美旅社 **PingTung TiYi TaFanTien €€,** 20 ChungChengLu, Tel. (08)-7339933, direkt im Zentrum und ganz nett, aber die unteren Zimmer sind zu dunkel für die Preisklasse; DZ ab 1050 NT$.

新生旅社 **FuKuangTaFanTien €€€,** 19 KungYuanLu,Tel. (08)-7326169, 7345656, mit Preisen zwischen 1400 und 2950 NT$ das Beste in PingTung, direkt am Stadtpark.

金龍大旅社

萬國旅社 **KuenYuan TaFanTien €€€,** 41HangChouChie, Tel. (08)-7331300, 08)-7324237, direkt um die Ecke vom FuKuang bei ähnlichen Preisen nicht so schön zum Park gelegen.

Essen und Trinken

- Wer aus den Bergen kommt, möchte eventuell mal wieder westliches ***Fastfood*** probieren: In der FengChiaLu gibt es reichlich Auswahl an Fastfood-Lokalen.
- Kleine und günstige ***chinesische Snacks*** und Gerichte gibt es überall im Zentrum, hervorzuheben sei die gemütliche chinesische Kneipe in der kleinen ShangHaiLu (aus Hbf., rechts), direkt neben dem kleinen daoistischen Straßentempel.
- Gehobenere Küche (chinesisch & international) bietet das ***Golden Bay Restaurant*** in der 234 ChungShanLu (Tel. 7318826).
- Direkt am Flüsschen in der TzuWeiLu 202 am rechten Ufer zwischen den beiden Tempeln gelegen wird ***Seafood*** angeboten, allerdings teurer als an der Küste.
- Recht gute und einigermaßen günstige Pizzen findet man bei ***Double Hey*** in der 130 MinTzuLu, Tel. (08)-7553366, oder im ***Pizza-Inn*** (Tel. 7648811) in der YongFuLu neben dem Kaufhaus.

Information

- Ein Büro der lokalen Tourismusbehörde befindet sich beim 7/11-Minimarkt in der Nähe des Busbahnhofes (allerdings gibt es dort nur chinesischsprachige Mitarbeiter).

Institutionen

中華銀行 ***Bank:*** An der Ecke MinShengLu/ChungHuaLu befinden sich Filialen der *Bank of TaiWan* sowie die *1st Commercial Bank,* jeweils mit ATM.

郵局 ***Post:*** 64 FengChiaLu (linke Seite), geöffnet Mo–Fr 8.00–18.00 Uhr.

醫院 ***Krankenhaus:*** 42 FengChiaLu, einen Block neben der Post.

Der Südwesten

Unterhaltung

Neben den allgegenwärtigen KTV, MTV und Spielautomaten gibt es ein brauchbares ***Kino*** in der FengChiaLu (zwischen Post und Krankenhaus). Beste ***Einkaufsmöglichkeiten*** bieten die zahllosen Boutiquen und Shops im Zentrum sowie der Markt.

東港

TungKang (Ost-Hafen) & DaPeng Bay

Das Hafenstädtchen im Distrikt PingTung beherbergt TaiWans jüngstes und modernstes Multi-Erholungszentrum, die ***TaPeng Bay.*** Es handelt sich dabei um einen harmonisch in die Küstenregion eingebundenen Erholungskomplex mit Golfplatz, Wasserrutschen, Marina, weitläufigen ökologischen Erholungsarealen, Badestrand ... - es fehlt an nichts. Das Besucherzentrum ist kostenlos (Tel. 08-8338100, www.tbnsa.gov.tw), der Zutritt zum Parkareal kostet 50 NT$, es gibt auch Pakete (z.B. Parkplatz, Eintritt, Bootsrundfahrt, Wasserfahrrad) zu 290 NT$.

TungKang ist mehrmals täglich an das Bussystem/KaoHsiung (am Hbf) angebunden und dient auch als Transithafen für die Insel ⇗Hsiao LiuChiu (derzeit 3-5 Schnellboote tgl., Rückfahrkarte 450 NT$).

林園

LinYuan (Baum-Garten)

Eines der petrochemischen Zentren TaiWans liegt 25 km südlich von KaoHsiung in der Kleinstadt LinYuan. Man könnte die 30.000 Einwohner zählende Gemeinde durchaus mit Frankfurt-Hoechst vergleichen, nicht unbedingt eine Touristenattraktion also. Für Individualtouristen ist daher auch nur der kleine Fährhafen von Belang, von dem aus die TaiWan vorgelagerte ***Insel HsiaoLiuChiu*** angesteuert wird. Der Hafen liegt - von KaoHsiung kommend - am Ende der ersten Straße rechts nach dem Ortsschild.

An-/Abreise

- Von/nach ***KaoHsiung:*** Die Linie 101 der *KaoHsiung KeYun* (beigefarben) pendelt etwa stündlich zwischen KaoHsiung und LinYuan, es ist allerdings ratsam, mit der *ChanAn LunChuan GongSi,* 65 MinTzuLu, Sec. 2, in Kao-

038t Foto: wl

Brücke über den ChengChingHu

Hsiung, Tel. (07)-2222123, zu fahren, da sie Fährticket und Anfahrt zum Hafen (auch für eine Person) kombiniert anbietet.

- Von/nach ***HsiaoLiuChiu:*** 3 Boote täglich (zwei zusätzlich an Sonn- und Feiertagen; Zeiten ↗ HsiaoLiuChiu)

澄清湖

ChengChingHu (durchsichtig-klarer See)

Der kleine See liegt nur etwa 8 km vom Hbf. KaoHsiungs entfernt und ist mit öffentlichen Verkehrsmitteln nur von dort aus zu erreichen. Die Attraktion ist sicher weniger der See selbst, sondern der nett angelegte ***Park*** am Süd- und Westufer mit zahlreichen Pavillons, Grillplätzen und einem Aquarium. Vorrangig besuchen die Städter den See, um frische Luft zu tanken und vom Lärm der Stadt ein wenig Abstand zu gewinnen. Für Traveller bietet sich der Ausflug hierher als Lückenfüller an, wenn man in KaoHsiung noch einen halben Tag übrig hat; sehr interessant ist die Anlage sicherlich für Kinder. Direkt hinter dem Eingang liegen das Süßwasseraquarium und der „Vogelpark", dann folgt man dem Weg links vom Aquarium hinunter über die Neun-Ecken-Brücke am Ufer entlang; abzweigend immer wieder kleinere Attraktionen, Pavillons, Pagoden, Ruderbootverleih, Ponyreiten usw. Eintritt 100 NT$, Kinder die Hälfte.

An-/Abreise

- Stadtbus Nr. 60 von/nach KaoHsiung Hbf.-Stadtbusstation (15 NT$). Aussteigen am Krankenhaus (rechte Straßenseite) kurz hinter McDonald's (links, dort auch Eingang).

Unterkunft

澄清湖青年活動中心

ф ***ChengQingHu ChingNian HuoTung ChungHsin*** €€, ChengQing-See Youth Activity Center, Tel. (08)-3717181, Fax 3719183, http://chengching.cyh.org.tw, bietet in mehreren Blockhütten „Schlafsaalunterkunft" im Vierbett-Zimmer für 600 NT$, DZ ab 1800 NT$ je nach Saison, auf Wunsch auch Verpflegung (an der Rezeption nachfragen). Abgesehen von der Tatsache, dass hier eine Übernachtung für Individualtouristen aus reisetaktischen Gründen wahrlich nicht ratsam ist, muss man von der Haltestelle am Krankenhaus etwa 30 Minuten weiter (nicht Richtung Eingang) immer am See entlang marschieren (zu erkennen an einer Holzpalisade mit goldfarbenen Schriftzeichen rechts).

圓山大飯店

ф ***YuanShan DaFanDian*** €€€€ ***(Grand Hotel),*** am ChengChing-See, Tel. (08)-3835911, Fax 3704889, grand@grand-hotel.org, Onlinebuchung unter www.grand-hotel.org, 5500–11.000 NT$/Suite; ist dem Grand Hotel TaiBei nachempfunden, nur einige Nummern kleiner; mit Sauna, Pool, Tennis, Fitness usw. Auch hier gilt: Nur wegen des Sees lohnt sich eine Übernachtung nicht.

佛光山

FoKuangShan (Buddha-Glanz-Berg)

Das Kloster „Berg des Buddhaglanzes" ist die wichtigste und interessanteste buddhistische Anlage in TaiWan und zählt zu den zehn wichtigsten Zentren des Buddhismus der Erde. Die größte, weithin sichtbare, 30 m hohe, goldene ***Buddhastatue*** stellt für viele die größte Attraktion des FoKuangShan dar. Es sind jedoch

040t Foto: wl

FuKuangShan, Berg der 10.000 Buddhas

eine ganze Reihe weiterer interessanter und sehenswerter Einzelheiten, die eine Reise hierher lohnenswert machen.

Am Eingangstor stehend führt rechts eine Sackgasse zu einer Vielzahl bläulicher ***Stupas,*** Gedenkstätten für die Verstorbenen aus dem Umland, die sich ein solches Monument leisten konnten. Geradeaus führt die kleine Straße zunächst zur ***Halle des Gelübdes*** (Great vow hall), mit einer Statue des *KuanYin-Boddhisatva.*

Weiter bergan, umsäumt von Hunderten von gespendeten goldenen Buddhastatuen (an einem Kupferschild sind Name und Ort der Spender jeweils verzeichnet) führt das Sträßchen zur großen Statue, in deren Sockel ein Rondell mit Kacheln eingelassen ist.

Diese Kacheln zeigen Buddha in verschiedenen Haltungen (untertitelt in altindischem Sanskrit) und Boddhisatvas (untertitelt in mittelindischem Pali, aus dem sich die Thai- und burmesische Schrift entwickelt haben). Eine Treppe führt hinunter zum ***buddhistischen Museum*** (Eintritt 50 NT$), eine Fundgrube für Interessenten der diversen Darstellungsformen der Buddhas und Boddhisatvas.

Am Ausgang des Museums führt die breite Treppe zur ***Travellers Lodge,*** in der man preiswert und gut vegetarisch essen kann.

Hinter dieser Lodge befindet sich der eigentliche Hauptschrein, genannt ***Wertvoller Saal großer Helden.*** Hier stehen zehntausend Buddhas in verschiedenen Größen an den Wänden, am Hauptaltar prangen drei große Buddhas in verschiedenen Positionen. Rechts in der Ecke sollte man nicht den Glockenturm (links Trommelturm) mit Außenklöppel übersehen, der in dieser Halle ausnahmsweise innen angebracht ist.

- Rechter Hand von der Haupthalle befinden sich die ***Bibliotheken,*** bestehend aus drei Einzelgebäuden: rechts und links ein kleinerer Turm mit weißen bzw. goldenen Buddhastatuen anstatt Fenstern umsäumt, in der Mitte die Zentralbibliothek, in deren 4. Stock sich eine Vortragshalle (kinoähnlich) befindet, wo - sofern einige hundert Besucher angemeldet sind - Lichtbildvorträge und Einführungen zum Buddhismus gehalten werden.
- Auf der linken Seite des Areals ist noch die natürliche ***Höhle*** sehenswert, die allerdings auf vielfachen Wunsch (und aus geschäftlichen Gründen) mit beweglichen Figuren versehen wurde - hart an der Grenze zum Kitsch.

Alle Punkte am FoKuangShan sind auch in englischer Sprache ausgeschildert, für den Besuch (einschließlich Museum) sollte man mindestens drei Stunden zuzüglich Anfahrt einkalkulieren (Halbtagestour ab KaoHsiung).

Wichtiger Hinweis: Je nach „Touristenaufkommen" werden die Öffnungsbedingungen jederzeit und ziemlich willkürlich bis hin zur vollständigen Schließung für Besucher gehandhabt. Vor der Anfahrt daher unbedingt bei der TI in KaoHsiung am Hbf nachfragen, ob das Kloster aktuell besucht werden kann.

An-/Abreise

- ***Selbstfahrer:*** bis FengShan auf der N-1, dort links (nördliche Richtung) auf die N-179.
- ***Bus:*** von/nach ***KaoHsiung:*** FoKuangShan erreicht man am besten von KaoHsiung aus, entweder mit den ***Außenbezirkslinien*** (beigefarbene Busse) Nr. 116, 150, die etwa alle halbe Stunde für 70 NT$ von der Stadt- und Überlandbushaltestelle ChungShanLu, Sec. 1, (neben Kentucky Fried Chicken, gegenüber Hotel „Kind") hierher fahren, oder mit den ebenfalls beigen Linien 151/152. Zurück kann man auch andere Linien nehmen, die Haltestellen liegen dann aber nicht so nahe beim Hbf. Von/nach ***PingTung:*** die Kurzstreckenstation in PingTung liegt 100 m links aus dem Hbf. kommend; es verkehren zwar wesentlich weniger Busse als von KaoHsiung aus, doch ist die Frequenz (6- bis10 x tgl., ca. 50 NT$) vollkommen hinreichend.

Unterkunft & Essen und Trinken

Die Anlage umfasst die englisch ausgeschilderte „Pilgrims Lodge", wo preiswerte und schmackhafte vegetarische Gerichte unten im großen Speisesaal erhältlich sind. Auch die Übernachtung im Dorm ist möglich für eine „Spende" in Höhe von derzeit 1200 NT$ inkl. Verpflegung.

臺南

TaiNan

(TáiNán, Terrasse-Süd)

Mit knapp 730.000 Einwohnern (Vororte nicht gerechnet) bei 175 qkm Fläche ist TaiNan die viertgrößte Stadt TaiWans. Die ehemalige Hauptstadt liegt 60 km nördlich von KaoHsiung (GaoXiong) und ist neben TaiBei die kulturell und historisch interessanteste Großstadt der Insel.

Bis zur Ankunft der Holländer (1624) war TaiWan staatlich praktisch nicht organisiert, gehörte auch lange Zeit nicht zu China. Da die Portugiesen im von ihnen kontrollierten Norden ihren Sitz nahmen, wählten die Holländer TaiNan und errichteten hier zwei befestigte Forts, Fort Providentia (oft auch Fort Provintia genannt) im heutigen Zentrum der Stadt und Fort Zeelandia in Meeresnähe.

Ming-Anhänger *KoHsingKa (ChengZhengGong),* der 1662 die Holländer besiegte und vertrieb, gilt als Volksheld - besonders hier in TaiNan, wo er seinen Amtssitz nahm und TaiNan zur ersten Hauptstadt (1663-1885) der Insel machte. Dadurch erfuhr das kulturelle und religiöse Leben der Stadt einen besonderen Aufschwung, sodass TaiNan nicht umsonst „Stadt der Tempel" genannt wird. Historisch und religiös Interessierte wird TaiNan daher besonders ansprechen.

Das heutige Stadtbild ist von modernen Hochhäusern und den für den gesamten asiatischen Kulturkreis typischen „unten arbeiten, oben wohnen"-Gebäuden geprägt, dennoch ist der erste Eindruck ein anderer als in den Metropolen TaiBei und KaoHsiung (GaoXiong). In TaiNan geht es beschaulicher zu, die Verkehrsdichte ist geringer, und im ChungShan-Park sitzt man keine fünf Minuten, ohne dass man als Ausländer nicht von Neugierigen angesprochen wird. Viele Sehenswürdigkeiten sind vom Bahnhof aus gut zu Fuß zu erreichen, und auch für das leibliche Wohl bietet TaiNan dem Reisenden eine ganze Menge. Ein kleines Relikt der Kolonialzeit sind die verhältnismäßig vielen christlichen Kirchen - immerhin etwa 10 % der Bevölkerung bekennen sich zum Christentum.

Die Stadtplaner gaben in TaiNan der Kultur und der Bildung (Universität) den Vorrang, sodass TaiNan heute nicht nur für Kulturinteressierte, sondern auch bei Studenten als Geheimtipp (neben TaiZhong/TaiChung) gilt, um der Hektik von TaiBei zu entkommen. Durch die hier zugelassenen Leichtindustriezweige konnten Umweltbelastungen und Beeinträchtigungen der Lebensqualität in den vergangenen Jahrzehnten weitgehend vermieden werden.

Zu Fuß zu erreichende Sehenswürdigkeiten im Zentrum

ChungShan KungYuan
中山公園

Dieser kleine ***Stadtpark*** liegt rechter Hand vom Hauptbahnhof an der PeiMenLu auf Höhe der HsiaoTungLu. Ein kleiner See mit Pavillon und zahlreiche Bäume bieten Schatten, Ruhe und Beschaulichkeit. Frühmorgens ist hier das immer noch weitverbreitete „Schattenboxen" (TaiChiChuan) zu beobachten, Sonntagvormittags auch das beliebte „Bird-Singing". Dazu bringen die meist älteren Männer ihre Lieblinge samt Vogelkäfig mit und lassen sie gemeinsam mit den Hausgenossen der anderen Vogelfreunde den Sonntagvormittag verbringen. Die Käfige werden an Bäumen oder Masten aufgehängt, die Vögel feuern sich untereinander zu immer lauterem Gesang an. Auch das chinesische Kartenspiel (dünne Streifen statt Karten) kann hier fast rund um die Uhr beobachtet werden, aber auch chinesisches Schach oder ErHu-Spieler (einsaitiges Instrument) sind hier zu sehen und zu hören.

Am See ist ein Gebäude zu sehen, welches einem Schiff ähnelt. Es handelt sich dabei um eine Kopie des ***Marmorbootes der Kaiserinwitwe*** *TzuHsi (ZiXi)* im Sommerpalast bei Peking, die einen ganzen Marine-Jahresetat hierfür einsetzte – als Folge dieser „Investition in die Kunst" war die kaiserliche Marine den Japanern im Krieg von 1894 hoffnungslos unterlegen. Ein historisches Monument ist das ChungTaoChung WenFang, ***Tor des Respekts vor Tugend und Literatur.*** Es wurde 1815 in Gedenken an den Ching-Gelehrten *LinChaoYing* errichtet, der einen Großteil seines Vermögens für den Bau von Schulen auf dem Lande und in kleineren Gemeinden aufgewendet hatte. Er war auch derjenige, der alle notwendigen finanziellen Mittel zur Restaurierung des Konfuzius-Tempels von TaiNan bereitgestellt hatte.

● Der Park ist durchgehend geöffnet und keine 5 Gehminuten vom Hbf. entfernt.

YuLiKung
玉禮宮

Unweit des KungYuan (111 ShihMinChie) trifft man in einer Seitengasse (zu erkennen an einem roten Metalltor an der KungYuanLu) auf eine große ***daoistische Tempelanlage,*** die eher an eine kleine Siedlung erinnert, so verwinkelt und verzweigt ist sie. Der Tempel wird meist von Einheimischen besucht, die sich hier daoistischen Ritualen unterwerfen. Etliche Schreine verzieren den Tempel. Der Altar hinter dem Vorhof im Erdgeschoss ist den drei Erhabenen gewidmet, im linken Seitenflügel weilen weitere daoistische Gottheiten in einem sechsfach unterteilten Schrein. Der Zentralschrein im Obergeschoss beherbergt *YuHuang,* den Jadekaiser, der rechte Seitenflügel birgt u.a. *ChangTianShih* und die *SanChing* (drei daoistische Weise). Der linke Flügel dagegen gehört einem Buddha-Dreigestirn (je einer für Glück, langes Leben und Wohlstand). Ganz außen links steht eine weitere kleine Halle mit einer kleinen, hundertarmigen KuanYin-Darstellung, umgeben von einem ganzen Heer kleiner daoistischer Figuren; ▲ 16.

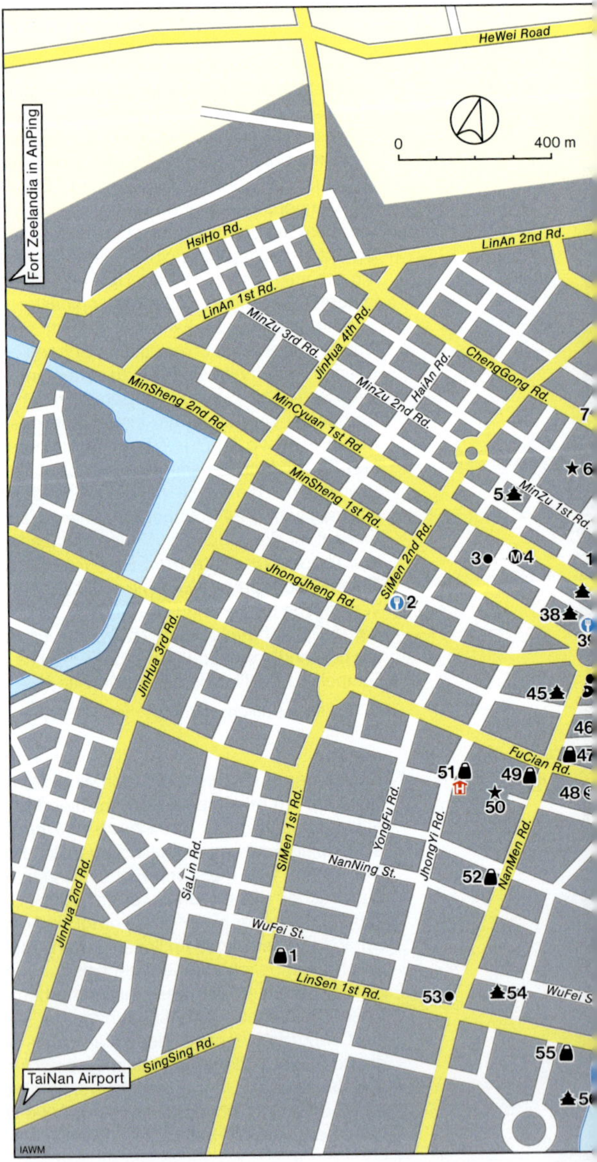

HeWei Road
0
400 m
Fort Zeelandia in AnPing
HsiHo Rd.
LinAn 2nd Rd.
LinAn 1st Rd.
MinZu 3rd Rd.
JinHua 4th Rd.
HaiAn Rd.
ChengGong Rd.
MinZu 2nd Rd.
MinSheng 2nd Rd.
MinCyuan 1st Rd.
MinSheng 1st Rd.
MinZu 1st Rd.
SiMen 2nd Rd.
JhongJheng Rd.
JinHua 3rd Rd.
FuCian Rd.
YongFu Rd.
JhongYi Rd.
NanMen Rd.
SiMen 1st Rd.
SiaLin Rd.
NanNing St.
JinHua 2nd Rd.
WuFei St.
LinSen 1st Rd.
SingSing Rd.
TaiNan Airport
IAWM
1
2
3
4
5
6
7
38
45
46
47
48
49
50
51
52
53
54
55

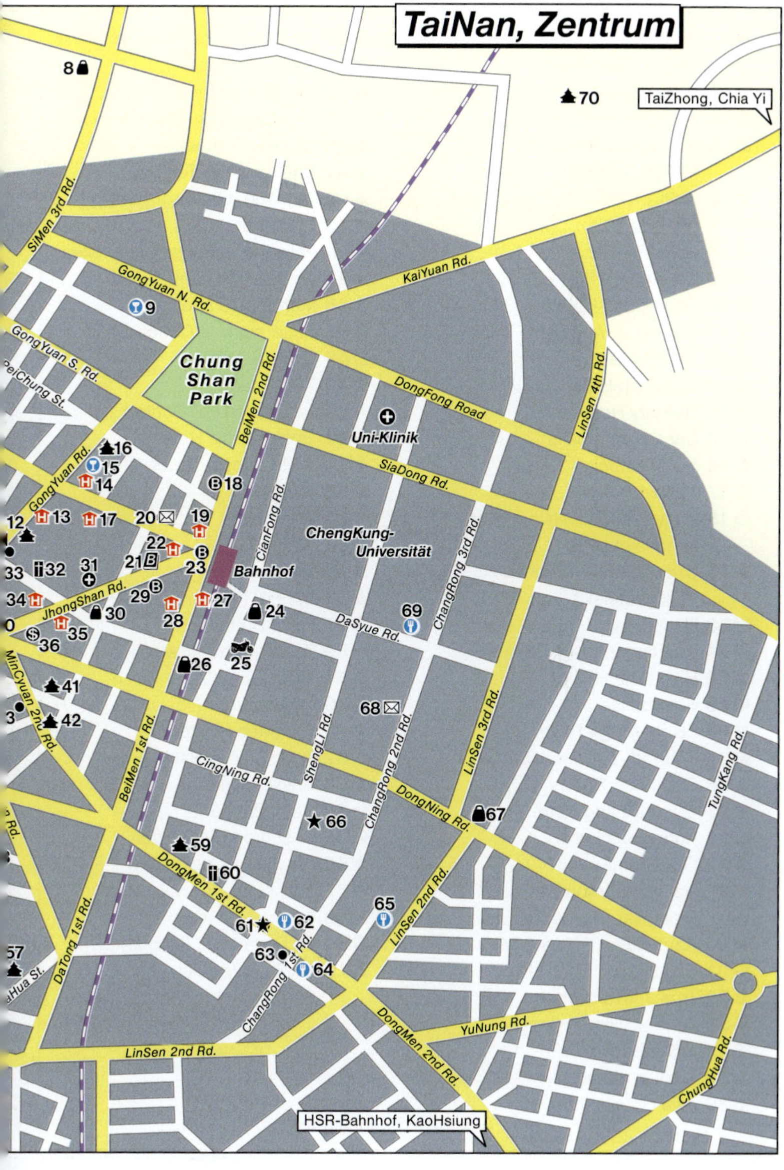
TaiNan, Zentrum
TaiZhong, Chia Yi
HSR-Bahnhof, KaoHsiung
Chung Shan Park
Uni-Klinik
ChengKung-Universität
Bahnhof
SiMen 3rd Rd.
GongYuan N. Rd.
GongYuan S. Rd.
PeiChung St.
GongYuan Rd.
KaiYuan Rd.
DongFong Road
SiaDong Rd.
BeiMen 2nd Rd.
BeiMen 1st Rd.
CianFong Rd.
LinSen 4th Rd.
LinSen 3rd Rd.
LinSen 2nd Rd.
ChangRong 3rd Rd.
ChangRong 2nd Rd.
ChangRong 1st Rd.
DaSyue Rd.
JhongShan Rd.
MinCyuan 2nd Rd.
CingNing Rd.
ShengLi Rd.
DongNing Rd.
TungKang Rd.
DongMen 1st Rd.
DongMen 2nd Rd.
DaTong 1st Rd.
YuNung Rd.
ChungHua Rd.
8 9 12 13 14 15 16 17 18 19 20 21 22 23 24 25 26 27 28 29 30 31 32 33 34 35 36 41 42 57 59 60 61 62 63 64 65 66 67 68 69 70

1 Supermarkt
2 McDonald's & KFC
3 ChianMei-Theater
4 New Space Museum
5 SzuTian WuMiao und MaTzu-Tempel
6 ChiKanLou (Fort Providentia)
7 La Plaza Hotel
8 HsiaoPei-Nachtmarkt
9 Bar Armory Pub
10 Cambridge Hotel
11 Automatenwelt Boin
12 ShenTe-Tempel
13 Akira Top Hotel
14 Dynasty Hotel
15 Bar Cosby's Salon
16 YuLi-Tempel
17 TaiNan Hotel
18 United- und HoHsin-Intercitybusse
19 ChengGong-Mansions (Billighotels)
20 Hauptpost
21 Buchladen (engl. Ztg.)
22 HanGong Hotel
23 Stadtbusse
24 FE 21 Mega-Tower
25 Fahrrad- & Mopedverleih
26 Computer Shops
27 ChengKuang Hotel
28 KuangHua Hotel
29 GaoXiongKeYun-Nahverkehrsbusse, HsingNan-Busse (WuShan Tou)
30 Kaufhäuser Fokus & Mitsukoshi
31 Spital
32 True Jesus Church
33 Warner Village Kinos & Starbucks Café
34 YuYiLin Hotel
35 Asia Hotel
36 Int. Commercial Bank of China
37 PeiChi-Tempel
38 TienTan-Tempel
39 vegetarisches Rest. (No. 7)
40 KaiTang-Tempel
41 ChengHuang-Tempel
42 TungYue (Ostberg)-Tempel
43 Bäckerei
44 Polizei & Visaangelegenheiten
45 Konfuziustempel
46 MaKung-Tempel
47 Supermarkt & Coffee-Shop
48 Bank of TaiWan
49 7/11-Markt
50 TaNanMen (gr. Südtor)
51 TaYih-Landis Hotel & Mitsukoshi-Tower
52 Asia Bakery
53 Wäscherei
54 WuFei-Tempel
55 Bäckerei
56 ChuHsi (buddh. Kloster)
57 FaHua-Tempel
58 KoHsingKa-Museum
59 MiTo-Tempel
60 christl. Kirche
61 TungMen (Osttor)
62 Rest. Ocean Pasta Area
63 China Airlines
64 Rest. Parma
65 Rest. Vonny's Garden
66 New Life Kunstgalerie
67 Computer-Software
68 Post
69 McDonald's & 89 Burgers
70 KaiYuan-Tempel

ChiKanLou
赤崁樓

Das 1653 von den Holländern erbaute ***Fort Providentia*** (bisweilen auch als ***Fort Provintia*** zu lesen) diente ihnen nur wenige Jahre, denn schon 1661 unterlagen sie dem Ming-Anhänger *ZhengChengGong (KoHsingKa). KoHsingKa* wählte das HongMaoCheng, „Rothaarigenfort" - so von den Einheimischen genannt - in TanShui als Amtssitz. Ursprünglich wurde die Anlage von einer roten Ziegelmauer umgeben (ähnlich wie St. Domingo im Norden in TanShui). 1862 von einem Erdbeben zerstört, wurden 1879 auf den alten Fundamenten die ***WenChang-Halle*** (Halle der Bildung), der ***HaiShen-Tempel*** (Tempel des Meeresgottes) und der ***WuTzu-Pavillon*** (Pavillon des Literaturgottes) errichtet. Letzterer fiel während der japanischen Besatzungszeit (1885-1945) ein und wurde nicht wieder restauriert. Die beiden anderen Gebäude wurden mehrfach renoviert und gelten als bedeutsames Beispiel chinesischer Architektur. Die ursprünglichen (holländischen) Fundamente sind nur noch an einer Stelle zu sehen (Hinweisschild), von wo aus ein Geheimgang bis Fort Zeelandia in AnPing führte.

Vom Einganstor her durchschreitet man zunächst den Vorpark bis zu einer kleinen Brücke und geht links an den Hallen vorbei zu den Aufgängen. In der linken Halle sind historische Relikte über *KoHsingKa,* in der rechten u.a. historische ***Schiffsmodelle*** Chinas ausgestellt.

An dem kleinen Wassergraben stehen 3 x 1,5 m große ***Marmorplatten*** auf Schildkröten. Die Inschriften erinnern an den Aufstand der Taiwaner von 1788 und den Rebellenführer *LinShangWen.* Ursprünglich stammen diese Platten aus einer Gedächtnishalle für den taiwanesischen Helden *FuKangAn* in der NanMenLu und wurden nach dem Zusammenfall jener Halle zunächst ins große Südtor (TaTungMen) ausgelagert und erst 1960 hierher überführt. Ein paar Schritte weiter dokumentieren lebensgroße Statuen auf einer Plattform die Niederlage der Holländer gegenüber *KoHsingKa.*

★ 6; das Fort liegt an der rechten Straßenseite der MinTzuLu, Nr. 212, 5 Gehminuten vom Hotel Asia oder mit den Stadtbussen 3, 5 (ab Hbf) sowie 1, 20, 25. Eintritt: 50 NT$.

SzuTian WuMiao
祀典武廟

Dieser ***Tempel*** wurde Mitte des 17. Jh. errichtet und spiegelt trotz zahlreicher Renovierungen noch immer die Architektur der frühen Qing-Dynastie wider. Seit 1727 dient der Tempel als offizielle Opferstätte für besondere Anlässe (SzuTian, etwa: dem Himmel geben). Gegliedert ist die Anlage in eine Haupthalle, einen Gebetshof, eine zweite konfuzianistische Halle mit Kalligrafien für die SanTai (3 Dynastien), sowie eine seitlich angebaute, buddhistische, rückwärtige Halle mit einer prunkvoll gewandeten KuanYin-Statue. Da in der Haupthalle eine KuangKung-Statue (Gott der Kriegskunst) steht, wird der Tempel bei Einheimischen oft auch ***KuangTiMiao*** genannt.

▲ 5; SzuTian WuMiao liegt direkt gegenüber vom Fort Provintia (↗ oben), der Eingang befindet sich allerdings (vom Fort gesehen) auf der Rückseite. Nach der Straßenbezeichnung YungFuLu 229 braucht man daher gar nicht lange zu suchen.

TianHouKung
天後宮

Das Areal des ***Tempels*** hat eine kleine Vorgeschichte: Der Ming-Prinz *NingChing (NingJing)* floh vor der Mandschu-Ching-Dynastie zu *ZhengChengKung (KoHsingKa)* nach TaiNan und errichtete auf diesem Gelände seine Residenz (1663). 1683 gewannen die Ching-Truppen eine entscheidende Seeschlacht und beendeten die Regentschaft des KoHsingKa-Clans auf TaiWan. Da sie sich von der Meeresgöttin *MaTzu* unterstützt glaubten, wandelten sie die Residenz von NingChing in einen Schrein zu Ehren MaTzus um, nannten ihn aber offiziell TianHouKung (Tempel der Königin des Himmels).

Die Haupthalle beherbergt die größte hölzerne ***MaTzu-Statue*** TaiWans, während in der rückwärtigen Halle noch das Prinzenpaar thront. In der linken Seitenhalle steht ein großer Holztopf mit großen, ca. 80 cm langen Stäbchen mit Schriftzeichen; dies sind Orakelstäbchen, die an die Tradition der Orakelknochen *(KuWen)* anschließen. Sie werden zu zeremoniellen Anlässen gemischt und geschüttelt, bis eines herausfällt. Der abgebildete Text wird dann als Gebet gelesen.

Dach und Hallenarchitektur gelten - wie schon beim benachbarten SzuTianWuMiao - als beispielhaft für die frühe Ching-Zeit. Bei einem Brand während des Herbstfestes am 10.09.1995 brannte die Inneneinrichtung durch Feuerwerkskörper nahezu völlig aus, lediglich die MaTzu-Statue blieb wie durch ein Wunder völlig unversehrt. 2004 brannte es erneut; die Anlage wurde über drei Jahre lang restauriert und kann heute wieder besucht werden.

▲ 5; der MaTzu-Tempel ist durch eine kleine Gasse (aus dem SzuTian WuMiao rechts) zu erreichen, nach 20 m liegt rechts der Seiteneingang zur rückwärtigen Halle, 50 m weiter geradeaus befindet sich der Haupteingang. Zu den Busverbindungen siehe ShiKanLou.

TungMen
東門

Das ***Ost-Tor*** ist ein Relikt der alten Stadtumrandung. Traditionell wurden bedeutende Städte von einer Mauer mit vier Stadttoren in den vier Himmelsrichtungen umgeben. TaiNan war eine der wenigen Städte, die über acht solcher Zugänge zur Stadt verfügte. Die Stadtmauer wie auch die anderen Tore sind - im Zuge der Stadtentwicklung - verschwunden. Das TungMen selbst ist dagegen sehr gut erhalten und wird laufend renoviert. Es vermittelt einen Einblick in die trutzburgartige Anlage, die früher ein Nadelöhr für Reisende von und nach Osten darstellte. Es wurde gemeinsam mit den anderen Toren und der Stadtmauer 1723-1736 unter der Ching-Dynastie errichtet, um gelegentlich vorgekommene Rebellionen der Bevölkerung in Zukunft besser kontrollieren zu können.

★ 61; das Osttor steht inmitten der gleichnamigen TungMenLu und ist etwa 5 Gehminuten vom MiTo-Tempel entfernt. Die Buslinien 0, 7, 17, 18 und 20 fahren dort vorbei.

MiTo-Tempel (MiTuoSi)
彌陀寺

Am Eingang dieses von Ausländern eher selten besuchten Tempels müssen rechts die Schuhe gegen Pantoffeln getauscht werden. Hinter dem Tor befindet sich rechts ein großer ***Ofen,*** in dem den Ahnen Briefe und Symbolgeld geopfert werden. Verwandelt in Feuer steigen Geld und Nachrichten zu den Vorfahren durch den langen Schlot auf. Rechts und links der Haupthalle stehen zwei Wohntürme der Nonnen.

Hinter dem Eingangstor befindet sich eine erste Vorhalle mit goldenem Buddha, die auch als Lesehalle dient. An den dahinter liegenden, über zwei symbolische Lotusbrücken zu erreichenden Innenhof schließen sich kleine Schreine und die Treppe zu den oberen Stockwerken an. Hier ist die eigentliche Besonderheit dieser Tempelanlage zu bewundern, die ***hundertarmige Halbgöttin KuanYin*** (Boddhisatva der Barmherzigkeit), die auf einer Lotusblüte thront. Ihre vielen Arme halten diverse Werkzeuge und Symbole, welche ihre Macht demonstrieren sollen. Auf ihrem Kopf sitzen ein Buddha (zeigt, dass sie auf dem Wege zum Buddha ist) und als Zeichen der Weisheit sechs Boddisatvas. Gegenüber dieses Schreins befindet sich eine weitere große Lese- und Studierhalle mit drei lebensgroßen Buddhas, die Glück, langes Leben und Wohlstand symbolisieren.

Die 1718 errichtete Anlage wird sehr gut gepflegt und ist ein beliebtes Ziel einheimischer Touristen.

▲ 59; dieser Tempel liegt an der TungMenLu Nr. 135 und ist in 5 Minuten vom TungMen kommend oder in 15 Minuten vom Hbf. zu erreichen (PeiMenLu bis zum Kreisverkehr, dort nach links in die TungMenLu. Fußgänger Achtung: Wo der Kreisel von der PeiMenLu links in die TungMenLu einmündet, führt rechts und links der Hauptstraße eine Gasse abwärts zur Unterführung, von der TungMenLu kommend nur links). Stadtbusse 0, 7, 17, 18, 20.

ChengHuangMiao
成隍廟

Dieser kleine ***daoistische Tempel*** ist gewissermaßen ein Haustempel der ansässigen Hakka-Nachfahren, also jener chinesischen Bevölkerungsgruppe, die als erste den Sprung nach TaiWan wagten und heute noch etwa sechs Prozent der Gesamtbevölkerung ausmachen. Der Tempel ist in eine Vorhalle und einen rückwärtigen Hof gegliedert; im vorderen Teil werden auf langen Tischen Obst, Gemüse und andere Speisen geopfert, die Seitenwände sind mit kleineren Heiligenfiguren verziert. Im rückwärtigen Teil werden exorzistische Rituale (aber ganz unspektakulär) vorgenommen: Ein Besucher wendet sich mit seinem Problem oder Leiden (z.B. einem Hausgeist) an den Vorsteher, der eine bestimmte Melodie vor dem Hauptschrein mit dem Stadtgott *ChengHuang* singt und damit die Leiden oder Geister vertreibt. Der Stadtgott wird flankiert von den Generälen *Fan* und *Hsie,* die Seitenwände weisen auch in diesem Tempel daoistische Figuren auf. Von den zahlreichen angebrachten Symbolgegenständen sind vor allem die zwei großen Abakusse (Rechengeräte mit beweglichen Kugeln) von 1,4 m Breite bemerkenswert.

Das ***Eingangstor,*** zu erreichen über die kurze, von zwei steinernen Löwen bewachte Treppe, ist von grauen Steindrachen-Säulen gestützt und dreifach unterteilt, der Mittelteil symbolisch kniehoch abgeschottet. Auch hier wird die grundlegende asiatische Auffassung, Geister könnten nur geradeaus gehen, nicht jedoch abbiegen, ansatzweise deutlich.

Der ChengHuang-Tempel weist eine weitere Besonderheit auf: Die ***Decke*** ist lackiert (nicht wie üblich bemalt) und dann gemustert worden.

▲ 41; ChingNienLu 133; Öffnungszeiten sind täglich von 6.30 bis 22.30 Uhr. Der Tempel liegt mitten im Zentrum, eine Busfahrt ist überflüssig.

TungYueTian (Ost-Gipfel-Tempel)
東嶽殿

An diesem daoistischen Tempel (mit buddhistischem Teil) fällt zunächst auf, dass das Mitteltor von stilisierten Schnecken flankiert wird (Löwen sitzen zusätzlich außen an der Treppe). Gleich hinter dem Tor wachen rechts und links je zwei Tempelwächter und je eine Geistergestalt über das Anwesen. Der Schrein stellt *LaoTzu* mit zwei Schülern dar. Dahinter folgt eine zweite Halle mit einem Opfertisch, zwei Pagoden mit Goldbuddhas und dem Zentralschrein (Buddha nebst zwei kleineren); rechts und links an den Seitenwänden befinden sich Glasvitrinen mit daoistischen Heiligen. Erst dann betritt man durch einen Rundbogen den eigentlichen Hauptraum, in dem die Wände rechts und links mit großen Steinabreibungen verziert sind. Opfertisch, daoistische Figuren vor und in der großen Vitrine vervollständigen das Heiligtum. Auch die Generäle *Hsie* und *Fan* fehlen nicht. Auch im TungYue-Tempel werden oft exorzistische Rituale abgehalten, er wird häufiger frequentiert als der überwiegend von den Hakka besuchte ChengHuang-Tempel. Die Haupthalle ist mit kunstvollen Schnitzereien versehen, die allerdings durch Räucherstäbchen teilweise geschwärzt sind. Im Seitengang rechts finden sich mehrere Öfen, in denen Symbolgeld und Briefe für die Ahnen verbrannt werden. Am oberen Ende dieses Ganges befindet sich ein Zeremonialraum, in dem die Rituale vorbereitet und Anliegen von Gläubigen vorgebracht werden.

▲ 42; MinCyuanLu 110, der Tempel ist täglich von 6.00 bis 23.00 Uhr geöffnet und besonders an Sonn- und Feiertagen sehenswert.

YanPing JunWangCi, KoHsingKa-Museum
延平郡王祠

KoHsingKa lebte von ca. 1600 bis 1662 und war der erste, der auf TaiWan die territoriale Einheit herstellte. Als überzeugter Anhänger der Ming-Dynastie auf dem Festland zog er nach dem Vormarsch der mandschurischen Ching (Qing-Dynastie mit großem Gefolge 1644 nach Süden. Er verlegte seine Basis auf Inseln der TaiWan-Straße und arrangierte sich zunächst mit den auf TaiWan bereits angesiedelten Holländern, um gemeinsam einer eventuellen Vertreibung durch die Ching zu trotzen. 1662 vertrieb er die europäischen Kolonialisten von TaiWan und sorgte anschließend mit seinen Reformen der Landwirtschaft für einen starken Aufschwung. *KoHsingKa* starb schon 1663, seine Nachkommen mussten sich 1682 den Ching-Truppen geschlagen geben. Er gilt als eine der ganz großen taiwanesischen historischen Persönlichkeiten. Der hier stehende Schrein ist allerdings nicht etwa jüngerer Bauart, sondern wurde von den mandschurischen Qing (!) 1875 errichtet, vorrangig aus politischen Motiven, um durch einen gemeinsamen Helden ein Nationalgefühl zu schaffen und damit Abspaltungsversuche zu unterbinden.

Die Anlage liegt in einem kleinen Park, rechts befindet sich der eigentliche Schrein, geradeaus trifft man auf ein kleines ***Museum*** (modernerer Bauart). Hier sind im Untergeschoss eine vorgeschichtliche Abteilung, im Parterre Bilder und Zeichnungen des mittelalterlichen TaiNan, im Obergeschoss Münzen, Gemälde, Möbel und Kleidung aus der Zeit von *KoHsingKa* untergebracht. Die Erklärungen sind leider meist nur auf chinesisch.

Der ***KoHsingKa-Schrein*** ist in der klassischen chinesischen Hofform gebaut; nach dem Eingangsportal sieht man links und rechts Kolonnaden mit roten Tischen und Gedenktafeln für die 114 Offiziere, die ihrem Fürsten nach TaiWan gefolgt waren. Der Hauptschrein in der Mitte ist eine nüchterne Halle ohne großen Schmuck; *KoHsingKa* sitzt lebensgroß auf einem steinernen Thron, umsäumt lediglich von einem orangefarbenen Vorhang. Die Decke besteht aus Holztafeln mit Drachen auf blauem runden Grund, das Dach aus den typischen grünen, halbrunden Röhrenziegeln.

Ⓜ 58; KaiShanLu 152; Busse 6 (ab Hbf) sowie 17 und 18 halten in der Nähe der Anlage, die täglich von 9.00 bis 17.00 Uhr geöffnet ist. Eintritt: 50 NT$.

WuFeiMiao
五妃廟

Die Geschichte des unscheinbaren ***Fünf-Konkubinen-Tempels*** ist eng mit der des TianHouKung (gegenüber von Fort Provintia) verknüpft. Der Ming-Prinz *NingChing* floh 1644 vor den herannahenden Ching-Truppen zu *KoHsingKa* nach TaiWan und errichtete 1663 seinen Sitz auf dem Gelände des TianHouKung. Als die Mandschu-Ching 1683 TaiWan eroberten, nahm sich der Prinz das Leben, seine Konkubinen *Yuan, Wang, HsiKu, Mei* und *He* hängten sich daraufhin ebenfalls auf und wurden an dieser Stelle gleich hinter dem Tempel begraben. Erst 1746 beauftragte ein Ching-Beamter, beeindruckt von dieser gemeinsamen Solidarität, vor dem Grab einen Tempel zu errichten. Das Tempelgebäude besteht aus rotem Stein mit einem hölzernen Portal, über dem die Zeichen WuFeiMiao angeschrieben stehen. Der kleinen Vorhalle schließt sich direkt der Hauptaltar an, auf dem in Puppengröße Figuren der fünf Konkubinen stehen.

▲ 54; WuFeiChie Nr. 201, auf der NanMenLu nach Süden bis zur WuFeiChie, dort links und nach 30 m auf der rechten Seite. Stadtbus Nr. 5, 25 und 100 halten in der NanMenLu.

ChuHsiSu (ZhuXiSi)

竹溪寺

Das ChuHsiSu ist eine gigantische ***buddhistische Klosteranlage,*** die in dem modernen Sportareal deplatziert scheint. Die erste Treppe wird von Löwen mit Perle bewacht, dann gelangt man durch das Haupttor (flankiert von Torwächtern) in den Vorhof mit zwei großen weißen Elefanten. Das Mittelgebäude beherbergt die Gebetshallen, die Türme rechts und links sind die Unterkunftsgebäude der Klosterangehörigen. Das Mittelgebäude ist in mehrere Hallen unterteilt, die erste, eine Aufenthaltshalle, die zweite mit einem Buddha-Dreigestirn sowie die dritte mit einem kleinen Schrein an der rückwärtigen Wand der zweiten (barköpfiger Buddha auf Löwe) und einem Hauptaltar mit vergoldetem Buddha-Dreigestirn. Die Decke ist schmucklos, nur über dem Hauptaltar finden sich Holztafelverzierungen. Rechts vom Kloster steht eine kleine, siebenstöckige Pagode, auf dem Weg dorthin passiert man einen Teich mit einem riesigen steinernen Goldfisch (Symbol für Wohlstand und Farbe des Buddhismus). Die Anlage gilt als eine der größten in ganz TaiWan, wird aber nur selten von Touristen besucht.

▲ 56; ChienKangLu (QianGangLu), mitten im „Athletic Park". Von der NanMenLu kommend links, vom WuFei-Tempel rechts an dessen Mauer entlang. Der Athletic Park hat zwei Zufahrten: ein großes, farbiges Tor und ein steinernes, einfarbiges (weiter links an der ChienKangLu), letzteres nehmen. Am unteren Ende führt links eine Treppe durch ein Tor hinab zur Anlage. Mit den Stadtbussen Nr. 5, 1, 100 und 25 kommt man bis zur ChienKangLu, von dort sind es noch fünf Gehminuten.

FaHuaSi

媽公壇

Der ***FaHua-Tempel*** entstand Mitte des 17. Jh., noch vor der Ching-Dynastie (ab 1644). Die mittlere Halle beherbergt den dickbäuchigen *MiLoFu,* daneben rechts und links je einen Tempelwächter. Durch eine kleine Durchgangshalle kommt man zum eigentlichen Schrein, drei blauhaarigen Buddhas mit leuchtendem Stigma auf der Stirn. Die Naturholzdecke ruht auf kunstvoll bemalten Querstreben. Wandmalereien mit Szenen aus dem Mahayana verzieren die Wände. Auch die Seitenflügel sind sehenswert: Schwarzbärtige aufgemalte Türwächter bewachen die Portale zu den Nebenschreinen (links der Herrscher des Südhimmels, im rechten Flügel die relativ seltene gemalte Darstellung eines Drachen mit kleinen Figuren davor). Hinter dem rechten Flügel befindet sich der tempeleigene Brunnen und eine siebenstöckige Pagode. Hinter der Haupthalle befindet sich ein rückwärtiger Schrein mit der vielarmigen *KuanYin* (Boddhisatva der Barmherzigkeit). Heute leben noch ca. 50 Mönche und Nonnen auf dem Gelände, das mit zahlreichen Banyan-Bäumen *(ficus religiosa)* bepflanzt ist.

▲ 57; ***vom ChuHsiSi*** kommend geht man auf der linken Straßenseite der ChienKangLu entlang bis zum Ford-Autohaus und biegt kurz dahinter in die FaHuaChie (Nebenstraße) ein. Geradeaus, die WuFeiChie-Straße gerade überqueren, nach 250 m liegt der Tempel linker Hand. Wer vom ***KoHsing-Ka-Schrein*** kommt, geht von dort rechts die KaiShanLu bis zur großen TaTungLu (DaDongLu) hinunter; an dieser Kreuzung geht schräg rechts die kleine FaHuaChie ab, dann noch ca. 300 m.

048t Foto: wl

ChuHsiSu - größte buddhistische Anlage

MaKungTan (MaGongTan)
媽公壇

Einer jener kleineren, unscheinbaren und von Touristen selten besuchten ***Tempel,*** die meist von Anwohnern aufgesucht werden. Von der Form her erinnert MaKungTan an ein winziges Kloster (kleine Wohntürme rechts und links vom Haupttempel). Das grüne Ziegeldach ruht auf Säulen, auffällig sind die zwei grauen Drachensäulen am Eingang; auf dem First sitzt Buddha auf einer Perle. Der Hauptschrein dieses buddhistischen Tempels besteht aus einem Altar mit einem Dreigestirn: der Urkaiser *Yao, Shun* und *Yu.*

▲ 46; No 122 KaiShanLu, der nette kleine Tempel liegt zentral auf dem Weg zum KoHsingKa-Schrein (Stadtbusse 17, 18, 100).

KungTzuMiao
孔子廟

Dieser älteste ***Konfuzius-Tempel*** TaiWans wurde 1665 unter *KoHsingKas* Sohn *ChengCheng (ZhengCheng)* und dessen oberstem Verwalter *ChenYungHua* errichtet und ab 1715 viele Jahrzehnte als Schule genutzt (daher auch der alte Name „erste Schule TaiWans"). Er gilt als ein Bauwerk im ureigenen Ming-Stil, wie es auf TaiWan selten anzutreffen ist. In einem kleinen Park gelegen, der bis in die Vormittagsstunden als Übungsplatz für das Schattenboxen (TaiChiChuan) dient, betritt man den von einer hohen Mauer umgebenen Tempel durch das typische dreigeteilte Tor. Die drei anderen äußeren Seiten bestehen aus Kolonnaden mit Gedenktafeln. Der Zentraltempel, „Saal des großen Erfolgs" genannt, ist innen beinahe schmucklos, lediglich eine vergoldete Steinstele steht für den Meister. Die Kalligrafien auf den farbigen Tafeln darüber sind Inschriften verschiedener Ching-Kaiser, die damit Konfuzius ihre Aufwartung machen wollten. Alle Dachfirste sind klassisch geschwungen, auf dem Dach der Haupthalle ist eine 9-stöckige kleine Pagode zu sehen. Rot ist der vorherrschende Farbton der gesamten Tempelanlage. Im Komplex befinden sich ferner Musikinstrumente und Kultgegenstände, die am 28. September, dem Geburtstag des *Konfuzius,* zum Einsatz kommen. An diesem Tage finden hier in TaiNan die größten Festivitäten TaiWans statt, allerdings muss man dann zum Besuch des Konfuzius-Tempels ein Ticket kaufen – und das ist fast ein Ding der Unmöglichkeit.

Auf der gegenüberliegenden Straßenseite liegt das ***PanKung-Fan-Steintor,*** welches vermutlich 1683 während der Restaurierung des Konfuziustempels errichtet wurde. Der Name des Tores ist identisch mit dem des ersten Vorhofes nach Betreten der Tempelanlage, dennoch ist unbekannt, von wem und aus welchem Grunde dieses Tor gebaut wurde, da kein anderer Konfuzius-Tempel auf TaiWan ein solches aufweist.

▲ 45; Nr. 2 NanMenLu, vom Kreisverkehr kommend etwa 50 m schräg gegenüber der Polizeistation. Busse 17, 18, 100 fahren durch die NanMenLu, No 1 und 2 halten direkt vor dem Tempeleingang. Geöffnet tgl. 8.30–17.30 Uhr, Eintritt 25 NT$.

TaNanMen
大南門

Das große ***Südtor,*** 1623-1736 errichtet, unterscheidet sich von den anderen Toren durch seinen ovalen Grundriss und einen auf TaiWan einmaligen äußeren und inneren Zugang. Das äußere Tor war mit der Stadtmauer verbunden und führte auf einen kleinen Innenhof, der mit Kanonen bestückt war; erst dann folgte das innere Tor in die Stadt. Das Südtor ist das am besten erhaltene Stadttor und wurde zuletzt 1977 renoviert. Das heutige Portal entspricht nicht mehr dem Original, welches ein Steintor mit Eisenbeschlägen war. Auch seine Lage in einem kleinen Park hat nichts mehr mit der ursprünglichen Funktion als Stadttor zu tun.

★ 50; das große Südtor liegt in der NanMenLu und ist zu Fuß leicht zu erreichen. Busse 5 und 100 fahren ebenfalls die NanMenLu herab.

YuHuangTan (Tempel des Jadekaisers)
天壇

Der offizielle Name dieses Tempels lautet ***TienTan*** oder auch ***TienKung*** (Himmelstempel). Er wurde 1853 zu Ehren des Jadekaisers gebaut, an den lediglich Kalligrafien anstatt einer in daoistischen Tempeln üblichen Statue erinnern. Der Jadekaiser, *Yu,* ist einer der drei legendären Urkaiser Chinas aus vorhistorischer Zeit, der vor mindestens 5000 Jahren gelebt haben soll.

Dieser Tempel ist deshalb ganz besonders interessant, da hier fast immer irgendwelche daoistischen Rituale vollzogen werden. Dem dreigeteilten Eingangstor schließt sich eine Vorhalle mit kunstvoll gemaltem Drachenrelief an. Es folgt ein Innenhof mit einem kleinen Altar, auf dem den Ahnen zahllose Opfer gebracht werden. Dann folgt ein Raum mit wundervollen Verzierungen aus Holz, der dritte der drei Holzaltäre reicht mit seinen Schnitzereien fast bis zur Decke. Unter der Decke sind diese Schnitzereien nicht einfach goldfarben gestrichen, sondern vollständig mit Blattgold überzogen. Schließlich führen die Seitenbögen zur Haupthalle, in der dem

Jadekaiser gehuldigt wird. Die steinernen Seitenpaneele symbolisieren „unsterbliche“ Daoisten. Berühmt ist auch die Rekonstruktion eines klassischen Gemäldes, welches den sogenannten „Vernichter der Han-Dynastie“ (221 n.Chr.), *TsaoTsao,* gelassen beim Brettspiel zeigt, während der daoistische Arzt *HuaTou* ihn am Arm operiert. Das Original stammt aus dem dritten Jahrhundert und zählt zu den frühesten Belegen chinesischer Chirurgie. In der hinteren Halle ist eine Statue der hundertarmigen *KuanYin* zu sehen, ein ganz besonderes Kleinod ist ferner eine kleine, aus purem Gold gegossenen KuanYin-Statue im Lotussitz.

Beim Ritual der ***Geisteraustreibung*** betet ein Medium mit rotem Kopftuch und hölzernem Kopfschmuck am mit Opfergaben gefüllten Tisch vor, während die Gepeinigten kniend und mit Räucherstäbchen in den gefalteten Händen nachsprechen.

Rechts am Tempel führt eine Treppe zum ***Seitenturm,*** in dem ebenfalls laufend Gebete, Orakelknochenwerfen u.Ä. vollzogen werden. Außerdem kann man von hier oben sehr gut das reich verzierte Dach bewundern; die steinernen, bunten Tiere sind häufig mit farbigem Papier verziert und wirken dadurch realistischer und lebendiger. Dem Dachfirst ist eine siebenstöckige Pagode aufgesetzt.

▲ 38; der Tempel des Jadekaisers liegt in der 90 ChungYiLu, Section 2. Vom großen Kreisverkehr aus auf der MinShengLu bis zur ZhongYiLu gehen, rechts abbiegen bis zu einer kleinen Seitenstraße (an der Hauswand steht auf einem grünen Schild 89 ZhongYiLu 2 Sec), hier 30 m rechts hinein (Stadtbus 106 fährt durch die ChungYiLu).

PeiChiTien
北極殿

Praktisch um die Ecke vom TienTan liegt der PeiChi-Tempel, gebaut 1672 von *KoHsingKas* Sohn *ChengCheng.* Die Hauptgottheit hier ist der ansonsten seltener zu sehende *PeiChiTaTi* (auch *HsuenTienShangTi* genannt), ein Patron des Hauses Ming. Bei seiner Anlandung auf TaiWan brachte *KoHsingKa,* selbst loyaler Ming-Anhänger, unter anderem eine große Statue des Gottes mit nach TaiWan, um die Tradition des PeiChi-Kultes hier fortzusetzen.

▲ 37; 89 MinCyuanLu.

KaiTang
開當

Auch dieser kleine „Lokaltempel“ mit der typischen Aufteilung Vorhalle - Haupthalle - Zentralhalle zeigt einige sehenswerte Besonderheiten: Die Wandmalereien hinter dem Eingang sind teilweise plastisch gestaltet. Der erste Schrein ist von silbernen Pagoden in Glaszylindern verziert; dahinter stehen zwei luftdicht abgeschlossene Holzsärge, in denen die Tempelgründer ruhen sollen. Die Altarfiguren des ersten Hauptraumes selbst sind prunkvoll gekleidet und tragen auf ihren goldenen Kronen große, orangefarbene Kugeln, welche das Licht Buddhas symbolisieren. In der Zentralhalle (zu erreichen nur durch den Seitenflügel) befindet sich ein Altar mit Drachengemälde und einer großen Figur in gleicher Aufmachung wie die in der ersten Halle. Auch die Dachträger sind sehr fein verziert, man sollte KaiTang nicht auslassen, gerade auch weil er gut zu erreichen und überschaubar ist.

▲ 40 (Seite 340); JhongShanLu Nr. 79, liegt zentral und kann vom Hbf. Richtung Konfuziustempel leicht zu Fuß besucht werden.

HsinShengTai YiShu HuanChing
新生態藝術環境

In der ***Galerie der neuzeitlichen Künste (New Life Kunstgalerie)*** werden moderne taiwanesische und internationale Kunstausstellungen veranstaltet, aber auch Rockkonzerte einheimischer und ausländischer Bands gegeben. Restaurant (2. Etage) und Café entsprechen dem modernen Flair.

★ 66 (Seite 340); die Kunstgalerie ist täglich von 11.00 bis 21.00 Uhr geöffnet, das Café bis gegen Mitternacht. 138 YungFuLu, Tel. (06)-2267899, 10 Gehminuten vom Fort Providentia (ChiKanLou).

HsinHsin Sheng-Huo YiShuKuan
新心生活藝術館

Im ***„Modernes-Leben-Hof" (New Space Museum)*** wird überwiegend moderne taiwanesische Malerei, aber auch klassische Kunst verkauft. Diese kleine Galerie (Eintritt frei) ist an Wochenenden ein „Sehen-und gesehen-werden"-Treffpunkt der lokalen High-Society. Für Kunstinteressierte unbedingt empfehlenswert.

Ⓜ 4 (Seite 340); 67 ShengLiLu, ca. 5 Gehminuten vom TungMen.

Sehenswertes außerhalb des Zentrums

KaiYuanSi
開元寺

1680 ließ *ChenChing,* der Sohn *KoHsingKas,* hier für seine Mutter einen Alterssitz im daoistischen Stil errichten (heute erinnert nur noch das Eingangsportal an die ursprüngliche Bauweise). 1683 errangen die Mandschu (Ching-Dynastie) die Oberhand auf TaiWan und wandelten den Ort 1690 in einen buddhistischen Tempel um. Sie nannten ihn nach dem Vorbild vieler buddhistischer Anlagen auf dem chinesischen Festland ***Tempel des Lobgesanges*** (KaiYuanSi). Die eigentliche Anlage liegt hinter einem Vorhof und wird durch ein dreigeteiltes, von übergroßen Tempelwächtern symbolisch geschütztes Portal betreten. Links und rechts davon liegen Glocken und Trommelturm, von denen Seitengänge abführen, in denen heute Verwaltung und Unterkünfte liegen. Die Haupthalle ist dem dickbäuchigen *MiLoFu,* flankiert von vier Tempelwächtern, gewidmet. Hinter einem weiteren Hof liegt die mittlere Halle mit Buddha, flankiert von zwei Boddhisatvas und *KuanYin* davor. Sehenswert ist die goldene KuanYin-Statue an der Rückwand der Halle. Dahinter liegen die von den Mönchen bewirtschafteten Gärten des Klosters, in denen auch drei kleine Pagoden zu sehen sind. Hier im Garten wächst eine besondere Bambusart, der „Sieben-Streifen-Bambus", gelblich mit meist sieben kräftig-grünen Streifen. Angeblich stammt er aus der Provinz HuPei auf dem chinesischen Festland. Vor dem linken Seitengang befindet sich ein länglicher Flügel ganz aus Holz, eines der ältesten Originalteile des Tempels; heute dient er als Abstellraum.

▲ 10; 89 PeiYuanChie; es ist zwar möglich, den Tempel vom Zentrum aus zu Fuß zu erreichen, da aber keine weiteren Sehenswürdigkeiten auf dem Weg liegen, empfiehlt sich die Anfahrt per Stadtbus. Die Nummern 17 (am

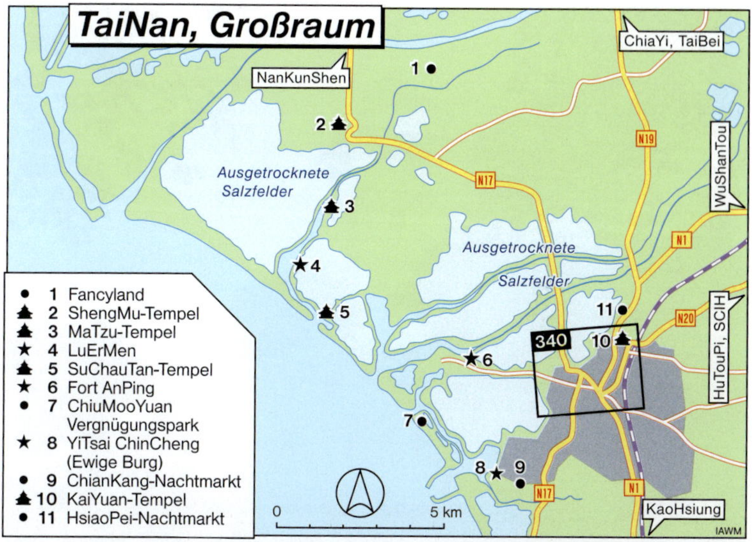

besten), 5 und 18 fahren in die KaiYuanLu (Haltestelle „KaiYuan", Rückfahrt genau gegenüber), 50 Meter weiter führt links eine kleine Straße zum Tempel. Direkt vor dem Tempel liegt ein Pflegeheim in traditioneller Bauweise mit einer weißen KuanYin-Statue, welches man auf den ersten Blick leicht mit dem KaiYuan-Tempel verwechseln kann.

WenHua ChungHsin
文化中心

In TaiNan als Stadt der Kultur darf natürlich ein ***Kulturzentrum*** nicht fehlen. Hier werden klassische Konzerte aufgeführt und Kunstausstellungen abgehalten.

- Über das aktuelle Programm informiert die TI oder das Kulturzentrum direkt, Tel. (06)-2692864; im Westen der Stadt in der 375 ChungHuaLu am Fluss gelegen. Stadtbus Nr. 18 ab Hbf.

AnPing KuPao
安平古堡

AnPing, eine der Randgemeinden TaiNans, ist vor allem wegen des alten niederländischen ***Fort Zeelandia*** bekannt. Das Fort entstand 1624, im Jahr der niederländischen Kolonialisierung TaiWans. Die erste Konstruktion bestand aus einer mit Sand verstärkten Holzpallisade, erst 1630 wurden Ziegelsteine aus Niederländisch-Indonesien importiert und die Festung schrittweise ausgebaut. Nach Beendigung der Bauarbeiten 1634 maß die neun Meter hohe Festungsmauer 843 m im Umfang. *KoHsingKa,* der seinen Angriff gegen die Holländer von MaTzu vor der festländischen FuKien-Provinz startete, landete 1661 im nahegelegenen

053t Foto: wl

Fort Zeelandia in AnPing - Relikt und Waterloo der Holländer

LuErMen und drang, ohne auf nennenswerten Widerstand zu stoßen, in die Region TaiNan ein. Während die Holländer ihren Bündnispartnern wider den gemeinsamen Gegner, die Mandschu-Ching-Dynastie, vertrauten, erklärte *KoHsingKa* TaiWan kurzerhand für chinesisch (was bislang nicht der Fall war) und die Anwesenheit der Holländer für überflüssig. Diese weigerten sich, TaiWan zu verlassen, woraufhin *KoHsingKas* Truppen die Verbindung zwischen Fort Provintia (TaiNan) und Fort Zeelandia unterbrachen. Während Fort Provintia schnell aufgeben musste, dauerte die Belagerung hier in AnPing neun Monate, ehe die Holländer kapitulierten. Die Aufgabezeremonie ist in Bildern und Stichen festgehalten, welche im Innenraum des Forts zu sehen sind. Die bei den Einheimischen seinerzeit „TaiWan-Fort" (die Gegend um TaiNan hieß damals TaiWan) genannte Festung wurde ein Jahr später, nach dem Tode *KoHsingKas* (1663), in „Königskastell" umbenannt. Ein Großteil der heutigen Anlage stammt aus der japanischen Besatzungszeit, in der die Japaner historische Stätten restaurierten.

Ein Abschnitt der ursprünglichen Mauer liegt dem Fort gegenüber. Hier befindet sich auch ein ***Museum*** mit einer Ausstellung von Kleidung und Alltagsgegenständen aus der Zeit des 17. Jh.

Vor dem Fort liegt ein sehr hübscher, reich verzierter ***Daoistentempel*** (AnPing KaiTai TienHou). Der Tempel entstand 1668, nur wenige Jahre nach dem Sieg *KoHsingKas.* Bemerkenswert sind hier neben dem Hauptaltar mit der original MaTzu-Statue, welche *KoHsingKa* auf der Überfahrt 1661 mitführte, die teilweise plastischen daoistischen Szenen an den Seitenwänden. Ein beliebtes Thema zeigt *TaiTzu* auf den Feuerrädern und dem Ring der Allmacht im Kampf gegen das Böse. Die Schreine neben dem Hauptaltar zeigen die fünf Urkaiser (rechts) sowie fünf untere Meeresgottheiten (links).

★ 6 (Seite 353); das Fort ist täglich von 8.30 bis 17.30 Uhr geöffnet, Eintritt 50 NT$ für Fort und Museum. Stadtbusse 2, 15, 24 und 88 fahren direkt zum Tempel und dem dahinter liegenden Fort. Genau gegenüber liegt die Haltestelle zur Rückfahrt, auf der Fortseite geht es mit Bus Nr. 15 weiter zum ***Strand,*** der mit seinem feinen Sand, sowie einer Vielzahl an Wassersport-, Picknick- und Campingmöglichkeiten zu den besten Stränden der Westküste zählt. Bus Nr. 24 fährt zurück zwar ins Zentrum, aber nicht direkt zum Hbf (besser 2 und 88).

YiTsai ChinCheng (ewiges Schloss)
億載金成

Dieses jüngste Fort westlicher Kolonialmächte in TaiNan entstand 1875 auf einer Fläche von 11.000 qm und wurde von französischen Festungsbauern auf Anweisung des Marinebeauftragten der FuKien-Provinz, Admiral *ShenPaoCheng,* errichtet. Es wurde mit ca. 100 Kanonen bestückt, von denen noch 12 zu sehen sind. Das Fort hatte die Aufgabe, die TaiWan-Straße zu beobachten und vor allem die Region TaiNan vor Piratenüberfällen zu schützen; durch die Absenkung des Meeresspiegels liegt YiTsai ChinCheng mittlerweile allerdings ein gutes Stück von der Küste entfernt.

★ 8 (Seite 353); vom Zentrum gibt es keine günstige Busanbindung, am einfachsten nimmt man ein Taxi vom Fort Zeelandia (rund 100 NT$). Alternativ den seltenen Bus 33 nehmen.

LuErMen
鹿耳門

LuErMen (★ 4, S. 353); Hirschohrtor), nahe der Anlandestelle *KoHsingKas,* war lange Zeit eine Art natürlicher Hafen für Süd-TaiWan. Während seines Kampfes gegen die Holländer schien die See zunächst gegen einen Erfolg *KoHsingKas* zu sprechen. Doch nach Gebeten an die Meeresgöttin *MaTzu* ebbte der Seegang ab und seine Truppen konnten mit kleinen Booten anlanden. Zum Dank an die Göttin ließ *KoHsingKa* 1662 hier den ***LuErMen MaTzuMiao*** (▲ 3, S. 353); errichten, der später unter der Ching-Dynastie ausgebaut und in ***TianHouKung*** umbenannt wurde. Der ***Tempel*** liegt in der 236 HsienTsaoLu, Stadtbus Nr. 28 hält am Tempel. In der 360 HsienTsaoLu liegt der beinahe ebenso überwältigende ***SuChauTan*** (▲ 5, S. 353; *SiZhaoTan*), ein ***daoistisch-schamanistischer Tempel,*** dessen Hauptschrein dem General *ChengHai,* der rechten Hand *KoHsingKas* gewidmet ist. Der Tempel wurde posthum von den (feindlichen) Ching errichtet, die den vorbildlichen Soldaten und getreuen Gefolgsmann *KoHsingKas* ebenfalls achteten.

● Nur Stadtbus Nr. 28 fährt alle 60–90 Minuten beide Tempel an. Die Routen der früher hier ebenfalls verkehrenden 27 und 29 wurden verkürzt, beide Linien sind nicht mehr verwendbar. Das TI-Büro nimmt dies offensichtlich nicht zur Kenntnis, dort wird weiterhin „27, 28, 29 nach LuErMen" angegeben - aufpassen! Einheimische sagen manchmal, die *HsingNan-KeYun-Busgesellschaft* würde auch nach LuErMen fahren. Dies beruht auf dem Irrtum, der Tourist wolle nur den größten Außenbezirkstempel von TuCheng (⇗, dorthin fährt die *HsingNan* tatsächlich) sehen und nicht die beiden daoistischen Tempel von LuErMen, teilweise werden LuErMen und TuCheng auch einfach in einen Topf geworfen.

TouCheng
土成

元宝樂園

Diese Randgemeinde von TaiNan beheimatet gleich mehrere interessante Sehenswürdigkeiten. Drei km außerhalb des Ortes (der Bus fährt direkt daran vorbei) liegt ⌖ ***YuanPao LeYuan*** (● 1, Seite 353; „Fancyland", Tel. 06-2870040), einer der ***Vergnügungsparks*** TaiNans mit Fahrgeschäften, Wasserrutsche und Imbissbuden, insgesamt mehr ein Rummelplatz denn eine Wasserwelt. Interessanter und günstiger gelegen (bei ähnlichen Preisen von 360 NT$ für ein Komplett-Ticket) dürfte ⌖ ***WuZhi LeYuan*** („Woozland", geöffnet 9.30–20.00 Uhr, Tel. 06-2573811, gleich neben dem ShengMuMiao) sein. An dem Park ist neben den Fahrtgeschäften vor allem das Schwimmbad mit mehreren großen Wasserrutschen sowie eine aus den USA stammende Lasershow-Halle erwähnenswert. Die Gebäude des Parks mit ihren Strohdächern verbreiten eine angenehme Südsee-Stimmung.

唔智樂園

聖母廟

Der eigentliche Höhepunkt von TouCheng ist allerdings der schon mehrere Kilometer vor dem Ort sichtbare ⌖ ***ShengMuMiao*** (▲ 2, Seite 353; Tempel der heiligen Mutter), die vielleicht größte und imposanteste (trotz der buddhistisch wirkenden Dachkonstruktion überwiegend daoistische) ***Tempelanlage*** TaiWans, die NanKunShen (⇗) in nichts nachsteht. Hinter dem Vorhof liegen rechts Glocken- und links Trommelturm, in den daran sich anschließenden Seitenflügeln ist die Verwaltung und der Unterkunftsbereich untergebracht. Die schwere gusseiserne Glocke steht übrigens unten, da der ursprüngliche, hölzerne Turm das Gewicht nicht tragen konnte. Die erste Halle zeigt einen sechsfach unterteilten Schrein, der zentrale mittlere ist fünf halbhistorischen Königen gewidmet. An der linken Wand steht eine fünf mal fünf Meter große Dschunke, ein häufiges Nebenthema in daoistischen MaTzu-Tempeln am Meer. Als Tempelwächter des Altars sind hier die Generäle *Fan* und *Hsie* zu sehen. Das rechte Wandgemälde neben dem Hauptschrein zeigt den Kampf Gut gegen Böse, symbolisiert durch *TaiTzu* mit dem Ring des Guten und dem Feuerrad, rechts die acht Unsterblichen auf ihrer Wanderung. Der Schrein der zweiten Halle ist ebenfalls sechsfach unterteilt, der mittlere ist *MaTzu,* der Göttin des Meeres und Hauptfigur dieses Tempels gewidmet. Die Wandmalerei rechts stellt die Überfahrt *KoHsingKas* nach TaiWan unter dem Schutz der Göttin *MaTzu* dar. *KoHsingKa* landete im nahegelegenen LuErMen, und nachdem er 1662 die Holländer besiegt hatte, schrieb er seine Erfolge *MaTzu* zu und errichtete an dieser Stelle den heutigen Tempelkomplex. Die dritte Halle ist rein buddhistisch und in drei Etagen unterteilt. Im Erdgeschoss sitzt auf den ersten Blick ein Buddha-Dreigestirn. Tatsächlich aber handelt es sich um Buddha (zentral) sowie die zwei Boddhisatvas *WenChu* (rechts, erkennbar am Symbolschwert) und *FuHsien* (links, erkennbar an der Blume). Der zweite Stock ist ganz *KuanYin,* dem weiblichen Boddhisatva der Barmherzigkeit, der dritte dem Dreigestirn des Jadekaisers gewidmet. Auch dieser Tempel stellt insgesamt eine Vermischung verschiedener chinesischer Glaubensrichtungen dar, Buddhismus, Daoismus und Schamanismus *(MaTzu* war ursprünglich eine eigenständige Kultfigur, ist aber heute praktisch mit dem Daoismus verschmolzen).

●Man erreicht TouCheng ausschließlich von TaiNan aus mit der *HsingNan-KeYun-Gesellschaft* am HsiMenChan, 36 NT$, alle 50 Minuten). Die Haltestelle in TouCheng liegt gleich rechts um die Ecke hinter „Woozland". Es ist möglich, von hier aus (in-)direkt nach LuErMen zu fahren. Hierzu fährt man mit dem Bus zurück bis in die AnChungLu (etwa 10 Minuten ab Woozland bis man Stadtbushaltestellenschilder an der Straße sieht, gegenüberliegende Straßenseite) und nimmt dort den Stadtbus Nr. 28 zu einem der Tempel von LuErMen (⇗).

HuTouPei (Tiger-Kopf-Gedenktafel) 虎頭埤

Das 12 km östlich von TaiNan gelegene Naherholungsgebiet von HuTouPei zählt nach alten Erzählungen zu den zwölf schönsten Gegenden TaiWans. Der 4 km lange See mit seinen Pavillons, Restaurants und der Hängebrücke zu einer kleinen Insel dient den Bewohnern TaiNans heute als Wochenend-Ausflugsziel. Angeln, Rudern (Bootsverleih) und Spaziergänge rund um den See sind die beliebtesten Freizeitaktiväten; Eintritt: 100 NT$.

●Die *HsingNan KeYun-Busgesellschaft* fährt von der HsiMenChan nach HuTouPei (8.50, 9.30, 13.50, 17.30, 19.15 Uhr für 36 NT$).

Information

●Auch in TaiNan wurde ein praktisches ***Visitor-Information-Center*** am Hbf. eingerichtet; neben aktuellen Plänen werden Auskünfte zu Stadtbussen erteilt und es wird bei der Unterkunftsorganisation geholfen; geöffnet tgl. 8.30–15.30 Uhr, Tel. (06)-2265681. Im Web findet man Infos zur Stadt (einschließlich einer überteuerten Halbtages-Stadtrundfahrt zu 60 US$) unter http://tour.tncg.gov.tw und www.tncg.gov.tw, der Informationsgehalt im Vergleich zu den Webauftritten TaiBeis oder KaoHsiungs ist jedoch dürftig.

Umschriften

TaiNan gehört wie KaoHsiung (GaoXiong) zu den „Rebellenstädten" in Bezug auf die Romanisierung – die Stadt weigert sich standhaft, PinYin einzuführen. Im Ergebnis findet man daher ***drei Systeme*** gleichzeitig: an nicht erneuerten Beschriftungen vor Ort das alte Wade-Giles (WG), in neueren Stadtplänen der Touristeninformation TaiNans das MPS II, in Material zu TaiNan aus anderen Städten dagegen PinYin (PY), sodass der Sprachunkundige oft nur mit viel Fantasie erkennen kann, um welche Straße es sich handelt. Da in TaiNan selbst das ***MPS II*** verwendet wird, sind in diesem Buch die Einträge auf der Karte zu TaiNan ebenfalls in MPS II gehalten.

Als Beispiel seien bei den wichtigsten Straßen im Zentrum die verschiedenen Schreibweisen aufgeführt.

MPS II: JhongShanLu (PY: ZhongShanLu, WG: ChungShanLu),
MPS II: JhongJhengLu (PY: ZhongChengLu, WG: ChungChengLu),
MPS II: MinCyuanLu (PY: MinQuanLu, WG: MinChuanLu).

Unterkunft

Schlafsaalunterkünfte sind auch in TaiNan rar geworden, aber immerhin bieten die zahllosen Hotels in der Nähe des Hauptbahnhofes nicht nur preiswerte und ordentliche Doppelzimmer, die Hotels iegen auch zentral genug, damit man die wichtigsten Sehenswürdigkeiten der Stadt zu Fuß besuchen kann.

Einfachste Unterkünfte

成功樓

●Wer vor allem nach etwas Billigem sucht, geht in TaiNan in die ⌽***„ChengGong-Mansions“,*** einer nach der hier entlang führenden ChengGong Straße benannten Abwandlung der berüchtigten HongKonger „ChungKing Mansions“. In dem hässlichen dunklen Block halbrechts gegenüber vom Hbf. bieten rund zwei Dutzend kleiner Privathotels für vergleichsweise wenig Geld - wenig! Die Zimmer sind sehr schlicht, werden auch stundenweise vermietet und sind vom Alter gezeichnet.

上賓別館
一樂大飯店

Hier findet man etwa das ⌽***ShangBin PinKuan*** € (Tel. 06-2220185) mit DZ ab 650 NT$ und das ⌽***YiLe TaFanTian*** € (Tel. 06-2269191) zum gleichen Preis sowie das

東海賓館

⌽***DongHai PinKuan*** € (Tel. 06-2265756) mit DZ ab 800 NT$.

台興大旅社

●Bei Haus Nr 195 DongFuLu, nahe vom Eingang des TienHouGong (MinZuLu, Sec. 1) in der Seitengasse, liegt das kleine ⌽***TaiXing TaLuShe*** € (Tel. 06-2220176) mit ordentlichen DZ zu ebenfalls 800 NT$. Der Hauptvorteil hier ist die Lage nahe beim TienHou-Tempel und Fort Providenzia (ChiKanLou).

Einfache Hotels

臺南學苑

●Das ⌽***TaiNanHsueYuan*** €€ (XueYuan) war früher eine Schlafsaal-Jugendherberge und wurde zu einem Zwischending zwischen Hotel und Schullandheim umgewandelt. Heute werden für jedermann Vierbettzimmer zu 1250-1400 NT$ und Doppelzimmer zu 1100-1500 NT$ angeboten. Für kleine Gruppen ein wahres Schnäppchen in der Klasse der einfachen Hotels, jedoch entpuppt sich die Lage in der 1 FuNungLu, Sec. 1, 300 Jie (Lane 300), Tel. (06)-2670526, Fax 2689018, E-Mailcyctnsh@ms15hinet.net, als ungünstig (sehr weit entfernt - gut 30 Minuten zu Fuß - vom Zentrum und den Hauptsehenswürdigkeiten). Das TaiNanHsueYuan ist sehr schwer zu finden; in der Bahnhofs-TI liegen auch Faltblätter aus - am besten lässt man über die TI telefonisch reservieren und fährt dann per Taxi, alternativ mit Bus 7 oder 19 bis zum Kreisverkehr und dem Steak-Haus My Home (aussteigen), geht geradeaus weiter bis zur ersten Ampel, rechts 300 m bis zu einer Leuchtreklame mit Christenkreuz und hinter dem Laden links 40 m hinein in die kleine Straße, dann wieder links.

東亞大飯店

●Von den einfachen Hotels empfiehlt sich das beliebte ⌽***Hotel Asia*** €€ (Tel. 06-2226171, Fax 2219373, asialilypi@yahoo.com) in der 100 JhongShanLu. Hauptvorteil: das DZ kostet 1200 NT$, Einzelreisende bekommen das Zimmer aber für 600 NT$. Sehr ordentlich und preiswert für das Gebotene.

玉麟大旅社

●Genau gegenüber (Nr. 117 JhongShanLu) liegt das ebenfalls ordentliche ⌽***YuYiLin TaLuShe*** €€ (Tel. 06-2220185), welches erst vor wenigen Jahren renoviert wurde und DZ ab 1100 NT$ bietet.

漢宮大飯店

●Am Anfang der JhongShanLu, gegenüber der GaoXiong-KeYun-Busstation, bietet das ⌽***HanGong TaFanTian*** €€ (Nr. 199, es ist „Hann“ beschriftet), Tel. (06-2269115, Fax 2269119,sehr einfache und ältere DZ zu 750 NT$.

成光賓館

●Vom Hbf. links die BeiMenLu hinein, findet man auf der Bahnhofsseite das ⌽***ChengKuang TaFanTian*** €€ (ChengKuang, 294 BeiMenLu, Tel. 06-2221188, Fax 2287530) mit je nach Bettenzahl 750-1200 NT$/DZ.

光華大旅社

● Gegenüber liegt ⌖ ***KuangHua TaFanTian*** €€ (KuangHua, auch Guany Hua, 155 BeiMenLu, Tel. 06-2263171, Fax 2263175, et155170@ksmail.seed.net.tw), welches ähnliche Doppelzimmer leicht günstiger ab 970 NT$ bietet.

Mittelklassehotels

劍橋大飯店

● Etwas mehr Luxus findet man im ⌖ ***Cambridge-Hotel*** €€€, in der 269 MinZuLu, Sec. 2, Tel. (06)-2219966, Fax 2201233, www.cambridge-hotel.com.tw, wo recht komfortable und geräumige DZ ab 3200 NT$ kosten.

朝代大飯店

● Das ⌖ ***Dynasty*** €€€ in der 46 ChengGongLu, Tel. (06)-2258121, Fax 2216711, wird vor allem von taiwanesischen Geschäftsreisenden frequentiert und hat sehr ordentliche Mittelklase-Doppelzimmer zum Preis von 1900–2200 NT$.

８８公園路

● Eine etwas einfachere Alternative wäre noch das ***Akira Top*** €€-€€€ (LiRen DaFanDian) in der ⌖ 88 GongYuanLu (Tel. 06-2265261, Fax 2210197), wo relativ schlichte DZ schon für 1950 NT$ zu haben sind.

Hotels der gehobenen Mittelklasse und Spitzenhotels

台南大飯店

● In der Oberklasse bietet sich zuvorderst das zentral gelegene ⌖ ***TaiNan-Hotel*** €€€€ (TaiNan DaFanDian, 1 ChengGongLu, Tel. 06-2289101, Fax 2268502, www.hotel-tainan.com.tw), welches sich als ein gutes Allround-Hotel zu günstigen Preisen erweist. DZ kosten ab 4150 NT$, geboten werden Flughafentransfer, Fitnessraum, Schwimmbad, Restaurants und Business-Center.

天下大飯店

● In der 202 ChengGongLu (hinter ChihKanLou) bietet das ⌖ ***La Plaza*** €€€€ DZ ab 4000 NT$ und Suiten zwischen 6200 und 14.000 NT$. DSL-Internetanschluss, kostenlose Tageszeitungen, Fitnessraum und Münzwaschmaschinen zeichnen das überschaubare Hotel aus. Tel. (06)-2290271, Fax 2211133, www.laplaza.com.tw.

大億麗緻酒店

● TaiNans Tophotel ⌖ ***TaYih-Landis*** €€€€ liegt im Südteil der Stadt in der Nähe des Konfuziustempels und des großen Südtors in der 660 SiMenLu (ShiMen, XiMen), Sec. 1, Tel. (06)-2135555, Fax (06)-2135599, www.tayihlandis.com.tw. Die Zimmerpreise beginnen bei 6850 NT$, geboten werden dafür unter anderem ein halbes Dutzend Restaurants, ein Hallenbad, eine Sauna, Fitnessräume und persönliche Arbeitsstationen mit DSL-Anschluss.

Essen und Trinken

Selbstversorger und Snacks

新光三越

● Praktisch für einen Frühstückscafé liegt eine der ***Starbucks-Filialen*** direkt am ⌖ Mitsukoshi-Tower in der JhongShanLu.

遠東百貨

● Westliches Fast-Food sowie günstige östliche Köstlichkeiten bietet die famose Food-Mall im Unter-geschoss des ⌖ ***FE 21 Mega-Tower.*** Selbstversorger finden im Supermarkt desselben Gebäudes neben einer Bäckerei auch kalte (japanische) Gerichte zum Mitnehmen.

１１８開山路

４８東門園

● In der MinTzuLu am Westtor (HsiMen) werden am kleinen ***ShiChinChou-Markt*** günstige Muschelpfannkuchen gebacken. In der ⌖ KaiShanLu 118 (gegenüber vom KaiShan-Polizeirevier) werden *RouYuan* (Reistaschen mit Fleischfüllung und Soße), eine Spezialität TaiNans, angeboten. Aal süßsauer gibt es am ⌖ ***Kreisverkehr Nr. 48 TungMenYuan.*** Alle genannten Gerichte liegen preislich im unteren bis mittleren Bereich.

海城飯店

● Das nette und vor allem bei Studenten beliebte Sandwich- und Pasta-House ⌖ ***Ocean Pasta Area*** in der 267 DongMenLu, Sec. 1 (Tel. 06-2346259), serviert große Portionen und leckere Sandwiches aller Art.

Restaurants der mittleren und gehobenen Preisklasse

林森路 95 號

● ***Vonny's Garden*** (Tel. 06-2746568) in der Φ95 LinSenLu, Sec. 2 (DongMen-Bezirk), bietet vorzügliche vegetarische Gerichte zu sehr moderaten Preisen.

東門路二段 34 號

● Das Φ***Parma*** in der 34 DongMenLu, Sec. 2 (Tel. 06-2347808), serviert sehr authentische italienische Küche.

光州路 88 號

● Wer ein gutes Oberklasselokal mit taiwanesischer und chinesischer Küche sucht, wird im Φ***Five Cent Driftwood House*** in der 88 GuangJhouLu gegenüber vom YiTsai ChinCheng (Eternal Castle, Ewige Burg) fündig.

龍門西餐廳

● In der gehobenen Kategorie bietet das Φ***LongMen HsiTsanTing,*** 215 FuChienLu, 2. Stock (Tel. 2396168), westliche Küche der Extraklasse (für taiwanesische Verhältnisse), hervorragende taiwanesische Küche wird im ***ChinChuanTsai TsanTing,*** 62 JhongJhengLu, Tel. 2355881), zubereitet.

遠東百貨
小茂屋冰園

● Getränke, Snacks und Dosenmenüs findet der Reisende in jedem Welcome oder 7/11 Supermarkt, die reichhaltigste Auswahl bietet das Φ***YuanTung (Fernost-) Kaufhaus*** in der MinTzuLu. Wer sich speziell nach Eiscreme sehnt, dem sei das Φ***HsiaoMaoWu PingYuan,*** 40 ChangJungLu, Sec. 3, besonders empfohlen - allerdings sind die Preise eher gehoben.

Unterhaltung

公園路 128 號

● Als gelungene Mischung aus Bierbar und Steakhouse präsentiert sich der ***Cosby's Salon*** in der Φ128 GongYuanLu (nahe Stadtpark, Tel. 06-228 6332), gute Musik und Poolbilliard inbegriffen (mehr jüngeres Publikum).

公園南路二段 82 號

● Eine empfehlenswerte Mischung aus Pub und Disco kann man im Φ***Armory,*** 82 GongYuan NanLu, Sec. 2, Tel. (06)-2269520, im nördlichen Zentrum kennen lernen; Snacks, Fassbier und Live-Konzerte lokaler und nationaler Bands können in angenehmer Atmosphäre genossen werden.

長榮路/東門路

● Ein relativ neues Zentrum für Unterhaltung und Kneipen hat sich rückwärtig der Universität ***zwischen der*** Φ***ChangRongLu und*** Φ***DongMenLu*** entwickelt, wobei hauptsächlich das jüngere Publikum angesprochen wird.

● Aus den zahlreichen Snackbars und Pubs (siehe Karte) ragen vor allem der ***Cotton Silk Pub*** und der ***Beer Home Pub*** als langlebige Studentenkneipen hervor.

Einkaufen

健康夜市
小北夜市

● Recht ordentliche Kritiken erhalten der Φ***ChianKang-Nachtmarkt*** (Jian Kang) beim Eternal Castle oder der Φ***HsiaoPei (XiaoBei) Straßenmarkt*** am Nordrand der Stadt, der für den Reisenden am bequemsten liegt (der Busverkehr zum Eternal Castle lässt manchen im Regen stehen). Auf dem HsiaoPei wird die ***TaiNaner Spezialität TinPianCou*** (eine Art Frühlingsrolle) mit Muscheln, Fisch, Soja und Bambussprossen angeboten. Neben Kuriosem kann man auch das eine oder andere Schnäppchen ergattern.

北門路

● Links aus dem Hbf. gehend, die Φ***BeiMenLu*** entlang kann man in moderneren, kleinen Shops, Boutiquen und Straßengeschäften von Elektronik über Printmedien bis zu Textilien und Spielwaren alles finden, was das Herz begehrt.

中山路

● In der ΦJhongShanLu machen sich direkt nebeneinander die beiden Kaufhäuser ***Focus*** und ***Mitsukoshi*** Konkurrenz (gegenüber vom Spital).

新光三越

● Ein weiteres großes Φ***Mitsukoshi-Einkaufszentrum*** mit zahlreichen Essens-, Einkaufs- und Unterhaltungsmöglichkeiten liegt in der SiMenLu neben dem Landis-Luxushotel.

遠東百貨

● Unbedingt empfehlenswert ist der Φ***FE 21 Mega-Tower*** auf der Bahnhofsrückseite. Das hypermoderne Bürogebäude und Einkaufszentrum beherbergt im UG ein großes Food-Center mit Supermarkt sowie schier unerschöpfliche Einkaufsmöglichkeiten.

Institutionen

6成功路
90中山路
129府前路
青年路/北門路

- **Post:** Schräg gegenüber vom Hbf. in der ⊕ 6ChengKungLu.
- **Banken:** *ICBC* (⊕90 JhongShanLu) und *Bank of TaiWan* (⊕129 FuChienLu) sind die günstig gelegenen Geldwechselstellen (mit ATM). Sehr praktisch sind auf der Bahnhofswestseite in der ⊕CingNingLu/Ecke BeiMenLu die *Capital-Bank* sowie neben dem Dynasty-Hotel (ChengGongLu) die *Cooperative-Bank,* beide mit Maestro-(EC)-ATM.

1開山路

- **Polizei:** ⊕1 KuaiShanLu, direkt am Kreisverkehr gelegen. Hier auch Visa-Verlängerung möglich.

大學醫院

- **Krankenhaus:** Das ⊕*ChengKung TaHsue YiYuan* (Universitätsklinik) in der ShengLiLu/Ecke HsiaoTungLu (Tel. 06-2353535) genießt einen ausgezeichneten Ruf und sollte in Süd-TaiWan nach Möglichkeit bei ernsthaften Erkrankungen immer aufgesucht werden.

An-/Abreise

Luftweg

Der Flughafen von TaiNan ist verhältnismäßig klein und bedient ausschließlich inländische Reiseziele. Mit der Eröffnung der High Speed Rail wurden zahlreiche Flüge der Westküste eingestellt und die Stadtbüros geschlossen. Tickets für Flüge wie ***MaKung – Pescadoren*** (*Great China Airlines* fünfmal, *Trans Asia* dreimal täglich, rund 1000 NT$) oder ***HuaLian,*** 1750 NT$, können direkt am Flughafen gebucht werden.

Für Rückbestätigungen oder Ticketkauf internationaler Flüge:

- ***China Airlines,*** 358 TungMenLu, Sec. 1, Tel. (06)-2357899
- ***EVA-Air,*** TaiNan Flugplatz, Tel. (06)-2225678

Der Stadtbus Nr. 1 pendelt zwischen Hbf. und Airport etwa alle 40 Minuten, ein Taxi aus der Stadt kostet etwa 200 NT$, ab Flughafen rund 250 NT$.

Bahn

Die Bahn ist deutlich die bessere Wahl, zumindest Richtung Süden; jeweils rund 60 Züge fahren nach Nord (meist ***TaiBei***) und Süd (meist ***KaoHsiung/GaoXiong,*** aber auch Direktzüge bis ***PingTung*** oder ***TaiTung***). Hier einige Richtpreise: KaoHsiung/GaoXiong 118 NT$, ***TaiZhong*** 381 NT$, TaiTung 492 NT$, TaiBei 766 NT$ (jeweils Express, nicht highspeed). Den erstaunlich kleinen Hauptbahnhof kann man leicht überblicken; bevor man an den Schalter kann, muss man eine Nummer ziehen, die in Leuchtschrift angezeigt wird.

Der spätestens alle 30 Minuten zwischen TaiBei und KaoHsiung pendelnde High Speed Rail hält auch in TaiNan (Details und Preise s. TaiBei).

Bus

Langstrecken: Die GuoGuang-Busse enden bei der Ankunft in der GongYuanLu am JhongShan-Park (Abfahrt in der BeiMenLu), die „grüne" *United* und die „rote" *HoHsin* haben ihre Büros in der BeiMenLu schräg gegenüber vom Hbf., *United* zusätzlich unmittelbar links aus dem Hbf. kommend. TaiBei kostet hier beispielsweise 355–460 NT$, TaiZhong 260 NT$ im Direkt-Luxusbus alle 20–30 Minuten rund um die Uhr. Nach PingTong zahlt man bei der *GuoGuang* 112 NT$ (4 x täglich).

Grundsätzlich empfiehlt sich in TaiNan der Zug für die Weiterfahrt nach KaoHsiung/GaoXiong (40 Minuten), da der Bus doppelt so lange braucht. Deshalb werden auch überwiegend Busverbindungen nach Norden angeboten (Nonstop, 24 h).

Überland: Die orange-beigefarbenen Busse der *GaoXiong KeYun* (vormals *TaiNan KeYun*) bedienen jetzt das gesamte Umland um TaiNan, soweit nicht Stadtbusse (etwa NanKunShen) wichtige Ziele mit anfahren. *GaoXiong*

361

KeYun (Tel. 06-2224207) fährt u.a. nach HuTouPi, AnPing GuBao, FoShan, TsengWen-Damm, WuShanTou, XiGang, PingTung und (schneller) NanKunShen.

Stadtbusse: Die rot-weißen Stadtbusse sind von Bedeutung z.B. für den Flughafen (1, 5) und in den Vororten gelegene Sehenswürdigkeiten wie AnPing GuBao (2 und 88) oder NanKunShen (6, hier nimmt man besser einen Bus der *GaoXiong KeYun,* denn die 6 fährt sehr selten). Die einfache Fahrt kostet 18 NT$ oder ein Vielfaches (z.B. NanKunShen 3 x 18 = 54 NT$), der Stadtbusbahnhof liegt gegenüber vom weitläufigen Bahnhofsvorplatz.

Der ***knallrote Shopping-Bus:*** Zwischen Warner Village/FE 21 Mega Amusement (MinZuLu, Sec. 1) und dem hypermodernen FE 21 Mega Tower auf der Bahnhofsrückseite pendelt ein roter Shuttlebus; die 20 NT$ Fahrtkosten werden mit Einkäufen verrechnet.

Selbstfahrer

Wer das Umland per Moped erkunden möchte, findet eine Verleihstelle unmittelbar an der Rückseite des Hbf. gegenüber vom FE 21 Mega Tower.

049t Foto: wl

KoHsingKas MaTzu-Statue von 1661

Zwischen TaiNan und ChiaYi

南 • 鯤 • 鯓

NanKunShen (NánKūnShēn, Süd-Kun-Makrele; Kun = Sagenfisch, der zum Vogel Rock wurde)

Ähnlich wie YenShui sollte man NanKunShen, genauer gesagt den ***TaiTianFu-Tempel,*** ausschließlich an einem Feiertag, zumindest aber an einem Sonntag besuchen. Der daoistische Tempelkomplex aus dem 17. Jh., mittlerweile zigfach renoviert und erweitert, ist wohl das daoistische Zentrum TaiWans schlechthin. Er umfasst einige umliegende Parks und Gärten, der Haupttempel selbst ist verhältnismäßig unattraktiv im Vergleich zu anderen Daoistentempeln in TaiWan. Die Schreine, *MaTzu* in der Haupthalle sowie u.a. in der geteilten hinteren Halle *MiLoFu* (zentral) und Jadekaiser (rechts), machen sich eher bescheiden aus. Die eigentliche Attraktion sind die hier an Sonn- und Feiertagen stattfindenden ***Prozessionen,*** während derer Tonnen von Feuerwerkskörpern abgebrannt werden und zahlreiche Selbstgeißelungen von Gläubigen zu sehen sind. Echtes Blut fließt reichlich, und es ist erstaunlich, dass in dem sonst so technisierten und modern scheinenden Land die althergebrachten Traditionen immer noch so lebendig sind und so inbrünstig befolgt werden.

054t Foto: wl

„Geistersänfte" in NanKunShen

Aufgrund der günstigen Verbindung nach TaiNan empfiehlt es sich, einen Besuch von NanKunShen einzuplanen, wenn man zufällig an einem Sonntag in TaiNan weilt.

Essen und Trinken

Rund um den Tempel werden Snacks verkauft, lokale Spezialität hier in Meeresnähe sind Tüten mit pikant gekochten kleinen Muscheln, die warm und kalt hervorragend schmecken.

An-/Abreise

Es besteht alle 40 Minuten zwischen 6.15 und 22.00 Uhr für 118 NT$ ab der Stadtbus-Haltestelle/TaiNan (Nr. 6) eine Busverbindung. Die Fahrt dauert ca. 80 Minuten bis zur Endstation, von hier aus sieht (und hört) man den Tempelkomplex bereits.

烏山頭水庫

WuShanTou ShuiKu (WūShānToú ShuǐKù, Rabe-Berg-Kopf-Wasser-Speicher)

Auf der Fahrt zum Staudamm passiert man rechter Hand den an einem kleinen See gelegenen ***Tempel LungHuMiao.*** Das buddhistische Kloster mit daoistischem Einschlag ist ein netter Platz für eine Rast. In der Haupthalle sind *MiLoFu,* die zweithöchste Figur des Buddhismus nach Buddha sowie *KuanYin,* der weibliche Boddhisatva der Barmherzigkeit zu sehen. Die mittlere Halle zeigt drei Buddhas in verschiedenen Haltungen, in der hinteren - daoistischen - Halle steht ein Schrein, der dem Jadekaiser gewidmet ist. Die häufigste Darstellungsform ist die mit der Schrifttafel in den vor dem Gesicht gehaltenen Händen. Hinter dem Schrein, durch die Glasplatte kaum zu erkennen, befindet sich eine KuanYin-Statue, hier als die von den Daoisten bevorzugte 100-armige Reinkarnation dargestellt.

Der ***WuShanTou-Damm*** ist der technisch ausgereifteste Damm TaiWans, und der aufgestaute ***See*** ebenso wie seine Pendants ShiMen und TsengWen sind ein beliebtes Naherholungsgebiet für TaiNan geworden. Angeln, Segeln, Wasserski und Rudern sind beliebte Freizeitaktivitäten. Von der umliegenden Landschaft her kann WuShanTou allerdings nicht mit TsengWen (⇗ unten) mithalten. Wegen seiner Form, die aus der Vogelperspektive an einen Korallenstock erinnert, wird der Stausee auch ***Korallensee*** genannt. Eintritt 200 NT$.

An-/Abreise

- Von/nach ***ChiaYi:*** Es besteht keine öffentliche Busverbindung zum WuShanTou-Damm; fährt man per Moped vom WuShan-Pass herunter, hält man sich in der Ortschaft immer geradeaus bis zum Ende der Straße, dort fährt man links bis zum Tempel und zum Damm. Anschließend fährt man die nächstmögliche kleine Straße rechts durch die Felder zurück zum Ort. Die angenehmere Strecke von hier aus zurück nach ChiaYi führt über LiuChia, TungShan und PaiHo, die schnellere Hauptstraße führt dagegen über HsinYing.
- Von/nach ***TaiNan:*** HsingNan Busbahnhof, TaiNan (schräg gegenüber vom Hbf).

嘉義農場
曾文水庫

ChiaYi NungChang und TsengWen ShuiKu (ZēngWén ShuǐKù, einstige-Kultur-Wasserspeicher)

ChiaYi-Farm ist keinesfalls ein der Stadt ChiaYi vorgelagertes landwirtschaftliches Anwesen, sondern wird lediglich aufgrund der Lage im ChiaYi-Distrikt so bezeichnet. Die Farm und der Staudamm liegen auf rund 650 Höhenmetern in den westlichen Ausläufern des zentralen Berglandes, etwa gleich weit von TaiNan und ChiaYi entfernt. ChiaYi-Farm war ursprünglich als landwirtschaftliche Produktionsstätte geplant, zog aber schon bald wegen der Lage am Stausee viele Besucher an, sodass heute Picknick- und Grillplätze, Camping und Wassersportgelegenheiten angeboten werden. Aufgrund der roten Dachziegel und eines Ansatzes von Fachwerkarchitektur bei den Gebäuden soll der Baustil europäisch sein - der Besucher mag selbst urteilen.

Die eigentliche Sehenswürdigkeit ist aber nicht die Farm, sondern der ***TsengWen-Stausee*** selbst, die Lage inmitten der umgebenden Berge macht ihn zum sehenswertesten Stausee TaiWans. Von offizieller Seite wird der ShiMen-See im Nordwesten als größere Attraktion empfohlen, aber landschaftlich kommt TsengWen - ohne Vergnügungspark und Rundfahrt-Boote - dem Geschmack des nach Ruhe und Landschaft trachtenden Individualreisenden vermutlich näher, auch wenn der Damm selbst historisch oder ökonomisch nicht so bedeutsam ist wie ShiMen. Das Reservoir entstand 1967-1973 und nimmt eine Wasseroberfläche von knapp 500 qkm ein; die Staumauer ist 400 m lang und 133 m hoch. Hintergrundinformationen zum Damm und der Region werden in der Ausstellungshalle (von ChiaYi-Farm kommend links oben am Hügel nach der Zahlstelle) angeboten. Eintritt zur Farm und zum Damm jeweils 100 NT$ plus gegebenenfalls 10-30 NT$ Straßenbenutzungsgebühr für Kraftfahrzeuge.

Zwei Kilometer hinter der Ausfahrt aus dem Damm-Gebiet Richtung TaiNan liegt ein sehr hübscher ***Gartenpark*** im fukienesischen Stil mit Wanderpfaden, kleinen Brücken, Teichen und Rastpavillons sowie einem überdimensionierten Wikingerboot mit KuanYin-Statue - die 200 NT$ Eintritt scheinen etwas übertrieben. Der TaiNan-TsengWen-Bus hält hier.

Unterkunft

Für Berufstätige aus ChiaYi oder TaiNan kann ein Wochenendausflug mit Übernachtung am Damm in Frage kommen, für Individualreisende lohnt sich ein Besuch von TsengWen eher als Tagesausflug per Moped ab ChiaYi.

嘉義農場國民賓館

- In ChiaYi-Farm werden im ⊕***ChiaYi NungChang KuoMin PinKuan*** (Tel./Fax 05-2521710) Zimmer ab 1200 NT$, Vierbettzimmer zu 1500 NT$ usw. vermietet - allerdings nur an Gruppen, es sei denn, man hat Glück und wird auch als Einzelperson (unter der Woche bestehen gute Chancen) eingelassen (350 NT$ im Schlafsaal).
- Ein ***Zeltplatz*** ist ebenfalls vorhanden, ein Zelt- und Ausrüstungsverleih ist vorhanden, ein Zwei-Personen-Zelt kostet 150 NT$, ein Sechs-Personen-Zelt 240 NT$.

- Am anderen Ende des Reservoirs, innerhalb der „Eintrittsgrenze“, liegt das ***ChingNian HuoTung ChungHsin*** (Youth Activity Center, Tel. 06-5753431, Fax 5753455, cyctwyac@ms12.hinet.net), in denen Dorm 260 NT$ und DZ ab 920 NT$ kosten.
- Der ***TungKou-Campingplatz*** vermietet Zelte und Ausrüstung ähnlich wie in ChiaYi-Farm.

An-/Abreise

- ***Bus:*** von/nach ***ChiaYi:*** Busse fahren zweimal täglich zwischen ChiaYi und TaPu (13.00 und 16.40 Uhr, 130 NT$). Von TaPu sind es noch 3 km zu Fuß weiter bis zur ChiaYi NungChang. Um das Reservoir besteht keine Busverbindung. Von/nach ***TaiNan:*** Am anderen Ende des Dammes kann man vom Youth Activity Center den Bus nach TaiNan (⇗) nehmen (100 NT$, etwa halbstündig; ab TaiNan mit der *HsingNanKeYun/HsiMenChan*).
- ***Moped:*** Wesentlich flexibler, angenehmer und - zumindest zu zweit - auch günstiger ist die Anmietung eines Mopeds in ChiaYi. Die Fahrt führt in ChiaYi auf der WuFengLu zur Stadt hinaus, zunächst Richtung ALiShan bis zur Abzweigung (rechts) der Straße N-3 zum Damm und ChiaYi NungChang. Die Strecke ist kurvenreich, teilweise atemberaubend und geht über Höhen bis 1000 m.

Möglich ist nun entweder die Rückfahrt auf demselben Weg oder die Fortsetzung der Fahrt über den WuShanTou-Pass hinunter zum WuShanTou-Damm. Nach wenigen km erreicht man eine Gabelung, wo es links nach TaiNan, rechts nach WuShanTou geht. Eine Tankstelle liegt 4 km in Richtung TaiNan an der Hauptstraße des Ortes NanHsi.

鹽水

YenShui (YánShuǐ, Salz-Wasser)

Es gibt einige wenige Orte in TaiWan, die man ausschließlich zu bestimmten Feiertagen aufsuchen sollte, einer davon ist YenShui, etwa mittig zwischen TaiNan und ChiaYi gelegen. So wie den „Doppelzehner“ (10.10.) in TaiBei, den 23. Tag des dritten Mondmonates (Geburtstag *MaTzus*) in PeiKang oder das Neujahrsfest in NanKunShen, sollte man das ***Laternenfest*** (ab Dämmerung am 15. Tag des ersten Mondmonates) hier zu verbringen versuchen. Die farbenprächtigen Umzüge, Tänze und den ganzen Abend andauernden Feuerwerke, begleitet von ununterbrochener musikalischer Untermalung mit allen denkbaren Rhythmusinstrumenten sind landesweit berühmt und suchen ihresgleichen. Die Zeremonien werden sogar im Fernsehen gesendet, „Karneval in Rio“ verblasst dagegen. Ausgangspunkt der Festivitäten, die sich über das gesamte Dorf erstrecken, ist der kleine Daoistentempel in der Ortsmitte.

Der Ort ist ansonsten wenig attraktiv, einzige Sehenswürdigkeit ist eben der zwei km südlich an der Straße Richtung HsiaYing (173) gelegene ***TaiTzuMiao,*** ein gigantischer Tempel zu Ehren des „Begründers“ des Nationalpalast-Museums (⇗TaiBei). Das mehrstöckige daoistische Kloster wird täglich von Hunderten von Durchreisenden besucht und ist mit seinen eleganten Verzierungen, dem reich geschmückten Hauptaltar und einer 10 m hohen Statue auf dem Dachfirst eines der feinsten seiner Art.

066t Foto: wl

TaiTzu-Tempel bei YenShui

An-/Abreise

Die Fahrt nach YenShui ist verhältnismäßig zeitraubend und nur wirklich zu empfehlen, wenn gerade das Laternenfest stattfindet. Zum TaiTzuMiao kommt man nur zu Fuß oder mit eigenem Fahrzeug.

- Von/nach ***ChiaYi*** (↗) sowie von/nach ***TaiNan*** (↗): In beiden Fällen nehme man einen Zug nach HsinYing. Hier steigt man um in den lokalen Überlandbus nach YenShui (33 NT$), etwa alle 35–40 Minuten.

關子嶺

KuanTzuLing (GuānZǐLǐng, Bergpass-Amt-Bergkette)

Wie bei den meisten anderen Heilbädern in TaiWan erkannten die Japaner auch hier den erfrischenden und heilenden Effekt der Schwefelquellen und bauten KuanTzuLing während der Besatzungszeit zu einem ***Kurort*** mit Hotels im japanischen Stil aus. Die Japaner sind verschwunden, ihre hübschen Gebäude auch, heute nehmen verhältnismäßig unattraktive Standardbauten chinesischer Betonarchitektur ihren Platz ein. Offene Quellen gibt es hier nicht mehr, interessant ist für den Touristen vor allem die Landschaft und die Feuer-Wasser-Spalte, eine offene heiße Quelle mit brennenden Gasen.

Der Ort KuanTzuLing selbst ist leider vollkommen kommerzialisiert, lohnend ist aber ein ***Rundweg durch das Hügelland*** am Westrand des zentralen Berglandes, der sehr gut zu begehen ist und neben der Feuer-Wasser-Spalte auch einige interessante Tempel umfasst. Die Vegetation am Weg wird hier (auf nur

280 Höhenmetern) durch Laubwald, Zypressen und Betelnusspalmen geprägt. Die Strecke ist etwa 10 km lang (plus 4 km mit Abstecher zum HsienKungMiao) und dauert zu Fuß komplett etwa 5 Stunden von KuanTzuLing bis HsienTsaoPu.

HungShan KungYuan

Gleich neben dem RuiYiLuShe-Hotel beginnt die steil ansteigende Treppe zum HungShan KungYuan (HongShan GongYuan, Rot-Berg-öffentlicher-Park), einer Art kleinem ***Kurpark,*** durchzogen von Spazierwegen und einem kleinen Spielplatz. Von der Anhöhe bietet sich dem Besucher eine lohnende Aussicht aufs Dorf und die umliegenden Ausläufer des Zentralgebirges. Der Rundweg durch den Park dauert etwa 15-20 Minuten.

HsiengKungMiao

Hinter dem FangKu TaFanTian kürzt eine sehr steile Treppe die Straße ein Stück ab und führt an den oberen Hotels vorbei 2 km bis zu einer Gabelung. Links geht es durch zwei „Dreihausdörfer" (ab drei Häusern gibt es ein großes Ortsschild) 2 km weit zum HsienKungMiao (XianGongMiao), einem kleinen ***Daoistenschrein*** mit einer hundertarmigen KuanYin-Darstellung vor einer MaTzu-Statue sowie einem sehr hübschen Deckengemälde, welches einen Drachen, das Symboltier der Daoisten, darstellt; ▲ 7.

ShweiHuoTung

An der genannten Abzweigung geradeaus geht es zunächst nochmals etwa 2 km weiter hart bergan, ehe man den höchsten Punkt der Strecke erreicht hat und nach wenigen hundert Metern abwärts zur ShweiHuoTung (Shui HuoDong), der ***Feuer-Wasser-Spalte*** kommt. Man achte auf eine Reihe von Souvenir-, Getränke- und Imbissshops, die hier eingelegte Chilis und andere Mixed-Pickles verkaufen, die Spalte selbst ist von der Straße aus nicht zu sehen. Links führen Treppen hinunter zu einer heißen Quelle, aus welcher gleichzeitig kochendes Wasser sowie abflammendes Gas austreten und ein seltenes Naturschauspiel bieten; ★ 6.

PiYunSzu und San PiaoTian

Ein weiteres Stückchen bergab der Straße folgend erreicht man auf der rechten Straßenseite ***zwei Tempel.*** Der vordere ist der kleine daoistische PiYunSzu (PiYunSi, Blaue-Wolke-Tempel), gewidmet dem Jadekaiser (mit Schrifttafel in Händen). Dahinter liegt ein größerer buddhistischer Komplex (SanPaoTian), dessen Haupthalle (ganz oben) innen ganz mit Marmor ausgelegt ist und ein Buddha-Dreigestirn als Hauptschrein beinhaltet. Die farbigen Wandmalereien stellen Szenen aus dem Leben des historischen Buddha dar. Unterhalb der Haupthalle liegt ein kleiner Rastpavillon mit einer KuanYin-Statue und mehreren Boddhisatvas an einer Felswand. Die vordere Halle (ganz unten) gehörte früher zum daoistischen Tempel nebenan, wurde aber 1988 an die Buddhisten abgetreten. Von außen ist dieser Teil nicht als buddhistisch erkennbar, innen aber befindet sich eine KuanYin-Statue, die auf wundersame Weise Licht ausstrahlen soll; ▲ 4 u. 5.

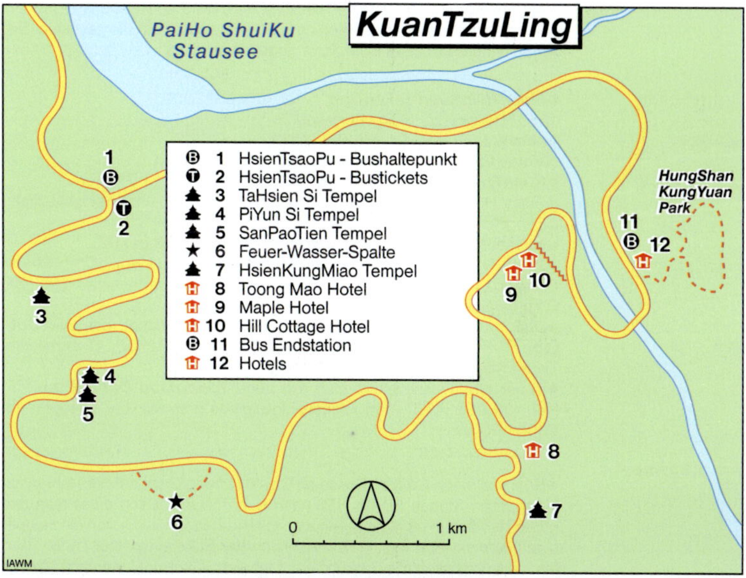

TaHsienSi

4 km weiter die Straße abwärts kommt man schließlich zu einem fantastischen ***buddhistischen Kloster,*** dem TaHsienSi, dessen große sieben- und neunstöckige Pagoden schon vom PiYunSi (links im Tal) erkennbar sind. Die kleinen Gärten rund ums Kloster werden von den Mönchen selbst bewirtschaftet. Die großen Gebäude rechts und links der Haupthalle dienen als Unterkünfte und Verwaltungsräume. Die Haupthalle (vorne, das älteste Gebäude des Komplexes) war einst daoistisch und zeigt eine große Buddha-Statue sowie *KuanYin,* die mittlere Halle ist ausschließlich *KuanYin* gewidmet, die hintere birgt ein Buddha-Dreigestirn, davor der dickbäuchige *MiLoFu.* Im Vorgarten befinden sich eine kleine fünfgeschossige Pagode aus dem 18. Jh., zwei große begehbare Pagoden sowie ein Teich mit Rastpavillon. Vor dem Kloster bieten einige Händler Snacks und Konserven mit lokalen Erzeugnissen an. Von hier aus sind es noch fünf Gehminuten zur Straßenkreuzung in TienHsiaoPu, an der man den Bus zurück nach ChiaYi nehmen kann; ▲ 3.

Unterkunft

Im unteren Abschnitt von KuanTzuLing, in unmittelbarer Nähe des Bbhf., liegen eine Reihe von Hotels mit Anschluss an die heißen Quellen. Jeder Hausbesitzer kauft sich eine Badewanne, mauert sie ein und legt eine Leitung zu den Schwefelquellen – fertig ist der Grundstock für das „Hotel“. Hier eine Auswahl der Unterkünfte, die zwischen 1500 und 2000 NT$ pro DZ nehmen und für eine Gebühr von ca. 600 NT$ ein heißes Bad gestatten. Sie liegen unmittelbar beim Bbhf. bzw. gegenüber:

洗心舘大旅社

ф***HsienHsinKuan TaFanTian*** €€, Tel. (06)-6822302,
1550 NT$ pro DZ, völlig überteuert.

嶺一旅社

ф***LingYi LuShe*** €€, Tel. (06)-6822313,
gleicher Preis, hat immerhin zwei Zimmer zu vermieten.

關子嶺大旅社

ф***KuanTzuLing TaLuShe*** €€, Tel. (06)-6822321, mit 51 Zimmern
größtes Hotel des Ortes. DZ ab 1800 NT$, Zi. sind sehr unterschiedlich.

芳谷大旅社

ф***FengKu TaLuShe*** €€, Tel. (06)-6822222,
liegt in der ersten Haarnadelkurve aufwärts, 1400 NT$ pro DZ.

紅茶山莊

- 2100 NT$ kosten Zimmer im ***Maple-Hotel*** €€€ (ф***HongCha ShanChuang),*** Tel. (06)-6822822, die Straße weiter aufwärts, hinter dem Hill-Cottage gelegen.

景大山莊

- Das beste Preis-/Leistungsverhältnis am Ort bietet das ***Hill-Cottage*** €€€-€€€€ (ф***JingTa ShanChuang),*** Tel. (06)-6822500, 11 exzellente Zimmer zwischen 2500 und 4000 NT$.
- In der Oberklasse bietet sich das neue ***ToongMao DaFanDian*** €€€€ (Tel. 06-6823456, http://guanzi.toongmao.com.tw) bei Preisen ab 6600 NT$ an.

An-/Abreise

- ***Bus:*** von/nach ***ChiaYi:*** Busse ab ChiaYi (ChungShanLu-Bbhf.) fahren zu jeder vollen Stunde für 65 NT$ nach KuanTzuLing. Dann muss man die große Runde zu Fuß laufen, ehe man in HsienTsaoPu wieder an die Hauptstraße kommt. Hier liegt gleich rechts an der Ecke ein kleiner Laden, der auch als Bushaltestelle/Ticketverkauf fungiert. Die Rückfahrt nach ChiaYi kostet 62 NT$, Busse fahren stündlich zur halben Stunde (gegenüberliegende Straßenseite). Die Busse halten auf der Hin- und Rückfahrt einige Minuten in PaiHo, man braucht dort aber nicht umsteigen, auch wenn der Bus leer sein sollte oder der Fahrer den Bus für ein Päuschen verlässt.
- ***Moped:*** Die Sehenswürdigkeiten um KuanTzuLing können auch gut mit dem Moped angefahren werden, insbesondere wenn man ohnehin zum TsengWen-Damm und WuShanTou-Damm per Moped unterwegs ist. Dies spart eine Menge Zeit und Geld (man rechne einmal die einzelnen Buspreise zusammen, außerdem benötigt man per Bus mindestens zwei Tage), KuanTzuLing liegt dann praktisch auf dem Rückweg. Ab TsengWen folge man zunächst der Route Richtung WuShanTou und biege nach wenigen km bei einer Gabelung rechts ab (Zeichen vergleichen, KuanTzuLing ist dort nur chinesisch ausgeschildert). Wer bis WuShanTou (⇗) fährt, folgt dann der N-162 Richtung PaiHo, anschließend ebenfalls rechts ab (auch nur chinesisch ausgeschildert).

吳鳳廟

WuFengMiao (WúFèngMiào, Wu-Wind-Tempel)

Nur etwa 11 km südöstlich von ChiaYi auf dem Weg zum ALiShan ist einer der interessantesten ***konfuzianistisch-daoistischen Tempel*** TaiWans, der WuFengMiao, zu sehen. In der Vorhalle steht ein daoistischer Schrein zu Ehren *WuFengs* (⇗ Exkurs), dahinter ein Portrait von ihm. In den Seitengängen ist ein kleines Museum mit zweisprachigen (etwas heroisierenden) Erläuterungen zur Biografie *WuFengs* untergebracht. Die rückwärtige Halle erin-

57t Foto: wl

WuFeng (1699–1770):

1699 wurde *WuFeng* in PingHu, FuKien (heute VR China) als Sohn eines Arztes und Händlers geboren und kam, nur wenige Jahre alt, mit den Eltern nach TaiWan. Sein Vater, der wie so viele Chinesen vom Süden des Festlandes sein Glück auf der Insel machen wollte, handelte mit den Ureinwohnern des Berglandes und stellte Arzneien her. Auf seinen vielen Reisen nahm er *WuFeng* mit, der so in Kontakt zur Urbevölkerung kam und sich zunehmend für deren Sprache, Kultur und Probleme interessierte.

Die in den fruchtbaren Ebenen lebenden Chinesen versuchten, die Ureinwohner beim Handel und dem steten Ringen um mehr fruchtbares Ackerland zu übervorteilen. *WuFeng* und sein Vater vermittelten in den aufkommenden Konflikten, beide waren als neutrale Schiedsrichter akzeptiert. Die eingesetzten Beamten missbrauchten oftmals ihre Position zum eigenen Nutzen, sodass kein dauerhaftes, friedliches Miteinander zustande kam. Ferner folgten die Ureinwohner seinerzeit dem Brauch, die Köpfe ihrer Feinde den Göttern zu opfern, was zu weiteren Konflikten führte.

Im Alter von 24 Jahren (1723) wurde *WuFeng,* auch auf Verlangen der Ureinwohner, die großes Vertauen zu ihm gewonnen hatten, als Übersetzer zwischen den Parteien eingesetzt. Es gelang ihm, den Brauch der Kopfjagd für 48 Jahre (bis 1770) zu unterbrechen - soweit die historisch gesicherten Angaben, danach ranken sich Legenden um sein weiteres Leben und Sterben: Nach chinesischer Darstellung brach 1770 eine Epidemie aus, was die Ureinwohner dazu bewog, erneut die Köpfe der Chinesen den Göttern zu opfern, um diese zu besänftigen. *WuFeng* habe daraufhin den Ureinwohnern erklärt, „am nächsten Morgen werde ein schrecklicher roter Reiter die Hügel hinaufreiten, dessen Kopf man nehmen solle, dann sei die Epidemie beendet". Einige Krieger der Ureinwohner warteten im Morgengrauen des folgenden Tages in den Hügeln, und tatsächlich erschien ein gänzlich in rot vermummter Reiter. Sie schlugen ihm den Kopf ab, um ihn den Göttern zu opfern und stellten fest, dass sie niemanden anderen als *WuFeng* selbst getötet hatten. Entsetzt über das Geschehene beriefen sie eine Versammlung der 48 Häuptlinge ein, die daraufhin beschloss, ab sofort die Kopfjagd zu beenden.

Soweit die offizielle Version; die Variante der Ureinwohner sieht etwas anders aus: *WuFeng* sei in der Tat durch tragischen Irrtum ums Leben gekommen, aber dahinter hätten skrupellose chinesische Spekulanten gestanden, die die Ureinwohner zur Kopfjagd aufhetzen wollten, um die chinesischen Siedler aus der Ebene zu vergraulen und dann billig an Ackerland zu kommen (Ackerland wurde mit zunehmenden Übersiedlerzahlen im 17. und 18. Jh. immer knapper). Die Kopfjagd sei zu diesem Zeitpunkt längst Legende gewesen und habe nur noch in der Erinnerung bestanden, wurde aber als Legende gepflegt, um Gegner zu beeindrucken. Welche Version auch stimmen und was auch immer dahintergesteckt haben mag: Tatsache ist, dass *WuFeng* bei den chinesischen Siedlern wie auch bei den Ureinwohnern eine beliebte Respektsperson war und ist.

nert mit einer Kalligrafie im konfuzianischen Stil an den sowohl von Chinesen als auch von den Ureinwohnern geschätzten Märtyrer.

Direkt neben dem WuFengMiao befindet sich die ***ALiShan-Fantasy-World,*** ein großer Vergnügungspark mit modernen Fahrtgeschäften im fukienesischen Stil. Eine Ausstellungshalle zeigt traditionell-taiwanesische Handwerkserzeugnisse; bei Dunkelheit sorgen farbige Wasserspiele für bizarre Lichteffekte. Der Park ist täglich 8.30-17.00 Uhr (So./Fe. 8.00-17.30 Uhr) geöffnet und kostet stolze 300 NT$ Eintritt. Ab 17.00 Uhr müssen gesonderte Tickets für die Lichtershow gekauft werden.

An-/Abreise

- ***Bus:*** Eine Busverbindung besteht etwa stündlich zwischen ChiaYi und HsingLung; die Busse halten direkt am gelben Torbogen, durch welchen der Weg zum Tempel und zur ALiShan-Fantasy-World führt.
- ***Moped:*** Da der WuFeng-Tempel sowohl auf dem Weg zum ALiShan, nach KuanTzuLing als auch zum TsengWen-Damm liegt und insbesondere zu letzteren beiden eine Mopedtour ab ChiaYi (billiger und schneller als per Bus, vor allem zu zweit) zu empfehlen ist, bietet sich hier ein Stop geradezu an. Auf der LinShenLu am Hbf. fahre man in östliche Richtung, bis ein braunes zweisprachiges Schild in die WuFengLu weist. Dieser folgt man stadtauswärts, immer Richtung ALiShan und TsengWen-Damm. In ChungPu zweigt die Straße rechts (N-3) zum Damm ab, halblinks geht es auf der N-18 zum ALiShan und zum WuFeng-Tempel, in HsingLung achte man auf der linken Seite auf einen gelben Torbogen, der den Zugang markiert. Zum ALiShan (FenChiHu/ShiZhuo) fährt man dann geradeaus weiter, zum TsengWen-Damm ein Stück zurück, bis links die N-3 abzweigt.

064t Foto: wl

ChiaYi - Tor zum ALiShan

嘉義 ChiaYi (JiāYì, vornehm-rechtschaffen)

ChiaYi mit TaiNan gleichzusetzen wäre übertrieben, doch stand die Stadt zweifelsohne ebenso wie die ehemalige Hauptstadt weiter südlich deutlich spürbar unter dem Einfluss der Kolonialisten sowie der nahen Kulturstadt TaiNan. Eine ganze Palette interessanter Tempel gibt es zu besichtigen, darunter zwei der bedeutendsten Anlagen überhaupt, der WuFeng-Tempel sowie der ChaoTianKung in PeiKang. Von der praktischen Seite her bietet sich ChiaYi auch als Ausgangspunkt zum ALiShan an, einem der drei wichtigsten Touristenziele auf TaiWan (neben TaRoKo und Sonne-Mond-See). Hier startet die traditionelle ChiaYi-ALiShan-Schmalspurbahn, die aus der subtropischen Ebene hinauf auf 2000 Höhenmeter führt. Aber auch zahlreiche andere Punkte des Südwestens lassen sich sehr gut von hier aus anfahren. Die Stadt ist überraschend ruhig und beschaulich, Verkehrschaos und -lärm sind eher die Ausnahme. Die Spaziergänge durch die engen Straßen zu Tempeln und Märkten sind hier noch ein echtes Vergnügen.

ChiuHuaShanKung
九華山宮

Dieser große **Tempelkomplex** ist *TiChungHuang* (zu erkennen an dem Stab), einem wichtigen buddhistischen Boddhisatva gewidmet. Auf der Haupthalle ist ein fünfstöckiger Wohn- und Bibliothekskomplex aufgebaut, gegenüber des Tempels steht ein Freilufttheater. Der Tempel beinhaltet zwar buddhistische Figuren, weist allerdings auch daoistische Elemente wie Orakelknochen auf. ▲ 51; 255 MinChuanLu.

TianShihKung
天石宮

Dieser unscheinbare **Daoistentempel** ist außerordentlich prunkvoll und gut gepflegt. Der Schrein der Haupthalle im Erdgeschoss ist *MaTzu,* der Meeresgöttin, gewidmet, umgeben von zahlreichen vergoldeten Holzschnitzereien. Die hintere Halle birgt drei kleinere Schreine, rechts drei verschiedene KuanYin-Darstellungen, mittig der *TiChungHuang-Boddhisatva* (interessanterweise beides buddhistische Figuren) und links den Kriegsgott *YuehFei.* Von hier aus gelangt man zum Obergeschoss mit einem Jadekaiser-Schrein, der wie so oft mit einer Schrifttafel in beiden Händen vor dem Gesicht dargestellt wird; ▲ 50.

TungAnKung
東安宮

Der kleine **daoistische Tempel** scheint zwar weniger lebendig und interessant als die anderen Tempel ChiaYis, allerdings hat er eine Besonderheit aufzuweisen: Er brennt etwa alle zwei Jahre aus unerfindlichen Gründen ab. Die Einheimischen bezeichnen es als ein „Wunder *MaTzus*", dass die direkt angebauten Privathäuser bislang jedesmal von den Flammen verschont blieben; ▲ 52.

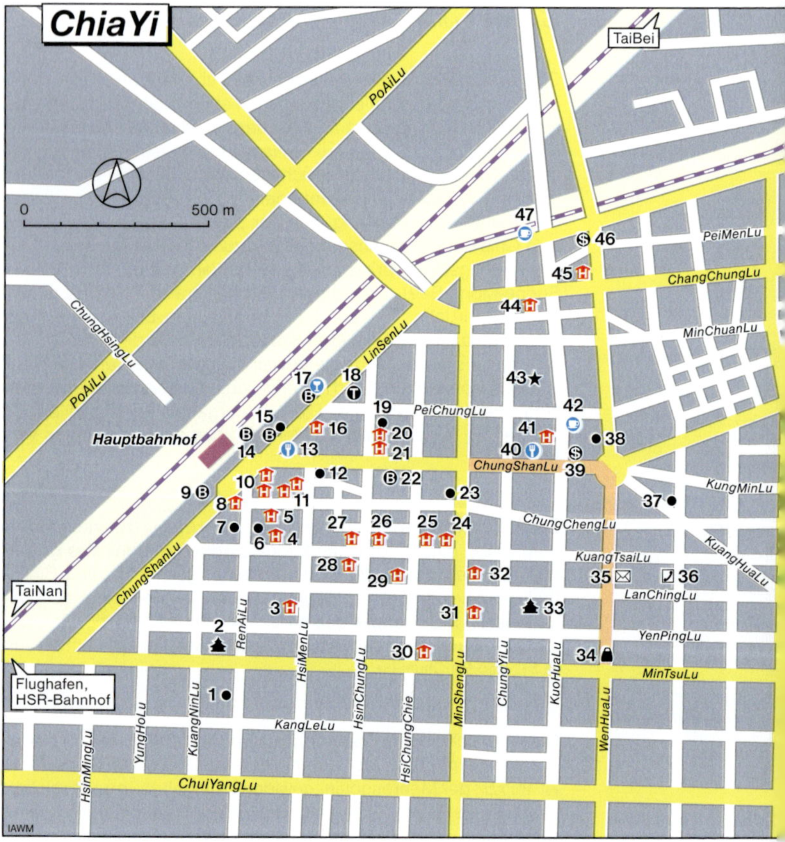

- 1 Park n' Shop Supermarkt
- 2 YouTian-Tempel
- 3 WangTzu Hotel
- 4 Country Hotel
- 5 PoShi, Yi Tung und ChiaHsin Hotels
- 6 Mopedverleih
- 7 Kino und Passage
- 8 PaiKung Hotel
- 9 ChiaYi KeYun-Busse
- 10 HsinKao, YiHsing, WuChou, Boston und ChiaHsin Hotels
- 11 YuanTung, YungHsing und TungYi Hotels
- 12 Stadtpolizei
- 13 LaoTang Nudelbrater
- 14 TaiWan KeYun Überlandbusse
- 15 priv. Non-Stop Busse, Mopedverleih
- 16 ChiaChi Hotel

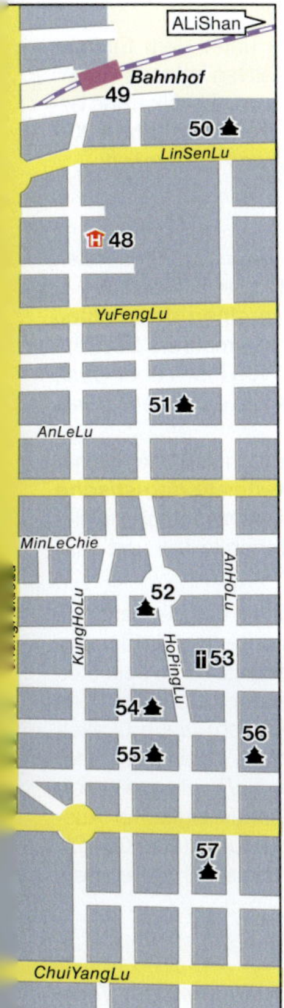

17 Alexander-Pub,
priv. Non-Stop Busse
18 Tankstelle
19 Kaufhaus
20 HsingChue Hotel
21 ChinTou Hotel
22 ChiaYi KeYun-Busse (PeiKang)
23 Kinos
24 ChinYuan Hotel
25 ChungYang Hotel
26 WenTou Hotel
27 ChiaYi Hotel
28 PinTao Hotel
29 HuaNan Hotel
30 WanTai Hotel
31 HsingTou Hotel
32 ChinLung Hotels
33 ChaoTian Tempel
34 WenHuaLu Nachtmarkt
35 Post
36 Telefongesellschaft
37 Bezirkspolizei/Visa
38 Nachtmarkt
39 Bank of TaiWan
40 McDonald's
41 KuoHua Hotel
42 Bardons Café
43 Kulturpark
44 ChiaChi Hotel
45 HuaNan (Gallant) Hotel
46 ICBC Bank
47 Calgary Café
48 TungShan Hotel
49 PeiMenChan/ALiShan-Bhf.
50 TianShih Tempel
51 ChiuHuaShan Tempel
52 TungAn Tempel
53 True Jesus Church
54 HsieHan Tempel
55 Tempel des Stadtgottes
56 NanYuTian & YuLiKung Tempel
57 TaTien (WuKuWang) Tempel

True Jesus Church

Der Südwesten TaiWans stand besonders unter dem Einfluss christlicher Missionare (Holländer), neben TaiNan ist auch ChiaYi eine Hochburg des Christentums, etwa 10 % der Bevölkerung bekennen sich hier zum Christentum. Eine der ***christlichen Kirchen*** liegt auf dem Weg vom TungAnKung zum HsieHanMiao.

１３８和平路

53; 138 HoPingLu

HsieHanKung und ChengHuangMiao
協安宮
成隍廟

In diesem winzigen ***MaTzu-Tempel*** befindet sich eine der ältesten erhaltenen Glocken TaiWans mit Innen- und Außenklöppel; 54.

Der Tempel ist ein guter Anlaufpunkt, um einen der größten ***Straßenmärkte*** TaiWans, der sich von hier aus mehrere Straßenblöcke nach Süden erstreckt, zu besuchen. Von Fisch über Obst, blauen Hühnern bis zu Kleidung und Snacks gibt es hier alles, was das Herz begehrt.

Inmitten des Marktes, eingehüllt in Fischgeruch, liegt der kleine, dem Stadtgott von ChiaYi (ChengKung) gewidmete ***daoistische Tempel*** ChengKungMiao; 55. Als Tempelwächter fungieren hier in mehrfacher Ausführung die bekannten Generäle *Fan* und *Hsie.*

NanYuTian
南獄殿

In diesem 2008 wiedereröffneten ***Tempel*** stellt der Besucher eine völlige Vermischung buddhistischer und daoistischer Elemente fest. Das Gebäude scheint äußerlich buddhistisch zu sein (keine Dachverzierungen; Svastikas), innen dagegen begrüßen den Besucher die Generäle *Fan* und *Hsie* (daoistisch), auch Orakelknochenwerfen wird hier praktiziert (ebenfalls daoistisch). Der Schrein ist wiederum dem Boddhisatva *TiChungHuang* gewidmet, der hier im Südwesten häufig anzutreffen ist (in zigfacher Ausführung auf dem FoKuangShan bei KaoHsiung (GaoXiong)). Gleich nebenan entsteht ein Neubau eines daoistischen Tempels (YuLiKung).

56; 64 NanHoChie.

TaTienKung
大天宮

In diesem farbenprächtigen ***daoistisch-buddhistischen Tempel*** (daoistische Elemente überwiegen) sind vor allem die Deckengemälde der Vorhalle interessant, u.a. *KuanYin* (indischer Stil), auf einer Schildkröte des Bösen stehend (Zeichen für ihre Macht). Auf dem Hauptaltar stehen u.a. die schamanistischen Götter der Landwirtschaft *(ShenNung, FuHsi* und *YouTsao), MiLoFu* (zweithöchste Figur des Buddhismus) sowie der daoistische Weise *YouHong.* An den Seitenwänden neben dem Hauptschrein sind zwei Grotten mit Boddhisatvas angebracht; 57.

Kulturpark (WenHua KungYuan)
文化公園

Hier entstand 1996 eine Kulturhalle in einem kleinen Park, der zum Erraten historischer Persönlichkeiten aus Kunst und Kultur einlädt: Rund 30 Büsten zeigen zum Beispiel *Menzius (MengZi), Shakespeare, Gandhi* und viele andere; ★ 43.

YouTianKung

遊天宮

Hier ist im Erdgeschoss des ***Tempels*** ein prächtiger MaTzu-Schrein mit einer halbplastischen, durch die beleuchteten Augen dämonisch wirkenden Drachenmaske zu sehen. Die Deckenmalereien, vor allem im Obergeschoss, zeigen *TaiTzu* auf dem brennenden Rad mit dem goldenen Ring der Kraft des Guten im Kampf gegen die Übel auf Erden.

▲ 2; 750 MinTzuLu.

Unterkunft

Als Ausgangs- und Transitpunkt zum ALiShan sowie weiteren Punkten des mittleren Zentralberglandes verfügt ChiaYi über ein breites Angebot an Unterkünften in jeder Preisklasse.

華南旅社 — ***HuaNan LuShe*** €, 163 HsiRungChie, Tel. (05)-2223440, bietet gute Zi. von 550 bis 700 NT$.

遠東旅社 — ***YuanTung LuShe*** €, 207 HsiMenChie, Tel. (05)-2223004, 700 NT$, bestes Billigsthotel.

東山旅社 — ***TungShan LuShe*** €, 344 KungHeChie, Tel. (05)-2783857, DZ 800 NT$, nicht schlecht, liegt aber rund 15 Gehminuten vom Hbf. entfernt.

嘉新大飯店 — ***ChiaHsin TaFanTian*** €€, 687 ChungChengLu, Tel. (05)-2222280, Fax 2225654, DZ zu 1000–1300 NT$, alle sehr gut.

永興大旅社 — ***YungHsing TaFanTian*** €€,, 710 ChungChengLu, Tel. (05)-2278246, DZ ab 800 NT$, ebenfalls o.k.

五洲旅社 — ***WuChou LuShe*** €€, 718 ChungChengLu, Tel. (05)-222634, 1000 NT$, etwas kleiner als die beiden erstgenannten dieser Klasse, aber nicht schlechter.

星都旅社 — ***HsingTou LuShe*** €€, 132 ShengPeiLu, Tel. (05)-2274456, DZ 900 NT$, etwas weit ab von den Busbahnhöfen, im Vergleich zu den anderen, aber gute Zimmer.

文都大旅社 — ***WenTou TaLuShe*** €€, 525 KuangTsaiChie, Tel. (05)-2222380, 800–1100 NT$.

宝島大旅社 — ***PaoTao TaLuShe*** €€, 533 KuangTsaiChie, Tel./Fax (05)-2246135, 40 Zimmer zu 900–1200 NT$.

嘉義大飯店 — ***ChiaYi TaFanTian*** €€, 622 KuangTsaiChie, Tel.Fax (05)-2271347, identisch in der Leistung und etwas billiger (750 NT$).

嘉興旅社 — ***ChiaHsing LüKuan*** €€, 730 ChengChungLu, Tel. (05)-2279344, DZ zu 800–1050 NT$

百宮大飯店 — ***PaiKung TaFanTian*** €€, 621 ChungShanLu, Tel. (05)-2278046, DZ ab 950 NT$ – noch relativ neu und ordentlich.

新高旅社 — ***HsinKao LuShe*** €€, 581 ChungShanLu, Tel./Fax (05)-2272252, 1000–1450 NT$.

一同大旅社 — ***YiTung TaLuShe*** €€, 695 ChungChengLu, Tel. (05)-2272250, sehr kleines, aber ordentliches Mittelklassehotel bei gleichen Preisen.

統一大飯店 — ***TungYi TaFanTian*** €€, 722 ChungChengLu, Tel. (05)-2252685, Fax 2252687, günstiger, aber etwas ungepflegter, 800 NT$.

義興旅社 — ***YiHsing LuShe*** €€, 730 ChungChengLu, Tel. (05)-2297344, DZ schon ab 780 bis 1050 NT$.

金龍大飯店 — ***ChinLung TaFanTian*** €€-€€€, 142 MinShengLu, Tel. (05)-2236388, sieht nach einem sehr teuren Hotel aus, liegt aber bei nur 1800 NT$ für ein DZ; liegt etwas weiter weg von den Busbahnhöfen als andere Hotels, aber recht günstig zum Hbf. (10 Minuten).

金遠大飯店 ⌽ ***ChinYuan TaFanTian*** €€€, 562 KuangTsaiChie, Tel. (05)-2229727, 1600 NT$ für ein DZ. 26 Zi., gut in Schuss.

王子大飯店 ⌽ ***WangTzu TaFanTian*** €€€, 101 HsiMenChie, Tel./Fax (05)-2234437, gleiche Preisklasse, aber größer.

白宮大飯店 ⌽ ***PaiKung TaFanTian (White House)*** €€€, 621 ChungShanLu, Tel./Fax (05)-2278046, gegenüber vom Hbf., Zimmer ab 1700 NT$.

波士大飯店 ⌽ ***PoShi Boston Hotel*** €€€, 673 ChungChengLu, Tel./Fax (05)-2289977, kleines, aber sehr gepflegtes Hotel mit DZ ab 2750 NT$.

假期大飯店 ⌽ ***ChiaChi TaFanTian*** €€€, 293 LinShenHsiLu, 3. Etage, Tel. (05)-2224328, 3000 NT$, 40 % Rabatt unter der Woche.

星爵大飯店 ⌽ ***HsingChue TaFanTian*** €€€ ***(„King"),*** 234 HsinRungLu, Tel. (05)-2233411-9, Fax 2238977, DZ kosten hier 2600 NT$.

國遠大飯店 ⌽ ***KuoYuan TaFanTian*** €€€-€€€€ ***(„Country"),*** 678 KuangTsaiChie, Tel. (05)-2236336, Fax 2236345, hat 70 Zi. zwischen 1900 und 3650 NT$.

Essen und Trinken

- ChiaYi ist zwar eine – im Vergleich zu anderen Städten dieser Größe – sehr ruhige Stadt, westliche ***Fast-Food-Ketten*** haben den Markt aber bereits erschlossen.
- Ein guter ***Supermarkt*** (Park'n'Shop) liegt in der MinTzuLu/Ecke RenAiLu, ***Bäckereien*** und ***Snack-Bratereien*** gibt es überall in der Stadt.
- In der LinSenLu, ChungShanLu und der RenAiLu liegen eine Reihe ***günstiger, kleiner Restaurants,*** von denen das LaoTung NiuRou Mian (Tel. 05-2238192), 504 ChungShanLu mit vorzüglichem ShuiChiao (typische Nudelspeise aus gekochten Ravioli) und anderen Nudelgerichten hervorzuheben ist.
- Snacks und Frischwaren kauft man üblicherweise frisch zubereitet auf dem ***Markt*** rund um den HsieHanMiao.
- Wer in ChiaYi nicht ganz auf westliche Küche verzichten möchte findet im ***Calgary Café,*** Tel. (05)-2271626, in der 19 GuoHuaChie, 351 Gang, vorwiegend italienische Gerichte (nicht nur Pizza) in der mittleren Preisklasse.
- Zentral zwischen dem Kreisel und der KangLeLu sowie in der quer verlaufenden ChungShan (JhongShan) Lu findet abends (dann Fußgängerzone) der ***WenHua-Straßenmarkt*** statt. Von den zahllosen Nudelsuppen-, Teigtaschen- und Tofulokalen sind besonders das ***Fountain Turkey Rice*** (325 JhongShan/ChungShan Lu, Tel. 05-2222433) mit landesweit bekanntem Truthahn auf Reis für 50 NT$ sowie ***Rong*** (386 JhongShan/ChungShan LuTel. 05-2161725) für gebratenen Aal auf Nudeln (80 NT$) empfehlenswert.

Institutionen

- ***Polizei:*** 565 ChungShanLu und HsingChungLu/Ecke KuangChungLu (Visaverlängerung).
- ***Spital:*** 228 WenHuaLu, Tel. (05)-2234840.
- ***Bank:*** Bank of TaiWan, 306 ChungShanLu und ICBC, 259 WenHuaLu, beide mit ATM.
- ***Post:*** WenHuaLu/Ecke LanChingLu, geöffnet Mo–Fr 8.00–17.30 Uhr, Sa bis 12.30 Uhr.

An-/Abreise

- ***Bahn:*** Alle Züge von Nord nach Süd bzw. umgekehrt halten auch in ChiaYi, sodass laufender Anschluss gewährleistet ist. Im Bahnhof befindet sich eine Information, leider nur chinesischsprachig. Schalter Nr. 1 ist für Reservierungen, Nr. 2–5 für Verkauf für den gleichen Tag zuständig. 55 Züge gehen 0.40–23.50 Uhr nach Norden bis TaiBei, teilweise durchgehend bis KeeLung (JiLong), ebenso 55 Züge nach Süden, meist in KaoHsiung (GaoXiong) endend.

● ***ChiaYi-ALiShan-Schmalspurbahn:*** Vom Hbf. in ChiaYi (30 m ü.N.N.) führt ein Nebengleis zum 2216 m hohen ALiShan, einer der großen Touristenattraktionen auf TaiWan, zumindest für Einheimische. Im Jahr 1910 begannen die Japaner mit dem Bau dieser Bahn, weniger um Touristen anzulocken, als vielmehr um den Abtransport von Nutzhölzern für die Forstwirtschaft in den Bergen zu erleichtern. Die zu diesem Zweck entworfene Schmalspurbahn (fertiggestellt 1917) überwindet dabei Steigungen von bis zu 6,25 % und nimmt Kurven in einem Radius von nur 40 Metern (normale Bahnstrecken benötigen einen Kurvenradius von mind. 200 Metern). Auf der knapp 60 km langen Strecke werden 55 Tunnel durchfahren, 77 Brücken überquert und der TuLiShan, ein dem ALiShan vorgelagerter Berg, dreimal spiralförmig ansteigend umfahren, ehe der Höhenunterschied von 2186 Metern überwunden ist. Auch wenn die traditionellen, holzbetriebenen Dampflokomotiven in den 1960er Jahren durch Diesellokomotiven ersetzt wurden, hat die Bahnfahrt durch die spektakuläre Bergwelt nichts von ihrem Reiz eingebüßt. Wer die Zeit (und das Geld) hat, sollte zumindest eine Strecke per Schmalspurbahn zurücklegen (zu empfehlen ist der Hinweg, da sich einige feine Fußmärsche vom ALiShan abwärts anbieten).

So nett die Fahrt mit der ALiShan-Bahn auch sein mag, für den Reisenden ist es meist ein Lotteriespiel, ob und wann sie fährt. Häufige Erdrutsche auf der einen, zunehmende Motorisierung auf der anderen Seite sowie damit einhergehende Preissteigerungen haben die Anzahl der Fahrten mittlerweile drastisch reduziert. Momentan fahren nur noch zwei Züge täglich - Änderungen bis hin zur kompletten Streichung sind daher jederzeit kurzfristig möglich. Die Bahn fährt einmal täglich ab ChiaYi Hbf. sowie einmal ab ChiaYi PeiMen, dem zweiten Bahnhof im Osten der Stadt:

ChiaYi (13.30 Uhr) - PeiMen (13.37 Uhr) - FenChiHu (15.37 Uhr) - ALiShan (17.00 Uhr) sowie PeiMen (12.35 Uhr) - FenChiHu (14.26 Uhr) - ALiShan (15.40 Uhr) für 485 NT$ (einfach).

● ***Bus:*** Drei Busstationen in ChiaYi sind von Bedeutung: ***ChiaYi KeYun*** (Überland/Ost, rechts aus dem Hbf. kommend): von/nach PeiKang: zwischen 6.00 und 22.00 Uhr alle 20–30 Minuten, 55 NT$. Von/nach ALiShan: drei Busse täglich, ab ChiaYi 7.00, 10.00 und 13.00 Uhr für 180 NT$. An So./Fe. zusätzlich um 8.30 und 15.00 Uhr. Diese Busse fahren über den WuFeng-Tempel. Von/nach RuiLi: zwei Busse tgl. (10.30 und 15.35 Uhr), 140 NT$. Von/nach FenChiHu: ebenfalls zwei Busse täglich (6.25 und 15.00 Uhr), 105 NT$. Von/nach TaPu (kurz vor ChiaYi NungChang): zwei Busse täglich um 13.00 und 16.40 Uhr für 125 NT$. Einige Busse fahren gegenüber vom Kaufhaus ab.

ChiaYi KeYun (Überland/West), 501 ChungShanLu (gut 5 Gehminuten ab Hbf.): von/nach PeiKang: alle 20-30 Minuten für 70 NT$. Von/nach TaiZhong (TaiChung): alle 20–40 Minuten, 165 NT$. Von/nach KuanTzuLing: alle volle Stunde für 70 NT$.

TaiWan KeYun (links aus dem Hbf. kommend): von/nach TaiBei: 6.00–22.00 Uhr alle 30 Minuten (390 NT$) via ChungLi (320 NT$). Von/nach TaiChung (TaiZhong): 6.10–22.00 Uhr alle 20 Minuten (145–240 NT$ je nach Route) via ChangHua (180 NT$). TaoYuan: 7.40, 9.30, 13.30, 15.30 Uhr (ca. 350 NT$). Von/nach KaoHsiung (GaoXiong): 6.10–21.30 Uhr alle 30 Minuten für 162–233 NT$ je nach Route. TaiNan: 6.20–20.20 Uhr alle 20–30 Minuten (130–155 NT$) PingTung: 7.00, 11.00, 15.00, 18.45 Uhr (255 NT$), oder jeder Bus nach KaoHsiung, dort per Bahn weiter (geht schneller). Von/nach ShanLinHsi: nur ein Direktbus täglich, 7.30 Uhr, der fährt von ShanLinHsi (245 NT$) bereits um 11.00 Uhr zurück (über ChuShan 115 NT$ und HsiTou 169 NT$). Man kommt zwar ab ChiaYi direkt hin, es ist aber nicht möglich, ohne Umsteigen in TouLiu von ShanLinHsi nach ChiaYi zurückzufahren. Von/nach TouLiu: 80 NT$, alle TaiChung (TaiZhong)-Busse.

●***Moped:*** ChiaYi verfügt über mehrere Mopedverleihstellen (s. Karte) in der LinShenLu und RenAiLu. Die Preise variieren je nach Saison und Nachfrage zwischen 500 und 600 NT$/Tag für die kleinsten Maschinen. Der Verkehr in und um ChiaYi ist verhältnismäßig harmlos, Ziele der näheren Umgebung können leicht besucht werden. Sich anbietende Mopedziele ab ChiaYi sind KuanTzuLing, WuShanTou-Damm sowie ChiaYi-Farm.

Nördlich von ChiaYi

北港

PeiKang (BěiKăng, Nord-Hafen)

25 km nordwestlich von ChiaYi liegt die kleine Stadt PeiKang, die bislang von größeren Besucherströmen verschont blieb - mit zwei Ausnahmen jährlich: Am 23. Tag des dritten Mondmonates, dem ***Geburtstag der Meeresgöttin MaTzu,*** pilgern Zigtausende taiwanesischer Daoisten zum ChaoTianKung („Tempel gegenüber dem Himmel gelegen"), dem ältesten und bedeutendsten MaTzu-Tempel TaiWans; ebenso am 15. Tag des ersten Mondes (im Februar) zum ***Laternenfest.*** An diesen Tagen gehört PeiKang zu den „großen drei" neben NanKunShen und YenShui, kein Bett, kein Transportmittel, eigentlich kein Fleckchen Platz überhaupt sind an diesen Tagen zu haben.

ChaoTianKung

Der ***MaTzu-Tempel*** wird rundum von steinernen Löwen bewacht, am Haupttor zusätzlich von vier der acht Unsterblichen. Im Vorhof werden Opfer auf den bereitstehenden Tischen dargebracht, rechts und links führen zwei Seitenschreine ab, gewidmet dem Gott der Westmeere sowie den legendären drei Erhabenen. In der Zentralhalle sind Glocke und Trommel innen angebracht, dahinter der Hauptschrein mit der MaTzu-Statue, hier mit bis zu den Augen reichender Perlenkrone dargestellt. Durch die Seitengänge der Haupthalle erreicht man die buddhistische rückwärtige Halle, an deren Seitenwänden 18 Boddhisatvas und am Hauptschrein *KuanYin* (sowohl im Glaskasten wie auch als lebensgroße Steinstatue rechts vor dem Altar) zu sehen sind - wieder ein Zeichen für mehrere Glaubensrichtungen innerhalb eines Tempels. Das Dach ist sehr aufwändig mit bunten Drachenmotiven und zahllosen Keramikfiguren verziert.

Das Entstehungsdatum des Tempels ist umstritten, der heutige Komplex ist das Ergebnis zahlloser Renovierungen und Erneuerungen. Ein erster Schrein hat hier bereits im 14. Jh. gestanden, von dem allerdings, abgesehen von Statuen im Tempel, nichts mehr übrig blieb. Inoffiziellen Schätzungen zufolge werden dem ChaoTianKung jährlich von Pilgern 10 Millionen NT$ gespendet, was ihn zu einem der wohlhabendsten Daoistentempel TaiWans macht.

Gegenüber vom Haupteingang beginnt der ***Markt,*** auf dem Fisch und Gemüse feilgeboten werden.

An-/Abreise

Ohne eigenes Fahrzeug nimmt man einen Bus in ChiaYi (↗), der etwa alle 20 Minuten fährt (70 NT$). Vom Bbhf. in PeiKang geht man 250 m nach rechts zum kleinen Kreisverkehr, dort links immer den Lampions nach zum Tempel, der auf einer Verkehrsinsel steht.

斗六

TouLiu (DǒuLiù, Wetteifern-sechs)

Die beschauliche Kleinstadt TouLiu, 35 km nördlich von ChiaYi gelegen, dient als einziger Transitpunkt für Reisen nach TsaoLing, einem der schönsten Wandergebiete des zentralen Berglandes; aber auch HsiTou oder ShanLinHsi können von TouLiu aus erreicht werden. Die Wartezeit auf den nächsten Anschluss kann genutzt werden, um einen der interessantesten Tempel TaiWans, den ShanShiuKung zu besuchen. Alle Sehenswürdigkeiten liegen innerhalb einer Gehentfernung von nicht einmal 10 Minuten vom Hbf.

HsinHsingKung
新興宮

Der hübsche ***daoistische Tempel*** ist der Meeresgöttin *MaTzu* gewidmet, bemerkenswert sind insbesondere die seitlichen Steinmalereien im Vorhof, welche die Allmacht der Gottheit in verschiedenen Szenen plastisch darstellen.
▲ 15; ChungChengLu/Ecke ChungHuaLu.

ShanShiuKung/ KungTzuMiao
善修宮
孔子廟

Dieser ***große Tempelkomplex*** ist ein Paradebeispiel für verschiedene chinesische Glaubensrichtungen unter einem Dach. Ursprünglich, wie an den älteren Teilen der Dachkonstruktion noch zu erkennen ist, zählte die gesamte Anlage einst zu den daoistischen Tempeln. Bedingt durch zu große finanzielle Belastungen konnten die Gebäude nicht mehr gehalten werden und drohten zu zerfallen. So wurden einzelne Teile an verschiedene andere Gemeinschaften vergeben, die nun ihrerseits für die Pflege der einzelnen Teilgebäude aufkommen.

Das erst Ende 1995 bis auf das Dach völlig restaurierte ***Gebäude ganz links*** wird von Buddhisten genutzt und beherbergt einen KuanYin-Schrein in der Haupthalle sowie mehrere verschiedene Darstellungen Buddhas (die Unterschiede bei den Darstellungen Buddhas liegen in den Sitzpositionen und Handgesten).

Der ehemalige ***Haupttempel*** liegt auf der rechten Seite der Anlage. Die traditionellen Glocken- und Trommeltürme wurden direkt auf das große, fünftorige Eingangsportal gebaut. Hinter dem Vorhof liegt die Haupthalle mit dem Kriegsgott *KuanYu,* zu erkennen an der markanten roten Gesichtsmaske.

Der ***Schrein ganz rechts außen*** ist der Sternformation des Großen Wagen gewidmet. Dieser Teil ist schamanistisch, aber dennoch sehr stark daoistisch beeinflusst. So tragen die Tempeldiener hier blaue (=Symbolfarbe der Daoisten) Gewänder, auch das Orakelknochenwerfen wird hier in daoistischer Tradition fortgesetzt.

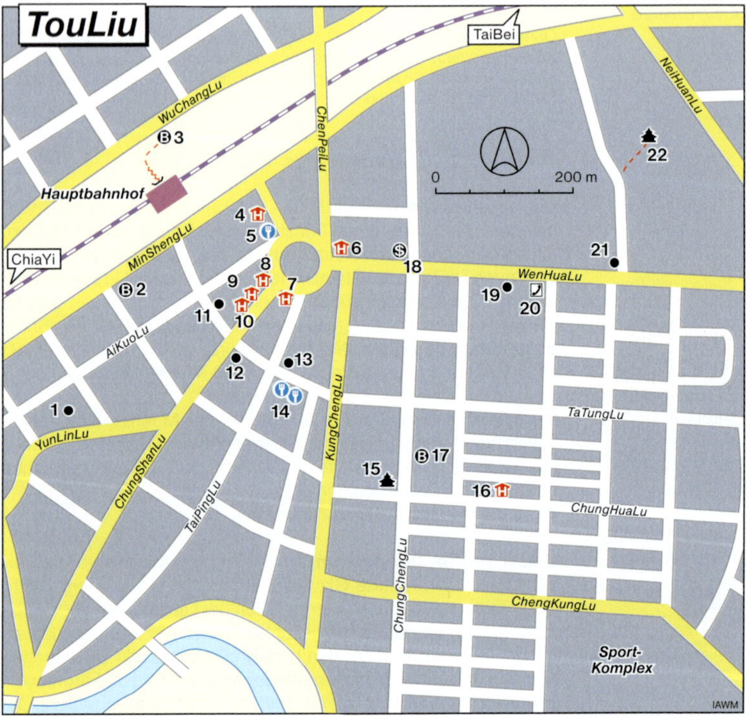

●	1	Markt
Ⓑ	2	TaiWan KeYun-Busse
Ⓑ	3	YunLinKeYun-Busse
H	4	WenTiSha Hotel
	5	Hähnchenbraterei
H	6	YuanHuan Hotel
H	7	ChinCheng Hotel
H	8	Fortune Hotel
H	9	KaiDeng Hotel („K.D.")
H	10	FuShen Hotel
●	11	1-2-3 Supermarkt
●	12	KFC
●	13	Bäckerei
	14	Restaurants
	15	HsinHsingKung-Tempel
H	16	YunShan Herberge
Ⓑ	17	TsaoLing-Busgesellschaft
$	18	Bank of TaiWan
●	19	Polizei
	20	Telefongesellschaft
●	21	Torbogen
	22	ShanShiu Tempel

0711 Foto: wl

ShanShiu-Tempel/TouLiu

Durch die Seitengänge gelangt man in den rückwärtigen Teil, dessen Halle heute einen ***Konfuziusschrein,*** also die übliche Kalligrafie anstatt einer Figur, enthält. An den hinteren Wänden rechts und links befinden sich Wandgemälde, auf denen *Konfuzius* im Gespräch mit dem *Herzog von Liu* zu sehen ist. Der ShanShiu-Kung ist in dieser Zusammensetzung wohl einmalig auf TaiWan.

▲ 22; man erreicht den Tempel über die WenHuaLu, 100 m hinter der Polizei liegt links ein verziertes rotes Tor, welches zur Anlage führt.

Unterkunft

Auf der dem Hbf. gegenüberliegenden Straßenseite der MinShengLu herrscht rege Bautätigkeit, auch ein oder zwei neue Hotels sollen dort zumindest auf einigen Etagen errichtet werden. Andere Hotels stehen kurz vor der Fertigstellung, offenbar wird TouLiu als Ausgangspunkt zu den nahegelegenen Erholungsgebieten TsaoLing und HsiTou/ShanLinHsi immer beliebter, wenn auch superbillige Angebote fehlen.

雲山旅社

● Das günstigste LuShe liegt unweit der TsaoLing-Busgesellschaft und nennt sich ⌽ ***YunShan LuShe*** €, 167 ChungHuaLu, Tel. (05)-5322442. DZ gibt es hier schon zu 400 NT$. Sehr einfach, aber nicht so schlecht, wie es der Preis eventuell vermuten lässt.

桂賓大旅社

⌽ ***YuanHuan TaLuShe*** €, 1 WenHuaLu, Tel. (05)-5322637, DZ 720 NT$, trotz des alten Gebäudes sehr ordentlich.

金成大旅社

⌽ ***ChinCheng TaLuShe*** €, 2 TaiPingLu, Tel. (05)-5323954, DZ zu 750 NT$, beste Billigunterkunft der Stadt.

複神大飯店

⌽ ***FuShen TaFanTian*** €€, 6 ChungShanLu, Tel. (05)-5341666, haben auch Zi. zu 900, sonst 1200 NT$.

凱登大飯店

ф ***KaiDeng TaFanTian*** €€, 12 ChungShanLu 4. Etage, Tel. (05)-5330929, sehr feines Hotel mit 34 unterschiedlichen Zimmern zwischen 1200 und 3150 NT$.

溫蒂沙賓館
太信大飯店

ф ***WenTiSha PinKuan*** €€, 1 HsingHuaChie, Tel. (05)-5328767.

● Am Kreisverkehr im Zentrum liegt das ф ***TaiHsin TaFanTian*** €€€, Tel. (05)-5352889, sicher eines der besten Hotels der Stadt, 3100-4000 NT$.

Essen und Trinken

● Einige sehr gemütliche und preiswerte kleine ***Restaurants*** liegen in der TaTungLu zwischen TaiPingLu und ChungChengLu. Hier gibt es Suppen, Ravioli und Tellergerichte von 60 bis 120 NT$. Gebratene Hühnerteile bieten das Chicken-House sowie Kentucky Fried Chicken an.

● Kleinigkeiten schmecken frisch zubereitet auf dem ***Markt*** in der YuanLinLu am besten, das „1,2,3 Shopping Center" hat einen guten ***Supermarkt*** mit Warme-Speisen-Theke im Erdgeschoss.

Institutionen

7文化路
30文化路

● ***Bank:*** Bank of TaiWan, ф 7 WenHuaLu.

● ***Polizei:*** ф 30 WenHuaLu, Tel. (05)-5329033.

An-/Abreise

● ***Bahn:*** Täglich etwa 50 Züge zu den Städten im Süden zwischen 3.30 und 23.15 Uhr, die meisten enden in KaoHsiung (GaoXiong). Nach Norden laufen rund 65 Züge zwischen 0.30 und 22.35 Uhr, davon einige auch durchgehend bis KeeLung (JiLong).

● ***Bus:*** Die Transitfunktion TouLius erkennt man auch daran, dass mehrere Busgesellschaften von hier aus die Ziele im Umland anfahren.

TaiWan KeYun: von/nach ChiaYi (80 NT$): 6.20-20.40 Uhr alle 20 (Berufsverkehr) bis 50 Minuten. Von/nach TaiBei: 7.40, 9.10, 10.20, 12.20, 14.00, 15.20, 16.00 und 18.00 Uhr. Von/nach KaoHsiung (GaoXiong): 6.20, 9.10, 11.40, 13.40, 17.10 Uhr sowie an So./Fe. zwei Nachmittagsbusse zusätzlich für 220 NT$. Von/nach HsiTou (90 NT$) und ShanLinHsi nur täglich um 8.20 Uhr, zurück 11.00 Uhr. Eine indirekte, sehr häufige Verbindung besteht über ChuShan (⇗ und weiter unten).

Eine häufigere, aber nur indirekte Möglichkeit, nach TsaoLing zu kommen, besteht via ChuShan, gut 20 Minuten von TouLiu per ***YuanLinKeYun-Bus*** (hinter TouLiu Hbf., Unterführung): von/nach ChuShan: zwischen 6.20 und 19.50 Uhr 19 x täglich, 7.20, 8.00 und 9.00 Uhr sind die besten Verbindungen für Anschlussbusse zum Vogelpark des Zentralberglandes (u.a. 10.10 Uhr ab ChuShan), HsiTou (u.a. 8.00, 8.40 und 10.00 Uhr ab ChuShan) oder TsaoLing (u.a. 7.50 und 12.20 Uhr weiter ab ChuShan). Die Fahrt TouLiu - ChuShan dauert nur 25 Minuten. Von/nach TaiZhong (TaiChung): von 6.10 bis 19.55 Uhr für 180 NT$ 35 x täglich.

Der Nordwesten

Südlich von TaiZhong

二水

ErShui (ÈrShuǐ, Zwei-Gewässer)

Der winzige Flecken ist unumgänglich, wenn man per Bahn den sogenannten historischen ChiChi-Trail befahren möchte. Diese zweite Nebenlinie des Schienenovals um TaiWan (neben der ALi-Shan-Bahn) stellt gleichzeitig eine der wichtigsten Verbindungen zum zentralen Bergland dar. ErShui selbst ist eines jener „Nester", in dem man unter Garantie keine Touristen antrifft; der ideale Urlaubsort für jemanden, dem auch noch am Nordpol zu viel los ist.

WanHsiKung

Außer einem kleinen daoistischen MaTzu-Tempel (ab Hbf. 300 m die Hauptstraße entlang, rechts) ist eigentlich nur der ***Friedhof*** sehenswert. Man folge der Hauptstraße bis zur ersten Kreuzung und gehe links bis zum Ortsausgang. Die Einwohner haben jahrelang gegen den Bau des Friedhofs rebelliert, bringen doch die „Toten Seelen" nach chinesischer Auffassung unbedingt Unheil. Links steht eine hübsche siebenstöckige Pagode, interessanter ist jedoch der Zwillingsbruder der CKS-Gedächtnishalle (⇗ TaiBei) rechts der Straße - eine sehr beeindruckende Aufbahrungshalle. Die Anlage wird WanHsiKung, „Tempel der 10.000 Freuden" genannt und hat trotz der frappierenden Ähnlichkeit nichts mit der großen Gedächtnishalle für *ChiangKaiShek* in TaiBei zu tun.

Unterkunft

Es ist unwahrscheinlich, dass Individualreisende in ErShui übernachten wollen, es sei denn, man ist per Rad unterwegs oder hat den letzten Zug nach ShuiLi verpasst. Im Ort gibt es zwei Hotels, beide am Bahnhofsvorplatz.

明山旅社

ф ***MingShan LuShe,*** 8 KuangWenLu, Tel. (04)-8745311,
DZ 550 NT$ rechts am Vorplatz sowie gegenüber das

二水亞洲大飯店

ф ***ErShui YaChou TaFanTian,*** 40 KuangWenLu,
Tel. (04)-8793945, DZ zu 650 (ohne Bad) und 900 NT$ (mit Bad).

Institutionen

7 1 1 光文路

- ***Polizei:*** ф 711 KuangWenLu (ab Hbf. geradeaus).

7 4 1 光文路

- ***Post:*** ф 741 KuangWenLu, geöffnet werktags 8.00–17.30 Uhr, Sa. bis 12 Uhr.

An-/Abreise

- ***Bahn:*** ErShui ist mit je ca. 40 Zügen täglich nach Norden und Süden gut an alle wichtigen Ziele West-TaiWans angebunden, Expresszüge halten hier allerdings nicht.
- ***Die historische ChiChi-Linie:*** Eine Nebenstrecke wie die ChiChi-Linie, die aus dem Schienenoval um TaiWan von ErShui ostwärts ins Bergland führt, hatte natürlich eine besondere Bedeutung. Um ShuiLi und CheCheng wurden zur Jahrhundertwende vorwiegend Bananen an- und Zinn abgebaut. Um den wichtigen Bodenschatz zügig zur Weiterverarbeitung in die Ebenen des Westens transportieren zu können, entstand von 1919 bis 1921 dieses 30 km lange Teilstück von ErShui nach ShuiLi/CheCheng. Die eigentliche Endstation ist ShuiLi; als Waggondepot und wegen der dortigen Wasservorräte als Füllstation wurde zwei km hinter ShuiLi die Station CheCheng errichtet, wo 1981 der MingHu-ShuiKu (MingHu-Damm) fertiggestellt wurde, das größte unterirdisch angelegte Wasserkraftwerk in ganz Fernost.

Die ökonomische Bedeutung der ChiChi-Strecke ist heute völlig in den Hintergrund getreten, touristisch dagegen nimmt die 30-Minuten-Fahrt zwischen ErShui und ShuiLi, einem der wichtigen Transitpunkte im zentralen Bergland, eine wichtige Stellung ein. Die „ChiChi-Linie" wurde nach einer der Bahnstationen benannt und bedeutet „Zentrum", da hier eines der Zentren der Bunun-Ureinwohner entstanden war.

Die Züge nach ShuiLi fahren von 5.30 bis 21.45 Uhr 9 x tgl., der Fahrtpreis beträgt 48 NT$. Die Stationen sind (wie überall) auch hier in lateinischer Umschrift beschildert. In ShuiLi können Fahrkarten auch über ErShui hinaus gekauft werden (z.B. nach TouLiu).

●***Bus:*** Am Bahnhofsvorplatz halten die Busse zwischen YuanLin und ShuiLi kurz, es gibt keinen Busbahnhof oder eine besonders ausgeschilderte Haltestelle. Nach ShuiLi fahren etwa alle 20 Minuten Busse, nach TaiZhong seltener, wobei einige über den Sonne-Mond-See, andere über ErShui fahren.

彰化

ChangHua (ZhāngHuà, erkennbar-aufwenden)

Die kleine Provinz ChangHua, nur wenige Kilometer südwestlich von TaiZhong, ist ein Zentrum von Maschinenbau und petrochemischer Industrie, zeigt sich aber auch gerne als Zentrum der westtaiwanischen Landwirtschaft. Die gleichnamige Provinzhauptstadt ChangHua ist denn auch zu wenig attraktiv, um hier einen mehrtägigen Stopp zu machen. Wer unterwegs nach LuKang (⇗) ist, sollte hier aber wenigstens für einige Stunden halten, um ein paar interessante Komplexe in Gehnähe zum Hbf. zu besichtigen.

KungTzuMiao
孔子廟

Der ***Konfuziustempel*** von ChangHua gilt als einer der ältesten seiner Art auf TaiWan, weicht aber in seiner Anlage von den größeren „Brüdern" in TaiNan, KaoHsiung (GaoXiong) oder TaiBei in einem Detail ab. Auch hier betritt man die Anlage von der Seite, steht dann aber unmittelbar im Innenbereich des Komplexes, ein Vorpark fehlt also völlig. Ansonsten sind auch hier die vom Haupttor wegführenden Seitengänge mit Gedenktafeln für verstorbene Konfuzianer sowie die Haupthalle mit einer Kalligrafie in Gedenken an *Konfuzius* versehen. Nur einmal im Jahr, am 28. September (Geburtstag des *Konfuzius),* findet hier eine große Zeremonie statt. Geöffnet täglich 9.00–17.00 Uhr; ▲ 17.

PaKuaShan
八卦山

Linker Hand des buddhistischen Kulturzentrums liegt der PaKuaShan-Park oberhalb der Stadt. Der ***Park*** ist bekannt für seine Blumenbeete, die so angelegt wurden, dass das ganze Jahr über immer Blumen, Sträucher und Stauden blühen. Ferner gibt es im Park einen kleinen Zoo mit seltenen Tierarten, ein Kuriositäten-Museum sowie eine „Unterwasser-Welt". Spielplätze und Fahrtbetriebe sind vor allem bei jüngeren Besuchern sehr beliebt. Vom Konfuziustempel sieht man bereits die große Buddhastatue des Parks. Um dorthin zu gelangen, folge man der Hauptstraße über die große Kreuzung bis zur ersten Abzweigung nach links, von der aus eine Reihe von Fußwegen in den Park führen.

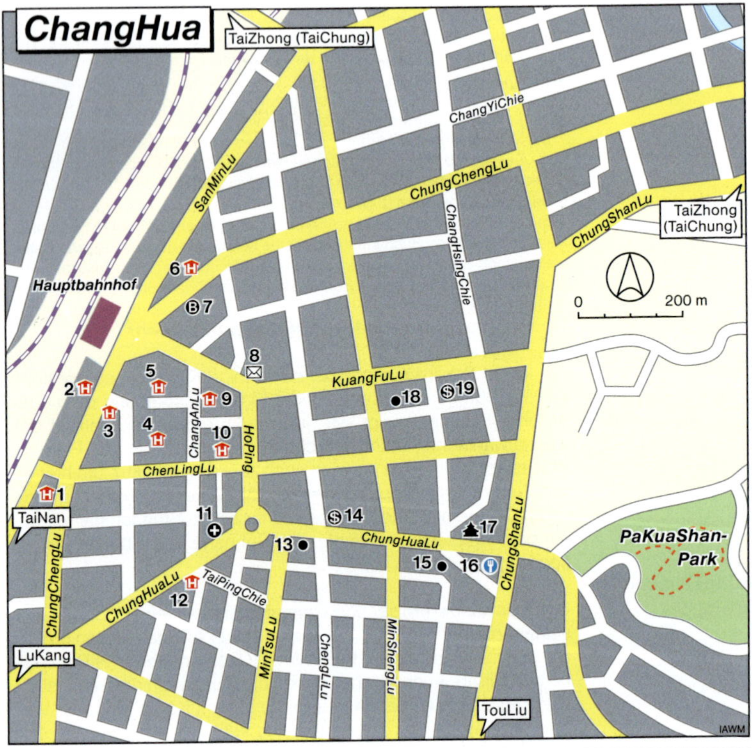

- 1 YungTa Hotel
- 2 TaiWan Hotel
- 3 TiYi Hotel
- 4 SanHuo Hotel
- 5 ChinCheng & YungHe Hotels
- 6 YunHe Hotel
- 7 Busbahnhof
- 8 Post
- 9 FuHuang (Rich Royal) Hotel
- 10 YingShan Hotel
- 11 Spital
- 12 YMCA
- 13 KFC
- 14 Bank of Taiwan
- 15 Park n' Shop
- 16 McDonald's
- 17 Konfuziustempel
- 18 Polizei
- 19 ICBC Bank

PaKuaFo WenHua ChungHsin
八卦佛文化中心

Oben im PaKuaShan steht das Wahrzeichen des ***buddhistischen Kulturzentrums*** und der Stadt, eine rund 15 m hohe ***Statue Buddhas*** auf einer Lotusblüte sitzend. Die Statue ist innen begehbar und bietet einen großartigen Ausblick auf die Stadt. Der Klosterkomplex wurde jüngst um eine Herberge erweitert, Gäste können nun auch die Nacht im Kloster gegen eine Spende von 1000 NT$ (Vollpension) verbringen. Hinter den Hauptgebäuden befinden sich zwei Pagoden, die ebenfalls eine hervorragende Aussicht und Einblick in die Küche des Klosters bieten! Diese liegt im offenen Hinterhof der Hauptgebäude, die riesigen Woks und die Mengen vegetarischer Speisen sind beeindruckend.

Unterkunft

ChangHua und LuKang ergänzen sich hervorragend zu einem Tagesausflug von TaiZhong aus, eine Übernachtung hier ist aber eigentlich nur oben im Kloster (↗ PaKuaFo WenHua ChungHsin) interessant. Einige Möglichkeiten im Zentrum sind:

金成大旅社
ф ***ChinCheng LuShe*** €, 100 ChangAnChie, Weg 1, Tel. (04)-7225379, 500 NT$ für winzige DZ.

H 紅葉大旅社
ф ***HongYe TaLuShe*** €, 100 ChangAnChie, Weg 5, Tel. (04)-7222667, 600 NT$; gleich nebenan und sichtlich besser.

櫻山大旅社
ф ***YingShan TaFanTian*** €€, 129 ChangAnChie, Tel. (04)-7229211, sehr ordentliche DZ für 800, einige teure bis 1600 NT$.

永大大旅社
ф ***YungTa TaFanTian*** €€, 120 ChungChengLu, Sec. 2, Tel.04)-7224666, 1100 NT$.

雲河賓館
ф ***YunHo PinKuan*** €€, 566 ChungChengLu, Sec. 1, Tel. (04)-7236164, ab 1500 NT$.

臺彎大飯店
ф ***TaiWan TaFanTian*** €€€, 48 ChungChengLu, Sec. 2, Tel. (04)-7224681, Fax 7246474, DZ mit a/c, TV, Telefon kosten 1900–4000 NT$, das Hotel liegt direkt rechts vom Bhf.

Essen und Trinken

Kulinarische Spezialitäten hat ChangHua nicht zu bieten. In der Stadt gibt es westliches und chinesisches Fast-food sowie zahlreiche Snackrestaurants. Eine interessante Alternative ist die vegetarische Küche des Klosters.

Information

Es gibt eine lokale TI-Dienststelle in der 39 KuangFuLu, 3. Etage, allerdings gibt es kein englischsprachiges Personal.

Institutionen

醫院
ф ***Krankenhaus:*** 176 ChungHuaLu, Tel. 04-7225121.

郵局
ф ***Post:*** KuangFuLu/Ecke HoPingLu, geöffnet 8.30–17.00 Uhr, samstags bis 12.00 Uhr, sonntags geschlossen.

警察
ф ***Polizei:*** MinShengLu/Ecke KuangFuLu, Tel. (04)-7265674.

臺灣銀行
ф ***Bank:*** Bank of TaiWan, 130 ChengLiLu; ICBC; 39 KuangFuLu.

An-/Abreise

● ***Bahn:*** Tgl. ca. 75 Züge in nördliche und südliche Richtung. Preisbeispiele: TaiBei 442 NT$, TaoYuan 370 NT$, HsinChu 255 NT$, ErShui 62 NT$, TaiNan 338 NT$, TaiZhong 25–49 NT$, KaoHsiung (GaoXiong) 445 NT$.

● ***Bus:*** von/nach TaiZhong mit der Stadtbuslinie WG (weiß-grün) 102 (↗ TaiZhong) oder mit der *ChangHua KeYun* (46 NT$). Von/nach LuKang: gleiche Linie, 42 NT$. Der Bbhf. liegt links auf der anderen Straßenseite aus dem Hbf. kommend.

075t Foto: wl

„Küche" des buddhistischen Kulturzentrums/ChangHua

鹿港

LuKang (LùGăng, Hirsch-Hafen)

LuKang war während der späten Ming-Dynastie (Anfang des 17. Jh.) einer der lebendigsten Häfen der Westküste. Mit Beginn der japanischen Besatzung wurde der Hafen geschlossen und nie wieder eröffnet. Seither schwelgt man in der Erinnerung an die „gute alte Zeit" und konzentriert sich auf den Tourismus. LuKang gilt immer noch als eine der ursprünglichsten Städte TaiWans, ein großer Unterschied im Ortsbild im Vergleich zu anderen Kleinstädten ist auf den ersten Blick aber kaum festzustellen. Noch genügt der Ruf, um einheimische Touristen jedes Wochenende anzulocken. Haupterwerbsträger ist jedoch das mittelständische Handwerk; in LuKang wird nahezu alles, was nur im entferntesten für Besucher interessant sein könnte, in kleinen Hinterhof-Manufakturen hergestellt. Chinesische Teesets, traditionelle Möbel, Holzschnitzereien und vieles andere werden überall in den Straßen vertrieben. Für Touristen wurde ein ***Arts & Crafts Center*** in der FuHsingLu eröffnet, wo alles, was die Stadt produziert, besichtigt und erworben werden kann. Sehenswert sind ferner eine Reihe traditioneller Tempel und ein informatives Heimatmuseum; ein Besuch LuKangs kann sehr leicht mit einem Trip nach ChangHua von TaiZhong aus verbunden werden.

HsinTsuKung
新租宮

LuKang als ehemalige Hafenstadt beheimatet konsequenterweise mehrere ***Tempel*** zu Ehren der Meeresgöttin *MaTzu.* Einer davon ist der kleine daoistische HsinTsuKung-Tempel, wesentlich weniger besucht als die anderen, größeren Tempel der Stadt. Der Hauptschrein zeigt die Meeresgöttin mit einer Krone aus Perlenschnüren, die bis über die Augen reichen. Diese Darstellungsart ist typisch für westtaiwanesische MaTzu-Statuen. An der linken Seitenwand stehen mehrere Instrumente, die während der Prozessionen im Geistermonat zum Einsatz kommen.

▲ 3; der Tempel liegt in einer Seitengasse links der ChungShanLu, der Zugang ist an einem roten Metalltor zu erkennen.

TienHouKung
天後宮

Der größte ***daoistische Tempel*** LuKangs ist ebenfalls *MaTzu,* der Göttin der See, gewidmet. Der TienHouKung stammt aus dem 18. Jh. und war dem Zusammenfall nahe, ehe er durch Spenden aus ganz TaiWan 1970 restauriert werden konnte. Die Geschichte und Tradition des Tempels ist auf zahlreichen Fotos dokumentiert. Der Haupthalle mit dem MaTzu-Schrein folgt ein Hof mit einem kleinen Teich, Glocken- und Trommelturm und der rückwärtigen Halle. Diese ist dem sagenhaften Urkaiser *Yu* gewidmet, aber lediglich eine Kalligrafie erinnert an ihn; ▲ 2.

FengTienKung
奉天宮

In Sichtweite zum TienHouKung liegt der ebenfalls ***daoistische Tempel*** FengTienKung, in dem den Ahnen gehuldigt wird. Die

▲	1	FengTien - Tempel
▲	2	TienHou - Tempel
▲	3	HsinTsu - Tempel
Ⓑ	4	YuanLin KeYun - Busse
●	5	Polizei
Ⓢ	6	Taiwan 1st Bank
⊕	7	Spital
Ⓑ	8	Busbahnhof
H	9	Peace Hotel
●	10	Kunsthandwerkszentrum (Verkauf)
H	11	ChinChung Hotel
Ⓜ	12	Heimatmuseum
●	13	Polizei
▲	14	WenWu - Tempel
▲	15	LungShan - Tempel
●	16	Bäckerei
★	17	historische Gassen
●	18	Markt
●	19	Bäckerei
H	20	MeiHua Hotel
✉	21	Post

großen Pagoden neben dem Altar bestehen aus zahlreichen kleinen, beleuchteten Kästchen, jedes steht für einen Ahnen aus dem Ort; ▲ 1.

LungShanSi
龙山寺

Gemeinsam mit dem LungShan Tempel von TaiBei zählt dieser ***Tempel*** in LuKang zu den ältesten buddhistischen Anlagen TaiWans. Die Gebäude stammen aus dem späten 18. Jh. und waren, ähnlich wie der TienHouKung, vom Einsturz bedroht. Neben dem Hauptschrein mit einer Buddhastatue sind rechts und links in Glaskästen achtzehn der wichtigsten buddhistischen Figuren dargestellt, u.a. der dickbäuchige *MiLoFu, TiChungHuang* mit dem Stab und *YunAnKe* mit der Blume. Der hintere Schrein ist *KuanYin* (Boddhisatva der Barmherzigkeit, Mitte) gewidmet, flankiert von *TiChungHuang* (links) und einem weiteren Boddhisatva rechts; ▲ 15.

Historische Gassen

LuKang wird oft als Paradebeispiel für eine traditionelle chinesische Stadt genannt, in der die alte Bau- und Lebensweise besonders gut zu erkennen sei. Ein kleiner Bereich in LuKang ist speziell restauriert und als Spaziergasse für Touristen hergerichtet worden. Nun, mit sehr viel Fantasie und noch mehr gutem Willen lässt sich hier eine historische Gasse ausmachen. Da keine PKW durch die Gässchen passen, kann man immerhin in aller Ruhe spazierengehen.

★ 17; um zu den historischen Gassen zu gelangen, folgt man vom LungShanKung kommend der ChungShanLu bis zur Bäckerei, kurz dahinter biegt eine Gasse mit rotem Ziegelpflaster links ab – immer dem roten Pflaster entlang.

LuKang MinSu WenWuKuan
鹿港民俗文物馆

Das ***Heimatmuseum*** (Schild: „Folk Art Museum“) der Stadt bietet alles, was im Umland von LuKang produziert oder im Alltag benutzt wurde. Von Keramik über Küchengeschirr und Alltagskleidung bis hin zu Möbeln ist alles vertreten.

Ⓜ 12; das Museum liegt in der 152 ChungShanLu, der Eingang befindet sich in der Seitengasse gegenüber der historischen Gassen. Eintritt 150 NT$.

Unterkunft

Mit An- und Abfahrt sind alle Sehenswürdigkeiten des Ortes innerhalb eines halben Tages zu sehen, eine Übernachtung ist daher unnötig. Auch von einheimischen Touristen wird LuKang nur kurz angefahren, es gibt daher auch nur die folgenden Hotels:

金忠旅社
ф ***ChinChung LuShe*** €€, 104 ChungShanLu,
Tel. (04)-7772640, DZ ab 1150 NT$.

和平旅社
ф ***HePing LuShe*** €€, 230 ChungShanLu,
Tel. (04)-7772600, DZ 800-1300 NT$.

美华旅社
ф ***MeiHua LuShe*** €-€€, 253 ChungShanLu,
Tel. (04)-7772072, DZ ab 800 NT$.

Essen und Trinken

LuKang ist berühmt für hervorragende ***Backwaren*** wie mit Sesampaste gefüllte Fladenbrote und ist eine Hochburg für ***Meeresfrüchte.*** Rund um den TienHouKung bieten kleine Snackshops verschiedenste, preisgünstige Gerichte mit Muscheln und Fisch (eine lokale Spezialität) an.

Institutionen

邮局
ф ***Post:*** ChengKungLu/Ecke MinChuanLu,
geöffnet 8.30–17.00 Uhr, Sa. bis 12.00 Uhr.

警察
ф ***Polizei:*** 300 ChungShanLu.

银行
ф ***Bank:*** 301 ChungShanLu (1st Bank).

医院
ф ***Krankenhaus:*** 296 ChungShanLu.

An-/Abreise

● ***Bus:*** von/nach ChangHua: Der Bus der *ChangHua KeYun* fährt alle 10–15 Minuten für 42 NT$. Fahrzeit ca. 30 Minuten. Die gleiche Gesellschaft fährt auch durchgehend von TaiZhong über ChangHua nach LuKang und zurück (98 NT$); Fahrzeit ca. 75 Minuten.

台中

TáiZhōng *(TaiChung, Terrasse-Mitte)*

Mit der Vertreibung der Ming-Anhänger durch die mandschurische Ching-Dynastie (1642) setzte eine Auswanderungswelle aus Südchina nach TaiWan ein. In dieser Phase wurde erstmals jenes Gebiet besiedelt, welches sich mit heute rund 800.000 Einwohnern zur ***drittgrößten Stadt TaiWans*** (nach TaiBei und KaoHsiung/GaoXiong) entwickelte. Der Name TaiZhongs - Terrasse der Mitte - gibt trefflich die geografische Lage in der Mitte der Westküste wieder. Ende des 19. Jahrhunderts, als die regierende Ching-Dynastie zunehmendem Druck von innen und außen ausgesetzt war, wurde die Provinzregierung von TaiNan 1887 nach TaiZhong verlegt, ehe die Japaner 1894 TaiBei zur damaligen Provinzhauptstadt von TaiWan erkoren.

Rund 25 km nordwestlich der Stadt liegt der Hafen TaiZhongs (TaiZhongKang), eine zur Stadt gehörende Exklave, ähnlich wie Bremerhaven zu Bremen. Zwischen TaiZhong und der Küste liegt eines der großen ***Industriezentren*** TaiWans, in welchem rund 20.000 verschiedene Hersteller ihre Produkte in den Bereichen Maschinenbau, Textilien, Metall- und Holzerzeugnisse fertigen. Mit der zentralen wirtschaftlichen Bedeutung TaiZhongs wuchs auch die Stellung der Stadt als wichtiger Verkehrsknotenpunkt mit Luft-, Wasser-, Schienen- und Straßenanbindung. Eine Metro ist zudem seit 2008 im Bau und soll 2011 eröffnet werden.

Aufgrund der hervorragenden Verkehrswege wird TaiZhong gerne von Touristen als Ausgangspunkt für Reisen in das nördliche und zentrale Bergland gewählt. Die Stadt selbst verfügt über einige sehr interessante Tempel, Museen und Freizeitparks und hat, bedingt durch eine Vielzahl von Schulen und Universitäten, zudem eine Reihe von Studentenkneipen und Pubs zu bieten.

Orientierung

TaiZhong besteht im Zentrum aus vier für den Reisenden interessanten ***Innenstadtvierteln,*** dem alten Kanalviertel vor dem Hbf. mit den wichtigsten innerstädtischen Shenswürdigkeiten, Bussen und Hotels. Etwas nach links versetzt schließen sich die moderneren und weitläufigen ***Viertel Little Europe und WenQuan Parkway*** an. Südlich des Hbf. (Unterführung u.a. im Hbf.) liegen die ***älteren Wohnviertel XiQu und DongQu*** mit dem TaiZhong Central Kaufhaus und dem ZhongXiao Nachtmarkt.

Sehenswertes

WenHua ZhongXin
文华中心

Wie in den ***Kulturzentren*** anderer taiwanesischer Großstädte auch werden hier Konzerte und Ausstellungen abgehalten, Peking-Opern oder Akrobatik-Shows aufgeführt und ähnliches mehr.

Die Termine einzelner Veranstaltungen werden nur in den (chinesischsprachigen) Lokalblättern abgedruckt, sodass Interessenten entweder die Hilfe der TI (⇗) in Anspruch nehmen müssen oder direkt hinfahren bzw. anrufen müssen, um das aktuelle Programm zu erfahren.

★ 6; das TaiZhong Kulturzentrum liegt in der 600 YingTsaiLu, Tel. (04)-2257311 und ist mit den Stadtbussen WR 3 und WG 20 zu erreichen (zu den Farben WG und WR ⇗ Stadtbusse).

MeiShuGuan
美術館

Keine fünf Gehminuten vom Kulturzentrum liegt das ***städtische Kunstmuseum,*** von dem Einheimische behaupten, es sei noch besser als das Museum der schönen Künste in TaiBei. Es kommt ganz darauf an, ob man mit den wechselnden Ausstellungen Glück hat und während eines Aufenthaltes in der Stadt gerade ein interessantes Programm ausgestellt wird. Der Schwerpunkt liegt normalerweise auf moderner Malerei, doch auch Skulpturen und Plastiken nationaler wie internationaler Künstler finden Aufnahme in das Programm.

Ⓜ 5; 2 WuChuanLu, Tel. (04)-3723740, geöffnet täglich außer Mo. 9–17 Uhr, Eintritt 50 NT$. Stadtbus 71, 75 und 81ab Hbf.

TaiZhong GongYuan
臺中公園

Der nette ***Park*** an der KungYuanLu/Ecke TzuYuLu ist sehr hübsch angelegt, Brücken verbinden kleine Inseln in einem Lotusblütenteich (Ruderbootverleih). Am Nordende befindet sich ein Freilichttheater, in dem im Sommer gelegentlich bis in die Morgenstunden taiwanesische Opern aufgeführt werden. Geöffnet tgl. 8.00–20.00 Uhr, Eintritt frei.

NanWang Tempel
南王寺

Der ***daoistische Tempel des Südkönigs*** liegt am Ende der ZiYou St., Sec. 3, und wird nur selten von Touristen besucht. Das farbenfrohe Innere beherbergt neben dem Hauptschrein der Titelfigur im rechten Flügel auch einen Konfuziusschrein, was man sonst recht selten in taoistischen Tempeln sieht. Im hinteren Tempelbereich wurde hinter einem großen kaiserlichen Dschunkenmodell ein Fresko der 8 Unsterblichen integriert (⇗ Glossar). Etwa auf halbem Wege zum TaiZhong-Park lohnt zumindest in den Vormittagsstunden ein Blick; ▲ 35.

ZhongLieZi
忠烈祠

Zu Ehren derer, die im Kampf gegen die kommunistischen Festlandschinesen starben, hat auch die Stadt TaiZhong einen ***Märtyrerschrein*** errichtet. Jede Gedenktafel im Inneren der ansonsten schlichten Haupthalle erinnert an einen Gefallenen und dessen Taten. Der Schrein liegt direkt neben dem Konfuziustempel, der Eingang befindet sich allerdings in der Nebenstraße davor; ★ 40.

KongZiMiao
孔子廟

Nachdem viele andere Städte des Landes einen ***Konfuziustempel*** ihr eigen nannten, beschlossen die Stadtväter TaiZhongs in

1 Evergreen Laurel & Landis TaiZhong Hotels
2 Splendor TaiZhong Hotel
3 National TaiZhong Hotel
4 Museum der Naturwissenschaften
5 Kunstmuseum u. Universität
6 Kulturzentrum
7 ChiGuang-Straßenmarkt
8 Polizei (Visaangelegenheiten)
9 Krankenhaus
10 Postämter
11 Taiwan Coop-Bank (m. ATM)
12 ZhongXiao-Straßenmarkt
13 ZawYong Hotel
14 Banken
15 NanHua Hotel
16 ShuangXing Hotel
17 TaiZhong Central Kaufhaus/ Supermarkt/Kino
18 FuChun, FuXing, BaoDao Hotels
19 Stadtbusse
20 GuoGuang-Busse
21 JianCheng (ChienCheng) Hotel
22 Mopedverleih
23 Plaza, Crown, NanBei Hotels
24 Crown Hotel; United-Busse
25 MeiHua Hotel, Stadtbus zum Folklore-Park
26 HuaYuan Hotel
27 Nahverkehrsbusse/Umland
28 Minibusse nach PuLi u. NanTou
29 Palmer Hotel; United- & HoHsin-Busse
30 ZhongHua-Nachtmarkt
31 TaiZhong Park Hotel; McDonald's
32 GanChang-Supermarkt
33 Rest. ShangHai DianXin DimSum
34 Markt/Flohmarkt
35 NanWang-Tempel
36 Rest. Tea Bugs
37 ZhongYou-Kaufhaus
38 Straßenmarkt
39 Konfuziustempel
40 Märtyrerschrein
41 Rest. und Kleinkunstbühne Taiwan-Banana
42 BaoXue-Tempel
43 Folklore-Park
44 KaDuoLi-Park; Encore Garden; ChengMinXin; DongShanLeYuan
45 YuFoSi-Tempel

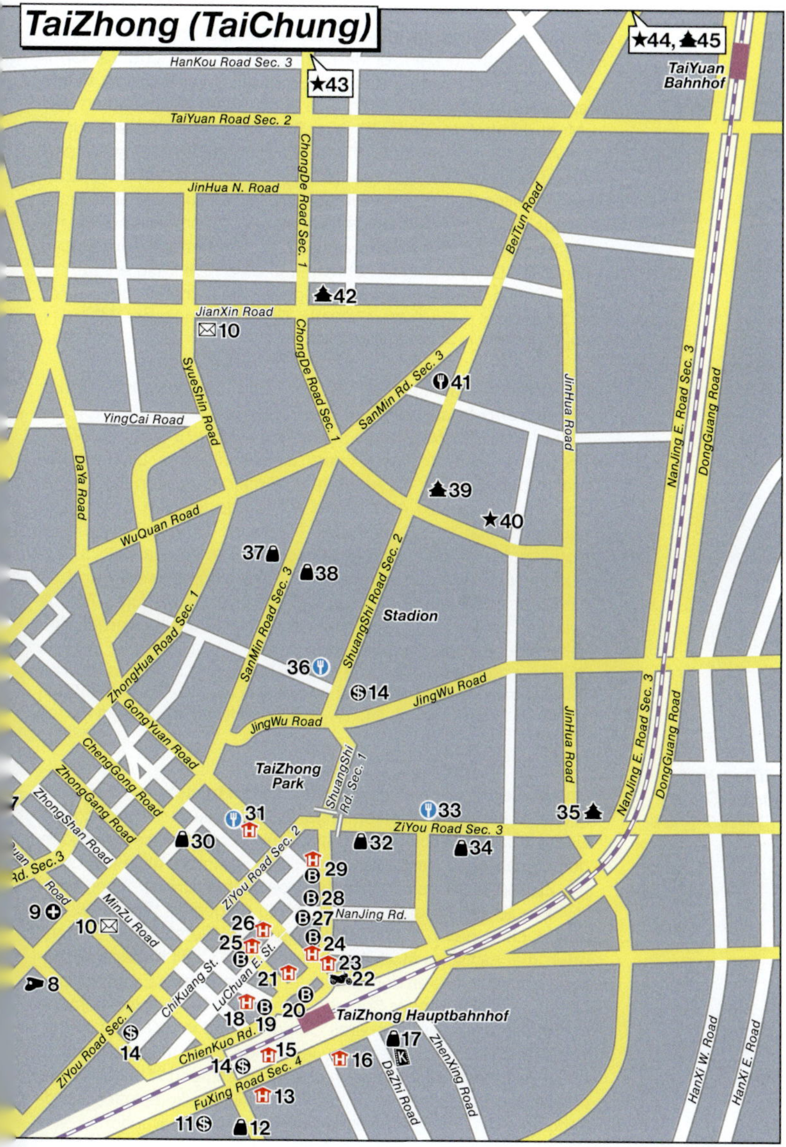
TaiZhong (TaiChung)
HanKou Road Sec. 3
TaiYuan Road Sec. 2
JinHua N. Road
ChongDe Road Sec. 1
BeiTun Road
JianXin Road
SyueShin Road
SanMin Rd. Sec. 3
YingCai Road
DaYa Road
WuQuan Road
JinHua Road
NanJing E. Road Sec. 3
DongGuang Road
ShuangShi Road Sec. 2
SanMin Road Sec. 3
ZhongHua Road Sec. 1
Stadion
JingWu Road
GongYuan Road
ChengGong Road
ZhongGang Road
ZhongShan Road
TaiZhong Park
ShuangShi Rd. Sec. 1
ZiYou Road Sec. 3
ZiYou Road Sec. 2
MinZu Road
NanJing Rd.
ChiKuang St.
LuChuan E. St.
TaiZhong Hauptbahnhof
ChienKuo Rd.
ZiYou Road Sec. 1
FuXing Road Sec. 4
DaZhi Road
ZhenXing Road
HanXi W. Road
HanXi E. Road
TaiYuan Bahnhof
Der Nordwesten

den 1970er Jahren, diesem Beispiel zu folgen und ließen auf einem ehemaligen Sportgelände diesen Tempel errichten. In Größe und Ausstattung steht er den Tempeln in TaiBei und TaiNan in nichts nach, nur verfügt er nicht über deren lange Tradition. Wie alle Konfuziustempel orientiert sich auch dieser im Aufbau an dem „Muttertempel" in ChuFu (Provinz ShanTung, VRC), ist also von einer Außenmauer umgeben, hinter der zunächst ein kleiner Vorpark liegt. Daran schließt sich das Haupttor an, von dem auf den drei anderen Seiten Seitengänge wegführen. Im Hof liegt der eigentliche Tempel, in dem Rhythmusinstrumente untergebracht sind, die nur am Geburtstag des *Konfuzius,* dem 28. September, zum Einsatz kommen. Der Schrein ist schlicht, nur eine Kalligrafie erinnert an den großen chinesischen Philosophen, Staatsmann und Denker.

▲ 39; geöffnet täglich 9.00–17.00 Uhr, Eintritt frei; Stadtbusse WR 10, 11, 40, 46 fahren die ShuangShiLu hinauf.

BaoXue-Tempel
宝學寺

Es handelt sich beim buddhistischen BaoXueSi sowohl um einen ***Ahnenschrein*** als auch um einen ***Tempel,*** überstrahlt von der 30 m hohen ***Statue*** des dickbäuchigen *MiLoFu* (Maytreya-Buddha), einer der wichtigsten Figuren des Buddhismus. Links von der Statue befindet sich ein Ahnentempel mit drei großen Boddhisatvas, links davon die Ahnenhalle mit Hunderten von Urnen. Der kleine Pavillon in der Mitte des Areals ist *TiChungHuang,* dem Boddhisatva mit dem Stab gewidmet, der Pavillon ganz links dem Boddhisatva *YunAnKe,* dargestellt mit einer Blume in der Hand.

Im Jahr 2004 wurde der Komplex im rechten Teil durch Taifune teilweise zerstört – die Schreine neben dem Buddha werden derzeit restauriert bzw. neu gebaut.

▲ 42; vom Konfuziustempel folgt man der ShuangShiLu geradeaus bis zur Fußgängerüberführung und biegt hier links in die JianXinLu ein (300 m rechts). Stadtbusse WG 6, 14, 16, 17 (31, 38) fahren zurück zum Hbf (ab ZhongDe/ChungTeLu.

ZiRan KeXue BoWuGuan
自然科學博物館

Das ***Museum der Naturwissenschaften*** besteht aus mehreren Teilbereichen, von denen das eigentliche Museum den wichtigsten Bereich darstellt. Von der Vor- und Frühgeschichte bis zur modernen Gesellschaft werden alle wichtigen Sektoren, etwa aus Botanik, Zoologie, chinesischer Technikgeschichte, Ureinwohner, Meeresbiologie und Medizin, sehr lebendig dargestellt, immer wieder aufgelockert durch kleine Spielereien wie „Tierstimmen erraten" oder „mechanische Modelle bewegen" und somit beinahe spielerisch vermittelt. Alle an den Exponaten angebrachten Erläuterungen sind nur in chinesischer Sprache vorhanden. Für englischsprachige Touristen wird ein tragbares Computertelefon (60 NT$) mit ca. zweistündigem Text angeboten. Je nachdem, wo man sich gerade befindet, drückt man die entsprechende Nummer und bekommt die englischen Erklärungen. Eintritt 100 NT$, ein kompletter Rundgang über die drei Etagen dauert mindestens drei Stunden.

An das Museum angeschlossen ist ein ***Space Theatre,*** in dessen Kuppelhalle Vorführungen über Planetensysteme laufen (Eintritt extra: 100 NT$), sowie eine Art 3-D-Kino mit wechselnden Effekt-Vorführungen zum Thema Naturwissenschaften (Eintritt extra 70 NT$). Alle Teile können einzelnen besucht werden. Vor allem für Familien mit Kindern ist ein Besuch hier äußerst empfehlenswert.

Ⓜ 4; 1 KuanChienLu, Tel. (04)-3226940), Stadtbus WG 106 (bester) hält kurz vor der Museums-Allee (rechts) in der TaiZhongKangLu, Orientierungspunkt ist der große „Century-Tower" (Haus Nr. 201) auf der linken Straßenseite mit den goldfarbenen Fenstern. Geöffnet täglich außer montags 9.00–17.00 Uhr. Ferner fahren WG 22, 48, und WR 22, 38, 45, 48 (jeweils ab Hbf) hierher.

MinSu GongYuan
民俗公園

Im ***TaiZhong Folklore-Park*** wird in einem nachgestellten kleineren Teilbereich ein Hakka-Dörfchen mit Tempel, kleiner Einkaufsstraße (Shops), einem kleinen Goldfischpark und einem großzügigen traditionellen Haus das Leben früherer Jahrhunderte nachempfunden.

Im hintersten rechten Gebäude führt eine Treppe abwärts zum „Taiwanese Native Arts Gallery" (im Eintritt inbegriffen), einem sehenswerten kleinen Museum zum Thema traditionelles Handwerk und Alltagsgegenstände.

★ 43; Linie WG 131 fährt zum Folklore-Park (ChongDeLu, Sec. 2), die zwar auf dem Rückweg am Hbf. hält, hin aber nur in der ZhongZhengLu/Ecke Stadtbus-Zentralplatz (beim MeiHua-Hotel) auf der rechten, nach Nordwesten führenden Straßenseite direkt vor den Park (Endstation) fährt. Alternativ kann man auch WR 105 nehmen. Eintritt 60 NT$, geöffnet Di–Fr 9–17, Sa und So 9–19 Uhr, Mo geschlossen.

KaDuoLi LeYuan
卡多里樂園

Am nordöstlichen Stadtrand am Fuße der TungShan-Hügel wurde vor wenigen Jahren ein ***Vergnügungspark*** mit Fahrtgeschäften und einem kleinen Zoo errichtet. Die größte Attraktion ist eine Looping-Schienenbahn, vor deren Benutzung ein gutes Frühstück angeraten sei (derzeit wegen Komplettumbau geschlossen, läuft voraussichtlich 2010 unter anderer Thematik).

★ 44; 2 DongShanLu, Sec. 2, Tel. (04)-2391598; geöffnet 9.00–17.30 Uhr, an So./Fe. 8.30–18.00 Uhr. Eintritt 120 NT$, beste Stadtbusse sind die Linien WR 21, 31 und GW 12, 6; dies scheinen viele Busse zu sein, sie fahren aber relativ selten. Um überhaupt einen zu erwischen, stellt man sich am besten auf die Brücke der ZhongChengLu, auf der Linien beider Gesellschaften nebeneinanderliegen und man somit größere Chancen hat, zügig einen Bus zu erreichen. WG fahren südlich, WR nördlich von der Brücke aus gesehen.

ChengMinXin
成民新樂園

Direkt neben dem KaDuoLi-Park liegt ein weiterer ***Vergnügungspark,*** kombiniert mit einem Schwimmbad. Neben einer Wasserrutsche gibt es Schiffschaukeln, verschiedene Fahrtgeschäfte und Restaurants. Soll bis 2010 mit dem KaDuoLi-Park (s.o.) fusionieren.

★ 44; DongShanLu, Sec. 2, Tel. (04)-2392565; geöffnet 9.00–17.30 Uhr, Eintritt 300 NT$.

DongShan WenChuan
東山溫泉

Direkt gegenüber von KaDuoLi (⇗ oben) liegt ein ***Heiße-Quellen-Hotel*** am Rande des TungShan-Berges. Die schwefelhaltigen Quellen sind aber nur im Hotel selbst zu genießen.

●Die Anschrift lautet: TienLi DaFanDian, 77 DongShanLu, Sec. 2, Tel./Fax (04)-5951265, die Zimmerpreise liegen zwischen 1550 und 3380 NT$.

DongShanLeYuan
東山樂園

Von KaDuoLi knapp 2 km weiter entlang der Hauptstraße stadtauswärts liegt einer schönsten ***Parks*** TaiWans, der DongShan LeYuan. Er ist deshalb so empfehlenswert, weil er nicht (wie so oft) nach europäischen, sondern chinesischen Vorbildern angelegt worden ist. Die weltbekannten, malerischen Landschaften von KuiLin (GuiLin) und YenSi (beide auf dem Festland) werden hier auf dem TungShan nachempfunden. Hauptattraktion ist ein (in dieser Art weltweit größter) Drache, der eine Wasserfontäne speit und sich um eine 15 m hohe KuanYin-Statue windet. Zahlreiche Wanderwege über Brücken, Gewässer, und Pavillons sowie einige hübsche Fahrtgeschäfte ergänzen den Park.

★ 44; 151 DongShanLu, Sec. 2, Tel. (04)-2391435; geöffnet 8.30–17.30 Uhr, Eintritt stolze 480 NT$ (Kinder 240 NT$). WR 31 und WG 12 halten direkt am Eingang. Es empfiehlt sich, diesen Park als erstes (vor KaDuoLi) zu besuchen, da man zu Fuß leichter bergab zum KaDuoLi-Park laufen kann (20 Minuten) als umgekehrt.

YuFoSi
玉佛廟

Auf halbem Weg zwischen dem TaKen-Kreisverkehr und dem KaTuoLi-Park liegt der interessante ***schamanistische Tempel*** YuFoSi, eine jener recht seltenen Stätten, die nicht in einen buddhistischen oder daoistischen Tempel konvertiert wurden. Der Hauptschrein zeigt mehrere lebensgroße Krieger, im Zentrum den Kriegsgott *KuangTi*. Die Gläubigen tragen hier gelbe Gewänder (eigentlich buddhistisch), betreiben aber auch das Orakelknochenwerfen (daoistisch). Der Tempel ist besonders dann gut besucht, wenn die Menschen sich von der VR China bedroht fühlen, wie während der alljährlichen großen militärischen (Droh-) Manöver der Kommunisten vor der Küste TaiWans.

▲ 45; die Stadtbusse WR 21, 31 halten am Fuß des Tempels, von hier aus sind es je zehn Gehminuten zum Kreisverkehr (bergab, Anschluss zum YaKe HuaYuan) beziehungsweise zum KaDuoLi-Park (bergan).

Encore Garden (YaKe HuaYuan LeYuan)
亞哥花園

Dieser Garten ist bei Einheimischen ein Renner, wird bei westlichen Touristen aber vermutlich auf weniger Interesse stoßen. Im Prinzip handelt es sich um einen großen ***Schlosspark*** im europäischen Stil, ohne Schloss, dafür aber mit musikalisch unterlegten Wasserfontänen-Shows, die nach Eintritt der Dämmerung zusätzlich farbig beleuchtet werden. Zum Park gehören auch ein ***japanischer Garten*** sowie ein ***Vogelbeobachtungs-Garten.***

★ 44; Encore Gardens, 141 ChuYenJie, Tel. (04)-2391549; Eintritt 380 NT$, abends kommen 80 NT$ „Stromzuschlag“ hinzu. Stadtbus WR 2 pendelt zwischen City und Garten, WG 60 fährt von der Stadtbushaltestelle über den kleinen TaKen-Kreisverkehr hierher, sodass man hier nach dem Besuch einer der TungShan-Parks zusteigen kann. Zu Fuß von KeTuoLi zum YaKe HuaYuan sind es etwa 40 Minuten (drei km).

Information

Ein TI-Schalter befindet sich direkt am Hbf. und bietet eine brauchbare Palette an Informationsmaterial (Stadtplan).

Hinweis: In TaiZhong existieren ***mehrere lateinische Umschriften*** nebeneinander, brauchbar ist die „Taichung Travelling Map" (die bereits in ihrem Namen Inkonsequenz zeigt, da in der Karte selbst richtigerweise „TaiZhong GangLu" geschrieben steht), die man bei der TI kostenlos erhält.

Im ***Internet*** findet man gute Informationen zum Umland unter den offiziellen Seiten http://tt.taichung.gov.tw/county/eng/index.jsp und zur Stadt selbst unter http://english.tccg.gov.tw. Speziell für Hilfe suchende Touristen wurde eine kostenlose Telefonhotline unter 0800-422022 eingerichtet (werktags 9.00–17.00 Uhr).

Unterkunft

TaiZhong bietet eine Fülle von Unterkünften für jeden Geldbeutel. Die meisten Unterkünfte der einfachen und mittleren Kategorie liegen unmittelbar nördlich und südlich vom Hbf.; einige gute Oberklassehotels findet man dagegen im Distrikt „Little Europe" (TaiZhong GangLu).

Einfachste Unterkünfte

建成旅社

- Das ф***JianCheng (ChienCheng) LüShe*** €, 10 JianGuoLu 125 Xiang, Tel. (04)-22222497, liegt in einer kleinen Gasse unmittelbar hinter dem „grünen" Stadtbusbahnhof gegenüber vom Hbf. Sehr einfache Zimmer kosten hier ab 500 NT$ – billig, aber nicht jedermanns Sache!

南北大旅社

- Im ф***NanBei DaLüShe*** € rechts vom Hbf (186 JianGuoLu, Tel. (04)-22230386) rechne man für schlichte DZ ohne Komfort mit 750 NT$. Man gehe aus dem Hbf. rechts zwischen GuoGuang-Busstation und dem Mopedverleih hindurch und dann an der Hauptstraße rechts um die Ecke.

花園大旅社

- Das ф***HuaYuan DaLüShe*** €-€€, in der 45 ZhongChengLu (am „roten" Stadtbusplatz), Tel. (04)-22225056, schließlich liegt zentral und verkehrsgünstig, günstige DZ beginnen hier bei 800 NT$.

Einfache Hotels

Geradeaus gegenüber vom Hbf .führt die ZhongShanLu entlang; hier bieten mehrere einfache Hotels Unterkunft.

富春大飯店

- Gleich am Anfang der Straße liegt linker Hand bei Nr. 1 das ф***FuChun DaFanDian*** €€, Tel. (04)-22283181, mit DZ zu 1000 NT$, bei Leerlauf sind Abschläge von 20 % möglich – nachfragen!

復興大飯店

- Direkt nebenan liegt das ф***FuXing (FuHsing) DaFanDian*** €€, 3 ZhongShanLu, Tel. (04)-22225005, welches nominell 1400 NT$/DZ kostet. Beide Häuser sind urtypische „Altbauten", in die Jahre gekommen und mit Interieur, das nicht immer vollständig funktioniert – aber nicht schlecht.

王冠大飯店

- Unmittelbar neben dem NanBei LüShe (s.o.) liegen zwei weitere Hotels, zunächst das sehr empfehlenswerte ф***Crown*** €€ ***(WangGuan),*** 184 JianGuoLu, Tel. (04)-22292175, Fax 2292180, mit einfachen DZ zwischen 1250 und 1500 NT$.

巧合達飯店

- Schräg gegenüber in der 163 JianGuoLu kostet das ф***Chance*** €€ ***(JiaoHe),*** Tel. (04)-22297161, Fax 22251845, zwischen 1250 und 1500 NT$. Hauptvorteil ist die Lage unmittelbar zwischen den Busgesellschaften.

南華大飯店

● Auf der Hbf.-Südseite liegt ebenfalls verkehrsgünstig das Φ ***NanHua DaFanDian*** €€ in der 133 FuXing (FuHsing) Lu, Tel. (04)-22231061, Fax 22231065 und verfügt über Zimmer von 850–1200 NT$ je nach Lage und Größe.

Mittelklassehotels

Wer sicher gehen möchte, dass in den Zimmern alles funktioniert, wer Wert auf einen Kühlschrank o.Ä. legt, der muss etwas tiefer in die Tasche greifen.

宝島大飯店

● Sehr zentral und bahnhofsnah liegt etwa das Φ ***BaoDao (PaoTao)*** €€€ in der 27 ZhongShanLu, Tel. (04)-22226701. Gute DZ kosten 2100 NT$ aufwärts.

5 雙十路

● Nahe der Busgesellschaften *United* und *HoHsin* bietet in der Φ 5 ShuangShiLu das ***Palmer*** €€€, Tel. (04)-22296151, Fax 22297101, sehr ordentliche und saubere Zimmer ab 2200 NT$.

1 7 公園路

● Eine Institution in TaiZhong – nicht zuletzt wegen des sehr freundlichen und teilweise englischsprachigen Personals – ist das alte ***TaiZhong Park-Hotel*** €€€ in der Φ 17 GongYuanLu gegenüber vom gleichnamigen Park. Geräumige, saubere und komfortable Zimmer kosten ab 2050 NT$. Man sollte auf ein mitbuchbares Frühstück verzichten, denn es ist sehr spartanisch. Tel. (04)-22205181, Fax 22225757, E-Mail: ph123@ms6.url.com.tw.

雙星大飯店
復興路

● Alternativ sind südlich des Hbf. das Φ ***ShuangXing*** €€€, 158 FuXingLu, Tel. (04)-22261811, und vor allem das ***ZawYong Business Hotel*** €€€, 100 Φ FuXingLu Sec. 4, Tel. (04)-22235838, Fax 22271269, www.zaw-jung.com, zu empfehlen. Beide liegen in der Nähe des TaiZhong-Central-Kaufhauses und kosten zwischen 1650 NT$ (EZ) bzw. 1980 NT$ (DZ) und 3100 NT$ für die besten Zimmer.

Hotels der gehobenen Mittelklasse und Spitzenhotels

Internationale Business- und Luxushotels liegen überwiegend im Distrikt Little Europe in der Ausfallstraße zur Autobahn TaiZhong Gang Rd.

4 3 1 大亞路

● Ausnahme ist das jüngst luxusrenovierte ehemalige 2-Sternehotel ***Plaza-International*** €€€€ (DaXin), TaHsin, Φ 431 TaYaLu, Tel. (04)-22956789, Fax 22930099, www.taichung-plaza.com, wo die DZ-Preise nach der Neueröffnung 2008 bei stolzen 5400 NT$ zzgl. Steuer beginnen.

金典酒店

● Das Φ ***Splendor TaiZhong*** €€€€ in der 1049 JianXing (ChienHsing) Lu, Tel. (04)-23288000, Fax 23229000, www.splendor-taichung.com.tw, bietet Schwimmbad, Sauna, Internet, Fitness und allerlei Unterhaltungsmöglichkeiten. Zimmerpreise beginnen bei 6550 NT$ Liste, Aktionspreise (z.B. inkl. Leihrad-Gutschein) ab 3300 NT$/DZ, die VIP-Suite kostet schlappe 50.000 NT$!

全國大飯店

● Nicht weit entfernt bietet in der 257 TaiZhong Gang Rd., Sec. 1, Tel. (04)-23213111, Fax 23213124, www.hotel-national.com.tw, das Φ ***National TaiZhong*** €€€€ eine nur wenig günstigere Alternative. Die Preise starten bei 6100 NT$/EZ bzw. 6600 NT$/DZ, geboten werden u.a. Marmorbäder, WLAN, ShangHai-Sauna, Schwimmbad und CKS-Limousinenservice.

永豐棧酒店

● Das Φ ***Landis (Tempus) TaiZhong*** €€€€, 9 TaiZhong Gang Rd., Sec. 2, Tel. (04)-23268008, Fax 23268060, www.landis.com.tw, ist besonders bei Geschäftsreisenden beliebt. Fitnessraum, Sauna, Business-Center und Limousinenservice gehören hier ebenso zum Standard wie WLAN, tgl. kostenlose Zeitung und Mineralwasser, Schuhputzservice u.v.m. Die Preise liegen zwischen 7200 und 40.000 NT$ (Suite).

長榮桂冠酒店

● Praktisch gegenüber bietet das Φ ***Evergreen Laurel*** €€€€, 6 TaiZhong Gang Rd., Sec. 2, Tel. (04)-23139988, Fax 23138642, www.evergreen-

Prunkvoller Hauptschrein des KuangTiKung

hotels.com, sieben verschiedene östliche und westliche Restaurants, Gesundheitsclub, Flughafenlimousine, Einkaufsgalerie und Zimmerpreise zwischen 7040 (DZ inkl. DSL, Minbar usw.) und 77.000 NT$ (für die Präsidentensuite).

Essen und Trinken

自由路三段
德安購物中心

- Selbstversorger können auf mehrer große ***Supermärkte*** zurückgreifen, u.a. dem ⌽***GanChang*** in der ZiYouLu, Sec. 3 oder ***Carrefour*** (Supermarkt) im Untergeschoss vom ⌽TaiZhong Central (hier auch Starbucks Café).
- Einfache Volksküche mit Suppen und Snacks aller Art findet man auf den ***Straßen- und Nachtmärkten,*** allen voran auf dem ChiGuang-Straßenmarkt im Kanaldistrikt und dem etwas moderneren in einer kleinen Parallelstraße der ⌽***SanMinLu.***

三民路

上海點心飯店

- Der Kanaldistrikt wimmelt nur so vor Garküchen und kleinen Snacklokalen, etwas abseits sei das ⌽***ShangHai DianXin DimSum-Restaurant*** in der ZiYouLu, Sec. 3, empfohlen.

德安購物中心

● Wer die breite Vielfalt der chinesisch-taiwanesischen Küchenstile auf kleinem Raum sucht, wird sich im Untergeschoss des ф***TaiZhong Central*** (Südseite des Hbf.) wohl fühlen, wo neben Bäckerei und westlichem Fast Food eine ***Food-Mall*** mit zahlreichen Snacklokalen (Gerichte sind oft als Modell ausgestellt) eingerichtet wurde. Bei der japanischen Küche *(ChunShuiTang)* lohnt schon das Zusehen! Der Supermarkt dort bietet alles, was das Herz begehrt, einschließlich Warm-Theke mit Gerichten zum Mitnehmen, Lebendfisch in Bassins und zahlreiche Brotsorten.

雙十路二段

● Als besonderer Tipp der Mittelklasse sei auf das vor allem bei der jüngeren Generation sehr beliebte ***Taiwan Banana*** in der фShuangShiLu, Sec. 2, Tel. (04)-22317890, verwiesen. Es liegt nicht weit vom Konfuziustempel und ist leicht an einem Eisenbahnwaggon davor zu erkennen. Tee ist zwar relativ teuer, die zahlreichen wirklich guten Gerichte dagegen sind sehr preiswert (180–250 NT$, engl. Karte).

太平路/雙十路

● Etwas traditioneller, aber ebenfalls sehr gepflegt gibt sich das hübsche ***Tea Bugs*** (Tel. (22369781) in der фTaiPingLu/Ecke ShuangShiLu (nahe Stadion), in dessen gemütlichem Rattan-Interieur man nach einem Besuch der Einkaufsstraße SanMinLu versinken möchte; es gibt sehr gute Snacks wie BaoZi, auch süße Teilchen zum Tee.

精城路 50 巷
5 號

● Im gehobeneren Segment außerhalb der großen Hotelrestaurants empfiehlt sich in der ф5 JingChengLu, Lane 50, das sehr gepflegte ***Smooth Grill-Restaurant,*** Tel. (04)-23293468. Es liegt vom Landis-Hotel genau einen Block südwestlich auf gleicher Höhe. Man orientiere sich auf der westlichen Straßenseite der JingCheng an „Fatty's Italian Restaurant" (einem ebenfalls guten Lokal der Mittelklasse) – hier in die Seitenstraße hinein. Das Ambiente ist gemütlich und ein wenig europäisiert, aber nicht überzogen kitschig, die Gerichte (internationale Küche) sind sehr lecker.

Institutionen

警察

ф***Polizei:*** MinShengLu/Ecke SanMinLu, hier Visaverlängerung, Tel. (04)-3273875.

郵局

ф***Post:*** MinChuanLu/Ecke ShihFuLu und schräg gegenüber vom BaoXue-Tempel (JianXinLu/Ecke ChongDeLu).

醫院

ф***Krankenhäuser:*** TaiZhong-Hospital, 199 SanMinLu, Sec. 1/Ecke MinChuanLu, Tel. (04)-2222506. China Medical College Hospital, 95 HsueShiLu, Tel. (04)-2052121. TaiZhong Veterans General Hospital, 160 ChungKangLu, Sec. 3, Tel. (04)-3592525.

銀行

ф***Banken:*** Bank of TaiWan, 140 TzuYuLu, Sec. 1, sowie ICBC, 216 MinChuanLu.

Einige Banken bieten Geldautomaten, die Maestro-Karten akzeptieren, zum Beispiel südlich des Hbf. in der FuXingLu (nahe NanHua Hotel). Eine ausgewiesene Wechselstube bietet die Taiwan Coop-Bank,in der FuXing Lu/Ecke TaiZhongLu.

大學

ф***Universität*** (Möglichkeit zum Sprachstudium): FengChia-TaHsue, 100 WenHuaLu, Tel. (04)-2522250.

Unterhaltung

● Neben dem TaiZhong KungYuan liegt ein öffentliches ***Schwimmbad,*** welches in drei Schichten täglich (einmal vormittags, zweimal nachmittags) geöffnet ist. Während der kühleren Monate von November bis März ist es ganz geschlossen.

台灣香蕉新

● ***Kleinkunst- und Musikaufführungen:*** werden auch im angeschlossenen Kulturzentrum des ф*TaiWan Banana* in der ShuangShiLu, Sec. 2, angeboten, Tel. (04)-22945402.

•***Kino:*** *Warner Village* unmittelbar am TaiZhong Central Kaufhaus (Südseite Hbf.) bietet Kinovergnügen (meist englisch mit Untertiteln) nach dem Vorbild moderner Kino-Entertainment-Malls mit Shops und Gastronomie.

•***Kneipen:*** Eine sehr hübsche und gemütliche, halboffene Kneipe befindet sich in der 21 ChungShanLu. Bier ist recht teuer (100 NT$), aber Softdrinks und Snacks recht günstig.

３９４英才路

２１中山路

１０５華美路

Die landesweit vertretene Kette *Pig & Whistle* im britischen Pub-Stil unterhält eine Filiale in der ⌽394 YingTsaiLu, geöffnet täglich 11.30–3.00 Uhr. Sehr nett und stilvoll eingerichtet (und auch günstiger) ist die Bierkneipe in der ⌽21 ChungShanLu. Für alle Anhänger der Bierkultur ist der *Frog Pub* (ChingWa, Tel. 04-28193384) in der ⌽105 HuaMei HsiLu, Sec. 2, ein Muss. Die bis 2.00 Uhr geöffnete Kneipe bietet eine nützliche Anschlagtafel mit privaten Anzeigen, Wohnungsangeboten usw., vor allem aber bayrisches Bier.

文心路四段

In der ⌽WenXinLu, noch gut 1500 m nördlich des Konfuzius-Tempels, liegt das Rotlichtviertel TaiZhongs, aber auch ***zahlreiche Bierstuben,*** die in TaiZhong aus dem Boden schießen wie nirgendwo sonst. Entlang der Sec. 4 liegen Dutzende von weiteren guten Bierbars.

Einkäufe

中華市場

忠孝市場

德安購物中心

•TaiZhong bietet mehrere Straßen- und Nachtmärkte, die nicht nur für das leibliche Wohl sorgen, sondern mit ihren vielfältigen Einkaufsmöglichkeiten für Abwechslung sorgen; am interessantesten für Textilien und Elektronik (z.B. CDs) sind die ⌽***Märkte ZhongHua*** (ZhongShanLu) nördlich und ⌽***ZhongXiao*** südlich vom Hauptbahnhof. Einen interessanten ***Flohmarkt*** findet man in der ZiYou St., Sec. 3, das große Kaufhaus ⌽***TaiZhong Central*** mit breitem Angebot sowie großem Carrefour-Supermarkt und Food-Mall liegt günstig südlich vom Hbf.

三民路

中友百貨

•Die ⌽***SanMinLu*** (Busse WG 1 und 2) nördlich vom GongYuan hat sich zu einer modernen Einkaufsstraße gewandelt und bietet neben dem großen ⌽***Zhong You (ChungYo) Department Store*** (mit Starbucks-Café und McDonald's) zahlreiche moderne Boutiquen und Fachgeschäfte.

•Etwa auf der Höhe vom ChungYo liegt gegenüber in den Seitenstraßen (Zugang u.a. bei Friday's Steak House) ein moderner ***Straßenmarkt*** mit leckeren Imbissständen und vielen fliegenden Textilienhändlern.

台中港路

•Wer in einem der nobleren Hotels im Distrikt Little Europe wohnt, hat es nicht weit zum großen ***Sogo Department Store*** in der ⌽TaiZhongGangLu nahe vom Hotel Splendor.

中山路４９巷

•Computerfreaks können in der ⌽ZhongShanLu, 49 Xiang, ein Schnäppchen machen; hier liegen mehrere ***Computershops*** mit günstigen Preisen in unmittelbarer Nachbarschaft.

１２５中正路

３０２臺中港路

•***Bücher und Zeitschriften*** in englischer, teilweise aber auch in deutscher Sprache findet man bei ChungYang ShuChu, in der ⌽125 ZhongChengLu, oder bei DunHuang ShuChu, in der ⌽302 TaiZhongKangLu, Sec. 1 (nahe McDonald's).

An-/Abreise

•***Luftweg:*** TaiZhong als drittgrößte Stadt TaiWans und Zentrum des Westen ist gut in das ***nationale Flugnetz*** eingebunden. Flüge von/nach MaKung, TaiTung (TaiDong) (TaiDong) und HuaLian (eine der schwierigsten Verbindungen über das zentrale Bergland hinweg) gehen etwa stündlich. Seit der High-Speed-Rail-Zugverbindung zwischen den Großstädten spielen Flüge zwischen den Städten der Westküste keine Rolle mehr.

Der lokale ***Flughafen*** liegt im nordwestlichen Stadtteil HsiTunChu und wird von der Buslinie WG 36 (ab Stadtbus-Haltestelle) alle 20–30 Minuten bedient, Taxis kosten etwa 220 NT$. Der ehemalige Luftwaffenstützpunkt der US-Air Force während des Vietnam-Krieges ist auch heute noch ein wichtiger Militärflughafen der R.o.C., die hier den ersten taiwanesischen Abfangjäger testet; dementsprechend stark wird der Flughafen von Militärs frequentiert.

Flughafeninformationen und ***Flugzeiten*** sind unter Tel. 04-26155206 abrufbar, am Flughafen befinden sich auch die Ticketschalter der beiden TaiChung anfliegenden Gesellschaften *Mandarin Airlines* (Tel. 04-26155080) und *UNI Air* (Tel. 04-26155206).

● ***Bahn:*** In TaiZhong stoppen alle Züge, die die Westküste entlang fahren. Einige Züge enden hier auch, sodass „lediglich" noch jeweils etwa 55 Züge nach Norden (KeeLung (JiLong) (JiLong), TaiBei) und Süden (TaiNan, KaoHsiung/GaoXiong) fahren.

Einige ***Preisbeispiele (Schnellzugpreise):*** KeeLung (JiLong) ca. 470 NT$, TaiBei ca. 400 NT$, Tao-Yuan ca. 335 NT$, ChungLi ca. 320 NT$, HsinChu ca. 220 NT$, ChiaYi ca. 240 NT$, TaiNan ca. 385 NT$, Kao-Hsiung (GaoXiong) ca. 450 NT$, PingTung ca. 520 NT$, HuaLian ca. 900 NT$, TaiTung (TaiDong) ca.1400 NT$, je nach Route und Zugart weichen die Richtpreise leicht ab. Die High Speed Rail Schnellbahn (TaiBei-GaoXiong) hält auch in TaiChung, Details s. TaiBei.

Der ***Bahnhof*** ist verhältnismäßig klein, man sollte auf jeden Fall spätestens einen Tag vor der Abfahrt ein Ticket kaufen. Im Bhf. selbst gibt es keine Gepäckaufbewahrung, rechts außen kann man bei dem kleinen italienischen Café Schließfächer nutzen.

● ***Bus:*** Das Bussystem in TaiZhong ist nicht ganz unkompliziert. Rechts vor dem Hbf. fahren die günstigen nationalen GuoGuang-Busse (blau-silber) zu den größeren ***Städten der Westküste*** (TaiBei, TaiNan, ChiaYi, KeeLung/JiLong, PanChiao, ChungLi, TaoYuan, CKS-Airport, PingTung, KaoHsiung/GaoXiong) der Westküste.

Die beiden Gesellschaften *United* (grün) und *HoHsin* (rot) haben ihre Stationen in der JianGuo (ChienKuo) Lu zwischen Hauptbahnhof und GongYuan-Park. Angeboten werden luxuriöse (aber nicht sehr teure) ***Direktbusse*** vor allem nach ChiaYi, TaiNan, TaiBei und zum CKS-Flughafen (250 NT$). Ein United-Büro mit Haltestelle liegt auch schräg rechts gegenüber vom Hbf.

Für ***Überlandrouten ins Bergland*** starten zahlreiche Busse nach PuLi und NanTou an der Ecke des Stadtbus-Zentralplatzes „First Square" in der JianGuoLu.

Zwei ***Stadtbusgesellschaften*** teilen sich den innerstädtischen Markt, wobei für den Reisenden die Farben bedeutsam sind: Die Busse der einen Gesellschaft sind rot *(TaiZhong Bus Company),* die der anderen grün oder blau *(RenYou Bus Company).* Die Liniennummern beider Gesellschaften bedeuten nicht, dass bei gleicher Nummer auch die gleiche Route gefahren wird; als Hinweis wird immer ***WR*** (weiß-rot) und ***WG*** (weiß-grün/blau) bei den Beschreibungen der Sehenswürdigkeiten ergänzt; die einfache Fahrt in der Stadt kostet 20 NT$, bei einigen Randzonen auch 30 NT$.

Am ***Stadtbus-Zentralplatz „First Square"*** fahren rote Stadtbusse, aber auch zu Überlandzielen die WR 999 nach PuLi oder WR 555 nach ShuiLi.

Gegenüber vom Hbf. fahren die grünen (z.T. auch die blauen) Stadtbusse, genauer: Sie halten hier alle, fahren aber nicht alle hier ab, da Rundrouten gefahren werden; ein Informationsschalter ist tagsüber geöffnet.

Moped

Ein Mopedverleih befindet sich schräg gegenüber der GuoGang-Busse am Hbf. Nur der Shop an der Ecke verleiht Mopeds, die anderen Stände bieten lediglich Parkplätze an; 600 NT$/Tag kostet der fahrbare Untersatz.

Taxis

Taxis (Ruftaxi unter Tel. 04-22465555) nehmen in TaiChung 75 NT$ für die ersten 1500 m und dann 25 NT$ für jede angefangene 250 m; Nacht- bzw. Feiertagstarif plus 25 %.

Zwischen TaiZhong und TaiBei

月美育樂世界

YuehMei YuLe ShiJie (YueMei-Vergnügungspark)

15 km nördlich von TaiZhong im ***Örtchen HouLi*** wurde von den Architekten der Disney-World TaiWans größter Freizeitpark aufgebaut, der YueMei-Vergnügungspark. Künstliche Wellenanlagen, echte amerikanische Raumschiffe und vieles mehr wird auf dem 30 Hektar großen und laufend erweiterten Areal geboten; geöffnet tgl. 9.00–21.00 Uhr, Tageskarte 800 NT$, Kinder 300 NT$, unter 90 cm frei. Hinzu kommt Schwimmwestenpflicht (gegen Gebühr), Schließfach (gegen Gebühr, jedes Öffnen 20 NT$) sowie gegebenenfalls 100 NT$ Parkgebühr. Trotz heftiger Kritik an der Preispolitik ist der Park an Wochenenden gerammelt voll.

- Am einfachsten ist die ***Anfahrt per Bus*** vom Überland-Bbhf. Nord/Nordost (gegenüber Hbf) in TaiZhong.

苗栗

MiaoLi (Keimling-Kastanie)

Der MiaoLi-Distrikt wird von Touristen meist nur durchfahren, um die begehrten Ziele in Zentral-TaiWan zu erreichen; wer mehr Zeit zur Verfügung hat, könnte auch in MiaoLi einen Stop einlegen, um einige interessante Punkte der näheren Umgebung zu besuchen.

Shangrila-Paradies

Es handelt sich bei diesem relativ neuen Vergnügungspark unter anderem um einen ***europäischen Hofgarten*** mit „königlicher" Fontäne, einem ***Hakka-Dorf,*** einem hübsch angelegten Schwimmbad mit Wasserrutschen, Abenteuerspielplatz, Revue-/Artistikshows und natürlich reihenweise Snacklokalen. Interessanteste Sehenswürdigkeit ist hier vielleicht die aus über 3000 übereinander gestapelten Tonkrügen bestehende „Gefäßwand" am See. Für westliche Augen eine bisweilen seltsame sino-europäische Stilmischung, aber immer gut besucht und ein gelungener Spaß für jedermann. FongHu Village/ChiaoChia (Bus ab MiaoLi), Tel. (037)-561369, www.shangrila.com.tw; Eintritt 400 NT$, geöffnet tgl. 9.00–17.00 Uhr.

MingTeShuiKu

Eine weitere Oase der Ruhe findet man am ***MingTe-Stausee*** am Stadtrand. In der Umgebung des Dammes wächst der landesweit berühmte MingTeCha-Tee, die Hänge rundum sind in sattes Grün gebettet. Die MiaoLi-KeYun-Buslinie fährt ab MiaoLi hierher, ein Rundgang um den See dauert allerdings einen ganzen Tag (ca. 30 km). Die Ostseite ist besonders sehenswert, da das Tal an dieser Seite noch in ursprünglichem Zustand belassen wurde.

TungHsiao

Einer der besseren ***Strände*** der Westküste liegt beim Dorf TungHsiao, hinter dem Bahnhof. Der größte Sandstrand Zentraltaiwans lädt zum Krabbensammeln, Bodysurfen und Faulenzen ein. Die Anreise erfolgt am einfachsten von MiaoLi aus mit der Bahn.

Unterkunft
高賓大旅社

- In der Nähe des Busbahnhofes gibt es ein einfaches Hotel: ф***KaoPin TaLuShe,*** 116 ChungChengLu, Tel. (037)-260268, mit sehr einfachen Zi. für 450-500 NT$. Aus dem Bbhf. erst 100 m links, dort geht rechts die ChungChengLu ab.

Am Strand sowie am Stausee kann ohne weiteres gezeltet werden.

An-/Abreise

- ***Bahn:*** MiaoLi liegt an der Haupt-Nordsüdachse zwischen HsinChu (⇗) und TaiZhong (⇗), rund 50 Züge gehen täglich in beide Richtungen, sodass man spätestens alle 45 Minuten in die gewünschte Richtung weiterkommt.
- ***Bus:*** Von/nach HsinChu fährt nur die *MiaoLi KeYun* (Preise und Zeiten ⇗ HsinChu). Von/nach TaiZhong: alle halbe Stunde Busanschluss bei den Busgesellschaften *ChungHsing KeYun* und *FengYuanKeYun* (direkt, via FengYuan). Der Busbahnhof beider Gesellschaften befindet sich (aus dem Hbf. blickend) geradeaus, nach knapp 100 m auf der linken Seite.

石頭山

ShihTouShan (ShīToúShān, Löwe-Kopf-Berg)

Anfang des 20. Jh. meinte ein Reisbauer in der Ebene, der ShihTouShan-Berg ähnele aus einem bestimmten Blickwinkel einem liegenden Löwen - seither heißt der 642 m hohe Berg „Löwenkopfberg". Mit seinen zahlreichen Klöstern auf und am Berg liegt hier eines der buddhistischen Zentren TaiWans. Doch während FoKuangShan bei KaoHsiung (GaoXiong) eine Art buddhistischer „Universität" darstellt, wird hier am ShihTouShan das ***Klosterleben*** in die Praxis umgesetzt. Einige der Gärten und Felder gehören den Klöstern und werden von den dortigen Nonnen und Mönchen bewirtschaftet. Auch Touristen stehen einige der Gebäude offen, sogar Übernachtungen mit Vollpension sind möglich.

Ein reiner Tagesausflug mit einer interessanten drei- bis vierstündigen ***Wanderung*** ist problemlos machbar. Der Weg beginnt an der Bus-Endstation links die steile kleine Straße hinauf zum 3 km entfernten ***Kloster YuanKuangSi*** kurz unterhalb des Gipfels. Der Weg ist einfach, aber der Anstieg überbrückt etwa 400 Höhenmeter; im Sommer kann es drückend schwül und der Gang anstrengend werden. Hinter dem Kloster führt rechts eine (befahrbare) Straße hinunter, der Fußweg setzt sich geradeaus die Treppe hinunter fort. Scharf links hinter dem YuanKuangSi führt ein Pfad zum eigentlichen ***Gipfel*** (die beiden Tore sind nicht verschlossen). Zurück an der Gabelung (die steile Treppe hinunter) sind es rund zwei km zum Ausgangstor und dann nochmals drei km um den EMeiHu herum bis EMei, wo man dem Bus bereits wieder zusteigen kann.

Um nicht wieder zum Startpunkt zurücklaufen zu müssen, sollte man daher vor dem Aufstieg am Eingangstor geradeaus weitergehen zur ***ShuiLian-Grotte,*** einem hübschen in den Felsen gebauten buddhistischen Tempel, an dem ein Bach durch eine von wildwachsenden Pflanzen und Bäumen überwucherte Schlucht fließt. Die Stufen zum Tempel beginnen nach etwa 300 m entlang der Straße linker Hand (Hinkelstein).

Unterkunft

Eine der Hauptattraktionen des ShiTouShan ist die Möglichkeit, hier für eine oder mehrere Nächte in einem der Klöster zu bleiben - eine einzigartige Gelegenheit, das ***Klosterleben*** hautnah zu erfahren. Gäste sind jederzeit willkommen, müssen sich aber den Spielregeln anpassen. Dies bedeutet in erster Linie, dass rein vegetarisch gegessen wird, dass ab etwa 20.00 Uhr Ruhe herrscht und dass Männer und Frauen getrennt schlafen. Preistafeln gibt es keine, es wird auf „Spendenbasis" abgerechnet. Für Vollpension sollte man etwa 900 NT$ ansetzen, wer nur Abendessen und Frühstück möchte, kann 50 NT$ abziehen. Insgesamt ein guter Preis, vor allem auch, weil die vegetarische Küche der taiwanesischen Klöster berühmt ist. Noch ein Tipp: Wer etwas vom Essen zurückgehen lässt, macht sich ernsthaft unbeliebt, da Verschwendung im Buddhismus tabu ist.

勸化堂
元光堂
靈霞堂

- Die ☸***ChuanHua,*** ☸***YuanKuang*** und ☸***LingHsia-Klöster*** nehmen Reisende auf, am empfehlenswertesten ist das YuanKuang-Kloster aufgrund der höchsten Lage mit der besten Sicht.

Essen und Trinken

Neben den Klosterküchen gibt es Snacks und kühle Getränke in den kleinen Läden am Weg.

An-/Abreise

- Direktverbindungen ***per Bus*** bestehen keine, Umsteigen in ChuTung ist unvermeidlich. Sowohl von HsinChu (↗, alle 10-15 Minuten) als auch von ChungLi (↗, alle 20-30 Minuten) ist ChuTung allerdings sehr gut zu erreichen. Von hier aus fahren tgl. um 6.00, 9.55, 12.20, 15.30 und 17.10 Uhr sowie an Sonn- und Feiertagen zusätzlich auch um 8.40 Uhr Busse zum Eingangstor am Fuß des Berges (50 NT$). Vom Tor zurück Abfahrt um 7.25, 10.50, 13.00, 16.30 und 18.00 Uhr (So./Fe. zusätzlich 9.35 Uhr).

  Die Fahrzeit von ChungLi nach ChuTung beträgt ca. 45 Minuten (von HsinChu ca. 30 Minuten), von ChuTung zum Tor nochmals eine gute halbe Stunde.

六福村野生動物園

LeoFoo LeYuan (LìuFúLèYuàn, Safari- und Abenteuerpark)

Einst reiner Freiland-Tierpark, wurde in den vergangenen Jahren eine permanente Umwandlung zum ***Abenteuer-Themenpark*** vollzogen. Die vier Bereiche gliedern sich in ein „Arabian Kingdom", „The Wild West", „South Pacific" und das (alte) „Safari Kingdom". Die ersten drei sind Vergnügungsbereiche, die mit ihren Baumstamm-Wasserrutschen, der nachgebauten „China-Town", Shows und diversen Restaurantbetrieben sowie weiteren Fahrgeschäften stark an auch bei uns gängige Parks (Europapark, Phantasialand) erinnern. Davon hebt sich der vierte Abschnitt vollkommen ab: Der Tierpark „Safari Kingdom" ist ein ***Freilandgehege*** für afrikanische Großtiere wie Elefanten, Löwen, Giraffen, Zebras, aber auch indischer Tiger. Am Eingang zum Park wartet man nach Kauf des Tickets auf einen Tourbus, der rund 30 Minuten durch die einzelnen Gehege fährt; eine (chinesischsprachige) Begleitperson erläutert die Einzelheiten zum Park und zu den Lebensgewohnheiten der Tiere.

Im Eingangsbereich gegenüber der Kasse befindet sich der größte liegende ***Buddha*** (Nirwana-Position) TaiWans. Er misst rund 20 m und wurde durch Spenden errichtet, um den Park und seine Besucher zu schützen. Das Komplettticket kostet 890 NT$ Eintritt (Kinder 590 NT$), der Park ist täglich 10.00–19.00 Uhr, im Juli und August 9.00–21.00 Uhr geöffnet. Tel. (03) 5475665, www.leofoo.com.tw.

● Zu ***An-/Abreise*** ↗ HsiaoRenKuo, ChungLi und TaoYuan.

小人國

HsiaoRenKuo (XiǎoRénGuó, Klein-Mensch-Land)

Das „Land der kleinen Menschen" (offiziell auch: *Window on China*) erinnert irgendwie an Swifts „Gulliver", dokumentiert aber auch die nach wie vor existierende Trauer TaiWans um den Verlust der großen Sehenswürdigkeiten und Kulturgüter Chinas. Vom Kaiser-

052t Foto: wl

Liegender Buddha am Safaripark

palast in Peking über die große Mauer bis hin zur CKS-Gedächtnishalle wurden chinesische und taiwanesische ***Bauten und Landschaften im Maßstab 1 : 25*** nachgebildet. Vor dem „Parlament" von TaiBei werden gar elektrisch angetriebene Militärparaden mit Soldaten und Fahrzeugen abgehalten, selbst der CKS-Flughafen wurde mit rollenden Flugzeugen aufgebaut. Während die anderen Nachbildungen sehr detailgetreu sind (u.a. auch der neue High-Speed-Rail-Schnellzug), fehlt allerdings am TienAnMen, dem Eingangstor zum Pekinger Kaiserpalast, das Portrait *MaoTzuTungs* sowie die Lobpreisungen auf die Volksrepublik und den „großen Vorsitzenden *Mao*".

Auf dem Gelände befindet sich auch eine Vorführungshalle für ***Tänze und Darbietungen der Ureinwohner*** (im Eintritt enthalten), wer eine solche Aufführung noch nicht anderweitig besucht hat, sollte zumindest diese nicht verpassen. Allerdings wird hier nicht ausschließlich die Kultur der Saysiat gezeigt, die in dieser Region ursprünglich beheimatet waren, auch andere Elemente (der Ami) wurden integriert. Ferner gehören zahlreiche Fahrgeschäfte (Achterbahn, Minenbahn usw.) zum Gelände, welches permanent um Attraktionen erweitert wird.

● Der Park ist täglich 9.00–17.30 Uhr geöffnet (im Hochsommer auch ab 8.30 bis maximal 20 Uhr) und kostet stolze 650 NT$ Eintritt (Tel. (03) 4717211, www.woc.com.tw). Im Ticket sind alle kulturellen Aufführungen sowie Bonus-Marken für den Verzehr in einem der Restaurants vor Ort enthalten.

An-/Abreise

Sowohl die LeoFoo-Parks als auch HsiaoRenKuo sind sehr leicht von ChungLi, TaoYuan, HsinChu und anderen Städten des Nordwestens aus per Bus zu erreichen (↗ dortige Anbindungen). Bei Abreise aus TaiWan ab CKS-Flughafen mit einem Abendflug empfiehlt es sich, am Vorabend in ChungLi oder TaoYuan Station zu machen und am Vormittag zumindest einen der Parks zu besuchen. Die einzige Schwierigkeit besteht darin, vom LeoFoo-Park zum drei km entfernten HsiaoRenKuo zu kommen. Man kann die Strecke laufen (ca. 40 Min.), muss aber in der kleinen namenlosen Siedlung unterwegs fragen, da der Weg mehrfach abzweigt und teilweise nicht ausgeschildert ist. Wer sichergehen will, dass er sich nicht verläuft, fahre per Bus zurück (Richtung ChungLi/TaoYuan) ins nahegelegene Dorf LungTan und steige dort in einen Bus zum HsiaoRenKuo (bzw. LeoFoo) um. Die Wartezeit auf den nächsten Bus kann man dort mit einem Besuch des LungTangMiao an der Hauptstraße, einem Daoistentempel an einem See mit Spazierwegen und gelegentlichen Jahrmärkten rund um den See überbrücken.

新竹

HsinChu (XīnZhú, Neu-Bambus)

HsinChu, die Hauptstadt des HsinChu-Distrikts, liegt etwa auf halber Strecke zwischen ThaiChung und TaiBei im Industriegürtel TaiWans. Demzufolge sind hier in den Vororten zahlreiche größere Unternehmen angesiedelt, und hier befindet sich auch der nationale Industriepark, eine Art taiwanesische Version des Silicon-Valley, welche man rechter Hand auf der Busfahrt nach ChuTung

051t Foto: wl

Mini-Präsidentenpalast nebst Parade im HsiaoRenKuo

sehen kann. Mit der örtlichen Nähe geht die enge Zusammenarbeit von Wissenschaft und Industrie einher, die beiden Universitäten (ChiaoTung TaHsue, 100 TaHsueLu und TsingHua TaHsue, 855 KuangFuLu) sind denn auch führend in Wissenschaft und Technik. Vor einigen Jahren wurde übrigens die National TsingHua University vom Monatsmagazin „View" zur Universität mit dem höchsten akademischen Prestige TaiWans gekürt. Für den Reisenden bietet sich HsinChu als Ausgangspunkt zum TaPaTianShan und ShiTouShan an, auch LeoFoo und HsiaoRenKuo sowie der CKS-Airport können von hier aus erreicht werden. Die Sehenswürdigkeiten der Stadt liegen alle in Gehnähe des Zentrums.

ChengHuangMiao
成隍廟

Der ***Tempelkomplex*** ist nur schwerlich als solcher zu erkennen, da zahlreiche Händler hier ihre Verkaufsstände mit Reklame rund um die Tempelmauer platziert haben. Auch im Tempelbereich selbst hat der Vorhof eher Marktcharakter. Die Anlage besteht aus zwei Tempeln, ursprünglich von Daoisten errichtet, wie Dachschmuck sowie Tiger- und Drachenmotive verraten.

Der ***rechte Tempel*** ist heute allerdings rein buddhistisch, der Hauptschrein zeigt eine hübsche Buddhafigur, der Altar der Vorhalle die hundertarmige *KuanYin*. An den Seitenwänden stehen auf einer Art Felsen heilige Figuren des Buddhismus, alle in orangefarbenen Gewändern. Vor dem Eingang (Mitteltor) sieht man zwei Schnecken aus bräunlichem Stein; die Sockel dagegen sind aus dunklem Gestein. Hier haben früher vermutlich - wie beim linken Tempel auch - Löwen gestanden und wurden später von den Buddhisten durch Schnecken (Symbol der Langlebigkeit) ersetzt, um sich von den Daoisten zu unterscheiden.

Der ***linke (daoistische) Tempel,*** gewidmet dem Stadtgott *ChengHuang,* enthält neben dem Hauptaltar und dem rückwärtigen Schrein eine Reihe furchterregender Tempelwächter. Mehrfach wachen hier die bekannten Generäle *Fan* und *Hsie* über das Heil des Tempels, der kleine *Hsie* ist hier mit dunklem Kopf dargestellt.

▲ 3; ChungShanLu/Ecke TungMenLu.

KongTzuMiao
孔子廟

Dieser ***Konfuziustempel*** gleicht den Konfuziustempeln von TaiNan und TaiBei im Aufbau (äußere Mauer, Haupttor, Seitengänge und Haupthalle auf dem Innenhof) sehr, allerdings ist die Haupthalle mit den Instrumenten verschlossen und wird nur zum Geburtstag des *Konfuzius* geöffnet (28. September). Ansonsten dient der kleine Vorpark älteren Bürgern das ganze Jahr über als ruhiger Ort zum MahJong-Spiel.

▲ 34; 3 Gehminuten vom ↗ Zoo.

Der Nordwesten

HsinChu-Zoo
新竹動物園

Der Zoo von HsinChu ist einer jener Flecken, wo viele Tiere auf bemitleidenswert engem Raum gehalten werden. Der Zoo von TaiBei-MuCha ist wesentlich empfehlenswerter, allerdings kann man hier in HsinChu bei 35 NT$ Eintritt (montags geschlossen) auch nicht mehr erwarten.

Gegenüber des Zoos liegt ein kleiner künstlicher ***See*** mit zahlreichen riesigen, chinesischen Goldfischen (Symbol für Wohlstand).

★ 37; 297 KungYuanLu.

KuanYinMiao
觀音廟

In diesem ***Tempel*** wird dem weiblichen Boddhisatva der Barmherzigkeit gehuldigt. Im Vorhof steht rechts ein Ofen zur Verbrennung von (Symbol-) Geld und Briefen an die Ahnen, Tiger und Drachenmotive außen vor dem Eingang sollen die Kraft des Daoismus verdeutlichen. *KuanYin* ist hier in prunkvollem Gewand dargestellt und unterscheidet sich daher von den buddhistischen Darstellungen (weiß, stehend mit angewinkelt erhobenem rechten Arm). Der ganztägig sehr gut besuchte Tempel befindet sich in der Verlängerung der Fußgängerunterführung nach 200 m linker Hand; ▲ 32.

Gegenüber vom Tempel liegt ein kleines tempelähnliches Gebäude, ein altes ***Freilichttheater*** (taiwanesische Oper) mit einem winzigen Kulissenbild und zwei Türen, hinter welchen sich der Warteraum der Schauspieler befindet.

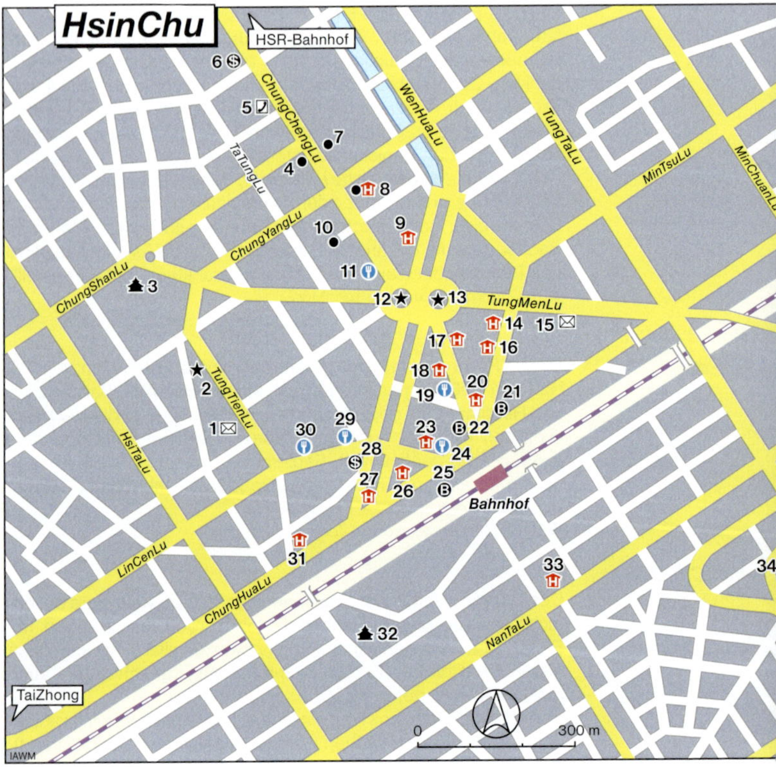

TungTianChie-Teepark
東天街茶園

Der winzige ***Park*** in der TungTienChie ist ein beliebter Treffpunkt vor allem von Rentnern der Stadt. Hier wird Karten gespielt und Unmengen von Tee in traditioneller Form aus winzigen Tässchen getrunken; ★ 2.

Unterkunft

In der unmittelbaren Nähe des Hbf. befinden sich einige Unterkünfte, HsinChu wird nicht sehr oft von Touristen, wohl aber von Geschäftsreisenden besucht; die Preise sind dementsprechend entweder vergleichsweise niedrig (sehr einfache Unterkünfte), oder aber (bei guten Hotels für Geschäftsreisende) sehr hoch.

大谷旅社

⌂ ***TaKu LuShe*** €, 240 NanTaLu, Tel. (03)-5259917, (03)-5259918, DZ 460 NT$, einziges Hotel auf der Bahnhofsrückseite.
Es ist ziemlich unbekannt, aber nicht das schlechteste.

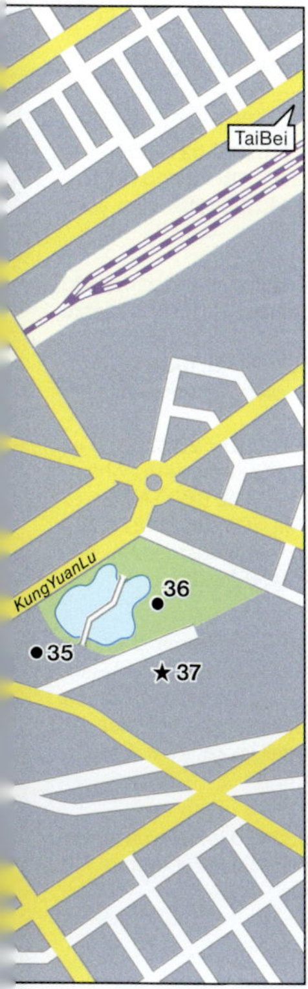

- ✉ 1 Hauptpost
- ★ 2 kleiner Park
- 3 ChengHuang Tempel
- ● 4 Polizei; Visa-angelegenheiten
- 5 nation. Telefon-gesellschaft
- 6 ICBC Bank
- ● 7 Stadthalle
- 8 YuanTung-Kaufhaus & Chinatrust Hotel
- 9 TungCheng Hotel
- ● 10 Markt
- 11 chin. Steakhaus
- ★ 12 TungMen (Osttor)
- ★ 13 CKS-Statue
- 14 WanTai Hotel
- ✉ 15 Post
- 16 ChinYan Hotel
- 17 Central Hotel (Chung Yang)
- 18 PinCheng Hotel
- 19 Chinesische Snacks
- 20 HsinKao Hotel und YinChou Hotel
- 21 HsinChu KeYun Busbahnhof
- 22 MiaoLi Busse
- 23 TungPin Hotel
- 24 Chinese Fried Chicken
- 25 TaiWan KeYun - Langstreckenbusse
- 26 ChiLan Hotel
- 27 ChuanTai Hotel
- 28 Bank of Taiwan
- 29 McDonald's und Sunrise-Kaufhaus
- 30 Pizza Hut
- 31 WuLiu Hotel
- 32 KuanYin-Tempel
- 33 TaKe Hotel (TaKu)
- 34 Konfuziustempel
- ● 35 Kaserne
- ● 36 ChungShan-Park
- ★ 37 Zoo

新高旅社
HsinKao LuShe €, 6 ChungChengLu,
Tel. (03)-5243137, DZ 600 NT$, etwas laut, aber sehr zentral.

賓成旅社
PinCheng TaFanTian €, 15 ChungChengLu,
Tel. (03)-5269255, www.bhotel.com.tw, DZ „Economy-Rooms" ab 750 NT$, teure Zi. 1800 NT$, empfehlenswert.

銀川大旅社
YinChou TaLuShe €-€€, 5 ChungChengLu,
Tel. (03)-5224135, ab 750 NT$, bessere Zi. bis 2000 NT$.

中央大旅社
ChungYang TaLuShe €, 30 ChungChengLu,
Tel. (03)-5224126, DZ 650 NT$.

萬太大旅社
WanTai TaLuShe €-€€, 17 MinTzuLu,
Tel. (03)-5254117, DZ ab 680 bis 1150 NT$.

東賓大旅社
TungPin TaLuShe €, 14 LinShenLu,
Tel. (03)-5223161, DZ ab 650 NT$.

東成大旅社
TungCheng TaLuShe €€, 5 FuHouChie,
Tel. (03)-522648, DZ 1050 NT$.

金燕大飯店 ¤ ***ChinYan TaFanTian*** €€, 13 MinTzuLu, Tel. (03)-5227151, EZ ab 800 NT$, DZ bis 1750 NT$.

芝蘭賓館 ¤ ***ChiLan PinKuan*** €€€, 480 ChungHuaLu, Sec. 2, Tel. (03)-5254166.

全泰大飯店 ¤ ***ChuanTai TaFanTian*** €€€, 502 ChungHuaLu, Sec. 2, Tel. (03)-5266012, beide mit Standard-DZ ab 2550 NT$.

五六賓館 ¤ ***WuLiu PieKuan*** €€€, 560 ChungHuaLu, Sec. 2, Tel. (03)-5212856.

中信飯店 ¤ ***ChungHsin TaFanTian*** €€€ ***(Hotel Chinatrust),*** 106 ChungYangLu, Tel./Fax (03)-5263181, DZ 2700 NT$, Suiten bis 11.500 NT$, aber auch einige Billigzimmer ab 900 NT$.

In den Außenbezirken der Stadt, Richtung Universität und Industriepark, wurden mehrere Tophotels für betuchte Geschäftsreisende gebaut. Hierzu zählen

國大賓飯店 ¤ ***Ambassador HsinChu*** €€€€, 188 ChungHua, Sec. 2, Tel. (03)-5151111, Fax 5151112, www.ambassadorhotel.com.tw, mit allen Annehmlichkeiten und Zimmerpreisen ab 8600 NT$.

福華大飯店 ¤ ***Howard Plaza*** €€€€, 178 ChungChengLu, Tel. (03)-5282323, Fax 5252300, http://hsinchu.howard-hotels.com.tw, hypermodern, Chauffeurservice, hoteleigener Shuttle zum Industriepark, DZ ab 6800 NT$.

老爺大飯店 ¤ ***Hotel Royal*** €€€€, 227 KuanFuLu, Sec.1, Tel. (03)-5631122, Fax 5631899, www.royal-hsinchu.com.tw, unmittelbar am Industriepark, alle Annehmlichkeiten, DZ ab 8250 NT$, Frühstück 900 NT$ extra.

Essen und Trinken

Da die meisten Besucher Geschäftsreisende sind, wird bevorzugt in den Hotelrestaurants gegessen. Neben einer Reihe westlicher Fast-Food-Restaurants und chinesischer Plagiate (Chicken House, Steak House) gibt es eine Theke mit warmen Snacks im Supermarkt des Sunrise-Kaufhauses sowie zahlreiche Nudelsuppen- und Snackshops überall im Zentrum. Frische Waren gibt es auf dem Markt in der ChungChengLu.

Information

In der 120 ChungChengLu (3. Etage), Tel. (03)-5233473 bietet eine lokale TI ihre Dienste an, allerdings vorwiegend für das heimische Publikum.

Institutionen

郵局 • ***Post:*** ShiChangChie/Ecke WenChangChie, geöffnet 8.30–17.00, Sa. bis 12.00 Uhr.

銀行 • ***Bank:*** Bank of TaiWan, 29 LinSheLu, Tel. (03)-5266161 und ICBC, 129 ChungChengLu, Tel. (03)-5217171.

警察 • ***Polizei:*** Die Stadtpolizei befindet sich am TungMen-Kreisel, die Distriktpolizei (Visa) in der ChungChengLu/Ecke ChungShanLu,Tel. (03)-5242103.

An-/Abreise

• ***Bahn:*** Wie alle größeren Orte der Westküste ist auch HsinChu hervorragend an das Bahnnetz angebunden. Nach Norden (TaiBei, teilweise durchgehend bis KeeLung (JiLong, 260 NT$) und nach Süden (TaiNan 595 NT$) jeweils etwa 70 Züge nahezu rund um die Uhr.

• ***Bus:*** Trotz der Größe und der industriellen Bedeutung der Stadt liegen die Busbahnhöfe HsinChus unmittelbar am Hbf., sodass es keine Probleme bereitet, Nah- und Fernziele anzufahren.

Die Station der ***HsinChu KeYun-Gesellschaft*** liegt schräg rechts vor dem Hbf., hier hat man Verbindung nach LeoFoo und HsiaoRenKuo (8.20, 9.30, 13.20 und 15.35 Uhr für 70 NT$), ChungLi alle 10–15 Minuten (112 NT$), ChuTung (NengKaoShan & ShihTouShan) alle 20 Minuten.

Gegenüber am Kreisverkehr ist eine Haltestelle; hier fahren die Busse der ***MiaoLi KeYun-Gesellschaft*** nach MiaoLi alle 15–25 Minuten.

100 m links vom Hbf. kommend liegt die ***nationale Langstreckenbusstation*** mit Anbindung nach KeeLung (JiLong) (alle 60–90 Minuten, 160 NT$), TaiBei (5.50–22.30 Uhr ca. alle 10 Minuten sowie 5.40–22.10 Uhr alle 15-30 Minuten über die Autobahn; 135 NT$), CKS-Airport (nur 9.30 Uhr), TanShui (2 x tgl.; 140 NT$), BanJiao (9 x tgl. 9.40–19.00 Uhr), TaiZhong (6.00–21.00 Uhr ca. alle 20–30 Minuten; 155 NT$), TaiNan (4 x tgl.; 368 NT$), KaoHsiung (GaoXiong) (ebenfalls 4 x tgl.; 510 NT$).

中壢

ChungLi (ZhōngLì, Zentral-Trog)

Die kleine Stadt ChungLi, 12 km südwestlich der Distrikthauptstadt TaoYuan, ist ein mindestens ebenso guter ***Transitpunkt zum CKS-Airport*** wie TaoYuan selbst. Die Verkehrsanbindungen sind ähnlich günstig. Ob man ChungLi oder TaoYuan wählt, ist Geschmackssache, beide Städte verdienen jedenfalls den Vorzug vor TaiBei mit seinem längeren und unberechenbaren Anfahrtsweg zum CKS-Airport.

ChungLi hat ferner den Vorteil einer Direktverbindung zu den LeoFoo-Parks und nach Hsiao RenKuo. Außerdem gibt es in ChungLi überraschend viele Hotels und dennoch, verglichen mit TaoYuan, relativ wenige Touristen. Die meisten lassen sich wohl vom Namen „CKS-Airport/TaoYuan" nach TaoYuan locken, gerade im Mittelklassebereich besteht ein breites und günstiges Zimmerangebot. Die Stadt ist eine relativ moderne „Wohnstadt", die Industrie dagegen hat sich mehr bei TaoYuan angesiedelt. Die Stadt selbst bietet nichts Interessantes, aber wer am Ende seiner Tour noch etwas Zeit hat, kann von hier aus leicht den Löwenkopfberg, TzuHu, ShiMen, LeoFoo oder HsiaoRenKuo besuchen.

Unterkunft

In ChungLi werden „betuchte" Reisende kaum übernachten, das Angebot beschränkt sich daher auf sehr schlichte Billig- und einige Mittelklasse-Unterkünfte, die meisten liegen in der HsinHsingLu.

大享賓館 ф ***TaHsiang PinKuan*** €, 114 HsinHsingLu, Tel. (03)-4582568, ab 600 NT$.

櫻山大旅社 ф ***YingShan TaLuShe*** €, 134 HsinHsingLu, Tel. (03)-4589056, minimal besser bei Preisen zwischen 600 und 700 NT$/DZ.

愛愛大旅社 ф ***AiAiTaLuShe*** €, 116 HsinHsingLu, Tel. (03)-4572166, haben Zimmer von 850–1000 NT$.

渤海樓大旅館 ф ***PoHaiLou TaLuKuan*** €, 18 ChungShanLu, Hsiang 228, Tel. (03)-4222197, schlichte DZ ab 750 NT$.

連春旅社 ф ***LienChun LuShe*** €, 52 ChungPingLu, Tel. (03)-4225156, DZ 800 NT$.

宝山大旅社 ф ***(Bao)Shan TaLuShe*** €, 16 ChungChengLu, Tel. (03)-4223284, DZ 850 NT$. Empfehlenswert.

福隆大旅社 ф ***FuLung TaLuShe*** €€, 16 ChungPingLu, Tel. (03)-4222182, altes Hotel, andere bei gleichem Preis besser.

住住賓館 ф ***ChuChu PinKuan*** €€, 48 TungHsingLu, 2. Stock, Tel./Fax (03)-4574385, DZ 1200 NT$.

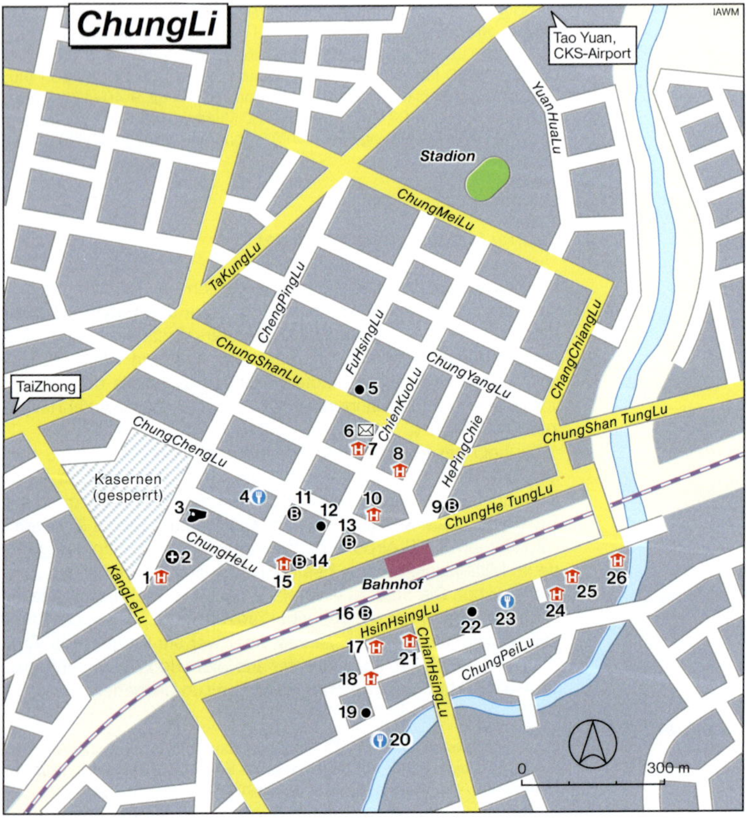

- 1 ChungLi Hotel (Business)
- 2 RenShin Spital
- 3 Polizei
- 4 Wendy's
- 5 Supermarkt m. Warmtheke
- 6 Post
- 7 LienChun Hotel
- 8 FuLung Hotel
- 9 Nahverkehrsbusse (LeoFoo, HsiaoRenKuo)
- 10 PaoShan Hotel
- 11 Nahverkehrsbusse/Nordwest (CKS-Flughafen)
- 12 Straßenbäckerei
- 13 Nahverkehrsbusse/Süd (HsinChu)
- 14 Langstrecken-Bbhf
- 15 LaiChu Hotel
- 16 Busse nach ShiMen & TaHsi
- 17 AiAi, TaHsiang & HsinHsin Hotels
- 18 ChuChu Hotel
- 19 Supermarkt
- 20 chin. SB-Rest. & Manabe-Café
- 21 YingShan Hotel
- 22 Wäscherei
- 23 chin. Schnellimbiss
- 24 TangPiao Hotel
- 25 FuPao Hotel
- 26 TungTi, PieShe & MingShi Hotels

東帝位客棧 ⌽ ***TungTi WeiKeChan*** €€, 250 HsinHsingLu, Tel. (03)-4573152.
名仕賓館 ⌽ ***MingShi PinKuan*** €€, 242 HsinHsingLu, Tel./Fax (03)-4574533.
富堡大旅社 ⌽ ***FuPao TaLuShe*** €€, 198 HsinHsingLu, Tel. (03)-4222183.
Alle drei mit Preisen zwischen 1250 und 1850 NT$.

來去大飯店 ⌽ ***LaiChu TaFanTian*** €€, 180 ChungHeLu,
Tel. (03)-4253107, Fax 4222572, DZ ab 750 NT$ bis zu 2200 NT$.

當代旅舘 ⌽ ***TangDai LuKuan*** €€€, 5 HsinHsingLu, Weg 196, 2-6 Etagen,
Tel. (03)-4595006, DZ zwischen 1900 und 2600 NT$.

中壢大飯店 ⌽ ***ChungLi TaFanTian*** €€€ ***(ChungLi Business),*** 645 YanPingLu,
Tel. (03)-4224168, Fax 4225615. DZ zu vergleichbaren Preisen.

Essen und Trinken

- ***Wendy's*** neben der Station der *TaoYuan KeYun* an der ChungChengLu bietet eine „Salat-Bar" für 205 NT$ (eat as much as you can).
- ***SB-Restaurants, Snacks*** und ***Straßenstände*** sowie kleine Supermärkte liegen rund ums Zentrum.
- Ein sehr guter ***Supermarkt*** befindet sich in der 51 ChungPeiLu, ein weiterer in der ChungShanLu/Ecke FuHsingLu.
- Sehr gemütlich und stilvoll, allerdings auch etwas teurer ist das ***Manabe Tee & Kaffeehaus*** in der 62 ChungPeiLu (Tel. 03- 4662193).

Institutionen

郵局 ⌽ ***Post:*** 80 ChienKuoLu, geöffnet 8.00–17.30 Uhr, Sa. bis 12.00 Uhr.
警察 ⌽ ***Polizei:*** 607 YanPingLu
醫院 ⌽ ***Krankenhaus:*** RenShin-Hospital, 643 YanPingLu.

An-/Abreise

Die verkehrstechnische Lage ChungLis (noch im Pendelbereich von TaiBei, aber am Rande des Industriegürtels ein begehrtes Wohngebiet) bedingt eine ausgezeichnete Anbindung sowohl zu den nahe gelegenen Attraktionen des Nordwestens, zum CKS-Airport wie auch nach TaiBei.

- ***Bahn:*** von 4.30 Uhr bis Mitternacht über 90 Züge nach Norden, spätestens alle halbe Stunde fährt einer. Rund um die Uhr 90 Züge nach Süden, die meisten enden in KaoHsiung (GaoXiong 810 NT$). Vor allem von/nach TaiBei ist die Bahn (maximal 45 Minuten, 95 NT$) dem Bus vorzuziehen.
- ***Bus:*** ChungLi hat insgesamt nicht weniger als fünf Busstationen im Zentrum, alle dicht beieinanderliegend (⇗ Stadtplan). Von der ***Nahverkehrsstation „Ost"*** fahren Busse zum HsiaoRenKuo (stündlich, 50 NT$), ShiMen-Damm (Expressbus etwa stündlich, 65 NT$) und den LeoFoo-Parks (64 NT$), nach HsinChu (alle 10–20 Minuten, 75 NT$) sowie ChuTung (⇗ Löwenkopfberg; alle 10–20 Minuten)

Von der ***Station „Südwest"*** *(HsinChu KeYun)* pendeln Busse zwischen ChungLi und HsinChu (99 NT$).

Von der ***nationalen Langstreckenstation*** fahren alle 40 Minuten Busse nach TaiZhong (220 NT$), KaoHsiung (GaoXiong) ab 7.25 Uhr stündlich (580 NT$), TaiNan 08.15 und 15.35 Uhr (die Busse nach KaoHsiung fahren auch über TaiNan), PingTung 15.20 Uhr (via TaiNan, KaoHsiung), ChiaYi 4 x tgl., KeeLung (JiLong) alle 20–30 Minuten, TaiBei alle 5–10 Minuten ab 5.40 Uhr (95 NT$).

Die ***Nahverkehrsstation „Nord"*** (Station der *TaoYuan KeYun*) bedient TaYuan ***(CKS-Airport,*** etwa halbstündig ab 7.00), TaoYuan, PanChiao. Außerdem halten hier die Sonderbusse (direkt) von TaoYuan nach TaiPingShan, ShangPaLing, HsueShan, ALiShan und Löwenkopfberg (ShiTouShan), allerdings zu unregelmäßigen Terminen, meist 14-tägig an Samstagen. Das aktuelle Programm steht groß in der Halle angeschrieben, zu erkennen an den (arabischen) Ziffern des aktuellen Monats und den (arabischen) Ziffern des Abfahrtstages.

Schließlich die ***zweite Nahverkehrsstation „Ost"*** auf der Rückseite des Hbf. (Unterführung rechts vor dem Bhf.) mit Verbindungen nach TaHsi (38 NT$), ShiMen (55 NT$, Überlandbus) und auch TaoYuan (30 NT$).

大溪

TaHsi

TaHsi ist ein kleiner, aber für Ziele im Nordwesten sehr bedeutender Transitpunkt. Es besteht praktisch keine andere Transportmöglichkeit für einen Besuch von TzuHu oder PaLing. Andererseits gibt es kaum Unterkünfte und auch keine Direktverbindung zum CKS-Airport, sodass TaHsi kaum als „Endstation" einer TaiWan-Rundreise vor dem Abflug in Frage kommt, für diesen Zweck liegen TaoYuan oder ChungLi wesentlich günstiger.

Sehenswert sind in TaHsi vor allem das im traditionellen Stil gebaute ***Stadttor*** sowie die ChungShanLu, die ehemalige ***Pracht-***

084t Foto: wl

Unterhaltung in einer Kleinstadt (ChungLi)

straße mit alten Wohn- und Geschäftshäusern. Von diesen Gebäuden stehen zwar lediglich noch die Fassaden, diese geben aber einen guten Einblick in den Baustil des frühen 20. Jahrhunderts; eine Rarität auf TaiWan. Aus der TaoYuan-Busstation kommend geht man geradeaus (rechts liegt die Parallelstraße zum Stadttor), an der Kreuzung nach 50 m rechts, die nächste Abzweigung links ist die ChungShanLu.

Unterkunft

TaHsi hat nur ein kleines Hotel (aus dem Stadttor rechts, nach 150 m auf der linken Straßenseite) in direkter Nähe des nationalen Busbahnhofs. Eine Übernachtung ist ausschließlich dann zu empfehlen, wenn man den sehr frühen 6.30-Uhr-Sonn-/Feiertagsbus nach PaLing (⇗ NCIH/PaLing) nehmen will:

仙宮旅館

ф ***HsienKung TaLuShe,*** 57 HsinYiLu, Tel. (03)-3883126,
DZ 800 NT$ - 2 Minuten von der Busstation der *TaiWan KeYun.*

An-/Abreise

- TaHsi hat zwei Busstationen; die ***nationale TaiWan KeYun,*** aus dem Stadttor (HsinYiLu) blickend zweimal rechts, hat alle 20 Minuten Anbindung nach TaiBei sowie nach PaLing 8–9 x tgl. (halten auch in TzuHu).

Die Busse der ***TaoYuan KeYun-Station*** fahren etwa viertelstündlich nach SanHsia, TzuHu, ShiMen sowie ChungLi und TaoYuan jeweils umgerechnet unter 1 €. Die Station liegt am Ende der westlichen (ins Stadttor kommend rechten) Parallelstraße des Stadttores.

慈湖

TzuHu (CíHú, Gütiger-See)

TzuHu wäre vermutlich ein völlig unbedeutendes Dorf im nordwestlichen Hügelland geblieben, hätte nicht der „Landesvater" und langjährige Präsident der R.o.C., ***ChiangKaiShek*** (zur Biografie ⇗ CKS-Gedächtnishalle, TaiBei), hier seine ***vorläufige letzte Ruhestätte*** gewählt. Vorläufig deshalb, weil er testamentarisch verfügt hat, nach der Wiedervereinigung mit China aufs Festland umgebettet zu werden. Ein letzter, genialer Zug des „Generalissimus", da sein letzter Wille eine moralische Verpflichtung für seine Nachkommen darstellt und sein Lebensziel - die Einheit - auch ohne ihn erreicht werden soll.

Das unauffällige Gebäude am See ist auch für Besucher zugänglich, eine kleine Zeremonie ist damit verbunden. Man wird von einem Mitarbeiter hineingeleitet, wobei die Ehrenwachen am Tor salutieren - auch bei Ausländern. Anschließend geht man durch den Innenhof zum Hauptgebäude und wird, erneut in Begleitung, hineingeführt. In dem sonst schlichten Raum ist der Sarg *Chiangs* aufgebahrt, dahinter hängt ein Portraitfoto. Vor dem Sarg steht ein Blumenschmuck in Kreuzform *(Chiang* trat wegen seiner Heirat mit *SungMeiLing* zum Christentum über). Es gehört zum Ritual, dass jeder Besucher sich vor dem Sarg verbeugt. Fotografieren ist unerwünscht und pietätslos. Offiziell wird man nur nach Vorzeigen eines Passes/Ausweises eingelassen (vermutlich als Vorbeuge-

078t Foto: wl

Stadttor von TaHsi

maßnahme gegen Vandalismus), in der Praxis werden westliche Touristen jedoch formlos durchgewunken.

Zurück am Parkplatz führt rechts über eine Bogenbrücke ein 1500 m langer Verbindungsweg zur ***letzten Ruhestätte ChiangChingKuos,*** dem Sohn *ChiangKaiSheks,* der (*1910) von 1975 bis zu seinem Tode 1988 das Erbe seines Vaters übernahm und erste Reformen einleitete. Die Formalia sind ähnlich wie am Sarge *Chiangs.*

Am Parkplatz vor dem ChiangChingKuo-Gebäude sieht man einen kleinen daoistischen Tempel. Man lasse diesen rechts liegen und folge der Straße zwischen Parkplatz und Tempel 100 m in Richtung Hauptstraße, wo schon von Weitem eine Mauer mit Wasserbüffel-Abbildungen erkennbar ist. Bei dieser Anlage handelt es sich primär um einen kleinen ***landwirtschaftlichen Betrieb,*** der früher vorwiegend Wasserbüffel züchtete, mit zunehmender Technisierung aber zu einem Kultzentrum wurde. Wer meint, in Asien jede, aber auch wirklich jede Form der Glaubensrichtung und Tempelausstattung zu kennen, sollte einmal hier vorbeischauen. Das Areal ist weder eindeutig als Tempelanlage noch als Gutshof identifizierbar. Man meint eher, auf eine Tempel-Persiflage gestoßen zu sein. Der Eingang wird nämlich im pseudotraditionellen chinesischen Stil von auf Perlen ruhenden – Wasserbüffeln gesäumt! Auf dem Gelände befindet sich ein kleiner Tempel, der auf den ersten

Blick daoistisch anmutet, aber auch hier machen Wasserbüffel auf Perlen vor dem Eingang stutzig. Erst recht verblüffend ist dann der eigentliche Schrein: Auf dem Opfertisch liegt wieder ein Büffel, dahinter thronen lebensgroß die drei Heiligen der Landwirtschaft, *ShenNung, FuHsi* und *YouTsao.* In diesem originellen schamanistischen Tempel mit daoistischem Einschlag wurden früher angeblich am ersten Tag des Mondmonats im Erntemonat Juli (tierische) Blutopfer gebracht. Vom Garten vor dem Tempel hat man einen hübschen Blick auf das Tal unterhalb TzuHus.

An-/Abreise

- Es gibt keine Direktverbindung mehr ***mit öffentlichen Bussen*** zu größeren Städten des Nordwestens, Schaltstelle ist die Kleinstadt TaHsi (↗), von wo aus man nach TzuHu (26 NT$) umsteigt. Dies hört sich umständlich an, geht aber recht zügig, binnen einer Stunde ist man von TaoYuan oder ChungLi aus in TzuHu. In TaHsi gibt es zwei Stationen, eine nationale vor dem auffälligen Stadttor sowie die TaoYuanKeYun-Station, von der aus man nach TzuHu und von/nach ChungLi fährt. Von TzuHu zurück kann man jeden Bus Richtung TaHsi nehmen.
- Der Bus hält in ***TzuHu*** nur an einer Haltestelle an der Hauptstraße kurz vor dem Ortsausgang (zurück gegenüberliegende Straßenseite). Hier geht man 100 m weiter in Fahrtrichtung und sieht den Parkplatz linker Hand. Das Gebäude dort ist ein Snack-Restaurant, links davon führt der Weg am See entlang zum CKS-Gebäude. Auf der gleichen Seite (Parkplatzmitte) führt eine Brücke zum ChiangChingKuo-Gebäude und dem Tempel.

石門水庫

ShihMen ShuiKu (ShíMén ShuǐKù, Stein-Tor-Wasserspeicher)

Der ***Damm*** wurde mit Hilfe US-amerikanischer Experten errichtet und war lange Zeit der ganze technische Stolz TaiWans. Für Studenten wurden noch in den 80er Jahren quasi „Pflichtbesichtigungen" von TaiBei aus organisiert, heute ist der ShiMen-Damm nur noch einer von mehreren. Der acht qkm große ***Stausee*** ist aber nach wie vor als Ausflugsziel beliebt.

So dient das Dammgebiet heute überwiegend den Städtern aus TaiBei, TaoYuan und ChungLi als ***Naherholungsgebiet*** an Wochenenden und Feiertagen, während der Tourist unter der Woche nahezu verloren am See steht.

In der Nähe der Zufahrt liegt der ***Asien-Vergnügungspark*** (YăZhou LèYuàn), ein völlig überteuerter kleiner Rummelplatz. Der Eintritt in das Damm-Gebiet beträgt 60 NT$ (Fahrzeuge extra), der zum Asien-Vergnügungspark 485 NT$.

Unterkunft

Der Stausee ist ein beliebtes Wochenendziel taiwanesischer Jugendgruppen und Wochenendausflügler. Dementsprechend wurden zwei Campingplätze für erstere und einige teure Hotels für letztere errichtet. Der Durchreisende wird es kaum für notwendig erachten, hier eine Nacht zu verbringen, da man einerseits alles erlaufen (bzw. mit dem Taxi fahren), andererseits den Damm und TzuHu zusammen leicht an einem Tag von TaoYuan oder Chung-

Li aus besuchen kann. Wer mit Gepäck zu Fuß laufen will, muss berücksichtigen, dass es vom Eingang hoch zum Stausee sehr steil bergan geht.

- Zwei Campingplätze liegen am See, beide am anderen Ende des Sees und daher für Fußgänger unerreichbar; eigenes Zelt mitbringen.

雲蕭大飯店

ф ***YunHsiao TaFanTian*** €€€, Tel. (03)-4712111,
DZ ab 3400 NT$, liegt einigermaßen günstig.

湖濱大飯店唯

ф ***HuPinTaFanTian*** €€€, Tel. (03)-4883883, DZ ab 2600 NT$.

芝麻大飯店

ф ***ChiMa TaFanTian*** €€€€, Tel. (03)-4712120, DZ 4750 NT$.

An-/Abreise

- Es gibt drei Möglichkeiten, zum Damm zu gelangen. Direktverbindungen existieren ***von/nach ChungLi*** (55–65 NT$), allerdings nur bis zum Dorf TaPing, etwa 1500 m vor dem Parkeingang. Der Bus wendet praktisch, man gehe also in die Haupt-Fahrtrichtung weiter, nach 200 m links, dann über die große Brücke bis zum Haupteingang; es zweigen zwar vorher noch Seitenwege zum Damm ab, doch diese werden kontrolliert und verkaufen keine Tickets.
- Eine zweite Busverbindung besteht ***von/nach TaHsi*** (30 NT$), welches auch als Transferpunkt nach TzuHu (↗) und PaLing (↗) dient. Diese Busse fahren bis kurz vor den Haupteingang, zurück nimmt man dann die Haltestelle auf der rechten Straßenseite.
- Es ist ferner möglich, ***von TzuHu*** aus (ab CKS-Parkplatz weiter, nicht zurück nach TzuHu) zu Fuß zu gehen. Doch ist die Straße nicht sehr angenehm zu begehen, es sind rund 3 km bis zum Damm und dann noch einmal drei bis zum Eingang. Achtung: Es besteht keine Busverbindung von TzuHu zum Damm, man muss zurück nach TaHsi (↗) fahren und von dort einen Bus nach ShiMen-Damm nehmen.
- ***Im Park*** gibt es keine Busse, sodass auch der Besuch der Hotels und Campingplätze rund um den Damm zu Fuß schwer möglich ist.

桃園

TaoYuan (TáoYuán, Pfirsich-Garten)

TaoYuan gehört zum westlichen Industriegürtel TaiWans und ist die Hauptstadt der gleichnamigen Provinz TaoYuan. Rund 35 km südwestlich von TaiBei gelegen, dient die Stadt dem Touristen (bei Inselumrundung im Uhrzeigersinn) oft als die letzte Station vor dem Abflug vom CKS-Airport, der 15 km nördlich von TaoYuan bei TaYuan liegt. Von TaoYuan aus können auch bequem einige (Halb-)Tagesausflüge zu nahegelegenen Zielen im Nordwesten TaiWans gemacht werden.

Wer nur noch ein paar Stunden Zeit vor dem Abflug hat, kann in der Stadt über den ***Stadtmarkt*** in der WenHuaChie schlendern, wo es neben frischem Obst und Gemüse auch zahlreiche Souvenir- und Kleidungsstände gibt. Ferner lohnt sich ein Gang zum ***MaTzu-Tempel.*** Dieser alte daoistische Tempel zeichnet sich durch aufwändige Holzschnitzereien an der gesamten Rückwand des Hauptschreines aus sowie durch untypische Deckenmalereien, u.a. chinesischer Meerjungfrauen, vor und in der Haupthalle. Beachtenswert ist auch die Dachformation: Sie besteht nicht aus

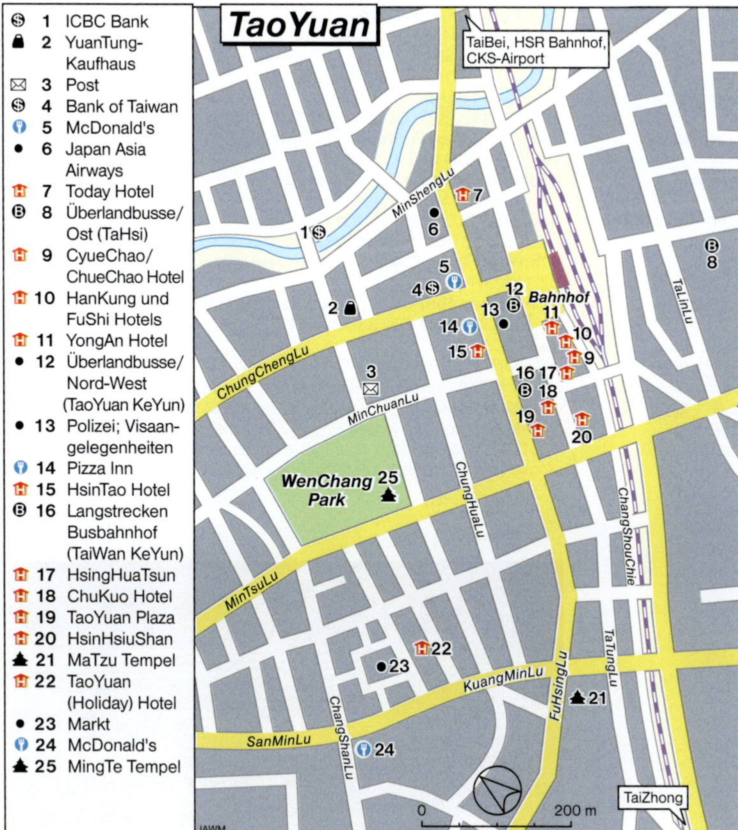

einem kompletten Teil, sondern aus vier kleinen Dächern über Trommel- und Glockenturm sowie Vor- und Haupthalle. Der Tempel liegt an der KuanMingLu/Ecke FuHsingLu (die KuanMingLu wird auf den Straßenschildern teilweise auch als SanMinLu, Sec. 3, bezeichnet).

Unterkunft

TaoYuan wird sehr häufig als Stopp vor dem Abflug genutzt, dementsprechend gibt es eine Reihe von Unterkünften in allen Preiskassen.

漢宮大旅館

ф ***HangKong TaLuShe*** €, 9 ChangShouChie, Tel. (03)-3327189, DZ 600 NT$, etwas heruntergekommen.

杏化村大旅館 ф ***HsingHuaTsun TaLuShe*** €, 61 TaTungLu, Tel. (03)-3323138, DZ ab 700 NT$.

富士大旅館 ф ***FuShi TaLuShe*** €, 7 ChangShouChie, Tel. (03)-3324161, DZ ab 700 NT$.

永安旅館 ф ***YungAn LuShe*** €, 37 TaTungLu, Tel. (03)-3322830, DZ ab 850 NT$.

新秀山賓館 ф ***HsinHsiuShan PinKuan*** €, 77 TaTungLu, Tel. (03)-3323112, DZ ab 800 NT$.

祝國大旅館 ф ***ChuKuo TaLuShe*** €€, 66 TaTungLu, Tel. (03)-3325536, DZ ab 950 NT$.

欣桃大飯店 ф ***HsinTao TaFanTian*** €€, 180 FuHsingLu, Tel. (03)-3331131, Fax 3331139, Zimmer zwischen 1200 und 1700 NT$.

桃園大飯店 ф ***TaoYuan TaFanTian*** €€, 58 LiChenNanJie, Tel. (03)-3356275, DZ 1450 NT$.

雀巢飯店 ф ***ChueChao FanTian*** €€, ***(Cyue Chao, Hotel Nestle),*** 5 ChangShouChie, Tel. (03)-3365800, Fax 3386940, DZ ab 1050 NT$, die besten Zi. bis 2250 NT$.

今日大飯店 ф ***ChinRi (Jih Ri) FanTian*** €€, 81 FuHsingLu, Tel. (03)-3324162, Fax 3337778. Bestes Hotel im Zentrum, 1200-2000 NT$.

南華大飯店 ф ***TaoYuan Plaza*** €€€, 151 FuHsingLu, Tel. (03)-3379222, 2200-3350 NT$.

假日大飯店 ф ***Holiday (TaoYuan Hotel)*** €€€, 269 TaHsingLu, Tel. (03)-3254021, Fax 3251222, www.holidayhotel.com.tw, mit Sauna, Wellness, Unterhaltungsmöglichkeiten, DZ ab 3000 NT$ ohne Frühstück.

077t Foto: wl

Altar des schamanistischen Wasserbüffeltempels in TzuHu

中正國紀機場旅館 ⊕***Airport-Hotel*** €€€€, Tel. (03)-3833666, am Flughafen. Die DZ beginnen hier bei 150 US$, wobei die Flughafennähe „die halbe Miete" ist!

Essen und Trinken

- Dass man sich in TaoYuan auf die Abreisenden eingestellt hat, zeigt die breite Palette westlicher ***Fast-Food-Restaurants.***
- An chinesischen Essensmöglichkeiten ist neben den üblichen Snacklokalen, Bäckereien und SB-Restaurants im Zentrum der ***Markt*** in der WenHua-Chie mit Obst, Gemüse, Säften, Entenspezialitäten usw. erwähnenswert.

Information

Eine Filiale des TaiWan Tourism Bureau befindet sich in der 2 ChengKung-Lu, Sec. 2, 2. Etage. Kaum jemand kommt allerdings hierher, weil praktisch niemand seine Reise in TaoYuan beginnt. Dementsprechend ist auch das Informationsmaterial am Airport oder andernorts wesentlich besser.

Institutionen

銀行 ⊕***Bank:*** ICBC, 2 ChengKungLu, Sec. 2.
郵局 ⊕***Post:*** ChengKungLu/Ecke MinChuanLu.

An-/Abreise

- ***Bahn:*** In nördliche Richtung bestehen von 4.32 bis 23.19 Uhr alle halbe bis dreiviertel Stunde Verbindungen, nach Süden fahren rund um die Uhr 49 Züge, meist bis KaoHsiung (GaoXiong, je nach Zugart 445–855 NT$). Insbesondere von/nach TaiBei (42–85 NT$) und von/nach ChungLi (16–35 NT$) empfiehlt sich die schnellere Bahn.
- ***Bus: Langstrecken-Bbhf:*** nach KeeLung (JiLong,) (110 NT$) alle 20 Min., TaiBei (65 NT$) alle 5–10 Min., TaiZhong (240 NT$) 6.20–21.10 Uhr 16 x tgl. alle 50 Min., ChiaYi (358 NT$) 7.40, 9.30, 13.15, 15.25 Uhr. TaiNan (425 NT$) 8.00 Uhr, KaoHsiung (GaoXiong) (605 NT$, via TaiNan) 7.00–20.00 Uhr stündlich.

  TaoYuan KeYun Überlandbusse/West und Nord: Sonderbusse fahren nur an bestimmten Tagen nach ShangPaLing, TaiPingShan, Löwenkopfberg, ALiShan, HsueShan (alle etwa jeden zweiten Sonntag). Die Daten hierzu stehen über den Bussteigschildern angeschrieben. Wichtigste Linie hier ist der Bus zum ***CKS-Flugplatz*** (44 NT$, alle 30–40 Minuten). Nach ChungLi (36 NT$) fahren Busse alle 20 Minuten.

  Überlandbusse/Ost: von/nach TaHsi (38 NT$) alle 20–30 Minuten, ShiMen (85 NT$) alle halbe bis dreiviertel Stunde. Achtung: Hier hängen noch Schilder der früheren Direktverbindung nach PaLing, diese Linie ist eingestellt, man erreicht PaLing nur noch via TaHsi (⇗).
- ***Taxi:*** Taxis zwischen TaoYuan und dem Flughafen kosten rund 750 NT$.

0631 Foto: wl

PaYang-Fälle bei TienHsiang

Zentralbergland Nord

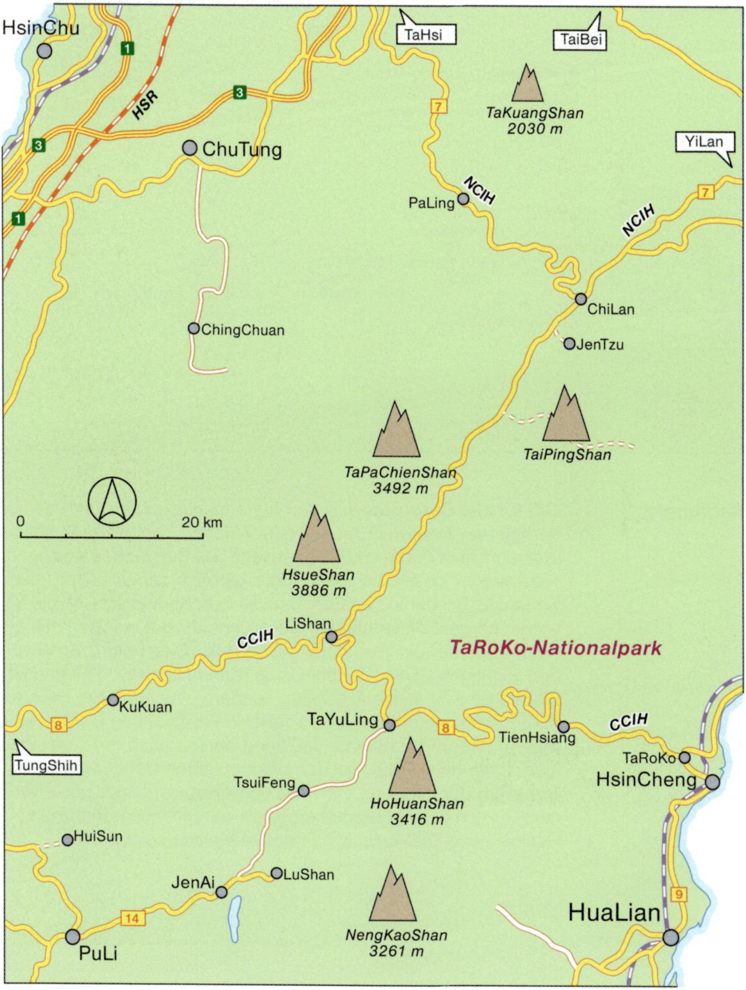

Achtung!!!

Gilt für alle Bergrouten: In den vergangenen Jahren kam es wiederholt zu schweren Erdbeben oder Taifunen, zahlreiche Straßen, erst recht aber Pfade und Wanderwege des Berglandes sind noch nicht wieder passierbar oder sogar gänzlich zerstört. Der überwiegende Teil der in den Bergkapiteln beschriebenen Gebiete ist wieder hergestellt, vereinzelt kann es jedoch vorkommen, dass eine Straße oder ein Weg noch gesperrt ist. Dies betrifft vor allem den wichtigen CCIH (Central Cross Island Highway = East West Coast Highway; keine Autobahn, sondern eine schmale, gewundene, zweispurige Straße) von TaRoKo bis TaiZhong (TaiChung), dessen Abschnitt LiShan - TaiZhong derzeit noch repariert wird (Umleitung via ⇗ PuLi). Bei den Wanderwegen steht es beispielsweise um den HoHuan OldTrail I (TaRoKo) nicht sehr gut - vermutlich kann er nicht wiederhergestellt werden, auch ShaKaTang-, HoHuan- und TaLi-TaTung-Trail sind teilweise beeinträchtigt.

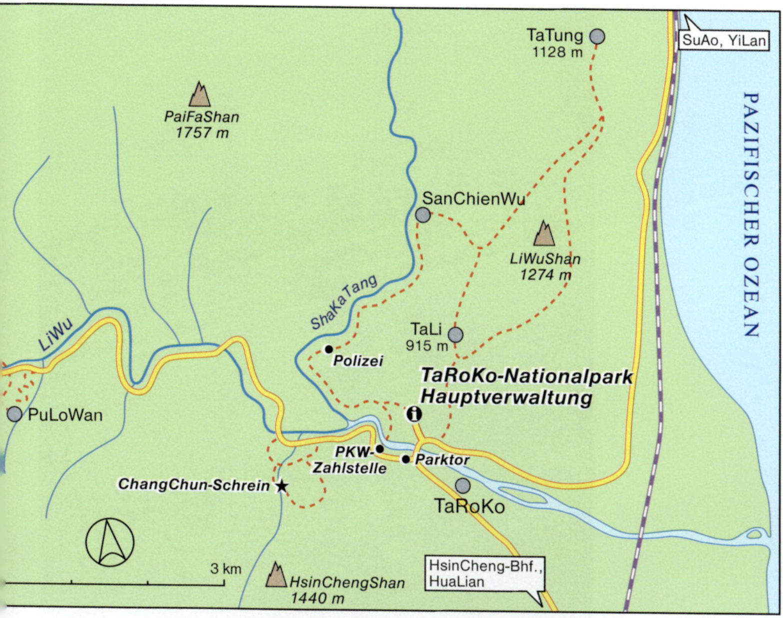

太魯閣

TaRoKo-Nationalpark

TaRoKo (TàiLǔGé)
Central Cross Island Highway

TaRoKo bedeutet in der Sprache der Ami schlicht „schön" und ist eine der Hauptattraktionen TaiWans, die man auf keinen Fall versäumen sollte. Für viele Reisende findet hier wieder der erste Kontakt mit der freien Natur statt, vor allem wenn man über HongKong und TaiBei angereist ist und von Menschen, Lärm und Luftverschmutzung die Nase voll hat. Am Eingang der Schlucht, praktisch am Meer gelegen, beginnt der ***East-West Coast Highway*** *(Tung-Hsi HengKuan KungLu),* eine unter größten Anstrengungen den Bergen abgerungene Straße, die über TienHsiang, TaYuLing und TungShih nach TaiZhong (TaiChung) führt und dabei auf der kurzen Distanz von 192 km Höhen von mehr als 2700 Meter passiert.

Beim Bau der Straße wurden immense Marmorvorkommen entdeckt, die ursprünglich kommerziell genutzt werden sollten. Glücklicherweise stellte die Regierung die gesamte Gegend unter Naturschutz. 1960 wurde mit 10.000 Arbeitskräften der Bau dieser Panoramastraße begonnen, die 1964 fertiggestellt wurde.

Foto: www.fotolia.de © Steve Kim

Hängebrücke auf dem TaRoKo-Trail

Das ***Örtchen TaRoKo*** selbst ist lediglich eine Ansammlung von touristischen Verkaufsständen entlang der Straße, an der ein Tor mit chinesischem Dach den Anfang des „East-West Coast Highways" markiert, an dem sich Ureinwohner in traditioneller Tracht gegen einen Obolus mit dem Besucher fotografieren lassen. Ferner stellt dieses Tor den Eingang zum TaRoKo-Nationalpark dar.

Die meisten Reisegruppen und einheimischen Pkw-Reisenden fahren nach dem obligatorischen Foto des Eingangstores (wahlweise mit oder ohne Ureinwohner) bis TienHsiang durch und nach kurzer Pause von dort direkt weiter bis TaiZhong (TaiChung).

Entlang des CCIH

Viel empfehlenswerter, zumindest unter der Woche, wenn kaum Verkehr herrscht, ist allerdings der etwa 18 km lange, leichte und trotzdem sehr schöne ***Fußmarsch*** vom Tor hinauf ***nach TienHsiang.***

Nach etwa drei Kilometern (Fußgänger links die alte Straße, nicht rechts den neuen Tunnel nehmen) erreicht man drei Tempel zu Ehren der über 400 Bauarbeiter, die beim Bau der Straße ihr Leben verloren (ChangChunCi, ***Tempel des ewigen Frühlings).*** Ein kleiner Wasserfall mündet in einen Bach, der mitten durch den untersten der drei Tempel fließt. Links vom Parkplatz führt ein kleiner Pfad zu den Tempeln, der aber leider meist wegen Einsturzgefahr durch ein Eisentor abgesperrt ist. Die anschließende Treppe führt steil am Berg hoch zu den beiden weiteren Tempeln. Oben kann man entweder umkehren oder aber dem Pfad folgen, der über eine Hängebrücke etwa 500 m unterhalb des Parkplatzes zurück zur Hauptstraße führt.

Die stetig ansteigende Straße windet sich weiter durch die herrliche ***Marmorschlucht,*** deren Wände rechts und links des Flüsschens zum Teil Hunderte von Metern senkrecht hochragen.

Nach etwa sechs Kilometern bietet sich eine Rast im kleinen ***Pavillon am HsiTan-Stausee*** an. Ein gutes Stück weiter steht ein kleiner Pavillon in der Schlucht, wo Einheimische gerne etwas länger verweilen - angeblich soll dort schon Gold gefunden worden sein.

Nach etwa 15 km passiert man die Gebäude der Parkverwaltung, ehe schließlich der Ort ***TienHsiang*** erreicht ist. Kurz vor dem Ort führt die Straße durch einen 300 m langen, unbeleuchteten Tunnel - für Fußgänger ist es daher ratsam, die alte Straße außen links vor dem Tunnel zu nehmen. Der Fußmarsch dauert (mit Gepäck) inklusive aller Stops maximal vier bis fünf Stunden. Man kann leicht von TaiBei aus per Zug am Morgen anreisen und bis zum frühen Nachmittag in TienHsiang sein.

Als Ausgangspunkt für den Besuch TaRoKos wird in gängigen Publikationen meistens HuaLian empfohlen, weil von dort Linienbusse durch die Schlucht fahren. Wer die Wanderung plant, kann ebensogut mit dem Zug bis HsinCheng fahren (⇗ An-/Abreise).

Die Erkundung der Schlucht per Bus/Moped/zu Fuß entlang des CCIH (Central Cross Island Highway = East-West Coast Highway) ist die häufigste von Touristen gewählte Variante. Es gibt allerdings noch bessere Möglichkeiten, die allerdings eine gehörige Portion Mut und Ausdauer voraussetzen: Für Kinder und Höhenängstliche sind einige der folgenden Trails nicht zu empfehlen, es geht über zerstörte Hängebrücken und Bergziegenpfade. Hier kann man auch den chinesischen Ausdruck für „Landschaft", *ShanShui* (Berg-Wasser) verstehen lernen.

ShaKaTang-Trail (ShenMiKu-Trail)
砂卡礑
神祕谷

Wenige Hundert Meter hinter dem Parktor zum TaRoKo-Nationalpark liegt rechter Hand an der Hauptstraße ein kleiner Gebührenschalter für durchfahrende Kraftfahrzeuge. Hier folgt man dem Pfad hinunter zum LiWu-Fluss, überquert diesen und folgt dem ShaKaTang Gebirgsbach auf der rechten Uferseite (flussaufwärts). Der Pfad ist sehr einfach begehbar, steigt nur geringfügig an und erreicht nach ca. 6 km die alte Attayal-Siedlung ***SanChienWu.*** Ursprünglich diente der Pfad den Arbeitern der taiwanesischen Wasserversorgung als Kontrollpfad und führt durch beeindruckende Marmorvorkommen und saftig-grüne Vegetation. Von SanChien-Wu aus geht es in einer Spitzkehre nach ***TaLi*** (3,5 km, s.u.) und weiter hinunter zur Wasserpipeline, von wo aus es noch 500 m zur ***Parkhauptverwaltung*** sind. 1996 wurde direkt an der Hauptverwaltung ein Pfad auf der nördlichen Uferseite des LiWu gebaut, sodass direkt vom/zum Hauptquartier gewandert werden kann. Auch wenn die Gesamtstrecke nur etwa 12 km beträgt, muss berücksichtigt werden, dass vom Hauptquartier (etwa auf 50 m) bis TaLi auf 915 m einige Höhenmeter überwunden werden müssen.

TaLi-TaTung-Trail
大禮
大同

Nur unwesentlich länger, aber bedeutend anstrengender ist der TaLi-TaTung-Trail, welcher auch mit dem ShaKaTang-Trail kombiniert werden kann. Startpunkt ist entweder die Treppe an der Wasserpipeline (500 m von der Parkverwaltung an der Hauptstraße am nördlichen Flussufer gelegen) oder die Abzweigung am ShaKa-Tang-Trail zwischen SanChienWu und TaLi. TaLi (915 m) wie auch TaTung (1128 m) sind noch heute Heimat der Attayal (⇗WuLai u. Exkurs), deren traditionelle Bau- und Lebensweise hier hervorragend erlebt werden kann. In beiden Siedlungen kann problemlos gezeltet werden (Schlafsack mitbringen!). Der Trail bietet spektakuläre Ausblicke aufs Meer, die TaRoKo-Schlucht und den Schrein des ewigen Frühlings auf der anderen Seite des LiWu-Flusses. Die üppige Flora und Fauna können nahezu ungestört genossen werden, da nur sehr wenige Besucher diesen Weg einschlagen. Man rechne mit rund sieben Stunden für den Trail, wer den ShaKaTang-Trail mit einbezieht, sollte eine Übernachtung in TaTung einplanen.

PuLoWan
布烙彎

3,5 km hinter dem Schrein des ewigen Frühlings zweigt am CCIH links eine steile geteerte Serpentine 100 m hinauf nach PuLoWan, einer neu geschaffenen, kleinen (touristischen) ***Attayal-Siedlung,*** die neben Tanz- und Kulturvorführungen (Vorführung tgl. außer Mo. um 10.00 u. 15.00 Uhr) eine Informationsstelle der Parkverwaltung (geöffnet 8.30–16.30 Uhr) bietet. Attayal-Frauen zeigen hier ihre Webtechniken, weitere interessante Hintergründe zu den Attayal und Ami werden in Diavorführungen (6 x tgl.) vermittelt. (Siehe auch Exkurse zu den Ami und Attayal.)

Hinter dem runden, hölzernen Vorführungsgebäude führt ein netter Fußweg (690 Stufen) hinunter zum CCIH, an dem auf der gegenüberliegenden Straßenseite der schwierige HoHuan Old Trail beginnt. Der Abstecher nach PuLoWan ist einfach und jedermann zu empfehlen.

HoHuan Old Trail (Teil I)
合歡老行道

Der alte HoHuan-Trail (auch NengKao-Trail genannt) war bis zum Bau des CCIH der Hauptverbindungsweg zwischen den Attayalsiedlungen. Die hier begehbare, etwa acht km lange Teilstrecke auf der nördlichen Seite des LiWu-Flusses hoch oberhalb der TaRoKo-Schlucht zählt zu den archäologisch besonders schützenswerten Strecken in TaiWan. Man sollte sich vor dem ***Start in PuLoWan*** über die Begehbarkeit zu erkundigen. Sicheres Schuhwerk und absolute Schwindelfreiheit sind unabdingbare Voraussetzungen für die Tour, Familien mit Kindern oder Höhenängstliche sollten auf diese Strecke verzichten - der Pfad ist schwierig, gefährlich, bietet aber Fotofreunden atemberaubende Motive.

Nach acht Kilometern führt der Hauptpfad links wieder auf den CCIH, rechts kann der Weg bis TienHsiang oder sogar bis zu den heißen Quellen von WenShan fortgesetzt werden.

Information

In TaRoKo (auf der gegenüberliegenden Seite des Flusses an der Brücke) befindet sich die Parkverwaltung mit einem modernen ***Visitor-Center.*** Hier werden mehrsprachige Erläuterungen zur Schlucht, ihrer Geschichte und den Bewohnern angeboten. In der Cafeteria sind auch (recht brauchbare) Landkarten erhältlich. Das Visitor Center ist unter Tel. (03)-8621100 zu erreichen und im Web auf der Homepage www.taroko.gov.tw vertreten.

Unterkunft

Wildes Zelten ist im Naturpark TaRoKo nicht verboten, Auskünfte über geeignete Stellen bei der Touristeninformation im Visitor-Center.

Außerdem kann man in folgenden Hotels übernachten.

- ***TaRoKo-Hotel*** €€-€€€, Tel. (03)-8611558, www.taroko-hotel.com.tw, DZ unter der Woche ab 1500 NT$, Wochenende ab 1950 NT$.
- ***LiWuKeZhan*** €€-€€€, Tel. (03)-8610769, http://liwu.ho.net.tw, Kombination aus Jugendherberge und Hotelbetrieb, 12er-Dorm 650 NT$, DZ 1800 bzw. 2200 NT$ (Wochenende).

Essen und Trinken

Außer der Cafeteria im Visitor-Center gibt es an der Strecke keine Einkehrmöglichkeit, erst wieder in TienHsiang. Wanderer sollten vor allem genügend Getränke und eine Brotzeit mitbringen.

An-/Abreise

- ***Bahn:*** Station HsinCheng, von/nach TaiBei je nach Art und Klasse 400–450 NT$, von/nach HuaLian 55 NT$. Zur Schlucht keine öffentlichen Verkehrsmittel außer Taxi: vom Bahnhof HsinCheng zum Tor ca. 120 NT$ pro Taxi, Teilen mit anderen i.d.R. kein Problem. Zu Fuß knapp drei km, aus dem Bahnhof links bis zur Hauptstraße, dort links, das Zementwerk links liegen lassend.
- ***Linienbus:*** Die Busse aus HuaLian sind recht häufig, gehalten werden kann eigentlich überall an der Strecke, man muss nur dem Fahrer bedeuten, dass man aussteigen will. Von HuaLian bis TienHsiang ca. 125 NT$ je nach Busart, ca. 70 NT$ bis zum Parktor/TaRoKo.
- ***Tourbus:*** In HuaLian können Touren nach TienHsiang mit mehreren Stopps in der Schlucht für ab 850 NT$ pro Person gebucht werden (⇗ HuaLian).
- ***Zu Fuß:*** Vom Bahnhof HsinCheng etwa drei km bis zum Tor, von dort 18 km bis TienHsiang.

天祥

TienHsiang (TiānXiáng, Himmel-glücksverheißend)

Dieser kleine Ort am oberen Ende der TaRoKo-Schlucht ist mit dem Bau der Straße entstanden, also nicht traditionell gewachsen; die einzigen Arbeitsmöglichkeiten bietet der Tourismus. Außer einem kleinen Busbahnhof, einigen Restaurants, einer Post und drei Unterkunftsmöglichkeiten gibt es dort oben nicht viel. An Wochenenden und Feiertagen ist TienHsiang meist überfüllt, eine telefo-

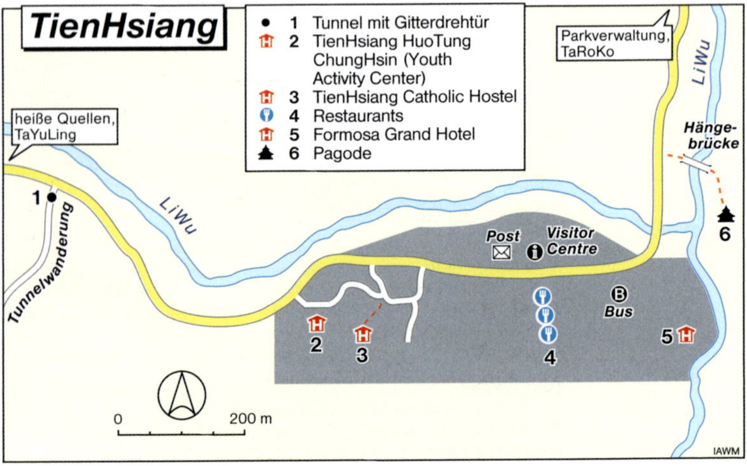

nische Zimmerreservierung ist dann dringend anzuraten. Unter der Woche beschränkt sich der Trubel auf die Mittagszeit, wenn die Tages-Tourbusse aus HuaLian eintreffen, ansonsten herrscht Ruhe, vor allem wenn man sich auf eine Wanderung in die nähere Umgebung begibt.

Leider ist der ***Rundweg TienHsiang – Parkverwaltung – Heiße Quellen von WenShan*** (WenShanWenQuan) nicht mehr passierbar. (Hinter dem Gebäude der Verwaltung führt ein Pfad in den Wald, der sich bald teilt: Rechts ging es hinunter bis zum Rastplatz Richtung TaRoKo, links zu den Quellen.) 1990 war dieser wunderschöne Rundgang (etwa 2 Stunden) noch machbar, seit 1993 wegen eines Erdrutsches nicht mehr. Der Pfad ist mittlerweile zugewuchert und nur noch mit Machete begehbar. Die Chinesen sind keine großen Wanderer, daher sind die Hoffnungen, dass der Weg ausgebessert wird, wohl unbegründet. Der Vollständigkeit halber sei dennoch auf die Möglichkeit hingewiesen.

Tunnelwanderung
白揚瀑布

Interessant, ruhig und wie eine kleine Entdeckungsreise ist der Gang durch die 25 Tunnel der ***PaiYang-Fälle.*** Für diesen Ausflug sind Regenschutz, Taschenlampe und Getränke unbedingt mitzunehmen. Etwa 1 km von TienHsiang entlang der Straße Richtung TaYuLing sieht man auf der linken Seite den Eingang eines Tunnels, der von einem Eisentor mit Drehtür für Fahrzeuge gesperrt ist. Dieser Tunnel bildet den Auftakt zu einer abwechslungsreichen Wanderung oder einem kleinen Abenteuer. Dem Tunnel und dem gleich links dahinter liegenden Pfad folgend, liegen nach etwa drei Kilometern tosende Wasserfälle linker Hand. Und dann geht es erst richtig los: Der Pfad führt durch 25 Tunnel, die teilweise von natürlichen Wasserkaskaden durchflossen werden und (besonders in der Regenzeit) knietief unter Wasser stehen, an einer kleinen Schlucht mit Gebirgsbach entlang sechs Kilometer weit ins „Nichts". An Autoverkehr ist nicht zu denken, obgleich dieser ungeteerte Weg ursprünglich wohl dazu ausgelegt war. Er führt entlang jenes Baches, der in TienHsiang in den LiWo-Bach mündet.

5 km nach dem Wasserfall stößt man rechter Hand auf eine 1993 fertiggestellte ***Hängebrücke,*** die jenseits der Schlucht einen Wanderweg bis zur N14 zum LiYuHu bei HuaLian erschließen soll. Wenn dieser Weg fertiggestellt ist, bieten sich fantastische Trekkingmöglichkeiten von TaRoKo über TienHsiang nach HuaLian an. Bisher war der Weg noch nicht frei, die Parkverwaltung fragen!

Der ***Tunnel Nr. 25,*** etwa 6 km hinter dem großen Wasserfall, wurde schon vor rd. 20 Jahren durch einen Erdrutsch in der Mitte zerstört und somit unpassierbar. Unpassierbar insofern, als nach Aussage einiger Bauarbeiter eine Reparatur oder Umgehung unmöglich und eine Instandsetzung nicht geplant ist. Geübte Kletterer können durch einen Spalt im Tunnel auf dem Erdrutsch den Tunnel durchqueren und den Weg fortsetzen. Der Wanderer benötigt von TienHsiang bis zur Einsturzstelle ca. 3½ Stunden (einfach), man sollte daher an dieser Stelle den Rückweg antreten.

062t Foto: wl

Erholung in den heißen Quellen

WenShan WenChuan
文山溫泉

Ein weiterer Höhepunkt in TienHsiang, vor allem während der kühleren Monate oder nach einer anstrengenden Wanderung, ist ein heißes Bad in den ***WenShan-Quellen.*** Hierzu folgt man dem Highway vom Ort aus etwa drei km vorbei an einer Parkpolizei-Station bis zum dritten Tunnel (gezählt ab TienHsiang). Vor dem Tunnel führt rechts eine Treppe steil hinunter über eine Hängebrücke zum LiWu-Bach und den heißen Quellen. Badeanzug/-hose nicht vergessen! Wer den Bus ab TienHsiang nehmen möchte, steigt an der offiziellen Haltestelle (500 m vor den Quellen) bei der Parkpolizei aus.

HuoRan-Pavillon-Trail
豁然亭

Etwas weiter oberhalb des Einganges zum PaiYang-Trail (ca. 1 km entlang der Hauptstraße) führt links ein unscheinbarer Wanderweg drei km zu einem kleinen ***Bergtempel.*** Der steile Anstieg zum HuoRanTing hat es in sich, der Ausblick entschädigt für die mühsamen 45 Minuten. Der Pavillon liegt am CCIH, welcher sich von TienHsiang hier hinauf windet, es ist daher möglich, mit Gepäck diesen Fußweg zu laufen und erst dann in den Bus Richtung LiShan zu steigen. Ein längerer Weg (90 Minuten) zum Pavillon beginnt unmittelbar hinter dem Youth Activity Center.

Pagode

Im Ort TienHsiang selbst ist, auf einer Anhöhe gelegen, die ***buddhistische Klosteranlage*** mit der weißen Pagode sehenswert. Vom obersten Stock der Pagode spricht der Ausblick für sich selbst. Die Anlage liegt auf der anderen Seite der Schlucht und ist über die unübersehbare ***Hängebrücke*** zu erreichen.

Lotusteich- und Pflaumengarten-Trails
蓮花池

梅園

Vier km oberhalb der heißen Quellen von WenShan liegt die kleine Siedlung ***HuiTouWan,*** bei der der CCIH das LiWu-Tal verlässt und steil hinauf über den HuoRan-Pavillon und den heiligen PiLu-Baum bis TaYuLing führt. An der Spitzkehre beim Km-Stein 162 führt ein Fußweg über eine Hängebrücke zu einer Weggabelung.

Rechts über eine weitere Hängebrücke geht es zum ***Lotusteich*** (weitere 4,5 km) auf 1200 Höhenmetern, dem einzigen echten Bergsee des TaRoKo-Nationalparks. Hier am See betreiben ehemalige Armeeangehörige ein kleines Hostel und Obstanbau (Pfirsiche und Birnen). Zoologisch Interessierte können Bären, Bergziegen und wilde Affen beobachten.

Bei der zweiten Hängebrücke führt der Fußweg geradeaus weiter über zwei Hängebrücken zum ***Pflaumengarten*** (MeiYuan, 3 km) und zur ***Bambussiedlung*** (weitere 4 km). Auch hier leben überwiegend ehemalige Armeeangehörige vom Obstanbau (Pflaumen, Birnen, Pfirsiche), Übernachtungen (Schlafsack mitbringen!) sind jeweils problemlos möglich. Und noch etwas: Das Obst ist hier so frisch und schmackhaft wie sonst nirgends auf TaiWan.

Die Busse von TienHsiang Richtung TaYuLing halten in HuiTouWan, man melde sich dennoch rechtzeitig beim Fahrer, da dieser gelegentlich das Halten vergisst, wenn keine Einheimischen aussteigen wollen.

HoHuan Old Trail (Teil II)
合歡老行道

Durch den vom CCIH auf den PaYan-Trail abzweigenden Tunnel (s.o.) gehend führt gleich dahinter rechts der Fußweg des alten HoHuan-Trails rund 25 km bis zum heiligen ***PiLu-Baum*** (2300 m ü.N.N.) am CCIH. Dieser Weg ist eine Alternative zur Busfahrt von TienHsiang Richtung TaYuLing (am Baum kann man heraufkommende Busse stoppen und von hier aus weiterfahren). Insbesondere aufgrund der zu überwindenden Höhen ist dieser Marsch nur guten Fußgängern zu empfehlen, mit Gepäck sind 8-9 Stunden einzuplanen. Man rechne nicht damit, hier vielen Passanten zu begegnen!

Information

Im Ort in den Unterkünften, ansonsten auch bei der Parkverwaltung-Außenstelle (1 km von TienHsiang Richtung TaRoKo, hat auch Karten der Umgebung) oder dem supermodernen Visitor-Center in TaRoKo.

Unterkunft

天祥天主堂
ф ***TienHsiangTianChuTang (TienHsiang Catholic Hostel)*** €-€€, DZ 1200 NT$ mit Bad, Dorm 350 NT$. Tel. (03)-8691203.

天祥活動中心
ф ***TienHsiangHuoTungChungHsin (TienHsiang Youth Activity Centre)*** €-€€, DZ 1800 NT$, 4er-Zimmer 3600 NT$, 8er-Dorm 650 NT$/p.P., Tel. 03-8691111.

晶華渡假酒店
ф ***Formosa Grand Hotel*** €€€€, Luxushotel mit Deluxe-Zimmern zu 6600 NT$/DZ und 7700 NT$/3er-Zimmer, am unteren Ende des Busbahnhofes.Tel. (03)-8691158, www.grandformosa-taroko.com.tw.

- ***Hinweis:*** Eine Reservierung ist für die Wochenenden bei allen Unterkünften ratsam.

Essen und Trinken

- Im ***TienHsiang Youth Activity Centre*** sowie im ***Catholic Hostel*** werden drei Mahlzeiten täglich (7.00, 12.00 und 18.00 Uhr) angeboten. Das Essen ist insgesamt gut, Vegetarier sollten allerdings vorher nachfragen, was es gibt, da oft fleischhaltige Speisen ausgegeben werden. Die Preise liegen nach Art und Umfang der Mahlzeit zwischen 100 (Frühstück) und 180 NT$ (je Mittag-/Abendessen).
- Direkt am Busbahnhof steht eine Reihe kleiner, offener ***Restaurants*** im Garküchenstil, in denen man sich seine Mahlzeit selbst zusammenstellen kann. Hier sind auch Kleinigkeiten wie Dosengetränke, Kekse und Hefeteilchen erhältlich.
- Heißes Wasser gibt es (kostenlos) in allen drei Unterkünften, Tee und Fertigsuppen können so selbst zubereitet werden.

Institutionen

- ***Post:*** gegenüber der Restaurants am Busbahnhof, geöffnet 8.00–18.00 Uhr.
- ***Polizei:*** ca. 2,5 km Richtung TaYuLing befindet sich die Station der Parkpolizei.
- ***Parkverwaltung-Außenstelle:*** etwa 1 km Richtung TaRoKo auf der linken Seite. Direkt neben der Post liegt eine kleine ***Informationsstelle*** (Visitor Centre), wo gesperrte Routen und allgemeine Informationen angefragt werden können.

An/Abreise

- ***Bus:*** von/nach HuaLian 125 NT$, 10 Abfahrten täglich. Von/nach TaYuLing 10 Abfahrten täglich (168 NT$), die Busse fahren weiter über KuKuan bis TaiZhong (TaiChung).

• ***Zu Fuß:*** von/nach TaRoKo etwa 4,5 Stunden (18 km), bergab etwas schneller. Von dort zur Bahnstation HsinCheng noch etwa drei km. Von/nach TaYuLing dem Highway folgend etwa 30 km, dabei Anstieg von 650 auf 2300 Höhenmeter.
• Hinweis: Vor der Weiterreise gegebenenfalls Unterkunft für TaYuLing bzw. HoHuanShan telefonisch von der Unterkunft in TienHsiang aus reservieren (lassen)!

大禹嶺山莊

TaYuLing (Große-Yu-Bergkette, DàYǔLǐng; Yu = legendärer chin. Urkaiser)

Nach achtstündigem Fußmarsch oder 45-minütiger Busfahrt von TienHsiang erreicht man TaYuLing. Die kleine Siedlung auf 2565 Metern Höhe bietet dem Reisenden - von der überwältigenden Aussicht abgesehen - nichts, was ihn länger hier halten könnte, sie ist aber in zweierlei Hinsicht von Bedeutung. Zum einen gibt es hier seit TienHsiang die erste Übernachtungsmöglichkeit, zum anderen zweigt hier der Weg zum HoHuanShan (Berg der harmonischen Freude) und weiter über TsuiFeng nach PuLi ab. Hundert Meter hinter der Bushaltestelle zweigt links (rechts geht der East-West Coast Highway weiter) eine 9 km lange, teilweise geteerte Straße zum SungHsueLou, dem Hotel am Fuß des HoHuanShan, ab.

Diese geht anfangs so steil bergauf, dass man mit Gepäck - je nach Kondition - mindestens drei, im Durchschnitt vier oder mehr Stunden für die atemberaubende, die Baumgrenze passierende Strecke benötigt.

Linienbusse gibt es bislang nicht - sie kommen die Straße nicht hoch, sodass man auf die teuren Privattaxis an der Haltestelle angewiesen ist (500 NT$/Taxi) oder zu Fuß gehen muss. Ein kleines Stück zumindest: Fahrzeuge verkehren hier zwar sehr selten (fünf pro Stunde sind schon viel), aber sofern auch nur ein kleines Plätzchen frei ist, wird fast jeder Fahrer anhalten und kostenlose Mitfahrt anbieten.

Information

Keine offiziellen Einrichtungen vorhanden, hier helfen aber die Einheimischen wie auch die beiden Hostels weiter.

Unterkunft

大禹嶺山莊

ф ***TaYuLingShanChuang (TaYuLing Mountain Resort):*** Zimmer ab 1400 NT$, Do 300 NT$. Die Einrichtung gehört zum TienHsiang Youth Activity Centre, Reservierungen können in TienHsiang vorgenommen werden, Tel. 04-25991009.

囉然山莊

ф ***LuoYin ShanChuang,*** an der Straße hinauf Richtung HoHuanShan: Do ab 350 NT$. Neu, nicht staatlich,Tel. (04)-25991173.

Da ein bis zwei Tage am HoHuanShan empfehlenswert sind, ist eine Übernachtung in TaYuLing nur dann sinnvoll, wenn man die Strecke TienHsiang - TaYuLing zu Fuß zurücklegt und HoHuanShan nicht mehr am gleichen Tag erreichen kann.

Essen und Trinken

Drei Mahlzeiten am Tag gegen Coupon wie im TienHsiang Youth Activity Centre (↗) auch. Ansonsten ist Selbstverpflegung angesagt. Nudelsuppen sind i.d.R. erhältlich.

An-/Abreise

• **Bus:** 10 Verbindungen täglich auf der Strecke HuaLian – TaiZhong (TaiChung). Richtung HuaLian hält der Bus unter anderem in TienHsiang (⇗, 75 NT$), Richtung TaiZhong (TaiChung) in LiShan (⇗, 68 NT$) und KuKuan (⇗, 120 NT$). Die Haltestelle ist der einzige größere Platz im Dorf und unübersehbar. Nach HoHuanShan besteht noch keine Verbindung.

Achtung: Bis zur Beendigung der Reparaturen nur 1 x täglich 9.30 Uhr ab Hua Lian Hbf. nach LiShan.

合歡山

HoHuanShan (HéHuānShān, Harmonie-Freude-Berg)

Das erste Ziel der Besucher ist nicht einer der Gipfel des „Berges der harmonischen Freude" auf 3416 m ü. M., sondern das ***Sung-HsuehLou*** (Schnee- und Pinien-Hotel) auf 3100 m Höhe als Ausgangspunkt für Bergwanderungen oder (selten) Skiabfahrten. In der Tat stand neben dem Hotel ein alter Skilift, da der HoHuanShan die einzige Gegend TaiWans ist, in der es schneien kann. Wenn dies im Januar und Februar der Fall sein sollte, kann man einen Besuch allerdings getrost vergessen: Halb TaiWan bestaunt dann die Rarität „Schnee", im Hotel kann man vielleicht noch einen Stehplatz zum Aufwärmen bekommen – mehr nicht. Vielen ist der Ausflug zum SungHsuehLou zu anstrengend, das Hotel steht, besonders unter der Woche, oft völlig leer. Der Betreiber ist ein netter, uriger alter Chinese aus TsingTao (QingDao), der ehemaligen deutschen Kolonie in Nordostchina (bis 1918). Er kam 1949 im Gefolge von ChiangKaiShek nach TaiWan und freut sich besonders über Besucher aus Deutschland. Gelegentlich auch im Sommer, erst recht aber im Winter fallen die Temperaturen des Nachts bis unter den Gefrierpunkt. Die Zimmer der oberen Etage sind sehr teuer, bieten aber auch offenen Kamin und rustikales Mobiliar.

An trockenen Tagen bietet das Zusammenwirken von eiskalter, sauberer Luft, stahlblauem Himmel, gelbgrünen Bambuswäldern und steingrauen Berggipfeln ein Farbenspiel, wie es die kitschigste Postkarte oder der Begriff „Kaiserwetter" nicht treffend genug wiedergeben können. Gleiches gilt für den spektakulären Sonnenaufgang oberhalb des „Wolkenmeeres", aus dem die kahlen Berggipfel glutrot angestrahlt emporragen.

Am Skilift rechts hinter dem Hotel führt hangabwärts ein Schotterweg zu den Wanderpfaden der Umgebung. Hält man sich auf diesem stets links, dem Schild MoShuiTiMuWu (Holzhütte zum versteinerten Tintenfass) folgend, wird nach etwa eineinhalb Stunden ein ***Plateau*** erreicht, welches eine prima Aussicht auf die Straße nach TaYuLing und die umliegenden Gipfel bietet. Richtung Straße blickend liegen rechter Hand von Nord nach Süd ***HoHuanShan TungFeng*** (Ostgipfel, 3416m), ***ChiLai ChuShan PeiFeng*** (Nordgipfel, 3605m) und ***ChiLai ChuShan Feng*** (Hauptgipfel, 3559m). In Anbetracht der Höhe ist diese Wanderung in der merklich dünnen Luft durchaus anspruchsvoll. Auf dem Plateau weist wieder das Schild MoShuiTiMuWu auf die Pfade zur

111t Foto: wl

East-Westcoast-Highway

Besteigung des ChiLaiChuShan hin. Die Besteigung der Gipfel ist nur Spezialisten anzuraten, Interessierte können sich im Hotel nach einer Anschlussmöglichkeit an eine einheimische Wandergruppe erkundigen.

Wem der Aufstieg zum Plateau zu mühsam scheint, kann der Straße vom Hotel etwa einen Kilometer bergan folgen, ehe am höchsten Punkt der Straße - der höchstgelegenen TaiWans überhaupt - auf knapp 3300 m ein Parkplatz mit ***Aussichtspunkt*** erreicht wird. Die Aussicht von hier ist fantastisch. Von dort aus sind es noch 14 km bis TsuiFeng, wo der Nationalpark endet und wieder Linienbusse verkehren. Der Fußmarsch auf der inzwischen durchweg geteerten Straße bis TsuiFeng dauert mit Gepäck nicht mehr als vier Stunden und geht auf Knie und Sehnen, da der Weg stets bergab führt. Genügend Wasser und Proviant sind unbedingt mitzuführen, gutes Schuhwerk ebenso.

Information

Die Betreiber des ***SungHsuehLou*** kennen sich bestens aus und helfen bei Fragen zur Region, Weiterreisemöglichkeiten usw. - sprechen allerdings leider kein Englisch.

Unterkunft

松雪樓

● Das neu renovierte ⌽***SungHsuehLou (Schnee und Pinienhotel)*** hat 6er Zimmer zu 2600 NT$, 3er Zimmer zu 2800 NT$ und Doppelzimmer zu 3800 NT$, Reservierungen unter Tel. (04)-25878800.

合歡山莊

● Wenige Meter weiter bietet das ⌽***HoHuan ShanZhuang*** Bungalows/Holzhütten ab 3000 NT$ an, Tel. (049)-2802732.

Essen und Trinken

Im Hotel möglich, Anmeldung ist rechtzeitig vor der Mahlzeit erforderlich. Heißes Trinkwasser gibt es kostenlos, sodass mitgebrachte Nudelsuppen und Getränkepulver nützlich sind. Einkaufsmöglichkeiten gibt es keine.

An/Abreise

Das SungHsuehLou (Schnee- und Pinien-Hotel) liegt an der Höhenstraße TaYuLing-TsuiFeng und ist nur zu Fuß, per Anhalter oder mit einem der hier auf Kunden wartenden Privattaxis (ca. 600 NT$ pro Fahrzeug) zu erreichen. Von/nach TaYuLing 9 km, vier bis fünf Stunden bergauf, drei Stunden bergab. Von/nach TsuiFeng 15 km, vier Stunden bergab nach TsuiFeng, etwa fünf in umgekehrter Richtung.

Rund um PuLi

萃峰

TsuiFeng (Zusammenkommen-Gipfel)

Das wichtigste am ganzen Ort ist die Bushaltestelle hinter der Parkpolizei an der Hauptstraße. Hier beginnt man den Anstieg zum SungHsueLou oder man kommt von dort herunter - zu Fuß, zwischen TaYuLing und TsuiFeng besteht keine Busverbindung. Die Anbindung hinunter über ChingChing-Farm und WuShe nach PuLi ist verhältnismäßig schlecht (⇗ PuLi), besser ist die Verbindung ab WuShe hinunter nach PuLi. Gegenüber der Haltestelle befindet sich ein kleiner Shop, der Inhaber kennt die aktuellen Abfahrtszei-

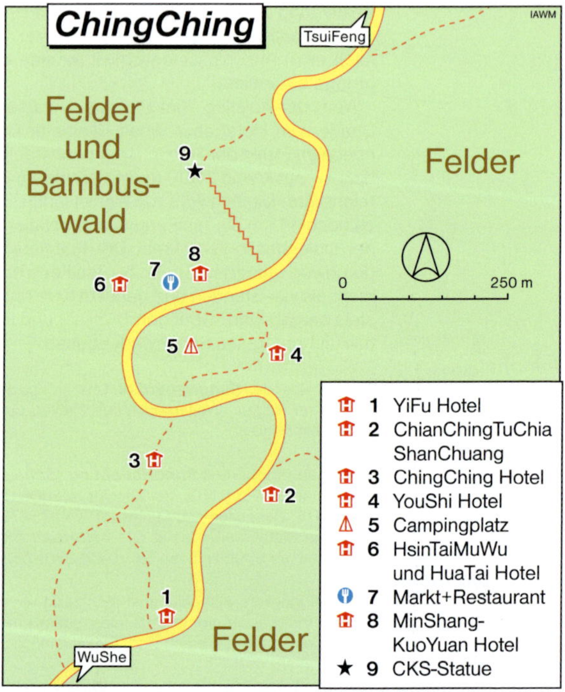

ten der Busse. In der Regel ist es so, dass ein Wanderer vom SungHsueLou um 5.30-6.00 Uhr losmarschiert und gegen 10.00 Uhr in TsuiFeng ankommt; dann hat man etwa eine Stunde Spielraum, um den Vormittagsbus zu erreichen, der hier gegen 11.00 Uhr abfährt. Richtzeiten der Busse sind: 8.00, 11.00 und 15.00 Uhr täglich.

Unterkunft
萃峰旅遊中心

- Eine neue Unterkunftsmöglichkeit in TsuiFeng wird vom ⊕ ***TsuiFeng LüYou ChongHsin*** angeboten, Tel. (049)-2801541, 4er Zimmer 2400 NT$. Nun haben Wanderer die Möglichkeit, in Tsui Feng zu übernachten und von hier aus den Weg zum HoHuanShan zu laufen

清境農場

ChingChing-Farm (QīngJìng NóngChǎng, Grün-Gegend-Bauer-Dreschplatz-Farm)

Der erste lohnenswerte Halt nach der anstrengenden Tour vom SongHsueLou nach TsuiFeng bietet sich in der landwirtschaftlichen Experimentalfarm ChingChing NongChang auf 1730 Höhenmetern an. Aufgrund des im Vergleich zur Ebene geradezu mitteleuropäischen Klimas wird jeder Meter bebaubaren Bodens für den

Gemüseanbau und die Weidewirtschaft genutzt. Letztere ist für einheimische Besucher eine so selten zu sehende Attraktion, dass mittlerweile Ausflügler mit Bussen von überallher nach ChingChing NongChang kommen und sich scharenweise (bevorzugt an Wochenenden) vor den Weiden der wilden Bestien fotografieren lassen. Gänge durch die Felder und zur CKS-Statue, die hier in Erinnerung an den ehemaligen Staatspräsidenten errichtet wurde, sowie der Genuss des ausschließlich hier wachsenden delikaten Hochlandkohls (geschmacklich zwischen Broccoli und Rosenkohl anzusiedeln) gehören zu den wenigen Aktivitäten, denen der Besucher hier nachgeht. Von den Spazierwegen und Pavillons beim YouShi-Hotel aus hat man einen feinen Blick über die Bergwelt und auf den Stausee von WuShe.

Unterkunft

- ***Campingplatz am YouShi-Hotel*** € steht jedermann offen, Anmeldung im Hotel (s.u., 300 NT$/Zelt).

果園山莊
ф ***MinShang KuoYuan ShanChuang*** €-€€, Tel. (049)-2802364, verfügt über Schlafsäle, die in flauen Zeiten auch an Einzelreisende (250 NT$/Pers.) vermietet werden, DZ zu 1450 NT$.

幼獅山莊
ф ***YouShi ShanChuang*** €€, Tel. (049)-2802533, bietet die günstigsten Zimmer mit 1400 NT$/DZ (wochentags Rabatte). Auch hier gibt es einen Schlafsaal, der mit 350 NT$/Person sogar noch billiger ist als im MinSheng KuoYuan ShanChuang, allerdings ist dieser für unangemeldete Touristen nur im Glücksfall zugänglich.

果民賓館
ф ***KuoMin PinKuan*** €€€, Tel. (049)-2802748, verlangt ab 2100 NT$ für ein DZ, 6er Zi. für 3400 NT$.

欣泰木屋
ф ***HsinTai MuWu*** €€€, Tel. (049)-2801051/993392, DZ ab 1750 NT$ – Rabatte unter der Woche.

華泰山莊
ф ***HuaTai ShanChuang*** €€€, Tel. (049)-2802387, DZ 2350 NT$.

億福山莊
ф ***YiFu ShanChuang*** €€€, Tel. (049)-2802999, DZ 2200 NT$, 1750 NT$ unter der Woche.

見晴渡假山莊
ф ***ChianChing TuChia ShanChuang (Sunshine Vacation Villa)*** €€€, Tel. (049)-2803163, DZ ab 2500 NT$, sehr empfehlenswert.

Essen und Trinken

- Der ***Markt*** bietet die Gelegenheit, frische lokale Produkte – aus praktischen Gründen insbesondere Obst – zu kosten.
- Die ***Restaurants*** am Markt bereiten natürlich Gemüse und Fleisch zu, ersteres ist besonders empfehlenswert und sehr preiswert. Hervorzuheben ist der Hochlandkohl, im Aussehen dem Spinat sehr ähnlich, geschmacklich dem Rosenkohl nahekommend.

An-/Abreise

Es besteht lediglich eine Anbindung an die Strecke nach PuLi, 10 x tgl. von 7.00 bis 18.30 Uhr. In die andere Richtung fahren nur selten Busse bis TsuiFeng (⇗), morgens gegen 7.30 und 10.30 Uhr. Hier hält der Bus an dem kleinen Markt an der Hauptstraße nahe der HsinTai- und MinSheng KuoYuan-Hotels, wer im YouShi-Hotel wohnt, braucht nicht hochzulaufen (ca. 500 m), sondern kann den Bus unten an der Straße an der Zufahrt zum YouShi abfangen und stoppen.

仁愛
霧社

JenAi/WuShe (RénÀi/WùShè, Menschlichkeit-Liebe/Nebel-Vereinigung)

JenAi (mit anderem Namen WuShe), auf 1148 Metern gelegen, ist ein nettes Bergdorf, welches von Individualreisenden gelegentlich

059t Foto: wl

Tee- und Trockenpilzhandel in LuShan

als Zwischenstopp zwischen HoHuanShan und PuLi sowie als Transitpunkt für einen Tagesausflug nach LuShan gewählt wird. In den 1930er Jahren spielte WuShe eine blutige Rolle, als sich die Bevölkerung gegen die japanische Besatzung erhob und binnen Tagesfrist von den Japanern „befriedet“ wurde. Eine Gedenktafel im WuShe ShanChuang erinnert an diese Epoche.

Die Bevölkerung lebt heute vom Teeanbau und landwirtschaftlichen Erzeugnissen wie Pilzen, Trockenobst, Gemüse usw. Der Ort liegt auf einer Anhöhe, unterhalb derer eine Senke normalerweise einen großen natürlichen Stausee bildet. Nach langen Trockenzeiten sieht dieser eher einer Mondlandschaft ähnlich denn einem See. Man kann sehr einfach zum See hinunter-, nicht aber herumgehen.

Von der reisepraktischen Seite her bietet es sich an, eher in ChingChing-Farm zu nächtigen und dann einen Tagesausflug nach WuShe und LuShan zu machen; die Wartezeit auf den Bus nach LuShan bzw. zurück nach ChingChing-Farm genügt, um durch WuShe zu streifen und um den See zu erkunden – viel mehr gibt es hier nicht.

Unterkunft

- ***WuShe ShanChuang*** €-€€€, Tel. (049)-2802611, 2400 NT$/DZ, 6er Zi. für 2200 NT$.
- ***WuYing TaLuShe*** €€€, Tel. (049)-2802360, Fax 2802948, zoeno123@yahoo.com.tw, 1500 NT$/DZ, beide an der Hauptstraße.

An-/Abreise

WuShe ist der einzige Transitpunkt in die „Sackgasse" nach LuShan. Die einstmals recht häufig verkehrenden Busse wurden zwar erheblich zusammengestrichen, noch ist der öffentliche Verkehr (zumindest von/nach PuLi) jedoch ausreichend. Bei der Ankunft ist eine Nachfrage nach den aktuell gültigen Zeiten nach TsuiFeng bzw. ChingChing-Farm sowie LuShan unbedingt anzuraten (Ticketbude an der Haltestelle). PuLi: alle 60-90 Minuten TsuiFang: 3x täglich (8.00, 10.00 und 14.00 Uhr als Richtzeiten), zusätzlich je zwei Busse am Vor- und Nachmittag bis ChingChing-Farm. LuShan: derzeit nur zwei Busse täglich gegen 9.00 und 15.00 Uhr.

蘆山溫泉

LuShan (LúShān, Hütte-Berg)

Mit einer Höhe von rund 1200 Metern ist LuShan einer der höchstgelegen Thermalquellenorte TaiWans. Zwar sind die Quellen auch hier überwiegend kommerziell genutzt, sprich: In Hotelanlagen (reine Badewannenbenutzung kostet etwa die Hälfte des Übernachtungspreises) geleitet, doch bietet sich ein Ausflug nach LuShan nicht vorrangig wegen der Quellen an. Die 500-Seelen-Gemeinde liegt auf beiden Seiten einer kleinen Schlucht und wird durch eine (nicht befahrbare) Brücke verbunden, der tosende Gebirgsbach darunter verleiht dem Panorama etwas wahrhaft Malerisches.

Außer Lage und Landschaft bietet der Ort noch einige weitere Kuriositäten. Die hiesigen ***Imkereierzeugnisse*** an sich sind zunächst noch nichts Besonderes, dies ändert sich aber bald bei genauerem Hinsehen: Bienen in Honig eingelegt, Käfer in Honigwein und andere „Leckereien" werden überall am Straßenrand feilgeboten.

Bergwanderer können von LuShan aus den ***NengKaoShan*** (3261 m) besteigen. Der Trail verläuft anfangs an der Nordseite des Baches stromaufwärts 10 km zum TunYuan-Parkeingang, von wo aus nach rund fünf Stunden anstrengenden Trekkings der „Himmelsteich" erreicht ist. Das kleine Hostel hier beherbergt bis zu 60 Gäste, bietet aber keine Verpflegungsmöglichkeit; der weitere Gipfelaufstieg dauert nochmals vier Stunden. Die gesamte Region um den NengKaoShan ist wenig bewaldet und ist von Bambushainen und Bergteichen geprägt, dementsprechend leben in der Gegend kaum größere Säuger, sondern primär zahllose Wasservogelarten. Die Besteigung ist nicht sonderlich schwierig, dennoch wird ein A-permit (nebst einheimischem Führer) verlangt.

Unterkunft

Das kleine Straßendorf ist heute überwiegend auf den Tourismus angewiesen. Dementsprechend zahlreich zeigt sich das Hotelangebot, obgleich eher der Hochpreisbereich angeboten wird. Etwa jedes dritte Haus in LuShan bietet Unterkunft mit Thermalbad und verlangt ab 2200 NT$ für ein DZ.

警光山莊

- Am günstigsten ist noch das ⊕ ***ChinKuang ShanChuang*** €€€, Tel. (049)-2802529, mit DZ zu 1800-2100 NT$. Dieses Hostel gehört zur hiesigen Ortspolizei, ist aber jedermann zugänglich.
- Bestes Haus am Ort ist das ***LuShan Garden Hotel,*** 12 RungHuaLu (Tel. (049) 2802369 , http://lsg-resort.sinotour.com), ein echtes Wellness-Resorthotel mit allen Annehmlichkeiten bei Preisen ab 3400 NT$/DZ.

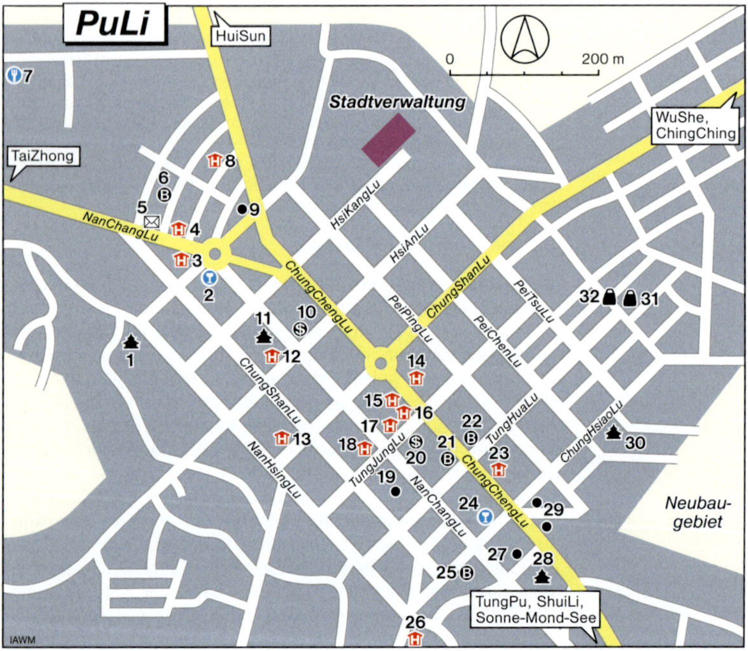

- 1 MaTzu Tempel
- 2 Pub
- 3 ChinKe Hotel
- 4 YongFeng Hotel
- 5 Post
- 6 NanTou KeYun Bbhf.
- 7 FuHua Restaurant
- 8 HeHuan Hotel
- 9 Nachtmarkt
- 10 1st Bank
- 11 ChengHuang Tempel
- 12 TianYi Hotel
- 13 ShanWang (SunWang) Hotel
- 14 ChaoYang Hotel
- 15 TungMei Hotel
- 16 ChinShan Hotel (JinShan)
- 17 HsinTungChing Hotel
- 18 TungFeng Hotel
- 19 Markt
- 20 Bank of Taiwan
- 21 priv. Minibusse (TaiZhong)
- 22 Langstreckenbusse (TaiWan KeYun)
- 23 1st Hotel
- 24 Pub
- 25 NanTou KeYun Bushaltestelle
- 26 Apollo Hotel
- 27 Schule
- 28 TungFu Tempel
- 29 Supermärkte
- 30 TienHuang Tempel
- 31 gr. Supermarkt
- 32 Obst- und Gemüsemarkt

An-/Abreise

LuShan wird von öffentlichen Bussen nur zweimal täglich ab PuLi via WuShe angefahren, ab PuLi um 7.25 und 15.00 Uhr, ab WuShe jeweils etwa 90 Minuten später. Rückfahrt ab LuShan 9.30 und 17.00 Uhr. Ein Tagestrip empfiehlt sich nur von WuShe (eventuell ChingChing-Farm, frühen Bus nach WuShe und umsteigen) aus. Die ehemalige stündliche Pendelverbindung WuShe-LuShan wurde mangels Interesse auf unbestimmte Zeit aufgehoben, kann aber jederzeit reaktiviert werden.

埔里

PuLi (PŭLĭ, Restaurieren-Heimat)

PuLi ist aus zweierlei Gründen erwähnenswert: Zum einen kommen Reisende vom nördlichen Zentralbergland oder von der Westküste, die ins mittlere Bergland fahren, kaum um PuLi herum. Zum anderen bietet sich hier ein Stop an, um von hier aus HuiSun (nur von hier) oder das Ureinwohner-Kulturzentrum TaiWans (am einfachsten) zu besuchen. Nicht zu unterschlagen ist auch die „praktische" Seite des Ortes: Mit seinen zahlreichen Unterkünften bietet sich PuLi auch als Ausgangspunkt zum Sonne-Mond-See an, den man von hier aus als Tagesausflug ansteuern kann, ohne die dortigen (horrenden) Übernachtungspreise zu zahlen. Die Stadt selbst ist klein und gemütlich, einige interessante Tempel und hübsche Kneipen überbrücken die Wartezeiten auf den nächsten Bus.

TungFuKung
同福宮

Singemäß übersetzt bedeutet TongFuKung ***Tempel des allgemeinen Wohlstandes.*** Hier wird nicht um geistlichen Beistand gegen Geister gebeten oder den Ahnen gehuldigt, sondern bei einigen lokalen Ur-Heroen um materiellen Segen gebeten. Der Tempel ist nur ansatzweise daoistisch beeinflusst und weist alte schamanistische Traditionen auf, die Anlage selbst dagegen ist jüngeren Datums.

▲ 28; er ist leicht zu entdecken, der Eingang jedoch etwas schwierig zu finden. Man geht an der Schulmauer der ShuRenLu entlang bis zur Rückseite des Tempels; links davon führt eine Gasse durch die Häuser, dann geht es rechts zum Eingang.

MaTzuMiao
媽祖廟

Der ***MaTzu-Tempel*** von PuLi ist nicht nur der größte Tempel der Stadt, sondern auch das daoistische Zentrum des zentralen Berglandes. Neben der großen, innen vorwiegend rot-goldfarbenen Haupthalle, die seltsamerweise der Meeresgöttin *MaTzu* gewidmet ist, liegen hier mehrere kleinere Tempel (u.a. für den Stadtgott) sowie eine kleine daoistische Schule. Der Tempel wird auch von einheimischen Touristen aufgesucht, die vor einem Ausflug in die Berge um sichere Rückkehr bitten. In der Haupthalle beachte man die drei Nischen weit oberhalb der MaTzu-Statue, in denen die drei Erhabenen *(San Huang)* stehen; ▲ 1.

ChengHuangMiao
成隍廟

Dass PuLi und sein Umland traditionell landwirtschaftlich orientiert sind, sieht man hier im ***daoistischen Tempel*** des Stadtgottes *ChengHuang*. Vor dessen Schrein stehen Tempelwächter mit Wasserbüffel- und Pferdekopf, was auf schamanistische Ursprünge hinweist. In doppelter Ausführung sind rechts General *Fan* mit heraushängender Zunge und links General *Hsie* (dunkel, als Hinweis auf bläuliche Verfärbung der Haut beim Tod durch Ertrinken) zu sehen. Überraschend ist die rückwärtige Halle: Neben den drei Erhabenen (Hauptaltar) sind links *KuanYin, Buddha, LaoTzu* und *Konfuzius* gemeinsam im linken Schrein versammelt, ein deutlicher Hinweis auf die friedliche Koexistenz der verschiedenen chinesischen Glaubensrichtungen. Der rechte Schrein ist dem Kriegsgott *KuangTi* gewidmet; ▲ 11.

TienHuangKung
天隍宮

Der älteste, noch stehende ***daoistische Tempel*** PuLis ist dem Himmelskaiser gewidmet und wurde nach einem Brand vollständig restauriert; ▲ 30.

Unterkunft

PuLi als wichtiger Verbindungspunkt des Berglandes verfügt über ein breites Angebot an Unterkünften. Während an Wochenenden und Feiertagen in den beliebten Zielen der Region, Sonne-Mond-See oder HuiSun, Engpässe auftreten können, ist hier immer etwas frei.

照陽旅社 ⌖ ***ChaoYang LuShe*** €, 386 ChungChengLu, Tel. (049)-2983975/6, sehr einfach, DZ 450 NT$.

東美旅社 ⌖ ***TungMei LuShe*** €, 379 ChungChengLu, Tel. (049)-2982314, DZ 620 NT$, etwas laut, aber o.k.

合歡大飯店 ⌖ ***HeHuan TaFanTian*** €, 67 ChungChengLu, Sec. 2, Tel. (049)-2984936, DZ 600–750 NT$, empfehlenswert.

金谷豐別館 ⌖ ***ChinKeFeng PieKuan*** €, 289 NanChangChie, Tel. (049)-2984047, DZ 550 NT$, etwas arg heruntergekommen, liegt aber sehr gut zum Bbhf.

永豐旅社 ⌖ ***YongFeng LuShe*** €€, 280 Nan(Chang)Chie, Tel. (049)-2982304, DZ ab 900 NT$ bis 1500 NT$.

新東京大飯店 ⌖ ***HsinTungChing PinKuan*** €•€€, 113 TungJungLu, Tel. (049)-2982556, 800 NT$, die besten Zi. bis 1650 NT$.

東豐大旅社 ⌖ ***TungFeng TaLuShe*** €€, 103 TungJungLu, Tel. (049)-2982287, gleiche Preise und Ausstattung (TV, A/C, übliche Alterserscheinungen).

金山大飯店 ⌖ ***ChinShan TaFanTian*** €€ (auch ***JinShan*** geschrieben), 127 TungJungLu, Tel. (049)-2982311, DZ zwischen 950 und 1300 NT$, sehr zu empfehlen.

天一大飯店 ⌖ ***TianYi TaFanTian*** €€, 89 HsiAnLu, Tel. (049)-2998100, Fax 2982017, tadellose Zimmer für 1750 NT$.

８１龍生路 ● ***Apollo-Hotel*** €€€, ⌖ 81 LungShengLu, Tel. (049)-2900555, noch relativ neu, DZ ab 3300 NT$, ausgezeichnet!

第一大旅社 ⌖ ***TiYi TaLuShe*** €€€-€€€€, 294 ChungChengLu, Tel. (049)-2982727, Zi. zwischen 2200 und 4650 NT$.

山王大飯店 ⌖ ***ShanWang (Sun Wang) TaFanTian*** €€€-€€€€, 399 ChungShanLu, Sec. 2, Tel. (049)-2900227, Fax 2900200, DZ ab 2800 bis 5000 NT$.

Essen und Trinken

● Die beiden kleinen ***Märkte*** bieten Frischwaren, die ***Pubs*** im Zentrum kleinere Speisen und natürlich kühle Getränke.

● Im ***Supermarkt*** sind alle Arten von Fertigsuppen erhältlich, der 24h-Markt hat eine warme Theke mit gebackenen Hühnerteilen und anderen Snacks.

● In den Straßen gibt es reihenweise ***chinesische Küchen*** und SB-Restaurants sowie Minimärkte, Bäckereien und McDonald's.

● Das ***FuHua*** (Tel. 2909033) in der XinYiLu bietet vorzügliche vegetarische DimSum-Gerichte (südchin.) zu günstigen Preisen (220–300 NT$).

Institutionen

- **Post:** 284 NanChangLu, geöffnet Montag bis Samstag (!) 8.00–17.00, und sogar sonntags bis 11.30 Uhr.
- **Bank:** 1st Bank (97 HsiAnLu) und Bank of TaiWan (116 TungJungLu) bieten ihre Dienste 8.30–17.00 Uhr, Sa. bis 12.00 Uhr an.

An-/Abreise

PuLi hat zwei ***Busstationen,*** eine der *TaiWan KeYun* für Langstrecken sowie die *NanTou KeYun* für Kurzstrecken ins nähere Umland.

- Von/nach ***TaiZhong (TaiChung):*** 6.00–20.40 Uhr alle 20 Minuten (*TaiWan KeYun,* 145 NT$, 60 km, 1,5–2 Stunden). Auf der gegenüberliegenden Seite der ChungChengLu bietet eine Privatfirma Minibusse nach TaiZhong für 230 NT$ an. Die Fahrt dauert dann theoretisch nur eine Stunde, aber die dort angegebenen Abfahrtszeiten sind „SuiPien" zu verstehen – man fährt erst, wenn es sich lohnt.
- Von/nach ***NanTou:*** (kann interessant sein, wenn man schnell nach ErShui ohne Stopp in TaiZhong/TaiChung oder ShuiLi kommen will) 3 x am frühen Morgen und zwei weitere am Nachmittag *(TaiWan KeYun).*
- Von/nach ***RiYuehTan (Sonne-Mond-See):*** jeweils um x.25 und x.55 für 65 NT$ *(TaiWan KeYun)* sowie deren ShuiLi-Busse (50 NT$).
- Von/nach ***ShuiLi:*** 6.00–19.30 Uhr alle 30–50 Minuten (*TaiWan KeYun* 70 NT$, via RiYuehTan), auch die *NanTou KeYun* fährt um 6.05, 10.40, 12.05, 15.10 und 17.00 Uhr nach ShuiLi, aber nicht über RiYuehTan, sondern über das ChiuZu WenHuaTsun (Aboriginal Culture Village).
- Von/nach ***HuiSun:*** nur 2-mal tgl., 8.30 und 14.10 Uhr *(NanTou KeYun).*
- Von/nach ***ChiuZu WenHuaTsun:*** 3 x tgl. (NanTou KeYun).
- Von/nach ***LuShan:*** 7.25 und 15.10 Uhr (*NanTou KeYun,* 80 NT$).
- Von/nach ***TsuiFeng*** (*NanTou KeYun* via WuShe, ChingChing-Farm): 7.00, 8.00 Uhr (Endstation WuShe), 8.35 Uhr (Endstation ChingChing-Farm), 9.00 Uhr (bis WuShe), 10.20, 11.20 Uhr (bis WuShe), 12.20 Uhr (Endstation WuShe), 14.00, 15.30 Uhr (Endstation ChingChing-Farm), 16.30, 17.30, 19.00 und 20.55 Uhr (alle vier bis WuShe).
- Von/nach ***TaiBei:*** 7.00–18.00 Uhr stündlich (*TaiWan KeYun,* ca. 480 NT$).
- Von/nach ***KaoHsiung (GaoXiong):*** 8.30, 15.00 Uhr (*TaiWan KeYun,* 435 NT$).

惠蓀林場

HuiSun LinChang (HuìSūn LínChǎng, Gunst-Sprössling-Baum-Tenne, Baumtenne = Wald)

Die Gegend nördlich von PuLi ist eines der landwirtschaftlichen Hauptanbaugebiete von Bohnen, Hopfen, Betelnüssen und Reis. Über den nächsten Hügel hinweg ändert sich die Landschaft, ein breites, reizendes Tal entlang eines kleinen Flusses tut sich auf. Hier wird Reis und Tee angebaut, weiter oben sogar Kaffee. Am Ausgang des Tales liegt HuiSun, ein ***Forstpark*** der nationalen ChungHsing Universität mit über 7000 ha Anbaufläche, rund 120 davon sind als Erholungsgebiet der Öffentlichkeit zugänglich. Der Park wurde 1949 angelegt, aber erst 1961 von der Universität übernommen und schrittweise ausgebaut.

HuiSun LinChang dient hauptsächlich zu botanischen Studienzwecken für Wissenschaftler in aller Welt, hat sich aber auch zu einem beliebten ***Erholungsgebiet*** entwickelt.

Auf rund 1000 Höhenmetern gelegen bietet HuiSun ein äußerst angenehmes Klima und hervorragende Wanderwege, die der

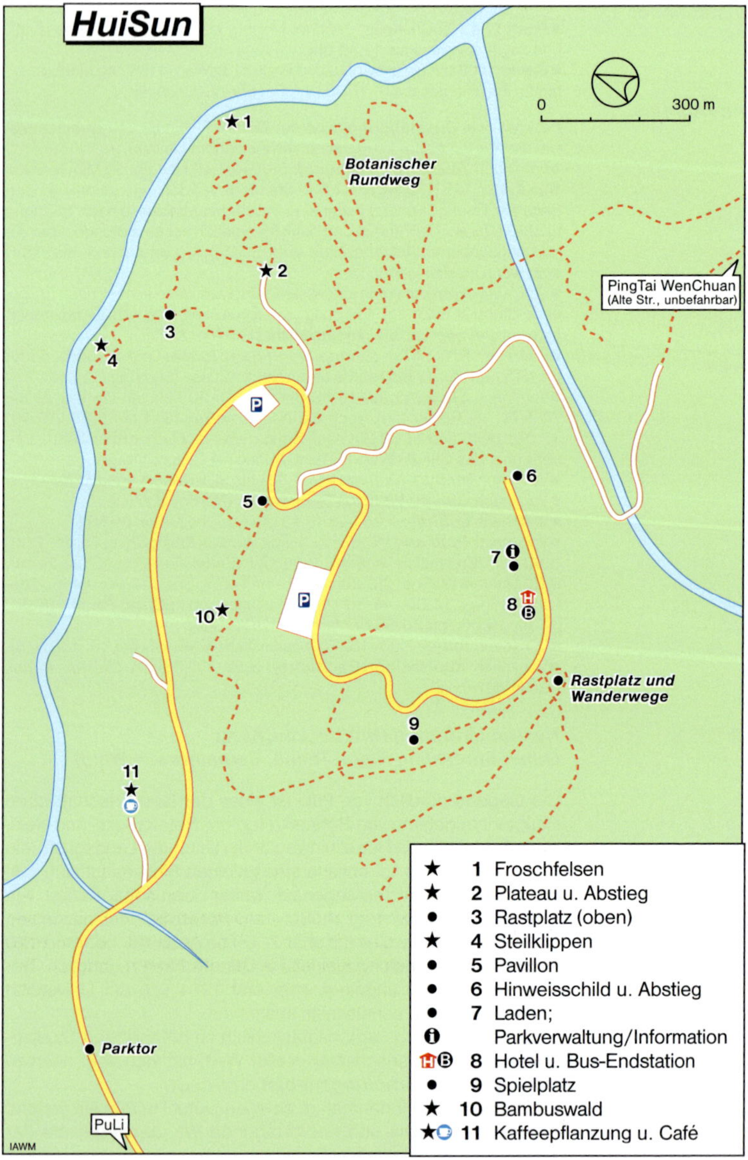
HuiSun
0
300 m
Botanischer Rundweg
PingTai WenChuan (Alte Str., unbefahrbar)
Rastplatz und Wanderwege
Parktor
PuLi
IAWM
1 Froschfelsen
2 Plateau u. Abstieg
3 Rastplatz (oben)
4 Steilklippen
5 Pavillon
6 Hinweisschild u. Abstieg
7 Laden;
Parkverwaltung/Information
8 Hotel u. Bus-Endstation
9 Spielplatz
10 Bambuswald
11 Kaffeepflanzung u. Café

069t Foto: wl

Ähnelt tatsächlich einem Frosch: ChingHuaShih

Reisende - zumindest unter der Woche - praktisch fast für sich allein hat.

Der Bus hält vor dem Service-Center, von hier aus beginnt ein großartiger ***Rundwanderweg:*** Weiter aufwärts endet die Straße nach wenigen hundert Metern und geht in einen steil abfallenden Fußweg über. Diesem folgt man immer abwärts, über die Straße hinweg Richtung ChingHuaShih (Froschfelsen). Nach etwa 1200 m erreicht man ein kleines Plateau, an dessen Ende ein Serpentinenpfad 700 m hinunter zum Bach und dem Froschfelsen führt, einem weißen Felsblock, der tatsächlich eine gewisse Ähnlichkeit mit einem Frosch hat. Von hier aus muss man zurück zum Plateau, dort folgt man einer weiteren Serpentine (von unten kommend hinten rechts) erneut steile 700 m aufwärts bis zu einer Gabelung. Links geht es zurück zum Parkplatz, rechts weiter den Rundweg entlang, allmählich abfallend zum kleinen Wasserfall (ca.

1,5 km). Über die Straße hinweg folgt man den Kaskaden 30 m aufwärts bis zur Abzweigung. Der linke Weg führt zu einem Pavillon unterhalb des Hotels, der rechte setzt den Rundweg durch Bambus- und Pinienhaine erneut steil ansteigend fort, bis der Weg an einem Spielplatz endet. Hier folgt man der Straße 200 m aufwärts zum Hotel. Der andere Weg vor dem Spielplatz führt vier km aufwärts zu einem der begehbaren Gipfel des Parks auf 1700 m.

Ein anderer hochinteressanter Weg führt entlang der ***alten Straße nach PingTai WenChuan:*** Die ersten 300 m folgt man dem Wegweiser zum ChingHuaShih, bis man auf die alte Straße trifft. Geradeaus geht es den Fußweg abwärts zum Froschfelsen, rechts kann man der Straße (nicht befahrbar) sehr, sehr weit folgen. Nach 1,5 km passiert man eine alte Brücke, kurz zuvor führt ein Schotterweg hinab zum Bach, wo man an einigen Stellen recht gut zum Abkühlen eintauchen kann. Anschließend steigt die Straße, unterbrochen von zahlreichen Erdrutschen, sanft an und führt auf der anderen Seite des Baches weiter. Landschaft und Ausblick hier sind fantastisch, und es ist beeindruckend zu sehen, wie die Natur Stück für Stück die alte Straße zurückerobert.

Der große Rundweg ist verhältnismäßig anstrengend, da es laufend steil bergauf und bergab geht; weniger Geübte mögen den Spaziergang entlang der alten Straße bevorzugen. Es ist leicht machbar, mit dem Morgenbus von PuLi anzureisen, den großen Rundweg sowie sonstige kleinere Wanderungen zu unternehmen (⇗ Karte) und um 16.00 Uhr zurückzufahren. Allerdings ist es ebenso empfehlenswert, zwei oder drei Tage in HuiSun zu verbringen.

Unterkunft

服務中心

Oben im ***Service-Center*** (⌽ ***FuWu ChungHsin),*** Tel. (049)-2941041, gibt es verschiedene Zimmer und Blockhütten. Ein DZ kostet 1600, ein Vierbettzimmer 2200 NT$, daneben gibt es sieben Schlafsäle zu 300 NT$/ Person.

Essen und Trinken

Im Hotel können drei Mahlzeiten täglich um 7.30-8.30, 12.00-13.00 und 17.30-18.30 Uhr eingenommen werden. An der Straße neben den Unterkünften liegt ein kleiner Shop mit Getränken und Suppen (heißes Wasser im Hotel).

Information

Im Hotel werden kleine Karten ausgegeben (sehr ungenau), die Parkverwaltung gleich rechts neben dem kleinen Shop ist sehr hilfsbereit, allerdings wird nur chinesisch gesprochen.

An-/Abreise

- ***Von PuLi*** 8.30 und 14.10 Uhr, nach PuLi 10.30 und 15.45 Uhr (80 NT$), eine Stunde Fahrzeit, keine anderen Anfahrtmöglichkeiten.

Der Bus passiert das Parktor, dort wird die Parkgebühr (100 NT$) eingezogen. Manche Fahrer wollen sich dort schon davonmachen; vor allem, wenn man der einzige Fahrgast ist, sollte man darauf bestehen, nach oben gefahren zu werden, es sind immerhin noch rund 4 km.

Der Westteil des CCIH

Anstatt von TaYuLing zum SungHsueLou zu marschieren, kann man dem ***Central Cross Island Highway*** nach LiShan folgen, wo erneut zwei Routen möglich sind: eine nordöstliche bis YiLan und eine westliche bis TaiZhong (TaiChung).

梨山

LiShan (LíShān, Birne-Berg)

LiShan ist ein außerordentlich beliebtes Wochendendziel chinesischer Touristen, vor allem wegen der wunderschönen Lage in den Bergen und den zahllosen Obstplantagen auf rund 1850 Höhenmetern. Neben den vielen Birnbäumen (daher der Name) wachsen hier insbesondere Pfirsiche und Äpfel. Die Bergbauern haben sich zu Genossenschaften zusammengeschlossen, was eine ökonomischere Bebauung ermöglicht, daher sieht man überwiegend großflächige Plantagen. Demzufolge ist das meiste Land bebaut, Wanderwege gibt es praktisch keine; den einheimischen Touristen genügt die Anreise per Auto mit Landschaftsbetrachtung (die absolut fantastisch ist) völlig, der westliche Tourist indes sucht verzweifelt nach Bewegungsmöglichkeiten.

Es gibt praktisch nur einen brauchbaren Wanderweg vor der Kirche rechts vom Zentrum aus: die Straße nach ***TienChih (Himmelsbecken),*** dem zwölf Kilometer entfernten ehemaligen Sommersitz von *ChiangKaiShek* auf 2590 m. Daneben ist noch das klei-

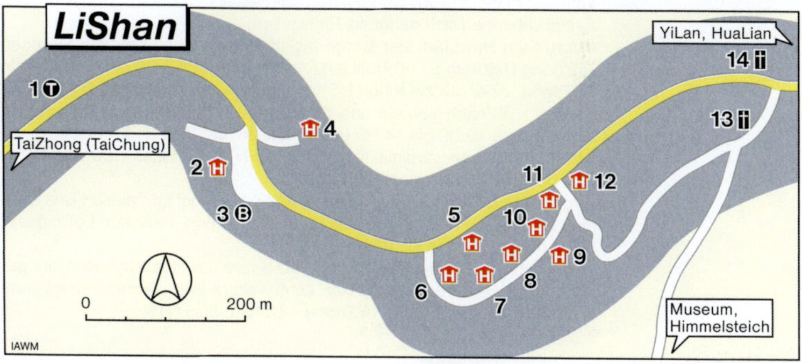

- 1 Tankstelle
- 2 LiShanPinKuan Hotel
- 3 Bushaltestelle
- 4 LiShanKuoMin Hotel
- 5 LiShanLuShe Hotel
- 6 HaoWangChiao Hotel
- 7 ShengHsin Hotel
- 8 YanHuaLou Hotel
- 9 KuangTa Hotel
- 10 LiTou Hotel
- 11 FuChung Hotel
- 12 KaoChung Hotel
- 13 Kirche
- 14 Kirche

ne ***Museum*** an dieser Straße gut 1 km hinter LiShan sehenswert. Ansonsten nutzen Individualtouristen LiShan als Station, um von hier aus die Nordostroute Richtung HsueShan einzuschlagen.

Unterkunft

Günstige Unterkünfte sind in einem räumlich sehr kleinen Naherholungsgebiet wie LiShan rar. Die nachfolgenden Hotels kosten (DZ) wochentags ca. 1100–1200 NT$ (je nach Saison und Verhandlungsgeschick), am Wochenende knapp das Doppelte.

燕華樓大旅社 ф***YanHuaLou TaLuShe*** €€, 22 MinTzuLu, Tel. (04)-25989511.
國誠大旅社 ф***KuoChengTaLuShe*** €€, 3 MinTzuLu,Tel. (04)-25989279
好望角大飯店 ф***HaoWangChiao TaFanTian*** €€, 52 MinTzuLu, Tel. (04)-25981513.
梨山旅社 ф***LiShan LuShe*** €€, 69 ChungChengLu, Tel. (04)-25989261.
廣達大旅社 ф***KuangTa TaLuShe*** €€, 21 MinTzuLu, Tel. (04)-25989216.
聖心大飯店 ф***ShengHsin TaFanTian*** €€, 46 MinTzuLu, Tel. (04)-25989577.

Zu den besseren und teureren Hotels gehören:

梨都大旅社 ф***LiTou TaLuShe*** €€€, 34 MinTzuLu, Tel. (04)-25989256, DZ ab 2200 NT$.
福忠大飯店 ф***FuChung TaFanTian*** €€€, 61 ChungChengLu, Tel. (04)-25989506, DZ ab 2400 NT$.
梨山賓館 ф***LiShanPinKuan*** €€€, 91 ChungChengLu, Tel. (04)-25989501, unter der Woche DZ ab 1800 NT$, sehr zu empfehlen; Suiten bis 5400 NT$.

Essen und Trinken

LiShan als der „Obstgarten TaiWans" bietet Vitamine in Hülle und Fülle, allerdings nicht ganz so billig, wie man es von Erzeugerpreisen erwartet. Ansonsten gibt es eine Reihe gehobener Restaurants sowie Snack-Küchen.

An-/Abreise

LiShan liegt etwa in der Mitte des Dreiecks HuaLian-YiLan-TaiZhong (TaiChung). Das Wetter, Steinschläge, Erdrutsche und Taifune können den Fahrplan manchmal völlig unerwartet durcheinanderbringen. Die genannten Zeiten verstehen sich daher als Richtzeiten.

- Von/nach ***HuaLian:*** vier Busse täglich am Vormittag pendeln zwischen TaiZhong (TaiChung) und HuaLian (starten zwischen 7.00 und 9.30 Uhr in TaiZhong, einer nur zwischen LiShan und HuaLian (startet um 9.40 Uhr in HuaLian). Je nach Verkehr und Straßenzustand fahren die vier Busse im Zeitraum von 10.00 bis 14.00 Uhr ab LiShan, ca. 320 NT$.
- Von/nach ***YiLan:*** zweimal täglich für 275 NT$, ab YiLan 7.00 und 12.00 Uhr, beide fahren am gleichen Tag zurück.
- Von/nach ***LoTung*** (10 km südl. YiLan): nur einmal tgl., diesen Bus kann man ebenfalls nehmen, um nach YiLan zu kommen, zwischen LoTung und YiLan pendeln Busse im 10-Minuten-Takt.
- Von/nach ***TaiZhong (TaiChung):*** Die Busse aus HuaLian halten hier gegen 12.00, 14.30 und 16.00 Uhr. Zehn weitere Busse verkehren tgl. ausschließlich auf der Strecke TaiZhong – LiShan; 335 NT$.

谷關 KuKuan (GŭGuān, Tal-Abschluss)

Von LiShan fährt man in westlicher Richtung weiter bis TaiZhong (TaiChung) den CCIH entlang; ein Stopp bietet sich nur noch in KuKuan an (von Westen kommend wäre dies der erste mögliche Halt).

Das kleine ***Thermalbad*** KuKuan liegt auf 755 Höhenmetern beiderseits einer Schlucht, an deren Südseite der CCIH zwischen

LiShan und TaiZhong verläuft. Ein Besuch hier ist für all jene interessant, die nicht höher in die Berge hinauf wollen oder können und vom nahegelegenen TaiZhong aus zumindest einen kleinen Eindruck über die grandiose Bergwelt TaiWans gewinnen möchten. Die heißen Quellen des während der japanischen Ära erschlossenen Thermalbades sind heute allesamt nur noch als heißes Badewasser in den Hotels zu genießen.

LungYu KungYuan

Neben dem Genuss des Panoramas und einem Bad im Schwefelquellenwasser bietet sich der Besuch des ***Drachentalparks*** an. Beim Dragon Valley Hotel führt eine Fußgängerbrücke zum Park (Eintritt 150 NT$), in dem sich ein botanischer Garten mit einer Sammlung von Pflanzen, die in den unteren Bergregionenwachsen, befindet.

Der kleine Tierpark im Gelände soll vor allem die jüngeren Besucher begeistern, er hat weniger das Ziel, mit den Zoos der Großstädte konkurrieren. Die Affen betteln unentwegt um Futter, Kinder sollten beim Füttern direkt aus der Hand aufpassen, es gab schon schmerzhafte Bisse. Größte Attraktion ist das Drachental-Katarakt, ein kleiner, aber hübscher Wasserfall. Für den Besuch des Parks sind zwei Stunden mehr als ausreichend.

Unterkunft

KuKuan ist ein sehr beliebtes Ausflugsziel von TaiZhong (TaiChung) aus, sodass sich an Wochenenden und Feiertagen eine telefonische Reservierung empfiehlt, auch wenn bei Weitem nicht der Andrang wie in TienHsiang oder dem ALiShan herrscht. Leider gibt es nur eine günstige Unterkunft, alle anderen sind mindestens mittlere Preisklasse.

Mit Ausnahme der teuren „Dragon Valley" und „Utopia Holiday" liegen alle Hotels auf der anderen Seite der Fußgängerbrücke jenseits der kleinen Schlucht (etwa 10 Gehminuten).

谷關溫泉山莊

ф ***KuKuan WenChuan ShanChuang*** €, Tel. (04)-25951126, am Nordende der Fußgängerbrücke. Bietet sehr einfache Zimmerchen zu 650 NT$ (am Wochenende das Doppelte!).

文山大旅社

ф ***WenShan TaLüShe*** €€, Tel. (04)-25951265, bietet einfache DZ ab 1100 NT$ an. Liegt sehr nett in den Berg eingebettet und bietet sich als einzige Alternative für schmalere Geldbörsen an. Der Besitzer spricht Englisch, kennt die Gegend und kann gute Wandertipps geben.

東關溫泉旅社

ф ***TungKuan WenChuan LüShe*** €€, Tel. (04)-25951235, am Nordufer der Schlucht, ab 2000 bis 2800 NT$.

明治大飯店

ф ***MingChi TaFanTian*** €€, Tel. (04)-25951111, gegenüber vom TungKuan WenChuan-Hotel, hat wenige DZ zu 950 NT$ (eisern danach fragen!), ansonsten 1600-2200 NT$/DZ.

谷關大飯店

ф ***KuKuan TaFanTian*** €€€, Tel. (04)-25951355, beste Wahl der oberen Mittelklasse, da die meisten Zimmer einen sehr schönen Blick bieten und vor der Tür die Busse halten; nach wie vor das größte Hotel am Ort (Hauptstraße), je nach Aussicht 1800 bis 3200 NT$.

● ***Dragon Valley*** €€€, Tel. (04)-25951325. Hässlicher Neubau im Ortskern (Hauptstraße) ohne Flair.

● ***Utopia Holiday*** €€€, Tel. (04)-25951511, hat zwar nur 42 Zimmer - die allerdings sind exquisit; Suiten bis 5200 NT$. Liegt ruhig auf der Nordseite der Schlucht.

Essen und Trinken

Ein paar Shops an den Hauptstraßen bieten die einzige Einkaufsmöglichkeit für Nudelsuppen und Snacks. Die besseren Hotels bieten Restaurantbetrieb an, die Preise dort sind etwas günstiger als in den regulären Straßenrestaurants. Für Selbstverpfleger empfiehlt es sich, Vorräte aus dem günstigeren TaiZhong (TaiChung) mitzubringen.

An-/Abreise

Die Busse zwischen TaiZhong (TaiChung) und LiShan (⇗ TaiZhong) halten alle am KuKuan-Hotel in KuKuan. Derzeit pendeln sechs Busse täglich zwischen beiden Orten (4 x vormittags, 2 x nachmittags). Die Abfahrtszeiten ändern sich je nach Saison und Straßenverhältnissen, wobei gelegentlich die Strecke zwischen LiShan und KuKuan wegen Bergrutschen gesperrt sein kann. (Die Rezeption im KuKuan-Hotel kennt die aktuellen Zustände und gibt sehr hilfsbereit Auskunft.)

Individualreisende, die mit öffentlichen Verkehrsmitteln unterwegs sind, werden selten in KuKuan stoppen, da eine Übernachtung wenig lohnenswert erscheint. Wer dennoch nicht auf KuKuan verzichten will, kann um 7.00 Uhr den ersten Bus in TaiZhong (TaiChung) nehmen, in KuKuan für 2–3 Stunden stoppen und mit dem Mittagsbus nach LiShan, TaYuLing oder TienHsiang weiterfahren.

Das HsueShan-Massiv und der NCIH

武陵農場

WuLing NongChang (WŭLíng NóngChăng, Martialisch-Hügel-Bauer-Dreschplatz)

Nun, so kriegerisch wie es der Name vermuten lässt, ist WuLing-Farm gewiss nicht. Eher eine ruhige, kleine Siedlung 25 km nördlich von LiShan am Fuße des mit 3886 Metern zweithöchsten Berges TaiWans, des HsingLungShan, genannt ***HsueShan*** (Schneeberg). Die Siedlung wurde von der KuoMinTang als Versuchshof und Refugium altgedienter Kämpfer angelegt, hat aber mittlerweile mehr und mehr Touristen angezogen. Die größte Attraktion ist die Besteigung des „Schnee-Berges". Die 150 NT$ Gebühr sind am Parktor zu entrichten.

Unterkunft

In WuLing selbst gibt es nur zwei Unterkünfte, beide nicht gerade billig:

● Das ***FuYe DaJiaCun Hotel*** €€€€, Tel. (04)-25901399, als bestes Haus vor Ort nimmt 6400 NT$ pro DZ.

武陵國民賓館

中 ***WuLing KuoMin PinKuan*** €€€ ***(WuLing National-Gästehaus),*** Tel. (04)-25901183, 25901259, www.wuling-farm.com.tw, mit 54 Zimmern größtes und beliebtestes Hotel der Gegend; DZ 3420 NT$, Viererzimmer 5190 NT$ mit 20 % Abschlag unter der Woche. Neu ist hier ein angegliedertes Camping-Areal mit 4er-Zelten für 500 NT$ zzgl. 70 NT$ pro Schlafsack; Tel. 25901265.

● 5 km außerhalb, 1,2 km hinter der Abzweigung zum HsueShan-Trail, befindet sich das ***WuLing ShanChuan*** €•€€€, Tel. (04)-25901020, mit ähnlichem Komfort wie das SongHsueLou am HoHuanShan. Dorm. 350 NT$ (Wochenende teurer), DZ ab 2400 NT$. Hier starten die meisten Besucher den Trail zum „Schnee-Berg".

Bei allen drei Unterkünften empfiehlt sich telefonische ***Reservierung.***

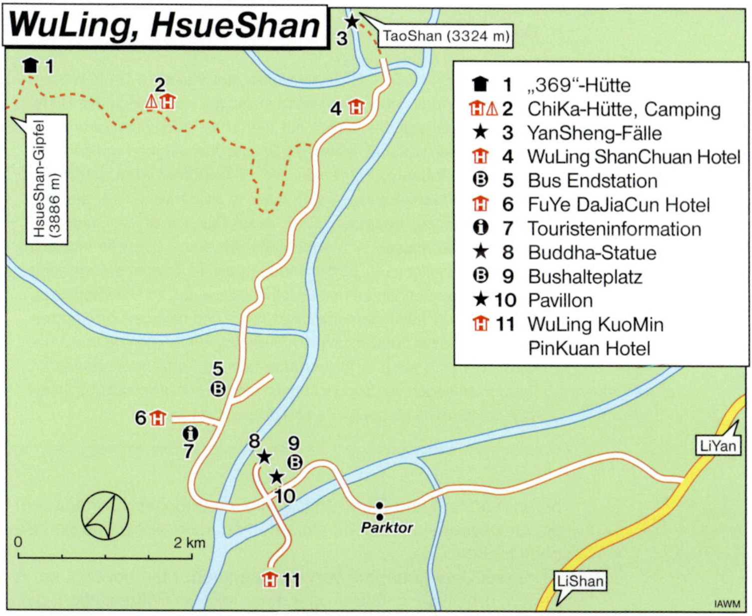

Essen und Trinken

Fertigsuppen und Kekse sind im Travel Service Center erhältlich, heißes Wasser in allen Unterkünften.

Information

Das Travel Service Center, Tel. (04)-25901350, fungiert als kleiner Shop, Hotelvermittlung und TI gleichzeitig; vor der Besteigung des HsueShan unbedingt Informationen zur Wetterlage einholen.

An-/Abreise

- Von/nach ***LiShan:*** neben den je dreimal täglich verkehrenden Bussen zwischen LiShan und YiLan/LoTung pendelt ein Bus zweimal täglich zwischen LiShan und WuLing-Farm. Nach LiShan 75 NT$, nach YiLan 205 NT$.
- Von/nach ***YiLan:*** 2 x täglich, ein dritter Bus fährt nach LoTung, von wo aus alle 10 Minuten Verbindung nach YiLan besteht oder man direkt per Zug/Bus nach TaiBei oder SuAo (Bus) bzw. HuaLian (Zug) weiterreisen kann.

雪山

HsueShan (XuěShān, Schnee-Berg)

Ein Aufstieg zum HsueShan ist außerordentlich empfehlenswert, bietet ein großartiges Panorama und verlangt keine bergsteigerischen Fähigkeiten, sondern lediglich die Kondition eines Büffels. Die Gipfelregion beherbergt eine Reihe seltener Tiere (Schwarz-

Die Saysiat

Mit nur knapp 4000 Mitgliedern einer der kleinsten Ureinwohnerstämme TaiWans, leben die Saysiat im Hügelland westlich des HsueShan. Ähnlich wie die Atayal, mit denen sie traditionell eine enge Nachbarschaft verband, lebten die Saysiat überwiegend von der Jagd sowie dem Anbau von Getreide und Süßkartoffeln. Ihre patriarchalische Organisation spiegelt sich auch im Stammesnamen, der „ehrenhafte Männer" bedeutet, wider. Jeder Clan mit einem Oberhaupt an der Spitze machte sich auch äußerlich durch spezielle Wappen (Totems) kenntlich. Die Bezeichnungen dieser Totems stellen noch heute die Familiennamen der einzelnen Clans dar. Im Unterschied zu den Atayal, die keine gemeinsamen Tänze und religiöse Zeremonien kannten, sind die Saysiat für ihre künstlerischen Reime und Verse bekannt, die sich auch in ihren gemeinsamen Tänzen wiederfinden. Tanzvorstellungen der Saysiat können nicht in der Urheimat des Stammes, sondern im HsiaoRenKuo (⇗) bewundert werden.

bären, Lachse) und Pflanzen (Orchideen und Bergblumenarten), die Gewässer sind absolut sauber, man kann direkt aus den Bächen trinken.

Um das Unangenehme vorwegzunehmen: Man benötigt ein A-Permit, erhältlich in TaiBei oder einer lokalen Polizeistation, man muss also einen ***Führer mieten.*** Es gibt zwar nirgends Kontrollstationen, dennoch sollte man dies prinzipiell tun, zum einen wird der Pfad mit zunehmender Wegstrecke unkenntlicher, zum anderen besorgt der Führer den Schlüssel für die Hütten unterwegs.

Eine ***Besteigung*** vollzieht sich üblicherweise in zwei Abschnitten. Knapp 4 km nördlich von WuLing-Farm zweigt links der Pfad zum Trail ab. Nach gut zwei Stunden erreicht man die erste Schutzhütte, genannt ChiKa ShanChuang, auf 2440 Höhenmetern. Nach weiteren 2,5 Stunden erreicht man den Ostgipfel (HsueShan TungFeng) auf 3201 m, dann geht es relativ eben rechts des Bergrückens bis zur „369-Hütte" (SanLiuChiu ShanChuang, eine weitere Stunde, 3160 m). Hier wird übernachtet, um zum Sonnenaufgang die letzten 2,5 Stunden zum Gipfel (3886 m) anzugehen. Die Zeiten gelten als Richtzeit für normale Wanderer mit Gepäck und Verpflegung für zwei Tage. Wer geübt ist, kann auch an einem Tag die Strecke hin und zurück schaffen, muss dann aber um fünf Uhr los und mit 14 Stunden (inkl. Pausen) rechnen. Beide Hütten bieten rund 120 Schlafplätze, Wasser gibt es in der 369-Hütte nur unregelmäßig, ein sauberer Bach fließt hinter der Hütte. Wie generell für Bergregionen auf TaiWan sind auch für den HsueShan Oktober bis Dezember die besten Monate. Anschließend wird es sehr kalt und frostig (vom Bodenfrost im Winter hat der Berg seinen Namen), März bis April sind wegen der klaren Luft auch gut.

TaPa ChienShan (DàBà JiānShān, Großer-Führer-zeigen-Berg)

大霸尖山

Der TaPaChienShan gehört zum HsueShan-Massiv und erreicht 3492 m. Aufgrund seiner spektakulären, pyramidenähnlichen Gipfelform galt er lange als schönster Gipfel TaiWans und hat seit jeher Bergfreunde angelockt. Dies wiederum führte dazu, den Grat mit Metallgittern zu bepflastern was noch mehr - nun auch unerfahrenere - Sportsfreunde anlockte. Kurzum, es gelang dennoch einigen abzustürzen, woraufhin der Aufstieg zum Hauptgipfel untersagt wurde (die Gitter und Hilfsstege blieben). Derzeit ist lediglich der Aufstieg zum „nur" 3400 m hohen HsiaoPaChienShan gestattet, allerdings gilt auch hier: Ohne A-Permit (hier allerdings auch angebracht, der Gipfelaufstieg ist nichts für Anfänger) geht nichts. Von einem Besteigungsversuch während der Regenzeit (Mai-Oktober) ist unbedingt abzuraten.

Als Führer dienten früher die Atayal-Ureinwohner, die den Berg verehren und viele Jahre Bergsteiger nur bis zum Grat des TaPaChienShan brachten. 1927 gelang es einer Gruppe, sich vom Führer zu lösen und eine Aufstiegsmöglichkeit zu entdecken, seitdem wurden hölzerne Pfade angelegt, die sich aber als untauglich erwiesen. In den 1960er Jahren kamen dann die stabilen Metallkonstruktionen.

Unterkunft

Für den Aufstieg zum Fuß des TaPaChienShan sind mehrere Etappen notwendig, zum einen bis KuanWu, wo man im ***KuanWu ShanKuan,*** Tel. (03)-5218853 unterkommt. Die nächste Etappe führt zum ***ChiuChiu ShanKuan,*** Tel. ebenfalls (03)-5218853, von wo aus am Folgetag der Auf- und Abstieg angegangen wird. Kochmöglichkeiten sind gegeben (einmalig neben YuShan), sodass kein Geschirr mitgeführt werden muss. Beide Hütten können bis zu 200 Personen aufnehmen und bieten Wasserversorgung, sie sind allerdings verschlossen, wenn keine Gruppe unterwegs ist. Zusätzlich zu den A-Permit-Formalitäten (s. Kapitel „Praktische Reisetipps A-Z") ist die vorherige Anmeldung für die Hütten empfohlen.

An-/Abreise

Der Berg ist nur von Westen her über ***ChuTung*** (von ChungLi, MiaoLi oder HsinChu aus) zu erreichen. Dort fährt ein Bus 80 km über die Kontrollstation WuFeng bis ChingChuan, von wo aus man noch knapp 20 km zur Quelle des MaTaLa-Flusses bei KuanWu zurücklegen muss. Hier beginnt der fünf Kilometer lange Aufstieg zur „Schutzhütte 99" auf 2699 m (daher der Name), von hier aus sind es noch sechs Kilometer bis zum Fuß des Gipfels.

JenTzu (Gütiger-Sumpf) und TaiPingShan (Grosser-Frieden-Berg)

仁澤
太平山

JenTzu auf 650 m und der TaiPingShan auf 1930 m gelegen sind die großen Gebirgserlebnisse der Städter aus dem nahegelegenen TaiBei. Um die heißen Quellen in JenTzu wurde ein Hotel errichtet, zum Gipfel eine asphaltierte Straße gebaut.

Wer dieser folgt und die rund 16 km von JenTzu zum Gipfel ***zu Fuß*** gegangen ist, weiß dagegen, was er geleistet hat, auf knapp 2000 m zu wandern ist nicht ohne, das Panorama entschädigt jedoch für die Mühen.

Angenehmer ist die Fahrt ***per Bus*** zum Gipfel und von dort zu Fuß zurück nach JenTzu. Der Berg ist einer der höchsten Gipfel des Nordens, an klaren Tagen hat man freie Sicht bis zur Nordostküste und den Rändern von TaiBei.

Da man mit öffentlichen Verkehrsmitteln keine Tagestour machen kann, lohnt sich der TaiPingShan nur, wenn man von YiLan den frühen Bus bis zum Gipfel nimmt, nach JenTzu läuft und dann mit dem Nachmittagsbus YiLan-LiShan bis WuLing-Farm oder LiShan weiterfährt (aus umgekehrter Richtung von LiShan fährt kein Bus hinauf). Wochenendausflügler aus TaiBei können vor Ort übernachten. Die TaiPingShan-Region wurde zum Erholungsgebiet erklärt und kostet 100 NT$ Eintritt.

Unterkunft

Nichts für die kleine Reisekasse!

仁澤溫泉山莊

ф ***JenTzu WenChuan ShanChuang*** €€€, Tel. (03)-9809603, DZ 2200–3800 NT$. Unten in JenTzu WenChuan, 25 ChiaoShuiLu.

太平山山莊

ф ***TaiPingShan ShanChuang*** €€€, Tel. (03)-9809806, DZ 2600 NT$, 6er-Zimmer 3800 NT$, oben am Gipfel gelegen, 1 TaiPingLu/Weg 58.

An-/Abreise

● ***Bus:*** Von LiShan kommend muss man das Stück von der Hauptstraße bis JenTzu zu Fuß gehen, Anbindung siehe LiShan/WuLing-Farm (140 NT$ bis hierher); von YiLan fährt ein Bus tgl. um 7.00 Uhr und fährt gegen 12.00 Uhr zurück. Der Bus von YiLan fuhr viele Jahre hinauf bis zum Mountain-Hostel, in den vergangenen Jahren nur noch bis JenTzu, jetzt mal wieder bis zum Hostel - Änderungen sind also jederzeit möglich. YiLan-JenTzu 142 NT$, YiLan-TaiPingShan 215 NT$.

巴陵

PaLing (BāLíng, Sehnen-Hügel)

Die YiLan - LiShan Busse halten in ChiLan, wenige km nördlich von JenTzu, von wo aus nur selten Busse nach TaHsi über den ***Northern Cross Island Highway*** (NCIH) fahren. Häufiger wird von TaHsi (⇗) aus PaLing, der Ausgangspunkt zum LaLaShan-Park, angefahren. Der Bus aus TaHsi fährt über TzuHu (⇗), dem ersten Ort im Grünen, den NCIH hinauf nach PaLing auf 590 m. Die Fahrt ist ähnlich spektakulär wie über den CCIH oder den SCIH, unterscheidet sich aber von diesen beiden wesentlich. Zum einen wurde die Straße praktisch einspurig gebaut, Bus- und Lastwagenfahrer leisten hier atemberaubende Milimeterarbeit. Zum anderen ist das Tal weiträumiger als die engen Schluchten der beiden anderen „Highways", kleine landwirtschaftliche Nutzflächen wurden den Hängen abgerungen, selbst vom Bus aus hat man einen guten Blick hinunter zum Fluss.

Die Buslinie endet (von wenigen Ausnahmen abgesehen) in ***PaLing,*** von hier aus geht man zu Fuß 100 m in Fahrtrichtung weiter und folgt der links abknickenden Straße knapp 1000 m zum Parktor (Fußgänger zahlen keinen Eintritt, Gebühren fallen nur für Fahrzeuge an; kein Mountain-Permit erforderlich). Dann geht es 6 km aufwärts nach ***ShangPaLing*** (1129 m), einem kleinen, spektakulär oben am Hang gebauten Dorf, und nochmals 6 km zum eigentlichen Park auf rund 1500 Höhenmetern.

Hier folgt man der Schotterpiste 1,5 km und dem anschließenden Fußweg 1 km bis zum Beginn des LaLaShan-Rundwanderpfades (eine Stunde). Die Straße hinauf wie auch PaLing selbst wird von vielen Obstständen gesäumt, die Gegend ist wie LiShan berühmt für Pfirsiche und andere Obstarten, die hier in den Höhenlagen wachsen. ***LaLaShan*** bedeutet etwa „sich die Hand reichende Berge", von den hier eng beieinander stehenden Gipfeln erreicht der ***TaKuangShan*** 2030 m. Der Wald um den Wanderweg beheimatet zahlreiche seltene Vogel- und Beerenarten sowie viele Jahrtausende alte Zypressen.

Unterkunft

巴陵大旅社

ф ***PaLing TaLuShe*** €€, Hausnummer 21 PaLingLu (gegenüber der Bushaltestelle, es gibt nur die eine Straße), Tel. (03)-3912126, DZ um 2000 NT$, 15 % Nachlass unter der Woche.

Essen und Trinken

In PaLing gibt es kleine Läden und Restaurants entlang der Hauptstraße; in ShangPaLing ebenfalls, sind aber teurer. Im Park steht ein Nudelsuppenstand (heiß) hinter dem Aufgang zum Rundwanderweg, der auch Getränke verkauft. Wer den Fußmarsch wagt, muss Wasser mitführen; Obststände sind überall an der Straße zwischen PaLing und LaLaShan zu finden.

Information

An der Kontrollstation für Fahrzeuge ist eine Übersichtskarte angebracht; ein (winziges, chinesischsprachiges) Faltblatt ist innen erhältlich. Der Rundweg scheint verwirrend zu sein, führt aber zum Ausgangspunkt zurück (etwa 60 Minuten). Auch hier steht eine gute Übersichtstafel.

An-/Abreise

Eine ***Tagestour*** ab TaoYuan/ChungLi via TaHsi) ist möglich, ist aber nur guten Läufern zu empfehlen, man rechne mit 6 km/Stunde erforderlicher Geschwindigkeit ab PaLing, da keine Busse hinauffahren (vom Sonderbus sonntags ab TaoYuan abgesehen). Rund 1000 Höhenmeter geht es außerdem aufwärts, man muss also 30 km plus eine Stunde Rundwanderweg in beispielsweise 6 Stunden schaffen! (Ankunft des 8.50-Uhr-Bus um 10.30 Uhr, letzter Bus zurück um 16.30 Uhr.) Zumindest an Wochenenden hat man allerdings keine Chance, zu Fuß zum Park zu gehen, mitleidige Ausflügler per Wagen insistieren förmlich darauf, einen mitzunehmen. Außerdem pendeln eine Reihe von Taxis zwischen PaLing, ShangPaLing und LaLaShan (350–400 NT$), man ist also nie „verloren". Allerdings ist die Lage unter der Woche schwieriger, da es dann kaum Touristen gibt.

Etwas günstiger ist der 6.30 Uhr-Bus ab TaHsi (zwei Stunden Zeitgewinn), dann muss man allerdings in TaHsi (⇗) übernachten. Auch ein ***Zweitagesausflug*** ist möglich, ein kleines Hotel steht in PaLing, gegenüber der Bushaltestelle.

● ***TaHsi-PaLing:*** Ein Weg führt von ChungLi nach TaHsi, dort muss man zur nationalen Station (zur Hauptstraße, dann links bis durchs Tor, dann zweimal

Zentralbergland Nord

463

rechts), wo 8–10 x tgl. Busse nach PaLing fahren. Zweckmäßig ist der 8.50-Uhr-Bus ab TaHsi, da man diesen leicht ab ChungLi oder TaoYuan erreichen kann.

● ***TaoYuan-ShangPaLing:*** Die *TaoYuan KeYun* in TaoYuan (Lokalbusstation TaoYuan vor dem Hbf., ⇗) hat einen Sonntagsausflugsservice eingerichtet und fährt an Sonntagen (meist in 14-tägigem Abstand) für 490 NT$ bis hinauf nach ShangPaLing.

● Wer in PaLing ***nach Osten*** weiterkommen will (YiLan oder LiShan), muss dies an einem Sonntag tun, wenn der Bus 14tägig nach ChiLan gegen 12.00 Uhr weiterfährt (Gabelung des NCIH), wo man Anschluss an die Linie LiShan (⇗) - YiLan (⇗) hat.

Zentralbergland Mitte

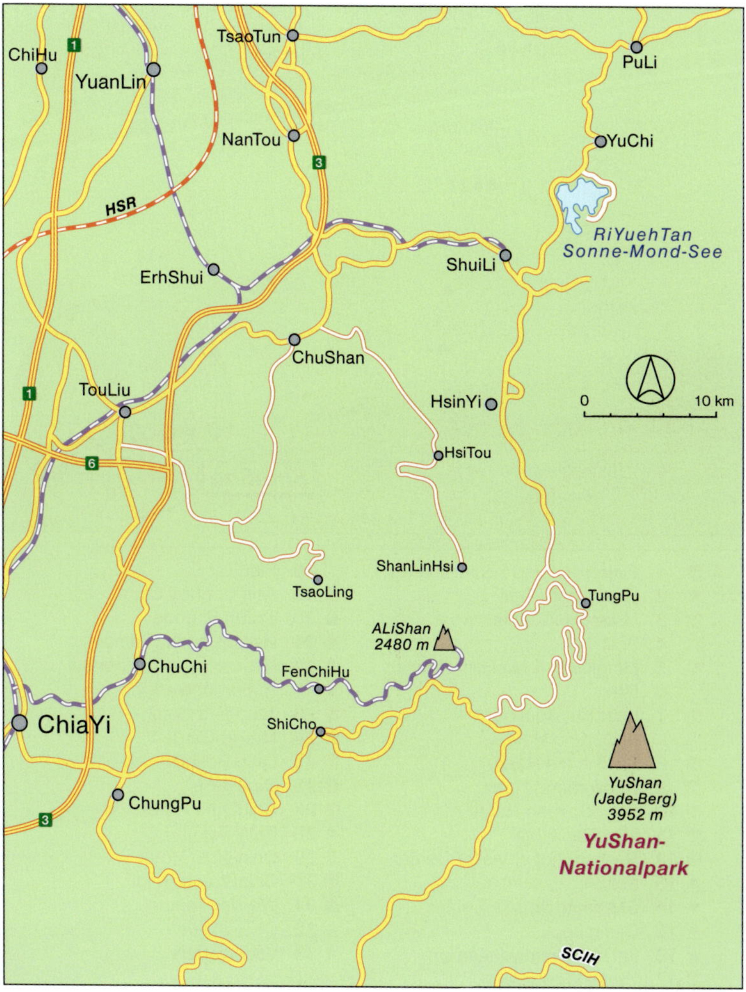

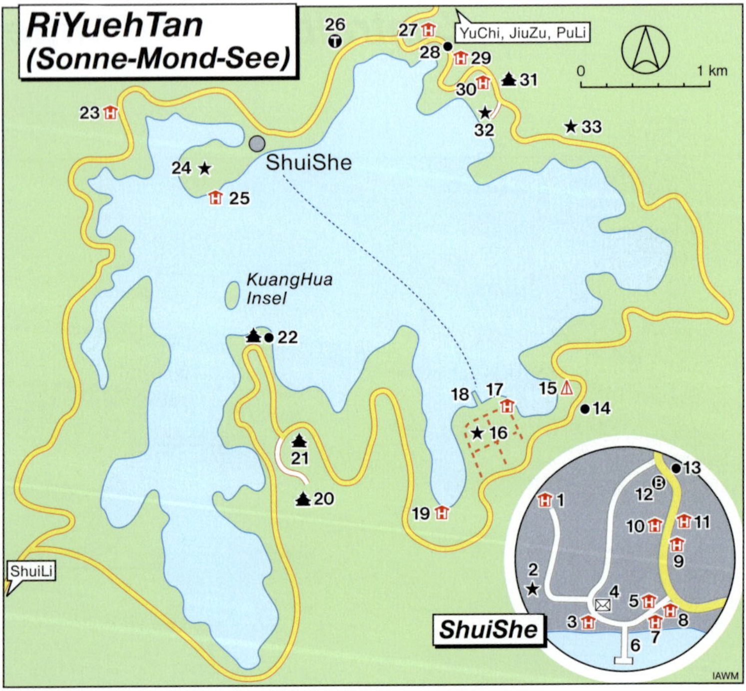

🏨	1	Evergreen und Lehrerhotels
★	2	Start HanBi Trail
🏨	3	HsiangHu Hotels
✉	4	Post
🏨	5	MingKung & MinHsin Hotels
	6	Pier
🏨	7	KuanHu, Apollo & El Dorado Hotels
🏨	8	Skyline Inn Hotel
🏨	9	Honeymoon Hotel
🏨	10	SungHoYung Hotel
🏨	11	MingRen Hotel
Ⓑ	12	Busbahnhof u. Visitor Center
●	13	Polizei
●	14	SM-Youth Activity Center
⚠	15	Campingplatz
★	16	ItaThao Ureinwohnerdorf
🏨	17	Yangs Wood Hotel
	18	Pier
🏨	19	Asia Country Club
▲	20	TzuEn Pagode
▲	21	HsuanChuang Tempel
▲ ●	22	HsuanKuang Tempel & Ruderbootverleih
🏨	23	Teachers Hotel
★	24	MeiHe Garden
🏨	25	LaLu Resort
Ⓣ	26	Tankstelle
🏨	27	ChiuLung Hotel
●	28	PKW-Tor
🏨	29	Chinatrust Hotel
🏨	30	ChinSheng Hotel
▲	31	WenWu Tempel
★	32	CKS-Statue
★	33	Vogelgarten

073t Foto: wl

Rund um den Sonne-Mond-See

日月潭

RiYuehTan (RìYuèTán, Sonne-Mond-See)

Das bei den Taiwanern wohl ***beliebteste Urlaubsziel,*** der Sonne-Mond-See, liegt 748 m über dem Meeresspiegel auf einem Plateau zwischen dem nördlichen und mittleren Zentralbergland. Das Klima ist sehr angenehm und verträglich. Mit einer Fläche von 11,6 qkm ist der RiYuehTan das größte Binnengewässer TaiWans und gleichzeitig der einzige natürliche, größere See der Insel. An seiner tiefsten Stelle erreicht er gerade einmal 27 Meter, dennoch ist das Schwimmen in seinen kühlen Fluten nicht sehr beliebt. Zum einen schwimmen die Chinesen nicht gerne, zum anderen hat einmal irgend jemand das völlig aus der Luft gegriffene Gerücht in die Welt gesetzt, im See gebe es Piranhas. Im See liegt eine kleine Insel, auf der zur Freude der Besucher eine riesige, künstliche Wasserfontäne montiert wurde. Südlich dieser Insel ähnelt der See aus der Vogelperspektive in seinem Umriss dem chinesischen Zeichen für „Mond", nördlich davon dem für „Sonne", daher der Name „Sonne-Mond-See".

Während der japanischen Besatzungszeit wurde am Südwestufer ein Damm mit ***Wasserkraftwerk*** errichtet, seinerzeit ausreichend zur Deckung des gesamten taiwanesischen Energiebedarfs. Mit dem Bau anderer Dämme (ShiMen, TsengWen, MingTe) und später auch von Kernkraftwerken trat diese Funktion in den Hintergrund, statt dessen begann man 1961 mit der allmählichen Umgestaltung zu einem Erholungsgebiet.

Die lokalen Behörden wurden zunächst mit der Bildung einer Verwaltung zum planmäßigen touristischen Aufbau beauftragt, 1968 wurde diese Behörde direkt der Bezirksverwaltung des NanTou-Bezirks unterstellt. Seitdem hat sich der See und sein unmittelbares Umland zu einer Art ***Venedig TaiWans*** entwickelt, denn 90 % aller taiwanesischen Brautpaare verbringen hier ihre Flitterwochen.

Die beliebtesten ***Freizeitaktivitäten*** am See sind Rudern, Radfahren und Motorboot-Fahren, einige der oberen Zehntausend haben bereits ihre Yachten auf dem See. Der See ist rundum dicht bewachsen, schwimmen ist nur an wenigen Stellen oder vom (Ruder-) Boot aus möglich. Zwei der großen Freizeitanlagen in TeHuaShe (Asia Country Club und Yangs Wood) bieten ihren Gästen Motorboot-Törns und Wasserski an. Unnötig zu erwähnen, dass an Wochenenden rundum Hochbetrieb herrscht und Zimmer nicht zu bezahlen sind. Rund um den See gibt es einige relativ gut zu erkundende Punkte, zu Fuß ist man einen vollen Tag unterwegs. Es wird eine Art Naturpark-Gebühr in Höhe von 50 NT$ erhoben.

ShuiShe

Einziger Ort am See ist der Hauptort ShuiShe am Nordufer, wo Unterkünfte und Restaurantbetriebe konzentriert liegen sowie die Überland- und „Seebusse“ (s.u.) halten. Außerdem wurde vor wenigen Jahren ein modernes Besucherzentrum neben der Bushaltestelle eingerichtet. ShuiShe liegt auf einer kleinen Landzunge, ein ca. 1,5 km langer Trail führt am See entlang zum ***MeiHe-Garden,*** einem schönen Aussichtspunkt über den See und die ***HanBi-Villa,*** eine frühere Polizeistation und Seevilla TschiangKaiSheks.

WenWuMiao
文武廟

Der ***WenWu-Tempel*** ist in mehrerlei Hinsicht bemerkenswert. Er vereint die Elemente mehrerer religiös-philosophischer Schulen miteinander, beispielsweise auf der Yin-Yang Lehre basierend die zum Bau verwendeten dunklen Marmorblöcke als Gegensatz zum hellen See. Die Haupthalle zeigt die Statuen der Kriegsgötter *KuanYu* und *YuehFei* (schamanistisch), die hintere Halle ein Standbild des *Konfuzius.* Schließlich wurden einige Riten des Daoismus integriert, so zum Beispiel das typische Orakelknochenwerfen. Von den Türmen hinter der rückwärtigen Halle kann man den Seeblick genießen; ▲ 31.

CKS-Statue
中正紀念碑

An schönen Plätzen darf natürlich nicht die obligatorische Statue des großen Präsidenten fehlen. Zwischen WuWenMiao und dem Vogelpark führt rechts ein Teerweg zur Statue; ★ 32.

KungChueYuan (Peacock-Garden)
孔雀園

In dem kleinen Freilaufgehege leben über 400 Großvögel, überwiegend Pfauenarten. In der kleinen Ausstellungshalle befindet sich eine Ausstellung zum Thema Schmetterlinge; der Eintritt ist frei. Vor dem ***Vogelpark*** führt links eine Nebenstraße zum TaiWan Aboriginal Center, etwa 1,5 Stunden zu Fuß; ★ 33.

Ita Thao

Gegenüber der Zufahrt zum neuen Youth Activity Center beginnt seeseitig der knapp ½ km lange ***Ita Thao-Trail,*** ein kleiner Naturlehrpfad zu einem restaurierten Dorf der Thao-Ureinwohner mit ein wenig Folklore und Verkaufsständen - ziemlich touristisch aufgemacht, aber trotzdem nicht uninteressant.

HsuanChuangSi (SyuEnTzang)
玄狀寺

In diesem ***buddhistischen Tempel*** befindet sich am Hauptschrein des Erdgeschosses hinter dem liegenden Buddha eine kleine Pagode, in der Knochenteile des Mönches *HsuanChuang,* des Begründers der buddhistischen Philosophie in China, aufbewahrt werden. Dahinter steht sein Standbild. Im ersten Obergeschoss sind mehrere Darstellungen des KuanYin-Boddhisatva zu sehen. Zentral steht die indische Urform der weiblichen Halbgöttin (ursprünglich ein Zwitterwesen), davor die hundertarmige Reinkarnation sowie zwei weiße Porzellanstandbilder in der häufigsten Erscheinungsweise in China, stehend mit erhobener Hand. Im zweiten Stock befinden sich eine kleine Bibliothek und Fotos ehemaliger Mönche. Vom Balkon hat man einen schönen Blick über die Nadelbäume hinweg auf den See; ▲ 21.

TzuEnTa
慈恩塔

Die große ***neunstöckige Pagode*** gehört zum HsuanChuang-Tempel, liegt aber rund einen km oberhalb des Tempels. Man folge zunächst der Straße vor der Anlage weiter bis zu einer Abzweigung, links geht es hinauf zur Pagode. Eine Besteigung lohnt sich, von hier aus hat man eine fantastische Aussicht auf den See und die umliegenden Täler. Mit gut 45 m Höhe ist die TzuEn-Pagode die höchste auf TaiWan; ▲ 20.

HsuanKuangSi (SyuAnGuang)
玄光寺

Nominell handelt es sich bei diesem Gebäude um einen ***Tempel,*** früher wurde das Hauptgebäude ausschließlich als buddhistische Ausbildungsstätte genutzt. Rund um den heute nicht mehr aktiven Tempel liegen einige Pavillons im Grünen, unterhalb der Anlage befindet sich ein kleiner Pier mit ***Bootsverleih;*** ▲ 22.

Westseite

Vom HsuanKuangSi aus umrundet man den See anschließend in zunächst südlicher Richtung und dann auf der inlandseitig verlaufenden Straße nach Norden - zu Fuß sind die 12 km in 2½ Stunden zu schaffen, allerdings ist die Westseite weit weniger interessant. Der Rundgang um den See dauert für Fußgänger bei ziemlich genau 30 km mit Besichtigungen einen vollen Tag!

Unterkunft

Einhergehend mit der heutigen Bedeutung des Sees als Flitterwöchner- und Pauschaltouristenziel liegen die hiesigen Unterkünfte preislich in den oberen Regionen, zumindest an Wochenenden. Engpässe sind dann hier eher die Regel denn die Ausnahme. Die folgenden Angaben der Hotelpreise gelten für normale Wochentage, an Wochenenden und Feiertagen sind Aufschläge zwischen 30 und 100 % je nach Angebot und Nachfrage einzuplanen (das *SuiBian-Prinzip).* Sehr viel Geld und Sucherei nach einem bezahlbaren Bett spart, wer in ShuiLi oder PuLi Quartier nimmt. Die Busfahrt zum See dauert nur 30 Minuten, innerhalb eines Tages kann man dort alles bequem sehen.

亞洲明潭鄉俱樂部 中***Asia Country Club*** €€, Tel. (049)-850001, etwa 1000 m hinter TeHuaShi ist eine Luxus-Campinganlage des „Yangs Wood". Der Campingplatz kostet 1000 NT$/Person, Zelt und Schlafsack werden gestellt. Komplettangebote mit Bootstouren, Wasserski und Vollpension reichen bis zu 3500 NT$ pro Tag. Mahlzeit!

松鶴園賓館 中***SungHeYuan TaFanTian*** €€-€€€ ***(Sung-Ho-Yung Hotel),*** 135 ChungShanLu, Tel. (049)-2855364, DZ ab 1750 NT$.

名人大飯店 中***MingRen TaFanTian*** €€€, 138 ChungShanLu, Tel. (049)-2855338, ab 2000 NT$.

Tipp:

愛家 中***Love Home*** €€-€€€, Tel. (049)-2856528, 125 ChungShanLu (neben der Apotheke), bietet sehr saubere und schöne DZ ab 1000 NT$ (an den Wochenenden und in den Ferien 2400 NT$).

明勝大飯店 中***MingSheng TaFanTian*** €€, 4 MingHsinChie, Tel. (049)-2855357, DZ ab 1500 NT$.

青年活動中心 中***ChingNian HuoTung ChungHsin*** €€€-€€€€, ***(Youth Activity Center),*** 101 ChungChengLu, Tel. (049)-2850070, Fax 2850037, 8er Zi 4200 NT$, DZ ab 3000 bis 6500 NT$. Dorm-Betten sind i.d.R. auf Wochen ausgebucht, ohne Reservierung kann man sich den Weg auch unter der Woche sparen.

向湖大飯店 中***HsiangHu TaFanTian*** €€€, 17 MingHsinChie, Tel. (049)-2855320, DZ ab 2200 bis 3400 NT$.

涵碧樓 中***HanPiLou*** €€€ ***(Evergreen),*** 142 ChungHsingLu, Tel. (049)-2855311, 128 Zimmer, viele DZ zu 2600 NT$, aber auch Suiten für 12.000 NT$.

教師會館 中***ChiaoShi HuiKuan*** €€€ ***(Teachers Hostel),*** 136 ChungHsingLu, Tel. (049)-2855991, 111 Zimmer, ab 3200 NT$, bessere kosten bis zu 4200 NT$. Liegt recht weit vom Bbhf. entfernt, allerdings sehr ruhig direkt am See.

德化大飯店 中***TeHua TaFanTian*** €€€, 20 ChungChengLu, Tel. (049)-2850167, 1900-2800 NT$, direkt an der Hauptstraße in TeHuaShi, 100 m weiter vom Eingang zum Aboriginal Village.

景聖樓 中***ChingShengLou*** €€€, 58 ChungChengLu, Tel. (049)-2855366, liegt direkt gegenüber vom WenWu-Tempel, DZ 3000 NT$.

九龍大飯店 中***ChiuLung TaFanTian*** €€€, 21 ChungChengLu, Tel. (049)-2855206, 2500-3500 NT$.

環湖大飯店 中***HuanHu TaFanTian*** €€€-€€€€, 1 MingHsinChie, Tel. (049)-2855341, DZ ab 2500 NT$, bessere kosten bis zu 4600 NT$.

天盧大飯店 中***TianLu TaFanTian*** €€€-€€€€, 1 ChungShanLu, Tel. (049)-2855321, DZ ab 3000 bis 11.000 NT$ für Suiten. Etwas zu alt für seine Preise, das Chinatrust bietet in der Oberklasse mehr.

蜜月樓別館 中***MiYuehLou PieKuan*** €€€ ***(Honeymoon),*** 116 ChungShanLu, Tel. (049)-2855349, DZ zwischen 3000 und 3800 NT$, haben auch eines (!) für 1400 NT$, welches aber nur durch ein Fenster mit Vorhang vom Gang getrennt ist.

明功大飯店 ⌂**MingKung TaFanTian** €€€, 2 MingHsinChie, Tel. (049)-2855155, DZ ab 3000 bis 4000 NT$.

紅賓大飯店 ⌂**HongPin TaFanTian** €€€-€€€€ **(Apollo),** 3 MingTengChie, Tel./Fax (049)-2855381. Hier kosten sehr gute DZ zwischen 3300 und 4200 NT$.

中信大飯店 ⌂**ChungHsin TaFanTian** €€€€,23 ChungChengLu, Tel. (049)-2855911, DZ ab 5000 NT$ und Suiten bis 18.000 NT$.

哲園 ⌂**Yangs Wood** €€€€, Tel. (049)-2850000, liegt unübersehbar nahe der Anlegestelle in TeHuaShi. Das sehr schöne Hotel wurde in einer Mischung aus russischem und nordamerikanischen Blockhausstil gebaut und gilt als eine der Top-Adressen in TaiWan. Die Zimmerpreise liegen bei 4800 NT$, Suiten kosten bis 33.000 NT$.

● **LaLu Resort** €€€€, Tel. (049)-2855311, www.thelalu.com.tw. Fabelresort des australischen Stararchitekten *K. Hill,* wunderbar in die Natur integriert, hier gibt es allen Luxus, DZ ab (!) 14.800 NT$ (!!).

Essen und Trinken

Was kein Hotel in RiYuehTan-Dorf ist, hat etwas mit Souvenirs oder Essen zu tun. Leider sind die Preise sehr hoch, es gibt kein einziges preislich zumutbares Restaurant. Man rechne mit 500–600 NT$ Minimum für ein einfaches Gericht. Getränke gibt es in einigen kleinen Shops, dort kann man auch die rettenden Nudelsuppen erwerben. Die meisten Hotels am Ort verfügen über eigene Restaurants, die keineswegs teurer als reine Restaurantbetriebe sind.

Information

Das Personal des neuen Administration Office (Tel. 49-2855668, www.sunmoonlake.gov.tw) im Ort ist sehr hilfsbereit und gibt Karten und Infomaterial aus. Das Personal spricht gut Englisch. Geöffnet tgl. 9.00–17.00 Uhr.

Institutionen

警察 ⌂**Polizei:** 144 ChungShanLu, genau gegenüber vom Bbhf.

郵局 ⌂**Post:** 36 ChungShanLu, geöffnet 8.30–12.30 und 13.00–16.30 Uhr täglich.

● **Geld:** Wechselmöglichkeiten bestehen nur in den großen Hotels, ATM vor der Post, sonst genügend Bares mitbringen!

An-/Abreise

● Nach **TaiZhong (TaiChung):** 12 x tgl. von 7.25-18.25 Uhr (200 NT$). Wenn man einen dieser Busse gerade verpasst hat, fährt man nach PuLi oder ShuiLi und findet dort laufende Anbindung nach TaiZhong.

● Nach **TaiBei:** 4 x tgl. für 480 NT$ (7.20, 8.20, 14.20, 16.20 Uhr) mit der GuoGuang oder mit Greenbus stündlich, hier startend um „halb", für 500 NT$.

● Von/nach **PuLi:** ca. 30 x tgl. zwischen 6.15 und 21.00 Uhr (50 NT$, alle Busse TaiChung/TaiBei fahren halten in PuLi).

● Von/nach **ShuiLi:** zwischen 6.40 und 20.10 Uhr 18-x täglich für 50 NT$.

● Zum **TaiWan Aboriginal Cultural Village:** Hier gibt es keine direkte Busverbindung; man muss zunächst einen der PuLi-Busse bis YuChi (ca. 4 km) nehmen und dort in einen Bus der WuShe-PuLi-ShuiLi-Linie umsteigen (⇗ PuLi). Achtung: Nicht alle Busse fahren zum Village, nur die in PuLi genannten Zeiten plus ca. 30 Minuten später ab YuChi.

● **Transport um den See:** Die großen Hotels (z.B. Chinatrust) setzen eigene Minibusse zwischen Bbhf. und Hotel ein, allerdings nur für Gäste. Neu ist ein öffentlicher „Seebus", der tgl. von 7.30–17.30 Uhr stündlich zwischen ShuiShe und dem HsuanKuangSi *(SyuAnGuang Si)* und allen dazwischen liegenden Punkten pendelt. Die Tageskarte kostet 80 NT$ und beinhaltet beliebig viele Stopps; die letzte Fahrt vom Tempel zurück beginnt bereits um 18.00 Uhr.

0581 Foto: wl

Ureinwohner-Kulturdorf beim Sonne-Mond-See

Zu Fuß vom Bbhf. bis zum HsuanKuangSi sind es 16 km einfach (einschl. Gang zur Pagode).

Zwischen den beiden Siedlungen verkehrt alle 30–45 Minuten tagsüber eine ***Fähre*** für 60 NT$, eine gleichermaßen sinnvolle wie gemütliche Einrichtung. ***Ruderboote*** werden an den Piers ebenso vermietet wie motorisierte Kleinboote für Gruppen (zwischen 1500 NT$ für 2 Personen und 8000 NT$ für 30 Personen).

Taxis verlangen ca. 650 NT$ für die Strecke Bbhf.-Youth Activity Center oder HsuanChangSi.

Das Youth Activity Center ***verleiht Räder*** aller Art (Tandems, Mountainbikes, Kinder- und Damenräder und sogar Räder mit Hilfsmotor), ab 150 NT$/Tag, Tel. 2850070.

九族文化村

JiuZu WenHua ZhongXin (JiǔZú WénHuà ZhōngXīn, TaiWan Aboriginal Cultural Village)

Das sogenannte Ureinwohner-Kulturdorf nahe des Sonne-Mond-Sees ist ein ***Freilichtmuseum*** mit kleineren, nachgebauten Siedlungen der auf TaiWan vertretenen Ureinwohner-Gruppen. Auf dem weitläufigen Areal sind ursprüngliche Unterkünfte, Kornspeicher, Versammlungshallen und Gerätschaften in konzentrierter Form zu allen Stämmen zu sehen und beschrieben (auch englisch). Auch wenn es sich um eine nachgestellte Anlage handelt, so gewinnt man doch einen recht guten Einblick in frühere Lebensweise auf TaiWan. Höhepunkt sind die ***Tänze und Shows*** der Ureinwohner, wobei auch das Publikum miteinbezogen wird. Insbesondere die Brautwerbe-Rituale entpuppen sich als Heidenspaß, auch wenn die ursprüngliche Intention dabei natürlich völlig in den Hintergrund getreten ist.

Das TaiWan Aboriginal Cultural Village ist mittlerweile zu einem „Vergnügungspark" erweitert worden, täglich 7.00–17.30 Uhr geöffnet und kostet 700 NT$ Eintritt, Kinder 350 NT$. Im Preis enthalten sind alle Vorführungen und Fahrten mit den Touristenbussen im Park. An der Kasse gibt es Faltblätter mit einem Übersichtsplan. Ein kompletter Rundgang mit Besuch der Show dauert ca. 5 Stunden.

An-/Abreise

- Eine Direktverbindung per Bus besteht lediglich mit der Linie zwischen ***PuLi*** und ***ShuiLi*** (⇗). Eine Verbindung zwischen diesen Orten besteht etwa alle 45 Minuten, aber nur jeder zweite (sieben täglich) fährt über das Cultural Village. Die Busse fahren nämlich entweder über den Sonne-Mond-See oder über das Cultural Village, nie jedoch über beide gleichzeitig. Es ist daher nicht möglich, ohne Umstieg in YuChi vom See aus das Village zu besuchen oder umgekehrt.
- ***Vom See aus*** nimmt man jeden Bus Richtung PuLi bis YuChi (ca. 4 km) und steigt dort in einen der folgenden Busse zum Village um: 7.25, 9.15, 11.00, 13.00, 14.30 und 15.00 Uhr.

水里

ShuiLi (ShuǐLǐ, Wasser-Heimat)

ShuiLi liegt am südlichen Ende der Strecke von PuLi über den Sonne-Mond-See, welche das nördliche mit dem zentralen Bergland verbindet. Der Ort ist wahrlich keine Touristenattraktion, als Ausgangspunkt zum YuShan via PuLi oder zum Sonne-Mond-See allerdings ein wichtiger Transitpunkt. Ferner gibt es hier etwas sehr seltenes: ***Leihfahrräder!*** Dies bietet eine interessante Alternative zum Besuch des Sonne-Mond-Sees oder der historischen ChiChi-Linie an. Die günstigen Unterkünfte sind sehr nützlich, wenn das teure RiYuehTan-Ort überfüllt ist oder man einfach Kosten vermeiden will und einen Tagesausflug von hier aus startet.

Hinter dem Bahnhof liegt ein ***schamanistisch-daoistischer Tempel,*** gewidmet den Kriegsgöttern *KuanYu* und *YuehFei*. Die rote Gesichtsmaske *KuanYus* ist ein fester und markanter Bestandteil der Pekingoper. Der Aufgang zum Tempel befindet sich (durch den Bhf. gehen) jenseits der Schienen 100 m links.

Eines sei noch für die Planung erwähnt: Wenn man direkt vom nördlichen ins mittlere Zentralbergland reist, muss man entweder in PuLi (Nord), Sonne-Mond-See oder ShuiLi Station machen. Von ShuiLi aus kann man theoretisch das Wandergebiet HuiSun (⇗, „Sackgasse" nördlich PuLi, man muss dazu den 8.50-Uhr-Bus ab PuLi erreichen) in einem Tagesausflug besuchen; umgekehrt kann man aber nicht von PuLi aus das schöne TungPu (⇗, „Sackgasse" südlich ShuiLi) innerhalb eines Tages ausreichend besichtigen.

Unterkunft

Die hiesigen Hotels sind zwar günstiger, aber qualitativ kein Vergleich zum nahegelegenen Sonne-Mond-See.

- 1 Taoist. Tempel
- 2 YaChou Hotel
- 3 TsaoTou Hotel
- 4 ShengKung Hotel
- 5 HuanTai Hotel
- 6 ChangHua Bank
- 7 Polizei
- 8 TungFang Hotel
- 9 Moped-Verleih
- 10 YuanLin-Busse
- 11 LungChiang Hotel
- 12 TungMei Hotel
- 13 Apollo Hotel (ab 650 NT$)
- 14 Snacklokale
- 15 TaiWan KeYun-Busse, Green Bus Busse
- 16 Snacklokale

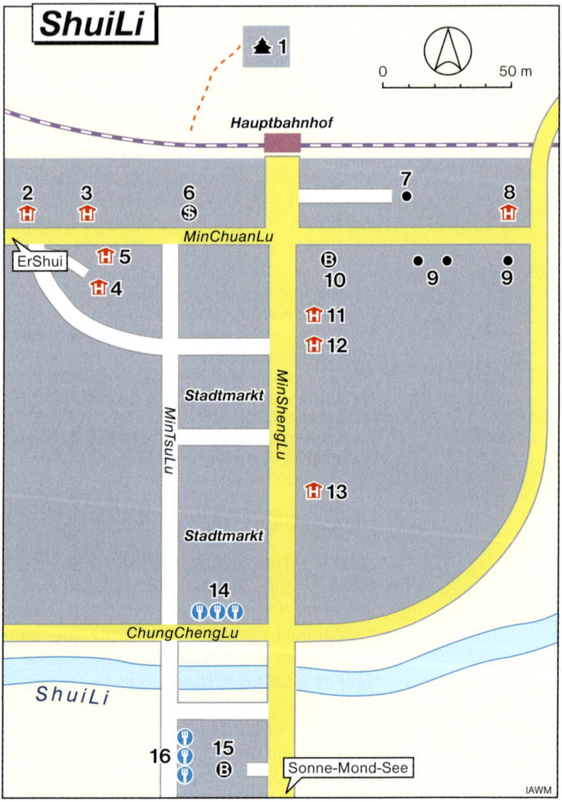

勝功旅社 ⌂ ***ShengKung LuShe*** €, 69 TaiPingChie, Tel. (049)-2770300, DZ 450 NT$.

華都旅社 ⌂ ***HuaTou LuShe*** €, 198 MinChuanLu, Tel. (049)-2770162/3, DZ um 480 NT$.

環泰大旅社 ⌂ ***HuanTai TaLuShe*** €, 83 MinChuanLu, Tel. (049)-2772137, DZ 500 (ohne A/C) bis 1000 (A/C) NT$.

同美旅社 ⌂ ***TungMei LuShe*** €, 172 MinShengLu, Tel. (049)-2772131, 750–1000 NT$.

龍江旅社 ⌂ ***LungChiang LuShe*** €, 174 MinShengLu, Tel. (049)-2772161, EZ 700 NT$, DZ 850 NT$ (alles A/C).

東方大旅社 ⌂ ***TungFang TaLuShe*** €€, 64 MinChuanLu, Tel. (049)-2772126, DZ 1800 NT$.

亞洲大飯店 ⌂ ***YaChou TaFanTian*** €€, 264 MinChuanLu, Tel. (049)-2772151, 1500–2000 NT$ bei 30 % Rabatt unter der Woche.

Essen und Trinken

In ShuiLi gibt es günstige Restaurants in der MinShengLu, sofern man keinen Fisch isst. Hier gibt es auch eine Bäckerei und einen 24h-Markt. Frischwaren und Snacks bekommt man günstig auf dem Markt in der MinTzuLu.

Institutionen

警察

⊕**Polizei u. YuShan-Bergpolizei:** 112 MinChengLu, Tel. (049)-773121, erste Gasse links aus dem Bhf. kommend. Hier können A-Permits für YuShan beantragt werden.

銀行

⊕**Bank:** ChangHuaYinHang, 144 MinChuanLu.

An-/Abreise

● ***Bahn:*** ShuiLi liegt an der historischen „ChiChi-Linie" von ***ErShui*** nach ShuiLi (⇗ ErShui), einer der wenigen Bahnnebenstrecken auf TaiWan. Einige der 8–10 Züge täglich fahren durch bis TaiZhong (TaiChung), einige enden in ErShui. Die Fahrt kostet rund 50 NT$ und dauert etwa 35 Minuten. Abfahrt ab ShuiLi ist derzeit um 6.21 (bis TaiZhong), 8.52, 10.54 (bis TaiZhong, 12.54, 14.23, 16.40 (bis TaiZhong), 18.23, 20.26 und 22.36 Uhr (bis TaiZhong).

● ***Bus:*** In ShuiLi gibt es nur zwei Busstationen, die nationale *TaiWan KeYun* und die regionale *YunLin KeYun.* Letztere hat auch Direktverbindungen zum ***ALiShan*** über die Bergroute im Programm, die Route wird aber wegen der häufigen Straßensperrungen durch Erdrutsche nicht gefahren (hin 9.10, zurück 14.30 Uhr, 250 NT$); auf diese Möglichkeit ist seit Jahren kein Verlass, man rechne damit, den Umweg über ErShui und ChiaYi hinnehmen zu müssen. Sicher angefahren wird lediglich HsinYi (etwa halbe Strecke zum ALiShan). Ab Hauptbahnhof fährt außerdem ein Minibus nach ***TaiZhong.***

Von/nach ***TaiBei:*** 3 x tgl. *(TaiWan KeYun).*

Von/nach ***TaiZhong:*** alle 20–40 Minuten *(TaiWan KeYun).*

Von/nach ***RiYuehTan (Sonne-Mond-See):*** 9.45, 14.40, 16.40 Uhr sowie alle Busse nach PuLi *(KungLung/Green Bus).*

Von/nach ***PuLi:*** alle 30–50 Minuten (90 NT$, *KungLung/Green Bus*).

Von/nach ***TungPu:*** (110 NT$, *YunLin KeYun*) 6.00, 7.30, 8.50, 11.10 und 13.00 Uhr.

Von/nach ***YunLin:*** 20 Busse tgl., ca. alle 30–40 Minuten *(YunLin KeYun).*

Von/nach ***ChuShan*** (dort umsteigen, wenn man von ShuiLi nach ShanLinHsi/HsiTou/FengYuan-Vogelpark möchte): 6.20, 7.10, 8.30, 10.00, 11.40, 12.40, 14.00, 15.15, 17.00 Uhr *(YunLin KeYun).*

Von/nach ***ErShui:*** Die Bahn ist angenehmer und interessanter, die Busse der *YunLin KeYun* halten aber auch in ErShui, etwa alle 60 Minuten.

● ***Moped:*** In der MinChuanLu, neben der *YunLin KeYun,* befinden sich mehrere Verleihstellen; ca. 500 NT$/Tag.

● ***Fahrrad:*** Am Bahnhof werden Fahrräder für 150–200 NT$/Tag vermietet. Per Rad oder Moped besteht die Möglichkeit, sowohl RiYuehTan (14 km) als auch die historische ChiChi-Linie (⇗ ErShui, 27 km) ausgiebig zu erkunden. Hotel und Rad sind zusammen billiger als die günstigste Unterkunft am Sonne-Mond-See, außerdem ist man dann vom See-Bus unabhängig. Zum Verleih muss man durch den Bahnhof, vor den Gleisen rechts bis zum Ende der betonierten Fläche gehen, dort rechts.

Rund um den ALiShan

竹山

ChuShan (ZhùShān)

Als wichtiger Transitpunkt des Zentralberglandes wird jeder Besucher der Region hier vorbeikommen oder sogar umsteigen müssen. Hier enden bzw. starten Busse zum FengYuan-Vogelpark, nach HsiTou, TsaoLing und ShuiLi, ferner besteht Verbindung nach

TaiZhong (TaiChung) in Nordwest-TaiWan und TouLiu/ChiaYi im Südwesten. Die Kleinstadt selbst ist alles andere als eine Touristenattraktion, wer allerdings schnell mehrere der genannten Bergorte besuchen möchte, findet hier günstigere Unterkünfte.

FengHuangKu NiaoYuan (Phoenix-Tal-Vogelpark)
鳳凰谷鳥園

Insbesondere Reisende mit Kindern, die in ChuShan landen und einen halben Tag übrig haben, sollten sich den größten Vogelpark TaiWans im FengHuang-Tal ansehen. Knapp 300 verschiedene-Vogelarten beherbergt der hübsch am Ende des Tals angelegte Park.

- Geöffnet täglich 9.00–17.00 Uhr, Eintritt 150 NT$. An-/Abreise: 7.50, 10.10 und 14.00 Uhr ab ChuShan (⇗, 45 NT$), 45 Minuten später zurück.

Unterkunft

- Das günstigste Hotel der Stadt ist das etwas heruntergekommene ⌽ ***ChinTou LuShe*** €, 150 ChuShanLu, Tel. (049)-2642143. DZ sind hier schon für 600 NT$ zu haben. (金都旅社)

⌽ ***HsinAn TaLuShe*** €, 41TsaoYuanLu, Tel. (049)-2642123, DZ 850 NT$. (信安大旅社)
⌽ ***YungHe LuShe*** €, 38 HengChie, Tel. (049)-2643352, bei gleichen Preisen etwas sauberer. (永和旅社)
⌽ ***YungTa LuShe*** €€, 134 ChuShanLu, Tel. (049)-2642133, DZ 1000 NT$, bestes Mittelklassehotel. (永大旅社)
⌽ ***ChuShan LuShe*** €€, 169 ChuShanLu, Tel. (049)-2642101, DZ zwischen 1200 und 1500 NT$. (竹山旅社)

An-/Abreise

Zwei Busbahnhöfe liegen in ChuShan, beide praktisch direkt nebeneinander.

- ***YunLinKeYun:*** Von/nach ***TaiZhong:*** 6.00–20.20 Uhr alle 20 Minuten, 145 NT$. Von/nach ***ShuiLi:*** 7.20–18.10 Uhr etwa stündlich, 90 NT$. Von/nach ***HsiTou:*** 6.10, 7.00, 8.00, 8.40, 10.00, 11.40, 13.00, 14.05, 15.40, 16.40, 18.00 Uhr, 60 NT$. Von/nach ***FengHuang NiaoYuan*** 7.50, 10.10 und 14.00 Uhr, 60 NT$. Von/nach ***TsaoLing:*** 7.50, 12.50 und 17.10 Uhr, an So./Fe. zusätzlich 7.00, 12.20 und 16.50 Uhr, 90 NT$.
- ***HsiTai KeYun:*** von/nach ***TouLiu*** (45 NT$) und ***ChiaYi*** (130 NT$) 38 mal täglich, davon 12 Busse nur bis TouLiu.

HsiTou (XīToú, Bach-Anfang/Ende)
溪頭

Wer sich die Mühe gemacht hat und vom ALiShan nach ShanLin-Hsi gelaufen ist oder von TouLiu/ChuShan heraufkommt, passiert eines der neueren Erholungsgebiete auf TaiWan. Man achte bei der Auffahrt aus der Ebene einmal bewusst auf die wechselnde Vegetation der zunächst tropischen Bepflanzung, ab 600 m Teeanbau und kurz vor HsiTou schließlich überwiegend Bambuswald - alles während einer verhältnismäßig kurzen Fahrt. HsiTou (auch als ChiTou in taiwanesischen Publikationen zu finden), auf 1150 m gelegen und klimatisch vergleichbar mit WuShe oder ChingChing-Farm im nördlichen Bergland, ist ein auf 33.000 ha angelegter ***botanischer Garten*** der National TaiWan University. Genauer gesagt: Ein sogenannter „Experimentalwald“, der mit seinen verschiedenen Höhen (220 bis 3952 m) und somit auch zahlreichen Vegetationszonen ursprünglich rein akademische Ziele verfolgte. Zu den hier noch existierenden seltenen Tierarten gehören auch der Schwarzbär, Felsenaffe, Muntjakhirsch, über 100 Vogelarten, einige der giftigsten Landschlangen (Bambusviper, Korallenschlange u.a.), sowie zahlreiche Amphibien, Fisch- und Schmetterlingsarten.

Angeregt durch den zunehmenden Inlandstourismus in den späten 1960er und 1970er Jahren auf der einen und Geldmangel der Verwaltung auf der anderen Seite entstand die Idee, dem breiten Publikum einen Teil des Gebietes zugänglich zu machen. Seit 1977 besuchen jährlich über eine Million Menschen den Park, der mit 16°C Durchschnittstemperatur ein ideales Klima bietet und dessen Bambushaine, Baumriesen, Wanderpfade und Teiche zum Spazierengehen einladen.

Alle sehenswerten Punkte auf den insgesamt rund 30 km Wanderwegen sind gut ausgeschildert (engl.), nur der Fußweg zum ***FengHuangShan-Aussichtspunkt*** fehlt völlig in der Beschilderung. Am „Bambuswald" angelangt geht links der Weg zu einem Lagerhaus, rechts in einer steil ansteigenden S-Kurve weiter. Am Ende der Kurve steht ein Pavillon und ein Wegweiser zum Ginko-Garten. Hinter dem Schild beginnen die Stufen, etwa 1200 m zum Aussichtspunkt. Der Weg ist relativ schlecht und soll auch nicht mehr weiter gepflegt werden, da ihn kaum jemand benutzt.

HsiTou liegt nicht gerade auf dem Weg zwischen zwei Reisezielen. Es bieten sich ein Abstecher von TouLiu aus oder ein Stopp am Tage nach dem Abstieg vom ALiShan nach ShanLinHsi (Übernachtung dort) an.

● Geöffnet täglich 8.00–17.00 Uhr, Eintritt 150 NT$ (an der Kasse ist eine praktische Übersichtskarte, *DiTu,* kostenlos erhältlich).

067t Foto: wl

Malerische Spazierwege in HsiTou

Unterkunft

Der Park kann sehr gut als Tagesausflug besucht werden (insbesondere ab ChuShan), Unterkünfte in HsiTou sind sehr teuer. Wanderer vom ALiShan nach ShanLinHsi können entweder in ShanLinHsi oder hier Quartier nehmen, wenn sie den Park besuchen wollen.

- Der ***Campingplatz*** € (400 NT$ pro Platz) liegt leider außerhalb der Parkumzäunung, sodass bei mehrfachem Betreten des eigentlichen Parks jedesmal der Eintritt fällig wird.

明山山狀

- Weiterhin außerhalb des Parks liegt die ф ***MingShan-Villa*** €€€ (Tel. 049-261 2121), ein modernes Hotel mit Zimmern ab 2200 NT$ bis zu 3500 NT$.

孟宗山狀

- Ein zweites Hotel liegt unweit der Tankstelle: ф ***MengTsung ShanZhuang,*** Tel. (049)-2612131 mit Zimmern ab 2800 NT$.

溪頭活動中心

- Innerhalb der Parkumzäunung liegt das ф ***HsiTou ChingNian HuoTung ChungHsin (Youth Activity Center)*** €-€€€, Tel. (049)-2612161. Es hat 8er-Zimmer zu 4000 NT$ und DZ zu 2300 NT$. Allerdings gilt hier ebenso wie am Sonne-Mond-See: „Rien ne va plus" ohne Reservierung!
- Zimmerunterkünfte vermittelt die ***Parkverwaltung*** (Tel. 049-2612111), der mehrere ***einzelne Hotels*** unterstehen. Am Haupttor, von der Bushaltestelle hinunter zur Tankstelle, dahinter links, befindet sich auf der rechten Torseite ein Reservierungsschalter, sodass man bereits hier ohne Herumlaufen die freien Kapazitäten erfährt. Die Zimmerpreise beginnen bei 1800 NT$/DZ, die Masse liegt bei 2400 NT$, einige Toplagen kosten bis zu 5800 NT$.

Essen und Trinken

Am kleinen Eingang (oberhalb der Busstation) befindet sich ein Restaurant, welches Frühstück zu 80 NT$ (10 Pers. 750 NT$) und Mittags- oder Abendtafeln für bis zu 8 Personen (3600 NT$) anbietet. Getränke und Snacks gibt es in den Kiosken der Unterkunftsregion sowie am Universitätsteich.

Information

An den Kartenschaltern wird auf eindringliche Nachfrage eine kleine Wanderkarte ausgegeben. Allgemeine Informationen zum Park und den Hotels erteilt das Visitor-Center beim Haupteingang.

An-/Abreise

- Von ***ChiaYi/TouLiu*** nur ein Direktbus gegen 7.45 Uhr, nach TouLiu (100 NT$)/ChiaYi (170 NT$) 11.20 Uhr zurück. Es besteht allerdings eine sehr gute indirekte Verbindung über ChuShan (⇗).
- Nach ***ChuShan:*** 60 NT$, 7.00, 9.20, 10.50, 12.20, 14.00, 14.50, 16.30, 17.15 und 18.45 Uhr.
- Nach ***ShanLinShi:*** 7.30, 8.40, 9.45, 10.40, 10.55, 12.15, 14.45 und 17.20 Uhr für 90 NT$.
- Nach ***TaiZhong (TaiChung):*** von 8.00-17.00 Uhr 15 mal täglich, alle 45 bis 60 Minuten, 180 NT$.

杉林溪

ShanLinHsi (ShānLínXī, Schatten-Baum-Bach)

An sich bietet ShanLinHsi (in der taiwanesischen Straßenbeschilderung gelegentlich auch als „Sun link sea" zu sehen), knapp 20 km oberhalb von HsiTou gelegen, weder sonderlich viele Wandermöglichkeiten noch sonstige Attraktionen und ist darüber hinaus in der Übernachtung verhältnismäßig teuer. Die Taiwaner strömen dennoch in Scharen herauf in die 1600 m hohe Bergsiedlung, vermutlich aus dem Grund, weil man hier prima per Wagen ein Stück durch die Bergwelt fahren kann. Hauptsehenswürdigkeit sind die drei nicht mehr als 40 Gehminuten vom Ort ent-

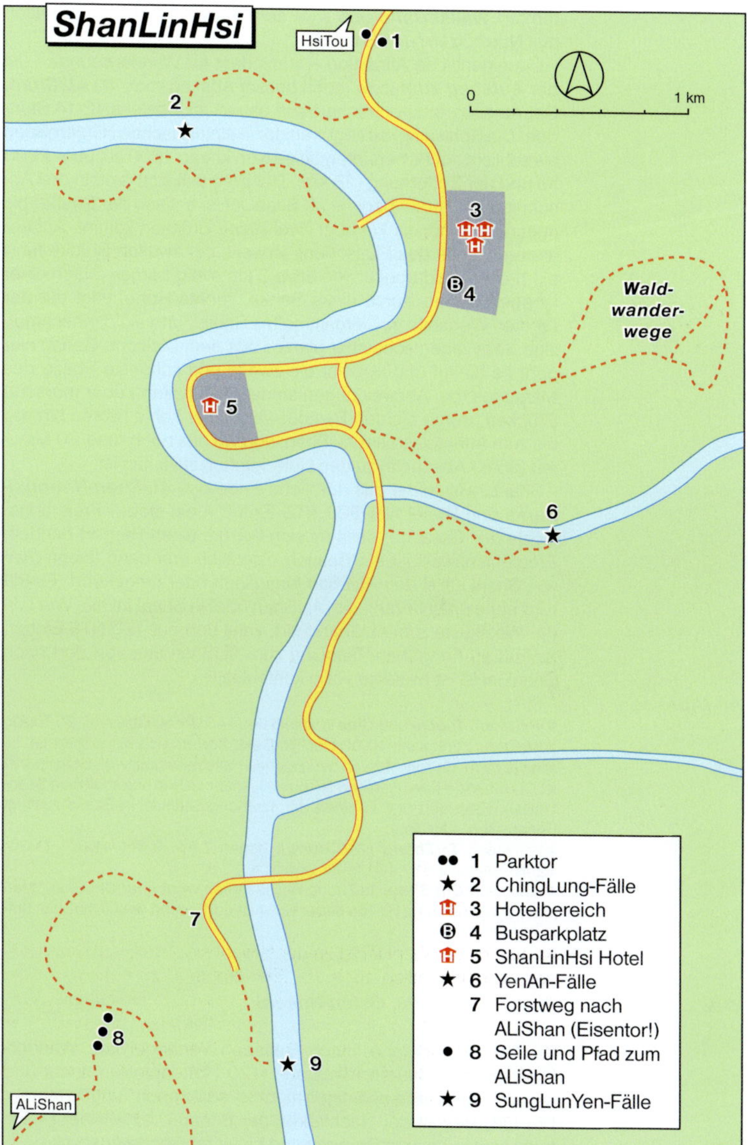
ShanLinHsi
HsiTou
0
1 km
Wald-
wander-
wege
ALiShan
IAWM
1 Parktor
2 ChingLung-Fälle
3 Hotelbereich
4 Busparkplatz
5 ShanLinHsi Hotel
6 YenAn-Fälle
7 Forstweg nach ALiShan (Eisentor!)
8 Seile und Pfad zum ALiShan
9 SungLunYen-Fälle

fernten **Wasserfälle** und eine sehr üppige Hochlandvegetation aus Nutzhölzern und Bambus.

Die eigentliche Attraktion - zumindest für Wanderfreunde - ist der **Aufstieg zum** (bzw. noch besser Abstieg vom, ⇗) **ALiShan.** Der Aufstieg ist knochenhart und dauert mindestens 12-14 Stunden. Die Schwierigkeit liegt weniger in alpinistischen Hindernissen als schlicht am Höhenunterschied (von knapp 1600 auf über 2200 m) und der Entfernung (28 km). Der Weg teilt sich grob in drei Abschnitte: Der erste beginnt ab ShanLinHsi entlang der Straße, bis man nach rund vier km über zwei kleine Brücken kommt. Auf der anderen Seite des Flüsschens jenseits der zweiten Brücke führt ein breiter Waldarbeiterweg etwa 2 km stetig bergan. Nach einer langgezogenen Kurve (links Senke, rechts Höhe) liegt auf der rechten Wegseite ein vergammeltes Schild, und ein paar schmutzige Seile ragen scheinbar planlos aus dem Dickicht. Genau hier geht es hinauf und beginnt die zweite und schönste Phase des Marsches (bei Abzweigungen immer links halten!) über morsche Brücken, durch dichten Bambuswald, über kahle Felsen hinweg bis zum Affenfelsen am ALiShan, von wo aus noch rund 70 Minuten (dritter Abschnitt) zu den Unterkünften zu laufen ist.

ShanLinHsi bildet das nördliche Ende des **ALiShan-Nationalparks** und kostet hier 200 NT$ Eintritt - ein stolzer Preis angesichts der Tatsache, dass es sich nur um einen Bergort handelt. Empfehlenswert ist ein Besuch eigentlich erst dann, wenn man von ShanLinHsi den ALiShan hinaufläuft oder umgekehrt (Eintritt wird nur einmal bezahlt, am ALiShan oder in ShanLinHsi). Wer von der Westküste zum ALiShan fährt, zahlt dort nur 120 NT$ Eintritt; zu Fuß ab FengShan/TsaoLing zum ALiShan und von dort nach ShanLinHsi ist es sogar völlig kostenlos.

An-/Abreise

- Von/nach **TouLiu** und **ChiaYi:** direkt um 7.45 Uhr ab ChiaYi (8:20 TouLiu zusteigen), zurück um 10.00 Uhr. „Indirekt“ hört es sich kompliziert an, ist aber einfach, da man stets an der gleichen Haltestelle umsteigt. Schaltpunkt ist ChuShan (⇗), wo man bis HsiTou (⇗), knapp 20 km unterhalb von ShanLinHsi, weiterfährt und in einen der TaiZhong-ShanLinHsi-Busse zusteigt (Richtzeiten ⇗ HsiTou).
- Von/nach **TaiZhong (TaiChung):** gegen 7.55, 9.05, 11.05, 11.30, 12.40, 15.10 und 17.40 Uhr für 265 NT$.
- Von/nach **ChuShan:** TaiZhong-Busse fahren nicht über ChuShan. Man muss zunächst nach HsiTou (jeder Bus hält dort), dann nach ChuShan umsteigen.

東埔

TungPu (DōngPú, Osten-Halten)

Wer einige einfache, nach Belieben verlängerbare Wanderstrecken im kühleren Klima auf 1120 Höhenmetern sucht und gleichzeitig günstig nächtigen möchte, sollte nach TungPu fahren. Der Ort, Heimat der Nachfahren der Bunun-Ureinwohner (⇗ Exkurs) liegt auf einem Berggrat und bietet fabelhafte Ausblicke.

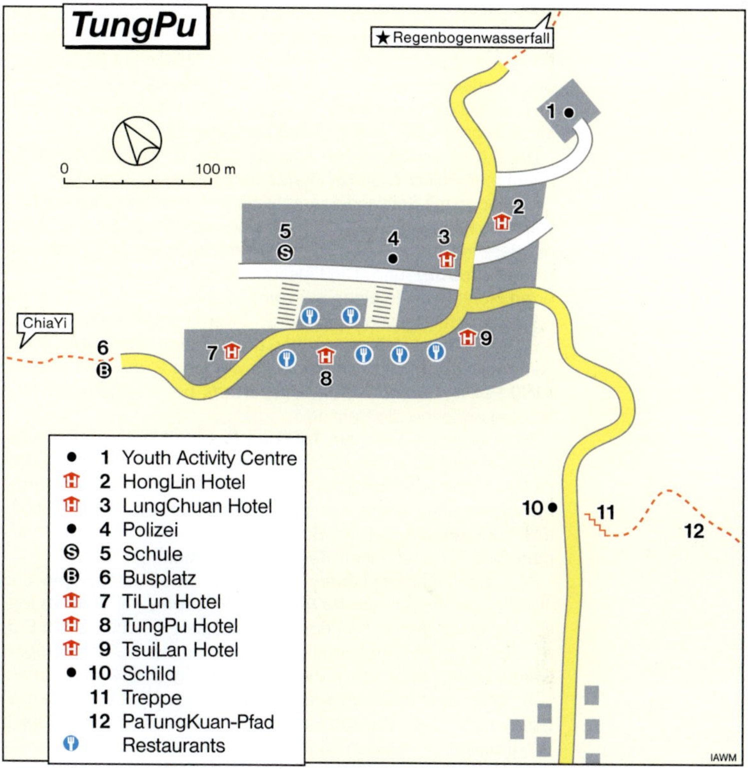

Zum „Warmlaufen" bietet sich am Ankunftstag ein Spaziergang zu den ***Regenbogenwasserfällen*** an (immer bergan dem Strässchen, das bald zum Pfad wird, folgen). Die Fälle sind nicht sonderlich spektakulär, aber allemal sehenswert, wobei der einfach zu begehende Pfad den Wanderer durch Wald und Bambus leitet.

Einer der spektakulärsten Wanderwege führt (schräg rechts gegenüber vom LungChuan-Hotel die Gasse hinab, am hölzernen Parkhinweiser vorbei bis zu den Lehm-/Holzstufen auf der linken Seite) vom Ort bis hinauf zum ***YuShan*** (⇗, A-Permit) oder folgt dem alten ***PaTungKuan-Trail*** bis YüLi nahe der Ostküste (⇗ Karte Verbindungswege im Zentralbergland). Vorab ein Wort zur Sicherheit: Der Pfad ist anfangs ausgezeichnet, wird aber zunehmend schlechter. Der normale Wanderer wird die wirklich schlechten Passagen aus Zeitgründen wohl gar nicht erst erreichen, wenn er nicht mit dem Zelt unterwegs ist. Trotzdem gibt es ein paar kleine Schwierigkeiten (morsche Stege, am Felsen auf 50 cm Gehbreite entlangtasten usw.), wobei nicht unerwähnt bleiben darf, dass es auf der einen Seite oft einige hundert Meter fast senkrecht abwärts geht - die Ketten bieten nur wenig Halt!

Nach dem ersten kurzen Anstieg vorbei an einigen Hütten erreicht man ***FuTzi TuanYai (Vater-Sohn-Klippe),*** eine der ersten Steilklippen mit Schwindelgarantie für Trittunsichere. Nach einem weiteren Kilometer steht man vor einer kleinen Gabelung, deren rechter Pfad zu den ***LeLe WenChuan (Heiße Quellen der doppelten Freude)*** führt. Die Quellen bestehen aus einem überteuerten Hotel jenseits eines nur per Miniseilbahn (100 NT$/Nase) überquerbaren Flüsschens und sind wenig empfehlenswert. Der linke Pfad führt 1,5 km weiter bergan zum ***YunLung PuPu (Wolke-Drache-Wasserfall),*** nach weiteren 2 km steht man am ***YiNü PuPu (Ein-Mädchen-Wasserfall),*** beide Fälle bieten sich für eine erfrischende Rast an.

Nach weiteren 3 km, am ***TuiKuan-Pass*** auf knapp 2100 m (zu erkennen nur als winzige Lichtung mit einer Wegabzweigung: Geradeaus geht es weiter aufwärts, links steil hinunter an zerfallenen Plantagenhütten vorbei auf einen alten Forstweg, der bis ShuiLi führt), kehren die meisten Besucher um, mehr kann man als gemütlicher Geher an einem Tag nicht schaffen.

Sehr gute Wanderer können den Weg weitere 5000 Längen- und 1000 Höhenmeter zum ***PaTungKuan-Plateau*** auf 3010 m fortsetzen, ein zeitlich schwieriges Unterfangen, welches durch Erdrutsche und somit notwendige Kletteraktionen weiter verzögert werden kann. Zwar treten die hiesigen Bergvereine sofort in Aktion, legen Seile und markieren einen Umweg, dennoch sollte man genau wissen was man tut: Bis zum TuiKuan-Pass und zurück nach TungPu sind für den durchschnittlichen Wanderer mindestens 6-7 Stunden anzusetzen, zum PaTungKuan-Plateau und zurück zusätzlich je nach Zustand des Pfades weitere 3-4 Stunden. Als Tagestrip ist hier endgültig Feierabend (wer hier nach 14 Uhr noch oben steht und zurück nach TungPu möchte, wird bei Dunkelheit die gefährlichen Klippen passieren), außerdem benötigt man zur Fortsetzung des Weges über den YuShan ab hier ein A-Permit. Es gibt hier oben zwar keine Kontrollhäuschen, auch wird nur sehr selten patrouilliert, vor einem ungenehmigten Weitermarsch sei dennoch gewarnt.

Am PaTungKuan (geradeaus sieht man eine Schlechtwetterschutzhütte vor sich) folgt man der Gabelung nach rechts 3 km zum Campingplatz von LaoNung und setzt am nächsten Tag den Weg über den 3952 m hohen Gipfel des ***YuShan*** fort bis zum ***ALiShan*** (12 Stunden, stetig leicht abwärts ab YuShan/Hauptgipfel).

An der PaTungKuan-Gabelung geradeaus kann man dem alten ***PaTungKuan-Trail*** etwa 60 km fast bis YuLi (⇗) an der Ostküste folgen; am Weg gibt es einige Zelt- und Wasserschöpfmöglichkeiten, ein Permit ist derzeit nicht erforderlich. Ansonsten gibt es hier oben nichts als Natur.

Unterkunft

TungPu hat seine Vorteile: Es liegt weit ab vom Schuss und alle Sehenswürdigkeiten müssen zu Fuß angegangen werden – beides hat zur Folge, dass der einheimische Automobil-Tourist andere, eher befahrbare Gegenden aufsucht. Auch die Unterkunftspreise sind vernünftig.

東埔山地青年活動中心

ф ***ShanTi ChingNian HuoTung ChungHsin*** €-€€ ***(Youth Activity Centre),*** Tel. (049)-2701515, Schlafsaal zu 1000 NT$ für 10 Pers. (egal wie viele Pers.) sowie DZ ab 1200 NT$. Die Lage ist fabelhaft, auch wird hier echtes Thermalwasser eingespeist – ein Labsal nach anstrengenden Bergtouren.

鴻林別館

ф ***HongLin PieKuan*** €€, Tel. (049)-2701596, dürfte eines der angenehmsten und saubersten Berghotels dieser Preisklasse im Lande sein. Das hölzerne, schmucke Interieur ist seine 900 NT$/DZ allemal wert. Heißes (Trink-) Wasser gibt es unten in der Rezeptionshalle.

翠巒山莊

ф ***TsuiLuan ShanChuang*** €€, Tel. (049)-2701818, bietet DZ (o. Bad) für 800 NT$, mit Bad für 900–1200 NT$ an. Der Besitzer ist eine Fundgrube an Informationen zum Ort und der Region, spricht aber leider nur Chinesisch.

龍泉山莊

ф ***LungChuan ShanChuang*** €€€, Tel. (049)-2701061, hat sehr gute DZ zu 1400–2200 NT$ (Preis saisonabhängig).

東埔大飯店

ф ***TungPu TaFanTian*** €€€€, Tel. (049)-2701090, gutes Mittelklassehotel, sehr zu empfehlen, DZ 3800 NT$.

帝綸大飯店

● Das beste Haus am Ort liegt in Sichtweite vom Busbahnhof, das ф ***TiLun TaFanTian*** €€€€, Tel. (049)-2701616, bietet DZ zu 3500 und Suiten zu 6500 NT$.

Essen und Trinken

Entlang der Hauptstraße liegen einige recht teure Spezialitätenrestaurants, meist mit Fisch und Seafood im Angebot. Am günstigsten kommt man als Selbstverpfleger mit heißen Suppen und Snacks weiter; ein kleiner Laden befindet sich gegenüber vom HongLin-Hotel.

Institutionen

警察

ф ***Polizei:*** 50 m in der Seitenstraße vom LungChuan-Hotel.

● ***Geld:*** Umtausch, „eigentlich nur für Gäste", ist im TiLun-Hotel auf Anfrage möglich.

An-/Abreise

TungPu liegt praktisch in einer „Sackgasse", eine Busverbindung besteht ausschließlich von/nach ShuiLi (↗). Die Abfahrten nach ShuiLi finden täglich um 7.10, 8.40, 10.10, 12.10, 14.10, 16.00, 17.10 und 18.10 Uhr statt. Preis: 110 NT$. Vom Busbahnhof folgt man der geteerten Straße aufwärts bis zum gewünschten Hotel (200 m).

Die Bunun

Die Bunun als typischer Hochgebirgsstamm leben in Höhenlagen um 1500 m in der zentralen Bergregion Mitte und Süd. Die einzelnen Siedlungen waren innerhalb dieses großen Gebietes weit verstreut. Innerhalb einer Siedlung wiederum lebten viele Verwandte unter der Führung eines männlichen Clanführers in großen Gemeinschaftsunterkünften. Neben den wegen der eher kargen Lebensbedingungen wichtigen Erntetänze sind die Bunun für Tanzdarstellungen der Lebensstationen der männlichen Gruppenmitglieder bekannt. Die traditionelle Tracht der Bunun ist überwiegend einfarbig schwarz und wenig verziert.

YuShan-Nationalpark
ShuiLi
TungPu
ALiShan
MaLiChia
3577 m
TuiKan-
Pass
3833 m
PaTungKuan (3084 m)
+Hütte
3528 m
LoNung-
Campingplatz
TaShuiChuShan
3770 m
TaTaChia
Besucher-
zentrum
YuShan
3952 m
TaShui
Hütte+Quelle
TaFen
Quelle
MeiYa SangSh
2643 m
3711 m
3381 m
TaFenShan
3214 m
TaFen
Quelle
Schutzhü
MeiLan
+Schutzhütte
NanShuang TouShan
3342 m
YunFeng
3562 m
Schutzhüt
HsinKangShan
3324 m
SanChaShan
3494 m
TienChih
KuHa
3115 m
YaKou
HsiangYangShan
3600 m
MeiShan
Hütte
NuoHsing
TaKuanShan
3220 m
WuLoShan
2955 m
TiePenShan
2523 m
KuanShan
3666 m
LiYuan
TaiTung
LiTao
IAWM

YuShan-Nationalpark (YùShān, Jade-Berg)

玉山國家功園

Der YuShan-Nationalpark mit seinen 100.000 ha und 30 Gipfeln über 3000 m Höhe, darunter der YuShan als höchster Berg TaiWans mit 3952 m, ist glücklicherweise noch nahezu unberührt. Dies wäre sicherlich nicht mehr der Fall, wenn kein A-Permit zur Benutzung der ALiShan-YuShan – TungPu Route vorgeschrieben wäre (⇗ TungPu, ALiShan). Alle anderen Routen, überwiegend Fußwege, sind ohne Erlaubnis begehbar, sodass hier zwei Verbindungswege zwischen dem zentralen und dem südlichen Bergland bestehen.

Zunächst verläuft ein Forstweg ***ab TaTaChia Visitor Centre*** (⇗ ALiShan-YuShan Trail) am TaTaChia-Sattel auf 2680 m knapp 50 km in südliche Richtung über die geplante MeiLan-Station (hier übernachten; eine Schutzhütte ist bereits fertiggestellt) ***zur MeiShan-Station am SCIH*** (⇗ Kapitel Südliches Zentralbergland). Die selbst mit Jeep nicht durchgehend befahrbare Strecke stellt sehr hohe Ansprüche an Kondition und Laufvermögen, es geht zwischen 1500 und 2900 Höhenmetern auf und ab.

Die zweite Route führt ***vom PaTungKuan-Plateau*** (⇗ TungPu) 10 km den alten PaTungKuan-Trail entlang bis zur TaShuiChu-Schutzhütte (5er-Wegegabelung). Von PaTungKuan kommend scharf rechts (südwestliche Richtung) führt ein Pfad 45 km über den TaFenJianShan (3214 m), TaFenShan (3068 m), NanShuangTouShan (3342 m) und SanChaShan (3494 m), HsiangYangShan (3506 m) hinunter ***zum SCIH bei YaKou*** (⇗). Auch hier sind keine besonderen bergsteigerischen Fähigkeiten vonnöten, aufgrund der großen Höhe und der völligen Abgeschiedenheit sollten aber nur Bergsteiger mit Erfahrung und guter Kondition diese höchstgelegene Langstreckenroute TaiWans wagen. Die Durchschnittstemperatur hier oben liegt bei nur 5° C im Jahresmittel, die meisten Regenfälle gehen in den Monaten Mai bis August nieder, sodass während und kurz nach dieser Phase mit Erdrutschen und Einstürzen von Pfaden gerechnet werden muss; häufig bleibt dann nur die Umkehr – am YuShan sind schon übermütige Westler erfroren, die nicht rechtzeitig umgekehrt sind. Dass Touren wie diese die richtige Ausrüstung voraussetzen, versteht sich von selbst. Andererseits sind fantastische Panoramablicke und Tierbeobachtungen (Bären, Wasserhirsche, Affen, Bergziegen usw.) eine Entschädigung für alle Mühen.

Wer einen Besuch plant, sollte die Website ***www.ysnp.gov.tw*** besuchen. Neben Hinweisen zum A-Permit können die aktuellen Zustände der Wege wie auch Hintergrundinformationen heruntergeladen werden.

Die Tsou

Die Tsou leben traditionell in den Höhenlagen rund um den ALiShan. Sie waren patrilinear organisiert (Erbfolge und Führung der einzelnen Gruppen oblag den Männern), die Einzelgruppen standen in einem strengen hierarchischen Verhältnis zueinander. Die dominierende Rolle des Mannes war bei den Tsou deutlicher ausgeprägt als bei den anderen Stämmen. So war es den Frauen untersagt, die „kupa" (Beratungsstätte) auch nur zu betreten. Ferner haben die Tsou eine ganze Reihe ausgeprägter Rituale und Tänze entwickelt, neben den Erntetänzen unter anderem Tänze zur Entsendung mächtiger Geister, zur Renovierung der kupa, anläßlich eines siegreichen Kampfes *(mayasvi)* oder auch nur zum Empfang von Gästen. Ähnlich wie bei den Atayal sind auch bei den Tsou Jagd und Weberei besonders entwickelt.

阿里山

ALiShan (ÀLǐShān, Ach,-Heimat-Berg)

Kaum eine Gipfelregion der taiwanesischen Bergwelt erfreut sich sowohl bei taiwanesischen wie auch bei ausländischen Besuchern solch großer Beliebtheit wie der ALiShan. Mit seinen 2190 m bietet der Berg ein kühles Klima, liegt aber noch nicht so hoch, dass Atemnot oder Höhenkrankheit ein Thema wären. Zudem sind Bus- und Bahnanschluss wie auch zahlreiche Unterkunfts- und Wandermöglichkeiten gegeben, sodass der ALiShan-Park heute jährlich mehrere Millionen Besucher anzieht. Für Einheimische liegt ein weiterer Hauptgrund für einen Besuch - zumindest ursprünglich - im spirituellen Bereich. Das *Chi (Qi,* =Lebensenergie, Atem) sei hier oben so günstig wie nirgendwo sonst, sodass jede Minute so wertvoll sei wie ein ganzer Tag in der Ebene. Da die meisten Besucher über ChiaYi in der Ebene heraufkommen, ist der Unterschied im Klima tatsächlich sehr markant. In den Morgenstunden herrscht oben meist klares Wetter mit fabelhafter Fernsicht auf die Berge des Zentralberglandes, unterhalb 1500 m streicht ein dichter, feuchter Nebel über die Teeplantagen und Bambuswälder. Warme Kleidung ist ein Muss, in den Regenmonaten (Sommer) sollte zudem ein brauchbarer Regenschutz mitgebracht werden.

Aufgrund seiner Beliebtheit ist am ALiShan an Wochenenden und Feiertagen der Teufel los, man ist gut beraten, dann auf den Trip zu verzichten; abgesehen davon kommt es zu logistischen Engpässen (Unterkunft, Transport), sodass der Individualreisende dann meist ohnehin umdisponieren muss.

120 NT$ Eintritt sind vor Betreten des Parks zu entrichten. Dies gilt nicht, wenn man z.B. ab ShanLinShi zu Fuß gekommen ist, da man dort bereits gezahlt hat. Nicht gezahlt wird in FengShan, TsuiFeng und FenChiHu.

112t Foto: wl

ChuShan
祝山

Was wäre ein Besuch am ALiShan ohne einen malerischen Sonnenaufgang! Täglich pilgern Hunderte von Touristen zur Aussichtsplattform ChuShan, entweder per Hotelbus, Schmalspurbahn oder auch zu Fuß, für V.I.P.s gibt es sogar einen Hubschrauberservice.

Auf Schusters Rappen (Taschenlampe mitnehmen) lässt man sich gegen 3.00 Uhr wecken - selbst wenn man nicht zum ChuShan möchte, wird man entweder mit aufgeweckt oder durch den Lärm von selbst wach - und marschiert den Fußweg parallel entlang der Bahn. 200 m hinter der Polizeistation, in Sichtweite vor der ChaoPing-Bahnstation, steht auf der linken Seite der Schienen einen Holztor. Hier beginnt der Aufstieg zum 1500 m entfernten Plateau, wo fliegende Händler Snacks und heißen Tee anbieten, Ferngläser und warme Jacken vermietet werden. Nach dem Sonnenaufgang entschwinden die Besucher ebenso rasch wie sie gekommen sind, um sich im Hotel aufzuwärmen. Über Tag sieht es hier oben so aus wie in einer Geisterstadt; wer die Ruhe liebt, sollte einmal nach Sonnenaufgang hierher kommen. Der Blick hinüber zum YuShan ist auch ohne Sonnenaufgang fantastisch.

Die ***Schmalspurbahn*** fährt ebenfalls zum ChuShan, sodass man nicht unbedingt im Finsteren hinauflaufen muss. Deren Abfahrtszeit richtet sich einerseits nach Sonn- oder Werktag, andererseits nach dem Monat (wegen des Sonnenstandes). An Sonn- und Feiertagen fahren sechs Züge zwischen 3.10 und 4.25 Uhr (Juni bis August) bzw. 4.20-5.35 Uhr (Dezember bis Februar) hinauf, an Werktagen nur drei Züge. Bis 6.30 (Sommer) bzw. 7.30 Uhr (Winter) geht es dann zurück zur ALiShan-Station. ***Minibusse*** starten entweder direkt vom Hotel oder vom Busbahnhof (200 NT$) ab 4.00 Uhr.

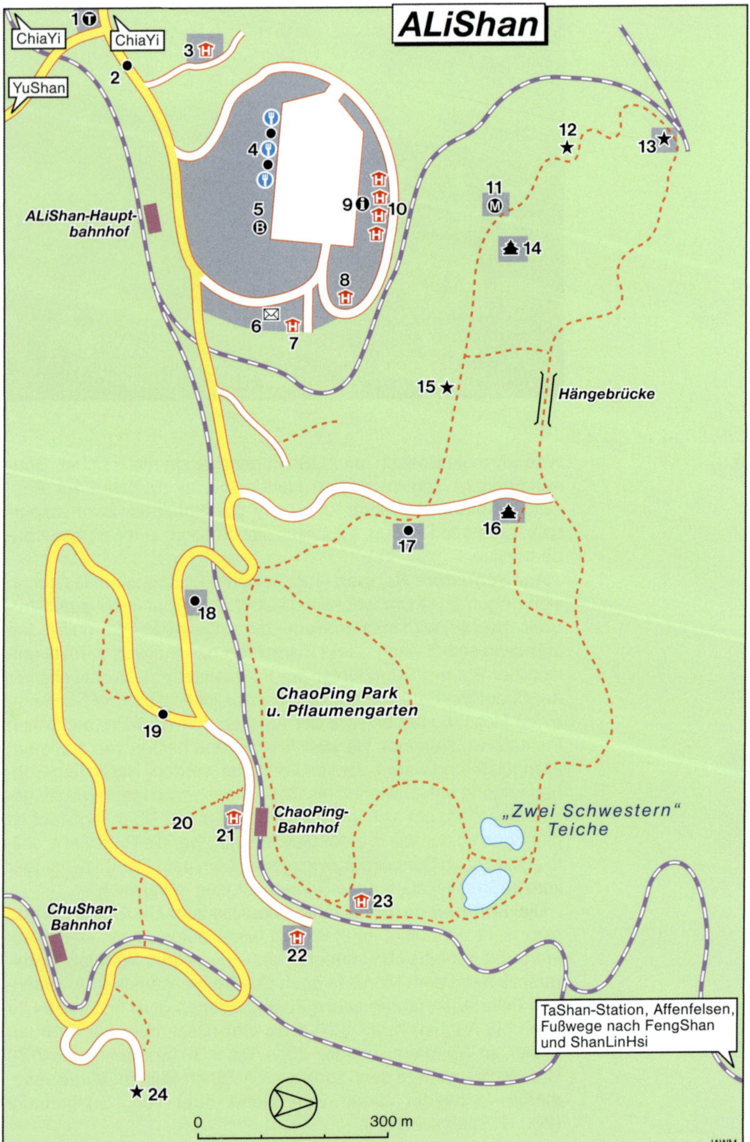
ALiShan
ChiaYi
ChiaYi
YuShan
1
2
3
4
5
6
7
8
9
10
11
12
13
14
15
16
17
18
19
20
21
22
23
24
ALiShan-Hauptbahnhof
Hängebrücke
ChaoPing Park u. Pflaumengarten
ChaoPing-Bahnhof
„Zwei Schwestern" Teiche
ChuShan-Bahnhof
TaShan-Station, Affenfelsen, Fußwege nach FengShan und ShanLinHsi
0
300 m
IAWM

1	Tankstelle	12	Botanischer Garten
2	Parktor & Kasse	13	Gigantische Zypresse
3	TienChu ChiaoTang (Catholic Hostel)	14	Pagode der Baumgeister
4	Restaurants & Shops	15	Denkmal der Baumgeister
5	Busbahnhof	16	Schule und Tempel
6	Post	17	Parkverwaltung
7	YinShan Hotel	18	Polizei
8	WenShan Hotel	19	PKW-Kontrollstelle
9	Tourist-Information	20	Fußweg zum ChuShan
10	„Hotelbereich"	21	Eisenbahner-Hotel
11	Museum	22	ALiShan PinKuan Hotel
		23	ALiShan Kou (KeKuoMin) Hotel
		24	Aussichtsplateau ChuShan

ShihHou
石猴

Die bemerkenswerte Logistik der taiwanesischen Geschäftswelt zeigt sich einmal mehr am ALiShan: Der normale Besucher kommt am Samstag nachmittag an, übernachtet, genießt am Sonntagmorgen den Sonnenaufgang am ChuShan und fährt mit der Schmalspurbahn zurück zur Bahnstation. Anschließend fährt er zum heiligen Baum (s.u.), 10 Minuten später zurück, dann zum Affenfelsen und zurück, um schließlich am Nachmittag den Rundwanderweg zu genießen, ehe er am frühen Abend die Heimreise antritt. Minibusse, Abfahrtzeiten der Bahn, dieselben fliegenden Händler jeweils vor Ort – alles ist genau aufeinander abgestimmt!

Der ***Affenfelsen*** – so benannt nach den hier lebenden wilden Affenhorden – liegt 8,5 km vom ALiShan-Bahnhof entfernt und bietet eine brillante Aussicht auf die schroff abfallenden Felsen unterhalb der Gipfelregion.

- Zum Affenfelsen fährt ein ***Zug*** täglich um 9.00, zurück um 10.40 Uhr, an Wochenenden und Feiertagen zusätzlich um 13.30 Uhr (15.10 Uhr zurück) für 120 NT$/einfach. Auf dieser Strecke werden alte Dampflokomotiven eingesetzt – ein nostalgischer Spaß für Jung und Alt. Achtung: wegen Erdrutsch derzeit kein Bahnverkehr vom/zum Affenfelsen.
- ***Fußgänger*** haben es schwerer, da für den größten Teil der Strecke kein Fußweg existiert – man muss daher den Schienen folgen (⇗ Fußweg nach FengShan), was eine abenteuerliche Angelegenheit sein kann.

Rundwanderweg

Eine sehr einfache und interessante 5 km-Rundwanderung verläuft durch hübsch angelegte Hochlandgärten, passiert einen kleinen Bergsee und führt über eine ***Hängebrücke*** zum ***heiligen Baum,*** einer angeblich 3000 Jahre alten (und längst toten) Hochlandzypresse. Zwei kleine Tempel und die „Pagode des Baumgeistes" liegen ebenfalls am Weg, alle Sehenswürdigkeiten sind sehr gut (engl.) ausgeschildert. Die Schmalspurbahn fährt pünktlich nach dem Sonnenaufgang um 7.40 und um 16.05 Uhr (120 NT$ einfach) zum heiligen Baum, Rückfahrt jeweils 10 Minuten später.

An-/Abreise

●**Bahn** (via FenChiHu und RuiLi): Die attraktivste Möglichkeit zum/vom ALiShan ist sicherlich die Fahrt mit der alten Schmalspurbahn von ***ChiaYi*** (Hintergründe zur Bahn ⇗ ChiaYi). Einfach 450, bzw. retour 820 NT$ für die Strecke sind zwar vergleichsweise teuer, die Fahrt durch die Berge lohnt sich jedoch unbedingt. Heute verkehren nur noch wenige Züge, die Bahn startet um 13.20 Uhr ab ALiShan-Station, an Wochenenden und Feiertagen fährt ein zusätzlicher Zug um 12.30 Uhr.

●***Bus:*** Die wichtigste Verbindung besteht von/nach ***ChiaYi*** (via ShiCho, 65 NT$): drei Abfahrten täglich um 10.00, 14.00 und 16.00 Uhr, an So./Fe. zusätzlich um 8.30 und 12.00 Uhr ab ALiShan (Abf. ab ChiaYi s. dort) für 180 NT$, Fahrzeit 2,5 Stunden.

Von/nach ***ShuiLi*** (via TaTaChia/YuShan): Taxis von ShuiLi bis ALiShan kosten rund 2500 NT$. Vor dem Eingang zum ALiShan-Park zweigt die N-18 scharf rechts ab und führt an die Westseite des YuShan-Nationalparks

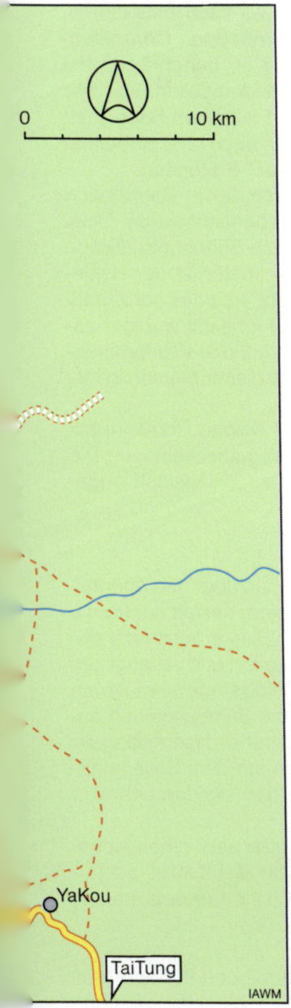

nach TaTaChia (↗) und dann als N-21 weiter nach Norden über HsinYi (erst hier wieder Busanschluss) nach ShuiLi. Früher existierte eine Busverbindung zwischen ALiShan und ShuiLi, diese wurde mangels Kunden eingestellt. Es wird bisweilen behauptet, die Linie existiere noch „fahre aber gerade in diesem Monat wegen eines Erdrutsches nicht" – dem ist nicht so, auch wenn das Fahrtziel ALiShan in ShuiLi noch auf der Anschlagtafel der Bushaltestelle steht. Die Straße ist derzeit wieder befahrbar, mit viel Glück kann man also trampen; zu Fuß sind es 65 km bis HsinYi, an einem Tag auch für gute Läufer schwerlich zu schaffen. Übernachtungsmöglichkeiten gibt es in TaTaChia (28 km ab ALiShan) und TungPu-Villa (3 km vor TaTaChia), beide Ziele werden im Kapitel YuShan beschrieben.

- Mit einem ***Leihmoped*** (↗ ChiaYi) kann man durchaus selbst zum Park fahren (ca. 2 Stunden) und den Berg als Tagesausflug besuchen. Wer sehr wenig Zeit hat und keine Langstreckenwanderung vom ALiShan aus plant, wäre somit vom öffentlichen Transport unabhängig. Bei zwei Personen sind die Kosten geringer als mit der Bahn, man achte aber darauf, ein stärkeres Moped zu nehmen – eine 50cc-Maschine schafft die Strecke hinauf mit zwei Personen nicht. Zwei km vor ShihCho (↗) liegt die einzige Tankstelle auf der Strecke. Ein Leihmoped bietet noch einen weiteren kleinen Vorteil: 5,5 km vor dem Parktor (aus ChiaYi kommend) zum ALiShan-Park liegt das ALiShan ChingNian HuoTung ChungHsin (ALiShan Youth Activity Centre), Tel. (05)-2679561, Fax 2679562, wo ein 4er-Zi 3000 NT$ (DZ 2600 NT$) kostet – eine mögliche Alternative bei Überfüllung am ALiShan.

Wanderungen

Einige der spektakulärsten Wanderungen TaiWans beginnen am ALiShan-Park. Es sei darauf hingewiesen, dass die hier vorgeschlagenen Routen für den normalen Wanderer in der Regel zu bewältigen sind. Manche Teile sind dennoch nicht unproblematisch, Pfade können verschüttet, Brücken eingestürzt sein, bisweilen muss man sich mit Hilfe fest in den Felsen verankerter Seile ein Stück entlanghangeln, was vor allem mit Gepäck nicht unbedingt ein Sonntagnachmittagsspaziergang wird. Die beiden ersten Touren können jeweils an einem Tag bewältigt werden, die beiden letzteren in jeweils 2–3 Tagen, wobei zumindest ein Schlafsack, nicht aber unbedingt ein Zelt mitgeführt werden muss. Eine einigermaßen brauchbare Karte zum ALiShan-YuShan-Gebiet (Titel: „YuShan") findet man kostenlos in den TI-Büros in TaiBei, KaoHsiung (GaoXiong) oder TaiZhong (TaiChung) sowie im TaTaChia Visitor Centre, nicht dagegen am ALiShan selbst.

- ***Von/nach FengShan:***

Der Abstieg vom ALiShan (2190 m) hinunter nach FengShan (750 m) ist um einiges schwieriger als der Marsch nach ShanLinHsi (s.u.). Es gibt allerdings zwei Varianten, deren erste um einiges kürzer ist, mehr Pausen ermöglicht und letztlich von jedermann problemlos bewältigt werden kann.

Die schwierigere Route führt vom ALiShan zunächst entlang den Bahngleisen bis zum Affenfelsen. Leider fährt am frühen Morgen kein Zug (erst um 9.00 Uhr), sodass Langstreckenwanderer auch diesen ersten Teil (8 km, 2 Stunden) zu Fuß zurücklegen müssen. Hierzu geht man zunächst den Fußweg bis zum KeKuoMin LüShe, dann muss man direkt auf den Gleisen gehen – kein einfaches Unterfangen, da etliche Brücken (nur Bahnschwellen) und Tunnels (Taschenlampe!) zu passieren sind. Gleich hinter dem Stationshäuschen am Affenfelsen liegt links ein unscheinbarer, steil abwärts führender schmaler Pfad – diesem folgt man ganz hinunter. Nach wenigen hundert Metern gabelt sich der Pfad: Rechts geht es nach ShanLinHsi, links Richtung FengShan zunächst zur 30 Minuten entfernten ***ChienRen-Tung*** („1000-Menschen-Höhle"). Die Höhle wurde so benannt, da bei schlechtem Wetter bis zu 1000 Menschen Schutz finden sollen. Von hier aus geht es drei Stunden stetig bergab, bis der Pfad auf einen Bach stößt und zu einem Waldarbeiterweg wird. Diesem folgt man noch rund eine Stunde bis FengShan. Insgesamt dauert der Marsch etwa 7-8 Stunden.

Spürbar kürzer ist die ***TaShan-Route,*** welche nach der 2. Bahnstation (5,5 km ab ALiShan-Station) Richtung Affenfelsen so benannt wurde. Links hinter der Station führt ein schmaler Pfad hinunter zum ShiMengKu (Stein-Traum-Tal, etwa 1,5 Stunden). Weitere 60 Minuten später ist der HsienMengYuan (Garten der unsterblichen Träume) erreicht - beides ganz nette natürliche Felsformationen, doch die Strecke selbst ist nicht weniger sehenswert. Nach gut einer weiteren Stunde trifft man auf den Waldarbeiterweg nach FengShan (nochmals 60 Minuten), sodass dieser Marsch in insgesamt gut 5 Stunden zu gehen ist.

Im Gegensatz zur ShanLinHsi-Strecke gibt es auf beiden Routen nach FengShan die eine oder andere Möglichkeit, vom Weg abzukommen. Die einzelnen Etappenziele sind an Wegweisern nur auf chinesisch angeschrieben.

• *Von/nach ShanLinHsi:*

Der erste Teil dieses Trails ist mit dem nach FengShan über den Affenfelsen identisch. An der nächsten Gabelung geht man aber anstatt nach links (Richtung FengShan) auf dem rechten Pfad weiter. Dieser setzt sich beständig leicht abwärts von 2000 auf 1700 Höhenmeter fort und verlangt keine besonderen Anstrengungen. Einige der alten Holzstege sind etwas morsch, gelegentlich muss man den Pfad in dichten Bambushainen suchen, verlaufen ist aber nahezu ausgeschlossen. Am frühen Nachmittag erreicht man dann ein kurzes, steiles Kletterstückchen, an dem Seile angebracht sind. Unten angelangt stößt man direkt auf den Waldarbeiterweg nach ShanLinHsi (links, ⇗).

Diese etwa 10-stündige Tour ist zwar nicht leicht, aber sehr empfehlenswert. Es ist auch möglich, noch am gleichen Tage von ShanLinHsi bis TaiZhong (TaiChung) zu fahren, wenn man gegen 5.00 Uhr morgens startet.

• *ALiShan-YuShan-Trail/TaTaChia:*

Sollte diese Route jemals zur Benutzung ohne Permit und Führerpflicht freigegeben werden, wird sie wohl der Wanderknüller schlechthin werden. Doch derzeit ist es ein mühsames Unterfangen, die erforderliche Genehmigung in TaiBei einzuholen und den verhältnismäßig teuren Führer anzuheuern. Betroffen ist die Strecke TaTaChia - PaTungKuan, alles andere ist freigegeben.

100 Meter vor dem Haupteingangstor des ALiShan-Parks zweigt eine Straße Richtung YuShan ab. Diese führt auf den „New Central Cross Island Highway", eine kurvenreiche und spektakuläre Verbindungsstraße zwischen ALiShan und ShuiLi (⇗). Der YuShan-Park beginnt etwa 25 km weiter beim TungPu ShanChuang (Übernachtung möglich, 200 NT$/Person im Schlafsaal) auf der linken Straßenseite hinter der Parkeinfahrt. Von hier aus sind es drei km zum TaTaChia-Besucherzentrum. Die Hauptstraße führt weiter nach ShuiLi, rechts starten die Trails. Leider gibt es keinen öffentlichen Transport, sodass man auf Schusters Rappen oder Trampen zwischen ALiShan und TaTaChia angewiesen ist. Das TaTaChia Visitor Centre erteilt Auskünfte über die Streckenzustände, verfügt über Übersichtskarten, zeigt Dia-Shows zur Region usw.

Vom Center aus folgt man dem Forstweg 3 km zum TaTaChia-Sattel auf 2680 m, wo sechs Pfade sternförmig zusammenlaufen: Vom Visitor Centre auf dem Forstweg kommend führt der erste Pfad links über den TungPuShan Richtung TungPu nach Norden. Leider geht der Weg nicht direkt bis TungPu (⇗), man bleibt durch eine Schlucht in 1000 m Sichtweite vom Ort getrennt. Der Pfad wird nach 7 km zu einem Forstweg und führt nach ShuiLi.

Der zweite Pfad, genau ostwärts führend, darf nur mit A-Permit begangen werden und führt über die PaiYun-Schützhütte (Übernachtung möglich) und den Gipfel des YuShan (3952 m) hinab zum PaTungKuan-Plateau (3084 m, Übernachtung in Schutzhütte), von wo aus es links hinunter noch 6 Stunden Marsch bis TungPu sind. Wanderer werden hinter dem TaTaChia-Sattel gelegentlich nach dem A-Permit überprüft, in umgekehrter Richtung ist dies sehr selten der Fall.

Der dritte Weg ist die Fortsetzung des Forstweges in südöstliche Richtung und führt über MeiLan nach MeiShan am SCIH (⇗YuShan).

Die beiden Pfade scharf rechts führen über (ganz rechts) bzw. um den LinChiShan herum zum LuLinShan (2881 m). Hin und zurück zum TaTaChia-Sattel sind es etwa 10 km, ein netter Rundweg, wenn man im TungPu ShanChuang übernachtet und noch einen halben Tag übrig hat.

Unterkunft

Ohne Reservierung geht an Wochenenden und Feiertagen praktisch nichts. Ansonsten hat man die Wahl zwischen sehr einfachen (bezahlbaren) und überteuerten Unterkünften. Campingmöglichkeiten gibt es keine; es ist zwar nicht verboten, seinen Schlafsack irgendwo auszurollen, doch sollte dies angesichts der Kälte und häufiger, nächtlicher Regengüsse (besonders im Sommer) nur eine Notlösung sein.

Kommt man gar nicht mehr weiter, kann eventuell das Touristeninformations-Büro weiterhelfen und eine Privatunterkunft vermitteln (kostet ab 1500 NT$ für 2 Pers.)

Die meisten Hotels liegen hinter dem TI-Büro am Busbahnhofsplatz (das Sträßchen am Parkplatz entlang gehen), hier kommen jährlich neue Häuser hinzu (unten „Hotelbereich" genannt).

高山大飯店

ф ***KaoShan TaFanTian*** €-€€€, Tel. (05)-2679411, gehört eigentlich zur oberen Preisklasse, hat aber auch ein Dorm. zu 350 NT$/Pers., wobei Westler oft alleine untergebracht werden. Die Räume sind klein und verfügen über keine Betten, sondern Tatamis. Im Hotelrestaurant werden Mahlzeiten zu 180 NT$/Person angeboten, somit günstiger als in den Restaurants. Liegt im „Hotelbereich" hinter dem TI-Büro.

神木賓館

ф ***ShenMu PinKuan*** €-€€€, Tel. (05)-2679666, bietet einige wenige dürftige Dorm.-Unterkünfte zu 450 NT$/Pers., DZ kosten ab 1800 NT$. Ebenfalls im „Hotelbereich" gelegen.

天主賓館

ф ***TianChu ChiaoTang*** €-€€€ ***(Catholic Hostel),*** Tel. (05)-2679602, bietet gute DZ zu 1500–2400 NT$ sowie Dorm. zu 400 NT$ und liegt kurz hinter dem Parkeingang auf der linken Seite. Dieses Hostel ist oft der erste Anlaufpunkt für westliche Reisende, da es sehr sauber ist und (zumindest gelegentlich) über englischsprachiges Personal verfügt. Leider können Engpässe bei der Zimmerkapazität auftreten, deshalb ist telefonische Vorabreservierung ratsam.

閣國民旅舍

ф ***KeKuoMin LüShe*** €-€€€, Tel. (05)-2679611, 250 m hinter der ChaoPing-Bahnstation Richtung Affenfelsen. DZ gibt es ab 1500 NT$, die besten (sehr guten) Zimmer kosten bis zu 4500 NT$. Eine gute Wahl, da das Hotel günstig für alle Wanderungen liegt. Die Entfernung vom Busbahnhof beträgt 15 Gehminuten.

Im **„Hotelbereich"** liegen die folgenden Unterkünfte:

城功別館 ф***ChengKung PieKuan*** €€€, Tel. (05)-2679735, DZ ab 2100 NT$.

吳風別館 ф***WuFeng PieKuan*** €€€, Tel. (05)-2679730, klein und angenehm, ab 1800 NT$/DZ.

大風渡假 ф***DaFeng DuChia*** €€€, Tel. (05)-2676769, 2000 NT$/DZ.

青山別館 ф***ChingShan PieKuan*** €€€, Tel. (05)-2679733, DZ 2100 NT$.

萬國別館 ф***WanKuo PieKuan*** €€€, Tel. (05)-2679777, ab 1800 bis 3000 NT$.

登山別館 ф***DengShan PieKuan*** €€€, Tel. (05)-2679758, ab 1800 NT$.

- Aus der Post kommend 50 m rechts führt wieder rechts eine kleine Sackgasse von der Straße ab. Hier liegt das ***YingShan TaFanTian*** €€€, Tel. (05)-2679979, ein nettes Haus etwas abseits der Massen; 2200 NT$/DZ, einige kleine Zimmer unter dem Dach ab 900 NT$.

高山青賓館 ф***KaoShanChing PinKuan*** €€€, Tel. (05)-2679780, im Hotelbereich gelegen, mit ebenfalls netten DZ, leider morgens etwas laut.

阿里山賓館 ф***ALiShan PinKuan*** €€€, Tel. (05)-2679811, im „Hotelbereich", war eines der ersten Hotels hier oben und galt lange Jahre als die Nummer Eins. Immer noch eine sehr gute Wahl (2500 NT$/DZ). Hat mittlerweile eine Filiale (mit Verwaltung) gegenüber vom KeKuoMin-Hotel.

火車廂旅館 ф***HuoCheHsiang LüKuan*** €€€ ***(Eisenbahn-Hotel),*** Tel. (05)-2679621, bietet Salonwagen-DZ (2400 NT$ für 2, 3200 NT$ für 4 Personen) an und wird vom ALiShan PinKuan betrieben. Liegt gegenüber der ChaoPing-Bahnstation. Ein Schnäppchen für Eisenbahn-Nostalgiker, wenngleich mittlerweile arg in die Jahre gekommen!

美麗亞山莊 ф***MeiLiYa ShanChuang*** €€€, Tel. (05)-2679745, im „Hotelbereich", verlangt 2600 NT$ für ein DZ.

文山賓館 ф***WenShan PinKuan*** €€€, Tel. (05)-2679730, ab 3300 NT$, im „Hotelbereich".

Essen und Trinken

Alle ***Restaurants*** befinden sich im Ladenbereich am Busbahnhof. Auch kleine Gerichte sind hier durchweg teuer, Fischgerichte sind völlig überteuert. Einigermaßen günstig ist noch der „HotPot" (Topf am Tisch, in dem verschiedene Zutaten wie Nudeln und Gemüse mit heißer Holzkohle gegart werden), der überall serviert wird und rund 250 NT$/Person kostet.

Innerhalb der ***Ladenstraße*** kann man Getränke und Tütensuppen kaufen.

Information

Gegenüber den Geschäften und der Bushaltestelle befindet sich ein TI-Büro, welches eine elektronische Informationssäule zum ALiShan anbietet, allerdings über keine brauchbaren englischsprachigen Informationen (Karte, Faltblatt o.Ä.) verfügt. Das Personal kommt aus TaiZhong (TaiChung) oder ChiaYi, wechselt ständig und spricht in den seltensten Fällen Englisch, Tel. (05)-2679917.

Institutionen

警察 ● Verkehrsunfälle und Taschendiebstähle sind die Hauptprobleme hier oben, in Notfällen hilft die kleine ф***Polizeistation*** am Fußweg zwischen Bahnhof und dem Treppenaufstieg zum ChuShan.

郵局 ● Die ф***Post*** liegt oberhalb des Busbahnhofs (8.00–17.00 Uhr) und wurde im chinesischen Stil errichtet – ein sehr beliebtes Fotomotiv.

● Es gibt keine ***Banken*** am ALiShan – genügend NT$ oder Kreditkarten (Hotels) sind notwendig.

豐山 FengShan (FēngShān, Üppig-Berg)

FengShan, eine kleine Teepflanzersiedlung, auf 700 m gelegen, ist ein beliebter Transitpunkt für Wanderungen vom/zum ALiShan.

Auch kleinere Spaziergänge in und um die aus nur wenigen, verstreut gelegenen Häuschen bestehende Siedlung sind außerordentlich reizvoll. Wer die schmale alte Straße von TaiHo hinaufgelaufen ist, mag es kaum glauben, aber an Wochenenden kommen sogar Tourbusse aus TaiZhong (TaiChung) und ChiaYi hier hinauf, Ruhe und Frieden sind dann bis Sonntag nachmittag unterbrochen. Beliebteste Wanderziele sind ALiShan und TsaoLing (s. dort), um die Siedlung sind Wanderungen zum TaTziYuPuPu-Wasserfall, zur ShiMenKu-Felsformation (beide an den Aufstiegspfaden zum ALiShan gelegen) sowie der Rundweg zum ShiPanKu PuPu-Wasserfall höchst empfehlenswert.

Unterkunft

Die Teepflanzer sind clevere Leute. In dem Wissen, dass zumindest am Wochenende Touristen kommen, haben sie einige Herbergen gebaut, die mit wenig Aufwand viel einbringen. Unter der Woche ist absolut nichts los, aber auch an Wochenenden ist eine Reservierung nur zum chinesischen Neujahrsfest nötig. Die Unterkünfte sind an die Privathäuser angebaut, es gibt nicht einmal hinreichend chinesische Beschilderung; es ist daher unumgänglich, sich zum gewählten Hotel durchzufragen - die Leute kennen dort jedes Huhn mit Vornamen. Alle folgenden Hotels haben Zimmer zwischen 1800 und 3000 NT$ (je nach Lage), zwei auch ausgezeichnete Schlafsäle zu 450 NT$/Bett - wie gesagt, unter der Woche ist man für sich allein.

楓葉山莊 ⌽ ***FengYe ShanChuang*** €€€, Tel. (05)-2661197, Dorm.
豐吉山莊 ⌽ ***FengChi ShanChuang*** €€€, Tel. (05)-2661363.
廣緣山莊 ⌽ ***KuangYuan ShanChuang*** €€€, Tel. (05)-2661247.
石鼓山莊 ⌽ ***ShiPi ShanChuang*** €€€, Tel. (05)-2661252.
明月山莊 ⌽ ***MingYueh ShanChuang*** €€€, Tel. (05)-2661246.
豐山山莊 ⌽ ***FengShan ShanChuang*** €€€, Tel. (05)-2661161.
豐賓山莊 ⌽ ***FengPin ShanChuang*** €€€, Tel. (05)-2661047, Dorm.

Essen und Trinken

Alle Hotels kochen selbst und servieren ausgezeichnete Gerichte aus selbstangebautem Gemüse und eigenen Hühnern. Ein winziger Shop vertreibt den hier angebauten Tee, aber auch Kleinigkeiten wie Nudelsuppen, Getränke oder Kekse. Das nächstgelegene Restaurant befindet sich in TsaoLing (⇗).

An-/Abreise

Auch von/nach FengShan gibt es keinerlei öffentliche Verkehrsanbindung, sodass man in aller Regel auf seine Füße angewiesen sein wird. Der Straßenverkehr ist ausgesprochen ruhig, lediglich die Teepflanzer fahren per Moped zu ihren Pflanzungen, sodass auch Trampen nur im Glücksfall von Erfolg gekrönt sein dürfte.

Vom/zum ALiShan: Man folgt dem befestigten Dorfweg bis zur Abzweigung mit dem Schild „TaTianYu PuPu 2,8 km". 350 m vor diesem Wasserfall verzweigt sich der Weg; links führt der längere (bergauf 7-8 Stunden) zum Affenfelsen, rechts der kürzere (6 Stunden) zum ALiShan. Theoretisch könnte man sogar direkt vom Affenfelsen (⇗ ALiShan) nach ShanLinHsi weitergehen, doch dies wären weitere 6 Stunden abwärts (insgesamt 12-14 Stunden Marsch). Beide Routen sind großartig, aber aufwärts sehr anstrengend (abwärts ⇗ ALiShan).

Von/nach TsaoLing: Es gibt insgesamt drei Möglichkeiten, von FengShan nach TsaoLing zu marschieren. Die eine führt am westlichen Ortsausgang auf befestigtem Weg über die Brücke nach ShiPi bei TsaoLing (⇗), von wo aus man an den Wasserfällen vorbei hinunter in den Ort gelangt (die

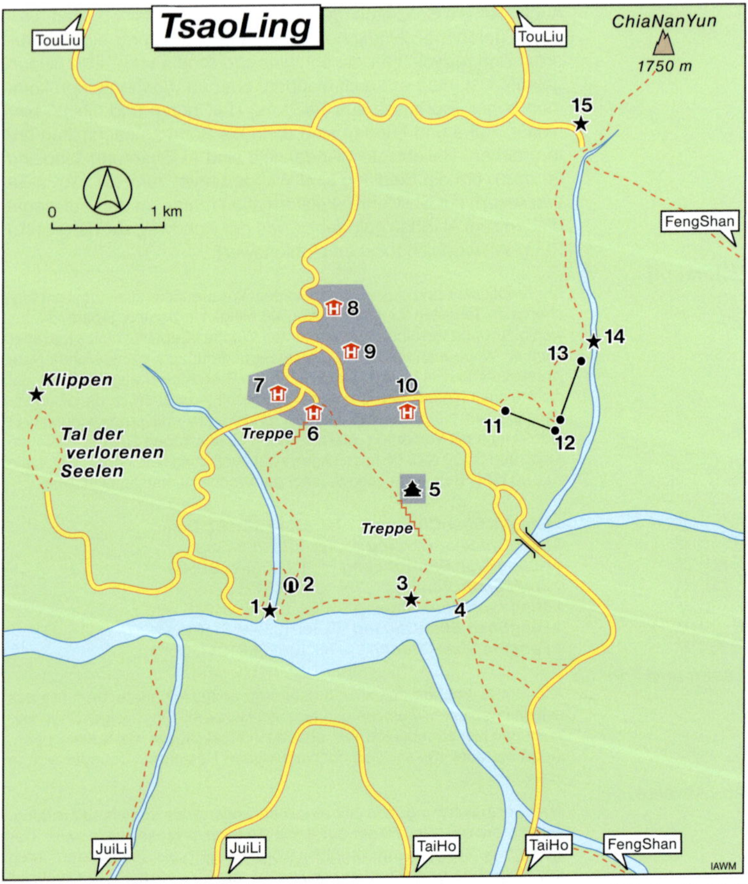

★ 1 Wasserfall
2 Grotte/Höhle
★ 3 Steilwand
4 Furt, für Mofas möglich, PKWs nicht
5 Buddh. Tempel
6 Rainbow (TsaiHong), YungLi und ShenNung Hotels
7 Holiday Inn, Hsin MingHsiu und TsaoLing Hotels
8 TsaoLing ShanChuang Hotel
9 Green Mountain Hotel
10 HsiuLing Hotel
● 11 Seilbahn Talstation
● 12 Seilbahn Mittelstation
● 13 Seilbahn Bergstation
★ 14 PengLai-Fälle
★ 15 Steinwall

Straße windet sich über rund 8 km den Berg hinunter, der Fußweg ist schöner und kürzer, wenngleich anstrengender). Insgesamt dauert diese Route knapp 4 Stunden. Verpasst man die Abzweigung in FengShan über die Brücke, kommt man zu einer Hängebrücke, der man über den Bach folgt und sich dann links hält, bis man auf den o.g. Weg stößt. Dieser Umweg dauert zwar eine Stunde länger, ist aber landschaftlich noch schöner.

Der zweite Weg ist sehr einfach, allerdings nicht sonderlich interessant. Zunächst folgt man der alten Straße 7 km bis zur TaiHo-Kreuzung und folgt dann der rechten Straße bis durch den Tunnel. Danach sieht man bereits TsaoLing halblinks oben auf dem Berg liegen. Nach einem Tunnel nimmt man einen Feldweg (es gibt mehrere Möglichkeiten) links hinunter zum Fluss und folgt diesem bis zum Ende, einer kleinen Dreier-Gabelung bei TsaoLing (⇗). Die 18 km auf befestigter Straße sind in 5 Stunden leicht zu schaffen.

Die dritte Variante ist sicherlich die kürzeste, streckenweise auch spektakulärste, da der Bach gelegentlich durchquert werden muss – kein harmloses Unterfangen in der Regenzeit. Diese Route führt vom FengPin Shan-Chuang bis zum Ende des Weges, der hier zu einem Feldweg entlang und durch den kleinen Bach wird. Nach 3 km unterquert man dann die Hauptstraße und trifft auf den ChingShuiHsi-Fluss, in den auch der Bach mündet. Hier marschiert man rechts und trifft auf die kleine Dreiergabelung bei TsaoLing. Je nach Wasserbedingungen und Zustand des Weges (im Hotel nachfragen!) erreicht man TsaoLing nach etwa drei Stunden.

Von/nach TaiHo: Am Schild „TaTianYu PuPu 2,8 km“ am östlichen Ortsausgang führt die Straße rechts 7 km leicht abwärts ins Tal zur Kreuzung. Geradeaus durchquert sie das Tal (TaiHo Hostel) und steigt dann auf 1210 m (TaiHo-Motel, 5 km). Von hier aus kann man entweder weiterlaufen (links, der N-169 folgend) bis FenChiHu (auf 1400 m, weitere 9 km) oder rechts der N-122 bis nach JuiLi (RuiLi) folgen (rund 18 km). In beiden Orten hat man dann wieder Bus- bzw. Bahnanschluss.

草嶺

TsaoLing (CǎoLǐng, Gras-Bergkette)

Das ***Bergdorf*** TsaoLing auf 880 m Höhe wird von Einheimischen hochgeschätzt, allerdings verhältnismäßig wenig besucht. Das mag daran liegen, dass man hier nicht per PKW zu den interessanten Flecken dieses Wandergebietes vordringen kann und kleine Fußmärsche unvermeidlich sind. Mit anstrengenden, mittelschweren bis schweren, aber fantastischen Wandermöglichkeiten dürfte TsaoLing für denjenigen, der abseits der Massen umherstreifen will, neben TungPu der schönste (und zudem auch kostenlose) Ausgangspunkt des zentralen Berglandes sein. Bambus, Betelnusspalmen und Tee, der hier hauptsächlich angebaut wird, prägen die Vegetation. Als Startpunkt für die vorgeschlagenen Wanderungen sei die Straßengabelung am Green Mountain Hotel angenommen. Die Räumungsarbeiten nach den Naturkatastrophen waren 2005 noch nicht abgeschlossen; die Wandermöglichkeiten sind daher eingeschränkt.

TuanHunKu-Sektion
斷魂谷

Vom Green Mountain Hotel führt die Hauptstraße 100 m zurück steil aufwärts bis zu einer Abzweigung links. Hier folgt man der abwärtsführenden Straße immer geradeaus, vorbei am Holiday Inn und den SingMingSiu und TsaoLing Hotels. Dann geht es immer dieser Straße entlang, nach 3 km an der Abzweigung nach rechts bis ins ***Tal der verlorenen Seelen.***

Der interessantere (Fuß-)Weg führt dagegen immer abwärts ab Green Mountain Hotel entlang der Straße bis zu deren Ende am letzten Hotel (TsaiHong). Links davon beginnt die abwärtsführende Treppe durch Teebäume, entlang an Wasserkaskaden und durch eine sehr schmale Höhle (Taschenlampe!), in der ausgewachsene Mitteleuropäer ihre Mühe haben, sich hindurchzuschlängeln. (Kommt man aus der entgegengesetzten Richtung, achte man auf ein blaues Schild und einen weißen Pfeil am Felsen, genau dieser Spalt führt durch die Höhle!) Gleich am Ende der Höhle verzweigt sich der Pfad. Links geht es hinter dem Wasserfall entlang hinunter zum Fluss, wo sich der Weg teilt. Hier nimmt man den rechten Weg und trifft an einer Gabelung auf den o.g. einfacheren Weg und folgt diesem links abbiegend zum Tal. Eine Legende, die mit dem Tal der verlorenen Seelen verbunden ist, besagt, dass hier mehrere Unkundige in den Treibsandsümpfen bei Dunkelheit umgekommen seien und ihre Seelen verloren sind, da sie nicht traditionell bestattet werden konnten. Ein Rundweg führt von hier aus zu in der Regenzeit sehr gefährlichen Klippen; eine Reihe tragischer Unfälle haben sich hier bereits ereignet.

ChaoPi Hsiung-Feng-Sektion
峭壁雄鳳

Unten am Fluss nach der Höhle und dem Wasserfall führt der Fußweg rechts zu einer steilen, einige hundert Meter langen ***Felswand,*** geradeaus kommt man zum Weg nach FengShan wie auch zu den PengLai-Fällen. Mehrere Seilkonstruktionen erleichtern den Aufstieg an der Wand, anschließend geht es unendlich scheinende Treppenstufen hinauf zum buddhistischen Tempel mit KuanYin-Statue und einer Aussichtsplattform. Durch die Teeplantage erreicht man schließlich wieder die Hotelstraße. Bei Regen oder Feuchtigkeit sollte man die Steilwand vermeiden, auch körperliche Fitness ist für das Hochhangeln notwendig. Der Weg in diese Richtung scheint etwas angenehmer zu sein als umgekehrt. Sollte nach starken Regenfällen der untere Fußweg unpassierbar sein, muss man den hier beschriebenen Rückweg auch zur Steilwand hin nehmen.

PengLai PuBu-Sektion
蓬萊瀑布

Hinter dem Green Mountain Hotel führt zunächst eine teilweise eingestürzte Straße 2 km zu einer alten Seilbahnstation, die nicht mehr in Betrieb ist. An der Mittelstation sind erstmals die ***PengLai-Wasserfälle*** zu sehen, die sich etwa 100 m über die Klippe ins Tal ergießen – ein beeindruckendes Naturschauspiel. Von der Gipfelstation führt ein Fußweg weiter zum sogenannten ShiPi (Steinwall), einem sehr gefährlichen begehbaren Flussbett, dessen Gestein an Schmierseife erinnert. Spaßig, aber Vorsicht ist angebracht. Interessant und sportlich herausfordernd ist der Fußweg, welcher 50 m vor der Talstation linker Hand beginnt. Nach nur 10 Minuten hat

072t Foto: wl

Wasserfälle in TsaoLing

man bereits die Mittelstation erreicht, alle hier weiterführenden Pfade treffen sich nach wenigen Metern am Aussichtspunkt auf die Wasserfälle wieder. Dort, wo unterhalb der Seilbahnführung die Geländer unterbrochen sind, liegen blanke Felsen. Diese muss man ein kurzes Stück hinaufsteigen und sich halblinks orientieren; wo der Felsen endet, beginnt ein kaum sichtbarer Fußweg, welcher nach wenigen Metern in eine Treppe übergeht. Man mag es nicht glauben, aber diese Treppe führt links im Wald entlang bis zur Spitze der Fälle und weiter zum Steinwall. Von hier aus führt eine Straße rund 8 km zurück nach TsaoLing, der beschriebene Fußweg ist aber angenehmer und interessanter als die Straße.

Folgt man dieser nach rechts, erreicht man nach wenigen Kilometern FengShan (⇗).

Es ist keineswegs unmöglich, alle drei Sektionen an einem Tag zu begehen, allerdings addieren sich die Wege auf etwa 25 km Gehstrecke mit nicht zu unterschätzenden Höhendifferenzen (das Flussbett liegt 400 m unter, die PengLaiSektion 250 m oberhalb TsaoLing). Ab der Steilwand bis zum PengLai-Fall geht es nur noch aufwärts!

Unterkunft

Die Unterkünfte in TsaoLing liegen recht weit verstreut entlang den wenigen Sackgassen. Billige Zimmer gibt es keine, dafür aber einige gute Schlafsäle. Die Hotels sind alle sehr gut zweisprachig ausgeschildert. Alle Preise gelten unter der Woche, an Wochenenden wird ein Zuschlag von bis zu 50 % erhoben. Zelten ist zwar prinzipiell außerhalb der Siedlung möglich, nur ist es sehr schwer, einen vernünftigen Platz zu finden, da jeder mögliche Fleck Erde der Hänge bebaut ist. Während der Trockenzeit kann man es unten beim Fluss versuchen.

永利賓館 ⌂ ***YungLi PinKuan*** €-€€, Tel. (05)-5831012, Dorm. 400 NT$, DZ 1450 NT$.

新明修大飯店 ⌂ ***SingMingHsiu TaFanTian*** €-€€, Tel. (05)-5831116, Dorm. 450 NT$, DZ ab 1400 NT$.

草嶺山狀 ⌂ ***TsaoLing ShanChuang*** €-€€, Tel. (05)-5831121, Dorm. 400 NT$, DZ 1500–2200 NT$ – Tipp!

愛之旅大飯店 ⌂ ***AiTziLu TaFanTian*** €€€ ***(„Venus")***, Tel. (05)-5831116. Etwas zu weit zu laufen, DZ 2000 NT$.

踩虹大飯店 ⌂ ***TsaiHong TaFanTian*** €€€ ***(„Rainbow")***, Tel. (05)-5831218, liegt sehr günstig am Beginn der Wanderwege, ab 1800 NT$.

草嶺大飯店 ⌂ ***TsaoLing TaFanTian*** €€-€€€ ***(„TsaoLing Hotel")***, Tel. (05)-5831228. Hat auch 8-Bett-Zimmer zu 300 NT$/Person, aber nur für Gruppen, nicht für Einzelreisende, sonst ab 1500 bis 2800 NT$/DZ.

神農大飯店 ⌂ ***ShenNung TaFanTian*** €€€, Tel. (05)-5831385, recht neu und sehr empfehlenswert; DZ ab 2400 NT$.

假期大飯店 ⌂ ***ChiaChi TaFanTian*** €€€, Tel. (05)-5831389, liegt recht günstig in der kleinen Einkaufsstraße.

高山青大飯店 ⌂ ***KaoShanChing TaFanTian*** €€€ ***(„Green Mountain Hotel")***, Tel. (05)-5831201, DZ 2500, Suiten bis 12.000 NT$ bei 30 % Rabatt unter der Woche. Das große, rote Gebäude ist sehr markant und dient auch zur Orientierung. Wer hier wohnt, kann an Teezeremonien teilnehmen.

秀嶺大飯店 ⌂ ***HsiuLing TaFanTian*** €€€-€€€€, Tel. (05)-5831211. 15-Bett-Zimmer kosten 5000–7500 NT$, Einzelpersonen werden nicht zugelassen. Die DZ beginnen bei 2800 NT$ und reichen bis zu 4500 NT$ für eine Suite.

Essen und Trinken

An der Straße rund um das Holiday Inn Hotel liegen einige ***kleine Läden*** mit Getränken, Nudelsuppen, Keksen sowie Souvenirshops und Imbissbuden.

TsaoLing ist berühmt für seinen ***KaoShan-Tee***, den man unbedingt probieren sollte.

An-/Abreise

- ***Bus:*** Von/nach ***ChuShan:*** 3 x tgl. (morgens, mittags, abends), an Wochenenden und Feiertagen dreimal zusätzlich, 90 NT$.

Von/nach ***TouLiu:*** zweimal tgl. (6.30 und 14.00 Uhr) nach TouLiu, ab TouLiu 8.30 und 16.00 Uhr (150 NT$). Diese Linie, die erdbebenbedingt mehrfach unterbrochen wurde, ist seit 2008 wieder offen. Man kann auch die Busse nach ChuShan nehmen und dort u.a. nach TouLiu, ShuiLi, TaiZhong (TaiChung) umsteigen (⇗ ChuShan).

• ***Zu Fuß:*** Es bestehen drei Wandermöglichkeiten in benachbarte Siedlungen, JuiLi (RuiLi), TaiHo und FengShan. Alle drei Strecken sind nicht allzu schwierig zu gehen, sie führen entlang wenig befahrener Nebenstrecken. Das wichtigste ist, den Anfang des jeweiligen Trails zu finden, anschließend kann man sich nicht mehr verlaufen.

Den Weg nach ***TaiHo*** und ***FengShan*** sieht man bereits unten am Weg an der „Steilwand" von TsaoLing. Man geht den Fußweg ab der Steilwand weiter bis zum Ende und wendet sich rechts den Feldweg entlang bis zur neuen Straße und folgt dieser durch einen Tunnel. Nach etwa 4 km erreicht man eine Brücke, wo ein Bach in den Fluss mündet. Geradeaus kommt man direkt nach TaiHo (von wo aus man auch nach FengShan kommt, aber dies dauert länger). Unter der Brücke beginnt der Fußweg nach FengShan. Dieser Weg ist etwas schwieriger, da er teilweise im Flussbett entlang führt, spart aber rund 6 km. Von TsaoLing nach TaiHo sind es rund 10, von TsaoLing nach FengShan rund 8 km. Achtung: Die Straße ist begehbar, aber noch nicht vollständig bis TsaoLing befahrbar; sie soll in Kürze für den Kraftverkehr freigegeben werden. Insgesamt führen drei Wege von/nach FengShan (⇗ dort).

Der Fußmarsch nach ***JuiLi*** ist etwas schwieriger zu finden und durchzuführen. Der erste Abschnitt von der Höhle bei TsaoLing ist der gleiche wie zum „Tal der verlorenen Seelen". Sobald aber der Fußweg in eine kleine Straße (Feldweg) übergeht, muss man sich am Fluss entlang halten bis zu einem Seitenarm auf der gegenüberliegenden Seite. Dort beginnt auf der anderen Seite der Fußweg (rund 10 km bis JuiLi ab dort).

太和

TaiHo (TàiHé, Große-Harmonie)

TaiHo ist eigentlich kein Ort, sondern ein kleiner Bezirk, der sich mit vereinzelten Häusern über 10 km erstreckt und dabei Höhen von 500 bis 1200 m überbrückt. Die Gegend ist absolut ruhig und friedlich, kaum ein Fahrzeug fährt die alte Straße entlang. Wer zwischen FengShan (⇗) und FenChiHu (⇗) wandert, kommt nicht um TaiHo herum, die Strecke ist sehr empfehlenswert und trotz der großen Höhendifferenzen wegen der asphaltierten kleinen Straße nicht zu schwierig. Ein beliebter Wanderweg führt vom TaiHo ShanChuang (500 m) auf den TaFuShan (2129m), einen der nördlichen Gipfel des ALiShan-Massivs. Obgleich nur sechs Kilometer entfernt, dauert der anstrengende Aufstieg rund drei Stunden.

TaiHo liegt zwar absolut zentral, eine Übernachtung hier ist aber keineswegs unumgänglich; es ist ebensogut möglich, direkt von/nach FenChiHu, JuiLi, FengShan oder TsaoLing weiterzumarschieren.

Unterkunft

太和山狀

Es gibt nur eine Möglichkeit, im TaiHo-Bezirk unterzukommen, das ist das ф ***TaiHo ShanChuang*** €-€€, Tel. (05)-2661222, 1 Bett im Dorm. kostet 300 NT$, ein DZ 1600 NT$. Eine telefonische Anfrage ist dringend anzuraten, da es keine Alternativen gibt - außer nach FengShan oder TsaoLing weiter zu marschieren.

An-/Abreise

●Hier kommt man nur ***zu Fuß*** weiter; nach ***FengShan*** sind es 7 km (über die neue Kreuzung hinweg die alte, schmale Straße den Berg hinauf, nur 200 m Höhengewinn), nach ***FenChiHu*** ab Abzweigung/Teefabrik (zu erkennen an dem Schild mit der Tel-Nr: 266161812) elf km bei 900 m Höhengewinn (ab Hostel zum Fluss, über die alte Brücke am kleinen Betonwerk vorbei auf die N-169 und 6 km bergan), nach ***JuiLi*** 15 km bei 600 m (wie FenChiHu, aber an der Teefabrik rechts ab auf die N-122) und nach ***TsaoLing*** 9 km bei 350 m Höhengewinn (an der neuen Kreuzung nach links, durch den Tunnel nach ca. 6 km, dann die nächste Möglichkeit abwärts zum Fluss nehmen, der Feldweg am Fluss endet unweit der Steilwand von TsaoLing, ⇗).

奮起湖

FenChiHu (FènQǐHú, Sich-erheben-entschlossen-See)

Auf 1416 Höhenmetern, eingehüllt in die Nebel des ALiShan, liegt ein kleines, aber um so feineres Wandergebiet rund um die Forstsiedlung FenChiHu an der ChiaYi-ALiShan-Bergbahnstrecke. Das kühle Klima, die Bambus- und Zypressenwälder sowie die Einsamkeit machen FenChiHu zu einem lohnenswerten Ziel des zentralen Berglandes. Die Wanderungen hier sind beileibe nicht so spektakulär und anstrengend wie von anderen Bergorten, sind aber vielleicht gerade deshalb etwas für Familien mit Kindern oder diejenigen, die etwas kürzere und weniger aufregende Trails, aber gleichzeitig Ruhe und kühlere Temperaturen suchen.

FenChiHu ist berühmt für eine seltene, quadratische Bambusart, die im ***TsuiChuPo,*** einem Bambushain nur wenige hundert Meter vom Ort entfernt, gezogen wird. Anschließend folgt man etwa 500 m der Straße, die nach 200 m halblinks nach TaiHo, rechts bis LaiChi und nach Fertigstellung bis TsaoLing führt. Nach weiteren 300 m führt rechts ein Weg zur ***MingYuehKu,*** einem imposanten Felsüberhang inmitten des Waldes. Ein etwas abenteuerlicher, aber wunderschöner Weg ist der Abstieg zu den ***TianChian ChiKuan-Höhlen,*** einer sehr schmalen und niedrigen Höhle, in welche der normale Mitteleuropäer nur mit Mühe hineinkriechen kann (Taschenlampe!). Der Weg führt parallel zur Bahn abwärts bis zu einer Abzweigung, an der es rechts zur Höhle, links zum großen ***HuiChuLin-Bambuswald*** geht. Insbesondere am Vormittag zur Nebelzeit wirkt die Landschaft ausgesprochen gespenstisch. Gewarnt sei vor der grünen Bambusviper (tödlich giftig), die hier häufig anzutreffen ist.

Die beliebteste Wanderung, etwa gleichzusetzen mit der Wanderung zum Sonnenaufgang am ChuShan (⇗ALiShan), ist der Weg zum ***TaTungShan,*** der bei einheimischen Touristen eine „Pflichtübung“ darstellt. Der Berg erreicht 1877 Höhenmeter und ist in zwei Gehstunden vom Ort aus zu erreichen. Man folgt der Straße (oder kürzt mit dem Fußweg ab) bis zur Abzweigung der N-155 nach LaiChi, der man 1,5 km aufwärts folgt bis zu einem Parkplatz; hier beginnt der Fußweg zum Gipfel. Von oben hat man die beste Aussicht in FenChiHu, ansonsten ist der Blick wegen des dichten Bambusbewuchses eingegrenzt.

Unterkunft

FenChiHu erfreut sich zunehmender Beliebtheit und bietet sich als Stopp auf einer längeren Wanderung durch das Zentralbergland unbedingt an.

天住堂
ф ***TianChu ChiaoTang*** € ***(Catholic Hostel),*** Tel. (05)-2561035, Dorm. 350 NT$, DZ 900 NT$. Vor allem bei Jugendlichen, Wandergruppen und Individualreisenden sehr beliebt, Reservierung ist daher an Wochenenden ratsam, unter der Woche ist man quasi allein.

雅湖山狀
ф ***YaHu ShanChuang*** €-€€, Nr. 112, Tel. (05)-2561097, Dorm 350 NT$, DZ 1400 NT$ mit Rabatten unter der Woche für Zimmer. Das Hotel ist sehr klein, ein reiner Familienbetrieb und sehr zu empfehlen.

金日山狀
ф ***ChinRi ShanChuang LuShe*** €-€€, Nr. 168, Tel. (05)-2561034, gleiche Preise, verfügt aber über 40 Zimmer.

六福賓館
ф ***LiuFu PinKuan*** €€, Nr. 185, Tel. (05)-2561776, ältestes Hotel des Ortes, etwas heruntergekommen, DZ ab 1200 NT$.

白雲山狀旅社
ф ***PaiYun ShanChuang LuShe*** €€, Nr. 148, Tel. (05)-2561012.

雅 山狀旅社
ф ***YaHsiu ShanChuang LuShe*** €€, Nr. 159, Tel. (05)-2561565.

群峰山狀
ф ***ChunFeng ShanChuang*** €€, Nr. 190, Tel. (05)-2561326, DZ ab 1500 NT$.

奮起客棧 / 中山山狀
ф ***ChungShan ShanChuang*** €€€, Nr. 184, Tel. (05)-2561052, DZ ab 2000 NT$.

奮起湖大飯店
ф ***FenChiHu TaFanTian*** €€€, Nr. 178, Tel./Fax (05)-2561888, Zi. zwischen 3000 und 3600 NT$.

An-/Abreise

- ***Bahn:*** FenChiHu liegt an der Strecke der ChiaYi-ALiShan Schmalspurbahn: Nach ***ChiaYi*** fahren zwei Züge täglich um 10.41 und 14.40 Uhr (280 NT$), zum ***ALiShan*** um 14.26 und 15.37 Uhr (210 NT$).
- ***Bus:*** Nur zwei Busse täglich pendeln zwischen ***ChiaYi*** und FenChiHu (110 NT$), um 6.30 und 15.00 Uhr ab ChiaYi, um 8.30 und 15.40 Uhr ab FenChiHu.

  Indirekt kommt man von hier auch nach ***ALiShan,*** indem man bis ShiCho(↗) fährt und dort in einen ChiaYi-ALiShan Bus umsteigt.
- ***Zu Fuß:*** Nach Süden besteht keine Veranlassung zu Fuß zu gehen, da man den Bus oder die Bahn nach ChiaYi nehmen kann. Bis ***ShiCho*** sind es (überwiegend leicht abwärts) sechs km, von dort zum ALiShan 25 km bergan.

  Nach Norden ***(TaiHo/FengShan/JuiLi)*** gibt es keine andere Möglichkeit, als zu Fuß zu gehen (es sei denn, man trampt oder hat ein eigenes Fahrzeug). Die befestigte Straße N-169 führt zunächst 2 km aufwärts, dann stetig bergab durch Teeplantagen, Bambus- und Zedernwälder über einen Aussichtsparkplatz (8 km) bis TaiHo-Teefarm/Abzweigung auf 1210 m (11km), wo die Straße rechts (kurz darauf links, der rechte Weg ist eine im Bau befindliche Sackgasse) weitere 6 km bergab in ein Tal führt und die im Bau befindliche Straße nach TsaoLing (links) kreuzt. Geradeaus geht es dann wieder 7 km bergan nach FengShan auf 700 m. Ab TaiHo-Hotel (von FenChiHu kommend) geht es links weiter bis JuiLi (9 km).

石卓 ShiCho (ShíZhuō, Stein-aufrecht)

Nach 2/3 der Busstrecke zwischen ChiaYi und ALiShan bei km 55 liegt das kleine ***Bergdorf*** ShiCho, dessen Bewohner hauptsächlich vom Teeanbau (zwischen ShiCho und FengShan liegt das größte Teeanbaugebiet TaiWans) und Forstwirtschaft (Betelnusspalmen und Nadelbäume, gelegentlich Bambus) leben. Der Bus hält hier für etwa 10-15 Minuten, ausreichend Zeit, das hier auf 1140 m bereits spürbar angenehmere Klima zu „kosten" und möglicherweise den berüchtigten ALiShan-Nebel zu sehen. Etwa ab hier bis auf rund 1750 m, vor allem in Richtung FenChiHu, gleicht die Luft am Vormittag einer Waschküche, die Sicht ist häufig auf unter 100 m begrenzt.

Wer mit einem ***eigenen Fahrzeug*** unterwegs ist, kann hier nach links auf die N-169 nach FenChiHu, TaiHo und JuiLi abbiegen. Auch die Busse von ChiaYi nach FenChiHu (7 km ab ShiCho) nehmen diese Route. Drei km vor ShiCho befindet sich die einzige Tankstelle auf der Strecke.

Für ***Wanderer,*** die in FenChiHu den Morgenbus um 8.30 Uhr verpasst haben und nicht auf den teuren Zug um 12.30 Uhr nach ChiaYi warten wollen, besteht die Möglichkeit, die 6 km nach ShiCho zu wandern und dort den nächsten Bus nach ChiaYi zu nehmen. Von/nach ALiShan sind es 25 km die Hauptstraße entlang, es empfiehlt sich daher eher eine Wanderung zwischen ALiShan und ShanLinHsi bzw. FengShan.

交力坪
瑞里

ChiaoLiPing/JuiLi (RuìLǐ, glückliche-Heimat)

Idyllisch oberhalb eines langgestreckten Tals liegen einzelnstehende Teefabriken, unten im Tal plätschern mehrere Wasserfälle und Bäche. Die Höhenstraße entlang der Berge führt etwa zehn km außen herum, ein fantastischer Fußweg kürzt auf vier km ab, dennoch sind rund 1,5-2 Stunden nötig, um von ChiaoLiPing nach RuiLi, dem „Zentrum" dieser Siedlung zu kommen. Die Wanderungen hier sind mittelschwer bis schwer, wenn auch nicht übermäßig lang; es sei allerdings vor einer Unterschätzung gewarnt, da einige Teilabschnitte wahrlich nicht unbedingt leicht zu gehen sind und unglaubliche Steigungen, teilweise auch Kletterpartien enthalten. Und wer den „langen Marsch" nach FenChiHu quer durch die Wälder plant, kann sich beim Gang zum ChangShan davon überzeugen, dass dies mit Gepäck ein nahezu aussichtsloses Unterfangen sein dürfte. Dieses Gebiet ist verhältnismäßig untouristisch und liegt auf 800 bis 1100 Höhenmetern, ist also besonders dann zu empfehlen, wenn man beispielsweise aus gesundheitlichen Gründen nicht in die höheren Lagen TaiWans möchte.

Zwei Wanderungen sind besonders zu empfehlen. Zunächst einmal die am Anfang einfach, später unmöglich scheinende kleine Rundwanderung (3 Stunden) zum ***ChangShan.*** Ausgangspunkt ist das FengLin-Hotel, von wo aus es zunächst 300 m bergan bis zu einer Teefabrik rechter Hand geht. Auf dem Fußboden in den Vorhallen sind rote Pfeile angebracht, denen man hinter das Gebäude folgt. Hier geht es dann zunächst ein Stück auf einem teilweise nur 30 cm schmalen Weg aufwärts am Hang entlang, bis

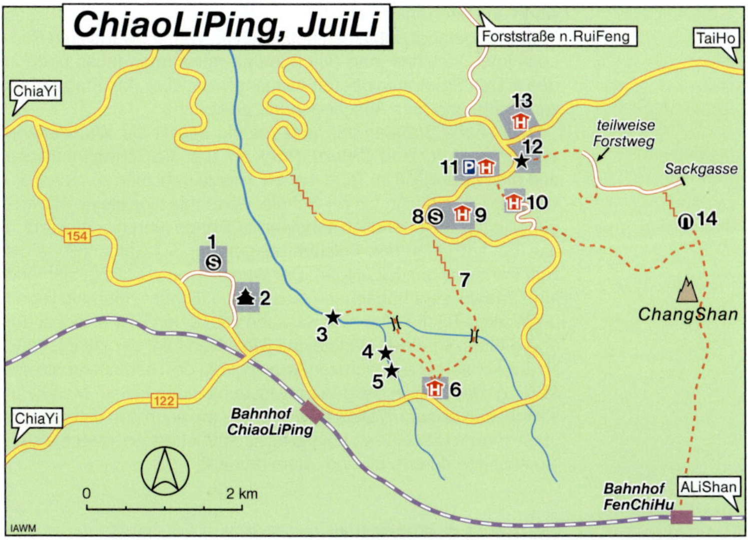

Ⓢ 1 Schule	7 Schwalben-Klippe und Treppe nach JuiLi	H 11 ChingLe Hotel P und Parkplatz
▲ 2 Tempel TaiHsing	Ⓢ 8 Schule	★ 12 kleine Teefabrik
★ 3 ShuAng-Fälle	H 9 MeiHua Hotel	H 13 FengLin Hotel
★ 4 HangLin-Fälle	H 10 RuoLan Hotel	ⓘ 14 Höhle/Grotte
★ 5 YunTsao-Fälle		
H 6 RuiLi Hotel		

man nach etwa 1000 m auf einen Forstweg trifft. Hier hält man sich nun immer links, der Weg führt durch dichten Bambuswald, vorbei an einer Hütte (links), weiter hinauf bis zum Ende des Weges. Wer aufgepasst hat, entdeckt 10 m vor dem Ende dieser Sackgasse ein Schild mit Schriftzeichen und einen beinahe unsichtbaren, steil abwärts führenden Pfad. Wenig später ist erneut Schluss, hier geht es links die Steilwand an den Seilen hinauf, wo man ein wenig achtgeben muss: Geradeaus weiter führt der überwucherte Pfad hoch zum ChangShan und weiter bis FenChiHu. Oben an der Steilwand ganz rechts führt der Rundpfad weiter ein Stück hinab bis zu den Höhlen, die gelben und roten Pfeile markieren den Durchgang (Taschenlampe!). Sobald man heil hindurchgekrochen ist, kommt man an vermoderte Stufen, die immer weiter hinunter bis zum Beginn eines Forstweges führen. Dieser verzweigt sich x-mal, und man hält sich daher immer rechts mit Ausnahme der letzten Abzweigung (Haarnadelkurve rechts aufwärts), wo man abwärts und nach links marschiert. Unten an einer kleinen Kreuzung in JuiLi angelangt, folgt man dem rechten Weg aufwärts zum RuoLan-Hotel, welches man durchqueren muss (man muss hoch in den ersten Stock zum oberen Ausgang!), um über den Pfad zurück zur Straße und dem Ausgangspunkt zu kommen.

Etwa sechs Stunden (hin und zurück) dauert die ***Wanderung zwischen JuiLi und ChiaoLiPing,*** um u.a. die Schwalbenklippe und die Wasserfälle im Tal zu sehen. Hierzu geht man zunächst die Hauptstraße hinunter bis zur Schule, wo rechts eine kleine Abzweigung liegt. Eine unendlich scheinende Treppe führt hier abwärts in das Tal, vorbei an den Felsüberhängen der Schwalbenklippe bis zum Parkplatz am JuiLi-Hotel. Der Wanderweg verzweigt sich und führt zu zwei sehr hübschen Wasserfällen. Etwas außerhalb liegen die Wolken-Teich-Fälle, eine Kaskade von hohen Fällen, wobei der obere einen schönen Badeteich bildet. Man folgt der Hauptstraße ab JuiLi-Hotel bis zur nächsten Abzweigung, dort beginnt rechts der Abstieg. Der Pfad endet genau zwischen beiden Fällen. Man kann sowohl den oberen Wasserfall von unten wie auch den unteren von oben sehen. Dieser Weg beinhaltet keine Klettereien, aber die steilen Anstiege durchs Tal sind „atem-raubend“.

Unterkunft

Die Wahl einer Unterkunft als Ausgangspunkt fällt schwer, da die ALiShan-Bahn über ChiaoLiPing fährt, aber nur der Bus hinauf nach JuiLi. Von der ChiaoLiPing-Station sind es immerhin drei km bis zum (einzigen) Hotel, die Busse dagegen sind mehr oder weniger Taxis, sie lassen einen am gewünschten Hotel aussteigen (was sehr sinnvoll ist, da sie meist mehrere Kilometer auseinander liegen) - außer beim RuoLan-Hotel, welches aber von Lage und Preis als das geeignetste erscheint. Man steige daher (Bus) beim ChingYe ShanChuang-Hotel aus und gehe von dort 50 m bergan, dann den Pfad rechts steil hinab, und schließlich darauf immer links 200 m bis zu einem scheunenähnlichen Gebäude mit mehreren Hunden. Zwei Bisse weiter führt eine kleine Treppe rechts hinunter ins Hotel, meines Wissens ist das der einzige Wanderweg der Welt, der mitten durch ein Hotel führt (s.o.).

若蘭山狀

ф ***RuoLan ShanChuang*** €-€€€, Tel. (05)-2501210, Dorm 500 NT$, DZ 2200 bis 2800 NT$ bei leichten Nachlässen unter der Woche. Zimmer und Schlafsaal sind gut in Schuss.

青葉山狀

ф ***ChingYe ShanChuang*** €€, Tel. (05)-2501031, DZ 1500–1800 NT$, liegt aber nicht ganz so fein wie das RuoLan.

Zu diesen beiden gibt es noch einige brauchbare Alternativen, allerdings gleich ein gutes Stück entfernt:

楓林山狀

ф ***FengLin ShanChuang*** €€, Tel. (05)-2501095 bietet DZ für 1400 NT$ und liegt oberhalb der Abzweigung nach JuiFeng.

梅花山狀

ф ***MeiHua ShanChuang*** €-€€, Tel. (05)-2501522, nahe der Schule, nimmt 1500 NT$ für DZ und 450 NT$ für Dorm.

瑞里大飯店

● In ChiaoLiPing gibt es keine Wahl, hier ist es das ф ***JuiLi TaFanTian*** €€€, Tel. (05)-2501310, DZ ab 2750 NT$. Mit 83 Zimmern größtes Hotel hier oben; etwa drei km vom Bahnhof entfernt.

050t Foto: wl

Wasserfall von ChiaoLiPing

Essen und Trinken

Die ***Hotels*** bieten ausgezeichnete Menüs für 80 NT$ (Frühstück) und 170 NT$ (Mittag-/Abendessen). Ein kleiner ***Laden*** für die Selbstverpflegung befindet sich neben dem YuanHsing-Tempel; die entlang der Straße verstreuten wenigen ***Restaurants*** sind allesamt sehr teuer und hauptsächlich für Tagestouristen interessant, die nicht im Hotel essen.

An-/Abreise

- ***Bahn:*** Die Züge der ChiaYi-ALiShan-Bahn fahren zwar durch ChiaoLiPing, doch nur je einer hält hier: um 15.05 aufwärts Richtung ***ALiShan,*** um 15.15 abwärts nach ***ChiaYi,*** je etwa 260 NT$. In ChiaoLiPing geht es 150 m die Schienen entlang Richtung ChiaYi bis zu einem Betonweg, den rechts hinunter bis zu Straße, dort erneut rechts, und es sind noch 2,5 km zum JuiLi-Hotel. Wer nach JuiLi will, kann gleich die Route zwischen RuiLi und ChiaoLiPing (beginnend am JuiLi TaFanTian) testen.
- ***Bus:*** Zwei Busse täglich von/nach ***ChiaYi,*** in ChiaYi 10.30 und 15.45 Uhr, in JuiLi um 6.30 und 13.30 Uhr. Die Busse fahren nicht unbedingt immer ganz hinauf, wenn dort niemand aussteigt; man erkundige sich bei seinem Hotel, ob der gewählte Bus hier auch hält. Die Fahrt dauert etwa zwei Stunden und kostet 145 NT$ zwischen FengLin-Hotel und ChiaYi.
- ***Zu Fuß:*** Von JuiLi kann (bzw. muss) man zu Fuß gehen, um nach ***TaiHo*** (⇗) und von dort aus weiter nach FenChiHu, FengShan oder TsaoLing zu kommen. Ein alter Trail führt durch den Wald über den ChangShan (s.o.), doch ist dieser mit Gepäck sehr schwer zu bewältigen, da der Weg nicht mehr benutzt wird und mittlerweile arg überwuchert ist.

Zentralbergland Süd

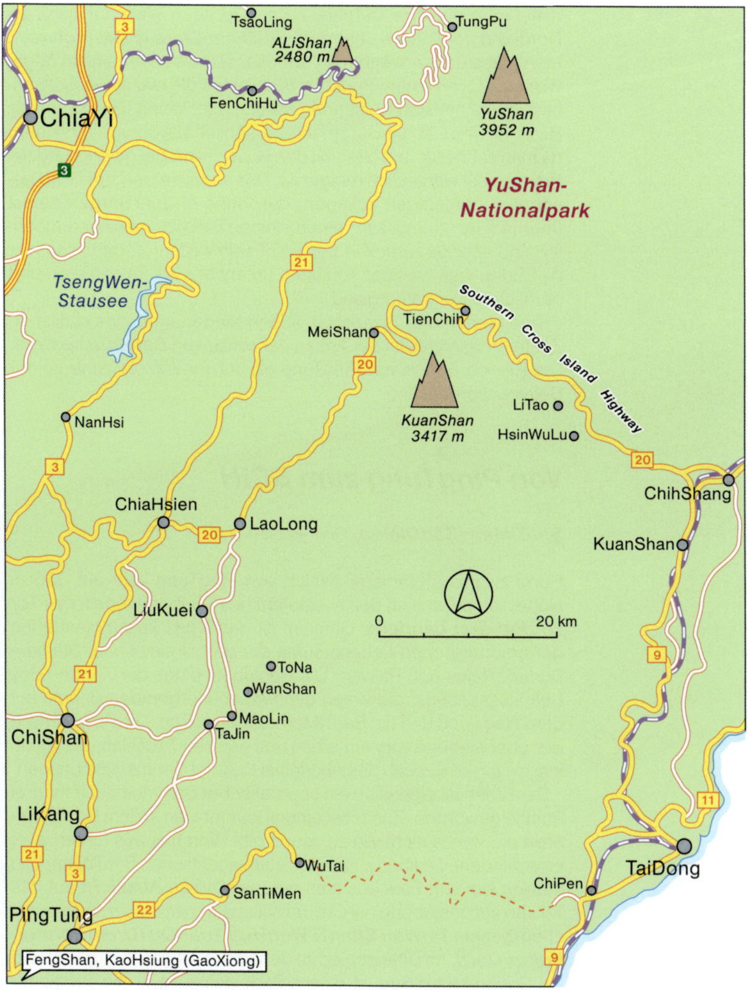

Überblick

Das südliche Zentralbergland erstreckt sich vom Südrand des YuShan-Parks bis in die Ausläufer der Berge an der Südspitze TaiWans. Im Gegensatz zu Nord- und Zentralbergland ist das schrittweise Bereisen der einzelnen Punkte nur mit eigenem Transportmittel möglich, eine Durchfahrt von Ost nach West nur ganz am Nordrand der Region über den „Southern Cross Island Highway". Man muss daher, wenn man auf öffentliche Verkehrsmittel angewiesen ist, von einem Punkt im Südwesten die einzelnen Ziele anfahren; die meisten Reisenden wählen KaoHsiung (GaoXiong) als Basis für Trips in die Berge, ich persönlich bevorzuge PingTung, da man schneller und öfter mit den Bussen ans Ziel gelangt und die Stadt selbst wesentlich ruhiger ist. Das südliche Bergland wird besonders denjenigen zusagen, die, ohne in den Bergen selbst übernachten zu müssen, einen kleinen Einblick gewinnen möchten und abends zurück in der Stadt sein wollen. Zudem sind hier im Süden weit weniger Touristen unterwegs als im mittleren und nördlichen Zentralbergland.

Eine besondere „Spezialität" in den Niederungen des südlichen Zentralberglandes ist der Anbau der schlanken ***Betelnusspalme.*** Die Region östlich von PingTung gilt auf TaiWan als Zentrum der Betelnussproduktion.

Von PingTung zum SCIH

三地門

SanTiMen (SānDìMén, Drei-Erde-Tor)

Rund zwanzig Kilometer östlich von PingTung liegt auf 350 m Höhe, romantisch an den Ausläufern des Südberglandes, das ***Tor zu den drei Ländern.*** Gemeint ist damit das Zusammentreffen der ursprünglichen Lebensräume der drei Ureinwohner-Stämme Bunun, Rukai und Paiwan. Die Region ist eines der Zentren des Betelnussanbaus, die vielen dünnen, schnurgeraden Bäume auf dem Weg nach und um SanTiMen zeugen davon. Die Bevölkerung lebt überwiegend vom Ackerbau und von den Touristen, die vor allem mit ihrem Besuch des Aboriginal Cultural Centre Geld bringen.

SanTiMen ist eigentlich ein geografischer Sammelbegriff für drei Punkte geworden. Zunächst einmal kommt man in dem Dorf ***ShuiMen*** an, wo es nicht viel zu sehen gibt. Von hier aus führen zwei verschiedene Straßen zum einen zum eigentlichen SanTiMen, von dessen kleinem Park aus man eine großartige ***Aussicht*** auf das Tal und auf das Aboriginal Cultural Village genießt, zum anderen zu eben diesem ***TaiWan ShanTi WenHua YuanQu (Ureinwohner-Kultur-Dorf).*** Im Unterschied zu den Vorführungen in HuaLian und am Sonne-Mond-See ist dieser Park weitläufig in die Bergland-

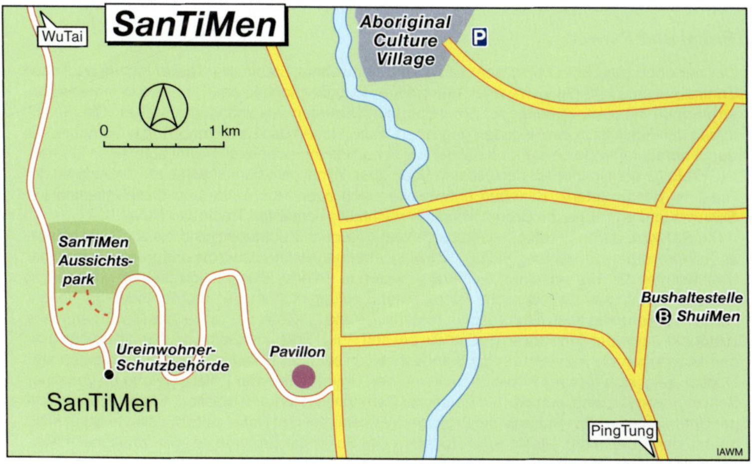

schaft integriert und zeigt keine Aufführungen der nördlichen Ami, sondern der südlichen Stämme; ein kleines Museum bietet zusätzliche Hintergrundinformationen. Allgemein gilt der Park am Sonne-Mond-See als besser, wer touristischen Massen entgehen und gleichzeitig die Berglandschaft genießen möchte, wird an diesem Park aber zweifellos mehr Gefallen finden.

- Geöffnet tgl. (außer Mo) 8.30–17.00 Uhr, Eintritt 300 NT$, erm. 200 NT$.

An-/Abreise

- ***Busverkehr*** halbstündig von/nach PingTung (52–60 NT$ je nach Route); 5 x tgl. von/nach KaoHsiung (GaoXiong).
- ***Selbstfahrer*** folgen immer der N-22 ab PingTung.

Information

Am Aussichtspark auf der anderen Seite der Straße liegt eine ***Station der Ureinwohnerkomission.*** Der Stationsleiter spricht gut Englisch und ist ausgesprochen hilfsbereit. Informationen zu den Ureinwohnern gibt es auch im Aboriginal Centre.

霧臺

WuTai (Tanz-Platz)

Hinter dem Aussichtspark von SanTiMen setzt sich die N-22 steil ansteigend Richtung Osten fort und endet als befahrbare Straße in WuTai, einer „echten" Siedlung der Bunun. Theoretisch könnte man von hier aus den Fußweg über den WuTouShan bis nach Chi-Pen bei TaiTung (TaiDong) (rund 70 km) fortsetzen, allerdings muss sowohl für WuTai als auch für die Fortsetzung bei der Polizei in PingTung (Tel. 08-7322156) ein A-Permit beantragt werden. Die Straße führt weiter über WuTouShan (2735 m) und ChiPenYuShan (2229 m) nach ChiPenWenChuan.

Rukai und Paiwan

Der nur noch rund 8000 Mitglieder zählende Ureinwohner-Stamm der ***Rukai*** lebt im südlichen Zentralbergland und hat sich wegen der großen Unzugänglichkeit des Gebietes in mehrere Untergruppen mit stark voneinander abweichenden Dialekten auseinanderentwickelt. Die Gesellschaft der Rukai ist in zwei Klassen gegliedert: Edle, denen das Land gehört, und Gemeine, die durch herausragende Leistungen bei der Landbearbeitung oder auch Heirat aufsteigen können. Die Erbfolge geht immer auf den ältesten Sohn über. Wichtigste gemeinsame rituelle Aktivität der Rukai ist der Erntetanz, daneben entwickelten sich auch Hochzeits- und Geselligkeitstänze. Schwarz und grün sind die Grundfarben der reichhaltig verzierten Tracht der Rukai.

Die ***Paiwan,*** deren Siedlungsgebiet sich vom südlichen Zentralbergland bis zur Südwestspitze TaiWans erstreckt, zählen rund 60.000 Mitglieder und stellen damit die drittgrößte Gruppe der Ureinwohner dar. Die einzelnen Siedlungen waren in vielerlei Hinsicht vollkommen unabhängig voneinander; so war der männliche Führer einer Siedlung nicht nur für interne Angelegenheiten, sondern gleichzeitig auch für politische, militärische und religiöse Fragen seines Machtbereiches zuständig. Auch bei den Paiwan gibt es wie bei den Rukai Edle und Gemeine, hier allerdings bleiben Mischehen die Ausnahme, das Standesbewusstsein der Edlen ist hier stärker ausgeprägt. Optisch zeigt sich dies am Kopfschmuck und den Unterkünften der Edlen, welche oft von einer Schlange verziert sind, von der die Edlen der Paiwan ihre Herkunft ableiten. Ein weiterer wichtiger Unterschied zu den Rukai ist die Erbfolge: Während bei den Rukai stets der älteste Sohn erbt, tritt bei den Paiwan das älteste Kind (Tochter oder Sohn) die Erbfolge an. Die traditionelle Kleidung der Edlen ist schwarz mit reichhaltigen gelben Verzierungen während die Gemeinen schwarz-blaue Gewänder tragen.

Die Kulturen der ***Bunun*** (s. Exkurs S. 483), Rukai und Paiwan können in SanTiMen und MaoLin besucht werden.

037t Foto: wl

Ureinwohner-Tanz in SanTiMen

賽嘉樂園

SaiChia LeYuan (Wettkampf-ausgezeichnet-Fröhlichkeit-Park)

4 km vor SanTiMen von PingTung kommend weist ein zweisprachiges Schild vielversprechend auf den SaiChia-Vergnügungspark hin. Es handelt sich allerdings nicht etwa um eine Touristenattraktion des Berglandes, sondern um einen ***Flug- und Drachensportplatz*** (Tel. 08-7668239), ist also vorwiegend für flugsportbegeisterte Anwohner, vor allem aus TaiNan und KaoHsiung, interessant. Ein Besuch dieser Anlage ist nur mit eigenem Fahrzeug möglich, da keine öffentliche Verkehrsanbindung besteht.

茂林

MaoLin (MàoLín, Cyclopentadien-Wald)

30 km nordöstlich von PingTung öffnet sich eine Schlucht und bietet einen fabelhaften Einblick in die Berglandschaft. Die Gegend hier gilt als größte Sehenswürdigkeit des südlichen Berglandes. Der Park selbst ist etwa 1000 qkm groß, befahren oder begangen werden kann aber nur ein verhältnismäßig kleiner Teil zwischen MaoLin und ToNa. Flüsse, Wasserfälle, grüne Berge säumen den von Bergrutschen gezeichneten (asphaltierten) Hauptweg davon führen immer wieder kleinere Wege zu Aussichtspunkten am und um den Fluss ab.

Im Park verkehren keine Busse, der Fußweg nach ToNa nimmt mindestens 3,5 h in Anspruch – ohne Abstecher zu den Wasserfällen. In den einzelnen Siedlungen sind Getränke erhältlich, man sollte aber trotzdem eigenen Wasservorrat wie auch Sonnenschutz mitnehmen. Der Park liegt zwar nur auf 450 m Höhe, die Sonne kann aber mörderisch brennen – und Schatten ist rar.

ToNaWenChuan (Viel-genießen-warm-Quelle)
多納溫泉

Am oberen Ende des MaoLin-Parkes, 13,5 km oder gut 3 Stunden Marsch, liegt ToNa, ein sehenswertes ***Dorf der Rukai-Ureinwohner.*** Besser als in den Aboriginal Cultural Centres kann man hier einen kleinen Einblick in Siedlungs- und Lebensweise der heutigen Ureinwohner gewinnen, wenn die Moderne freilich auch in ToNa Einzug gehalten hat.

Etwa 1200 Meter hinter ToNa (gut beschildert) kann ein Bad unter freiem Himmel in den ***heißen Quellen*** wahre Wunder bewirken – richtig wohltuend natürlich besonders dann, wenn man hierher gewandert ist.

Information

Die Region MaoLin wurde zum Naturpark erklärt, die früher obligatorischen B-Permits sind nicht mehr notwendig. Eintritt 100 NT$. Das Gebäude rechts hinter dem Parktor ist die Parkverwaltung, hier liegen auch (überwiegend chinesischsprachige) Faltblätter mit Karte und Informationsschriften aus.

An-/Abreise

- Es bestehen öffentliche ***Busverbindungen*** zwischen KaoHsiung (GaoXiong) oder PingTung nach TaJin/MaoLin. TaJin ist ein kleines Nest vor dem MaoLin-Park (500 m), manche Busse enden hier, manche fahren noch ein

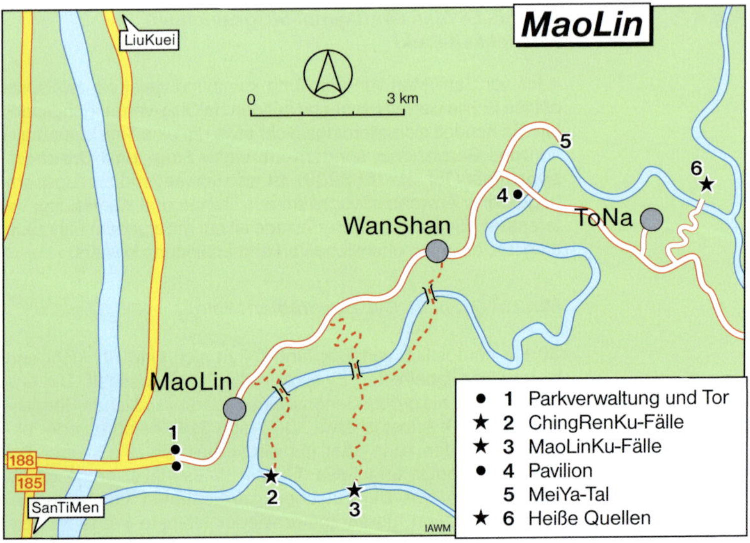

Stück in den Park hinein. PingTung ist häufiger frequentiert (mindestens stündlich), obwohl MaoLin im KaoHsiung-Distrikt liegt. Fahrzeit von PingTung ca. 50 Minuten (110 NT$), von KaoHsiung ca. 90 Minuten (150 NT$).

Man sollte sich von den Entfernungen nicht abschrecken lassen: Es ist machbar, den Bus um 8.10 Uhr von PingTung zu nehmen, bis 13.00 Uhr an den Quellen zu sein und um 19.00 Uhr den Bus zurück nach PingTung zu nehmen (der letzte fährt gegen 21.00 Uhr).

- Als ***Selbstfahrer*** folgt man der N-3 von PingTung bis LiKang, dort zweigen die N-185 (diese passiert das BaLian DanSi, ein modernes buddhistisches Kloster) und die N-188 (hier fahren die öffentlichen Busse) ab. Beide Straßen vereinigen sich in TaJin und führen als N-185 über LiuKuei bis zum SCIH.

六龜

LiuKuei (Sechs-Schildkröten)

Von TaJin führt die N-185 nordwärts zum SCIH, vorbei an der kleinen Siedlung LiuKuei, die eine ähnlich ***fantastische Aussicht*** bietet wie SanTiMen.

An-/Abreise

Leider ist der öffentliche Verkehr hierher nahezu eingestellt worden, sodass sich ein Stop nur noch ***mit eigenem Fahrzeug*** anbietet, es sei denn, man läuft 14 km (einfach) von TaJin aus. Die Straße ist mäßig befahren und der Marsch durchaus möglich, doch den meisten genügt die Anfahrt nach TaJin und der Besuch des MaoLin-Parks.

- Zuletzt fuhren noch die ***Überland-Regionalbusse*** der *KaoHsiung KeYun* Nr. 116, 314, 301, 302, 303 (vor dem Einstieg fragen!).

南部橫慣公路

Der SCIH (Southern Cross Island Highway)

Ähnlich spektakulär wie der CCIH bei TaRoKo, aber wesentlich seltener besucht und mit öffentlichen Verkehrsmitteln schwer zu erschließen, ist die südliche Inselverbindungsstraße (SCIH). Ohne eigenes Verkehrsmittel bleiben nur Schusters Rappen oder Trampen. Auch zwischen den einzelnen Orten (z.B. von MaoLin über LiuKuei bis zum SCIH) gibt es keinen öffentlichen Transport. Gleiches gilt für die Verbindungswege zwischen dem südlichen und dem mittleren Zentralbergland: Die N-21 in nördliche Richtung zwischen ChiaHsien und ALiShan ist noch im Bau, ansonsten gibt es nur zwei Fußwege (⇗ unten).

甲仙

15 km nördlich von LiuKuei stößt die malerische Nebenstraße auf den Southern Cross Island Highway (N-20). Auf der N-20 15 km nach Westen kommt man nach ⌽ ***ChiaHsien,*** wo die N-20 von der N-21 gekreuzt wird. ChiaHsien kann in Zukunft auch für den Individualreisenden interessant werden, da die N-21 nach Norden (noch im Bau) bis zum ALiShan führen soll. Von ChiaHsien nach Süden führt die (in diese Richtung fertige) N-21 nach FengShan bzw. PingTung.

美山山莊

An der Abzweigung der von LiuKuei auf den SCIH stoßenden Straße nach rechts (Nordosten) sind es rund 50 km über das ⌽ ***MeiShan ShanChuang*** (MeiShan-Hotel, Tel. 07-7470134, Dorm. 300–350 NT$) kurz nach der Einfahrt in den YuShan Nationalpark bis TienChih. 1000 Meter vor dem Hotel am SCIH von ChiaHsien kommend zweigt jene kleine Forststraße links ab, die den SCIH mit TaTaChia (⇗ YuShan) verbindet – ein fantastischer Marsch von 55 km. Ein Besucherzentrum mit Informationsschalter wurde hier eingerichtet, weitere Informationen – etwa wie man sich bei Begegnungen mit Schlangen und Bären verhalten soll – findet man auch unter http://english.ysnp.gov.tw.

天池

Auf dem SCIH verkehrt der TaiNan-TienChih-Express einmal täglich. Dieser kommt gegen Mittag in ⌽ ***TienChih*** an und fährt um 14.00 Uhr zurück. Von TaiTung (8.30 Uhr) an der Ostküste fährt ebenfalls ein Bus bis TienChih, der gleichfalls um 14.00 Uhr wieder zurückfährt. Wer von TaiNan nach TaiTung will, muss hier oben also auf jeden Fall umsteigen. Alle anderen Busse ab TaiNan *(HsingNan KeYun)* außer dem frühen Bus (7.30 Uhr) fahren zu spät ab, um den „14.00-Uhr-Treffpunkt" (Umstieg in den Bus nach TaiTung) rechtzeitig zu erreichen (die Busse warten aufeinander).

Eine indirekte Busverbindung besteht seit neuestem wieder zwischen dem SCIH und MaoLin: Man muss vom TaiZhong-Bus in LaoLung umsteigen, von hier aus geht es mehrmals täglich weiter von/nach ⌽ ***LiuKuei*** und ⌽ ***MaoLin.***

六龜，茂林

天池，新霧鹿

Die Strecke ***zwischen ⌽ TienChih und ⌽ HsinWuLu*** entlang des SCIH ist eine der spektakulärsten und interessantesten

Zentralbergland Süd

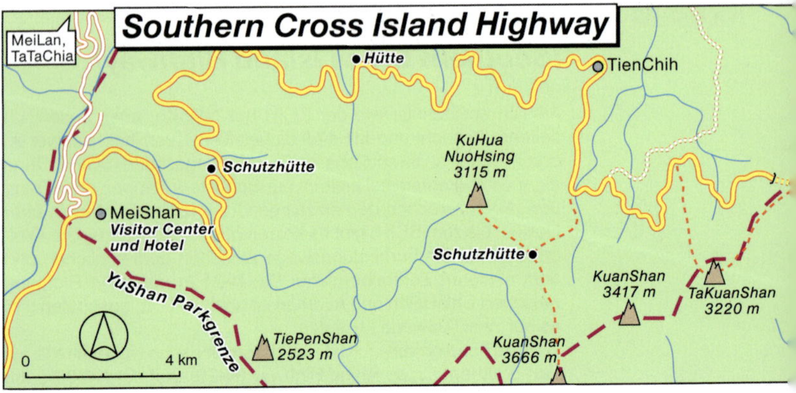

Straßen auf TaiWan. Steile Klippen, tiefe Schluchten, rauschende Bäche und ein schier „unmöglicher" Straßenverlauf kennzeichnen die Etappe von MeiShan über TienChih und YaKou bis LiTao. Wer zu Fuß unterwegs ist, fährt zweckmäßigerweise mit dem Bus von TaiNan bis TienChih oder steigt dieser Linie (von MaoLin bzw. LiuKuei kommend) am SCIH zu. Von der Bushaltestelle in TienChih läuft man dann rund 11 km (3,5 Stunden) hinauf zum höchsten Punkt des SCIH in YaKou auf 2728 Höhenmetern. Natürlich kann man auch den TaiTung(TaiDong)-Bus ab TienChih bis hierher nehmen, laufen ist aber interessanter.

YaKou (YǎKoǔ, Zweitrangige Öffnung)

1200 m vor dem ***YaKou ShanChuang*** (YaKou-Lodge, Tel. 089-938092, Dorm. 500 NT$) muss man durch einen fast 800 m langen ***Tunnel*** (Taschenlampe!), ehe das Hotel auf der rechten Straßenseite erreicht ist. Der Schlafsaal ist in Ordnung. Wie in anderen Berghotels auch muss man sich anmelden, wenn man Mahlzeiten einnehmen möchte (je nach Angebot 120–180 NT$). Im Hotel kann man auch Kleinigkeiten, Getränke und Nudelsuppen kaufen – die einzige Einkaufsmöglichkeit auf der Strecke. YaKou selbst besteht lediglich aus den wenigen zum Hotel gehörenden Gebäuden, auch Wanderwege in unmittelbarer Nähe gibt es nicht. Der Schlüsselpunkt kommt vier Kilometer östlich von YaKou:

Rund eine Gehstunde hinter YaKou liegt eine steile Haarnadel-Rechtskurve. Vor dieser führt links ein Fußweg zum 5 km entfernten ***HsiangYangShan*** (3600 m), von wo aus Wanderwege bis zum alten ***PaTungKuan-Trail*** führen (30 km). Von dort sind es dann noch 10 km bis PaTungKuan (⇗ TungPu, Zentralbergland Mitte). Es sei darauf hingewiesen, dass diese Tour nicht an einem Tag möglich ist (YaKou – TungPu sind über 70 km); zahlreiche Abzweigungen und ausschließlich chinesische Hinweisschilder er-

schweren zudem die Orientierung. Kompass und genügend Wasser sind Pflicht, erst im letzten Teilabschnitt des Weges zum PaTung-Kuan-Trail gibt es einige Wasserschöpfmöglichkeiten.

Eine einigermaßen brauchbare ***Karte*** zu den MeiShan-TaTaChia und YaKou-PaTungKuan-Trails (Name: „YuShan", immer engl. und chin. Version zwecks Zeichenvergleich auf der Strecke geben lassen!) gibt es bei den TI-Stellen sowie den Besucherzentren TaTa-Chia, TienChih usw.

Kurz vor dem Gipfel des HsiangYangShan zweigt links ein Weg ab, überquert nach 4 km den SCIH (unten führt ein Tunnel durch den Berg) und trifft über einen 3220 m hohen Nebengipfel des ***KuanShan*** zurück auf die Hauptstraße, etwa auf halber Strecke zwischen TienChih und YaKou. Diese Strecke (rund 25 km) ist als Tagesausflug von YaKou aus möglich.

Von YaKou in östliche Richtung dem SCIH folgend, erreicht man nach 30 km (sieben Stunden) LiTao, die nächste Übernachtungsmöglichkeit nach YaKou.

LiTao (LìDào Heimat-Reis)
利稻

利稻山莊

Nach dem Abstieg von 2728 auf 1070 Höhenmeter bietet LiTao geradezu luxuriös viel: eine Bushaltestelle mit Bussen nach KuanShan (Richtung TaiTung/TaiDong), Abfahrt 8.00 und 14.30 Uhr), eine Unterkunft (ф LiTao ShanChuang, Tel. 089-938089, Dorm. 450 NT$, DZ 2200 NT$) sowie einen kleinen Laden an der Haltestelle. Wer hier übernachtet, kann entweder am nächsten Morgen um 8.00 Uhr gemütlich weiterfahren oder bricht um 6.00 Uhr zu Fuß auf nach WuLu. Man kann WuLu von LiTao aus beinahe sehen, Luftlinie sind es vielleicht 2 km, aber die Straße windet sich 9 km die Berge entlang (Richtung TienChih, Abfahrt ca. 10.25 Uhr).

HsinWuLu (XīnWùLù, Neu-Militär-Oper)
新武呂
天龍大飯店

Wer es bis hierher zu Fuß geschafft hat, kann stolz sein. WuLu liegt auf 713 m, 38 km hinter YaKou und 9 km hinter LiTao. Hier gibt es fast nichts – außer dem sehr teuren ф Hotel TianLong Fan Dian (Tel. 089-935075; DZ ab 3600 NT$) und der langersehnten Bushaltestelle. Spätestens hier sollte man einsteigen, die restlichen 10 km bis ChihShang sind nicht mehr ganz so interessant wie das bislang gesehene. Die Busse nach KuanShan (dort umsteigen nach TaiTung/TaiDong) fahren nur selten – 8.15 und 14.45 Uhr.

044t Foto: wl

Kristallklares Wasser auf den Pescadoren

Die Inselwelt

GuiShan (Turtle Island)

Als Attraktion ist GuiShan zwar neu, als Insel naturgemäß nicht. Bislang ***streng gehütetes Militärgebiet,*** kann das kleine Inselchen vor der Nordostküste TaiWans seit 2008 von jedermann besucht werden - theoretisch jedenfalls, und nur von März bis Oktober. Da eine Anmeldung 7 Tage vorher eingereicht werden muss, kommt ein Besuch für den Urlaubsreisenden weniger in Betracht.

An der ca. 10 km^2 großen Insel locken unterirdische Militärtunnels, unterseeische Quellen, ein Inselrundweg sowie ein kleiner See mit GuanYin-Statue. Sehr beliebt sind organisierte ***Bootstouren,*** die einen Kurzaufenthalt auf der Insel (Rundgang) sowie ***Delfin- und Walbeobachtung*** umfassen.

Für den Besuch gibt es zwei Möglichkeiten: Zum einen Busanreise nach WaiAo („WuShih Fishing Harbour") und dort am Pier per Boot (etwa stündlich) zur Insel. Zum anderen organisieren inzwischen schon Tourenanbieter im wenige Kilometer südlich gelegenen TouCheng 3-4-stündige Kombitouren (Walbeobachtung plus GuiShan-Aufenthalt) einschließlich der Genehmigung für die Insel.

- ***Information und Buchung*** unter *YiLan Whale Watching Tours,* 15/30 GanKouLu, GanKou/TouCheng, Tel. (03)-9789785, www.ez666.com.

綠島

LuTao (LüDǎo, Grüne-Insel)

Nur 35 km östlich von TaiTung (TaiDong) liegt die „grüne Insel", die wegen ihrer üppigen Vegetation so benannt ist. Mit 16 qkm ist sie eine der kleinsten taiwanesischen Inseln und wurde bislang eher selten von Touristen besucht. Das lag hauptsächlich an der Redewendung „Urlaub auf LuTao", die etwa soviel bedeutet wie in Russland „nach Sibirien verbannen", denn auf LuTao lagen vier Hochsicherheitsgefängnisse. Heute wird die Insel vom Tourismusministerium vorrangig gefördert.

Bis zum frühen 19. Jh. war die Insel gänzlich unbewohnt. Heute wird LuTao von etwa 4000 Hakka-Chinesen bewohnt - etwas überraschend, da diese frühen chinesischen Siedler (fast) ausschließlich an der Westküste zu finden waren. Eine Erklärung für die Ansiedlung der Hakka auf LuTao bietet eine kleine chinesische Geschichte: Ein Fischer der Hakka von der Westküsteninsel Hsiao-LiuChiu geriet während eines Sturmes mit seinem Fischerboot in die Strömung des pazifischen Ozeans und wurde nach LuTao verschlagen. Die Insel gefiel ihm so gut, dass er seine Verwandten und Bekannten nach LuTao holte. Im Laufe der Zeit wurden zum Schutz der Schifffahrt einige Leuchttürme errichtet und die Insel „Feuerinsel" genannt. Den Namen LuTao bekam die Insel erst später, während der R.o.C.-Ära.

Eine befestigte Straße führt auf einer Länge von 22 km rings um die Insel, eine weitere Straße und Fußwege laufen quer hindurch zu den wichtigsten Sehenswürdigkeiten, die alle binnen eines Tages gesehen werden können:

KuanYin-Höhle
觀音洞

Interessanter als die Höhle selbst ist die mit ihr verbundene ***Legende.*** Ein Fischer der Insel kam durch ein Unwetter vom Kurs ab und wusste bald nicht mehr, wo er sich befand. Er erblickte eine helle, leuchtende Kugel am Horizont und nahm Kurs auf sie. So kam er sicher an Land und folgte immer weiter dem Licht, welches ihn zu dieser Höhle führte. Im Inneren sah er einen Stein, der eine gewisse Ähnlichkeit mit der Statue von *KuanYin* (Boddhisatva der Barmherzigkeit) hatte; in Angedenken an die glückliche Rückkehr des Fischers verehrten die Einheimischen von da an die Höhle als „KuanYin-Höhle"; ⓘ 7.

PaiSha WeiWan
白沙尾彎

Die große Bucht an der Ostseite ist der bekannteste ***Schwimmstrand*** der Insel. Der Einstieg ins Meer (felsig) ist teilweise schwierig und die Sicherheitsposten in Rot verweisen auf stillere Fleckchen am Strand unterhalb des Leuchtturms.

HaiShui WenQuan
海水溫泉

Um zu dieser weltweit fast einmaligen Attraktion – einer heißen Salzwasserquelle – zu gelangen, nimmt man den Fußweg ganz im Südosten, knapp 1 km hinter dem LuTao KuoMin LuShe; ★ 9. Seit neuestem führt ein Sträßchen bis zu den Thermen mit Schwimmbad und Salzwasserquellen (220 NT$). Vom benachbarten Hügel hat man einen schönen Ausblick bis zum Festland und auf die Orchideeninsel (⇗).

KueiWan (Schildkrötenbucht)
龜彎

Die westlichen Ufer von LuTao eignen sich hervorragend zum ***Schnorcheln oder Tauchen,*** über 150 Arten an Korallenfischen sind hier anzutreffen. Wer die Wasserwelt trockenen Fußes bestaunen möchte, kann mit einem ***Glasbodenboot*** („Yellow Submarine") vom Hafen aus für 300 NT$ die Korallen anfahren. Dieselbe Gesellschaft betreibt ähnliche Boote auch auf der Insel HsiaoLiuChiu bei KaoHsiung (GaoXiong). Besonderer Gag: Auf Wunsch werden (gegen gewaltigen Aufpreis, versteht sich) Trauungen an Bord vorgenommen.

Unterkunft

露營區
- Mit Ausnahme der Siedlungen kann man überall ⌽***zelten*** – was aber während der Sommermonate wegen der Hitze nicht unbedingt erfrischend sein dürfte. Ausrüstung wird am Flugplatz verliehen: ca 400 NT$ pro Zelt und 100 NT$ pro Schlafsack, Platzgebühr ca. 350 NT$ (wird von der Informationsstelle am Flugplatz zugewiesen).

警廣宿舍
⌽***ChingKuang SuShe (Polizei-Hostel),*** NanLiao-Polizeistation, bietet DZ für 1800 NT$ – originell, sind aber nur erhältlich, wenn Kapazitäten frei sind.

凱新飯店
- Ebenfalls in NanLiao bietet das ⌽***KaiHsin FanTian,*** Tel. (089)-672033, DZ zu 3200 NT$, aber auch Dorm. zu 500 NT$/Person.

綠島渡假中心
- Das ⌽***LüTao TuChia ChungHsin,*** NanLiao, Tel. (089)-672243 hat DZ ab 2200 NT$ – direkt beim Flugplatz.

松榮飯店
- Recht teuer mit 2400 NT$ (DZ) und 9 Zimmern ist das ⌽***SungRung TaLushe,*** 42 NanLiaoLu, NanLiao Village, Tel. (089)-672515.

綠島國民旅舍
- Das auffällige ⌽***LuTao KuoMin LuShe (Grüne Insel Island Public Hostel),*** Haus Nummer 56 an der Südküste wurde aufgegeben und steht leer. Gegenüber liegt nun ein einfacher Campingplatz, für den Zelte bei der Verwaltung der Thermalquellen (⇗ HaiShui WenQuan) gemietet werden können.

Verpflegung/ Geldwechsel

- Kleine Geschäfte und Imbisslokale gibt es in den beiden Dörfern ChungLiao und NanLiao, auf Anmeldung werden Frühstück, Mittag- und Abendessen im LuTao KuoMin LuShe zubereitet.
- ***Achtung:*** Es gibt bislang noch ***keine Umtauschmöglichkeiten*** auf der Insel, genügend Bares mitbringen.

Tauchen

- Als Erster bietet ***Tony's Diving Club,*** Tel. (089)-672899, am KaiHsin-Hotel (NanLiao) geführte Tauchgänge (Bootstauchgang) für ca. 1500 NT$ pro Person (inkl. Ausrüstung) an. Vor allem an Wochenenden fahren organisierte Reisegruppen junger Leute zum Tauchen und Schnorcheln nach LuTao.

An-/Abreise

- ***Luftweg:*** nur von/nach ***TaiTung (TaiDong):*** *Mandarin-Airlines* fliegt 8x täglich für ca. 1600 NT$ (einfach). Für Gruppen können auch Direktflüge zwischen LuTao und ***LanYu*** organisiert werden, planmäßig existiert eine solche Verbindung allerdings nicht.
- ***Seeweg:*** von/nach ***TaiTung (TaiDong) über LanYu:*** Ab FuKang, dem außerhalb gelegenen Hafen von TaiTung, geht seit neuestem 8-x täglich eine Schnellfähre (ca. 45 Min. Überfahrt; s. TaiTung). Am Hafen kann man eine Kombination aus Hotel, Fähre und Moped ab 2000 NT$ pro Person buchen. Von FuKang nach TaiTung verlangen Taxis ca 500 NT$.
- ***Auf der Insel:*** Auf den (einen) ***Bus*** rund um die Insel (4x täglich) sollte man sich nicht verlassen, er wird an vielen Wochenenden den Tourgruppen zur Verfügung gestellt. ***Taxis*** kosten mindestens 1200 NT$ für eine Rundfahrt, allerdings hat man dann kaum etwas gesehen. ***Mopeds*** werden einem schon am Flughafen förmlich aufgedrängt und kosten rund 500 NT$/ Tag je nach Nachfrage. Zu Fuß lässt sich die Insel zwar umrunden, es bleibt aber nur dann ausreichend Zeit, wenn man den jeweils ersten und letzten Flug von/nach TaiTung erwischt.

蘭嶼

LanYu (LànYǔ, Orchideen-Inselchen)

Die 45 qkm große Insel liegt etwa 65 km südöstlich von TaiTung (TaiDong) und erhielt ihren Namen nach der in den Hügeln wachsenden (heute allerdings nur noch selten zu sehenden) Blume. Die Orchideeninsel ist vulkanischen Ursprungs und hat daher kaum Sandstrände, sie ist also für Strandliebhaber von nur geringem Interesse.

018t Foto: wl

Beschaulichkeit auf LanYu

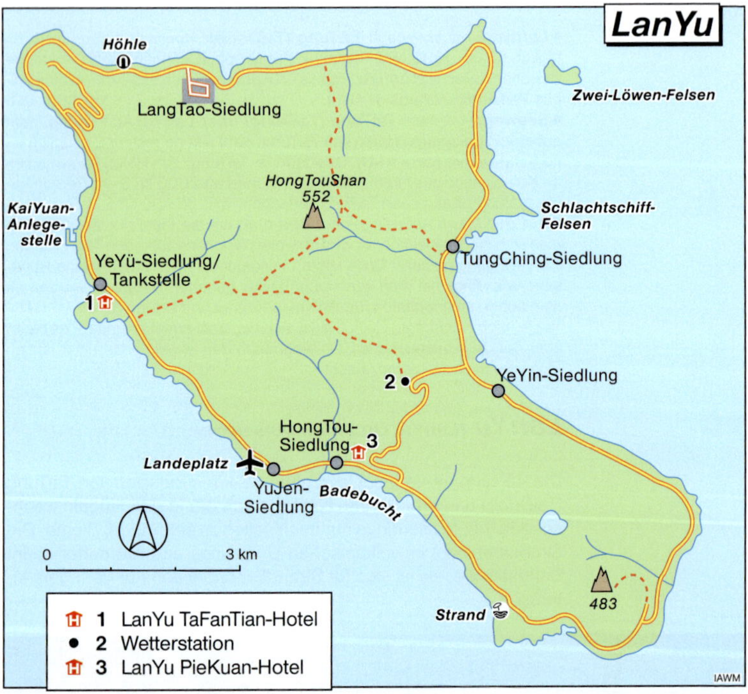

Der Hauptgrund für einen Abstecher nach LanYu liegt eher bei der dortigen Bevölkerung, den etwa 3000 Nachfahren der ***Yami,*** des kleinsten Stammes taiwanesischer Ureinwohner. Ethnologen zählen die Yami zum australo-polynesischen Kulturkreis und nicht zum südchinesischen, wie die anderen Ureinwohner-Stämme TaiWans. Die ursprüngliche Lebensform der Yami lässt darauf schließen, dass hier auf LanYu die nördlichsten Ureinwohner der Südsee ihre Heimat hatten bzw. haben. Die Yami sind matrilinear organisiert, Paare ziehen also nach der Heirat zur Familie der Frau und übernehmen deren Namen. Ihre Unterkünfte bauten sie halb unter der Erdoberfläche - ein wirksamer Schutz gegen Witterung und Taifune. Heute wird ihnen von der R.o.C. moderner Wohnraum zur Verfügung gestellt, der die alten Lebensweisen mehr und mehr verdrängt; in zwei der fünf kleinen Siedlungen auf LanYu (LangTao und YeYin) sind die traditionellen Sous-Terrain-Bauten aber immer noch vorherrschend. Die offenen, größeren Versammlungspavillons werden nur bei gutem Wetter als eine Art Freiluftwohnzimmer genutzt, so wie man es von den Palaverbauten anderer Länder Südostasiens kennt. Die Yami sind besonders wegen ihrer Einbaum-Kanus berühmt, die sie mit einfachsten Werkzeugen herstellen und im April mit einer farbenprächtigen Zeremonie einweihen und zu Wasser lassen. Sie leben hauptsächlich von auf der Insel angebauten Süßkartoffeln und Tarowurzeln. Eine weitere Spezialität auf dem Speisezettel der Yami sind die fliegenden Fische, die nach der Bootsweihe in großen Schwärmen vor LanYu auftauchen.

Es waren die Japaner, die während der 50-jährigen Besatzungszeit LanYu unter besonderen Schutz zur Bewahrung der Traditionen der Ureinwohner stellten; heute verlieren die Yami durch die Nähe zum hochentwickelten taiwanesischen Festland sowie durch den Übereifer christlicher Missionare (es gibt zwei Kirchen auf der Insel) mehr und mehr ihre Ursprünglichkeit. Mit der Kirche kamen Schulen, dann Fernseher - und somit Konsumwünsche. Die jüngeren Yami halten nicht mehr viel von traditioneller Kleidung (Wickelröcke bzw. Stickkleider), sie sprechen chinesisch anstatt des Yami-Dialektes und wollen möglichst rasch eine moderne Gesellschaft auf LanYu errichten.

Strand

Einigermaßen gut schwimmen kann man nur in der Bucht zwischen der Landepiste und dem LanYu-Hotel. Ansonsten ist die Küste durch das schwarze Vulkangestein zwar äußerst reizvoll, aber zum Schwimmen nahezu ungeeignet.

HongTouShan
紅頭山

Die höchste Erhebung auf LanYu ist der ***Rotkopfberg*** (552 m), sogenannt, da er bei Sonnenuntergang glutrot scheint. Rund um die Insel führen sternförmig fünf Wege hinauf, der kürzeste (4 km) kommt von Osten, der landschaftlich reizvollste beginnt 1 km südlich des LanYuTaFanTian-Hotel (7 km); man kann sich nicht verlaufen, alle Wege treffen sich rund um den Berg.

Felsen

Vor der Nordostküste liegen einige Gesteinsformationen, denen nach guter alter chinesisch-taiwanesischer Tradition Namen wie ***Zwei-Löwen-Felsen*** oder ***Schlachtschiff-Felsen*** verliehen wurden. Wer nicht mit dem Moped unterwegs ist, sollte seine Zeit eher für die Besichtigung eines Yami-Dorfes nutzen oder den HongTouShan besteigen.

Unterkunft

LanYu ist als ein „wildes Abenteuer" bei den Taiwanern als Wochenendausflug so beliebt, dass die beiden Airlines mittlerweile gleich eigene Hotels eröffnet haben:

蘭嶼大飯店
中 ***LanYu TaFanTian (Orchid Hotel),*** Tel. (089)-732032,
KaiYuan, mit DZ ab 2500 NT$.

蘭嶼別觀
中 ***LanYu PieKuan (LanYu Hotel),*** Tel. (089)-732111,
Reservierung in TaiTung (TaiDong) unter 089-326111, DZ ab 2400 NT$.

Beide Hotels haben Dorm-Betten zu (je nach Saison) 500–600 NT$; Zelten ist außerhalb der Siedlungen und Hotelanlagen problemlos möglich.

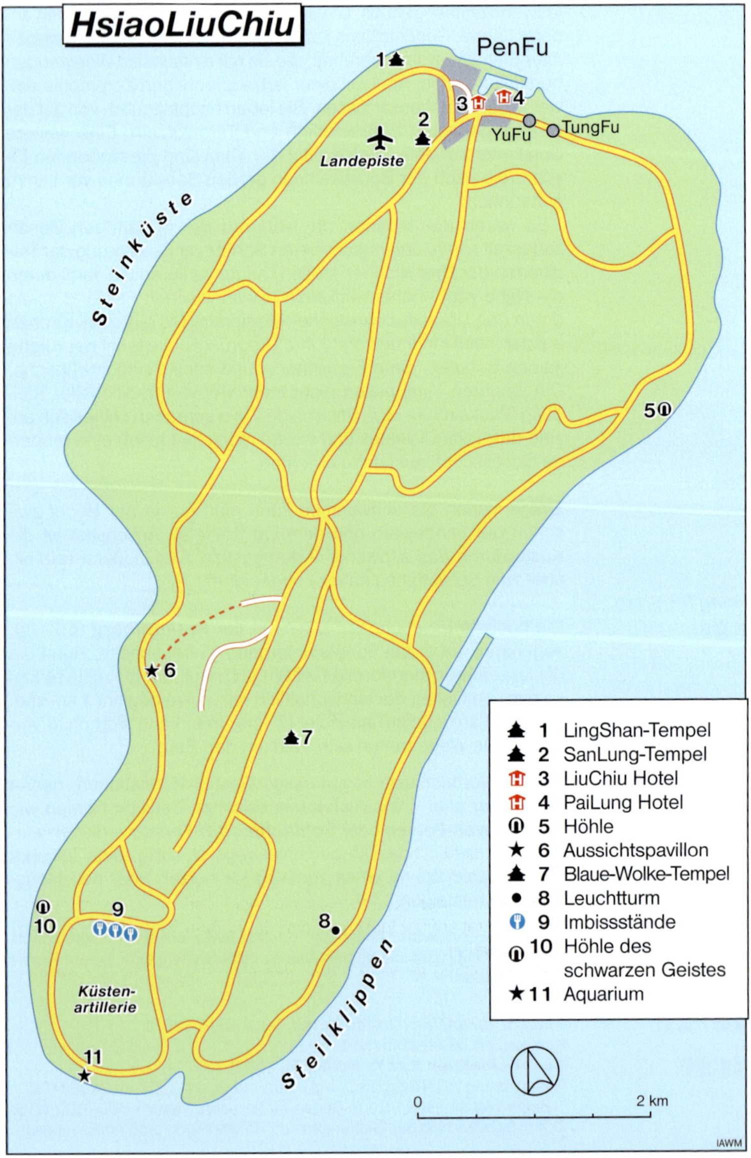
HsiaoLiuChiu
PenFu
1
2
3
4
YuFu
TungFu
Landepiste
Steinküste
5
6
7
8
9
10
11
Küsten-
artillerie
Steilklippen
1 LingShan-Tempel
2 SanLung-Tempel
3 LiuChiu Hotel
4 PaiLung Hotel
5 Höhle
6 Aussichtspavillon
7 Blaue-Wolke-Tempel
8 Leuchtturm
9 Imbissstände
10 Höhle des schwarzen Geistes
11 Aquarium
0
2 km
IAWM

Essen und Trinken

Beide Hotels bieten ein (mäßiges) Restaurant (ca. 300 NT$/Hauptmahlzeit) an, ansonsten kann man sich mit Fertigsuppen und Snacks, die in den Siedlungen erhältlich sind, über Wasser halten.

Tauchen

Tauchsportler finden inzwischen einen kleinen ***Ausrüstungsverleih*** in der YeYü-Siedlung, dort ist auch die ***Tankstelle*** der Insel zu finden.

An-/Abreise

- ***Luftweg:*** Wie auch bei LuTao ist ein Flug nur von/nach ***TaiTung (TaiDong)*** möglich. *Mandarin Airlines* fliegt offiziell 6 x täglich, inoffiziell je nach Bedarf. Einfacher Flugpreis von/nach TaiTung (TaiDong) 1500 NT$. Fliegen ist unbedingt empfehlenswert, da die Schiffsfahrpläne in TaiTung/TungKang stark wetterabhängig sind. Flüge zwischen LanYu und ***LuTao*** gibt es nur für Gruppen auf Anfrage bei den beiden Gesellschaften.
- ***Seeweg:*** von/nach TaiTung: Es gilt gleiches wie bei LuTao (⇗), die Boote von TaiTung (s. dort) legen unregelmäßig etwa alle zwei Tage im Hafen von LuTao an, entladen und fahren nach LanYu weiter. Wer Zeit hat, sollte nach LanYu fliegen und zurück das Boot nehmen – man kann es schon mindestens eine Stunde vor der Ankunft erkennen, das Entladen dauert nochmals 1–1½ Stunden, sodass man genügend Zeit hat, zum Hafen zu gehen.
- ***Auf der Insel:*** *MaKung-* und *Formosa-Airlines* bieten kostenlosen Transfer mit einem ***Airport-Bus*** zu den von ihnen betriebenen Hotels an (*Formosa* – LanYu PieKuan, *MaKung* – LanYu TaFanTian). Der öffentliche ***Bus*** fährt nur viermal täglich um die Insel zu den einzelnen Siedlungen; eine ganze Umrundung summiert sich (mit Stops) auf rund 300 NT$ und kostet vor allem sehr viel Zeit und Geduld. Vom Airport oder Hafen zu einem der Hotels (selbst zum nahegelegenen LanYu-Hotel) kostet das ***Taxi*** 300 NT$, der Mietpreis für einen halben Tag beträgt 2500 NT$. Das ***Moped*** ist die beste Möglichkeit, LanYu ausgiebig zu erkunden. Beide Hotels bieten Mopeds ab 600 NT$ pro Tag an.

小琉球嶼

HsiaoLiuChiu (XiǎoLiúQiú, Kleine-glasierte-Kugel)

Die kleine Insel LiuChiu misst etwa 33 qkm und liegt rund 25 km südöstlich von KaoHsiung (GaoXiong) in der Straße von TaiWan. Sie stellt für die Städter ein wichtiges Naherholungsgebiet dar und ist dementsprechend an Wochenenden und Feiertagen gut besucht. War früher die Fischerei die wesentliche Lebensgrundlage der Insulaner, so hat heute der inländische Tourismus die erste Stelle eingenommen. Nach HsiaoLiuChiu kann man als Einzelreisender entweder eine Tagestour unternehmen, wobei man dann aber nur ca. vier Stunden auf der Insel Zeit hat, oder aber man übernachtet auf der Insel und fährt dann über TungKang nach Süd-TaiWan weiter.

HsiaoLiuChiu ist zwar klein, dennoch kann man sich überraschenderweise leicht verfransen. Die meisten Sehenswürdigkeiten liegen an der Nordseite, es empfiehlt sich daher ein Rundgang/-fahrt gegen den Uhrzeigersinn vom Hafen aus nach Norden, um möglichst viel zu sehen. Von der Anlegestelle geht man erst am Hotel PaiLung vorbei, dann links bis zur Hauptkreuzung der Insel in der Siedlung ***PenFu*** (250 m ab Fähre). Hier führt die rechte Straße (MinShengLu) am LiuChiu-Hotel vorbei, wo sie sich teilt. Gleich hinter dem Hotel biegt man scharf rechts ab (das Hinweisschild ist erst später sichtbar) den Hügel hinauf, wo der Ling-Shan-Tempel zu sehen ist. Vor den Statuen von *SunYatSen* und *ChiangKaiShek* führt diese Straße (links) die hübsche Nordküste entlang, vorbei am „Airport" bis zur Kreuzung, von der rechts ab ein Sträßchen zur „Höhle der schönen Menschen" führt.

Von dieser Kreuzung drei km geradeaus gelangt man zur „Höhle des schwarzen Geistes" (beide Höhlen kosten 40 NT$ Eintritt). Eigentlich sind diese ***Höhlen*** keine echten Höhlen, sondern nett angelegte kleine Pfade quer durch die natürlichen Meeresauswaschungen im Fels.

Anschließend umrundet man die Südspitze, die taiwanesische Küstenartillerie links liegen lassend, hinunter zu einer kleinen Siedlung mit einem ***Seewasseraquarium*** (100 NT$, nicht sehr viel zu sehen). Die Route führt weiter an mehreren, an die Bretagne erinnernden Klippen vorbei nach Norden, wo sie über YuFuTsun und TungFuTsun als SanMinLu wieder auf PenFu trifft.

Biegt man in PenFu hinter dem LiuChiu-Hotel nicht rechts ab, so kommt man am Ortsausgang zum kleinen daoistischen ***San-LungTang-Tempel.*** Nach 3 km trifft sie an einem Aussichtspavillon auf die Straße der Nordküste.

Am Pier können Rundfahrten (NT$ 300/Pers.) in einer Art U-Boot (zumindest die Bullaugen sind unter Wasser) zu den wenigen verbliebenen ***Korallenstöcken*** gebucht werden.

Unterkunft

Etwa fünf Hotels liegen in Hafennähe, Tipps siehe auf der Karte.

An-/Abreise

• ***Seeweg:*** Von KaoHsiung (GaoXiong) aus besteht keine Fährverbindung, sondern nur von den Häfen ***TungKang*** und ***LinYuan*** aus. Man fährt ent-

036t Foto: wl

Der Hafen von HsiaoLiuChiu

weder mit einem Nahverkehrsbus nach LinYuan bzw. (besser) TungKang (DongGang) und nimmt dort die Schnellboot-Fähre (450 NT$ für die Rückfahrt, 40 Minuten einfach). Ab KaoHsiung empfiehlt sich die Bahnfahrt bis PingTung und dort der Bus nach TungKang-Pier (schneller als der Bus von KaoHsiung).

- ***Luftweg:*** HsiaoLiuChiu verfügt zwar über eine als „Airport" ausgewiesene Landebahn, diese dient jedoch ausschließlich als Ausweichpiste des Fliegerhorstes bei KaoHsiung (GaoXiong) und für Ministerialbeamte. Eine zivile Luftverbindung besteht derzeit nicht.
- ***Auf der Insel:*** Wer über Nacht bleibt, kann alles gut ***zu Fuß*** erreichen, eine Inselumrundung ist ca. 15 km lang.

Bei Tagestouren ist dagegen ein ***Moped*** empfehlenswert, da man in der Regel mit der 10.00-Uhr-Fähre um 11.00 Uhr ankommt und bis zur letzten Fähre (Abfahrt 18.00 Uhr) nur knapp 7 Stunden zur Verfügung hat - mit einem Moped kann man dann mehr von der Insel sehen. Mopeds werden bei der Ankunft am Hafen von den Einheimischen angeboten oder sind gegenüber vom LiuChiu TaFanTien erhältlich.

澎湖

PengHu/Pescadoren *(PéngHú, Brausende See)*

Das PengHu-Archipel wurde aufgrund seiner zentralen Lage zwischen China und TaiWan von den europäischen Seemächten des 16. und 17. Jahrhunderts als Sprungbrett benutzt. Es besteht aus 64 teilweise unbewohnten Inseln mit einer Gesamtfläche von ca. 110 qkm. Da vulkanischen Ursprungs, bestehen alle Inseln aus Basalt und ragen nur wenig mehr als 20 Meter aus der See empor. Die zahlreichen vorgelagerten Korallenriffs sind die Heimat einer Vielfalt von Fischen und Korallenstöcken. Der wenig fruchtbare Boden und das trockene, heiße Klima lassen wenig mehr als Erdnuss-, Melonen- und Süßkartoffelanbau auf den Inseln zu. Die Felder werden von künstlich aufgeschichteten Steinwällen zum Schutz gegen Verwehungen umgeben. Aus demselben Grund leben auch heute noch viele Einwohner der „Pescadores" - so von den Portugiesen wegen der Fischvielfalt genannt - vom Fischfang. Allerdings stellen mittlerweile taiwanesische Touristen die größere Einnahmequelle dar. Interessant sind die Monate Oktober bis März, wenn zahllose Delfinschulen nach ShaKang auf PengHuTao kommen; ihnen zu Ehren sind die Straßenschilder in MaKung alle in Form eines Delfins gestaltet.

Die traditionelle ***Fischerei*** auf PengHu kennt fünf Fangarten:

Am exotischsten sind die sogenannten ***Stein-Fischfallen,*** die man sehr gut beim Anflug nach MaKung in Ufernähe sehen kann. Die Fischer errichteten Steinwälle bei Ebbe im Meer, bei Flut schwimmen Fische in diese „Steinpools" hinein und können bei erneuter Ebbe eingefangen werden.

Beim ***Stock-Netz-Fischen*** wird ein Netz zwischen zwei Bambuspfählen im Meer gespannt, bei Flut schwimmen die Fische vorbei und bleiben bei Rückgang der Flut im Netz hängen.

Beim ***Nachtfischen*** werden auf See Laternen auf dem Boot aufgehängt, was zahllose Fische anlockt.

Bei einer ***kombinierten See-Land-Fangart*** halten ca. 30 Menschen ein Ende eines langen Netzes, ein Boot fährt in großem Bogen hinaus, wirft dabei langsam das Netz aus und reicht dann das andere Ende Hunderte von Metern entfernt einer zweiten Gruppe; dann wird von beiden Gruppen langsam eingezogen.

Schließlich ist natürlich das ***Hochseefischen*** weit verbreitet, neben vielen anderen Fischarten werden vor allem Ruderfisch und Seehecht gefischt.

Außer den hierher gebrachten Rindern auf natürlichen, kärglichen Freilandweiden wird der Besucher vor allem den Reichtum an Vogelarten bewundern können, PengHu gilt nicht umsonst als ***Vogelparadies*** TaiWans.

Da PengHu früher als TaiWan von China aus besiedelt wurde, finden sich auch hier einige bedeutende ***historische Monumente*** wie das HsiYu-Fort oder der MaTzu-Tempel in MaKung. Nahezu jedes Fischerdorf hat seinen eigenen MaTzu-Tempel, doch sind dieses überwiegend neuere Bauten.

PengHu ist der einzige administrativ selbstständige Inselbezirk TaiWans. TaiBei ist weit, die Menschen und die Inseln sind anders als die „Hauptinsel“ - ein wenig mehr südostasiatisch.

Die insgesamt ca. 100.000 Einwohner - von denen rund 60.000 im Hauptort MaKung leben - haben sich für die ***weitere Entwicklung*** einiges vorgenommen: PengHu soll in den kommenden Jahren touristisch ausgebaut und weiter erschlossen werden, der Bus- und Fährverkehr erweitert, neue Hotels gebaut, Yachthäfen errichtet, und sogar ein „Wasserwelt-Öko-Park“ bei ShaKang ist bereits projektiert. Werden alle Projekte realisiert, kann PengHu zum „Gran Canaria“ TaiWans werden.

Beste Jahreszeit für einen Besuch auf PengHu sind die Monate Mai bis September, wenn sich kristallklares, flaches Wasser und strahlend blauer Himmel bei tropischen Temperaturen von ihrer besten Seite zeigen. In den Wintermonaten ist es trübe, trist und vor allem sehr windig, allerdings kommen zu dieser Zeit auch die Delfine.

Aktuelle Vorabinformationen bieten die offiziellen Webseiten http://tour.penghu.gov.tw/English/index.asp, www.penghu.gov.tw/eng/02other/07RSS.asp und www.phhg.gov.tw/english/intro/intro.htm.

馬公

PengHuTao (Brausende-See-Insel)

MaKung (MǎGōng)

馬公

Eine brodelnde Metropole darf man bei MaKung nicht erwarten. Die ***Hauptstadt des PengHu-Archipels*** mit ihren knapp 60.000 Einwohnern nimmt zwar alle administrativen und politischen Aufgaben einer Provinzhauptstadt wahr, hat sich aber viel von seiner Ursprünglichkeit bewahrt. Im Gegensatz zu nahezu allen Verwal-

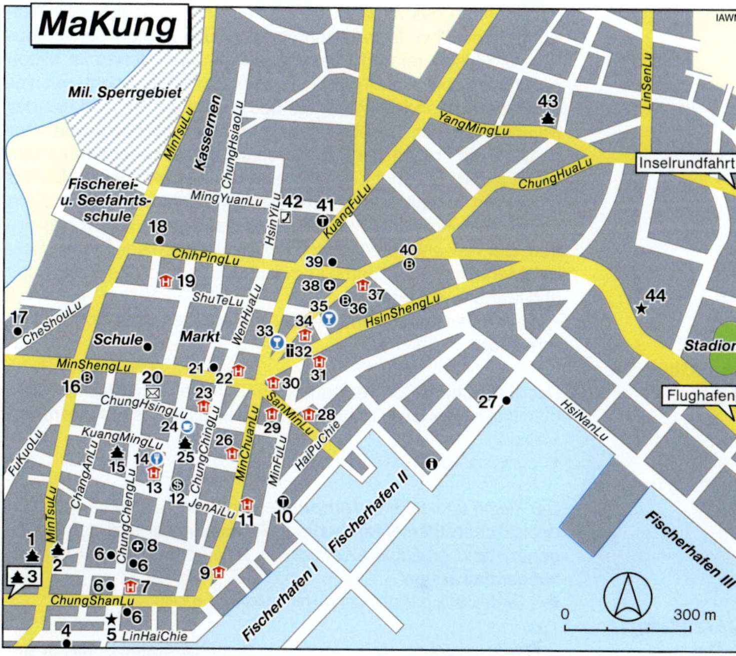

- 1 YinYang-Tempel
- 2 MaTzu-Tempel
- 3 NanHai-Tempel
- 4 Passagierhafen
- 5 CKS-Statue
- 6 Mopedverleih
- 7 ChangChun und PaoHua Hotels
- 8 Spital
- 9 HeTien Hotel
- 10 Tankstelle
- 11 PengHu Hotel
- 12 Bank of Taiwan
- 13 SiHai Hotel
- 14 chin. Fast-Food Rest.
- 15 PeiChen Tempel
- 16 Busbahnhof
- 17 Youth Activity Centre
- 18 Polizei/Visaangelegenheiten
- 19 ChiaoShi HuiKuan (Lehrerherberge)
- 20 Post
- 21 Mopedverleih
- 22 ErHsin (Seal Grand) Hotel
- 23 YouChi Hotel
- 24 Café
- 25 ChengHuang-Tempel
- 26 LanTien & HsinYi Hotels
- 27 Fischmarkt
- 28 HungAn Hotel
- 29 FuKuo Hotel
- 30 TungHai Hotel
- 31 PengHu Royal Hotel
- 32 Kirche
- 33 Kneipe („no women"!)
- 34 ChuTang & ChiTe Hotels
- 35 Pub
- 36 Bushaltestelle
- 37 ShengKuo Hotel
- 38 HuiMen Spital
- 39 Moped- & PKW-Verleih
- 40 Bushaltestelle
- 41 Tankstelle
- 42 nation. Telefongesellschaft
- 43 WuSheng-Tempel
- 44 Märtyrerschrein

tungszentren des taiwanesischen Festlandes sucht man in MaKung Spielhöllen, Unterhaltungszentren und Kaufhäuser vergeblich. Die Fischerei und Seefahrt standen und stehen im Mittelpunkt des Lebens der Insulaner, dementsprechend sieht man hier auch gänzlich andere Werte als bedeutsam an. So sind hier der Kampf gegen die Gezeiten, Sorge um die Fischpopulation oder ganz banale Fragen wie Trinkwassersicherung in der Trockenzeit wichtiger als die Errichtung des nächsten Karaoke-Shops. Mit der modernen Technik und Kommunikation ändern sich freilich auch hier in MaKung - vor allem bei der Jugend - die Wertvorstellungen. Der Reisende wird jedoch krasse Unterschiede in Mentalität der Menschen und Stadtbild zwischen Städten des Festlandes und MaKung erkennen.

Die meisten Tempel und Sehenswürdigkeiten sind leicht zu Fuß erreichbar.

ShunChengMen
順承門

Das ShunCheng-Tor, restauriert 1972, ähnelt einer kleinen Festung und ist das letzte erhaltene der ehemals sechs ***Stadttore*** von MaKung.

●ChungShanLu/Ecke FuKuoLu.

YinYangTang
陰陽當

Der kleine und seltene ***Tempel*** der Yin-Yang-Schule ist stark von daoistischen Elementen geprägt. Am Hauptaltar sitzt der von eigener Hand erhängte General *Fan,* zu erkennen an der heraushängenden Zunge.

▲ 1 (Seite 531); 8 MinTzuLu, kleine Seitenstraße links.

MaTzuKung
媽組宮

Errichtet im Jahre 1592, ist dieser der Meeresgöttin *MaTzu* geweihte Komplex mit der offiziellen Bezeichnung TianHouKung der ***älteste Tempel ganz TaiWans.*** Ursprünglich kamen Seeleute und Fischer hierher, um den Schutz der Göttin *MaTzu* zu erbitten. Berühmt ist die überlappende Dachkonstruktion aus der Ching-Zeit. Die antiken Holztore zum Hauptschrein, die in hölzernen Angeln hängen, sind ebenso gut erhalten wie die geschnitzten Deckenverzierungen. Zu beachten sind die tragenden Säulen, die jeweils zur Hälfte aus Mörtel und Original-Holz bestehen. Die prunkvoll gewandete Meeresgöttin thront im Zentrum vor einem schwarz-weißen Drachengemälde.

▲ 2 (Seite 531); MinTzuLu, schräg gegenüber vom Eingangspfahl des YinYangTang.

NanHaiTang
南海當

Der überwiegend von Fischern und Seeleuten besuchte ***Tempel*** besteht aus einer Vorhalle mit Holzaltar zur Opferdarbietung, der Hauptschrein ist dreigeteilt mit dem Schutzgott der Südmeere in der Mitte. Alle Figuren sind prunkvoll gekleidet; beachtenswert ist außerdem eine 3 m lange ***Dschunke.***

▲ 3 (Seite 531); ChungShanLu, 25 m vor dem neuen Westtor.

PeiChenKung
北辰宮

Dieser zweistöckige, sehr geräumige ***Tempelkomplex*** beherbergt im gesamten Erdgeschoss, welches durch nur ein Haupttor betreten wird, lediglich einen winzigen Schrein mit dem Gott der Weisheit. Der eigentliche Hauptaltar, zu dem ein typisches dreigeteiltes Tor mit gesperrter Mitte hineinführt, liegt im oberen Stock. Zentralfigur des hier oben farbig ausgestalteten Saales ist der für die nördlichen Regionen zuständige Gott *Chen*. Die Dschunke auf der linken Seite verdeutlicht die zentrale Bedeutung der See im Zusammenhang mit den Glaubensritualen der Fischer.

▲ 15 (Seite 531); 53 ChungChengLu.

ChengHuangTang
成隍廟

Am Eingang rechts weisen die Generäle *Fan* und *Hsie* auf den daoistischen Einfluss dieses Tempels hin, der dem legendären Stadtgott *Cheng* (Zentralfigur) gewidmet ist.

▲ 25 (Seite 531); 20 KuangMingLu.

Kulturhalle

Für manchen Besucher mag auch die Stadt- und Kulturhalle mit Aufführungen, Ausstellungen u.a. interessant sein. Hier ist auch das ***ozeanografische Museum*** sowie das ***Science Museum*** zu finden. Beide liegen an der 230 ChungHuaLu.

Fischmarkt

Ein Erlebnis ganz anderer Art ist ein Besuch des Fischmarktes am Hafen. Er erwacht erst richtig, wenn die Fischer ihren Fang eingefahren haben und ihn feilbieten (tgl. 5.00–10.00 Uhr).

Andere Orte auf PengHuTao, der Hauptinsel, sind am zweckmäßigsten per ***Moped*** zu erreichen, obgleich auch ein unregelmäßiger Busverkehr vom MaKung-Bbhf. zu allen Orten der vier verbundenen Inseln besteht.

Falls die Inseln in einem Tag besichtigt werden sollen, vergehen die fünf Stunden mit einer 50er sehr schnell, wenn man alles einmal gesehen haben möchte. Daher einige Erläuterungen zum ***Straßennetz:*** Aus MaKung heraus muss man die ChungHuaLu nehmen und dieser bis zu einer Gabelung am Ortsende folgen. Rechts führt die N-4 südlich des Airport vorbei nach LungMen; nach ca. 3 km biegt rechts die N-1 nach FengKuei ab. Schräg links von der erstgenannten Gabelung führt die N-2 immer geradeaus nördlich des Airport entlang bis LungMen. Ebenfalls links, und somit die ersten 2 km gemeinsam mit der N-2, verläuft die wichtigste Straße, die N-3, die über PaiShaTao nach HsiTai auf HsiYu führt. 2 km nach der MaKung-Gabelung trennen sich N-2 und N-3 an einer Ampel (N-3 scharf links).

FengKuei
鳳櫃洞

Am westlichen Ende der N-1 liegt das kleine Dorf FengKuei mit der ***FengKuei-Höhle,*** einem beliebten Ausflugsziel einheimischer

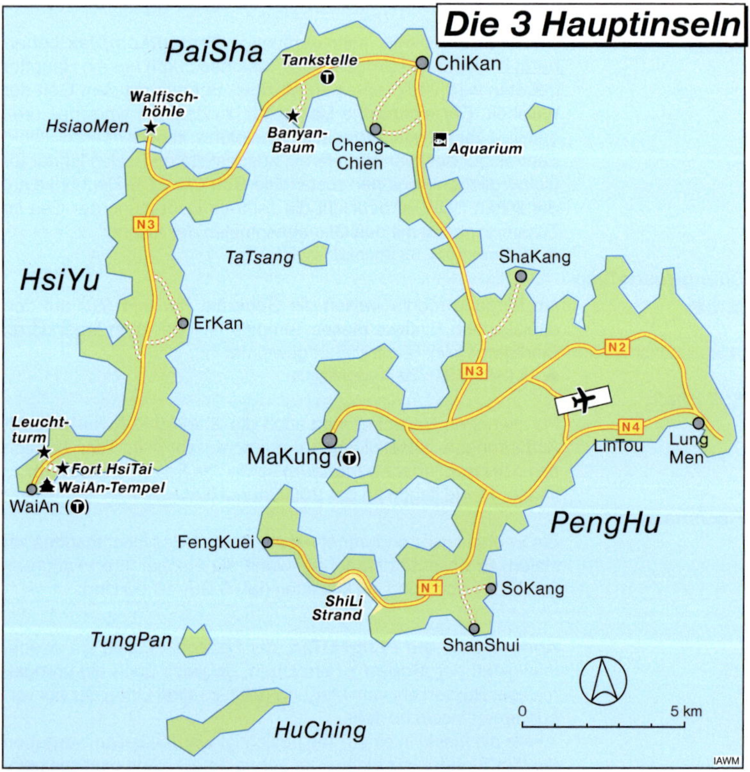
Die 3 Hauptinseln
PaiSha
Tankstelle
ChiKan
Walfisch-
höhle
HsiaoMen
Banyan-
Baum
Cheng-
Chien
Aquarium
N3
TaTsang
ShaKang
HsiYu
ErKan
N2
N3
Leucht-
turm
Fort HsiTai
WaiAn-Tempel
WaiAn
MaKung
N4
LinTou
Lung
Men
PengHu
FengKuei
N1
SoKang
ShiLi
Strand
ShanShui
TungPan
HuChing
0
5 km
IAWM

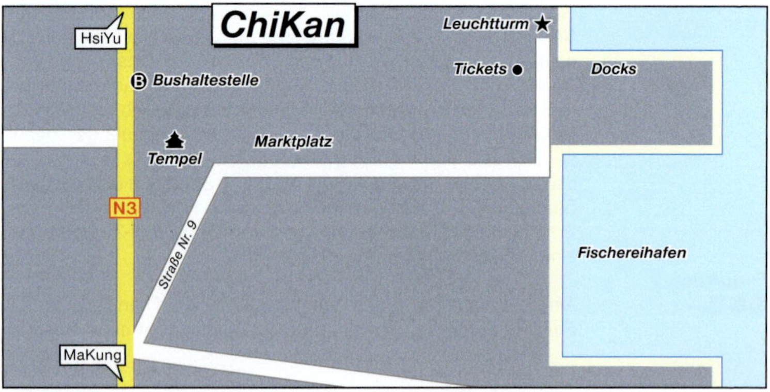
ChiKan
HsiYu
Bushaltestelle
Leuchtturm
Tickets
Docks
Tempel
Marktplatz
N3
Straße Nr. 9
Fischereihafen
MaKung

Touristen. Die Küstenspitze besteht aus purem Basalt, der von den Wellen pittoresk ausgehöhlt wurde. Bei starkem Wind entstehen Luftwirbel durch nach oben offene Kamine, daher der Name für FengKuei, „Wind-Kabinett". Von der N-1 führt links ein Hinweisschild (englisch) zu den Klippen.

ShiLi Beach
蒔裡海水浴場

2 km vor FengKuei liegt linker Hand eine kleine, unauffällige, völlig leere Bucht. Einzige Spuren menschlicher „Baukunst" sind die Anlandesperren der Marineinfanterie in Form riesiger spanischer Reiter auf der linken Seite. Das Wasser ist flach und kristallklar, schwimmt man um die Bucht Richtung FengKuei, kann man auch gut schnorcheln. Offiziell hält hier kein Bus - es hängt vom Fahrer ab, ob er auf Anfrage eine Ausnahme macht.

ShanShui Beach
山水海水浴場

Noch ruhiger, da etwas ab von der Hauptstraße, ist der Strand von ShanShui. Ungefähr 3,5 km nach der Gabelung N-4/N-1 geht von der N-1 links die „26" ab, die zum Strand führt.

Auch zum ***Hafen von SoKang*** (einer der Fährhäfen der Pescadoren) folgt man hier zunächst der „26", nach ein paar hundert Metern dann der „27".

LinTou Beach-Park
林投公園

Etwa einen Kilometer hinter dem Flughafen auf der rechten Seite an der N-4 Richtung LungMen liegt ein sehr gepflegter, künstlich angelegter ***Strandpark*** mit einer Miniaturausgabe der Chiang-KaiShek-Gedächtnishalle (TaiBei). Der Park ist ideal für Kinder; Eintritt 100 NT$. Weiter Richtung LungMen führt die „19" zur N-2 nach HuHsi (SeeWest), wo sich eine der wenigen Tankstellen befindet.

Information

- Der neue Schalter der Touristeninformation liegt in ***MaKung*** zentral an der Ecke 2./3. Fischerpier; Tel. (06)-9264738. Neben englischsprachigen Informationen können hier auch Fährtickets zum „Festland" wie auch zu anderen Inseln organisiert werden.

Unterkunft

Auf den Pescadoren mangelt es nicht an Unterkünften, nicht zuletzt da die Regionalverwaltung einen ehrgeizigen Plan zur Entwicklung der Inseln und des Tourismus aufgestellt hat. Offiziell soll es dann allein in MaKung etwa 40 Hotels geben, zuzüglich derer auf ChiPei, WangAn, ChiMei, YuanPei, TaTsang und Niao-Islet. Auch Camping ist erlaubt, im Sommer allerdings höchst schweißtreibend, da die Hitze auch nachts kaum nachlässt. Beim Besuch der vorgelagerten Inseln werden dem Besucher von o.g. Fährunternehmen beim Ticketkauf die aktuellen Unterkünfte angeboten; die Preise auf vorgelagerten Inseln variieren zwischen 1000 und 2000 NT$/ DZ.

In MaKung befinden sich die meisten Quartiere in Gehnähe zum Hafen:

青年活動中心

中 ***ChingNian HuoTung ChungHsin €-€€€ (PengHu Youth Activity Center),*** (ist schon ab der Ausfallstraße ChungHuaLu zweisprachig ausgeschildert), 11 ChieShouLu (Tel. 06-9271124, Fax 9274565, http://penghu.cyh.org.tw/eng/), 6-er Zimmer zu 450 NT$/Pers., DZ ab 3200 NT$, sehr attraktiv und direkt am Meer gelegen. Gleich nebenan ist ein größerer Spielplatz. 50 % Ermäßigung außerhalb des Sommers mögl.

教師會館 ⊕***ChiaoShi HuiKuan*** €-€€, 38 ShuDeLu (Tel. 06-9273692), 3-er Zi. 1000 NT$, DZ 1400 NT$. Traveller-Treff mit dazugehörendem Flair. Erkennungspunkt ist ein roter Rundbogen vor dem Gebäude. Spartanisch, aber sauber.

Hinzu kommen in der günstigen Preisklasse noch einige halb-legale Privathotels, alle sehr einfach und nur für den Notfall zu empfehlen:

中美旅舍 ⊕***Chung Mei LuShe*** €, 18 ChungHsingLu, Tel. (06)-9272560, DZ ab 650 NT$. Sehr einfach, aber erträglich.

昇平旅舍 ⊕***ShengPing LuShe*** €, 5 RenAiLu, FuTeHsiang, Tel. (06)-9272047, DZ zu 750 NT$.

中央旅舍 ⊕***ChungYang LuShe*** €, 35 ChungYangChie, Tel. (06)-9272046, DZ 600 NT$ – nur für Hartgesottene.

有志大旅舍 ⊕***YouChi TaLüShe*** €€, 22 ZhongXingLu, Tel. (06)-9272151; liegt in der Stadtmitte, ruhige Zimmer mit A/C und TV ab 900 NT$.

宏安大旅舍 ⊕***HungAn TaLüShe*** €€, 16 SanMinLu, Tel. (06)-9273832; zentral, A/C, Zimmer o.k., ab 850 NT$.

富國大旅舍 ⊕***FuKuo TaLüShe*** €€, 31 SanMinLu, Tel. (06)-9273861; ebenfalls zentral, A/C und fan, TV, etwas älter, ca. 1100 NT$/DZ.

東海旅舍 ⊕***TungHai LüShe*** €€, 38 SanMinLu, Tel. (06)-9272367, untere Mittelklasse, zentral, 800–1200 NT$.

Alle folgenden Hotels mit TV und Kühlschrank:

四海大飯店 ⊕***SiHai TaFanTien (Four Seas)*** €€-€€€, 3 QianGuoLu, Tel. (06)-9272960, Fax 9275190; sehr zentral, daher etwas laut, von 1400 bis 2500 NT$.

玉堂大飯店 ⊕***YuTang TaFanTien*** €€, 33 ZhongHuaLu, Tel. (06)-9278155, Fax 927 6267; ruhige, helle Zimmer zu 1600–2000 NT$.

旅德大飯館 ⊕***LuTe TaFanKuan*** €€, 22 ZhongHuaLu, Tel. (06)-9278802-4; neu und gut.

新劵大飯店 ⊕***HsinXuan TaFanTien*** €€, 1 GuanMingLu, Tel. (06)-9276584; sehr modern.

藍天大飯店 ⊕***LanTienTaFanTien*** €€, 3 GuanMingLu, Tel. 9265231, Fax 9275230, direkt nebenan. Beide erstklassig, nehmen sich aber Licht weg und sind daher relativ preiswert bei DZ ab 1800 NT$.

長春大飯店 ⊕***ChangChun TaFanTian*** €€, 8 ChungChengLu, Tel. (06)-9273236, Fax 9262112, www.everspring-hotel.com.tw; liegt praktisch am Pier, Zimmer stehen dem PaoHua kaum nach, DZ ab 2600 NT$.

澎湖大飯店 ⊕***PengHuTaFanTien*** €€, MinChuanLu/Ecke RenAiLu, Tel. (06)-9272136; nahe beim Fischereihafen, gemütliche Zimmer.

寶華大飯店 ⊕***PaoHua TaFanTien*** €€€, 2 ZhongChengLu, Tel. (06)-9274881, Fax 9274889; stilvolleres, modernes Hotel der Stadt mit Cafeteria, Restaurant, Bar, Airport-Transport und DZ ab 3800 NT$ bei 20 % Rabatt wochentags.

天仁主大飯店 ⊕***TianRenChu TaFanTien*** €€€, 96 TungChiLi, Tel. (06)-9214250; das PaoHua bietet mehr für den Preis, DZ schon ab 1750 NT$.

瑞富大飯店 ⊕***RuiFu (JuiHsin) TaFanTien*** €€€, 33. Str., 64 HsinShengLu, Tel. (06)-9261182, Fax 9261128; übersetzt PengHu Royal, eines der schönsten städtischen Hotels im Innenhofstil, DZ 2000–3200 NT$.

和天大飯店 ⊕***HeTiánTaFanTien*** €€€ ***(PeaceHotel)*** MinChuanLu/Ecke ChungShanLu (Tel. (06)-9263936, Fax 9261987). Liegt direkt am Fischereihafen; ist ein jüngeres, äußerlich eher schlichtes Hotel in MaKung bei Preisen ab 3200 NT$. Internationaler Komfort.

Essen und Trinken

MaKung verfügt über eine Vielfalt an kleinen Läden, Bäckereien, Fruchtsaftständen usw., nur „fehlen" bislang noch westliche Fast-food-Ketten.

Als Fischereistadt bietet MaKung fast an jeder Ecke ***Fischlokale.*** In der MinShengLu (um das FuKuoTaFanTien herum) liegen gleich ein halbes Dutzend, durchweg preiswerter als auf TaiWan selbst. Auch die Restaurants der größeren Hotels bieten neben dem üblichen Angebot an chinesischer Küche frische Meeresfrüchte und Fisch an.

Schräg gegenüber vom ChengHuangTan-Tempel (ChienKuoLu/Ecke KuangMingLu) befindet sich das größte ***chinesische Fast-Food-Restau-***

rant der Stadt; preiswert und gut. In der MinChenLu/Ecke MinChuanLu werden chinesische Gerichte bei Selbstbedienung zur eigenen Zusammenstellung angeboten.

Institutionen

- ***Post:*** ChungChengLu/Ecke ChungHsingLu, geöffnet 8.00–17.00 Uhr, Samstag bis 12.00 Uhr.
- ***Bank:*** Bank of TaiWan, RenAiLu/Ecke ChienKuoLu, mit ATM.
- ***Krankenhäuser:*** 57 ChungHuaLu und 20 ChungChengLu.
- ***County-Polizei:*** ChiPingLu/Ecke MinTzu Lu (Visaverlängerung; Tel. 06-9270870).

An-/Abreise

- ***Luftweg:*** Der Flughafen von PengHuTao liegt etwa 10 km außerhalb des Hauptortes MaKung, am einfachsten kommt man per Taxi in die Stadt (350 NT$, fix). Die Inselbusse passieren den Airport nur etwa stündlich. Drei Gesellschaften mit Büros am Flughafen sorgen für die Passagieraufkommen: *UNI Air* (Tel. 06-9228986), *Mandarin* (Tel. 06-9228692) und *Trans Asia* (Tel. 06-9228866). Angeflogen werden die Ziele TaiBei (10–12 x tgl.), TaiZhong/TaiChung (5- bis 7 x tgl.), ChiaYi/JiaYi (3 x tgl.), KaoHsiung und TaiNan (je 5 x tgl.). Auch zu den Pescadoreninseln ChiMei und WangAn wird für rund 1500 NT$ einfach geflogen. Ferner bieten diese beiden Inseln auch einen zusätzlichen Direktflug von/nach KaoHsiung (Details s. www.mkport.gov.tw/english/flight/schedule.asp).
- ***Seeweg:*** Zumindest in den Sommermonaten besteht eine einigermaßen regelmäßige Fährverbindung zwischen MaKung und ***KaoHsiung*** (GaoXiong) (bei der *TaiWan HangYe*, 5 JieXingLu, Sec. 1, Tel. 07-5613866 in KaoHsiung bzw. unter Tel. 06-9264087 hier in MaKung am Fährhafen). Die einfache Überfahrt nach KaoHsiung kostet je nach Klasse zwischen 800 und 2200 NT$.

  Rundtouren zu den südlich gelegenen Inseln werden wie folgt von kleinen Tour-Organisatoren in der ChungChengLu rund um das PaoHua Hotel angeboten, auch die Touristeninformation am Fischerhafen hilft:

  MaKung - ChiMei - WangAn - HuChing - TungPan - MaKung (1200 NT$)
  MaKung - ChiMei - HuChing - TungPan - MaKung (900 NT$).
  MaKung - WangAn - HuChing - TungPan - MaKung (750 NT$).
  MaKung - HuChing - TungPan - MaKung (600 NT$).
  MaKung - TaTsan - MaKung (500 NT$).

  Außerdem besteht von ShaKang eine Verbindung zur kleinen Badeinsel ***YuanPei*** (YuanBei). Zu den nördlichen Inseltouren ⇗ PaiSha.
- ***Transport auf den Hauptinseln:***

  Mopeds werden überall in der ChungChengLu angeboten, eine 50-ccm-Maschine kostet ab 400 NT$ pro Tag.

  Inselbus: Auf den durch Brücken verbundenen Hauptinseln verkehren unregelmäßig blaue Stadt-/Überlandbusse, die rundum fahren. Das Ticket wird an Bord gelöst und kostet je nach Ziel zwischen 20 und 100 NT$. Von der Zentralhaltestelle in MaKung fahren drei Hauptlinien: nach WaiAn (HsiYu) über ChiKan (PaiSha), nach LungMen im Osten auf PengHuTao und nach FengKuei im Westen.

白沙島

PaiShaTao (BáiShāDào, Weiß-Sand-Insel)

ChiKan
赤崁

Über die Brücke nach PaiSha der N-3 ca. 6 km weiter folgend, erreicht man den kleinen Ort ChiKan, der weiter keine touristische Bedeutung hat, außer dass von hier aus die ***Boote zu den nördlichen Inseln,*** insbesondere ChiPei, ablegen.

042t Foto: wl

Straßenschilder in Form von Delfinen (MaKung)

Banyan-Baum
通梁古榕

3 km nordwestlich hinter ChiKan zweigt links von der N-3 (hier gibt es auch eine Tankstelle) eine Straße zu einem 300 Jahre alten, gigantischen Banyan-Baum ab (zweisprachig ausgeschildert). Er wird mittlerweile künstlich gestützt und gleicht einer von einer grünen Pflanzendecke überdachten Halle.

PengHu-Aquarium

Auf der N-3 nach Norden zweigt nach sieben Kilometern rechts eine kleine Straße in das Fischerdörfchen *ShaKang* ab. Hier ziehen von Oktober bis März zahllose ***Delfinschulen*** vorbei, die die Provinzregierung auf die Idee brachten, das PengHu-Aquarium einzurichten (PengHu ShuiZuGuan, „BaiSha-Galleries", von PengHu kommend nach der Brücke nach ca. 4 km rechts, geöffnet tgl. außer Do 9.00–17.00 Uhr, 200 NT$, Tel. 9033006). Dabei handelt es sich um eine Kombination aus Delfinobservatorium, Aquarium, Meeresmuseum und transparentem 15 m langen ***Tunnel auf dem Meeresboden,*** der bei günstiger Sonneneinstrahlung einen tollen Blick in die lokale Unterwasserwelt ermöglicht.

An-/Abreise

- Etwa alle zwei Stunden ***Busverkehr*** von/nach MaKung (Orientierungspunkt: rot-weißer Fernmeldeturm am Ortsausgang links oben am Berg).
- Von ChiKan aus werden die interessanten ***Rundfahrten zu den nördlichen Inseln*** durchgeführt (Tickets in MaKung in den Tour-Geschäften der ChungChengLu oder hier am Hafen):
  HsiaWeiYi ChuanKungSi, Tel. (06)-9932237.
  PaiShaHsiang Administration Office, Tel. (06)-9931031.
  AiMin ChuanKungSi, Tel. (06)-9932232.
  PaiSha Marine Recreation Center, Tel. (06)-9215115.
  Man kann telefonisch reservieren (im Juli/August empfehlenswert), oder auch direkt am Dock eine der vielen Gesellschaften rund um die Anlegestelle am roten Leuchtturm aufsuchen.
  Einige ***Preisbeispiele:***
  ChiKan - ChiPei - ChiKan (400 NT$).
  ChiKan - HsienChiao - ChiPei - ChiKan (600 NT$).
  ChiKan - HsienChiao - KuPo - TiehChan - ChiPei - ChiKan (1200 NT$).
  ChiKan - KuPo - TiehChan - ChiPei - ChiKan (750 NT$).
  ChiKan - HsienChiao - KuPo - TiehChan - ChiPei - MuTou - ChiKan (1500 NT$).
  ChiKan - HsiaoPaiSha - ChiShan - TingKou - YuanPei - ChiKan (1300 NT$).
  ChiKan - HsiaoPaiSha - ChiShan - TingKou - ChiKan (1200 NT$).
- Vom kleinen Hafen ***ChengChien*** auf PaiSha existiert ferner eine Verbindung nach TaTsang.

西嶼

HsiYu (XīYü)

Landschaftlich ist HsiYu, das in seinen Umrissen Italien ähnelt, sicherlich die interessanteste der Hauptinseln. Oft ist es möglich, gleichzeitig sowohl die nördliche wie auch die südliche Küste im Blickfeld zu haben. Dabei entdeckt man immer wieder kleine traditionelle Fischerhäfen an den steilen Küsten.

ErKan
二崁

Etwa in der Mitte des „Stiefels" liegt im Osten ErKan, eine kleine ***Siedlung im traditionellen Stil.*** Dort gewinnt man einen guten Einblick in Bauweise, Gartenmauerbau, Alltag usw. Die von den Tourismusbehörden verliehene Bezeichnung „historical site" scheint allerdings etwas übertrieben. Zwischen ErKan und WaiAn liegt eine weitere Tankstelle.

Fort HsiTai
西嶼燈塔

Diese für eine kleine Insel beeindruckende Anlage wurde 1886 von General *WuHongLe* zum Schutze TaiWans vor Piraten errichtet. Sie diente während der Ching-Dynastie (1644-1911) als ständige Basis der Marine und wird an seinen vier Seiten von hohen Mauern umgeben. Im Inneren befinden sich gespenstische, lange, schnurgerade Gänge mit abzweigenden Unterkunfts„grotten". Auf dem Wall stehend soll man an klaren Tagen sowohl TaiWan als auch Festlandchina sehen können. Neben Fort HsiTai hatten die Ching 3 km östlich (am Absatz des HsiYu-Stiefels) ein zweites Fort namens TungTai (Ostplateau) errichtet. Hiervon ist heute nichts mehr zu sehen.

● Das Fort liegt 1 km östlich vor WaiAn. Die Zufahrt linker Hand ist mit einer überdimensionalen Kanone markiert; Eintritt 50 NT$.

HsiYu-Leuchtturm
西嶼燈塔

50 m hinter dem Fort weist ein zweisprachiges Schild den Weg von der Hauptstraße ab zu einem wichtigen Leuchtturm - so wichtig, dass er bewacht wird, und zwar gleich von einem ganzen Marine-Infanteriebataillon; früher konnte man den Turm besichtigen, heute ist hier leider Sperrgebiet.

WaiAn
外垵

Dieses beschauliche ***Fischerdorf*** liegt am Ende der N-3 1 km westlich hinter Fort HsiTai und bietet zwei wichtige Dinge: Getränke und eine Tankstelle (am Hafen unten links, diese Nebenstraße führt auch wieder den Berg hinauf zum Fort). Gegenüber der Tankstelle befindet sich ein sehenswerter ***MaTzu-Tempel*** (Göttin des Meeres und Schutzheilige der Fischer) jüngeren Datums.

Unterkunft

外垵大飯店

● Die Hauptstraße den Berg hinunter liegt auf halber Höhe linker Hand das ф ***ChienTe TaFanTien*** €€ (Tel. 06-9982899). Es ist derzeit die einzige Unterkunft am Ort und bietet oft kräftige Nachlässe, da sich nur wenige Touristen hierher über Nacht „verirren".

An-/Abreise

● Der ***Bus*** von MaKung stoppt u.a. auf HsiaoMenYu, bei ErKan, Fort HsiTai und in WaiAn.

● Eine ***Radtour*** (Fahrräder müssen auf die Pescadoren selbst mitgebracht werden) ist im Sommer für Untrainierte nicht empfehlenswert, Hitze und Entfernungen machen schwer zu schaffen.

小門嶼

HsiaoMenYu (XiǎoMénYǔ, Klein-Tor-Inselchen)

An der Nordspitze ist HsiYu durch eine kleine Brücke mit der winzigen Insel HsiaoMenYu verbunden, von der aus man einen schö-

1 ChiPei-Oceanpark
2 ChiPei-Hafen
3 ChiKan
4 MaKung
5 WangAn-Flugplatz
6 TangMen-Hafen
7 WangAn (Hauptort)
8 TingHsi
9 ChiMei-Flugplatz
10 NanHu-Hafen
11 Grab der sieben Schönen & Leuchtturm
12 YueLi-Hafen

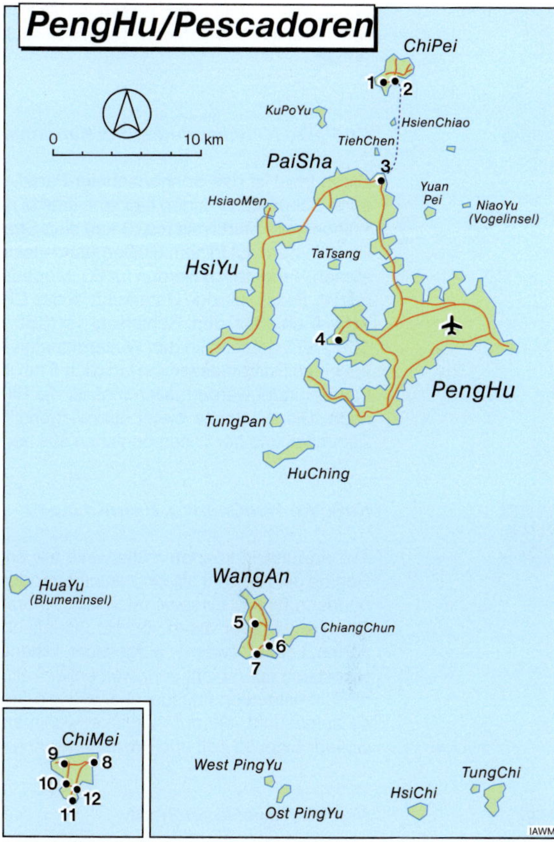

nen Blick aufs offene Meer hat. Man erreicht das Inselchen, indem man nach etwa 3 km hinter der Brücke von PaiSha nach HsiYu von der N-3 nach rechts auf die „2" abbiegt. Markantes Merkmal ist kurz vor der Abzweigung auf der linken Seite ein großes, steinernes Segel, welches die Einfahrt zu einem der insgesamt fünf geplanten neuen Jachthäfen markiert.

Weiter auf der N-3 geht es dann nach 100 m rechts nach HsiaoMenYu. Am Ende dieser Straße befindet sich ein Parkplatz und die Bushaltestelle. Ein Rundweg beginnt links dahinter; interessantester Punkt ist die ***Walfischhöhle,*** eine von den Gezeiten in das Gestein gespülte Höhle, bei der das nach oben herausschießende

Wasser bei Flut an einen blasenden Walfisch erinnert. Der große, vom Parkplatz aus sichtbare Tempel ist ein MaTzu-Tempel neuerer Bauart.

吉貝嶼

ChiPeiYu (Glücksbringendes Kaurimuschel-Inselchen)

Diese Insel ist das Sonnenanbeter-Paradies TaiWans überhaupt, auch Schnorchler finden hier eine intakte Korallenwelt vor. An der Anlegestelle führt links (ca. 3 km) eine Straße zum ChiPei Ocean Park, in dem auf feinem weißen Sand kleine Sonnenschutzhütten stehen. Tandems (!) werden für 80, Mopeds ab 100 NT$/Std. vermietet. (Noch) einzige Unterkunft ist das ChiPei HaiShang LeYuan TaFanTien, das den Schlafsaal für 350 NT$ und das DZ für 1500 NT$ anbietet (in den Wintermonaten 40 % Rabatt). Die Insel hat einen Durchmesser von lediglich 5 km und kann auch leicht zu Fuß erkundet werden, allerdings ist die Hitze im Sommer mörderisch. Die Westseite bietet überwiegend herrlichen Strand, der Zentralteil und der Osten bestehen aus nacktem Basalt.

姑婆嶼
鉄砧嶼
險礁嶼

KuPoYu, TiehChenYu, HsienChiaoYu

Alle drei Inseln können mittlerweile frei angefahren werden. Die Region um KuPo ist als ein herausragendes Fanggebiet der Blaubandsprotte und für seine reichhaltige Korallenwelt bekannt. TiehChenYu wird vor allem von Hochseefischern wegen der inselnahen, tiefen Gewässer aufgesucht, HsienChaoYu ist eine flache, touristisch noch nicht sehr weit entwickelte Insel mit ausgedehnten Sandstränden ringsum und wird von Strandurlaubern tageweise aufgesucht, die auf möglichst wenig andere Touristen treffen wollen. Eigenes Zelt und Proviant mitbringen!

鳥嶼

NiaoYu (Vogel-Inselchen)

Neben TaMaoYu und HsiaoMaoYu im Süden ist die Vogelinsel ein Hauptanlaufpunkt für Vogelbeobachter. Es empfiehlt sich, möglichst früh am Morgen hierher zu kommen und genügend Proviant mitzubringen. Bester Monat für Vogelstudien ist der April.

大倉嶼

TaTsang

Dieser kleine Sandhaufen inmitten der drei Hauptinseln ist eine reine ***Badeinsel*** für Tagesausflügler. Die bisher unregelmäßige Verbindung ab MaKung soll jetzt dauerhaft stehen, von ChengChien (auf PaiSha) existiert sie bereits einige Jahre.

幢桶盤嶼
虎井嶼

TungPan und HuChing

Diese kleinen, MaKung am nächsten gelegenen Inselchen werden von bizarren, zylindrischen ***Basaltmauern*** umgeben - ein deutlicher Hinweis auf den vulkanischen Ursprung. Bei Bootsrundfahrten werden sie meist als beliebtes Fotomotiv passiert, findet man ähnliche Formationen doch lediglich noch im Yellowstone-Park (USA). Auch um HuChing (Tiger-Quelle) rankt sich eine Legende aus der Zeit der Holländer: Die Kolonialherren sollen ein Fort auf HuChing gebaut haben, welches, als sie TaiWan nach der Niederlage gegen *KoHsingKa* verließen, komplett überspült worden sein soll. Bei Ebbe kann man am Grund angeblich die roten Ziegel sehen - nicht wundern also, wenn sich alle Passagiere gerade bei ruhigster See an der Reling vornüber beugen!

七美嶼

ChiMeiYu (QīMěiYŭ, Sieben-Schönheiten-Inselchen)

ChiMei, die „Sieben Schönheiten", misst etwa 4x6 km und ist die südlichste der Pescadoren mit dem Hauport NanHu im Südwesten mit etwa 5000 Einwohnern. Hier kommen die Fähren aus MaKung an, hier sollen mehrere Luxus-Unterkünfte entstehen; Zelten ist - wie auf fast allen Pescadoreninseln - erlaubt. Die spärliche Vegetation wird durch künstliche kleine Steinwälle vor den scharfen Winden geschützt.

NanHu-Leuchtturm
南湖燈塔

Der NanHu-Leuchtturm an der Südspitze der Insel ist der südlichste Leuchtturm aller Pescadoren-Inseln. Hier liegt in unmittelbarer Nähe die die Südspitze abschließende kuriose Felsformation ***„Husband-waiting-rock".*** Tatsächlich erinnert dieser Felsen an eine liegende, schwangere Frau. Die Insulaner erzählen die Legende, es handele sich um eine versteinerte Frau, die auf ihren Mann, einen Fischer, so lange wartete, bis sie zu Stein wurde. Auch um das ***Grab der sieben Schönheiten*** (an der Südostküste, etwa 1 km nördlich des Leuchtturms) rankt sich eine Legende: Als sich japanische Soldaten ChiMei näherten, stürzten sich die sieben schönsten Frauen der Insel gemeinsam in einen Brunnen, um einer drohenden Vergewaltigung zu entgehen. Die Einwohner schütteten den Brunnen später zu und errichteten ein Grabmal. Aus dem Grab sollen sieben immergrüne Bäume *(mallotus japonicus)* gesprossen sein, die noch heute zu sehen sind.

Unterkunft/ Essen und Trinken

NanHuKang ist der Hauptort von ChiMei nahe der Anlegestelle. Hier befinden sich einige kleine Geschäfte mit Snacks und Getränken sowie die beiden Hotels der Insel, die auf Anfrage auch Mahlzeiten anbieten.

順田旅社
中 ***ShunTian LuShe*** (Nr. 18), Tel. 06-9971024, Dorm. 350 NT$, DZ ab 1000 NT$.

福鵬旅社
中 ***FuPeng LuShe*** (Nr. 10); Tel. 06-9971043, DZ zwischen 900 NT$ und 1500 NT$.

An-/Abreise

• ***Luftweg:*** Nach ***MaKung*** täglich je zweimal ca. 1000 NT$.
• ***Seeweg:*** Fährverbindung nach ***MaKung*** (⇗ MaKung)
• ***Transport auf der Insel:*** Es werden ***Mopeds*** für 250 NT$/Std. am Airport und im Zentrum von NanHu vermietet, ***Busrundfahrten*** werden für den gleichen Preis angeboten.

望安嶼

WangAnYu (WàngÀnYü, Fernblick-Frieden-Inselchen)

WangAn ist etwa ebenso groß wie ChiMei und bekannt durch die berühmten PengHu-Achate. WangAnYu unterscheidet sich von den anderen außenliegenden Inseln durch ihre kargen Freilandweiden und ihre Hügellandschaft, die von den Taiwanern auch gleich Shan (Berg) genannt wird. Tatsächlich erreicht die höchste Erhebung, TianTaiShan im Nordosten, keine 100 m. Hauptorte sind TungAn an der Südseite mit 3500 Einwohnern, der Hafenort TangMen, von dem die Fähren ablegen 2 km nordwestlich an der Ostküste sowie der Landestreifen drei Kilometer nördlich bei der Westküste. Auch auf WangAn sollen in den nächsten Jahren mehrere Unterkünfte entstehen.

TianTaiShan
天太山

An legendenumwobenen Plätzen darf es offenbar auf keiner der südchinesischen Inseln fehlen, auch WangAn weiß eine Geschichte zu erzählen. Eines Tages sei *LuTungPin,* einer der acht Unsterblichen, vom chinesischen Festland nach TaiWan gesprungen und habe dabei nur einmal zwischendrin aufgesetzt. Dies sei am Gipfel des TianTaiShan gewesen – ein riesiger Stein mit einem Fußabdruck ist beredtes Zeugnis dieser Geschichte.
• An der Westküstenstraße 4 km nördlich von TungAn, linker Hand.

ChungSeCheng
中社成

1 km westlich vom Landestreifen, direkt an der Westküstenstraße liegen gut erhaltene und restaurierte ***Gebäude der Einheimischen*** aus dem vorigen Jahrhundert, die einen Eindruck des harten Lebens auf den Inseln vermitteln.

Unterkunft/ Essen und Trinken
望安渡假中心

Die einzige feste Unterkunft befindet sich im Hauptdorf TungAn: ⌽ ***WangAn TuChia ChungHsin*** €-€€ (No 79), Tel. 06-9991200, bietet Betten für 350 NT$ und DZ von 1000 bis 1800 NT$. Mahlzeiten gibt es dort auf Anfrage.

An-/Abreise

• ***Luftweg:*** Unregelmäßige Lufttaxis zwischen WangAn und ***ChiMei*** (⇗ ChiMei) sowie nach MaKung.
• ***Seeweg:*** regelmäßige Fährverbindung nach ***MaKung*** (⇗ MaKung).
• Für die Insel selbst bietet es sich an, ein ***Moped*** anzumieten (250 NT$/Std.), ansonsten werden ***Minibusse*** für 2000 NT$ vermietet. Ohne Gepäck kann man die Insel auch leicht ***zu Fuß*** erkunden.

大倉嶼

TaMaoYu, HsiaoMaoYu (Große-und-kleine-Katzeninsel)

Entgegen ihrem Namen sind diese beiden Inseln bekannt für ihre Beobachtungsmöglichkeiten von ***Zugvögeln.*** Leider ist hierzu eine umständliche Erlaubnis beim County Government (MaKung) mindestens einen Tag vorher notwendig.

金門

KinMen *(JīnMén, Gold-Tor)*

KinMen, oder QueMoy, wie es früher genannt wurde, ist anders als die in tropischem Glanz erstrahlenden Pescadoren, anders als das durch die Yami-Ureinwohner ein wenig südostasiatische LanYu, anders als die ruhige Oase HsiaoLiuChiu vor der Küste von KaoHsiung (GaoXiong). KinMen besticht durch seine reizvolle Landschaft, seine unbesiedelten Landstriche, seine Alleen.

Lage

Besondere Bedeutung aber erfährt KinMen vor allem durch seine Lage, die eine herausragende Rolle für die Geschichte TaiWans spielte und spielt. Obwohl an der engsten Stelle nur 1800 m vom Festland entfernt, existiert keine Brücke zur Insel, setzen keine Fähren über diese kurze Strecke über, bieten keine geschäftstüchtigen Chinesen inoffiziell ihre Fährdienste an. Dies hat nichts damit zu tun, dass KinMen nicht besiedelt und derartige Dienste überflüssig wären - ein Blick auf die Landkarte genügt, um die einmalige Besonderheit dieser Insel schlechthin zu erklären. KinMen - genauer der aus 15 Inseln bestehende KinMen-Archipel - gehört ***geografisch zur Provinz FuKien der VR China.*** Von den Inseln des Archipels kontrolliert deren drei die VR-China, acht (darunter die Hauptinsel KinMen) die R.o.C./TaiWan mit insgesamt etwa 150 qkm. Die Inseln liegen in einer großen Bucht und sind so weit vom (rot-) chinesischen Festland umschlossen, dass ihre Südküsten etwa eine Linie mit der Südküste FuKiens bilden. Die von TaiWan kontrollierten Teile sind durchschnittlich knapp 2 km von Rotchina, aber knapp 300 km von TaiWan entfernt.

016t Foto: wl

Schwerbewachte Straßenkreuzung auf KinMen

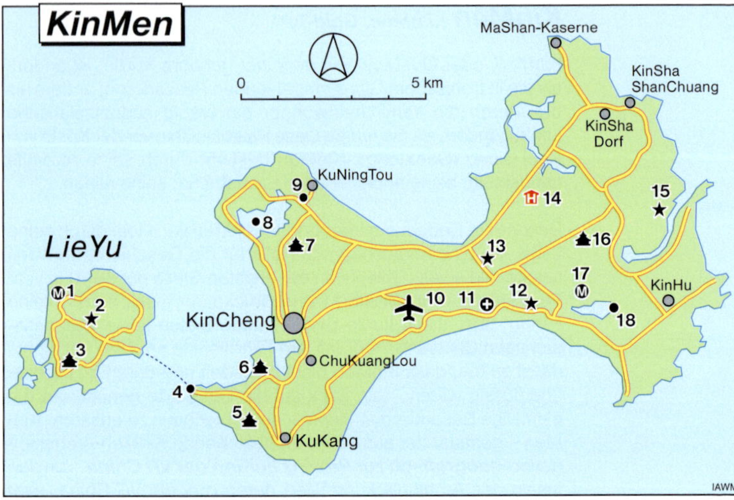

1 HuChingTou-Kriegsmuseum	10 ShangYi-Flugplatz
2 KoXingKa-Brunnen	11 Granitberg-Hospital
3 RuWenMiao	12 Töpferei
4 ShuiTou-Pier	13 ChiuLiangKung-Gedächnisstätte
5 WenTai-Pagode	14 TaiChin-Hotel
6 KoHsingKa-Tempel	15 23. August-Gedenktafel
7 LiKuangChien-Tempel	16 HaiYin-Tempel
8 TzuHu-See	17 Museum „23.8"
9 PeiShan-Zentrale	18 TaiHu-See und Park

Geschichte

Diese wichtige strategische Lage spielt nicht nur in Gegenwart und jüngerer Geschichte eine Schlüsselrolle, schon seit jeher war KinMen ein bedeutender Anlaufpunkt in kriegerischen Zeiten. Zur Zeit der ***Chin-Dynastie*** (4. Jh. v.Chr.) wurde die Insel erstmals von Flüchtlingen vor den kriegerischen, nach Unabhängigkeit strebenden Einzelfürstentümern aufgesucht.

Den zweiten großen Flüchtlingsansturm erlebte KinMen während des ***Mongolensturms*** von Nord nach Süd im 12. Jh., als die Mongolen China eroberten und 1277 die Yuan-Dynastie errichteten.

Nach 1644 setzten sich Anhänger der ***Ming-Dynastie,*** unter ihnen der heutige Volksheld *KoHsingKa,* zunächst nach KinMen ab, als die Mandschu-Ching Dynastie etabliert wurde.

Und schließlich wurde die Insel 1949 zu einer Festung ausgebaut, als sich ***ChiangKaiShek*** und seine Armee „vorübergehend" nach TaiWan zurückzogen.

Doch die eigentliche, nach heutigem taiwanesischem Geschichtsbild helden-, ja sagenhafte Episode sollte erst noch folgen. Am 25.10.1949 landeten ***rotchinesische Sturmtruppen*** auf KinMen, die rasch einige Teile der Insel erobern konnten und ihr Hauptquartier in der PeiShan-Villa im Nordwesten nahmen. Unter Inkaufnahme von 15.000 Opfern schlugen die Nationalchinesen den Angriff bis zum 27.10.1949 zurück und vertrieben die Angreifer (Schlacht von KuNingTou). TaiWan ist davon überzeugt, dass im Falle eines Scheiterns der Gegenoffensive früher oder später ein direkter Angriff zunächst auf die Pescadoren, dann auf die Hauptinsel selbst erfolgt wäre, daher erklärt sich die überaus große Bedeutung, die dieser Schlacht beigemessen wird.

Rotchina fand sich mit dieser Schlappe keineswegs ab und plante einen erneuten Schlag, diesmal allerdings mit gründlicher Vorbereitung. Am 23.8.1958 feuerten die Kommunisten aus knapp 350 Geschützen bis zum 6. Oktober eine halbe Million Artilleriegranaten auf KinMen ab, mehr als 3000 Stück auf jeden qkm. Die Nationalchinesen gruben sich ein und hielten erstaunlicherweise die Stellung, auch eine ***Seeblockade Rotchinas*** gegen KinMen brachte nicht den gewünschten Erfolg. So wurde am 6. Oktober seitens der VRC ein Waffenstillstand erklärt, kleinere Artillerieduelle und Scharmützel wurden bis 1978 fortgesetzt.

Erst dann erklärte die Volksrepublik die Beschießung offiziell für beendet und der groteske Teil der Geschichte begann: Beide Seiten vereinbarten, sich nicht mehr mit scharfer Munition, wohl aber mit ***Propagandamaterial*** zu beschießen. Und zwar, damit es keine Zivilopfer zu beklagen gab, feuerte TaiWan montags, mittwochs und freitags, die Volksrepublik dienstags, donnerstags und samstags. Damit nicht genug: Auf dem höchsten Berg KinMens wurden die größten Neon-Schriftzeichen TaiWans mit der ersten Zeile der Nationalhymne angebracht - eine Touristenattraktion für die nahegelegene (kommunistische) Großstadt HsiaMen (früher Amoy) auf dem Festland. Noch heute wird schmunzelnd als großer moralischer Sieg gefeiert, dass die Stadt HsiaMen nach der Abschaltung der Zeichen 1990 formell protestierte, da nun weniger Touristen nach HsiaMen kämen!

Heutige Situation

In Anbetracht der unsicheren Lage stand KinMen bis November 1992 nicht unter ziviler, sondern unter einer ***Militärverwaltung.*** Zivilisten durften die Insel nicht betreten. Um den Schwarzhandel

017t Foto: wl

Dörfer im fukienesischen Stil auf KinMen

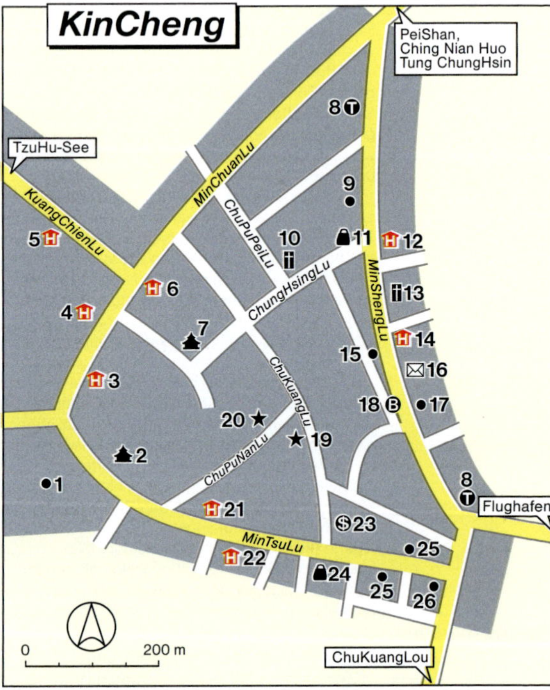

1	Sportplatz	15	YongHsing-Reisebüro
2	MaTzu Tempel	16	Post
3	ShangPin Hotel	17	Polizei
4	Jin ManLou Hotel	18	Busbahnhof
5	YanShan Hostel	19	ChiuLiangKung-Gedächtnisbogen
6	HaiFu Hotel	20	KueiHsingLou
7	ChengHuang Tempel	21	KinMen Hotel
8	Tankstelle	22	HongFu Hotel
9	EVA-Air	23	Bank
10	Protest. Kirche	24	Marktplatz
11	Zeitungshandlung	25	Mopedverleih
12	TaChen Hotel	26	Fahrzeugverleih
13	Kath. Kirche		
14	NongYou ChiChia Hotel		

zum Festland zu unterbinden und ungewollten Abfluss von NT$ zu kontrollieren, wurde eine eigene Militärwährung für KinMen gedruckt. Seitdem wird KinMen „zivilisiert“, ein normales Leben hält allmählich Einzug, auch wenn von den 50.000 Einwohnern immer noch rund die Hälfte aus Militärs besteht. Deren Aufgabe besteht heute neben ständiger Wachsamkeit in der Begrünung der seinerzeit umgepflügten Insel. Jeder Soldat übernimmt während seiner Dienstzeit auf KinMen die Patenschaft für einen Baum.

1994 kamen die ersten chinesischen ***Besucher*** (von TaiWan, versteht sich), seit Mitte 1995 wird auch Ausländern die Einreise problemlos gewährt. Seit 2002 ist das Projekt „kleiner Grenzverkehr" in Erprobung, das erstmalig mittels einer ***Fährverbindung*** zwischen KinMen und XiaMen (VR-Provinz FuJian) direkte Besuche von Taiwanern nach China und umgekehrt ermöglicht. Diese Route ist für Ausländer allerdings tabu.

Die verhältnismäßig flache Insel (der TaWuShan erreicht gerade einmal 253 m) ist inzwischen sowohl wieder landschaftlich, aus den genannten Gründen historisch, aber auch kulturell hochinteressant, da die kleinen verstreuten Siedlungen überwiegend ***in traditionell fukienesischem Stil*** gebaut wurden. Der Besucher spürt sofort, dass er eher in China als auf TaiWan ist.

Die Straßen führen meist nicht am Ufer entlang, sondern (aus militärischen Gründen) durch Bäume verdeckt durchs Inland. Natürlich ist das ***Militär*** immer noch allgegenwärtig: Kreuzungen, Küstenplätze und nahezu alle Hügel sind zu Bunkern und Stellungen ausgebaut worden, sämtliche Sehenswürdigkeiten der Insel stehen in engem Zusammenhang mit der jüngeren Militärgeschichte KinMens. Die Idee, Touristen gegen Bares auf historischen Schlachtfeldern mit scharfer Munition schießen zu lassen (wie in CuChi, Vietnam), wurde hier - gottlob - noch nicht realisiert.

● ***Informationen*** bieten die Webseiten www.kinmen.gov.tw/English/eng.htm und www.kma.gov.tw.

金城

KinCheng

„Goldstadt", so die Übersetzung von KinCheng, bildet mit seinen etwa 10.000 Einwohnern den Hauptort der Insel. Der Ort empfiehlt sich als Ausgangspunkt für Erkundungen und Ausflüge, da hier die breiteste Angebotspalette an Unterkünften, aber auch Verleihstellen für Mopeds usw. zu finden sind.

城隍廟

邱良功毋紀念物

Sehenswert sind die beiden Tempel der Stadt, der dem Stadtgott gewidmete ⌽ ***ChengHuang-Tempel*** (▲ 7) sowie der obligatorische ***MaTzu-Tempel*** (▲ 2) zu Ehren der Meeresgöttin. An die europäische Kolonialzeit erinnern noch heute eine protestantische sowie eine katholische ***Kirche;*** (ⅱ 10 u. 13). Sehenswert ist ferner der ⌽ ***Gedächtnisbogen für ChiuLiangKung's Mutter:*** Dieses steinerne Portal aus dem Jahre 1812 erinnert an die Mutter des Generalgouverneurs *ChiuLiangKung*, die nach dem Tode ihres Gatten 28 Jahre lang unverheiratet blieb; ★ 19.

Sehenswertes außerhalb von KinCheng

ChuKuangLou
莒光樓

Bei dem Gebäude, das eher einem Tempel oder traditionellen Stadttor gleicht, handelt es sich um einen ***modernen Märtyrer-***

015t Foto: wl

Denkmal für die Schlacht von KuNingTou

schrein für die hier Gefallenen. Eine Multimedia-Präsentation im Erdgeschoss verschafft einen guten Einblick in die Geschichte KinMens und der kriegerischen Ereignisse vor Ort. Die überragende symbolische Bedeutung KinMens wird auch dadurch unterstrichen, dass ChuKuangLou als ein Briefmarkenmotiv der R.o.C. ausgewählt wurde.

Das Schlachtfeld von KuNingTou
古寧頭戰場

Wie Schlachtfelder so sind, historischer Boden eben. An die Geschehnisse und den Sieg der Nationalchinesen über die kommunistischen Angreifer erinnern hier eine Gedenktafel, ein Torbogen und eine Soldaten-Statue.

KuNingTou-Militärmuseum
古寧頭戰史館

Das Gebäude ähnelt einem Fort, entstand allerdings erst im Jahre 1984 und hat keinerlei militärische Funktion. Die heroisch gestalteten Außenreliefs untermalen Durchhaltevermögen und Kampfgeist der taiwanesischen Verteidiger, ebenso die 12 großen Ölgemälde im Museum. Der unbedarfte Betrachter fühlt sich an die heroisierenden Darstellungen und Denkmale insbesondere in der ehemaligen UdSSR erinnert.

PeiShan-Kommandozentrale
北山

Am Ende der Straße in PeiShan liegt ein scheinbar abbruchreifes zweistöckiges Gebäude, gezeichnet von Munitionseinschlägen. Hier nahmen die Truppen der Volksbefreiungsarmee Rotchinas ihr Hauptquartier zu Beginn der zunächst geglückten Anlandung am

25. Oktober 1949. Die äußere Mauer mit der Gedenktafel wurden 1986 nachträglich errichtet.

TaiHu
太湖

Das Areal rund um den 35ha großen TaiHu-See, KinMens größtes ***Süßwassereservoir,*** wurde 1965 zur Erholungszone erklärt und mit hübschen Rundwegen und Rastpavillons ausgestattet. Auch das „23.-August-Artillerieschlacht-Museum" liegt hier im Park. Von besonderem archäologischen Interesse ist die Ausgrabung einer Villa aus der Ming-Zeit (1368-1644) im Parkgebiet.

Museum „23. August"
八月23日戰史館

Anders als das KuNingTou-Museum zeigt das Freilichtmuseum authentisches Kriegsgerät beider Kriegsparteien. Eine Gedenktafel an beiden Zugängen erinnert an die auf taiwanesischer Seite gefallenen 587 Soldaten. Im Hauptgebäude werden die Ereignisse ab dem 23.8.1958 anhand von Modellen und Operationskarten nachgestellt.

Granitberg-Krankenhaus
花崗岩醫院

Noch 1980, also nach Einstellung der direkten militärischen Animositäten zwischen der Volksrepublik und TaiWan, wurde hier ein Krankenhaus in den TaWuShan gegraben. Zum Segen aller Beteiligten wurde das komplett eingerichtete und voll funktionsfähige Spital bisher für keinen Ernstfall benötigt.

MaShan-Kaserne
馬山觀測站

Die größte Attraktion für einheimische Touristen liegt auf dem Areal der MaShan-Kaserne im Nordosten KinMens, dem geografisch zur Volksrepublik nächstgelegenen Punkt TaiWans. Hier belauern sich die Kontrahenten nach wie vor per Superfernrohr aus gerade einmal 1800 m Luftlinie Entfernung. Touristen werden täglich (außer Montag) von 8.00 bis 12.00 und 13.30 bis 18.00 Uhr in die

014t Foto: wl

Zerschossene PeiShan-Kommandozentrale

Die Inselwelt

(nach wie vor voll besetzte) Kaserne eingelassen und können in den Bunkern sogar durch Fernrohre einen Blick auf umliegende Dörfer, Fischerboote und Militärposten der Rivalen werfen. Viele westliche Besucher werden sicherlich den touristischen Zweck des Ganzen in Frage stellen, doch wird gerade der deutsche Besucher, der die frühere innerdeutsche Grenze gekannt hat, diese eigenartige Stimmung, die zwischen den feindlichen Bruderstaaten herrscht, begreifen können.

TzuHu
慈湖

Ursprünglich wurde der Damm des heutigen ***TzuHu-Sees*** aus rein militärischen Gründen errichtet. Feindlichen Landungsbooten sollte die Zufahrt zur Bucht erschwert werden. Heute dient der entstandene See den Einheimischen als Fischfanggebiet, den Touristen als Vogelbeobachtungsstation. Insbesondere der sonst auf TaiWan unbekannte Kormoran ist hier zu sehen.

KinMen-Kulturdorf
金門民俗文化村

Die kleine Siedlung ShanHou entstand im Jahre 1900. Sie wurde im traditionellen fukienesischen Stil gebaut und dient heute als ein großes ***Freilichtmuseum*** zur Demonstration traditioneller Lebensweise, Kunst, Handwerk und Alltagsleben des frühen 20. Jahrhundert in der Provinz FuKien. Die Busse 25 und 31 von KinCheng fahren direkt vor den Eingang; der Eintritt beträgt 30 NT$. Hier im Dorf wird auch der berühmte KaoLiang-Schnaps verkauft.

WenTai-Pagode
文臺宝塔

Die kleine sechseckige Pagode ist fünf Stockwerke hoch, stammt aus dem Jahre 1387 und ist damit eines der ältesten erhaltenen Bauwerke auf taiwanesischem Gebiet. Die Schriftzeichen am Bauwerk stammen vom Ming-Gelehrten *ChenHui* sowie dem taiwanesischen Künstler *ChangTaTien.*

KinMen-Töpferei
金門陶器制造厂

Diese staatliche Töpferei ist für die Einwohner KinMens so bedeutsam wie für den Bayern eine Maßkrugmanufaktur: Hier werden die Krüge für den berühmten KaoLiang-Schnaps hergestellt, der traditionell in Tonkrügen gelagert wird. Heute werden hier außerdem Reproduktionen chinesischer Antiquitäten und Kunstgegenstände für Touristen gefertigt. Ein Besuch ist zwischen 9.00 und 17.00 Uhr möglich.

Insel LieYü
國姓井

湖井頭戰史館

Per Fähre (7.30-16.00 Uhr ca. alle 60 Minuten, 65 NT$) von KinMen aus ist LieYü in 15 Minuten zu erreichen. Auf dem hübschen Inselchen, das leicht zu Fuß an einem halben Tag erkundet werden kann, sind der ***KoXingKa-Brunnen;*** ein angeblicher Rastplatz des Helden während einer seiner Schlachten), insbesondere aber das ***HuChingTou-Kriegsmuseum*** interessant - wie im ⇗MaShan-Observatorium kann hier der große Bruder Volksre ublik China mit Fernrohren ausgespäht werden.

Unterkunft
燕山山狀

Ganz neu und preiswert sind das ф ***YanShan ShanZhuang*** c-cc (Tel. 082-327311) in der 147 KuangChienLu mit Dorm. ab 350 NT$ und DZ ab

1200 NT$ sowie das nahe gelegene ***JinManLou*** €€ (Tel. 082-327499) in

金滿樓，２９巷５號 der ⌘ 5 KuangChienLu, Seitenstr. 29, mit EZ zu 750 und DZ zu 1250 NT$.

農友之家 ⌘ ***NongYou ChihChia*** €€, 6 MinShengLu, Tel. (082)-321301, DZ schon ab 1000 NT$, relativ schlicht.

金門旅館 ⌘ ***KinMen LuKuan*** €€-€€€, 172 MinTzuLu, Tel. (082)-321567-9, Zimmer von 1200 bis 2500 NT$.

金門青年活東中心 • Erschwinglich ist noch das ⌘ ***KinMen ChingNian HuoTung ChungHsin (Youth Activity Centre)*** €-€€, Tel. (082)-325722, mit DZ zu 1600 NT$ und 4-Bett-Zimmern zu 2400 NT$ – leider etwas nördlich vom Zentrum.

宏福大飯店 ⌘ ***HongFu TaFanTian*** €€-€€€, 169 MinTzuLu, Tel. (082)-326768, DZ 1200 bis 2200 NT$

上賓飯店 ⌘ ***ShangPin LuKuan*** €€, 33–37 MinChuanLu, Tel. (082)-321528, DZ 1500–2400 NT$, außerhalb des Sommers 30 % Rabatt.

海福飯店 ⌘ ***HaiFu TaFanTian*** €€€, 85 MinChuanLu, Tel. (082)-322538, DZ 2000–2800 NT$, Tipp!

大城飯店 ⌘ ***TaCheng FanTian*** €€€, 16 MinShengLu, Tel. (082)-324851-9, DZ 2450 NT$.

Unterkünfte außerhalb von KinCheng

Übernachtungsmöglichkeiten außerhalb des Zentrum bestehen ebenfalls, aus logistischen Gründen (Verleihstellen, Busse usw.) bietet sich jedoch KinCheng als Standort für den Aufenthalt auf der Insel an. Hier trotzdem einige Alternativen:

In KinSha:

榮湖山莊 ⌘ ***RungHu ShanChuang*** €€, 22 HouShuiTou, Tel. (082)-352998, 51998, DZ 2000 NT$.

In KinHu:

金湖旅觀 ⌘ ***ChinHu LuKuan*** €€, 101 HuangHaiLu, Tel. (082)-333101-2, die DZ liegen zwischen 1400 und 2200 NT$.

In KinNing:

仁愛山莊 ⌘ ***RenAi ShanChuang*** €€-€€€, No 2, Tel. (082)-321531, mit Preisen zwischen 1650 und 2480 NT$.

長鴻山莊 ⌘ ***ChangHung ShanChuang*** €€€-€€€€, 56 HsiaPuHsia, Tel. (082)-328811-10, DZ 3000 bis 4800 NT$.

金宝來大飯店 ⌘ ***ChinPao Lai TaFanTian*** €€€-€€€€, 90 HsiaPuHsia, Tel. (082)-320048, DZ 2700 bis 4500 NT$.

Auf LieYü:

海陽旅官 ⌘ ***HaiYang LüKuan*** €€, TungLin (ca. 1000 Meter ab Anlegestelle landeinwärts Richtung KoHsingKa-Brunnen), Tel. (082)-363338, DZ zu 1500 bis 2250 NT$.

Essen und Trinken

• In KinCheng gibt es eine Reihe von ***Restaurants*** entlang der Hauptstraße sowie viele kleine ***fukienesische Snackshops*** im Zentrum.

• Berühmte Mitbringsel sind der ***KaoLiang-Schnaps,*** ein sehr mild schmeckendes Sorghum-Destillat (wird nur hier angebaut und gebrannt) sowie ***Erdnuss-Karamelbonbons.***

Ärztliche Versorgung

Um der Bevölkerung ausreichende und zügige Hilfe zu gewähren, wurde Ende 1995 ein täglicher Hubschrauber-Rettungsservice von TaiBei (Stadtflughafen) via MaKung (Pescadoren) nach ShangYi-Flugplatz probeweise eingeführt. Im Notfall wende man sich direkt an die Flughafenbehörden.

An-/Abreise

KinMen ist erst seit ca. 15 Jahren auch für den ausländischen Tourismus freigegeben, eines der jüngsten deutlichen Anzeichen für eine Liberalisierungs- und Entspannungsphase. Es gibt zwar mehrere Anreisemöglichkeiten, allerdings empfiehlt sich aus Zeit- und Kostengründen eigentlich nur der

• ***Luftweg:*** Angeflogen wird KinMen nur von TaiBei, ChiaYi, TaiChung, TaiNan und KaoHsiung aus, dabei ein oder zweimal tgl. (ChiaYi) bis alle halbe Stunde (TaiBei) bei Preisen zwischen 3800 und 4500 NT$ einfach je nach Strecke.

Der Flughafenbus fährt zum Haupttor, dort kann man in Linienbus 3 steigen oder ein Taxi (ca. 250 NT$) zum Hauptort JinCheng (KinCheng) nehmen.

• ***Seeweg:*** In den vergangenen Jahren wurden Fähren von/nach ***KeeLung (JiLong)*** und ***KaoHsiung (GaoXiong)*** wechselweise eingeführt und wieder eingestellt; man erkundige sich an den jeweiligen Häfen nach dem aktuellen Stand.

• ***Transport auf KinMen: Linienbusse*** fahren vom Hauptort KinCheng sternförmig alle Ecken der Insel an (13–26 NT$ je nach Entfernung), allerdings nur in je etwa einstündigen Abständen – und fast ausnahmslos nur bis 17.00 Uhr! Die wichtigsten Linien (alle ab KinCheng):

Linie 1: ShanWai, Granitspital, ChiuLiangKung-Gedächtnisstätte, ChiangChingKuo-Gedächtnishalle
Linie 3: ChuKuangLou, Flughafen, ShanWai
Linie 6: ChuKuangLou, WenTai-Pagode, KuKang-Turm
Linie 7: KoHsingKa-Schrein
Linien 10, 11: KuNingTou (auch ***26)***, TzuHu (auch ***9)***
Linie 20: ChungCheng-Park (Artilleriemuseum)
Linien 22, 23: KinSha
Linien 25, 31: Kulturdorf
Linie 32: MaShan-Observatorium

Mopeds: In KinCheng haben clevere Geschäftsleute diese sehr nützliche Marktnische sofort entdeckt und mehrere Verleihstellen eröffnet (500 NT$ pro Tag). Wer einen frühen Hinflug (7.40 Uhr) und den letzten Rückflug (16.40 Uhr) bucht, kann sogar per Moped zumindest auf der Hauptinsel alles Wesentliche an einem Tag sehen und ist nicht auf die recht teuren Hotels angewiesen. Aufgrund des sehr dünnen Straßenverkehrs ist eine Rundfahrt per Moped außerordentlich empfehlenswert.

馬祖

MaTzu *(Pferd-mieten)*

Das MaTzu-Archipel, rund 200 km westlich von TaiWan und nur knapp 10 km von der volksrepublikanischen Festlandsprovinz FuKien entfernt, lässt sich am ehesten als Mischung aus Pescadoren und KinMen beschreiben. Ähnlich wie KinMen birgt die unmittelbare Nähe zum chinesischen Festland einigen Zündstoff, ohne aber je zu großen kriegerischen Auseinandersetzungen geführt zu haben. Und ähnlich wie die Pescadoren besteht MaTzu aus einer ganzen Reihe von Inseln und Inselchen mit zahlreichen Erholungsmöglichkeiten und Sehenswürdigkeiten – nur praktisch ohne Tourismus, bisher zumindest!

Erst 1994 wurde das Kriegsrecht (wie in KinMen, ⇗ Geschichte) aufgehoben, sodass nur allmählich der eine oder andere Besucher noch zaghaft, mit Sicherheit mittelfristig dann aber doch zahlreicher, seinen Fuß auf MaTzu zu setzen wagen wird.

Das Archipel umfasst insgesamt etwa 30 qkm Landfläche, die einzelnen Inseln sind über eine Gesamtlänge von rund 50 km verstreut. Landschaftlich reiht sich MaTzu in die ***typisch südchinesische Inselwelt*** mit kargen, steilen Anstiegen auf kleiner Fläche ein - der PiShan auf PeiKan erreicht 290 Meter, der YunTaiShan auf NanKan immerhin 248 Meter.

Die beiden bedeutendsten Inseln, ***PeiKan*** und ***NanKan,*** liegen nur 6 km auseinander und bilden das Herzstück des Archipels.

Wer nach MaTzu reist, sollte ***mindestens zwei Übernachtungen*** einplanen, um die beiden Hauptinseln zu besuchen. Zwar sind noch weitere Inseln per Boot oder Hubschrauber erreichbar, doch dies ist - zumindest derzeit - eine ziemliche Expedition (siehe NanKan, An-/Abreise).

NanKan

Mit dem Bau des Zivilflughafens (2003) verlagerte sich der touristische Schwerpunkt auf die mit 12,2 qkm ***größte Insel der MaTzu-Grupe,*** auf die nach dem nördlichen MaTzu-Pier bisweilen auch schlicht MaTzu genannte Insel NanKan. Hier befinden sich das Verwaltungszentrum, Unterkünfte, Militärbasen sowie einige interessante Sehenswürdigkeiten. Als Hauptort mit der Verwaltung fungiert die ***Siedlung ChieShou*** im Südosten der Insel.

Die ***Bevölkerung*** lebte ursprünglich ausschließlich vom Fischfang, seit der taiwanesischen GuoMinDang(KuoMinTang)-Ära dann auch vom Militär und seit neuestem auch vom sich langsam entwickelnden (einheimischen) Tourismus.

Mit Gepäck sind es ***zu Fuß*** rund 15 Minuten, um vom Flughafen zu den Unterkünften von ChieShou oder FuHsing zu gelangen; ansonsten warten vor dem Flughafen Taxis (250 NT$) wie auch Mopedverleiher. Theoretisch fährt stündlich ein Bus um die Insel (20 NT$) - nicht die schnellste, aber preiswerteste Möglichkeit, herumzukommen, ohne zu Fuß gehen zu müssen.

Sehenswertes

TienHouKung
天后宮

TienHou-(= *MaTzu,* Meeresgöttin-Tempel gibt es reichlich in TaiWan, mit dem auf NanKan hat es allerdings etwas Besonderes auf sich. Zum einen soll die Meeresgöttin in diesem Tempel die Gebeine ihres Vaters begraben haben, zum anderen soll sie selbst der chinesischen Legende zufolge hier zeitweise bestattet gewesen sein. Daher wird gerade dieser ***MaTzu-Tempel*** als besonders heilig betrachtet; ▲ 12.

PeiHai-Tunnel
北海坑道

Es könnte eine Szenerie aus einem James-Bond-Streifen sein: Von hoher See rasen chinesische Schnellboote auf eine Felswand an der Küste zu, verfolgt vom Helden, um plötzlich, wie vom Erd-

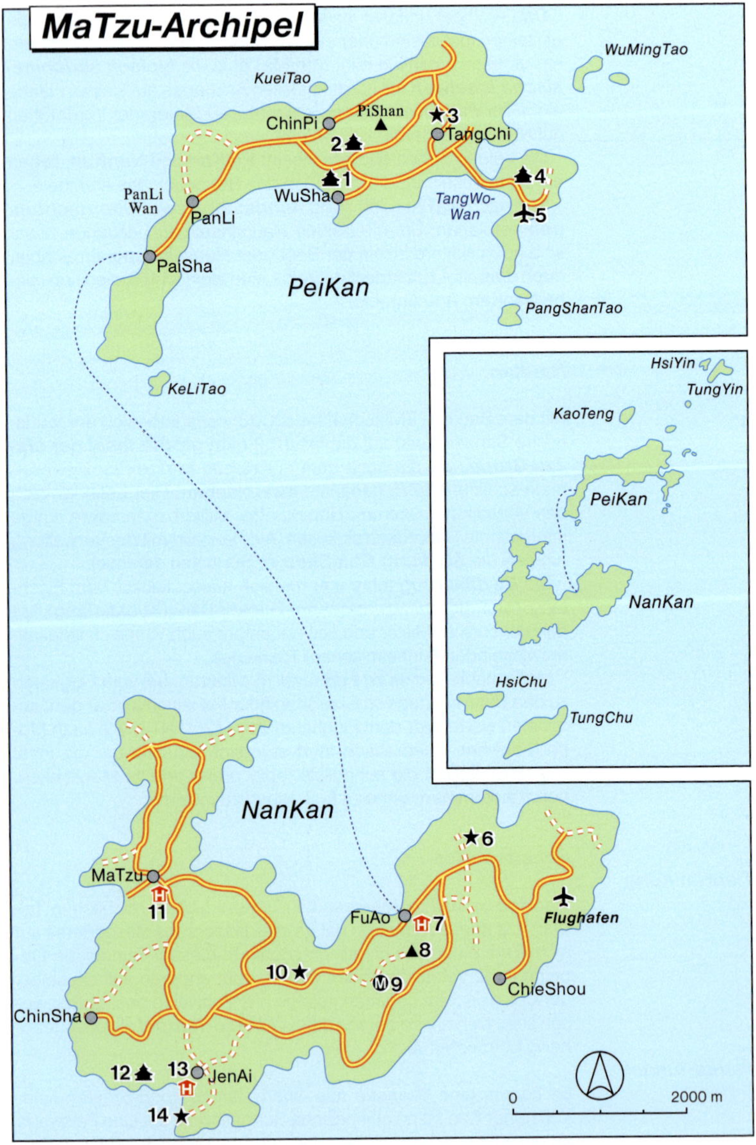
MaTzu-Archipel
WuMingTao
KueiTao
PiShan
ChinPi
3
TangChi
2
1
4
PanLi Wan
WuSha
TangWo-Wan
5
PanLi
PaiSha
PeiKan
PangShanTao
KeLiTao
HsiYin
TungYin
KaoTeng
PeiKan
NanKan
HsiChu
TungChu
NanKan
6
MaTzu
11
FuAo
7
Flughafen
8
10
9
ChieShou
ChinSha
12
13
JenAi
14
0
2000 m

▲	1	ChaoYuanShui-Tempel	▲	8	YunTaiShan
▲	2	MaTzu-Tempel	Ⓜ	9	WenChien-Museum
★	3	YiYuan-Obstgarten	★	10	ChieShou KungYuan, ShengLiHu
▲	4	YangKungPaShi-Tempel	Ⓗ	11	LienChiang Hotel
✈	5	Flugplatz (Militär)	▲	12	MaTzu-Tempel
★	6	MaTzu JiuChang-Brennerei	Ⓗ	13	HaiLangHuaKeZhan Hotel
Ⓗ	7	FuHua LüDian Hotel	★	14	PeiHai-Tunnel

boden verschluckt, mitten in der Wand zu verschwinden. Der verdutzte Kinoheld dreht ab, um im Laufe des Films dann doch, meist mit einer Schönheit im Arm, das Rätsel zu lösen. Des Rätsels Lösung indes ist hier auf NanKan simpel: 1968 – während der Angriffe auf KinMen – trieben die *KuoMinTang*-Truppen einen Tunnel vom Meer direkt in die Steilwand, der bis zu 120 kleinen Kampfbooten Unterschlupf gewährt! Die Grabung dieses Stollens dauerte über drei Jahre, der Tunnel ist heute eine der Hauptattraktionen auf NanKan. Wer die Wachtposten am Zugang höflich fragt, wird bereitwillig herumgeführt; ★ 14.

MaTzu JiuChang
馬祖酒廠

In unmittelbarer Nähe eines natürlichen Brunnens kamen 1956 zwei clevere Bauern auf die keineswegs abwegige Idee, die auf NanKan stationierten Truppen mit einem in Militärkreisen nahezu als Grundnahrungsmittel geläufigen Stoffe zu versorgen – Alkohol. Neben dem berüchtigten KaoLiang-Schnaps wird in der ***Brennerei*** auch *TaChu,* eine Spezialität MaTzus, hergestellt.

★ 6; Besuche sind kostenlos Montag-Freitag 9.00–17.00 Uhr möglich, eine kleine flüssige Verköstigung ist natürlich obligatorisch – also denn: *KanPei* (Prost)!

ChieShou-KungYuan-Park
界手公園

Im Zentrum NanKans liegt das ***Süßwasserreservoir*** der Insel, der ***ShengLiHu.*** Das Areal wurde weitläufig zum Parkgebiet erklärt und lädt zum Lustwandeln oder Besuch der ***ChiangChingKuo-Gedächtnisstätte*** (⇗ Glossar) oder des ***historischen Museums*** mit vielen lokalen Exponaten zur älteren und jüngeren Geschichte des MaTzu-Archipels ein; ★ 10.

YunTaiShan, WenChien-Museum
雲台山

Vom ⊕YünTaiShan, dem mit 248 Metern ***höchsten Berg der Insel,*** bietet sich ein famoser Rundblick über die Insel, bei klarem Wetter auch über PeiKan und sogar bis zum chinesischen Festland. Am Gipfel wurde Ende der 1960er Jahre eine Steintafel mit dem Satz „wir schlafen mit gezücktem Schwerte" als Warnung an die festlandschinesische Seite angebracht.

Auf halbem Weg zum Gipfel liegt das interessante ***WenChien-Museum,*** welches auf mehreren Etagen lehrreiche Exponate zur Meeresbiologie, Geschichte und Kultur der Insel austellt; Ⓜ 9.

ChinSha-Dorf
金沙村

An der Westküste NanKans liegt die kleine ehemalige Fischersiedlung ChinSha, ein Dorf in ***typisch fukienesischer Bauweise*** mit geschwungenen Dächern. Nahezu alle Einwohner haben den

Ort mittlerweile verlassen, um ihr Glück in den größeren Siedlungen oder auf der taiwanesischen Hauptinsel zu machen – hochinteressant, einmal durch das Geisterdorf zu streifen.

ChieChou
建江村

In ChieShou im äußersten Südosten von NanKan ist die ***Verwaltung MaTzus*** untergebracht; beachtenswert ist hier vor allem der an der Küste angelegte hübsche Garten.

An-/Abreise

- ***Luftweg:*** NanKan-Airport ist 8 x tgl. an TaiBei angebunden, der einfache Flug kostet rund 2500 NT$.
- ***Seeweg:*** Ähnlich wie bei KinMen besteht theoretisch (da im Winterhalbjahr unregelmäßig bis nicht vorhanden) eine Fähranbindung nach ***KeeLung (JiLong),*** das 10 Stunden fahrende Nachtboot kostet 500 NT$ (ohne Bett) bis 2000 NT$ (Doppelkabine). Telefonische Reservierung unter (02)-24234733 oder (02)-24228267 in KeeLung oder auf NanKan unter (0836)-22395 ist erforderlich.
- ***Transport zwischen den Inseln:*** Zwei Fährboote verbinden die beiden Hauptinseln von PaiSha-Pier (PeiKan) nach FuAo-Pier (NanKan) miteinander: ein langsameres ***Militärboot*** (50 NT$, 45 Minuten) und ein ***Schnellboot*** (110 NT$ einfach, 160 NT$ Hin- und Rückfahrt, 10 Minuten), das je nach Wetter 2- bis 6 x täglich fährt. Durch die beiden Fähren besteht somit im Sommer spätestens stündlich eine Überfahrtsmöglichkeit.

In Notfällen oder alternativ kann auch per ***Hubschrauber*** geflogen werden: *TeAn HangKung* (am Flugplatz PeiKan) bietet diesen exklusiven Transfer sowohl nach PeiKan (2000 NT$ einfach) als auch zu anderen Inseln (2500 bis 3400 NT$ einfach) an.

Unterkunft

NanKan bietet – neben zahllosen Privatunterkünften, für die am Pier und zum Teil auch schon vor dem Flughafen lautstark geworben wird (ca. 700 NT$/Person) einige brauchbare Hotelunterkünfte:

魚會招待所

ф***YuHui ChaoTaiSuo*** €€, YuHuiLou, FuAo, Tel. (0836)-22296, nahe der FuAo-Anlegestelle und daher logistisch am empfehlenswertesten mit DZ schon ab 800 bis 1500 NT$.

勝利山狀

ф***ShengLi ShanZhuang*** €€ ***(Siegeshotel),*** ChieShou KungYuan, Tel. (0836)-22382, DZ ab 900 NT$, sehr hübsch im ChieShou-Park im Zentrum NanKans gelegen.

連江山狀

ф***LianChiang ShanChuang*** €€, Tel. (0836)-22431, DZ von 1000 bis 2200 NT$, nahe dem MaTzu-Pier im Nordwesten der Insel.

福華旅店

- Ebenfalls in der Nähe eines Piers, allerdings im Dörfchen FuAo, bietet das ф***FuHua LüDian*** €€, Tel. (0836)-22990, DZ ab 1500 NT$; ein Plus ist die Nähe zum Fährpier, ansonsten sind die Räume überbezahlt.

海浪花客棧

- Weit besser, aber leider nur per Taxi erreichbar ist das ф***HaiLangHua KeZhan*** €€, Tel. (0836)-22569, im Dörfchen RenAi/JenAi im Südwesten. Ausgezeichnete Zimmer kosten hier 1800 NT$ mit kleinen Rabatten unter der Woche (die Taxifahrt zahlt sich aus!).

Essen und Trinken

Meeresfrüchte werden in etlichen Lokalen in den Hauptstraßen von FuAo und ChieShou angeboten. Ansonsten ist man auf Lebensmittelgeschäfte in diesen Orten sowie in MaTzu-Pier angewiesen.

北竿

PeiKan (BeiGan)

PeiKan, mit 10,5 qkm zweitgrößtes Eiland der Inselgruppe, war bis zur Eröffnung des Zivilflughafens auf NanKan der Hauptzielort auf MaTzu, gerät nunmehr jedoch zunehmend ins (touristische) Hintertreffen. PeiKan ist vor allem wegen seiner ***hervorragenden Strände und einiger traditioneller, fukienesischer Siedlungen*** hervorzuheben.

Zum Hauptort hat sich die knapp 2 km vom jetzigen Militärflugplatz entfernte ***Siedlung TangChi*** entwickelt; hier gibt es Unterkünfte und Taxis nach PaiSha (Fährstelle nach NanKan, 250 NT$). Auch am Flughafen stehen Taxis bereit, um entweder nach TangChi (150 NT$) oder PaiSha (320 NT$) zu fahren.

Von der Unterkunft in TangChi aus lässt sich die Insel PeiKan bequem zu Fuß erkunden (ca. 14 km für einen kompletten Inselrundgang).

Sehenswertes

Strände

塘后沙彎

班里彎

An der Westseite der schmalen Landbrücke zwischen Flugplatz und TangChi erstreckt sich die ⌽ ***TangWo-Bucht*** mit ihren vorzüglichen Sandstränden - das flache Wasser ist auch für Kinder hervorragend geeignet. Auf der Nordwestseite der Insel empfiehlt sich die ⌽ ***PanLiWan-Bucht*** mit ebenfalls sehr guten Bademöglichkeiten.

Tempel

天后宮

趙元師廟
楊公八師廟

Natürlich darf der obligatorische Tempel zu Ehren der Meeresgöttin ⌽ ***MaTzu*** (▲ 2) nicht fehlen - die Schriftzeichen der Göttin haben übrigens nichts mit denen der Inselgruppe gemein, sie sind nur zufällig lautgleich. Weitere interessante Tempel sind der ⌽ ***ChaoYuanShui-Tempel*** (▲ 1) an der Südseite PeiKans sowie der ⌽ ***YangKungPaShi-Tempel*** (▲ 4) beim Flugplatz.

ChinPi
金壁

Auf der Nordseite PeiKans liegt die Siedlung ChinPi, das schönste Dorf der Insel im typisch ***fukienesischen Baustil.*** Der dem Dörfchen im Meer gegenüberliegende Felsen wird wegen seiner Form ***„Schildkröteninsel"*** (KueiTao) genannt.

PiShan
壁壁山

Mit 290 Metern ist der PiShan die ***höchste Erhebung des gesamten MaTzu-Archipels.*** Der „Berg" bietet - vorausgesetzt, das Wetter spielt mit - einen hervorragenden Ausblick über die MaTzu-Inseln.

Unterkunft

- Schon am Flughafen versuchen die emsigen Taxifahrer, eine ***Privatunterkunft*** zu vermitteln (wer darauf eingeht, wird meist kostenlos hingebracht, dem Fahrer gehört dann entweder das entsprechende Haus oder er kassiert eine Provision. Die Preise liegen bei 500 NT$/Person - sich darauf einmal einzulassen ist nicht unbedingt das schlechteste, da man so gute Einblicke in das Leben der Leute gewinnt.

壁雲天旅舍

●Alternativ bietet sich das ☯***PiYunTien LüShe,*** 255 ChungChengLu, TangChi, Tel. (0836)-55461 an: 4er Zimmer kosten hier 2500 NT$, DZ ab 1800 NT$. Es gibt noch vier weitere Hotels im Ort, die etwa die gleichen Zimmerpreise berechnen.

Essen und Trinken

Im Ortskern von ***TangChi*** gibt es ein Restaurant, einen kleinen Laden sowie ein paar Snackverkäufer.

Andere Inseln der MaTzu-Gruppe

Es besteht, zumindest theoretisch, die Möglichkeit, ***HsiYin*** und ***TungYin*** im Norden sowie ***HsiChu*** und ***TungChu*** im Süden des MaTzu-Archipels zu besuchen. Allerdings gibt es ***keine offiziellen Unterkünfte,*** auch die Anreise ist entweder Glückssache (Militärboote fahren jede Insel etwa einmal wöchentlich an und nehmen Besucher mit) oder sehr teuer (mit dem Hubschrauber, siehe NanKan, An-/Abreise).

烏坵

WuChiu (Rabe-Regenwurm)

Diese ebenfalls von TaiWan kontrollierte Insel liegt zwischen KinMen und MaTzu vor dem chinesischen Festland und gehört ebenfalls zur Provinz FuKien. Die Geschichte WuChius weist große Parallelen zu KinMen und MaTzu auf, ist aber derzeit immer ***noch nicht für den Tourismus freigegeben.*** KinMen und MaTzu waren gewissermaßen die Vorreiter; falls es keine unerwarteten Probleme (Schwarzhandel, NT$-Abfluss zum oder Wirtschaftsflüchtlinge vom Festland) gibt, ist allerdings auch hier mittelfristig mit einer Öffnung zu rechnen.

Anhang

113t Foto: wl

Kleine Sprachhilfe

In diesem Kapitel finden Sie einige wertvolle Sprachtipps, die die Verständigung im Land vereinfachen. Ausführlichere Sprachhinweise und Vokabellisten finden Sie im Kauderwelsch Band 14 ***Hochchinesisch (Mandarin) – Wort für Wort***. Amtssprache auf TaiWan ist das nordchinesische ***Mandarin.*** Daneben wird Taiwanesisch (eine dem FuKienesischen verwandte Sprache) gesprochen.

Geschrieben wird ausschließlich in Zeichen, eine lateinische Umschrift gibt es nur selten, und diese ist nicht immer einheitlich. Für die folgende Sprachhilfe wird auf die sicherlich beste ***Umschrift,*** das sogenannte ***PinYin,*** zurückgegriffen. Die taiwanesische Umschrift, die noch immer in vielen Regionen verwendet wird (einige Städte in TaiWan, z.B. TaiBei, sind inzwischen offiziell zu PinYin übergegangen), ist dagegen denkbar ungeeignet, da viele Konsonanten mit gleichen lateinischen Buchstaben trotz unterschiedlicher Aussprache wiedergegeben werden. So werden beispielsweise PinYin „Zhu", „Chu", „Qu" und „Ju" auf TaiWan unisono als „Chu" geschrieben - aufgrund der ohnehin schon sehr schweren Verständlichkeit ein Unding für Anfänger. Zudem wird in diversen Großstädten mit unterschiedlichen Transskriptionssystemen experimentiert, was die Orientierung vor Ort auch nicht gerade erleichtert.

Aussprache

Alle chinesischen Zeichen stehen prinzipiell für je eine Silbe. Die Silbe beginnt mit einem Konsonanten/-gruppe und endet auf einen Vokal/-gruppe oder die Konsonanten n und ng. Bei der Aussprache des PinYin kommen Vokale und Konsonanten der deutschen Aussprache sehr entgegen, unterschiedlich sind lediglich die folgenden Konsonanten und Vokale:

X - [chß], wie in „Milchsuppe"
Q - [tj], wie in „tja"
J - [dji], wie in „Jeep"
Zh - [dsch], wie in „Dschungel"
Ch - [tsch], wie in „deutsch"
C - [tz], wie in „Hitze"
Z - [ds], wie in „Rundsaal"
Sh - [sch], wie in „Schule"
H - [ch], wie in „ach"
R - [sh, r], wie in Journal bzw. am Wortende wie ein englisches „R" (Es ist übrigens ein Gerücht, die Chinesen sprächen kein „R". Es gibt allerdings einige südliche Dialekte, die kein „R" kennen.)
Yu - [ü], im Anlaut, lautgleich mit ü am Ende einer Silbe

Auslautende Vokal/-gruppen:
Ei - [ei], wie in „hey, Du!"
Ou - [ou], wie im englischen „go"
Ui - [uei], wie im englischen „way"
Alle übrigen Vokale sind mit der deutschen Aussprache in etwa identisch.

Es ist sehr wichtig, alle Konsonanten und Vokale sehr genau zu sprechen. Da alle Wörter einsilbig sind und nur rund 400 verschiedene Silben existieren, lauten sehr viele Wörter mit unterschiedlicher Bedeutung gleich und sind nur am Schriftzeichen zu unterscheiden. Um mit den wenigen Silben kommunizieren zu können, setzten die Chinesen fünf verschiedene ***Töne*** ein, anhand derer eine Silbe auf fünf verschiedene Weisen ausgesprochen werden kann.

1. Ton: gleichbleibend hoch, z.B. mā, vergleichbar mit deutsch „Aal" in der Situation: „Ich esse heute Aal." „Was isst du?" „Aal esse ich!"

2. Ton: von unten nach oben aufsteigend, etwa: „Was schenkst du ihm, ein Buch? Er hat schon so viele!" Oder: „Na, wie geht´s?"

3. Ton: erst von oben nach unten fallend, dann steigend (in der Praxis meist leicht vibrierender tiefer Ton), etwa deutsch: (fragendes, verblüfftes) „aha?", aber das h bleibt weg, die Betonung (erst abwärts dann aufwärts) liegt nur auf dem ǎ

4. Ton: Von oben nach unten fallend, etwa deutsch: „Jawoll!".

5. Ton: der Vokal wird sehr kurz ausgesprochen abrupt abgebrochen, etwa wie das erste o in „Otto", nur noch viel kürzer (beinahe erstickt, abgewürgt).

Ein Beispiel: Es gibt für die Silbe (das gesprochene Wort) „Shi" nicht weniger als 61 verschiedene Schriftzeichen, verschiedene (Grund-) Bedeutungen also. Mit Hilfe der Töne wird „Shi" 13 mal im ersten, neun mal im zweiten, sieben mal im dritten, 28 mal im vierten und zwei mal im fünften Ton gesprochen – es bleibt also immer noch unheimlich schwierig, die genaue Bedeutung zu erschließen. Selbst wenn der Ausländer Aussprache und Ton genau trifft (was aber nur Profis gelingt), bleiben 28 verschiedene (Grund-) Möglichkeiten für „Shì" im vierten Ton! Jedes Schriftzeichen gibt dann wiederum eine Grundbedeutung mit verschiedenen Varianten je nach Zusammenhang wieder; Shì (nur im vierten Ton) kann demnach bedeuten:

Als Zeichen No. 1 je nach Zusammenhang und Zusammensetzung „Junggeselle", „Gelehrter", „Leibwache", „Held", „Ritter", „Unteroffizier".
Zeichen No. 2 wäre „Clan", „geborene..." oder ein Namenszusatz.
Zeichen No. 3: „Markt", „Stadt" oder ein Zusatz bei Maßeinheiten.
usw. bis Zeichen No. 28!

Isoliert betrachtet, ist es daher auch für Fachleute und manchmal selbst für Muttersprachler schwierig bis unmöglich, ad hoc die richtige Bedeutung einer korrekt gesprochenen Silbe wiederzugeben. Es kommt also im Gespräch immer auf den Gesamtzusammenhang an; zum anderen tendiert das moderne Mandarin zur Doppelsilbigkeit. Dies bedeutet, dass immer häufiger zwei ähnliche Begriffe, die ursprünglich einzeln gesprochen wurden, zusammengesetzt werden und erst dann ein Wort komplett ist.

So genügte früher in der geschriebenen (wie auch gesprochenen) Sprache das Wort „Shǐ" im dritten Ton für (historische) „Geschichte". Heute verwendet man „LìShǐ" als Zusammensetzung von „alte Ereignisse" (Lì) und „Historie" (Shǐ), um „Geschichte" zu sagen.

Eines der fatalsten „kulturellen Missverständnisse", welches dem Anfänger passieren kann (nein, wird), ist die einen Fragesatz einleitende Formel „Ach Entschuldigung,...". Im Mandarin heißt dies (und sollte höflicherweise auch immer gesagt werden) „QǐngWèn,..." im dritten und vierten Ton. Spricht man dies im dritten und zweiten Ton (QǐngWén), dann bedeutet dies „Darf ich Sie bitte küssen?" - also Achtung!

Essen & Trinken

Viele Gerichte auf TaiWan werden unter blumigen Namen wie „Jadetee" für Gurkensuppe oder „Lotusblüten im Vollmond" für Bambussprossen auf gebratenen Nudeln auf den Speisekarten angeboten, wobei jedes Lokal seine eigenen Bezeichnungen wählt. Englischsprachige Speisekarten gibt es ohnehin nur in gehobenen Restaurants. Nach der Speisekarte fragt man mit ***„Qǐng Gěi Wǒ CàiDān".*** Die nachfolgende Liste bietet einige wichtige Redewendungen und Begriffe für Grundspeisen, um einigermaßen über die Runden zu kommen.

我要一點米飯	Ich möchte etwas Reis	Wǒ Yào Yī Diǎn Mi Fàn
我要一點乾麵	Ich möchte etwas Nudeln	Wǒ Yào Yī Diǎn Gān Miàn
我不要吃肉	Ich möchte kein Fleisch	Wǒ Bú Yào Chī Ròu
我吃素菜	Ich bin Vegetarier	Wǒ Chī SùCài
我不吃豬肉	Ich esse kein Schweinefleisch	Wǒ Bu Chī ZhūRòu
我要水餃	Ich möchte gekochte Ravioli	Wǒ Yào Chī Shǔi Jiao
我要喝茶＼啤酒	Ich möchte Tee / Bier trinken	Wǒ Yào Hē Chá / Pí Jiǔ

Die nachfolgend genannten Speisen bestellt man mit der Redewendung „Wǒ Yào Chī...." ich möchte....essen":

Suppen werden in China getrunken und wie Getränke mit „Wǒ Yào Hē...." bestellt.

湯	Suppe (allg.)	Tāng
豆腐菜湯	Tofu-Gemüsesuppe	DòuFǔ CàiTāng
奶油鮮蘑湯	Pilzcremesuppe	NǎiYóu XiánMō Tāng
奶油番茄湯	Tomatensuppe	FanQie Tāng
蛋花湯	Ei/Gemüsesuppe	DànHuāTāng
鮮魚湯	Fischsuppe	XiānYúTāng
酸辣湯	süßsaure Suppe	SuānLàTāng

陽春麵	einfaches Nudelgericht	YángChūnMiàn
烏龍麵	Nudeln m. Seafood	WūLóngMiàn
牛肉炒麵	Nudeln m. Rind	NiúRòu ChaoMiàn
雞絲炒麵	Nudeln m. Huhn	JīSī ChaoMiàn
鴨肉麵	Nudeln m. Ente	YāRòu Miàn
蝦仁炒麵	Nudeln m. Shrimps	XiāRén ChǎoMiàn

米粉	Reisnudeln	MǐFěn
白飯	gekochter Reis	BáiFàn
壽司	japanische Sushi	ShòuSī
素什錦	gemischtes Gemüse	ShíJǐn
蚝油豆腐	gebr. Toufu u. Sauce	HáoYóu DòuFǔ
素炒豆腐芽	gebr. Bohnensprossen	Chǎo DòuYá
素炒青菜	gebr. Gemüse	Chǎo QīngCài
蔬菜炒麵	gebr. Nudeln mit Gemüse	ShūCài ChǎoMiàn
蔬菜炒飯	gebr. Reis m. Gemüse	ShūCài ChǎoFàn
麻婆豆腐	pikanter Toufu	MáPó DòuFǔ
咖哩牛肉麵	Rindercurry m. Nudeln	GāLǐ NiúRòu Miàn
咖哩牛肉飯	Rindercurry m. Reis	GāLǐ NiúRòu Fàn
牛肉飯	Reis m. Rindfleisch	NiúRòuFàn
牛肉絲炒飯	gebr. Reis m. Rind	NiúRòu SīChǎoFàn
蛋餅	Omelett	DànBǐng
鷄蛋炒飯	gebr. Reis m. Ei	Dàn ChǎoFàn
西紅柿炒鷄蛋	gebr. Tomaten m. Ei	XīHóng ShìChǎo JīDàn
咖哩鷄肉飯	Reis m. Hühnercurry	GāLǐ JīRòu Fàn
鷄腿飯	Hühnerkeule m. Reis	JīTuěFàn
鷄絲炒麵	gebr. Nudeln m. Huhn	JīSī ChǎoMiàn
鷄絲炒飯	gebr. Reis m. Huhn	JīSī ChǎoFàn
手扒鷄	Brathuhn	ShōuPáJī
糖醋鷄丁	Huhn süß-sauer	TángCù JīDīng
芽肉炒麵	gebr. Nudeln m. Ente	YāRòu ChǎoMiàn
芽肉飯	Ente m. Reis	YāRòuFàn
北平烤鴨	Peking-Ente	BěiPíng KǎoYā
三宝飯	Reis m. versch. Fleisch	SānBǎoFàn
猪肉絲炒麵	gebr. Nudeln m. Schwein	RǒuSī ChǎoMiàn
猪肉絲炒飯	gebr. Reis m. Schwein	ZhūRòuSī ChǎoFàn
排骨飯	Schweinefl. in Streifen m. Reis	PáiGǔFàn
冬笋肉絲	Schweineragout m. Bambusspr.	DōngSǔn ZhūRòuSī
魚香肉絲	Hackfleisch pikant	YúXiāng ZhūRòuSī
辣子肉丁	Schweinefleisch-Würfel, pikant	LàZi ZhūRòuDīng
糖醋猪肉片	Schweinefleisch süß-sauer	TángCù ZhūRòuPian
什錦炒飯	gebr. Reis m. Seafood	ShíJǐn ChǎoFàn
螃蟹	Krabbenfleisch	PángXiè
炸蝦仁	gebr. Shrimps	ZhàXiāRén
鱔魚	Aal	ShànYǔ
魚	Fisch (allg.)	Yǔ
紅燒魚	Fisch in Sojasauce	HóngShāoYǔ
蝦仁炒麵	gebr. Nudeln m. Shrimps	XiāRénChǎoMiàn
蝦仁炒飯	gebr. Reis m. Shrimps	XiāRénChǎoFàn
龍蝦	Hummer	LóngXiā
魷魚	Tintenfisch	YóuYǔ
春捲	Frühlingsrolle	ChūnJǔan
蛇肉	Schlange	ShéRòu

火鍋	mongolisches Barbeque	HuǒGuō
青蛙肉	Frosch	QīngWāRòu
高麗菜捲	veget. Frühlingsrolle	GāoLì CàiJüǎn
羊肉	Hammelfleisch, Ziegenfleisch	YángRòu
狗肉＼香肉	Hundefleisch	GòuRòu, XiāngRòu
八宝冰	Eis m. Früchten	BāBǎoBīng
檳榔	Betelnuss	BīnLáng
黃油	Butter	HuángYóu
大蒜	Knoblauch	DàSuàn
辣椒醬	scharfe Sauce	LàJiāoJiàng
果醬	Marmelade	GuǒJiàng
番茄醬	Ketchup	FānQiéJiàng
鹽	Salz	Yán
醬油	Sojasauce	JiàngYóu
糖	Zucker	Táng
啤酒	Bier	PǐJiú
茶	Tee	Chá
牛奶	Milch	NiúNǎi
可口可樂	Coca-Cola	KēKǒuKēLè
葡萄酒	Wein	PúTáoJiǔ
白酒	Schnaps	BáiJiǔ
橘子水	Orangensaft	JúZiShuǐ
氣水	Limonade	QìShuǐ
礦泉水	Mineralwasser	KuàngQuánShuǐ

Hotel/Unterkunft

我找---旅社＼大飯店	Ich suche das Hotel …	Wǒ Zhǎo …TàFànTiàn/LùShè
你還有一個房間嗎	Haben Sie ein Zimmer frei?	NǐHái Yǒu Yī Ge FángJiān Ma?
我在這裹要主到星期	Ich möchte bis….bleiben	Wǒ Zài ZhèLi Yào Zhū Dào XīngQi….
我我要主在多人房	Ich möchte im Schlafsaal wohnen.	Wǒ Yào Zhū Zài DuōRénFáng
我喜歡一個套房	Ich möchte ein Zimmer m. Bad.	Wǒ XǐHuán Yī Ge TàoFáng
這個房間多少錢	Wie viel kostet das Zimmer?	Zhèi Ge FángJiān DuōShǎo Qián?
可以看一看嗎	Kann ich es mal sehen?	KéYī KànYiKan Ma?
可以便宜一點嗎	Geht es etwas billiger?	KéYī PiánYī Yī Diǎn Ma?
好，我要主在這裹	Gut, ich bleibe hier.	Hǎo, Wǒ Yào Zhū Zài ZhèLi
太貴，我不要，再見	Zu teuer für mich, auf Wiedersehen	TàiGuì, Wǒ Bú Yào, ZàiJiàn
我現在得付錢嗎	Soll ich gleich bezahlen?	Wǒ XiànZài Děi FùQián Ma?
在哪裹可以登記	Wo muss ich einchecken?	Zài NǎLi KéYī DēngJì?
請鑰匙---	Den Schlüssel Nr. … bitte.	Qǐng YàoShi (+ Zahlen einzeln)
你鑰看見我的護照嗎	Möchten Sie den Reisepass sehen?	Nǐ Yào KànJian Wǒ De HùZhào Ma?
你有一點開水嗎	Haben Sie etwas heißes Wasser?	Nǐ Yǒu Yī Diǎn KāiShuǐ Ma?
請對我找一個計程車	Bitte rufen Sie mir ein Taxi.	Qǐng Duì Wǒ Zhào Yī Ge Chū ZūQìChē

你有一張名片嗎	Haben sie eine Visitenkarte?	NǐYǒu YīZhàng MíngPiàn Ma
怎麼打一個電話到---	Wie telefoniere ich nach…?	ZěnMo Dà YīGe DiànHuà Dào….
房不干凈	Das Zimmer ist schmutzig.	FángJiān Bú GānJìng
在哪裏洗得濯依服	Wo kann man Wäsche waschen?	Zài NǎLi XīDeZhuò YīFu?
廁所＼洗澡間在哪裏	Wo ist die Toilette / das Bad?	CèSuǒ / XīZǎoJiān Zài NǎLi?
在房間裏什麼不工作	Im Zimmer ist etwas kaputt.	Zài FángJiānLi ShénMo Bú GòngZuo.

Zahlen (1–1000)

一	1	Yī
二	2	Èr
三	3	Sān
四	4	Sì
五	5	Wǔ
六	6	Liù
七	7	Qī
八	8	Bā
九	9	Jiǔ
十	10	Shí
十一	11	ShíYī
十二	12	Shí-Èr
二十	20	ÈrShí
二十一	21	ÈrShíYi
三十	30	SānShí
四十	40	SìShí
一百	100	YīBǎi
一百０一	101	YīBǎiYī
一百十	110	YīBǎiShí
二百	200	ÈrBǎi
一千	1000	YīQiān

Wochentage

星期一	Montag	XīngQiYī
星期二	Dienstag	XīngQi-Èr
星期三	Mittwoch	XīngQiSān
星期四	Donnerstag	XīngQiSì
星期五	Freitag	XīngQiWǔ
星期六	Samstag	XīngQiLiù
星期七＼星期天	Sonntag	XīngQiTiān

Zeitangaben, Fragewörter und Personalpronomen

多少	wie viel	DuōShǎo
多久	wie lange	DuōJiù
什麼	was	ShénMo
神秘時候	wann; wie viel Uhr	ShénMo ShíHou
誰	wer	Shéi
---在哪裏	wo ist...	...ZàiNǎLi
怎麼樣	wie	ZěnMoYàng
這個	dieser, -e, -es	ZhèiGe
那個	jener, -e, -es	NèiGe
現在	jetzt	XiànZài
---點鐘	......Uhr	....DiǎnZhòng
小時	Stunde	XiǎoShí
今天	heute	JīnTiān
明天	morgen	MíngTiān
後天	übermorgen	HòuTiān
星期＼禮拜	Woche	XīngQi; LìBai
月	Monat	Yuè
我，我們	ich, wir	Wǒ, WǒMen
你，你們	du/Sie, ihr/Sie	Nǐ, NǐMen
他，他們	er/sie/es, sie	Tā, TāMen

Der Plural für die Pronomen wird immer durch das Zeichen Men gebildet

Alltagsdinge

我要	***ich möchte***	Wǒ Yào
我找	ich suche	Wǒ Zhào
我要賣	ich will...kaufen	WǒYàoMǎi...
我不要	ich will nicht...	WǒBúYào...
在這裏有---嗎	gibt es hier...	Zài ZhèLi Yǒu...Ma
---多少錢	wie viel kostet....	..., DuōShǎoQián
我不懂	ich verstehe nicht	Wǒ Bú Dòng
對不起	Entschuldigung!	DuìBuQǐ
等一下	Augenblick	DěngYīXià
請給我看	Zeigen Sie mir...	Qǐng Gèi Wǒ Kàn
你好	Guten Tag	NǐHǎo
我沒有	ich habe nicht...	Wǒ MéiYǒu
沒有	Gibt es nicht	MéiYǒu
謝謝	Vielen Dank	XièXie
白貨公司	Kaufhaus	BǎiHuò GōngSi
照片卷	Farbfilm	ZhaoPianJuan
幻燈膠片	Diafilm	HuanDeng JiaoPian
---壞了	.....ist kaputt	.....HuaiLe
照片機	Fotoapparat	ZhàoPiànJǐ
在哪裏修理---	wo wird...repaiert	ZàiNǎLi XiúLi...?

付錢＼給錢	etwas bezahlen	FùQián GèiQián
英文日報	engl. Zeitung	YīngWèn RíBào
廁所在哪裏	wo ist die Toilette	CèSuǒ Zài NǎLi
洗澡間	Badezimmer	XǐZaoJián
衛生紙	Toilettenpapier	WèiShēngZhǐ
衛生棉條	Tampons	WèiShēng MiánTiáo
防曬油	Sonnenöl	FángShàiYóu
蚊香	Mosquito-Coils	WénXiāng
洗依中心	Wäscherei	XǐYī ZhōngXīn
洗依粉	Waschpulver	XǐYīFèn
電池	Batterien	DiánChi
火柴	Streichhölzer	HuǒChāi
地圖	Stadtplan	DìTu
香烟	Zigaretten	XiāngYán
一瓶	eine Flasche…	YīPíng…
再見	Auf Wiedersehen	ZàiJiàn
銀行	Bank	YínHáng
兌換錢	Geld wechslen	DuìHuan Qián
兌換旅行支票	Reisescheck wechseln	DuìHuan LǚXingZhìPiǎo
書店	Buchladen	ShūDiàn
電影院	Kino	DiànYǐngYuǎn
酒家	Kneipe	JiǔJiā
餐館	Restaurant	CānGuǎn
請給我單子	eine Quittung bitte	Qǐng Gei Wǒ DānZi

Postwesen

郵局	Postamt	YóuJú
航空運	Luftpostbrief	HángKōngYün
郵片	Briefmarke	YóuPiàn
電話	Telefon	DiànHuà
郵簡	Aerogram	YóuJiǎn
電話卡	Telefonkarte	DiànHuàKǎ
明信片	Postkarte	MíngXīnPiàn
國際直撥電話	itl. Direktwahl	GuóJì ZhīBǒ DiànHuà
封信	Brief	FèngXīn
存局候領	postlagernd	CúnJú HòuLǐng

我要一張郵票＼郵簡到歐洲 — Ich möchte eine Briefmarke / ein Aerogram nach Europa.
Wo Yao YiZhang YouPiao / YouJian Dao OuZhou.

Hilfe, Notfälle, Dokumente

請你幫助我	Bitte helfen Sie mir!	Qǐng Nǐ BāngZhù Wǒ!
我走錯路了	Ich habe mich verirrt.	Wǒ Zǒu Cuò Lù Le.
我找一位說英文的人	Ich suche jmdn., der Englisch spricht	Wǒ Zhǎo YīWèi Shuǒ YīngWèn De Rén.
我生病了，我得看病	Ich bin erkrankt u. muss zum Arzt.	Wǒ ShěngBìngLe, Wǒ Děi KànBìng.

我眞受傷	Ich bin ernsthaft verletzt.	Wǒ Zhēn ShòuShāng.
我有牙痛	Ich habe Zahnschmerzen	Wǒ Yǒu YáTòng
在哪裏有牙科醫生	Wo gibt es einen Zahnarzt?	Zai NaLi Yǒu YáKe YīSheng?
我找一家药房	Ich suche eine Apotheke	Wǒ Zhǎo YīJiā YàoFáng
在這裏我有痛	Hier tut´s weh (+ zeigen).	Zài ZhèLi Wǒ Yǒu Tòng.
我要中药	Ich brauche ein Medikament.	Wǒ Yào ZhōngYào.
我有感冒	Ich habe eine Erkältung.	Wǒ Yǒu GǎnMào
我有日炙	Ich habe Sonnenbrand.	Wǒ Yǒu RīJiǔ
幫助，火灾，小頭	Hilfe, Feuer / Diebe!	BāngZhù, HuǒZai / XiǎoTou!
請帶我到醫院＼警察	Bringen Sie mich ins Spital/ zur Polizei	Qǐng DàiWǒ Dào YīYuàn/JǐngChá
我找延期簽証的外事警察	Ich suche die Ausländerpolizei zur Visaverlängerung	Wǒ Zhǎo YánQī QiānZhèng De WàiShi JǐngChá
護照＼簽証	Pass - Visum	HùZhào - QiānZhèng
飛機票＼錢	Ticket - Geld	FēiJīPiào - Qián

Transport und Orientierung

北	Norden	BěiBián
東	Osten	DōngBian
南	Süden	NánBian
西	Westen	XīBian
右	rechts	YoùBian
左	links	ZuǒBian
往前走	geradeaus	WàngQiánZǒu
往回走	zurück	WàngHuì Zǒu
從---到	von…nach	Cóng…Dào
自行車	Fahrrad	ZìXíngChē
摩托車	Moped	MōTuoChē
機車出租	Mopedverleih	JīChē ChūZū
出租汽車	Mietwagen	ChūZu QiChe
加油站	Tankstelle	JiāYóuZhàn
公共汽車	Bus	GōngGòng QìChē
公車站	(Bus-)Haltestelle	GōngChēZhàn
買票	Fahrkarte kaufen	MǎiPiǎo
火車	Zug (Bahn)	HuǒChē
火車站	Bahnhof	HuǒChēZhàn
手票出	Ticketschalter	ShòuPiǎoChū
行李	Gepäck	XīngLi
飛機場	Flugplatz	FēiJīChǎng
確認票	rückbestätigen	QuèRèn Piǎo
船	Schiff	Chuán
火車在哪裏	Wo ist der Bhf. (Flugplatz usw.)	HuǒChēZhàn Zài NǎLi?
什麼時候有汽車到	Wann fährt ein Bus nach…	ShénMo ShíHou Yǒu QìChē Dào…?
我要買一張票到	Ich möchte ein Ticket nach…kaufen.	WǒYàoMai YīZhāngPiǎo Dào…
還有位子嗎	Gibt es noch Sitzplätze?	HàiYǒu WēiZi Ma?

我得幻車嗎，在哪裏	Muss ich umsteigen? Wo denn?	Wǒ Děi HuànChē Ma? Zài NǎLi?
我要取消我的票	Ich möchte mein Ticket stornieren	WǒYào QǔXiāo WǒDePiǎo.
我要定一個位子到---	Ich möchte einen Platz nach…reservieren.	WǒYào Dīng YīGe WèiZi Dào…
這離---多遠	Wie weit ist es von hier nach …?	Zhè Lí …., DuōShǎo GōngLi
我們什麼時候到了	Wann sind wir in …?	WǒMen ShénMo ShíHou DàoLe….?
我的位子在哪離	Entschldg., wo ist mein Sitzplatz?	QǐngWèn, WǒDe WèiZi Zài NǎLi?
我找一家書店	Ich suche einen Buchladen.	Wǒ Zhào YīJiā ShūDiàn.
摩托車多少錢一天	Was kostet ein Moped für einen Tag.	MōTuoChē DuōShǎoQián YīTiān?
請你些開車的時候	Bitte schreiben Sie die Abfahrtszeit auf.	Qǐng Nǐ Xiě KāiChē De ShíHou.

Small-Talk

我老家在 — Ich komme aus … — Wǒ LǎoJiā Zài ….

澳地利---瑞士---德國 — Österreich - Schweiz - Deutschland — AòDìLì - RuìShi - DéGuó

臺的山水非常漂亮 — Die Landschaft auf TaiWan ist schön — TáiWàn De ShānShuǐ FēiChang PiàoLiǎng

人人這利非常熱情 — Die Leute hier sind alle sehr nett — RénRen ZàiZhèLi FēiChang RèQing

我是學生 — Ich bin Student/-in. — Wǒ Shi XuěSheng.

假期的時候我帶在臺彎 — Die Ferien verbringe ich in TaiWan — JiàQī De ShíHou Wǒ Dài Zài TáiWàn

我不會說中文 — Ich spreche kein Chinesisch — Wǒ Bú Huì Shuǒ ZhōngWèn

我結婚了，我有---個孩子 — Ich bin verheiratet und habe…Kinder — Wǒ JiéHūnLe, Wǒ Yǒu ….Ge HáiZi

時間不早，我該走了 — Es ist spät, ich muss gehen. — ShíJian Bú Zǎo, Wǒ Gāi Zǒu Le

Glossar

Viele chinesische Begriffe, insbesondere Zahlen und Früchte, haben neben ihrer eigentlichen Bedeutung auch die Funktion eines Symbols. Dies erklärt sich zum einen aus der geringen Anzahl an Silben im Chinesischen, was zwangsläufig zu Ähnlichkeiten bei der Aussprache führen musste, zum anderen aus der konfuzianischen Sozialethik, die besonders im Intimbereich zu einer blumigen Symbolsprache führte (⇗ Sex).

Acht

(Ba) Viele Zahlen nehmen in der chinesischen Symbolik eine besondere Rolle ein. Alle geraden sind weibliche (Yin-) Zahlen, alle ungeraden männliche (Yang-) Zahlen). Die Zahl acht ist die Zahl der Gelehrten und der Religionen, es gibt die Acht Unsterblichen des Daoismus oder die Acht Kostbarkeiten im Konfuzianismus.

Acht Unsterbliche

(BaXian) Die acht Unsterblichen sind daoistische Heilige, die durch Befolgung der daoistischen Lehren Unsterblichkeit erlangten und auf ihrem Weg vom asiatischen Festland zur paradiesischen Insel PengLai im Pazifik auch TaiWan passiert haben sollen. Jeder von ihnen hatte ein besonderes Utensil (Fächer, Schwert, Kürbis, Kastagnetten, Bambusrohr, Flöte, Lotus, Blumenkorb), welches ihm magische Fähigkeiten verlieh. Ferner symbolisieren sie je einen bestimmten Lebens- bzw. Gesellschaftstyp: Männlichkeit, Weiblichkeit, Alter, Jugend, Adel, Volk, Wohlstand und Armut. In daoistischen Tempeln werden sie oft an den Seitenwänden als Bild oder Statue dargestellt.

Amitabha-Buddha

Nichthistorischer Buddha, der „Buddha des unendlichen Lichtes" genannt wird. Angeblich lebt er, umgeben von zahlreichen Boddhisatvas, im Paradies des Westens. Meist wird er in Tempeln rechts als Teil des Buddha-Dreigestirns dargestellt.

Apfel

Da in der chinesischen Sprache nur wenige hundert Silben für den gesamten Wortschatz zur Verfügung stehen, lauten viele Begriffe und Worte gleich. Jede Frucht symbolisiert daher etwas, was gleich oder ähnlich ausgesprochen wird. Der Apfel *(Ping)* ist zwar ein gutes Mitbringsel, da er den Frieden *(Ping)* symbolisiert, darf aber keinem Kranken geschenkt werden (Krankheit = *Bing*). Die Zeit der Apfelblüte ist der Frühling, der Apfel ist daher vor allem in der Malerei auch ein Symbol für diese Jahreszeit.

Apfelsine

Die Orange *(JuZi)* ist wegen ihrer goldorangenen Farbe ein Symbol für Gold (Wohlstand) und daher stets ein positives Geschenk. Ähnlich gesprochen wird *Zhu* (erbitten, wünschen), sodass das Verschenken von Orangen als „ich wünsche dir Wohlstand" interpretiert wird.

Aprikose

Eine gelbe Aprikose *(Xing)* symbolisiert den zweiten Monat des Mondjahres (etwa März), eine rote dagegen eine verheiratete Frau mit außerehelichen Beziehungen.

Auberginen

(JieZi) Die chinesischen Auberginen sind länglich und erinnern mit ihrem grünen Stengelansatz an einen stehenden Menschen mit Hut. Hutträger waren überwiegend nur Beamte, sodass die Aubergine den Wunsch „mögest du einen Beamtenrang erhalten" ausdrückt. In einer Nebenbedeutung steht die Aubergine in Fernost auch für Penis. In TaiWan wird sie am Jahresende bevorzugt von Frauen gegessen, da sie angeblich verführerische rote Lippen bewirkt.

Avalokitesvara

Indischer Boddhisatva der Barmherzigkeit, der als Zwitterwesen auf der Welt blieb, um den Menschen zu helfen. Die Allmacht wird durch hunderte von Armen und mehrere Köpfe symbolisiert. In China wird Avalokitesvara als *GuanYin* (⇗) verehrt.

Ball

Der Ball *(Qiu)* hat zwei symbolische Bedeutungen. Während des Herbstfestes am 15. Tag des achten Mondmonates (⇗ „Feste und Feiertage") warfen die heiratsfähigen jungen Mädchen einen Ball vom Balkon, wer ihn fing, wurde der Bräutigam. Zum anderen stehen die Löwen vor daoistischen Tempeln auf einem Ball, genauer gesagt der weiter östlich stehende rollt einen Ball unter der linken Tatze. Der weiter westlich stehende Löwe ist ein Weibchen, welches ein Junges säugt. Der Ball beim Männchen wird oft als beim Liebesspiel ausgerissenes Haarknäuel interpretiert, der Ball an sich gilt daher auch als Fruchtbarkeitssymbol.

Bambus

Bambus ist ein innen hohles Grasgewächs, „sein Herz ist leer". Da der Bambus ein äußerst widerstandsfähiges Gewächs ist („der Bambus beugt sich im Wind, bricht aber nicht"), steht er symbolisch für langes Leben, gilt aber auch als ein Zeichen für Bescheidenheit und Tugend. Er war bei der klassischen chinesischen Malerei äußerst beliebt und stellt eines der Leitmotive aller Landschaftsmalereien dar. Bambus, Pflaume, Chrysanteme und Orchidee sind die vier edlen Blumen Chinas (z.B. die Blumensteine beim MaJong-Spiel).

Banane

Das Bananenblatt symbolisiert eine der vierzehn Kostbarkeiten, die Frucht selbst ist ein Symbol der Selbsterziehung und war gleichzeitig eine Symbolfrucht für die Kopfjagd der Ureinwohner auf TaiWan.

Biene

(Feng) Im Allgemeinen ist die Biene nicht von so großer Bedeutung wie im Westen, lediglich in Südchina und auf TaiWan resultieren aus der dort gelegentlich betriebenen Bienenzucht einige

symbolhafte Redensarten. Der Begriff *FengHou,* wörtlich Biene-Affe, wird für „Würde verleihen" verwendet, da Biene *(Feng)* mit „Würde" und Affe *(Hou)* mit „verleihen" jeweils gleichlauten.

Birne

Wegen des möglichen hohen Alters der Birnbäume wurde die Frucht zum Symbol für langes Leben, aber auch ein Zeichen für eine gute (langanhaltende) Ehe. Paare dürfen die Birne *(Li)* nicht aufschneiden, da dies gleichlautend mit Trennung *(Li)* wäre.

Blau

Blau *(Lan)* ist eine zwiespältige Farbe, die je nach Zusammenhang sowohl Erfolg wie auch Unglück bedeuten kann.

Boddhisatva

Jünger des historischen Buddha, der in seiner Entwicklung im Nirwana (buddhistisches Paradies) angelangt ist. Er tritt allerdings nicht in das Nirwana ein, sondern verbleibt in der diesseitigen Welt, um andere Menschen auf dem Pfad des Buddhismus (⇗ Mahayana, Hinayana) zu unterstützen. Im religiös-spirituellen Alltag werden Boddhisatvas in China als götterähnliche Wesen angesehen.

Cathay

Alter Name für China, abgeleitet vom nordöstlichen Stamm der Kithan auf dem Festland, der 916 n.Chr. in der Region Mandschurei-Nordostchina die Liao-Dynastie gründete. Der Begriff Cathay wurde in die russische Sprache durch Kontakte sibirischer Pelzjäger zu China am Amur aufgenommen (*kitaj* = China), auch die HongKonger Fluggesellschaft Cathay-Pacific griff diesen Namen auf.

Chen ShuiBian

Die Grenzen zwischen einem Volkshelden und Skandalpolitiker sind manchmal fließend. *Chen* (*1950 in GuanTian/TaiNan) stammt aus einfachen Verhältnissen, studierte an der NTU in TaiBei Jura (1974 Jahrgangsbester) und wurde in Zeiten der KMT-Alleinregierung ein Verfechter der Menschenrechte in Taiwan, wofür er 1986 verhaftet wurde. *Chen* schloss sich der neu formierten DPP an und war anschließend von 1994-1998 Bürgermeister von TaiBei. Als sich die DPP erstmals Chancen ausrechnete die KMT abzulösen, wurde *Chen* gegen *Li DengHui* als Präsidentschaftskandidat nominiert, er gewann die Präsidentschaft für die Jahre 2000 bis 2008. Kurz vor den zweiten Wahlen (2004) auf merkwürdige Weise durch Attentäter verletzt, gewann er nur hauchdünn und wurde in den Folgejahren wegen zahlreicher Skandale heftig attackiert. Zwangsläufig gewann KMT-Kandidat *Ma YingJiu* die Wahlen von 2008.

ChiangKaiShek

(JiangJieShi, ChengZhengGong, 1887-1975) Nach seiner militärischen Ausbildung in Japan kehrte er zur Revolutionszeit 1911 in seine chinesische Heimat zurück und schloss sich den Truppen Dr. *SunYatSens* (⇗) an. Auch durch familiäre Verbindungen wurde

er dessen engster Vertrauter und führte nach dem Tode *Suns* (1925) den Aufbau der Republik fort. 1949 zog sich *Chiang* mit einem Großteil der nationalchinesischen Truppen vor den Kommunisten nach TaiWan zurück und amtierte dort als Präsident bis zu seinem Tode. Sein Ziel blieb die Wiedervereinigung mit dem Festland und die Durchsetzung der Republik gemäß den Vorstellungen Dr. *Suns.* Zur Biografie ⇗ TaiBei, ChiangKaiShek-Gedächtnishalle.

ChiangChingKuo

(JiangJingGuo, 1910–1988) Sohn *ChiangKaiSheks* und Nachfolger als Präsident von TaiWan. Er studierte bis 1937 in der UdSSR und wurde enger Vertrauter seines Vaters. Von 1972 bis 1978 übernahm er das Amt des Premierministers der R.o.C. auf TaiWan und wurde anschließend als Nachfolger von *ChiangKaiShek* zum Präsidenten gewählt. Zu Beginn der 1980er Jahre leitete er allmähliche Reformen des Einparteienregimes der GuoMinDang/KuoMinTang (GMD/KMT) und die Beendigung des Kriegszustandes mit dem verfeindeten Festland ein.

DaoDeJing

(TaoTeChing): von *LaoZi* (⇗) im vierten Jahrhundert vor unserer Zeitrechnung verfasstes philosophisches Werk, auf welchem der Daoismus (⇗ Religionen) aufbaut. Zentrale Lehre ist das sogenannte *„WuWei"* (nicht-handeln), durch welches der Mensch meditativ seine Umwelt erfasst und begreifen lernt.

Demokratische Fortschrittspartei

1986, noch vor Aufhebung des Kriegsrechtes und somit eigentlich gesetzwidrig, sammelten sich Oppositionspolitiker zur Gründung der sogenannten „Demokratischen Fortschrittspartei" (DPP). Sie verlangten innenpolitisch demokratische Reformen von der regierenden GuoMinDang/KuoMinTang (GMD/KMT) sowie außenpolitisch die Unabhängigkeit TaiWans vom chinesischen Festland. Insbesondere bei der Jugend und den Intellektuellen gewann die DPP viel Sympathien und errang bei den Wahlen zur Nationalversammlung nicht nur mittlerweile die Mehrheit, sondern brachte auch ihren Kandidaten *ChenShuiBian,* den ehemaligen Bürgermeister von TaiBei, in das direkt vom Volk gewählte Präsidentenamt. „Mr. Saubermann" (sein Spitzname wegen rigoroser Müll- und Verkehrspolitik in TaiBei) wurde Ende 2004 von einem Attentäter angeschossen.

Drache

Der Drache *(Long)* ist in der chinesischen Symbolik sehr vielschichtig. Im Gegensatz zum Westen ist er positiv und gutartig, seit der Han-Zeit (seit 206 v.Chr.) auch Sinnbild des Kaisers (daher „Drachenthron"). Der Drache ist nahezu allmächtig, kann sich unsichtbar machen, Regen erzeugen und in jede beliebige Größe verwandeln. So ist es nicht weiter verwunderlich, dass der Drache in Volkstänzen, Erntefesten (zum Dank für den Regen), im chinesischen Kalender und bei den sogenannten Drachenbootrennen traditionell eine Schlüsselrolle spielt. Oft wird der Drache mit der Zahl neun in Verbindung gebracht. Die neun symbolisiert die potenzierte drei (Zahl der Männlichkeit) und deutet besondere Fruchtbarkeit an. *„YiLong JiuZi"* (ein Drache, neun Kinder) wird Jungvermählten mit auf den Weg gegeben; auch in Ortsnamen wird diese Verbindung oft gewählt, z.B. bei JiuLong (kantonesisch: Kowloon), einem Stadtteil von HongKong.

Drei

(San) Aus der ursprünglich religiös-spirituellen Bedeutung des Dreieckes Himmel-Erde-Mensch und dem häufigen Buddha-Dreigestirn (Buddha in der Mitte, Amitabha rechts und Shakyamuni links) ergab sich in der chinesischen Geschichte eine Vielzahl von symbolischen Verwendungen der Zahl drei. So bei den drei Lehren (Konfuzianismus, Daoismus, Buddhismus), dem „Drei-Zeichen-Klassiker" (Moralregeln zu je drei Zeichen in der klassischen Schule), den drei Alten (drei Dorfoberhäupter) oder den drei Augen der Frau (Augenpaar und Vagina). Die drei ist auch eine männliche Yang-Zahl und Sinnbild für Fruchtbarkeit.

Drei Erhabene

(SanHuang) Yao, Shen und *Yu* sind legendäre Urheroen der chinesischen Vorgeschichte, die in China als götterähnliche Urkaiser einer paradiesischen Zeit angesehen wurden.

Dreizehn

(ShiSan) Die 13 als unangenehme Zahl spielt in China - wenn überhaupt - nur im Buddhismus eine Rolle. Jener kam aus Indien, wo die 13 in der Zahlenmystik eine wesentlich größere Rolle spielt (und deren Negativdeutung bei uns im Westen dort ihren Ursprung hat). Vermutlich liegt dies am Mondjahr mit 12 Mondmonaten, welches kürzer als das Sonnenjahr ist. Nach einigen Mondjahren musste ein Schaltmonat (der dreizehnte) zwischengeschaltet werden, um den Kalender dem Sonnenstand wieder anzugleichen. Dieser Monat wurde „Monat der Bedrängnis" genannt und war unbeliebt. In China gibt es lediglich einige Schimpfausdrücke, die auf der Zahl 13 als Ausdruck des Negativen basieren.

Fan und Xie

Zwei tugendhafte Generäle, die in vielen Daoistentempeln als Tempelwächter oder Nebenfiguren stehen. Sie gelten als besondere Beispiele für Freundschaft und Treue.

Fisch

Der Fisch *(Yu)* ist gleichlautend mit Überfluss *(Yu)* und daher ein Symbol für Wohlstand. Beliebtester Fisch ist der Goldfisch *(JinYu),* der wegen der Lautgleichheit als Zeichen für „Gold im Überfluss" verstanden wird (Gold = *Jin*). In chinesischen Lokalen (auch im Westen) spielt das Goldfischbecken am Eingang eine symbolhafte Rolle bei der Schutzgelderpressung: Die Anzahl der Goldfische zeigt, wie viel man zu zahlen bereit ist.

Fo

Chinesisch für Buddha

Fünf

Die Fünf *(Wu)* ist eine der wichtigsten Symbolzahlen der Chinesen. So kennt man fünf Himmelsrichtungen (N, O, S, W und Mitte), fünf Geschmacksrichtungen, fünf Töne im Mandarin, fünf Farben (Cyan, Magenta, Gelb, Schwarz, Weiß), fünf Beziehungen (Fürst-Diener, Vater-Sohn, Mann-Frau, Freund-Freund, ältere-jüngere Geschwister), fünf klassische Bücher, fünf Elemente, fünf buddhistische Verbote (töten, stehlen, Lust, unbuddhistische Nahrung, lügen), fünf Anzeichen der Wollust der Frau und viele andere mehr.

Fünf Elemente

(WuXing) Holz, Feuer, Wasser, Metall und Erde waren die fünf Grundelemente, aus denen sich alle Dinge ableiten lassen und die miteinander in Harmonie stehen sollen. Die fünf Elemente spielen auch in der traditionellen chinesischen Küche eine Rolle; so sollte man stets bemüht sein, alle fünf im Hause zu haben und bei einem Essen Anteile aller Elemente zu verarbeiten.

Fünf Herrscher

In der chinesischen Legende folgten auf die drei Erhabenen (⇗) die fünf Urherrscher. Man geht heute davon aus, dass es sich bei ihnen in der Voksreligion um Götter handelte, die im Laufe der Zeit immer mehr als fiktive weltliche Herrscher verehrt wurden. Der bedeutendste von ihnen war *HuangDi,* von dessen Namen sich später der Titel „Kaiser" (*HuangDi* = göttergleich-erhaben) ableitete.

Gelb

(Huang) Einer der wichtigsten Flüsse Chinas, der gelbe Fluss *(HuangHe),* führt Unmengen gelblichen Lößbodens mit sich und färbt die Böden am Flusslauf. Gleichzeitig wird Gelb als Farbe der Himmelsrichtung „Mitte" betrachtet und steht symbolisch für das „Reich der Mitte" (China). *QinShi HuangTi* war der erste gelbe Kaiser, im Laufe der Jahrhunderte wurde Gelb auch die Farbe der Kaiser. Nur buddhistischen Mönchen und den Kaisern war es gestattet, gelbe Kleidung zu tragen. China wird auch heute noch gelegentlich als „gelber Drache" bezeichnet, die Farbe selbst steht im Alltag für Ruhm und Fortschritt.

Geomantik

(FengShui) Aus der Yin-Yang Theorie, die den Einklang der Dinge mit der Natur postuliert, ergab sich die Notwendigkeit, vor dem Bau eines Gebäudes die unsichtbaren Strömungen vor Ort zu erforschen. Nach bestimmten Regeln, genannt *FengShui* (Wind und Wasser), legte der Geomantiker fest, wie und wo ein Haus zu stehen hat, insbesondere dürfen Geister nicht negativ vom Gebäude beeinflusst werden. Noch heute ist der Geomantiker ein wichtiger Beruf; er wird vor Baubeginn selbst von modernen Großunternehmen zu Rate gezogen.

Grün

(Lü) Farbe des Frühlings und des Lebens. In der chinesischen Traumdeutung wird grün als besonders positiv hervorgehoben.

GuanYin

(KuanYin) Der indische Boddhisatva (⇗) *Avalokitesvara* („der das weltliche Bitten hört") wird im chinesischen *GuanShiYin,* kurz *GuanYin,* genannt. Als Boddhisatva ist die geschlechtliche Trennung überwunden, die Gottheit kann wahlweise als weiblich oder männlich auftreten. Im fernen Osten wird GuanYin als Gottheit der Barmherzigkeit und Schutzpatronin der Frauen betrachtet. Sie wird sowohl von Buddhisten (als Statue meist aufrecht stehend mit einer erhobenen Hand) als auch von Daoisten (hundertarmig als Zeichen der Allmacht) verehrt. *GuanYin,* ist eine der am häufigsten vorkommenden Figuren in taiwanesischen Tempeln.

GuanYu

GuanYu (auch *WuDi* genannt) ist ein historisch belegter General während der Zeit der drei Reiche (222-265 n.Chr.), der zahlreiche Schlachten und heldenhaften Ruhm gewann. Dennoch war ihm ein tragisches Ende beschieden, er wurde durch eine List gefangen genommen und hingerichtet. Sein Heldentum diente der Armee als Vorbild, unter den Ming (1368-1644) wurde *GuanYu* schließlich zum Kriegsgott und Schutzpatron der Soldaten sowie zum Gott der Gerechtigkeit ernannt. Zahlreiche Tempelschreine erinnern an ihn, meist unter dem Namen *WuShengMiao.* Sowohl im Tempel wie auch als Figur der chinesischen Oper wird *GuanYu* stets mit auffälliger roter Gesichtsfarbe (Maske) dargestellt.

GuoMinDang

(*KuoMinTang,* GMD/KMT) „Nationale Volkspartei", die sich aus *SunYatSens* „Gesellschaft zur Erneuerung Chinas" entwickelte. Nach 1949 war unter *ChiangKaiShek* keine Opposition zugelassen, die KMT regierte nach dem klassischen Muster eines Einparteiensystems. Mit den Reformen unter *ChiangChingKuo (Jiang JingGuo)* und *LeeTengHui (LiDengHui)* Ende der 1980er Jahre sammelte sich eine Opposition in der DPP (⇗), die Vorherrschaft der KMT geriet zunehmend ins Wanken. Seit den Parlamentswahlen (2001) war die KMT bis 2008 nur noch zweite Kraft im Lande - innerparteiliche Zwiste führten zu Parteienabsplitterungen. Erst dann wendete sich das Blatt wieder und die KMT stellt sowohl den Präsidenten *(Ma YingJiu)* und verfügt seit 2008 wieder über die parlamentarische Mehrheit.

Hinayana

(Sanskrit: kleiner Wagen) Die ursprüngliche altindische buddhistische Lehre vom Weg der Erlösung. Diese kann der Mensch nur in sich selbst und ohne äußere Hilfe durch Boddhisatvas finden. Die Hinayana-Strömung verbreitete sich hauptsächlich in Südindien und Südostasien.

Jade

(Yu) Dieser Halbedelstein wurde in China in den Flüssen des Nordostens gefunden und wegen seiner Seltenheit als sehr kostbar erachtet. Da man annahm, Jade sei vom Himmel gekommen, schrieb man ihr auch magische Kräfte zu, wie zum Beispiel das Verhindern der Verwesung eines Leichnams. Bedeutende Kaiser wurden daher vor ihrer Bestattung oft mit Jade gefüllt und in Jadehemden gekleidet.

Jadekaiser

(YuHuangTi) Legendärer Urkaiser, der heute als eine der wichtigsten Gottheiten in der Volksreligion (daoistisch-schamanistisch) angesehen wird.

Kalligrafie

Kunstform des Schreibens chinesischer Zeichen mit schwarzer Tusche und Pinsel.

Karpfen

Der Karpfen *(Li)* ist gleichlautend mit „Vorteil“. Da der Fisch auf seiner Wanderung im gelben Fluss springend Schnellen flussaufwärts überwindet, setzte man ihn mit „Erfolg in der Beamtenprüfung“ (Überspringen von Prüfungshürden) gleich. Der Karpfen wird gelegentlich mit Bart dargestellt, ein Zeichen für übernatürliche Kraft und besondere Beharrlichkeit.

Kiefer

(Sung) Wegen ihrer Unempfindlichkeit gegenüber Wind und Wetter dient sie als Symbol der Langlebigkeit; gemeinsam mit dem Kranich dargestellt ist sie ein Zeichen für den von Weisheit erfüllten letzten Abschnitt eines langen Lebens.

Konfuzius

Lateinischer Name des Philosophen und Staatstheoretikers *KungFuZi* (551–479 v.Chr.). Die nach ihm benannte Lehre wurde erst lange nach seinem Tod während der Han-Dynastie (ab 206 v.Chr.) zur Staatsphilosophie ernannt. Zum Konfuzianismus ⇗ Religionen im Hauptteil.

KoXingGa

(KoHsingKa, ChengZhengGong) Taiwanesischer Volksheld und Anhänger der Ming-Dynastie, der sich nicht den mandschurischen Qing beugte und die Holländer von der Insel TaiWan vertrieb (⇗ Geschichte).

Kranich

(He) Symbolvogel für langes Leben. Große Bronzekessel vor Tempeln und Palästen wurden sehr häufig mit dem Kranich verziert. Auch als Symbol besonderer Mutterliebe wird der Kranich verstanden: Er füttert seine Jungen angeblich in Notzeiten mit seinem eigenen Herz und Fleisch.

LaoZi (LaoTzu)

Verfasser des *DaoDeJing* und Begründer der darauf basierenden Lehre des Daoismus. Zu Leben und Werk ⇗ Religionen im Hauptteil.

LiDengHui

(LeeTengHui, *1923 in TaiBei) *Li* promovierte auf dem Fachgebiet Agrarwissenschaften nach Studien in den USA, Japan und TaiWan. Er wurde Mitglied der Führungspartei GuoMinDang (⇗) und arbeitete zunächst an der Umstrukturierung der Landwirtschaft. 1972 wurde er zunächst Gouverneur von TaiWan, dann Bürgermeister von TaiBei. 1984 wurde *Li* Vizepräsident, 1988 nach dem Tode *ChiangChingKuos* dessen Nachfolger im Präsidentenamt. *Li* setzte die demokratischen innenpolitischen Reformen seines Amtsvorgängers fort und wurde in seinem politischen Kurs in den ersten freien und allgemeinen Präsidentschaftswahlen im März 1996 mit großer Mehrheit (54 %) bestätigt. *Li* trat im Jahr 2000 aus Altersgründen nicht mehr zur Präsidentschaftswahl an und gründete eine eigene Partei (TSU), die der DPP heute näher steht als der KMT.

LienChan

(*1936) *Lien* kam mit seiner Familie 1946 nach TaiWan und studierte Politikwissenschaften in TaiBei und Chicago. 1969 erhielt er eine Professur an der National TaiWan University, wurde als Mitglied der GuoMinDang 1975–1978 als Botschafter nach El Salvador entsandt und diente anschließend als Vizepremier, Außenminister und Gouverneur von TaiWan, ehe er 1993 als Premierminister der taiwanesischen Regierung vereidigt wurde. *Lien* kam 1995 in erhebliche Schwierigkeiten, nachdem seine Frau rechtzeitig vor der Schließung eines Unternehmens Anteile der Familie *Lien* an jenem Unternehmen abstieß, ehe der Konkurs der Öffentlichkeit bekannt wurde.

Löwe

(*Shi,* aus persisch: *Sirr*) Der Löwe war in China bis zu Handelskontakten mit Persien unbekannt. Seine Stärke ließ ihn zum Fabeltier und Tempelwächter werden. Vor vielen (insbesondere daoistischen) Tempeln stehen ein männlicher Löwe mit einer Perle (⇗ Ball) sowie ein weiblicher mit einem Löwenbaby. Übertragen bedeutet der Ausdruck „der Löwe wirft den Ball" den Beischlaf vollziehen. In den berühmten Löwentänzen an Festtagen sollen böse Geister vertrieben werden.

Lotusblüte

(LienHua) Der Lotus wächst auf schmutzigen Tümpeln, ohne selbst schmutzig zu sein und wird als Zeichen der Reinheit betrachtet. *Lien* ist außerdem lautgleich mit „Bescheidenheit", „lieben" und „ehelich verbinden", kann daher in zahlreichen symbolischen Varianten eingesetzt werden. Der Stengel stellt in der Sexualsymbolik das männliche, die Blüte das weibliche Geschlecht dar. Lotusblüte wurde daher außerhalb des Buddhismus zum Synonym für die Frau. Der „Goldlotus" bezeichnete den durch straffes Umwickeln von Kindesalter an verkrüppelten Fuß der Frau, eine grausame Praxis, die bis zum Ende der letzten Kaiserdynastie (in ländlichen Gegenden auch noch darüber hinaus) weit verbreitet war.

Ma YingJiu

Ma (auch *Ma YingJeou*) wurde 1950 in HongKong geboren. Seine Eltern, Anhänger der damaligen GuoMinDang ChiangKai-Sheks, siedelten nach Taiwan über. *Ma* studierte Jura bis 1972 an der NTU und erhielt anschließend ein Stipendium u.a. für Harvard (USA), wo er im Bereich Völkerrecht promovierte (1981). Anschließend kehrte er nach Taiwan zurück und schlug eine politische Karriere in der KMT (GuoMinDang) ein, wo er zunächst große Erfolge als Bürgermeister von TaiBei zu verzeichnen hatte. 2006 wurde er als Gegenkandidat zum seinerzeitigen Präsidenten *Chen* (DPP) nominiert und gewann die Präsidentenwahl 2008 deutlich. Seit dem 20. Mai 2008 leitet *Ma YingJiu* als Staatspräsident der Republic of China die Geschicke des Landes. Privat ist *Ma* verheiratet, hat zwei Töchter und ist begeisterter Jogger. *Ma* spricht neben Mandarin auch Taiwanisch, Hakka, Englisch und etwas Französisch.

Mahayana

(Sanskrit: großer Wagen) Die in Nordindien, Nepal und China verbreitete Lehre des Buddhismus. Im Unterschied zur Hinayana-Strömung (⇗) kann der Weg zur Erlösung des Menschen aus dem ewigen Kreislauf durch die Hilfe von Boddhisatvas (⇗) erleichtert werden.

Maitreya

Diese nach Buddha zweithöchste Figur des Buddhismus kam während der Sung-Dynastie (960–1280 n.Chr.) aus Indien nach China. *Maitreya* bedeutet „der noch nicht Erschienene“ und wird im Chinesischen mit MiLoFu wiedergegeben. *MiLoFu* ist keine historische Figur und symbolisiert durch seine stets lachende, gemütliche und dickbäuchige Gestalt den naiven Frohsinn. Dadurch stellte er nie eine politische Gefahr dar und konnte leicht in China Anhang finden. Er wird auch *HuanXiFo,* „Freuden-Buddha“ genannt, seine Beleibtheit drückt insgesamt Zufriedenheit aus; dicke Menschen erinnern in China an ihn und werden (im Gegensatz zum Westen) geschätzt. Einer anderen Interpretation zufolge spielt der Begriff „Freuden-Buddha“ nicht auf die Leibesfülle dieses Buddha, sondern auf Beischlaf an.

MaTzu

(MaZu) Göttin des Meeres und Schutzpatronin der Fischer und Seeleute, die insbesondere in Südchina sowie auf TaiWan verehrt wird. *MaZu* wird auch *TianHou* (Himmelskaiserin) genannt, die zu ihren Ehren errichteten Tempel heißen daher entweder *TianHou Gong* oder *MaZu Miao*. Ihr Geburtstag (14. April, angeblich 901 n.Chr.) wird auf TaiWan ganz besonders in BeiGang (PeiKang), einem der größten MaZu-Tempel der Welt, gefeiert.

Ming-Dynastie

Das vorletzte Kaisergeschlecht von 1368–1644 n.Chr. war gleichzeitig die letzte echte chinesische Dynastie und wird entsprechend verehrt. Die nachfolgende Qing-Dynastie (Ching, 1644–1911 n.Chr.) wurde immer als Fremdherrschaft der Mandschuren angesehen. Unter den Ming entstanden der Kaiserpalast in Peking, die Ming-Gräber bei XiAn, die Porzellanverarbeitung kam zur Blüte und die größten literarischen Werke wurden verfasst.

Namensgebung

Ein Baby erhält zunächst einen Kindernamen, der bis etwa zum zehnten Lebensjahr getragen wird. Erst danach wird entsprechend der Persönlichkeit des Kindes der eigentliche Dauername vergeben. Namen werden in China und auf TaiWan mit besonderer Sorgfalt von den Eltern ausgewählt. Der Name soll bestimmte Charaktereigenschaften widerspiegeln, so werden Mädchen häufig mit blumigen oder anderen positiven Adjektiven ausgezeichnet, Knaben dagegen mit Worten der Stärke, Tugend oder Tiernamen. Die zweisilbigen Namen werden dem einsilbigen Familiennamen nachgestellt. Frauen behalten nach der Heirat ihren alten Familiennamen, werden aber als „Frau XY" mit dem Familiennamen des Ehemannes angesprochen. Falls ein Mensch im Laufe seines Lebens eine Pechsträhne hat, kommt es sogar zu Namensänderungen, wobei häufig Astrologen zu Rate gezogen werden. Auch die Furcht vor Geistern spielt dabei eine Rolle, dies aber eher auf dem chinesischen Festland.

Nirwana

Eine Art buddhistisches Paradies oder die Endstation auf dem spirituell-religiösen Pfad. Wörtlich bedeutet Nirwana etwa „Ende der Bestrebungen" und bezeichnet jenes Stadium in der Entwicklung eines Individuums, in dem dieses die Kette der unendlichen Wiedergeburten durchbricht.

Opiumkrieg

Auseinandersetzung zwischen Großbritannien und dem kaiserlichen China um die Öffnung Chinas für den britischen Handel mit Opium 1840–1842, als dessen Ergebnis HongKong britische Kronkolonie wurde.

Pagode

(BaoTa) Die Pagode entspricht der indischen Stupa und bezeichnet entweder eine heilige Stätte oder ist ein Ort, an welchem Reliquien aufbewahrt werden. Pagoden befinden sich überwiegend in unmittelbarer Nähe buddhistischer Tempel und Schreine.

Papagei

(YingWu) Der in Südchina und auf TaiWan beheimatete Papagei ist in seiner religiösen Bedeutung ein Begleiter des GuanYin-Boddhisatva (⇗) und trägt dabei auf Darstellungen häufig eine Perle im Schnabel. Im Alltag meint man mit Papagei auch „junges Mädchen", und die Redewendung „mit dem Papagei Tee trinken" bedeutet „ein Freudenmädchen besuchen".

Pavillon

(Ting) Beliebtes Thema der chinesischen Landschaftsmalerei. Gemeinsam mit Kranichen ein Symbol der Zauberinsel im Ostmeer, dem Ziel der Reise der acht Unsterblichen.

PengMingMin

(*1923) *Peng* stammt aus einer wohlhabenden taiwanesischen Medizinerfamilie und promovierte nach Studien in Tokyo in Paris. Er zählte schon in den 60er Jahren (wie auch sein Studienfreund *LiDengHui)* zur Elite TaiWans, wurde aber zunehmend zur Reizfigur, als er 1964 eine „Erklärung zur taiwanesischen Selbstrettung" verfasste. *Peng* trat für die Unabhängigkeit TaiWans von China ein, was ihm einen Hochverratsprozess einbrachte. Der drohenden Todesstrafe entging er nur durch internationale Proteste; er wurde zu acht Jahren Haft verurteilt, nach knapp zwei Jahren zu Hausarrest begnadigt. Unter mysteriösen Umständen gelang ihm die Flucht nach Schweden, 1992 kehrte *Peng* nach TaiWan zurück. Hier schloss sich der Verfechter der Unabhängigkeit der DPP (Demokratische Fortschrittspartei) an und gilt als Sympathieträger der Opposition. Bei den Präsidentschaftswahlen im März 1996 errang er 21% der Stimmen, seine DPP erreichte bei den gleichzeitig stattgefundenen Wahlen zur Nationalversammlung 99 von 334 Sitzen. 1998 versuchte *Peng* einen politischen Neuanfang, indem er sich von der DPP distanzierte und die Independence Party gründete, die aber bislang nur als Splitterpartei in Erscheinung tritt.

Perle

(Ju) Symbol der Reinheit. Einer chinesischen Legende zufolge besitzen tibetanische Mönche eine Zauberperle. Wenn sie sechzig Jahre unter dem Einfluss der Mönche stand, kann sie jede Frau, die die Perle erblickt, liebestoll machen.

Pfirsich

(Tao) Der Pfirsich ist das bedeutendste Symbol der Langlebigkeit. Zum chinesischen Neujahrsfest wurden Pfirsichzweige vor die Türen gelegt, um Geister zu vertreiben und das eigene Leben zu schützen. Im KunLun-Gebirge auf dem Festland soll alle 9000 Jahre ein Pfirsichbaum blühen, dessen Früchte unsterblich machen. Auch der Affengott *Sun* (oder *Hanuman,* beides basiert auf dem indischen Hinayana-Epos) kam auf seiner legendären, im Roman „Reise nach dem Westen" (16. Jh.) beschriebenen Reise hier vorbei und verzehrte die Früchte dieses Baumes kurz vor ihrer Reife zum Entsetzen aller - und wurde unsterblich.

Pflaume

(Mei) Die Pflaume bezeichnet Winter und Jungfräulichkeit, die Bettdecke eines Brautbettes wird sinnigerweise „Pflaumenblütendecke" genannt. Eine Reihe anderer Bezeichnungen werden ebenfalls mit *Mei* gebildet, z.B. „Weiden-Pflaume-Krankheit" (Syphillis), „die Pflaume blüht zum zweiten Mal" (eine Nebenfrau nehmen oder zweiter Beischlaf in einer Nacht) oder „Pfirsich-Pflaume" (Student).

Piktogramm

Bezeichnung für Bildzeichen, hier für chinesische Schriftzeichen, die aus Bildern entstanden.

QinShi HuangDi

Erster chinesischer Kaiser, der über ganz China herrschte. Er regierte nur relativ kurz von 221–206 v.Chr., viele der nachfolgenden Herrscherhäuser und selbst *MaoZiDong* orientierten sich an ihm. Sein zentraler Gedanke war es, das Land rigoros zu vereinheitlichen und mit alten Traditionen zu brechen. Einschneidenste Taten waren der Bau der großen Mauer, die berühmte Terrakotta-Armee in XiAn und die Verbrennung traditioneller Schriften durch seinen Minister *LiSi.*

Reich der Mitte

(Zhong Guo) Heutiger Name Chinas, der bereits während der Chou-Dynastie (1028–221 v.Chr.) entstand und den führenden Teilstaat Chou inmitten unterworfener Fürstentümer am Rande bezeichnete. Der Begriff *ZhongGuo* spiegelt auch das heutige Selbstverständnis Chinas und das sinozentrische Weltbild der politischen Führung in Peking wider.

Republik China

(R.o.C., *ZhongHua MinGuo*) Am 1.1.1912 von Dr. *SunYatSen* ausgerufene Republik als Nachfolgestaat des Kaiserreiches (gestürzt in der Revolution vom 10.10.1911). Die „Republik China auf TaiWan" versteht sich als direkter Nachfolger der Republik *Suns,* die aber 1949 vor den Kommunisten „vorübergehend" nach TaiWan ausweichen musste.

Rosa

(FenHong) Farbe der Unzucht und Prostitution.

Rot

(Hong) Rot ist sowohl die Farbe des Kriegsgottes GuanYu, Farbe des Reichtums und des Lebens. In Kombination mit der Farbe grün gibt es noch heute einige interessante Wendungen wie „Lampen rot, Wein grün" (Kneipenleben), „roter Rock und grüne Socken" (Jungfrau); in Kombination mit weiß bedeutet „rot und weiß" ein Kompliment für die Schönheit einer Frau (rote Lippen, weiße Zähne).

Schildkröte

(Gui) Symboltier, welches die Geheimnisse des Himmels und der Erde vereint. Sie steht auch für Zähigkeit und Standfestigkeit. Andererseits bedeutet *GuiGong* (Schildkrötenherr) das Fluchwort „Vater einer Hure" und *WuGui* (dunkle Schildkröte) „Zuhälter".

Schlange

(She) Gerade auf TaiWan ist die Bedeutung der Schlange recht vielfältig. Sie wird gerne verzehrt, da ihr Genuss gut für die Augen sei. Andererseits hält man das Schlangenfett für gefährlich, da die Funktion des Penis beeinträchtigt werde. Träumt ein Taiwaner von einer Schlange, bedeutet dies den Verlust seines Wohlstandes oder aber eine neue Frauenbekanntschaft (wie sinnig!). Da man nicht genau sagen kann, welche Möglichkeit zutrifft, ist die Beratung durch traumdeutende Astrologen/Handleser am Morgen nach dem Traum weit verbreitet. In der Praxis werden Schlangen mit Hilfe von – Damenunterwäsche – gefangen, da

sie durch den Geruch angeblich angezogen werden. Daher wird die Schlange auf TaiWan beinahe folgerichtig auch mit dem Penis gleichgesetzt.

Schwarz

(Hei) Symbolfarbe für Tod, Ehre und das Dunkel.

Sex

(Se) Die verhältnismäßig strikte Moralethik des Konfuzianismus bedingte eine Tabuisierung erotischer und sexueller Handlungen und deren Beschreibung. So entwickelte sich die beinahe ausschließliche symbolische Beschreibung erotischer Handlungen, wobei die Symbole zwar eindeutig waren, gemäß der strengen Sozialethik die Dinge aber nie direkt beim Namen genannt wurden. In ländlichen Regionen des Festlandes ist es noch heute üblich, vollkommen bekleidet zu Bett zu gehen, auch ins Ehebett. In TaiWan verschwindet diese Haltung allmählich - nicht zuletzt durch westliche Einflüsse; in der Volksrepublik drohen bei vorehelichem Verkehr dagegen auch heute noch Strafen.

Sieben

(Qi) Nach chinesischer Zahlensymbolik Zahl des Lebens und des Todes. Mit sieben Jahren verliert das Mädchen die Milchzähne, mit vierzehn hat sie die erste Regel, mit 49 die letzte. Nach dem Tod werden Opfer an jedem siebenten Tag gebracht, nach sieben mal sieben Tagen geht die Seele ins Jenseits über.

Stein

(Shi) Berge, Felsen und Steine stehen für langes Leben. Auf TaiWan liefern sich kleine Dörfer am fünften Tag des fünften Mondmonates regelrechte Steinschlachten, um die Fruchtbarkeit zu fördern und Krankheiten vorzubeugen.

SunYatSen

(SunZhongShan) Chinesischer Politiker (1866–1925), der mit seiner „Gesellschaft zur Erneuerung Chinas“ das chinesische Kaiserreich 1911 stürzte und die demokratische „Republik China“ gründete. (Zur Biografie ⇗ TaiBei, SunYatSen-Gedächtnishalle.)

TaiJiQuan

(TaiChiChuan) Chinesisches Schattenboxen, eine meditative Leibesübung für Körper und Geist.

TaiZi

(TaiTzu) Der junge götterähnliche Held *TaiZi* oder *NaCha* ist eine Art chinesischer Siegfried, der auf einem Feuerrad stehend mit Hilfe eines Zauberringes seine Feinde bekämpft. *TaiZi* ist der Sohn des nördlichen Himmelskönigs *LiJing* und ehrte nur Buddha, nicht aber seine Eltern. Obgleich inhaltlich eher eine buddhistische Figur, ist er auf TaiWan nur sehr selten in einigen Tempeln im Südwesten (Raum ChiaYi) zu sehen.

Taro

(YuNai) Die Knollenpflanze stammt vermutlich aus Polynesien und kam mit den Yami-Ureinwohnern (⇗ LanYu) nach TaiWan und Südchina. Ihr wird nachgesagt - ähnlich wie bei unseren Karotten - dass man bei ausreichendem Verzehr gut sehen könnte.

Tee

Das chinesische Nationalgetränk kam vermutlich im dritten Jahrhundert aus Indien nach China. Im Süden heißt er *Ti* (Taiwanesisch, Fukienesisch), im Norden dagegen *Cha.* Das nordchinesische *Cha* (Gesprochen „Tscha") kam als Lehnwort ins Russische *(tschaj),* das südchinesische *Ti* als *tea, Tee* usw. zu den westeuropäischen Sprachen.

Tempel

(allgemein: *SiMiao*) Ursprünglich war die Benennung chinesischer Tempel relativ klar gegliedert. So war ein *Si* immer buddhistisch, ein *Miao* daoistisch und konfuzianistisch, ein *Tan* eine Stätte der Volksreligion. Auf TaiWan fand eine starke Vermischung der einzelnen Strömungen statt, sodass heute lediglich der *Si* relativ eindeutig und ausschließlich für buddhistische Tempel steht. Konfuziustempel heißen immer *KongZiMiao,* aber auch daoistische und schamanistische (volksreligiöse) Tempel werden als *Miao* bezeichnet.

Tempelwächter

Steinerne Wächter an den Eingangstoren finden sich gelegentlich bei buddhistischen, nahezu immer bei daoistischen Tempeln. Meist dienen die vier bis an die Zähne bewaffneten und furchterregend blickenden Himmelskönige (*Wen, Ma, Li* und *Zhao*) als Tempelwächter, aber auch andere ehrenwerte Figuren wie die Generäle *Fan* und *Xie* nehmen diese Aufgabe wahr.

Vier

(Si) Unglückszahl, da lautgleich mit „sterben". In chinesischen Gebäuden wird der vierte Stock oft übersprungen, auf den dritten folgt unmittelbar der fünfte. Mit vier Geldscheinen oder 400 bzw. 4.000 NT$ als Geschenk macht man daher niemandem eine Freude, vier halbe, glasierte Birnen (↗) kommen schon beinahe einer Kriegserklärung gleich.

Walfisch

(JingYu) Der Wal wird in den Küstenregionen TaiWans als Patron der Hirsesaat verehrt. Ehe *KoXingGa* (↗), der taiwanesische Volksheld, nach TaiWan übersetzte, tauchte vor TaiNan angeblich ein Wal auf und blieb vor der Küste. Nachdem *KoXinGa* starb und seine Anti-Qing-Herrschaft zusammenbrach, verschwand auch der Wal.

Yin-Yang

Prinzip der Harmonie zwischen den universalen Polen *Yin* (weiblich, schattig, weich, negativ) und *Yang* (männlich, sonnig, hart, positiv), welches in der Volksreligion und der chinesischen klassischen Medizin von Bedeutung ist. Beide Pole ergänzen sich und können nur gemeinsam, im Idealfall in vollendeter Harmonie, existieren.

Literaturhinweise

Selbstredend können politische, wirtschaftliche und kulturelle Themen im Rahmen dieses Handbuchs nur angerissen werden. Der Leser wird vielleicht an dem einen oder anderen Gebiet besonders interessiert sein oder möchte mehr zu bestimmten Punkten wissen. Während über China im Allgemeinen ein breites Literatur-Angebot zu Geschichte, Sprache und Landeskunde besteht, wird TaiWan in der deutschsprachigen Literatur eher vernachlässigt. Die Geschichte TaiWans ist natürlich mit der Chinas untrennbar verbunden, eine vollkommen eigenständige Entwicklung besteht erst seit der KuoMinTang-Ära (1949).

Gesamtdarstellungen

- *Schneider, Ilka:* ***Zwischen Geistern und Gigabytes – Abenteuer Alltag in Taiwan,*** Dryas Verlag, 2008. Sehr nettes Büchlein über den Spagat zwischen Tradition und Moderne in Taiwan.
- *Gouvernment Information Office (Hg.):* ***Republic of China Yearbook,*** Taipei, jährlich. Das Nonplusultra an aktueller Information zur Entwicklung TaiWans auf allen Sektoren. Einfach, verständlich, umfassend und informativ. Weist mit zunehmender Demokratisierung in den vergangenen Jahren auch auf Mängel (Umwelt, Sozialsystem) hin.
- *Brown, J. Samuel:* ***Vignettes of Taiwan. Short Stories, Essays and Random Meditations about Taiwan,*** Global Directions Inc., 2006. Berichte, Erfahrungen, Fotos und Erinnerungen eines mehr oder weniger zufällig in Taiwan gestrandeten Westlers. Englischsprachig.
- *Statistisches Bundesamt (Hg.):* ***Länderbericht TaiWan,*** Wiesbaden, jährlich. Im Wesentlichen eine Zusammenfassung der taiwanesischen statistischen Jahrbücher ohne eigene Erkenntnisse und Analysen.

Geschichte

- *Eberhard, Wolfram:* ***Geschichte Chinas,*** Stuttgart, 1980. Wirtschafts- und sozialgeschichtliches Standardwerk.
- *Fairbank, John:* ***Geschichte des modernen China (1800-1985),*** Nördlingen, 1989. Die Epoche vom Ende des Kaiserreiches über den Bürgerkrieg bis zur Volksrepublik.
- *Bianco, Lucien (Hg.):* ***Das moderne Asien,*** Fischer Weltgeschichte Bd. 33. Frankfurt, 1969. Historisch-politische Gesamtdarstellung der asiatischen Staaten von der Mitte des 19. Jhd. bis in die Zeit nach dem Weltkrieg im Vergleich.
- *FitzGerald, Patrick:* ***Das alte China,*** Lausanne, 1975. Beschreibung der Frühgeschichte Chinas von den Anfängen bis zur Tang-Zeit (9. Jhd. n.C.) aus archäologischer Sicht. Wissenschaftlich, informativ und verständlich.
- *Schafer, Edward:* ***Das alte China,*** Amsterdam, 1982. Überblick über die chinesische Geschichte von der Bronzezeit bis zur Tang-Dynastie (618-907 n.C.). Mit ausführlichen Exkursen zu Buchdruck, Kalligrafie u.a., einfach und verständlich.
- *Weggel, Oskar:* ***Die Geschichte Taiwans,*** Köln, 1991. Leicht verständliche und objektive Gesamtdarstellung der besonderen Geschichte TaiWans.

Politik und Gesellschaft

- *Cheng TunJen & Haggard, Stephan (Hg.):* ***Political Change in Taiwan,*** Boulder, 1992. Beschreibung der politischen Veränderung Taiwans vom Einparteiensystem zur Demokratie mit dem Schwerpunkt der Reformen ChiangChingKuos und LeeTengHuis.

- *Chiu HungTa:* ***The International Legal Status of the Republic of China.*** Maryland, 1992. Erörterung der Problematik eines offiziell nicht existierenden Staates. Interessant besonders für Juristen des internationalen Rechts.
- *Gold, Thomas:* ***State and Society in the Taiwan Miracle,*** New York, 1986. Beschreibt die Entwicklung Taiwans von der Agrar- zur modernen Industriegesellschaft in Wirtschaft, Politik und Gesellschaft.
- *Kindermann, Gottfried-Karl:* ***Pekings chinesische Gegenspieler,*** Düsseldorf, 1977. Gute Einführung in Theorie und Praxis des nationalchinesischen Widerstandes gegen das kommunistische Festland.
- *Troyelle, Claudie:* ***Die Hälfte des Himmels,*** Berlin, 1973. Feldstudie über Frauen, Emanzipation und Kindererziehung in China (VR, dennoch auch für Taiwan sehr interessant).
- *Zhao QuanSheng u.a. (Hg.):* ***Politics of Divided Nations: China, Korea, Germany, Vietnam,*** Maryland, 1991. Vergleicht den Wunsch der Menschen in geteilten Staaten nach Einheit mit den realpolitischen Möglichkeiten. Der Schwerpunkt liegt in Asien, die asiatische Sichtweise ist aber auch für den deutschen Leser eine neue Perspektive.

Sprache

- *Eberhard, Wolfram:* ***Lexikon chinesicher Symbole,*** Köln, 1983. Detaillierte Beschreibung des Symbolgehaltes der wichtigsten chinesischen Zeichen.
- *Karlgren, Bernhard:* ***Schrift und Sprache der Chinesen,*** Berlin, Heidelberg, 1986. Einführung in die Hintergründe und Geschichte der Sprache (keine Sprachlehre), ohne Vorkenntnisse verständlich.
- *Latsch/Forster-Latsch:* ***Hoch-Chinesisch – Wort für Wort,*** Reise Know-How Verlag, Bielefeld. Einfache, leicht verständliche Einführung mit vielen anwendungsbezogenen Beispielen, Zeichen und Umschrift; geeignet für Touristen und Anfänger.
- *Sommer, Katharina, Shu-Kai, Xie:* ***Taiwanisch – Wort für Wort,*** Reise Know-How Verlag, Bielefeld. Der Sprachführer ermöglicht dem Anfänger einen schnellen Einstieg in die Kommunikation und macht in hervorragender Weise die Grundzüge der Grammatik deutlich.

Wirtschaft

- *Bürklin, Wilhelm:* ***Die vier kleinen Tiger,*** München, 1993. Vergleichende Einstiegslektüre zur Wirtschaft in HongKong, Singapur, Korea und TaiWan.
- *CETRA (Hg.):* ***Doing Business with Taiwan, R.o.C.,*** TaiBei, 1993. Handbuch für Wirtschaft und Handel mit Taiwan unter Berücksichtigung von Infrastruktur, Telekommunikation, gesetzlichen Vorgaben, Auflagen, Unterstützungsprogrammen usw.
- *Council for Economic Planning and Development (Hg.):* ***Statistical Yearbook of the Republic of China,*** TaiBei, jährlich. Statistisches Jahrbuch zu innen- und außenwirtschaftlichen Entwicklungen.
- *Frankfurter Allgemeine Zeitung (Hg.):* ***Taiwan (Republik China) – im Schatten des Festland-Booms,*** Frankfurt, 1994. Beschreibung der aktuellen wirtschaftspolitischen Lage Taiwans im Vergleich zur internationalen Entwicklung der Volksrepublik.
- *Fukuyama, Francis:* ***Konfuzius und Marktwirtschaft,*** München, 1995. Studie über die Unterschiede der wirtschaftlichen Großzonen Amerika – Europa – Asien mit Schwerpunkt Asien. Bemerkenswert dabei die feinen Unterschiede zwischen den einzelnen asiatischen Marktwirtschaften. Sehr genau und das Verständnis fördernd. Pflichtlektüre für Geschäftsleute.

• *Industrial Development and Investment Center (Hg.):* ***Questions and Answers on Investment by Foreigners in Taiwan, R.o.C.,*** TaiBei, 1993. Richtlinien für Investitionsvorhaben ausländischer Unternehmen.

• *Ministry of Economic Affairs (Hg.):* ***An Introduction to the Six-Year National Development Plan for Taiwan, Republic of China (1991-1996),*** TaiBei, 1991. Mit dem Schwerpunkt der Innen- und Außenwirtschaft werden die politischen Grundgedanken und Planungen der Regierung für den ersten Sechsjahres-Plan der 1990er Jahre detailliert erörtert.

Kunst und Kultur

• *Burger, Helga:* ***Die chinesische Oper,*** Würzburg, 1983. Gelungene Einführung in diesen für Einsteiger schwer verständlichen Teil der chinesischen Kultur.

• *Chen, Hanne:* ***KulturSchock VR China/Taiwan,*** Reise Know-How Verlag, Bielefeld. Alltagskultur, Tradition, Verhaltensregeln, Religion, Tabus, Mann und Frau, Stadt- und Landleben u.v.m..

• *Harell, Steven & HuangChunChieh:* ***Cultural Change in Postwar Taiwan,*** Boulder, 1994. Zeigt die gesellschaftlichen und kulturellen Entwicklungen Taiwans auf, die letztlich mit Ursache für die Demokratisierungstendenzen waren.

• *Herrmann, Konrad (Hg.):* ***Reiskörner fallen nicht vom Himmel,*** Leipzig, 1984. Sammlung chinesischer Sprichwörter und Redensarten.

• *Levy, Howard:* ***Chinese Footbinding,*** New York, 1967. Beschreibt die alte Tradition des Fußbindens im kaiserlichen China, u.a. anhand von Interviews mit Zeitzeuginnen.

Martin, Helmut: ***Die literarische Entwicklung Taiwans,*** In: Asien, Nr. 51 (April). Hamburg, 1994. Überblick über die moderne Literatur Taiwans.

• *PengPonTo (Hg.):* ***Retrospektive – Die taiwanesische Filmlandschaft bis 1994,*** München, 1994. Zeigt Tendenzen, Hintergründe und Erfolge der jüngeren taiwanesischen Filmgeschichte auf.

• *Timmermann, Irmgard:* ***Die Seide Chinas,*** München 1988. Bietet einen guten Einblick in die Geschichte der Seide, Seidengewinnung, Techniken, Kleidersitten, Rituale, Kunst und Handel mit Seide in China. Leicht verständlich.

Philosophie und Religion

• *Chen, Hanne:* ***Daoismus erleben,*** Reise Know-How Verlag, Bielefeld. Die geistigen Grundlagen des Daoismus.

• *Granet, Marcel:* ***Das chinesische Denken,*** München, 1963. Versucht, chinesische Denkweisen auf allen Gebieten verständlich zu machen. Gilt als Standardwerk der chinesischen Philosophie und des politischen Denkens.

• *Hülsmann, Heinz & Mall, Ram Adhar:* ***Die drei Geburtsorte der Philosophie – China, Indien, Europa,*** Bonn, 1989. Guter Ein- und Überblick über die wichtigsten Philosophien und Religionen der Welt im Vergleich.

• ***YiJing,*** (Übersetzung R. Wilhelm). Köln, 1985. Das Buch der Wandlung in der Wilhelmschen Übersetzung. Pflichtlektüre für jeden, den das chinesische Orakel interessiert.

• *Konfuzius:* ***LunYu (Gespräche),*** Köln, 1985. Die berühmten Dialoge des Meisters mit seinen Schülern sind die Grundlage des Konfuzianismus. Pflichtlektüre, um das chinesische „um die Ecke denken“ zu verstehen.

• *Maspero, Henri:* ***Taoism and chinese Religion,*** Massachusetts, 1981. Handbuch zu daoistischen Tempeln und Gottheiten.

Ortsnamen in verschiedenen Umschriften

Wade-Giles	PinYin
ALiShan:	ALiShan
AnPing:	AnPing
AnTung:	AnDong
ChangHua:	ChangHua
ChangPin:	ChangBin
ChangShan:	ChangShan
ChengChingHu:	ChengQingHu
ChengKung:	ChengGong
ChiaHsien:	JiaXian
ChiaLoShui:	JiaLeShui
ChiaLuLan:	JiaLuLan
ChiaoChi:	JiaoQi
ChiaoLiPing:	JiaoLiPing
ChiaYi:	JiaYi
ChiaYi-Farm:	ChiaYi-Farm
ChiaYi NungChang:	ChiaYi NungChang
ChiChi-Beach:	QiQi-Beach
ChienChou:	JianZhou
ChihPe:	JiBen
ChihShang:	JiShang
ChiKan 539:	ChiKan 539
ChiMeiYu:	QiMeiYu
ChingChing-Farm:	QingJing-Farm
ChingShui-Klippe:	QingShui-Klippe
ChinPi:	JinPi
ChinSha-Dorf:	JinSha-Dorf
ChinShan HaiShui YuChang:	JinShan HaiShui YuChang
ChiPeiYu:	JiBeiYu
ChiuFen:	JiuFen
ChuanFanShih:	QuanFanShi
ChuHu Beach:	ZhuHu
ChungHo:	ZhongHe
ChungHsing:	ZhongXing
ChungLi:	ZhongLi
ChuShan:	ZhuShan
ErKan:	ErKan
ErShui:	ErShui
FenChiHu:	FenQiHu
FengHuang: KuNiaoYuan:	FengHuangKu NiaoYuan
FengKuei:	FengGuei
FengPin:	FengBin
FengShan:	FengShan
FoKuang Shan:	FuGuangShan
Fort HsiTai:	XiTai
FuKang:	FuGang
FuLung HaiShui: YuChang:	FuLong HaiShui YuChang
HoHuanShan:	HeHuanShan
HouPiHu:	HouBiHu
HouWan:	HouWan
HsiaoLiuChiu:	XiaoLiuQiu
HsiaoMaoYu:	XiaoMaoYu
HsiaoMenYu:	XiaoMenYu
HsiaoRenKuo:	XiaoRenGuo
HsiaoYehLiu:	XiaoYeLiu
HsiChu:	XiZhu
HsienChiaoYu:	XianJiaoYu
HsinCheng:	XinCheng
HsinChu:	XinZhu
HsinSuAo:	XinSuAo
HsinWuLu:	Xin
HsiTou:	XiTou
HsiYin:	XiYin
HsiYu:	XiYu
HsueShan:	XueShan
HsunKuangTsui:	XunGuangCui
HuaLien:	HuaLian
HuChing:	HuQing
HueiSun LinChang:	HuiSun LinChang
HuiTouWan:	HuiTouWan
JenAi:	RenAi
JenTzu:	RenZi
JuiLi:	RuiLi
JuiSui:	RuiSui
KaoHsiung:	GaoXiong
KeeLung:	JiLong
KenTing:	KenDing
KinCheng:	JinCheng
KinMen:	JinMen
KinShaWan-Beach:	JinShaWan-Beach
KuanShan:	GuanShan
KuanTuKung:	GuanDuGong
KuanTzuLing:	GuanZiLing
KuanYinShan:	GuanYinShan
KueiShan:	GueiShan
KuKuan:	GuGuan
KuNingTou:	GuNingTou
KuPoYu:	GuBoYu
LanYu:	LanYu
LeoFoo LeYuan:	LiuFu LeYuan
LieYü:	LieYu
LinYuan:	LinYuan
LiShan:	LiShan
LiTao:	LiDao
LiuKuei:	LiuGuei
LiYuTan:	LiYuTan
LoTung:	LeDong
LuErMen:	LuErMen
LuKang:	LuGang
LungLuanTan:	LongLuanTan
LungTung:	LongDong
LuShan:	LuShan

LuTao:	LuDao
MaKung:	MaGong
MaoLin:	MaoLin
MaoPiTou:	MaoBiTou
MaShan:	MaShan
MaTzu:	MaZu
MiaoLi:	MiaoLi
MingTeShuiKu:	MingDe ShuiGu
MiYuehWan:	MiYueWan
NanFangAo:	NanFangAo
NanJenShan:	NanRenShan
NanKan:	NanGan
NanKunShen:	NanKunShen
NanRenHu:	NanRenHu
NanWan:	NanWan
NengKaoShan:	NengGaoShan
NiaoYu:	NiaoYu
NingChing:	NingQing
OLuanPi:	ELuanBi
PaHsienTung:	BaXianDong
PaiShaTao:	BaiShaDao
PaiShaWan:	BaiShaWan
PaLing:	BaLing
PanChiao:	BanJiao
PaTungKuan:	BaDongGuan
PeiKan:	BeiGan
PeiKang:	BeiGang
PeiKuan:	BeiGuan
PeiShan:	BeiShan
PeiTou:	BeiTou
PengHu:	PengHu
PingTung:	PingDong
PiShan:	BiShan
PiTan:	BiTan
PiTouChiao:	BiTouJiao
PuLi:	BuLi
RiYuehTan:	RiYueTan
RuiLi:	RuiLi
SaiChia LeYuan:	SaiJia LeYuan
SanChienWu:	SanQianWu
SanHsienTai:	SanXianTai
SanTiMen:	SanDiMen
ShaKang:	ShaGang
ShangPaLing:	ShangBaLing
ShanLinHsi:	ShanLinXi
ShanShui Beach:	ShanShui Beach
ShanYuan Beach:	ShanYuan Beach
ShaTaoWan:	ShaTaoWan
ShiCho:	ShiZhuo
ShihMen ShuiKu:	ShiMen ShuiGu
ShihTouShan:	ShiTouShan
ShiLi Beach:	ShiLi Beach
ShuiLi:	ShuiLi
SoKang:	SoGang
SuAo:	SuAo
SzuChungChi:	SiZhongXi
TaChu:	DaZhu
TaHsi:	DaXi
TaiChung:	TaiZhong
TaiHo:	TaiHe
TaiHu:	TaiHu
TaiMaLi:	TaiMaLi
TaiNan:	TaiNan
TaiPei:	TaiBei
TaiPingShan:	TaiPingShan
TaiTung:	TaiDong
TaLi:	DaLi
TaMaoYu:	DaMaoYu
TanShui:	DanShui
TaoYuan:	TaoYuan
TaPa ChienShan:	DaBa QianShan
TaTsang:	DaCang
TaTung:	DaDong
TaWu:	DaWu
TaYuLing:	DaYuLing
TienChih:	TianChi
TienHsiang:	TianXiang
TienMu:	TianMu
ToNa:	DuoNa
TouCheng:	TouCheng
TouLiu:	TouLiu
TsaoLing:	CaoLing
TsengWen ShuiKu:	CengWen ShuiGu
TsuiFeng:	CuiFeng
TungChu:	DongZhu
TungFang HsiaWeiI LoYuan:	DongFang XiaWeiYi LeYuan
TungHo:	DongHe
TungHsiao:	DongXiao
TungKang:	DongGang
TungPan:	DongBan
TungPu:	DongBu
TzuHu:	CiHu
WaiAn:	WaiAn
WangAnYu:	WangAnYu
WaWaKu:	WaWaGu
WuChiu:	WuJiu
WuLai:	WuLai
WuLing NongChang:	WuLing NongChang
WuShanTou ShuiKu:	WuShanTou ShuiGu
WuShe:	WuShe
WuTai:	WuTai
YaKou:	YaKou
YangMingShan:	YangMingShan
YehLiu:	YeLiu
YenShui:	YanShui
YiLan:	YiLan
YuehMei YuLe ShiJie:	YueMei YuLe ShiJie
YuLi:	YuLi
YuShan-Nationalpark:	YuShan-Nationalpark

Ortsnamen in verschiedenen Umschriften

PinYin	Wade-Giles
ALiShan:	ALiShan
AnDong:	AnTung
AnPing:	AnPing
BaDongGuan:	PaTungKuan
BaiShaDao:	PaiShaTao
BaiShaWan:	PaiShaWan
BaLing:	PaLing
BanJiao:	PanChiao
BaXianDong:	PaHsienTung
BeiGan:	PeiKan
BeiGang:	PeiKang
BeiGuan:	PeiKuan
BeiShan:	PeiShan
BeiTou:	PeiTou
BiShan:	PiShan
BiTan:	PiTan
BiTouJiao:	PiTouChiao
BuLi:	PuLi
CaoLing:	TsaoLing
CengWen ShuiGu:	TsengWen ShuiKu
ChangBin:	ChangPin
ChangHua:	ChangHua
ChangShan:	ChangShan
ChengGong:	ChengKung
ChengQingHu:	ChengChingHu
ChiKan 539:	ChiKan 539
CiHu:	TzuHu
CuiFeng:	TsuiFeng
DaBa QianShan:	TaPa ChienShan
DaCang:	TaTsang
DaDong:	TaTung
DaLi:	TaLi
DaMaoYu:	TaMaoYu
DanShui:	TanShui
DaWu:	TaWu
DaXi:	TaHsi
DaYuLing:	TaYuLing
DaZhu:	TaChu
DongBan:	TungPan
DongBu:	TungPu
DongFang XiaWeiYi LeYuan:	TungFang HsiaWeil LoYuan
DongGang:	TungKang
DongHe:	TungHo
DongXiao:	TungHsiao
DongZhu:	TungChu
DuoNa:	ToNa
EluanBi:	OLuanPi
ErKan:	ErKan
ErShui:	ErShui
FengBin:	FengPin
FengGuei:	FengKuei
FengHuangKu:	FengHuangKu
FengShan FuKang:	FengShan FuGang
FenQiHu:	FenChiHu
FuGuangShan:	FoKuang Shan
FuLong HaiShui YuChang:	FuLung HaiShui YuChang
GaoXiong:	KaoHsiung
GuanDuGong:	KuanTuKung
GuanShan:	KuanShan
GuanYinShan:	KuanYinShan
GuanZiLing:	KuanTzuLing
GuBoYu:	KuPoYu
GueiShan:	KueiShan
GuGuan:	KuKuan
GuNingTou:	KuNingTou
HeHuanShan:	HoHuanShan
HouBiHu:	HouPiHu
HouWan:	HouWan
JiaLeShui:	ChiaLoShui
JiaLuLan:	ChiaLuLan
JianZhou:	ChienChou
JiaoLiPing:	ChiaoLiPing
JiaoQi:	ChiaoChi
JiaXian:	ChiaHsien
JiaYi:	ChiaYi
JiaYi NungChang:	ChiaYi NungChang
JiBeiYu:	ChiPeiYu
JiBen:	ChihPen
JiLong:	KeeLung
JinCheng:	KinCheng
JinMen:	KinMen
JinPi:	ChinPi
JinSha:	ChinSha
JinShan HaiShui YuChang:	ChinShan HaiShui YuChang
JinShaWan-Beach:	KinShaWan-Beach
JiShang:	ChihShang
JiuFen:	ChiuFen
KenDing:	KenTing
LanYu:	LanYu
LeDong:	LoTung
LiDao:	LiTao
LieYu:	LieYü
LinYuan:	LinYuan
LiShan:	LiShan
LiuFu LeYuan:	LeoFoo LeYuan
LiuGuei:	LiuKuei
LiYuTan:	LiYuTan
LongDong:	LungTung
LongLuanTan:	LungLuanTan
LuDao:	LuTao
LuErMen:	LuErMen

LuGang: LuKang
LuShan: LuShan
MaGong: MaKung
MaoBiTou: MaoPiTou
MaoLin: MaoLin
MaShan: MaShan
MaZu: MaTzu
MiaoLi: MiaoLi
MingDe ShuiGu: MingTeShuiKu
MiYueWan: MiYuehWan
NanFangAo: NanFangAo
NanGan: NanKan
NanKunShen: NanKunShen
NanRenHu: NanRenHu
NanRenShan: NanJenShan
NanWan: NanWan
NengGaoShan: NengKaoShan
NiaoYu: NiaoYu
NiaoYuan: NiaoYuan
NingQing: NingChing
PengHu: PengHu
PingDong: PingTung
QiMeiYu: ChiMeiYu
QingJing: ChingChing-Farm
QingShui: ChingShui
QiQi–Beach: ChiChi-Beach
QuanFanShi: ChuanFanShih
RenAi: JenAi
RenZi: JenTzu
RiYueTan: RiYuehTan
RuiLi: JuiLi
RuiLi: RuiLi
RuiSui: JuiSui
SaiJia LeYuan: SaiChia LeYuan
SanDiMen: SanTiMen
SanQianWu: SanChienWu
SanXianTai: SanHsienTai
ShaGang: ShaKang
ShangBaLing: ShangPaLing
ShanLinXi: ShanLinHsi
ShanShui Beach: ShanShui Beach
ShanYuan Beach: ShanYuan Beach
ShaTaoWan: ShaTaoWan
ShiLi Beach: ShiLi Beach
ShiMen ShuiGu: ShihMen ShuiKu
ShiTouShan: ShihTouShan
ShiZhuo: ShiCho
ShuiLi: ShuiLi
SiZhongXi: SzuChungChi
SoGang: SoKang
SuAo: SuAo
TaiBei: TaiPei
TaiDong: TaiTung
TaiHe: TaiHo
TaiHu: TaiHu
TaiMaLi: TaiMaLi
TaiNan: TaiNan
TaiPingShan: TaiPingShan
TaiZhong: TaiChung
TaoYuan: TaoYuan
TianChi: TienChih
TianMu: TienMu
TianXiang: TienHsiang
TouCheng: TouCheng
TouLiu: TouLiu
WaiAn: WaiAn
WangAnYu: WangAnYu
WaWaGu: WaWaKu
WuJiu: WuChiu
WuLai: WuLai
WuLing NongChang: WuLing NongChang
WuShanTou ShuiGu: WuShanTou ShuiKu
WuShe: WuShe
WuTai: WuTai
XianJiaoYu: HsienChiaoYu
XiaoLiuQiu: HsiaoLiuChiu
XiaoMaoYu: HsiaoMaoYu
XiaoMenYu: HsiaoMenYu
XiaoRenGuo: HsiaoRenKuo
XiaoYeLiu: HsiaoYehLiu
XinCheng: HsinCheng
XinSuAo: HsinSuAo
XinWuLu: HsinWuLu
XinZhu: HsinChu
XiTai: HsiTai
XiTou: HsiTou
XiYin: HsiYin
XiYu: HsiYu
XiZhu: HsiChu
XueShan: HsueShan
XunGuangCui: HsunKuangTsui
YaKou: YaKou
YaKou: YaKou
YangMingShan: YangMingShan
YangMingShan: YangMingShan
YanShui: YenShui
YeLiu: YehLiu
YenShui: YanShui
YiLan: YiLan
YuehMei YuLe ShiJie: YueMei YuLe ShiJie
YueMei YuLe ShiJie: YuehMei YuLe ShiJie
YuLi: YuLi
YuShan-Nationalpark: YuShan-Nationalpark
ZhongHe: ChungHo
ZhongLi: ChungLi
ZhongXing: ChungHsing
ZhuHu: ChuHu
ZhuShan: ChuShan

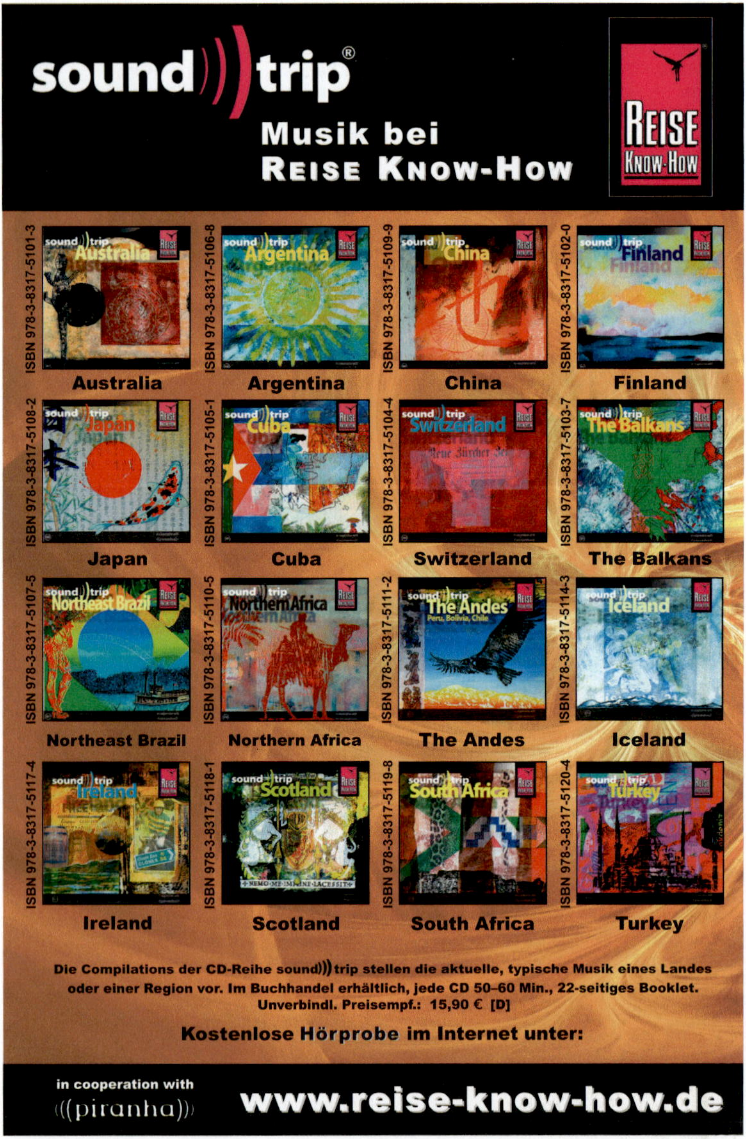

sound))trip®
Musik bei
REISE KNOW-HOW
REISE KNOW-HOW
ISBN 978-3-8317-5101-3
Australia
ISBN 978-3-8317-5106-8
Argentina
ISBN 978-3-8317-5109-9
China
ISBN 978-3-8317-5102-0
Finland
ISBN 978-3-8317-5108-2
Japan
ISBN 978-3-8317-5105-1
Cuba
ISBN 978-3-8317-5104-4
Switzerland
ISBN 978-3-8317-5103-7
The Balkans
ISBN 978-3-8317-5107-5
Northeast Brazil
ISBN 978-3-8317-5110-5
Northern Africa
ISBN 978-3-8317-5111-2
The Andes
ISBN 978-3-8317-5114-3
Iceland
ISBN 978-3-8317-5117-4
Ireland
ISBN 978-3-8317-5118-1
Scotland
ISBN 978-3-8317-5119-8
South Africa
ISBN 978-3-8317-5120-4
Turkey
Die Compilations der CD-Reihe sound))trip stellen die aktuelle, typische Musik eines Landes oder einer Region vor. Im Buchhandel erhältlich, jede CD 50–60 Min., 22-seitiges Booklet.
Unverbindl. Preisempf.: 15,90 € [D]
Kostenlose Hörprobe im Internet unter:
in cooperation with
(((piranha)))
www.reise-know-how.de

Anhang

Register

Der Autor

104t Foto: wl

Werner Lips (*1961) betätigte sich nach dem Studium der Ostsprachen im Management der freien Wirtschaft sowie als Reisejournalist und Dozent. Als Experte für Osteuropa/Fernost berät er TV-Sender (u.a. Vox, WDR, ZDF/Arte) sowie Behörden. Beruflich wie privat zieht es ihn immer wieder in den chinesischen Kulturkreis. 1995 besuchte und beschrieb er als erster westlicher Reisejournalist überhaupt für die Erstauflage dieses Buches die bis dahin gesperrte taiwanesische Militär-Bastion KinMen. Von ihm erschien bei Reise-Know How auch der Reiseführer „HongKong, Macau, Kanton".

Kartenverzeichnis